I0842589

ŒUVRES COMPLÈTES

DE

JEAN-BAPTISTE POQUELIN

DE MOLIÈRE

TOME PREMIER

PARIS
MADAME VEUVE DESBLEDS, LIBRAIRE
QUAI DES AUGUSTINS, 49
—
1849

OEUVRES COMPLÈTES

DE

JEAN-BAPTISTE POQUELIN

DE MOLIÈRE

I

LAGNY. — TYPOGRAPHIE DE VIALAT ET Cie

ŒUVRES COMPLÈTES

DE

JEAN-BAPTISTE POQUELIN

DE MOLIÈRE

PARIS

P.-H. KRABBE, LIBRAIRE-ÉDITEUR

12, RUE DE SAVOIE

1850

OEUVRES COMPLÈTES

DE

JEAN-BAPTISTE POQUELIN

DE MOLIÈRE

TOME I

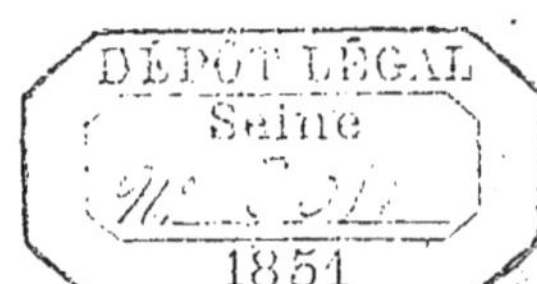

PARIS. — IMPRIMERIE DE E. DE SOYE ET Cⁱᵉ,

36, rue de Seine.

OEUVRES COMPLÈTES

DE

JEAN-BAPTISTE POQUELIN

DE MOLIÈRE

Nouvelle Édition

ILLUSTRÉE DE GRAVURES

PARIS

P.-H. KRABBE, LIBRAIRE-ÉDITEUR

12, RUE DE SAVOIE

1851

VIE DE MOLIÈRE,

Par Voltaire.

E goût de bien des lecteurs pour choses frivoles et l'envie de faire un volume de ce qui ne devrait remplir que peu de pages, sont cause que l'histoire des hommes célèbres est presque toujours gâtée par des détails inutiles et des contes populaires aussi faux qu'insipides. On y ajoute souvent des critiques injustes de leurs ouvrages : c'est ce qui est arrivé dans l'édition de Racine, faite à Paris en 1728. On tâchera d'éviter cet écueil dans cette courte histoire de la vie de Molière ; on ne dira de sa propre personne que ce qu'on a cru vrai et digne d'être rapporté, et on ne hasardera sur ses ouvrages rien qui soit contraire au sentiment du public éclairé.

JEAN-BAPTISTE POQUELIN naquit à Paris, en 1628, dans une maison qui subsiste encore sous les piliers des halles. Son père, Jean-Baptiste Poquelin, valet de chambre, tapissier chez le roi, marchand fripier, et Anne Boutet, sa mère, lui donnèrent une éducation trop conforme à leur état, auquel ils le destinaient : il resta jusqu'à quatorze ans dans leur boutique, n'ayant rien appris, entre son métier, qu'un peu à lire et à écrire. Ses parents obtinrent pour lui la survivance de leur charge chez le roi ; mais son génie l'appelait ailleurs. On a remarqué que presque tous ceux qui se sont fait un nom dans les beaux-arts, les ont cultivés malgré leurs parents, et que la nature a toujours été en eux plus forte que l'éducation.

Poquelin avait un grand-père qui aimait la comédie, et qui le menait quelquefois à l'Hôtel de Bourgogne. Le jeune homme sentit bientôt une aversion invincible pour sa profession. Son goût pour l'étude se développa ; il pressa son grand-père d'obtenir qu'on le mît au collége, et il arracha enfin le consentement de son père, qui le mit dans une pension, et l'envoya externe aux Jésuites, avec la répugnance d'un bourgeois qui croyait la fortune de son fils perdue s'il étudiait.

Le jeune Poquelin fit au collége les progrès qu'on devait attendre de son empressement à y entrer. Il y étudia cinq années ; il y suivit le cours des

classes d'Armand de Bourbon, premier prince de Conti, qui depuis fut le protecteur des lettres et de Molière.

Il y avait alors dans ce collége deux enfants qui eurent depuis beaucoup de
réputation dans le monde : c'étaient Chapelle et Bernier; celui-ci, connu par
ses voyages aux Indes; et l'autre, célèbre par quelques vers naturels et aisés
qui lui ont fait d'autant plus de réputation, qu'il ne rechercha pas celle d'auteur.

L'Huillier, homme de fortune, prenait un soin singulier de l'éducation du
jeune Chapelle, son fils naturel; et, pour lui donner de l'émulation, il faisait
étudier avec lui le jeune Bernier, dont les parents étaient mal à leur aise. Au
lieu même de donner à son fils naturel un précepteur ordinaire et pris au hasard, comme tant de pères en usent avec un fils légitime qui doit porter leur
nom, il engagea le célèbre Gassendi à se charger de l'instruire.

Gassendi ayant démêlé de bonne heure le génie de Poquelin, l'associa aux
études de Chapelle et de Bernier. Jamais plus illustre maître n'eut de plus
dignes disciples. Il leur enseigna sa philosophie d'Épicure, qui, quoique
aussi fausse que les autres, avait au moins plus de méthode et plus de vraisemblance que celle de l'école, et n'en avait pas la barbarie.

Poquelin continua de s'instruire sous Gassendi. Au sortir du collége il reçut
de ce philosophe les principes d'une morale plus utile que sa physique, et il s'é-
carta rarement de ces principes dans le cours de sa vie.

Son père étant devenu infirme et incapable de servir, il fut obligé d'exercer
les fonctions de son emploi auprès du roi. Il suivit Louis XIII dans Paris. Sa
passion pour la comédie, qui l'avait déterminé à faire ses études, se réveilla avec
force.

Le théâtre commençait à fleurir alors : cette partie des belles-lettres, si méprisée quand elle est médiocre, contribue à la gloire d'un État quand elle est per-
fectionnée.

Avant l'année 1625 il n'y avait point de comédiens fixes à Paris. Quelques far-
ceurs allaient, comme en Italie, de ville en ville; ils jouaient les pièces de Har-
dy, de Montchrétien, ou de Balthazar Baro. Ces auteurs leur vendaient leurs
ouvrages dix écus pièce.

Pierre Corneille tira le théâtre de la barbarie et de l'avilissement vers l'année
1630. Ses premières comédies, qui étaient aussi bonnes pour son siècle qu'elles
sont mauvaises pour le nôtre, furent cause qu'une troupe de comédiens s'é-
tablit à Paris. Bientôt après, la passion du cardinal de Richelieu pour les spectacles mit le goût de la comédie à la mode; et il y avait plus de sociétés particu-
lières qui représentaient alors que nous n'en voyons aujourd'hui.

Poquelin s'associa avec quelques jeunes gens qui avaient du talent pour la
déclamation; ils jouaient au faubourg Saint-Germain et au quartier Saint-Paul.
Cette société éclipsa bientôt toutes les autres; on l'appela *l'illustre théâtre*. On
voit par une tragédie de ce temps, intitulée *Artaxerce*, d'un nommé Magnon, et
imprimée en 1645, qu'elle fut représentée sur l'illustre théâtre.

Ce fut alors que Poquelin, sentant son génie, se résolut de s'y livrer tout entier, d'être à la fois comédien et auteur, et [de tirer de ses talents de l'utilité et
de la gloire.

On sait que chez les Athéniens, les auteurs jouaient souvent dans leurs pièces, et qu'ils n'étaient point déshonorés pour parler avec grâce en public devant leurs concitoyens. Il fut plus encouragé par cette idée, que retenu par
les préjugés de son siècle. Il prit le nom de *Molière*; et il ne fit, en changeant
de nom, que suivre l'exemple des comédiens d'Italie et de ceux de l'Hôtel de
Bourgogne. L'un, dont le nom de famille était Legrand, s'appelait Belleville dans
la tragédie, et Turlupin dans la farce : d'où vient le mot *Turlupinade*. Hugues
Guéret était connu dans les pièces sérieuses sous le nom de Fléchelles; dans la
farce il jouait toujours un certain rôle qu'on appelait Gautier-Garguille. De même

Arlequin et Scaramouche n'étaient connus que sous ce nom de théâtre. Il y avait déjà eu un comédien appelé Molière, auteur de la tragédie de *Polyxène*.

Le nouveau Molière fut ignoré pendant tout le temps que durèrent les guerres civiles en France : il employa ces années à cultiver son talent et à préparer quelques pièces. Il avait fait un recueil de scènes italiennes, dont il faisait de petites comédies pour les provinces. Ces premiers essais, très informes, tenaient plutôt du mauvais théâtre italien où il les avait pris, que de son génie, qui n'avait pas encore eu l'occasion de se développer tout entier. Le génie s'étend et se resserre par tout ce qui nous environne. Il fit donc pour la province *le Docteur amoureux*, *les trois Docteurs rivaux*, *le Maître d'école*, ouvrages dont il ne reste que le titre. Quelques curieux ont conservé deux pièces de Molière dans ce genre ; l'une est le *Médecin volant*, et l'autre *la Jalousie de Barbouillé*. Elles sont en prose et écrites en entier. Il y a quelques phrases et quelques incidents de la première qui nous sont conservés dans le *Médecin malgré lui* ; et on trouve dans *la Jalousie de Barbouillé* un canevas, quoique informe, du troisième acte de *George-Dandin*.

La première pièce régulière en cinq actes qu'il composa , fut l'*Etourdi*. Il représenta cette comédie à Lyon, en 1653. Il y avait dans cette ville une troupe de comédiens de campagne, qui fut abandonnée dès que celle de Molière parut.

Quelques acteurs de cette ancienne troupe se joignirent à Molière, et il partit de Lyon pour les états de Languedoc, avec une troupe assez complète, composée principalement de deux frères nommés *Gros-René*, de *Duparc*, d'un pâtissier de la rue Saint-Honoré, de la *Duparc*, de la *Béjart* et de la *de Brie*.

Le prince de Conti, qui tenait les états de Languedoc à Beziers, se souvint de Molière qu'il avait vu au collége; il lui donna une protection distinguée. Il joua devant lui l'*Etourdi*, le *Dépit amoureux*, et les *Précieuses ridicules*.

Cette petite pièce des *Précieuses*, faite en province, prouve assez que son auteur n'avait eu en vue que les ridicules des Provinciales; mais il se trouva depuis que l'ouvrage pouvait corriger la cour et la ville.

Molière avait alors trente-quatre ans; c'est l'âge où Corneille fit le Cid. Il est bien difficile de réussir avant cet âge dans le genre dramatique, qui exige la connaissance du monde et du cœur humain.

On prétend que le prince de Conti voulut alors faire Molière son secrétaire, et qu'heureusement pour la gloire du théâtre-français Molière eut le courage de préférer son talent à un poste honorable. Si ce fait est vrai, il fait également honneur au prince et au comédien.

Après avoir couru quelque temps toutes les provinces, et avoir joué à Grenoble, à Lyon, à Rouen, il vint enfin à Paris, en 1658. Le prince de Conti lui donna accès auprès de Monsieur, frère unique du roi Louis XIV. Monsieur le présenta au roi et à la reine-mère. Sa troupe et lui représentèrent, la même année, devant leurs majestés la tragédie de *Nicomède*, sur un théâtre élevé par ordre du roi dans la salle des gardes du vieux Louvre.

Il y avait depuis quelque temps des comédiens établis à l'Hôtel de Bourgogne. Ces comédiens assistèrent au début de la nouvelle troupe. Molière, après la représentation de Nicomède, s'avança sur le bord du théâtre, et prit la liberté de faire au roi un discours, par lequel il remerciait sa majesté de son indulgence, et louait adroitement les comédiens de l'Hôtel de Bourgogne, dont il devait craindre la jalousie : il finit en demandant la permission de donner une pièce d'un acte qu'il avait jouée en province.

La mode de représenter ces petites farces après de grandes pièces était perdue à l'Hôtel de Bourgogne. Le roi agréa l'offre de Molière, et l'on joua dans l'instant *le Docteur-amoureux*. Depuis ce temps l'usage a toujours continué de donner de ces pièces d'un acte, ou de trois, après les pièces de cinq.

On permit à la troupe de Molière de s'établir à Paris : ils s'y fixèrent, et partagèrent le théâtre du petit Bourbon avec les comédiens italiens qui en étaient en possession depuis quelques années.

La troupe de Molière jouait sur le théâtre les mardi, les jeudis et samedis, et les italiens les autres jours.

La troupe de l'Hôtel de Bourgogne ne jouait aussi que trois fois par semaine, excepté lorsqu'il y avait des pièces nouvelles.

Dès-lors la troupe de Molière prit le titre de *la troupe de Monsieur*, qui était son protecteur. Deux ans après, en 1660, il leur accorda la salle du Palais-Royal. Le cardinal de Richelieu l'avait fait bâtir pour la représentation de *Mirame*, tragédie dans laquelle ce ministre avait composé plus de deux cents vers. Cette salle est aussi mal construite que la pièce pour laquelle elle fut bâtie : et je suis obligé de remarquer, à cette occasion, que nous n'avons aujourd'hui aucun théâtre supportable; c'est une barbarie gothique que les Italiens nous reprochent avec raison. Les bonnes pièces sont en France, et les belles salles en Italie

La troupe de Molière eut la jouissance de cette salle jusqu'à la mort de son chef. Elle fut alors accordée à ceux qui eurent le privilége de l'opéra, quoique ce vaisseau fût moins propre encore pour le chant que pour la déclamation.

Depuis l'an 1658 jusqu'en 1673, c'est-à-dire en quinze années de temps, il donna toutes ses pièces, qui sont au nombre de trente. Il voulut jouer dans le tragique, mais il n'y réussit pas; il avait une volubilité dans la voix, et une espèce de hoquet qui ne pouvait convenir au genre sérieux, mais qui rendait son jeu comique plus plaisant. La femme d'un des meilleurs comédiens que nous ayons eus a donné ce portrait-ci de Molière.

« Il n'était ni trop gras ni trop maigre; il avait la taille plus grande que petite,
« le port noble, la jambe belle; il marchait gravement, avait l'air très sérieux, le
« nez gros, la bouche grande, les lèvres épaisses, le teint brun, les sourcils noirs
« et forts, et les divers mouvements qu'il leur donnait lui rendaient la physio-
« nomie extrêmement comique. A l'égard de son caractère, il était doux, com-
« plaisant, généreux; il aimait fort à haranguer; et quand il lisait ses pièces
« aux comédiens, il voulait qu'ils y amenassent leurs enfants pour tirer des
« conjectures de leurs mouvements naturels. »

Molière se fit dans Paris un très grand nombre de partisans, et presque autant d'ennemis. Il accoutuma le public, en lui faisant connaître la bonne comédie, à le juger lui-même très sévèrement. Les mêmes spectateurs qui applaudissaient aux pièces médiocres des autres auteurs, relevaient les moindres défauts de Molière avec aigreur. Les hommes jugent de nous par l'attente qu'ils en ont conçue; et le moindre défaut d'un auteur célèbre, joint avec les malignités du public, suffit pour faire tomber un bon ouvrage. Voilà pourquoi *Britannicus* et les *Plaideurs* de M. Racine furent si mal reçus; voilà pourquoi *l'Avare*, le *Misanthrope*, les *Femmes savantes*, *l'Ecole des Femmes*, n'eurent d'abord aucun succès.

Louis XIV, qui avait un goût naturel et l'esprit très juste, sans l'avoir cultivé, ramena souvent par son approbation la cour et la ville aux comédies de Molière. Il eût été plus honorable pour la nation de n'avoir pas besoin des décisions de son maître pour bien juger. Molière eut des ennemis cruels, surtout les mauvais auteurs du temps, leurs protecteurs et leurs cabales : ils suscitèrent contre lui les dévots; on lui imputa des livres scandaleux; on l'accusa d'avoir joué des hommes puissants, tandis qu'il n'avait joué que les vices en général; et il eût succombé sous ces accusations, si ce même roi, qui encouragea et qui soutint Racine et Despréaux, n'eût pas aussi protégé Molière.

Il n'eut, à la vérité, qu'une pension de mille livres, et sa troupe n'en eut qu'une de sept. La fortune qu'il fit par le succès de ses ouvrages le mit en état de n'avoir rien de plus à souhaiter : ce qu'il retirait du théâtre, avec ce qu'il avait placé, allait à trente mille livres de rente; somme qui, en ce temps-là, faisait presque le double de la valeur réelle de pareille somme d'aujour-d'hui.

Le crédit qu'il avait auprès du roi paraît assez par le canonicat qu'il obtint pour le fils de son médecin : ce médecin s'appelait Mauvilain. Tout le monde sait qu'étant un jour au dîner du roi : « Vous avez un médecin, dit le roi à Molière; que vous fait-il? Sire, répondit Molière, nous causons ensemble : il m'ordonne des remèdes; je ne les fais point, et je guéris. »

Il faisait de son bien un usage noble et sage; il recevait chez lui les hommes de la meilleure compagnie, les Chapelle, les Jonsac, les Desbarreaux, etc., qui joignaient la volupté et la philosophie. Il avait une maison de campagne à Auteuil, où il se délassait souvent avec eux des fatigues de sa profession, qui sont bien plus grandes qu'on ne pense. Le maréchal de Vivonne, connu par son esprit et par son amitié pour Despréaux, allait souvent chez Molière, et vivait avec lui comme Lélius avec Térence. Le grand Condé exigeait de lui bu'il le vînt voir souvent, et disait qu'il trouvait toujours à apprendre dans sa conversation.

Molière employait une partie de son revenu en libéralités qui allaient beaucoup plus loin que ce qu'on appelle dans d'autres hommes des charités. Il encourageait souvent par des présents considérables de jeunes auteurs qui marquaient du talent : c'est peut-être à Molière que la France doit Racine. Il engagea le jeune Racine, qui sortait de Port-Royal, à travailler pour le théâtre dès l'âge de dix-neuf ans. Il lui fit composer la tragédie de *Théagène et Cariclée;* et quoique cette pièce fût trop faible pour être jouée, il fit présent au jeune auteur de cent louis, et lui donna le plan des *Frères ennemis.*

Il n'est peut-être pas inutile de dire, qu'environ dans le même temps, c'est-à-dire en 1661, Racine ayant fait une ode sur le mariage de Louis XIV, M. Colbert lui envoya cent louis au nom du roi.

Il est triste, pour l'honneur des lettres, que Molière et Racine aient été brouillés depuis : de si grands génies, dont l'un avait été le bienfaiteur de l'autre, devaient être toujours amis.

Il éleva et il forma un autre homme qui, par la supériorité de ses talents et par les dons singuliers qu'il avait reçus de la nature, mérite d'être connu de la postérité : c'était le comédien Baron, qui a été unique dans la tragédie et dans la comédie. Molière en prit soin comme de son propre fils.

Un jour Baron vint lui annoncer qu'un comédien de campagne, que la pauvreté empêchait de se présenter, lui demandait quelques légers secours pour aller joindre sa troupe. Molière ayant su que c'était un nommé Mondorge, qui avait été son camarade, demanda à Baron combien il croyait qu'il fallait lui donner; celui-ci répondit au hasard, quatre pistoles. Donnez-lui quatre pistoles pour moi, lui dit Molière; en voilà vingt qu'il faut que vous lui donniez pour vous. Et il joignit à ce présent celui d'un habit magnifique. Ce sont de petits faits, mais ils peignent le caractère.

Un autre trait mérite plus d'être rapporté. Il venait de donner l'aumône à un pauvre. Un instant après, ie pauvre court après lui, et lui dit : Monsieur, vous n'aviez peut-être pas dessein de me donner un louis d'or, je viens vous le rendre. Tiens, mon ami, dit Molière, en voilà un autre. Et il s'écria : Où la vertu va-t-elle se nicher! Exclamation qui peut faire voir qu'il réfléchissait sur tout ce qui se présentait à lui, et qu'il étudiait partout la nature en homme qui la voulait peindre.

Molière, heureux par ses succès et par ses protecteurs, par ses amis et par sa fortune, ne le fut pas dans sa maison. Il avait épousé, en 1661, une jeune fille née de la Béjart et d'un gentilhomme nommé Modène; on disait que Molière en était le père : Le soin avec lequel on avait répandu cette calomnie fit que plusieurs personnes prirent celui de la réfuter; on prouva que Molière n'avait connu la mère qu'après la naissance de cette fille.

La disproportion d'âge et les dangers auxquels une comédienne jeune et belle est exposée, rendirent ce mariage malheureux; et Molière, tout philosophe qu'il était d'ailleurs, essuya dans son domestique les dégoûts, les amertumes, et quelquefois les ridicules qu'il avait si souvent joués sur le théâtre. Tant il est vrai que les hommes qui sont au-dessus des autres par les talents s'en rapprochent presque toujours par les faiblesses! Car pourquoi les talents nous mettraient-ils au-dessus de l'humanité?

La dernière pièce qu'il composa fut *le Malade imaginaire.* Il y avait quelque temps que sa poitrine était attaquée et qu'il crachait quelquefois du sang. Le jour de la troisième représentation il se sentit plus incommodé qu'auparavant; on lui conseilla de ne point jouer; mais il voulut faire un effort sur lui-même, cet effort lui coûta la vie.

Il lui prit une convulsion en prononçant *juro* dans le divertissement de la réception du malade imaginaire. On le rapporta mourant chez lui, rue de Richelieu. Il fut assisté quelques moments par deux de ces sœurs religieuses qui viennent quêter à Paris pendant le carême, et qui logèrent chez lui. Il mourut entre leurs bras, étouffé par le sang qui lui sortait par la bouche, le 17 février 1673, âgé de cinquante-trois ans. Il ne laissa qu'une fille, qui avait beaucoup d'esprit. Sa veuve épousa un comédien nommé Guérin.

Le malheur qu'il avait eu de ne pouvoir mourir avec les secours de la religion, et la prévention contre la comédie, déterminèrent M. de Harlay de Chanvalon, archevêque de Paris, si connu par ses intrigues galantes, à refuser la sépulture à Molière. Le roi le regrettait; et ce monarque, dont il avait été le domestique et le pensionnaire, eut la bonté de prier l'archevêque de Paris de le faire inhumer dans une église. Le curé de Saint-Eustache, sa paroisse, ne voulut pas s'en charger. La populace, qui ne connaissait dans Molière que le comédien et qui ignorait qu'il avait été un excellent auteur, un philosophe, un grand homme en son genre, s'attroupa en foule à la porte de sa maison le jour du convoi : sa veuve fut obligée de jeter de l'argent par les fenêtres; et ces misérables, qui auraient, sans savoir pour quoi, troublé l'enterrement, accompagnèrent le corps avec respect.

La difficulté qu'on fit pour lui donner la sépulture et les injustices qu'il avait essuyées pendant sa vie, engagèrent le fameux P. Bouhours à composer cette espèce d'épitaphe qui, de toutes celles qu'on fit pour Molière, est la seule qui mérite d'être rapportée, et la seule qui ne soit pas dans cette fausse et mauvaise histoire qu'on a mise jusqu'ici au devant de ses ouvrages.

> Tu réformas et la ville et la cour;
> Mais quelle en fut la récompense?
> Les Français rougiront un jour
> De leur peu de reconnaissance.
> Il leur fallut un comédien
> Qui mît à les polir sa gloire et son étude :
> Mais, Molière, à ta gloire il ne manquerait rien,
> Si, parmi les défauts que tu peignis si bien,
> Tu les avais repris de leur ingratitude.

Non-seulement j'ai omis dans cette vie de Molière les contes populaires touchant Chapelle et ses amis, mais je me sens obligé de dire que ces contes, adoptés par Grimarest, sont très faux. Le feu duc de Sully, le dernier prince de Vendôme, l'abbé de Chaulieu, qui avaient beaucoup vécu avec Chapelle, m'ont assuré que toutes ces historiettes ne méritaient aucune créance.

L'ÉTOURDI,
OU LES CONTRE-TEMPS,
COMÉDIE EN CINQ ACTES.

PERSONNAGES.

PANDOLFE, père de Lélie.
ANSELME, père d'Hippolyte.
TRUFALDIN, vieillard.
CÉLIE, esclave de Trufaldin.
HIPPOLYTE, fille d'Anselme.
LÉLIE, fils de Pandolfe.

LÉANDRE, fils de famille.
ANDRÈS, cru Égyptien.
MASCARILLE, valet de Lélie.
ERGASTE, ami de Mascarille.
UN COURRIER.
DEUX TROUPES DE MASQUES.

La scène est à Messine, dans une place publique.

ACTE Iᵉʳ.

SCÈNE PREMIÈRE. — LÉLIE.

LÉLIE. — Hé bien! Léandre, hé bien! il faudra contester:
Nous verrons de nous deux qui pourra l'emporter;
Qui, dans nos soins communs pour ce jeune miracle,
Aux vœux de son rival, portera plus d'obstacle:
Préparez vos efforts, et vous défendez bien,
Sûr que de mon côté je n'épargnerai rien.

SCÈNE II. — LÉLIE, MASCARILLE.

LÉLIE. — Ah! Mascarille:

MASCARILLE. — Quoi?

LÉLIE. — Voici bien des affaires;
J'ai dans ma passion toute chose contraire:
Léandre aime Célie, et, par un trait fatal,
Malgré mon changement est toujours mon rival.

MASCARILLE. — Léandre aime Célie!

LÉLIE. — Il l'adore, te dis-je.

MASCARILLE. — Tant pis!

LÉLIE. — Hé, oui, tant pis; c'est là ce qui m'afflige.
Toutefois j'aurais tort de me désespérer;
Puisque j'ai ton secours, je puis me rassurer.
Je sais que ton esprit, en intrigues fertile,
N'a jamais rien trouvé qui lui fût difficile;
Qu'on te peut appeler le roi des serviteurs;
Et qu'en toute la terre...

MASCARILLE. — Hé! trève de douceurs.
Quand nous faisons besoin, nous autres misérables,
Nous sommes les chéris et les incomparables;
Et dans un autre temps, dès le moindre courroux,
Nous sommes les coquins qu'il faut rouer de coups.

LÉLIE. — Ma foi! tu me fais tort avec cette invective.
Mais enfin discourons un peu de ma captive:
Dis si les plus cruels et plus durs sentiments
Ont rien d'impénétrable à des traits si charmants.
Pour moi, dans ses discours, comme dans son visage,
Je vois pour sa naissance un noble témoignage;
Et je crois que le ciel dedans un rang si bas
Cache son origine et ne l'en tire pas.

MASCARILLE. — Vous êtes romanesque avecque vos chimères.
Mais que fera Pandolfe en toute cette affaire?
C'est, monsieur, votre père, au moins à ce qu'il dit :
Vous savez que sa bile assez souvent s'aigrit,
Qu'il peste contre vous d'une belle manière,
Quand vos déportements lui blessent la visière.
Il est avec Anselme en paroles pour vous
Que de son Hippolyte on vous fera l'époux,
S'imaginant que c'est dans le seul mariage
Qu'il pourra rencontrer de quoi vous rendre sage;
Et s'il vient à savoir que, rebutant son choix,
D'un objet inconnu vous recevez les lois;
Que de ce fol amour la fatale puissance
Vous soustrait au devoir de votre obéissance,
Dieu sait quelle tempête alors éclatera,
Et de quels beaux sermons on vous régalera!
LÉLIE. — Ah! trève, je vous prie, à votre rhétorique.
MASCARILLE. — Mais, vous, trève plutôt à votre politique!
Elle n'est pas fort bonne; et vous devriez tâcher...
LÉLIE. — Sais-tu qu'on n'acquiert rien de bon à me fâcher;
Que chez moi les avis ont de tristes salaires,
Qu'un valet conseiller y fait mal ses affaires?
MASCARILLE. — (à part.) Il se met en courroux. (haut.) Tout ce que j'en ai dit
N'était rien que pour rire et vous sonder l'esprit.
D'un censeur de plaisirs ai-je fort l'encolure?
Et Mascarille est-il ennemi de nature?
Vous savez le contraire, et qu'il est très certain
Qu'on ne peut me taxer que d'être trop humain.
Moquez-vous des sermons d'un vieux barbon de père;
Poussez votre bidet, vous dis-je, et laissez faire.
Ma foi! j'en suis d'avis, que ces pénards chagrins
Nous viennent étourdir de leurs contes badins,
Et, vertueux par force, espérant par envie
Oter aux jeunes gens les plaisirs de la vie.
Vous savez mon talent, je m'offre à vous servir.
LÉLIE. — Ah! c'est par ces discours que tu peux me ravir.
Au reste, mon amour, quand je l'ai fait paraître,
N'a point été mal vu des yeux qui l'ont fait naître;
Mais Léandre à l'instant vient de me déclarer
Qu'à me ravir Célie il se va préparer :
C'est pourquoi dépêchons, et cherche dans ta tête
Les moyens les plus prompts d'en faire ma conquête.
Trouve ruses, détours, fourbes inventions,
Pour frustrer un rival de ses prétentions.
MASCARILLE — Laissez-moi quelque temps rêver à cette affaire.
(à part.) Que pourrais-je inventer pour ce coup nécessaire?
LÉLIE. — Eh bien, le stratagème?

           MASCARILLE. — Ah! comme vous courez!
Ma cervelle toujours marche à pas mesurés.
J'ai trouvé votre fait : il faut... Non, je m'abuse.
Mais si vous alliez...

           LÉLIE. — Où?

           MASCARILLE. — C'est une faible ruse.
J'en songeais une...

           LÉLIE. — Et quelle?

           MASCARILLE. — Elle n'irait pas bien.
Mais ne pourriez-vous pas?

           LÉLIE. — Quoi?

           MASCARILLE. — Vous ne pourriez rien.
Parlez avec Anselme.

           LÉLIE — Et que lui puis-je dire?

MASCARILLE. — Il est vrai, c'est tomber d'un mal dedans un pire
Il faut pourtant l'avoir. Allez chez Trufaldin.
LÉLIE. — Que faire ?
MASCARILLE — Je ne sais.
LÉLIE — C'en est trop à la fin,
Et tu me mets à bout par ces contes frivoles.
MASCARILLE — Monsieur, si vous aviez en main force pistoles,
Nous n'aurions pas besoin maintenant de rêver
A chercher les biais que nous devons trouver,
Et pourrions, par un prompt achat de cette esclave,
Empêcher qu'un rival nous prévienne et nous brave.
De ces Égyptiens qui la mirent ici,
Trufaldin, qui la garde, est en quelque souci;
Et trouvant son argent qu'ils lui font trop attendre,
Je sais bien qu'il serait très ravi de la vendre;
Car enfin en vrai ladre il a toujours vécu :
Il se ferait fesser pour moins d'un quart d'écu;
Et l'argent est le dieu que surtout il révère.
Mais le mal, c'est..
LÉLIE. — Quoi? c'est...
MASCARILLE. — Que monsieur votre père
Est un autre vilain, qui ne vous laisse pas,
Comme vous voudriez bien, manier ses ducats;
Qu'il n'est point de ressort qui, pour votre ressource,
Pût faire maintenant ouvrir la moindre bourse.
Mais tâchons de parler à Célie un moment,
Pour savoir là-dessus quel est son sentiment;
La fenêtre est ici.
LÉLIE. — Mais Trufaldin, pour elle,
Fait de jour et de nuit exacte sentinelle.
Prends garde.
MASCARILLE. — Dans ce coin demeurons en repos.
O bonheur ! la voilà qui paraît à propos.

SCÈNE III. — CÉLIE, LÉLIE, MASCARILLE.

LÉLIE. — Ah! que le ciel m'oblige, en offrant à ma vue
Les célestes attraits dont vous êtes pourvue !
Et, quelque mal cuisant que m'aient causé vos yeux,
Que je prends de plaisir à les voir en ces lieux !
CÉLIE. — Mon cœur, qu'avec raison votre discours etonne,
N'entend pas que mes yeux fassent mal à personne;
Et si dans quelque chose il vous ont outragé,
Je puis vous assurer que c'est sans mon congé.
LÉLIE. — Ah! leurs coups sont trop beaux pour me faire une injure!
Je mets toute ma gloire à chérir ma blessure,
Et...
MASCARILLE. — Vous le prenez là d'un ton un peu trop haut ;
Ce style maintenant n'est pas ce qu'il nous faut.
Profitons mieux du temps, et sachons vite d'elle
Ce que...
TRUFALDIN, *dans la maison.* — Célie!
MASCARILLE, *à Lélie.* — Eh bien!
LÉLIE. — O rencontre cruelle!
Ce malheureux vieillard devait-il nous troubler ?
MASCARILLE — Allez, retirez-vous; je saurai lui parler.

SCÈNE IV. — TRUFALDIN, CÉLIE, LÉLIE, *retiré dans un coin,* MASCARILLE.

TRUFALDIN *à Célie.* — Que faites-vous dehors? et quel soin vous talonne,
Vous à qui je défends de parler à personne.
CÉLIE. — Autrefois j'ai connu cet honnête garçon,
Et vous n'avez pas lieu d'en prendre aucun soupçon.

MASCARILLE. — Est-ce là le seigneur Trufaldin?

CÉLIE. — Oui, lui-même.

MASCARILLE.— Monsieur, je suis tout vôtre, et ma joie est extrême
De pouvoir saluer en toute humilité
Un homme dont le nom est partout si vanté.

TRUFALDIN. — Très humble serviteur.

MASCARILLE — J'incommode peut-être;
Mais je l'ai vue ailleurs, où m'ayant fait connaître
Les grands talents qu'elle a pour savoir l'avenir,
Je voulais sur un point un peu l'entretenir.

TRUFALDIN. — Quoi! te mêlerais-tu d'un peu de diablerie?

CÉLIE. — Non; tout ce que je sais n'est que blanche magie.

MASCARILLE. — Voici donc ce que c'est. Le maître que je sers
Languit pour un objet qui le tient dans ses fers.
Il aurait bien voulu, du feu qui le dévore,
Pouvoir entretenir la beauté qu'il adore ;
Mais un dragon veillant sur ce rare trésor,
N'a pu, quoi qu'il ait fait, le lui permettre encor ;
Et, ce qui plus le gêne et le rend misérable,
Il vient de découvrir un rival redoutable ;
Si bien que, pour savoir si ses soins amoureux
Ont sujet d'espérer quelques succès heureux,
Je viens vous consulter, sûr que de votre bouche
Je puis apprendre au vrai le secret qui nous touche.

CÉLIE. — Sous quel astre ton maître a-t-il reçu le jour?

MASCARILLE. — Sous un astre à jamais ne changer son amour.

CÉLIE. — Sans me nommer l'objet pour qui son cœur soupire,
La science que j'ai m'en peut assez instruire.
Cette fille a du cœur, et, dans l'adversité,
Elle sait conserver une noble fierté ;
Elle n'est pas d'humeur à trop faire connaître
Les secrets sentiments qu'en son cœur on fait naître ;
Mais je les sais comme elle, et, d'un esprit plus doux,
Je vais en peu de mots vous les découvrir tous.

MASCARILLE. — O merveilleux pouvoir de la vertu magique !

CÉLIE. — Si ton maître en ce point de constance se pique,
Et que la vertu seule anime son dessein,
Qu'il n'appréhende pas de soupirer en vain ;
Il a lieu d'espérer, et le fort qu'il veut prendre
N'est pas sourd aux traités, et voudra bien se rendre.

MASCARILLE. — C'est beaucoup; mais ce fort dépend d'un gouverneur
Difficile à gagner.

CÉLIE. — C'est là tout le malheur.

MASCARILLE, *à part, regardant Lélie.*

Au diable le fâcheux qui toujours nous éclaire.

CÉLIE. — Je vais vous enseigner ce que vous devez faire.

LÉLIE, *les joignant.* — Cessez, ô Trufaldin, de vous inquiéter;
C'est par mon ordre seul qu'il vient vous visiter,
Et je vous l'envoyais, ce serviteur fidèle,
Vous offrir mon service et vous parler pour elle,
Dont je vous veux dans peu payer la liberté,
Pourvu qu'entre nous deux le prix soit arrêté.

MASCARILLE, *à part.* — La peste soit la bête !

TRUFALDIN. — Ho! oh! qui des deux croire?
Ce discours au premier est fort contradictoire.

MASCARILLE. — Monsieur, ce galant homme a le cerveau blessé;
Ne le savez-vous pas?

TRUFALDIN. — Je sais ce que je sai.
J'ai crainte ici dessous de quelque manigance.
(*A Célie.*) Rentrez, et ne prenez jamais cette licence.

Et vous, filous fieffés, ou je me trompe fort,
Mettez, pour me jouer, vos flûtes mieux d'accord.

SCÈNE V. — LÉLIE , MASCARILLE.

MASCARILLE — C'est bien fait. Je voudrais qu'encor, sans flatterie,
Il nous eût d'un bâton chargé de compagnie.
A quoi bon se montrer, et, comme un étourdi,
Me venir démentir de tout ce que je di !
LÉLIE. — Je pensais faire bien.
      MASCARILLE. — Oui, c'était fort l'entendre.
Mais quoi ! cette action ne me doit point surprendre :
Vous êtes si fertile en pareils contre-temps,
Que vos écarts d'esprit n'étonnent plus les gens.
LÉLIE. — Ah ! mon Dieu ! pour un rien me voilà bien coupable !
Le mal est-il si grand qu'il soit irréparable ?
Enfin, si tu ne mets Célie entre mes mains,
Songe au moins de Léandre à rompre les desseins ;
Qu'il ne puisse acheter avant moi cette belle.
De peur que ma présence encor soit criminelle.
Je te laisse.
MASCARILLE, *seul*. — Fort bien. A dire vrai , l'argent
Serait dans notre affaire un sûr et fort agent ;
Mais, ce ressort manquant, il faut user d'un autre.

SCÈNE VI. — ANSELME, MASCARILLE.

ANSELME. — Par mon chef, c'est un siècle étrange que le nôtre !
J'en suis confus. Jamais tant d'amour pour le bien.
Et jamais tant de peine à retirer le sien !
Les dettes aujourd'hui, quelque soin qu'on emploie,
Sont comme les enfants que l'on conçoit en joie,
Et dont avecque peine on fait l'accouchement.
L'argent dans une bourse entre agréablement ;
Mais le terme venu que nous devons le rendre,
C'est lors que les douleurs commencent à nous prendre.
Baste ; ce n'est pas peu que deux mille francs, dus
Depuis deux ans entiers, me soient enfin rendus ;
Encore est-ce un bonheur !
MASCARILLE, *à part les quatre premiers vers*. — O Dieu la belle proie
A tirer en volant ! Chut, il faut que je voie
Si je pourrais un peu de près la caresser.
Je sais bien des discours dont il le faut bercer...
Je viens de voir, Anselme...
      ANSELME. — Et qui ?
        MASCARILLE. — Votre Nérine.
ANSELME. — Que dit-elle de moi, cette gente assassine ?
MASCARILLE. — Pour vous elle est de flamme.
        ANSELME. — Elle ?
          MASCARILLE. — Et vous aime tant,
Que c'est grande pitié.
      ANSELME. — Que tu me rends content !
MASCARILLE. — Peu s'en faut que d'amour la pauvrette ne meure.
Anselme, mon mignon, crie-t-elle à toute heure,
Quand est-ce que l'hymen unira nos deux cœurs,
Et que tu daigneras éteindre mes ardeurs ?
ANSELME. — Mais pourquoi jusqu'ici me les avoir célées ?
Les filles, par ma foi, sont bien dissimulées !
Mascarille, en effet, qu'en dis-tu, quoique vieux,
J'ai de la mine encore assez pour plaire aux yeux.
MASCARILLE. — Oui, vraiment, ce visage est encor fort mettable ;
S'il n'est pas des plus beaux, il est des agréables.
ANSELME. — Si bien donc... ?

MASCARILLE *veut prendre la bourse.* — Si bien donc qu'elle est sotte de vous,
Ne vous regarde plus...
       ANSELME. — Quoi?
           MASCARILLE. — Que comme un époux;
Et vous veut...
      ANSELME. — Et me veut... ?
           MASCARILLE. — Et vous veut, quoi qu'il tienne,
Prendre la bourse...
      ANSELME. — La...?
MASCARILLE *prend la bourse et la laisse tomber.* La bouche avec la sienne.
ANSELME. — Ah? je t'entends. Viens ça : lorsque tu la verras,
Vante-lui mon mérite autant que tu pourras.
MASCARILLE. — Laissez-moi faire.
        ANSELME — Adieu.
         MASCARILLE. — Que le ciel te conduise!
ANSELME *revenant.* — Ah! vraiment, je faisais une étrange sottise,
Et tu pouvais pour toi m'accuser de froideur :
Je t'engage à servir mon amoureuse ardeur,
Je reçois par ta bouche une bonne nouvelle,
Sans du moindre présent récompenser ton zèle!
Tiens, tu te souviendras...
       MASCARILLE. — Ah! non pas, s'il vous plaît.
ANSELME. — Laissez-moi...
      MASCARILLE. — Point du tout. J'agis sans intérêt.
ANSELME. — Je le sais; mais pourtant...
        MASCARILLE — Non, Anselme, vous dis-je;
Je suis homme d'honneur, cela me désoblige.
ANSELME. — Adieu donc, Mascarille.
MASCARILLE, *à part.* — O longs discours!
        ANSELME, *revenant.* — Je veux
Régaler par tes mains cet objet de mes vœux;
Et je vais te donner de quoi faire pour elle
L'achat de quelque bague, ou telle bagatelle
Que tu trouveras bon.
      MASCARILLE. — Non; laissez votre argent.
Sans vous mettre en soucis, je ferai le présent;
Et l'on m'a mis en main une bague à la mode,
Qu'après vous payerez, si cela l'accommode.
ANSELME. — Soit; donne-la pour moi; mais surtout fais si bien
Qu'elle garde toujours l'ardeur de me voir sien.

SCÈNE VII. — LÉLIE, ANSELME, MASCARILLE.

LÉLIE, *ramassant la bourse.* — A qui la bourse ?
       ANSELME, — Ah! dieux! elle m'était tombée!
Et j'aurais après cru qu'on me l'eût dérobée!
Je vous suis bien tenu de ce soin obligeant,
Qui m'épargne un grand trouble et me rend mon argent.
Je vais m'en décharger au logis tout à l'heure.

SCÈNE VIII. — LÉLIE, MASCARILLE.

MASCARILLE. — C'est être officieux, et très fort, ou je meure.
LÉLIE. — Ma foi! sans moi, l'argent était perdu pour lui.
MASCARILLE. — Certes, vous faites rage, et payez aujourd'hui
D'un jugement très rare et d'un bonheur extrême.
Nous avancerons fort, continuez de même.
LÉLIE. — Qu'est-ce donc? Qu'ai-je fait?
       MASCARILLE. — Le sot, en bon françois
Puisque je puis le dire, et qu'enfin je le dois.
Il sait bien l'impuissance où son père le laisse;
Qu'un rival qu'il doit craindre, étrangement nous presse;
Cependant, quand je tente un coup pour l'obliger,

...ont je cours moi tout seul la honte et le danger...
LÉLIE. — Quoi! c'était!
        MASCARILLE. — Oui, bourreau, c'était pour la captive
    Que j'attrapais l'argent dont votre soin nous prive.
LÉLIE.— S'il est ainsi, j'ai tort; mais qui l'eût deviné?
MASCARILLE. — Il fallait, en effet, être bien raffiné!
LÉLIE. — Tu me devais par signe avertir de l'affaire.
MASCARILLE. —Oui, je devais au dos avoir mon luminaire.
    Au nom de Jupiter, laissez-nous en repos,
    Et ne nous chantez plus d'impertinents propos.
    Un autre après cela quitterait tout peut-être:
    Mais j'avais médité tantôt un coup de maître,
    Dont tout présentement je veux voir les effets;
    A la charge que si...
            LÉLIE. —Non, je te le promets
    De ne me mêler plus de rien dire ou rien faire.
MASCARILLE.— Allez donc: votre vue excite ma colère.
LÉLIE.— Mais surtout hâte-toi, de peur qu'en ce dessein...
MASCARILLE. — Allez, encore un coup; j'y vais mettre la main.
    Menons bien ce projet : la fourbe sera fine,
    S'il faut qu'elle succède ainsi que j'imagine.
    Allons voir... Bon! voici mon homme justement.

        SCÈNE IX. — PANDOLFE, MASCARILLE.

PANDOLFE. — Mascarille.
        MASCARILLE. — Monsieur.
                PANDOLFE. — A parler franchement,
    Je suis mal satisfait de mon fils.
                MASCARILLE. — De mon maître?
    Vous n'êtes pas le seul qui se plaigne de l'être :
    Sa mauvaise conduite, insupportable en tout,
    Met à chaque moment ma patience à bout.
PANDOLFE. — Je vous croyais pourtant assez d'intelligence
    Ensemble.
MASCARILLE. — Moi? Monsieur, perdez cette croyance :
    Toujours de son devoir je tâche à l'avertir,
    Et l'on nous voit sans cesse avoir maille à partir;
    A l'heure même encor nous avons eu querelle
    Sur l'hymen d'Hippolyte, où je le vois rebelle,
    Où par l'indignité d'un refus criminel,
    Je le vois offenser le respect paternel.
PANDOLFE. — Querelle?
            MASCARILLE. — Oui, querelle, et bien avant poussée.
PANDOLFE. — Je me trompais donc bien; car j'avais la pensée
    Qu'à tout ce qu'il faisait tu donnais de l'appui.
MASCARILLE. — Moi? Voyez ce que c'est que du monde aujourd'hui,
    Et comme l'innocence est toujours opprimée!
    Si mon intégrité vous était confirmée,
    Je suis auprès de lui gagé pour serviteur,
    Vous me voudriez encor payer pour précepteur.
    Oui; vous ne pourriez pas lui dire davantage
    Que ce que je lui dis pour le faire être sage.
    Monsieur, au nom de Dieu, lui fais-je assez souvent,
    Cessez de vous laisser conduire au premier vent :
    Réglez-vous : regardez l'honnête homme de père
    Que vous avez du ciel, comme on le considère ;
    Cessez de lui vouloir donner la mort au cœur,
    Et comme lui vivez en personne d'honneur.
PANDOLFE. — C'est parler comme il faut. Et que peut-il répondre?
MASCARILLE. — Répondre! Des chansons dont il me vient confondre.
    Ce n'est pas qu'en effet, dans le fond de son cœur,

Il ne tienne de vous des semences d'honneur,
Mais sa raison n'est pas maintenant la maîtresse.
Si je pouvais parler avecque hardiesse,
Vous le verriez dans peu soumis sans nul effort.
PANDOLFE. — Parle.
MASCARILLE. — C'est un secret qui m'importerait fort,
S'il est découvert; mais c'est à votre prudence
Je le puis confier avec toute assurance.
PANDOLFE. — Tu dis bien..
MASCARILLE. — Sachez donc que vos vœux sont trahis
Par l'amour qu'une esclave imprime à votre fils.
PANDOLFE. — On m'en avait parlé; mais l'action me touche
De voir que je l'apprenne encore par ta bouche.
MASCARILLE. — Vous voyez si je suis le secret confident...
PANDOLFE. — Vraiment je suis ravi de cela.
MASCARILLE. — Cependant
A son devoir, sans bruit, désirez-vous le rendre?
Il faut... J'ai toujours peur qu'on nous vienne surprendre;
Ce serait fait de moi, s'il savait ce discours.
Il faut, dis-je, pour rompre à toute chose cours,
Acheter sourdement l'esclave idolâtrée,
Et la faire passer en une autre contrée.
Anselme a grand accès auprès de Trufaldin;
Qu'il aille l'acheter pour vous dès ce matin.
Après, si vous voulez en mes mains la remettre,
Je connais des marchands, et puis bien vous promettre
D'en retirer l'argent qu'elle pourra coûter,
Et, malgré votre fils, de la faire écarter;
Car enfin, si l'on veut qu'à l'hymen il se range,
A cet amour naissant il faut donner le change;
Et de plus, quand bien même il serait résolu
Qu'il aurait pris le joug que vous avez voulu,
Cet autre objet, pouvant réveiller son caprice,
Au mariage encor peu porter préjudice.
PANDOLFE. — C'est très bien raisonner, ce conseil me plaît fort..
Je vois Anselme; va, je m'en vais faire effort
Pour avoir promptement cette esclave funeste,
Et la mettre en tes mains pour achever le reste.
MASCARILLE, *seul*. — Bon: allons avertir mon maître de ceci.
Vive la fourberie et les fourbes aussi!

SCÈNE X. — HIPPOLYTE, MASCARILLE.

HIPPOLYTE. — Oui, traître, c'est ainsi que tu me rends service!
Je viens de tout entendre, et voir ton artifice :
A moins que de cela, l'eussè-je soupçonné?
Tu payes d'imposture, et tu m'en as donné.
Tu m'avais promis, lâche, et j'avais lieu d'attendre
Qu'on te verrait servir mes ardeurs pour Léandre;
Que du choix de Lélie où l'on veut m'obliger
Ton adresse et tes soins sauraient me dégager;
Que tu m'affranchirais du projet de mon père:
Et cependant ici tu fais tout le contraire!
Mais tu t'abuseras; je sais un sûr moyen
Pour rompre cet achat où tu pousses si bien,
Et je vais de ce pas...
MASCARILLE. — Ah! que vous êtes prompte!
La mouche tout d'un coup à la tête vous monte,
Et, sans considérer s'il a raison ou non,
Votre esprit contre moi fait le petit démon.
J'ai tort, et je devrais, sans finir mon ouvrage,
Vous faire dire vrai, puisque ainsi l'on m'outrage.

HIPPOLYTE. — Par quelle illusion penses-tu m'éblouir?
  Traître, peux-tu nier ce que je viens d'ouïr?
MASCARILLE. — Non. Mais il faut savoir que tout cet artifice
  Ne va directement qu'à vous rendre service,
  Que ce conseil adroit, qui semble être sans fard,
  Jette dans le panneau l'un et l'autre vieillard;
  Que mon soin par leurs mains ne veut avoir Célie,
  Qu'à dessein de la mettre au pouvoir de Lélie,
  Et faire que l'effet de cette invention
  Dans le dernier excès portant sa passion,
  Anselme, rebuté de son prétendu gendre,
  Puisse tourner son choix du côté de Léandre.
HIPPOLYTE. — Quoi! tout ce grand projet qui m'a mise en courroux,
  Tu l'as formé pour moi, Mascarille?
                    MASCARILLE. — Oui, pour vous.
  Mais puisqu'on reconnaît si mal nos bons offices,
  Qu'il me faut de la sorte essuyer vos caprices,
  Et que pour récompense, on s'en vient, de hauteur,
  Me traiter de faquin, de lâche, d'imposteur,
  Je m'en vais réparer l'erreur que j'ai commise,
  Et, dès ce même pas, rompre mon entreprise.
HIPPOLYTE, *l'arrêtant*. — Hé! ne me traite pas si rigoureusement,
  Et pardonne aux transports d'un premier mouvement.
MASCARILLE. — Non, non, laissez-moi faire; il est en ma puissance
  De détourner le coup qui si fort vous offense.
  Vous ne vous plaindrez point de mes soins désormais;
  Oui, vous aurez mon maître, et je vous le promets.
HIPPOLYTE. — Hé! mon pauvre garçon, que ta colère cesse;
  J'ai mal jugé de toi, j'ai tort, je le confesse (*tirant sa bourse*).
  Mais je veux réparer ma faute avec ceci.
  Pourrais-tu te résoudre à me quitter ainsi?
MASCARILLE. — Non, je ne le saurais, quelque effort que je fasse :
  Mais votre promptitude est de mauvaise grâce.
  Apprenez qu'il n'est rien qui blesse un noble cœur,
  Comme quand il peut voir qu'on le touche en l'honneur.
HIPPOLITE. — Il est vrai, je t'ai dit de trop grosses injures :
  Mais que ces deux louis guérissent tes blessures.
MASCARILLE. — Hé! tout cela n'est rien; je suis tendre à ces coups;
  Mais déjà je commence à perdre mon courroux :
  Il faut de ses amis endurer quelque chose.
HIPPOLYTE. — Pourrais-tu mettre à fin ce que je me propose,
  Et crois-tu que l'effet de tes desseins hardis
  Produise à mon amour le succès que tu dis?
MASCARILLE. — N'ayez point pour ce fait l'esprit sur des épines.
  J'ai des ressorts tout prêts pour diverses machines;
  Et, quand ce stratagème à nos vœux manquerait,
  Ce qu'il ne ferait pas, un autre le ferait.
HIPPOLYTE. — Crois qu'Hippolyte au moins ne sera pas ingrate.
MASCARILLE. — L'espérance du gain n'est pas ce qui me flatte.
HIPPOLYTE. — Ton maître te fait signe, et veut parler à toi :
  Je te quitte; mais songe à bien agir pour moi.

            SCÈNE XI. — LÉLIE, MASCARILLE.

LÉLIE. — Que diable fais-tu là? Tu me promets merveille;
  Mais ta lenteur d'agir est pour moi sans pareille.
  Sans que mon bon génie au devant m'a poussé,
  Déjà tout mon bonheur eût été renversé.
  C'était fait de mon bien, c'était fait de ma joie,
  D'un regret éternel je devenais la proie.
  Bref, si je ne me fusse en ce lieu rencontré,

Anselme avait l'esclave, et j'en étais frustré;
Il l'emmenait chez lui; mais j'ai paré l'atteinte,
J'ai détourné le coup, et tant fait, que par crainte
Le pauvre Trufaldin l'a retenue.
       MASCARILLE. — Et trois !
Quand nous serons à dix, nous ferons une croix.
C'était par mon adresse, ô cervelle incurable !
Qu'Anselme entreprenait cet achat favorable :
Entre mes propres mains on la devait livrer;
Et vos soins endiablés nous en viennent sevrer.
Et puis pour votre amour je m'emploierais encore !
J'aimerais mieux cent fois être grosse pécore,
Devenir cruche, chou, lanterne, loup-garou,
Et que monsieur Satan vous vînt tordre le cou.
LÉLIE, *seul*. — Il nous le faut mener en quelque hôtellerie,
Et faire sur les pots décharger sa furie.

FIN DU PREMIER ACTE.

ACTE II.

SCÈNE PREMIÈRE. — LÉLIE, MASCARILLE.

MASCARILLE. — A vos désirs enfin il a fallu se rendre :
Malgré tous mes serments, je n'ai pu m'en défendre,
Et pour vos intérêts, que je voulais laisser,
En de nouveaux périls viens de m'embarrasser.
Je suis ainsi facile; et si de Mascarille
Madame la nature avait fait une fille,
Je vous laisse à penser ce que ç'aurait été.
Toutefois n'allez pas, sur cette sûreté,
Donner de vos revers au projet que je tente,
Me faire une bévue et rompre mon attente.
Auprès d'Anselme encor nous nous excuserons,
Pour en pouvoir tirer ce que nous désirons :
Mais si, dorénavant, votre imprudence éclate,
Adieu, vous dis, mes soins pour l'objet qui vous flatte.
LÉLIE. — Non; je serai prudent, té dis-ie, ne crains rien :
Tu verras seulement...
       MASCARILLE. — Souvenez-vous-en bien ;
J'ai commencé pour vous un hardi stratagème.
Votre père fait voir une paresse extrême
A rendre par sa mort tous vos désirs contents;
Je viens de le tuer (de paroles, j'entends) :
Je fais courir le bruit que d'une apoplexie
Le bon homme surpris a quitté cette vie.
Mais, avant, pour pouvoir mieux feindre ce trépas,
J'ai fait que vers sa grange il a porté ses pas.
On est venu lui dire, et par mon artifice,
Que les ouvriers qui sont après son édifice,
Parmi les fondements qu'ils en jettent encor,
Avaient fait par hasard rencontre d'un trésor.
Il a volé d'abord ; et comme à la campagne
Tout son monde à présent, hors nous deux, l'accompagne,
Dans l'esprit d'un chacun je le tue aujourd'hui,
Et produis un fantôme enseveli pour lui.
Enfin je vous ai dit à quoi je vous engage.
Jouez bien votre rôle ; et, pour mon personnage,

Si vous apercevez que j'y manque d'un mot,
Dites absolument que je ne suis qu'un sot.

SCÈNE II.

LÉLIE, *seul.* — Son esprit, il est vrai, trouve une étrange voie
Pour adresser mes vœux au comble de leur joie :
Mais quand d'un bel objet on est bien amoureux,
Que ne ferait-on pas pour devenir heureux?
Si l'amour est au crime une assez belle excuse,
Il en peut bien servir à la petite ruse
Que sa flamme aujourd'hui me force d'approuver
Par la douceur du bien qui m'en doit arriver.
Juste ciel! qu'ils sont prompts! Je les vois en parole.
Allons nous préparer à jouer notre rôle.

SCÈNE III. — ANSELME, MASCARILLE.

MASCARILLE. — La nouvelle a sujet de vous surprendre fort.
ANSELME. — Être mort de la sorte!
       MASCARILLE. — Il a certes grand tort :
Je lui sais mauvais gré d'une telle incartade.
ANSELME. — N'avoir pas seulement le temps d'être malade!
MASCARILLE. — Non; jamais homme n'eut si hâte de mourir.
ANSELME. — Et Lélie?
      MASCARILLE. — Il se bat, et ne peut rien souffrir :
Il s'est fait en maints lieux contusion et bosse,
Et veut accompagner son papa dans la fosse :
Enfin, pour achever, l'excès de son transport
M'a fait en grande hâte ensevelir le mort,
De peur que cet objet, qui le rend hypocondre,
A faire un vilain coup ne me l'allât semondre.
ANSELME. — N'importe, tu devais attendre jusqu'au soir;
Outre qu'encore un coup j'aurais voulu le voir,
Qui tôt enseveli bien souvent assassine :
Et tel est cru défunt, qui n'en a que la mine.
MASCARILLE. — Je vous le garantis trépassé comme il faut.
Au reste, pour venir au discours de tantôt,
Lélie, et l'action lui sera salutaire,
D'un bel enterrement veut régaler son père,
Et consoler un peu ce défunt de son sort,
Par le plaisir de voir faire honneur à sa mort.
Il hérite beaucoup; mais, comme en ses affaires
Il se trouve assez neuf et ne voit encor guères,
Que son bien la plupart n'est point en ses quartiers,
Ou que ce qu'il y tient consiste en des papiers;
Il voudrait vous prier, ensuit de l'instance
D'excuser de tantôt son trop de violence,
De lui prêter au moins pour ce dernier devoir..,
ANSELME. — Tu me l'as déjà dit; et je m'en vais le voir.
MASCARILLE, *seul.* — Jusques ici, du moins, tout va le mieux du monde.
Tâchons à ce progrès que le reste réponde;
Et, de peur de trouver dans le port un écueil,
Conduisons le vaisseau de la main et de l'œil.

SCÈNE IV. — ANSELME, LÉLIE, MASCARILLE.

ANSELME. — Sortons; je ne saurais qu'avec douleur très forte,
Le voir empaqueté de cette étrange sorte.
Las! en si peu de temps! il vivait ce matin!
MASCARILLE. — En peu de temps parfois ont fait bien du chemin.
LÉLIE, *pleurant.* — Ah!
      ANSELME. — Mais quoi, cher Lélie! enfin il était homme.
On n'a point pour la mort de dispense de Rome.

LÉLIE. — Ah!

ANSELME. — Sans leur dire gare, elle abat les humains,
Et contre eux de tout temps a de mauvais desseins.

LÉLIE. — Ah!

ANSELME. — Ce fier animal, pour toutes nos prières,
Ne perdrait pas un coup de ses dents meurtrières.
Tout le monde y passe.

LÉLIE. — Ah!

MASCARILLE. — Vous avez beau prêcher,
Ce deuil enraciné ne se peut arracher.

ANSELME. — Si, malgré ces raisons, votre ennui persévère,
Mon cher Lélie, au moins faites qu'il se modère.

LÉLIE. — Ah!

MASCARILLE. — Il n'en fera rien, je connais son humeur.

ANSELME. — Au reste, sur l'avis de votre serviteur,
J'apporte ici l'argent qui vous est nécessaire
Pour faire célébrer les obsèques d'un père.

LÉLIE. — Ah! ah!

MASCARILLE. — Comme à ce mot s'augmente sa douleur!
Il ne peut, sans mourir, songer à ce malheur.

ANSELME. — Je sais que vous verrez aux papiers du bon homme
Que je suis débiteur d'une plus grande somme;
Mais, quand par ces raisons je ne vous devrais rien,
Vous pourriez librement disposer de mon bien.
Tenez, je suis tout vôtre, et le ferai paraître.

LÉLIE, s'en allant. — Ah!

MASCARILLE. — Le grand déplaisir que sent monsieur mon maître!

ANSELME. — Mascarille, je crois qu'il serait à propos
Qu'il me fît de sa main un reçu de deux mots.

MASCARILLE. — Ah!

ANSELME. — Des évènements l'incertitude est grande.

MASCARILLE. Ah!

ANSELME. — Faisons-lui signer le mot que je demande.

MASCARILLE. — Las! en l'état qu'il est, comment vous contenter!
Donnez-lui le loisir de se désattrister;
Et quand ses déplaisirs prendront quelque allégeance,
J'aurai soin d'en tirer d'abord votre assurance.
Adieu. Je sens mon cœur qui se gonfle d'ennui,
Et m'en vais tout mon saoûl pleurer avecque lui.
Ah!

ANSELME, seul. — Le monde est rempli de beaucoup de traverses;
Chaque homme tous les jours en ressent de diverses,
Et jamais ici-bas...

SCÈNE V. — PANDOLFE, ANSELME.

ANSELME. — Ah! bon dieu! je frémi!
Pandolfe qui revient! Fût-il bien endormi?
Comme depuis sa mort sa face est amaigrie!
Las! ne m'approchez pas de plus près, je vous prie!
J'ai trop de répugnance à coudoyer un mort.

PANDOLFE. — D'où peut donc provenir ce bizarre transport!

ANSELME. — Dites-moi de bien loin quel sujet vous amène.
Si pour me dire adieu vous prenez tant de peine,
C'est trop de courtoisie, et véritablement
Je me serais passé de votre compliment.
Si votre âme est en peine et cherche des prières,
Las! je vous en promets, et ne m'effrayez guères!
Foi d'homme épouvanté, je vais faire à l'instant
Prier tant Dieu pour vous, que vous serez content.
Disparaissez donc, je vous prie;
Et que le ciel par sa bonté,

                Comble de joie et de santé
                Votre défunte seigneurie !
PANDOLFE, *riant.* — Malgré tout mon dépit, il m'y faut prendre part.
ANSELME. — Las ! pour un trépassé vous êtes bien gaillard !
PANDOLFE — Est-ce jeu, dites-nous, ou bien si c'est folie,
    Qui traite de défunt une personne en vie ?
ANSELME. — Hélas ! vous êtes mort, et je viens de vous voir.
PANDOLFE. — Quoi ! j'aurais trépassé sans m'en apercevoir ?
ANSELME — Sitôt que Mascarille en a dit la nouvelle,
    J'en ai senti dans l'âme une douleur mortelle.
PANDOLFE. — Mais enfin, dormez-vous? Êtes-vous éveillé.
    Me connaissez-vous pas ?
                ANSELME. — Vous êtes habillé
D'un corps aérien qui contrefait le vôtre,
Mais qui dans un moment peut devenir tout autre.
Je crains fort de vous voir comme un géant grandir,
Et tout votre visage affreusement laidir.
Pour Dieu, ne prenez point de vilaine figure ;
J'ai prou de ma frayeur en cette conjoncture.
PANDOLFE. — En une autre saison, cette naïveté
    Dont vous accompagnez votre crédulité,
    Anselme, me serait un charmant badinage,
    Et j'en prolongerais le plaisir davantage ;
    Mais, avec cette mort, un trésor suppose,
    Dont parmi les chemins on m'a désabusé,
    Fomente dans mon âme un soupçon légitime.
    Mascarille est un fourbe, et fourbe fourbissime,
    Sur qui ne peuvent rien la crainte et les remords,
    Et qui pour ses desseins a d'étranges ressorts.
ANSELME. — M'aurait-on joué pièce et fait supercherie ?
    Ah ! vraiment, ma raison, vous seriez fort jolie !
    Touchons un peu pour voir : en effet, c'est bien lui.
    Malepeste du sot que je suis aujourd'hui !
    De grâce, n'allez pas divulguer un tel conte ;
    On en ferait jouer quelque farce à ma honte :
    Mais, Pandolfe, aidez-moi vous-même à retirer
    L'argent que j'ai donné pour vous faire enterrer.
PANDOLPHE. — De l'argent, dites-vous ! Ah ! voilà l'enclouure !
    Voilà le nœud secret de toute l'aventure !
    A votre dam. Pour moi, sans me mettre en souci,
    Je vais faire informer de cette affaire-ci
    Contre ce Mascarille : et si l'on peut le prendre,
    Quoi qu'il puisse coûter, je le veux faire pendre.
ANSELME, *seul.* — Et moi, la bonne dupe à trop croire un vaurien,
    Il faut donc qu'aujourd'hui je perde et sens et bien.
    Il me sied bien, ma foi, de porter tête grise,
    Et d'être encore si prompt à faire une sottise ;
    D'examiner si peu sur un premier rapport...
    Mais je vois...

SCÈNE VI. — LÉLIE, ANSELME.

LÉLIE, *sans voir Anselme.* — Maintenant, avec ce passeport,
    Je puis à Trufaldin rendre aisément visite.
ANSELME. — A ce que je puis voir, votre douleur vous quitte.
LÉLIE. — Que dites-vous? Jamais elle ne quittera
    Un cœur qui chèrement toujours la nourrira.
ANSELME. — Je reviens sur mes pas vous dire, avec franchise,
    Que tantôt avec vous j'ai fait une méprise ;
    Que parmi ces louis, quoiqu'ils paraissent beaux,
    J'en ai, sans y penser, mêlé que je tiens faux ;

Et j'apporte sur moi de quoi mettre en leur place :
De nos faux monnayeurs l'insupportable audace
Pullule en cet état d'une telle façon,
Qu'on ne reçoit plus rien qui soit hors de soupçon.
Mon Dieu ! qu'on ferait bien de les faire tous pendre !

LÉLIE. — Vous me faites plaisir de les vouloir reprendre :
Mais je n'en ai point vu de faux, comme je crois.

ANSELME. — Je les connaîtrai bien ; montrez, montrez-les-moi.
Est-ce tout ?

LÉLIE. — Oui.

ANSELME. — Tant mieux. Enfin je vous raccroche,
Mon argent bien aimé, rentrez dedans ma poche.
Et vous, mon brave escroc, vous ne tenez plus rien.
Vous tuez donc des gens qui se portent fort bien ?
Et qu'auriez-vous donc fait sur moi, chétif beau-père ?
Ma foi ! je m'engendrais d'une belle manière,
Et j'allais prendre en vous un beau-fils fort discret !
Allez, allez mourir de honte et de regret.

LÉLIE, seul. — Il faut dire, j'en tiens. Quelle surprise extrême !
D'où peut-il avoir su sitôt le stratagème ?

SCÈNE VII. — LÉLIE, MASCARILLE.

MASCARILLE. — Quoi ! vous étiez sorti ! Je vous cherchais partout.
Hé bien ! en sommes-nous enfin venus à bout ?
Je le donne en six coups au fourbe le plus brave.
Çà, donnez-moi que j'aille acheter notre esclave ;
Votre rival après sera bien étonné.

LÉLIE. — Ah ! mon pauvre garçon, la chance a bien tourné !
Pourrais-tu de mon sort deviner l'injustice ?

MASCARILLE. — Quoi ? que serait-ce ?

LÉLIE. — Anselme, instruit de l'artifice
M'a repris maintenant tout ce qu'il nous prêtait,
Sous couleur de changer de l'or que l'on doutait.

MASCARILLE. — Vous vous moquez peut-être ?

LÉLIE. — Il est trop véritable.

MASCARILLE. — Tout de bon ?

LÉLIE. — Tout de bon ; j'en suis inconsolable.
Tu te vas emporter d'un courroux sans égal.

MASCARILLE. — Moi, monsieur ! Quelque sot : la colère fait mal ;
Et je veux me choyer quoi qu'enfin il arrive.
Que Célie, après tout, soit ou libre ou captive,
Que Léandre l'achète, ou qu'elle reste là,
Pour moi, je m'en soucie autant que de cela.

LÉLIE. — Ah ! n'aye point pour moi si grande indifférence,
Et sois plus indulgent à ce peu d'imprudence !
Sans ce dernier malheur, ne m'avoueras-tu pas
Que j'avais fait merveille, et qu'en ce feint trépas
J'éludais un chacun d'un deuil si vraisemblable,
Que les plus clairvoyants l'auraient cru véritable !

MASCARILLE. — Vous avez en effet sujet de vous louer.

LÉLIE. — Hé bien ! je suis coupable, et je veux l'avouer ;
Mais si jamais mon bien te fut considérable,
Répare ce malheur, et me sois secourable.

MASCARILLE. — Je vous baise les mains ; je n'ai pas le loisir.

LÉLIE. — Mascarille, mon fils.

MASCARILLE. — Point.

LÉLIE. — Fais-moi ce plaisir.

MASCARILLE. — Non, je n'en ferais rien.

LÉLIE. — Si tu m'es inflexible,
Je m'en vais me tuer.

MASCARILLE. — Soit ; il vous est loisible.

LÉLIE. — Je ne puis te fléchir ?

MASCARILLE. — Non.

LÉLIE. — Vois-tu le fer prêt ?

MASCARILLE. — Oui.

LÉLIE. — Je vais le pousser.

MASCARILLE. — Faites ce qu'il vous plaît.

LÉLIE. — Tu n'auras pas regret de m'arracher la vie ?

MASCARILLE. — Non.

LÉLIE. — Adieu, Mascarille.

MASCARILLE. — Adieu, monsieur Lélie.

LÉLIE. — Quoi !

MASCARILLE. — Tuez-vous donc vite. Ah ! que de longs devis !

LÉLIE. — Tu voudrais bien, ma foi ! pour avoir mes habits,
Que je fisse le sot, et que je me tuasse.

MASCARILLE. — Savais-je pas qu'enfin ce n'était que grimace ;
Et, quoi que ces esprits jurent d'effectuer,
Qu'on n'est point aujourd'hui si prompt à se tuer ?

SCÈNE VIII. — TRUFALDIN, LÉANDRE, LÉLIE, MASCARILLE.

(Trufaldin parle bas à Léandre, dans le fond du théâtre.)

LÉLIE. — Que vois-je ? Mon rival et Trufaldin ensemble !
Il achète Célie ! ah ! de frayeur je tremble.

MASCARILLE — Il ne faut point douter qu'il fera ce qu'il peut,
Et, s'il a de l'argent, qu'il pourra ce qu'il veut.
Pour moi, j'en suis ravi. Voilà la récompense
De vos brusques erreurs, de votre impatience.

LÉLIE. — Que dois-je faire ? dis : veuille me conseiller.

MASCARILLE. — Je ne sais.

LÉLIE. — Laisse-moi, je vais le quereller.

MASCARILLE. — Qu'en arrivera-t-il ?

LÉLIE. — Que veux-tu que je fasse
Pour empêcher ce coup ?

MASCARILLE. — Allez, je vous fais grâce :
Je jette encore un œil pitoyable sur vous.
Laissez-moi l'observer : par des moyens plus doux
Je vais, comme je crois, savoir ce qu'il projette. (*Lélie sort.*)

TRUFALDIN, *à Léandre.*
Quand on viendra tantôt, c'est une affaire faite. (*Trufaldin sort.*)

MASCARILLE, *à part, en s'en allant.*
Il faut que je l'attrape, et que de ses desseins
Je sois le confident, pour mieux les rendre vains.

LÉANDRE, *seul.* — Grâces au ciel, voilà mon bonheur hors d'atteinte ;
J'ai su me l'assurer, et je n'ai plus de crainte.
Quoi que désormais puisse entreprendre un rival,
Il n'est plus en pouvoir de me faire du mal.

SCÈNE IX. — LÉANDRE, MASCARILLE.

MASCARILLE *dit ces deux vers dans la maison, et entre sur le théâtre.*
Ahi ! ahi ! à l'aide ! au meurtre ! au secours ! on m'assomme !
Ah ! ah ! ah ! ah ! ah ! Ah ! O traître ! ô bourreau d'homme !

LÉANDRE. — D'où procède cela ? Qu'est-ce ? que te fait-on ?

MASCARILLE. — On vient de me donner deux cents coups de bâton.

LÉANDRE. — Qui ?

MASCARILLE — Lélie.

LÉANDRE. — Et pourquoi ?

MASCARILLE. — Pour une bagatelle
Il me chasse et me bat d'une façon cruelle.

LÉANDRE. — Ah ! vraiment il a tort !

MASCARILLE. — Mais, ou je ne pourrai,

Ou je jure bien fort que je m'en vengerai.
Oui, je te ferai voir, batteur que Dieu confonde,
Que ce n'est pas pour rien qu'il faut rouer le monde,
Que je suis un valet, mais fort homme d'honneur,
Et qu'après m'avoir eu quatre ans pour serviteur,
Il ne me fallait pas payer en coups de gaules,
Et me faire un affront si sensible aux épaules.
Je te le dis encore, je saurai m'en venger;
Une esclave te plaît, tu voulais m'engager
A la mettre en tes mains, et je veux faire en sorte
Qu'un autre te l'enlève, ou le diable m'emporte.

LÉANDRE. — Écoute Mascarille, et quitte ce transport.
Tu m'as plu de tout temps, et je souhaitais fort
Qu'un garçon comme toi, plein d'esprit et fidèle,
A mon service un jour pût attacher son zèle:
Enfin, si le parti te semble bon pour toi,
Si tu veux me servir, je t'arrête avec moi.

MASCARILLE. — Oui, monsieur, d'autant mieux que le destin propice,
M'offre à me bien venger en vous rendant service;
Et que, dans mes efforts pour vos contentements,
Je puis à mon brutal trouver des châtiments:
De Célie, en un mot, par mon adresse extrême...

LÉANDRE. — Mon amour s'est rendu cet office lui-même.
Enflammé d'un objet qui n'a point de défaut,
Je viens de l'acheter moins encor qu'il ne vaut.

MASCARILLE. — Quoi! Célie est à vous?

　　　　　　　　LÉANDRE. — Tu la verrais paraître,
Si de mes actions j'étais tout à fait maître:
Mais quoi! mon père l'est; comme il a volonté,
Ainsi que je l'apprends d'un paquet apporté,
De me déterminer à l'hymen d'Hippolyte,
J'empêche qu'un rapport de tout ceci l'irrite.
Donc avec Trufaldin, car je sors de chez lui,
J'ai voulu tout exprès agir au nom d'autrui;
Et, l'achat fait, ma bague est la marque choisie
Sur laquelle au premier il doit livrer Célie.
Je songe auparavant à chercher les moyens
D'ôter aux yeux de tous ce qui charme les miens,
A trouver promptement un endroit favorable
Où puisse être en secret cette captive aimable.

MASCARILLE. — Hors de la ville un peu, je puis avec raison
D'un vieux parent que j'ai vous offrir la maison;
Là vous pourrez la mettre avec toute assurance,
Et de cette action nul n'aura connaissance.

LÉANDRE. — Oui; ma foi, tu me fais un plaisir souhaité.
Tiens donc, et va pour moi prendre cette beauté.
Dès que par Trufaldin ma bague sera vue
Aussitôt en tes mains elle sera rendue,
Et dans cette maison tu me la conduiras,
Quand... Mais chut, Hippolyte est ici sur nos pas.

SCÈNE X. — HIPPOLYTE, LÉANDRE, MASCARILLE.

HIPPOLYTE. — Je dois vous annoncer, Léandre, une nouvelle;
Mais la trouverez-vous agréable ou cruelle?

LÉANDRE. — Pour en pouvoir juger, et répondre soudain,
Il faudrait la savoir.

　　　　HIPPOLYTE. — Donnez-moi donc la main
Jusqu'au temple; en marchant je pourrai vous l'apprendre.

LÉANDRE, à Mascarille. — Va, va-t'en me servir sans davantage attendre.

SCÈNE XI

MASCARILLE, — *seul*. Oui, je te vais servir d'un plat de ma façon.
  Fut-il jamais au monde un plus heureux garçon!
  Oh! que dans un moment Lélie aura de joie!
  Sa maîtresse en nos mains tomber par cette voie!
  Recevoir tout son bien d'où l'on attend le mal!
  Et devenir heureux par la main d'un rival.
  Après ce rare exploit, je veux que l'on s'apprête
  A me peindre en héros, un laurier sur la tête,
  Et qu'au bas du portrait on mette en lettres d'or,
  Vivat Mascarillus fourbum imperator!

SCÈNE XII. — TRUFALDIN, MASCARILLE.

MASCARILLE. — Holà!

        TRUFALDIN. — Que voulez-vous?

           MASCARILLE. — Cette bague connue
Vous dira le sujet qui cause ma venue.

TRUFALDIN. — Oui, je reconnais bien la bague que voilà.
  Je vais quérir l'esclave, arrêtez un peu là.

SCÈNE XIII. — TRUFALDIN, UN COURRIER, MASCARILLE.

         LE COURRIER, *à Trufaldin*.
Seigneur, obligez-moi de m'enseigner un homme..

TRUFALDIN. — Et qui?

      LE COURRIER. — Je crois que c'est Trufaldin qu'il se nomme.

TRUFALDIN. — Et que lui voulez-vous? Vous le voyez ici.

LE COURRIER. — Lui rendre seulement la lettre que voici.

TRUFALDIN, *lit*. — « Le ciel, dont la bonté prend souci de ma vie,
  « Vient de me faire ouïr, par un bruit assez doux,
  « Que ma fille, à quatre ans, par des voleurs ravie,
  « Sous le nom de Célie est esclave chez vous.
  « Si vous sûtes jamais ce que c'est qu'être père,
  « Et vous trouvez sensible aux tendresses du sang,
  « Conservez-moi chez vous cette fille si chère,
  « Comme si de la vôtre elle tenait le rang.
  « Pour l'aller retirer je pars d'ici moi-même,
  « Et vous vais de vos soins récompenser si bien,
  « Que par votre bonheur, que je veux rendre extrême,
  « Vous bénirez le jour où vous causez le mien. »
  De Madrid.   DON PEDRO DE GUSMAN, marquis de MONTALCANE.
(Il continue.) Quoiqu'à leur nation bien peu de foi soit due,
Ils me l'avaient bien dit, ceux qui me l'ont vendue,
Que je verrais dans peu quelqu'un la retirer,
Et que je n'aurais pas sujet d'en murmurer;
Et cependant j'allais, par mon impatience,
Perdre aujourd'hui les fruits d'une haute espérance.
(Au courrier.) Un seul moment plus tard tous vos pas étaient vains,
J'allais mettre à l'instant cette fille en ses mains :
Mais suffit; j'en aurai tout le soin qu'on désire, *(Le courrier sort.)*
(A Mascarille.) Vous-même vous voyez ce que je viens de lire.
Vous direz à celui qui vous a fait venir
Que je ne lui saurais ma parole tenir;
Qu'il vienne retirer son argent.

         MASCARILLE. — Mais l'outrage
Que vous lui faites...

        TRUFALDIN. — Va, sans causer davantage.

MASCARILLE, *seul*. — Ah! le fâcheux paquet que nous venons d'avoir!
  Le sort a bien donné la baie à mon espoir;
  Et bien à la malheure est-il venu d'Espagne
  Ce courrier que la foudre ou la grêle accompagne;
  Jamais, certes, jamais plus beau commencement
  N'eut en si peu de temps plus triste évènement.

SCÈNE XIV. — LÉLIE, *riant* ; MASCARILLE.

MASCARILLE. — Quel beau transport de joie à présent vous inspire?

LÉLIE. — Laisse m'en rire encore avant que te le dire.

MASCARILLE. — Çà, rions donc bien fort, nous en avons sujet.

LÉLIE. — Ah! je ne serai plus de tes plaintes l'objet.
Tu ne me diras plus, toi qui toujours me cries,
Que je gâte en brouillon toutes tes fourberies :
J'ai bien joué moi-même un tour des plus adroits.
Il est vrai, je suis prompt, et m'emporte parfois:
Mais pourtant, quand je veux, j'ai l'imaginative
Aussi bonne, en effet, que personne qui vive;
Et toi-même avoueras que ce que j'ai fait, part,
D'une pointe d'esprit où peu de monde à part.

MASCARILLE. — Sachons donc ce qu'a fait cette imaginative.

LÉLIE. Tantôt l'esprit ému d'une frayeur bien vive
D'avoir vu Trufaldin avecque mon rival,
Je songeais à trouver un remède à ce mal,
Lorsque, me ramassant tout entier en moi-même,
J'ai conçu, digéré, produit un stratagême
Devant qui tous les tiens, dont tu fais tant de cas,
Doivent, sans contredit, mettre pavillon bas.

MASCARILLE. — Mais qu'est-ce?

LÉLIE. — Ah! s'il te plaît, donne-toi patience!
J'ai donc feint une lettre avecque diligence,
Comme d'un grand seigneur écrite à Trufaldin,
Qui mande qu'ayant su, par un heureux destin,
Qu'une esclave qu'il tient sous le nom de Célie
Est sa fille, autrefois par des voleurs ravie,
Il veut la venir prendre, et le conjure au moins
De la garder toujours, de lui rendre des soins;
Qu'à ce sujet il part d'Espagne, et doit pour elle
Par de si grands présents reconnaître son zèle,
Qu'il n'aura point regret de causer son bonheur.

MASCARILLE. — Fort bien.

LÉLIE. — Ecoute donc; voici bien le meilleur.
La lettre que je dis a donc été remise;
Mais sais-tu bien comment? En saison si bien prise,
Que le porteur m'a dit que, sans ce trait falot,
Un homme l'emmenait, qui s'est trouvé fort sot.

MASCARILLE. — Vous avez fait ce coup sans vous donner au diable?

LÉLIE. — Oui. D'un tour si subtil m'aurais-tu cru capable?
Loue au moins mon adresse, et la dextérité
Dont je romps d'un rival le dessein concerté.

MASCARILLE. — A vous pouvoir louer selon votre mérite
Je manque d'éloquence, et ma force est petite.
Oui, pour bien étaler cet effort relevé,
Ce bel exploit de guerre à nos yeux achevé,
Ce grand et rare effet d'une imaginative,
Qui ne cède en vigueur à personne qui vive,
Ma langue est impuissante, et je voudrais avoir
Celle de tous les gens du plus exquis savoir,
Pour vous dire en beaux vers, ou bien en docte prose,
Que vous serez toujours, quoi que l'on se propose,
Tout ce que vous avez été durant vos jours;
C'est à dire un esprit chaussé tout à rebours,
Une raison malade et toujours en débauche;
Un envers du bon sens, un jugement à gauche,
Un brouillon, une bête, un brusque, un étourdi,
Que sais-je? un... cent fois plus encor que je ne di.
C'est faire en abrégé votre panégyrique.

LÉLIE. — Apprends-moi le sujet qui contre moi te pique?
  Ai-je fait quelque chose? Éclaircis-moi ce point.
MASCARILLE. — Non, vous n'avez rien fait. Mais ne me suivez point.
LÉLIE — Je te suiverai partout pour savoir ce mystère.
MASCARILLE. — Oui? Sus donc, préparez vos jambes à bien faire :
  Car je vais vous fournir de quoi les exercer.
LÉLIE, *seul*. — Il m'échappe. Ô malheur qui ne se peut forcer!
  Au discours qu'il m'a fait que saurais-je comprendre,
  Et quel mauvais office aurais-je pu me rendre.

FIN DU SECOND ACTE.

ACTE III.

SCÈNE PREMIÈRE. — MASCARILLE, *seul*.

Taisez-vous, ma bonté, cessez votre entretien,
Vous êtes une sotte, et je n'en ferai rien.
Oui, vous avez raison, mon courroux, je l'avoue;
Relier tant de fois ce qu'un brouillon dénoue,
C'est trop de patience : et je dois en sortir,
Après de si beaux coups qu'il a su divertir,
Mais aussi raisonnons un peu sans violence.
Si je suis maintenant ma juste impatience
On dira que je cède à la difficulté;
Que je me trouve à bout de ma subtilité.
Et que deviendra lors cette publique estime
Qui te vante partout pour un fourbe sublime,
Et que tu t'es acquise en tant d'occasions
A ne t'être jamais vu court d'inventions?
L'honneur, ô Mascarille, est une belle chose!
A tes nobles travaux ne fais aucune pause,
Et quoi qu'un maître ait fait pour te faire enrager,
Achève pour ta gloire et non pour l'obliger.
Mais quoi! Que feras-tu, que de l'eau toute claire?
Traversé sans repos par ce démon contraire,
Tu vois qu'à chaque instant il te fait déchanter,
Et que c'est battre l'eau de prétendre arrêter
Ce torrent effréné, qui de tes artifices
Renverse en un moment les plus beaux édifices.
Hé bien! pour toute grace, encore un coup du moins.
Au hasard du succès sacrifions des soins ;
Et s'il poursuit encore à rompre notre chance,
J'y consens, ôtons-lui toute notre assistance.
Cependant notre affaire encor n'irait pas mal,
Si par là nous pouvions perdre notre rival,
Et que Léandre enfin, lassé de sa poursuite,
Nous laissât jour entier pour ce que je médite.
Oui, je roule en ma tête un trait ingénieux,
Dont je promettrais bien un succès glorieux,
Si je puis n'avoir plus cet obstacle à combattre.
Bon : voyons si son feu se rend opiniâtre.

SCÈNE II. — LÉANDRE, MASCARILLE.

MASCARILLE. — Monsieur, j'ai perdu temps, votre homme se dédit.
LÉANDRE. — De la chose lui-même il m'a fait le récit :
  Mais c'est bien plus; j'ai su que tout ce beau mystère
  D'un rapt d'Égyptiens, d'un grand seigneur pour père,
  Qui doit partir d'Espagne, et venir en ces lieux,

N'est qu'un pur stratagème, un trait facétieux,
Une histoire à plaisir, un conte dont Lélie
A voulu détourner notre achat de Célie.
MASCARILLE. — Voyez un peu la fourbe!
     LÉANDRE. — Et pourtant Trufaldin
Est si bien imprimé de ce conte badin,
Mord si bien à l'appât de cette faible ruse,
Qu'il ne veut point souffrir que l'on le désabuse.
MASCARILLE. — C'est pourquoi désormais il la gardera bien,
Et je ne vois pas lieu d'y prétendre plus rien.
LÉANDRE. — Si d'abord à mes yeux elle parut aimable,
Je viens de la trouver tout à fait adorable;
Et je suis en suspens, si, pour me l'acquérir,
Aux extrêmes moyens je ne dois point courir,
Par le don de ma foi rompre sa destinée,
Et changer ses liens en ceux de l'hyménée.
MASCARILLE. — Vous pourriez l'épouser?
     LÉANDRE. — Je ne sais; mais enfin,
Si quelque obscurité se trouve en son destin,
Sa grace et sa vertu sont de douces amorces,
Qui, pour tirer les cœurs, ont d'incroyables forces.
MASCARILLE. — Sa vertu, dites-vous?
     LÉANDRE. — Quoi? que murmures-tu?
Achève, explique-toi sur ce mot de vertu.
MASCARILLE. — Monsieur, votre visage en un moment s'altère,
Et je ferai bien mieux peut-être de me taire.
LÉANDRE. — Non, non, parle,
    MASCARILLE. — Hé bien donc, très charitablement
Je vous veux retirer de votre aveuglement.
Cette fille...
 LÉANDRE. — Poursuit.
MASCARILLE. — N'est rien moins qu'inhumaine;
Dans le particulier elle oblige sans peine,
Et son cœur, croyez-moi, n'est point roche après tout
A quiconque la sait prendre par le bon bout:
Elle fait la sucrée, et veut passer pour prude;
Mais je puis en parler avecque certitude.
Vous savez que je suis quelque peu du métier
A me devoir connaître en un pareil gibier.
LÉANDRE. — Célie...
MASCARILLE. — Oui, sa pudeur n'est que franche grimace,
Qu'un ombre de vertu qui garde mal sa place,
Et qui s'évanouit, comme l'on peut savoir,
Aux rayons du soleil qu'une bourse fait voir.
LÉANDRE. — Las! que dis-tu? Croirais-je un discours de la sorte!
MASCARILLE. — Monsieur, les volontés sont libres; que m'importe?
Non, ne me croyez pas, suivez votre dessein :
Prenez cette matoise, et lui donnez la main;
Toute la ville en corps reconnaîtra ce zèle,
Et vous épouserez le bien public en elle..
LÉANDRE. — Quelle surprise étrange!
   MASCARILLE, à part. — Il a pris l'hameçon.
Courage, s'il se peut enferrer tout de bon,
Nous nous ôtons du pied une fâcheuse épine.
LÉANDRE. — Oui, d'un coup étonnant ce discours m'assassine.
MASCARILLE. — Quoi! vous pourriez...?
     LÉANDRE. — Va-t'en jusqu'à la poste, et voi
Je ne sais quel paquet qui doit venir pour moi.
(Seul après avoir rêvé.) Qui ne s'y fût trompé! Jamais l'air d'un visage,
Si ce qu'il dit est vrai, n'imposa davantage.

SCÈNE III. — LÉLIE, LÉANDRE.

LÉLIE. — Du chagrin qui vous tient quel peut être l'objet?
LÉANDRE. — Moi?
    LÉLIE. — Vous-même.
      LÉANDRE. — Pourtant je n'en ai point sujet.
LÉLIE. — Je vois bien ce que c'est, Célie en est la cause.
LÉANDRE. — Mon esprit ne court pas après si peu de chose.
LÉLIE. — Pour elle vous aviez pourtant de grands desseins;
  Mais il faut dire ainsi, lorsqu'ils se trouvent vains.
LÉANDRE. — Si j'étais assez sot pour chérir ses caresses,
  Je me moquerais bien de toutes vos finesses.
LÉLIE. — Quelles finesses donc?
    LÉANDRE. — Mon dieu! nous savons tout.
LÉLIE. — Quoi?
    LÉANDRE. — Votre procédé de l'un à l'autre bout.
LÉLIE. — C'est de l'hébreu pour moi, je n'y puis rien comprendre.
LÉANDRE. — Feignez, si vous voulez, de ne me pas entendre;
  Mais, croyez-moi, cessez de craindre pour un bien
  Où je serais fâché de vous disputer rien.
  J'aime fort la beauté qui n'est point profanée,
  Et ne veux point brûler pour une abandonnée.
LÉLIE. — Tout beau, tout beau, Léandre!
    LÉANDRE. — Ah! que vous êtes bon!
  Allez, vous dis-je encor, servez-la sans soupçons;
  Vous pourrez vous nommer homme à bonnes fortunes.
  Il est vrai, sa beauté n'est pas des plus communes;
  Mais en revanche aussi le reste est fort commun.
LÉLIE. — Léandre, arrêtez-là ce discours importun.
  Contre moi tant d'efforts qu'il vous plaira pour elle;
  Mais, surtout, retenez cette atteinte mortelle.
  Sachez que je m'impute à trop de lâcheté
  D'entendre mal parler de ma divinité;
  Et que j'aurai toujours bien moins de répugnance
  A souffrir votre amour qu'un discours qui l'offense.
LÉANDRE. — Ce que j'avance ici me vient de bonne part...
LÉLIE. — Quiconque vous l'a dit est un lâche, un pendard.
  On ne peut imposer de tache à cette fille.
  Je connais bien son cœur.
    LÉANDRE. — Mais enfin Mascarille,
  D'un semblable procès est juge compétent;
  C'est lui qui la condamne.
    LÉLIE. — Oui!
      LÉANDRE. — Lui-même.
        LÉLIE. — Il prétend
  D'une fille d'honneur insolemment médire,
  Et que peut-être encor je n'en ferai que rire!
  Gage qu'il se dédit.
    LÉANDRE. — Et moi, gage que non.
LÉLIE. Parbleu! je le ferais mourir sous le bâton,
  S'il m'avait soutenu des faussetés pareilles.
LÉANDRE. — Moi, je lui couperais sur-le-champ les oreilles,
  S'il n'était pas garant de tout ce qu'il m'a dit.

SCÈNE IV. — LÉLIE, LÉANDRE, MASCARILLE.

LÉLIE. — Ah! bon, bon, le voilà. Venez çà, chien maudit.
MASCARILLE. — Quoi?
    LÉLIE. — Langue de serpent, fertile en imposture,
  Vous osez sur Célie attacher vos morsures,
  Et lui calomnier la plus rare vertu
  Qui puisse faire éclat sous un sort abattu?

MASCARILLE, *bas à Lélie.*
Doucement, ce discours est de mon industrie.
LÉLIE. — Non, non, point de clin d'œil et point de raillerie,
Je suis aveugle à tout, sourd à quoi que ce soit;
Fût-ce mon propre frère, il me la payeroit;
Et sur ce que j'adore oser porter le blâme,
C'est me faire une plaie au plus tendre de l'âme.
Tous ces signes sont vains. Quels discours as-tu faits?
MASCARILLE. — Mon Dieu! ne cherchons point querelle, ou je m'en vais.
LÉLIE. — Tu n'échapperas pas.
MASCARILLE. Ah!
LÉLIE. — Parle donc, confesse.
MASCARILLE, *bas à Lélie.*
Laissez-moi, je vous dis que c'est un tour d'adresse.
LÉLIE. — Dépêche, qu'as-tu dit? vide entre nous ce point.
MASCARILLE, *bas à Lélie.* — J'ai dit ce que j'ai dit : ne vous emportez point.
LÉLIE, *mettant l'épée à la main.*
Ah! je vous ferai bien parler d'une autre sorte.
LÉANDRE, *l'arrêtant.* — Halte un peu; retenez l'ardeur qui vous emporte.
MASCARILLE, *à part,* — Fut-il jamais au monde un esprit moins sensé.
LÉLIE. — Laissez-moi contenter mon courage offensé.
LÉANDRE. — C'est trop que de vouloir le battre en ma présence.
LÉLIE. — Quoi châtier mes gens n'est pas en ma puissance?
LÉANDRE. — Comment, vos gens?
MASCARILLE, *à part.* — Encore! il va tout découvrir.
LÉLIE. — Quand j'aurais volonté de le battre à mourir,
Hé bien! c'est mon valet.
LÉANDRE. — C'est maintenant le nôtre.
LÉLIE. — Le trait est admirable! Et comment donc le vôtre?
LÉANDRE. — Sans doute.
MASCARILLE, *bas à Lélie.* — Doucement.
LÉLIE. — Hem, que veux-tu conter?
MASCARILLE, *à part.* — Ah! le double bourreau, qui me va tout gâter,
Et qui ne comprend rien, quelque signe qu'on donne!
LÉLIE. — Vous rêvez bien, Léandre, et me la baillez bonne.
Il n'est pas mon valet!
LÉANDRE. — Pour quelque mal commis,
Hors de votre service il n'a pas été mis?
LÉLIE. Je ne sais ce que c'est.
LÉANDRE. — Et plein de violence,
Vous n'avez pas chargé son dos avec outrance?
LÉLIE. Point du tout. Moi, l'avoir chassé, roué de coups?
Vous vous moquez de moi, Léandre, ou lui de vous.
MASCARILLE, *à part.* Pousse, pousse, bourreau : tu fais bien tes affaires.
LÉANDRE, *à Mascarille.*
Donc les coups de bâtons ne sont qu'imaginaires?
MASCARILLE. — Il ne sait ce qu'il dit; sa mémoire...
LÉANDRE. — Non, non;
Tous ces signes pour toi ne disent rien de bon.
Oui, d'un tour délicat mon esprit te soupçonne,
Mais pour l'invention, va, je te le pardonne.
C'est bien assez pour moi qu'il m'ait désabusé
De voir par quels motifs tu m'avais imposé,
Et que m'étant commis à ton zèle hypocrite,
A si bon compte encor je m'en sois trouvé quitte.
Ceci doit s'appeler *un avis au lecteur.*
Adieu, Lélie, adieu, très humble serviteur.

SCÈNE V. — LÉLIE, MASCARILLE.

MASCARILLE. — Courage, mon garçon, tout heur nous accompagne;
Mettons flamberge au vent, et bravoure en campagne,

Faisons *l'Olibrius*, *l'occiseur d'innocents*.
LÉLIE. — Il t'avait accusé de discours médisants
Contre...
MASCARILLE. — Et vous ne pouviez souffrir mon artifice,
Lui laisser son erreur, qui vous rendait service,
Et par qui son amour s'en était presque allé ?
Non, il a l'esprit franc et point dissimulé ;
Enfin chez son rival je m'ancre avec adresse,
Cette fourbe en mes mains va mettre sa maîtresse :
Il me la fait manquer avec de faux rapports ;
Je veux de son rival ralentir les transports,
Mon brave incontinent vient, qui le désabuse,
J'ai beau lui faire signe, et montrer que c'est ruse :
Point d'affaire ; il poursuit sa pointe jusqu'au bout,
Et n'est point satisfait qu'il n'ait découvert tout,
Grand et sublime effort d'une imaginative,
Qui ne le cède point à personne qui vive !
C'est une rare pièce, et digne, sur ma foi,
Qu'on en fasse présent au cabinet d'un roi.
LÉLIE. — Je ne m'étonne pas si je romps tes attentes ;
A moins d'être informé des choses que tu tentes,
J'en ferais encor cent de la sorte.
        MASCARILLE. — Tant pis.
LÉLIE. — Au moins, pour t'emporter à de justes dépits,
Fais-moi dans tes desseins entrer de quelque chose ;
Mais que de leurs ressorts la porte me soit close,
C'est ce qui fait toujours que je suis pris sans vert.
MASCARILLE. — Je crois que vous seriez un maître d'arme expert,
Vous savez à merveille, en toutes aventures,
Prendre les contretemps et rompre les mesures.
LÉLIE. — Puisque la chose est faite, il n'y faut plus penser.
Mon rival, en tout cas, ne peut me traverser ;
Et pourvu que tes soins en qui je me repose...
MASCARILLE. — Laissons-là ce discours, et parlons d'autre chose.
Je ne m'apaise pas, non, si facilement,
Je suis trop en colère. Il faut premièrement
Me rendre un bon office, et nous verrons ensuite
Si je dois de vos feux reprendre la conduite.
LÉLIE. — S'il ne tient qu'à cela, je n'y résiste pas.
As-tu besoin, dis-moi, de mon sang, de mon bras ?
MASCARILLE. — De quelle vision sa cervelle est frappée !
Vous êtes de l'humeur de ces amis d'épée,
Que l'on trouve toujours plus prompts à dégaîner,
Qu'à tirer un teston, s'il fallait le donner.
LÉLIE. — Que puis-je donc pour toi ?
        MASCARILLE. — C'est que de votre père
Il faut absolument apaiser la colère.
LÉLIE. — Nous avons fait la paix.
        MASCARILLE. — Oui ; mais non pas pour nous.
Je l'ai fait ce matin mort pour l'amour de vous :
La vision le choque, et de pareilles feintes
Aux vieillards comme lui sont de dures atteintes,
Qui, sur l'état prochain de leur condition,
Leur font faire à regret triste réflexion.
Le bon homme, tout vieux, chérit fort la lumière,
Et ne veut point de jeu dessus cette matière ;
Il craint le pronostic, et, contre moi fâché,
On m'a dit qu'en justice il m'avait recherché.
J'ai peur, si le logis du roi fait ma demeure,
De m'y trouver si bien dès le premier quart d'h
Que j'aye peine aussi d'en sortir par après.

Contre moi dès longtemps on à force décrets :
Car enfin la vertu n'est jamais sans envie, '
Et dans ce maudit siècle est toujours poursuivie.
Allez donc le fléchir.
        LÉLIE. — Oui, nous le fléchirons
Mais aussi tu promets...
MASCARILLE. — Ah! mon Dieu! nous verrons! (*Lélie sort.*)
Ma foi, prenons haleine après tant de fatigues.
Cessons pour quelque temps le cours de nos intrigues,
Et de nous tourmenter de même qu'un lutin.
Léandre, pour nous nuire, est hors de garde enfin,
Et Célie arrêtée avecque l'artifice...

SCÈNE VI. — ERGASTE, MASCARILLE.

ERGASTE. — Je te cherchais partout pour te rendre un service,
Pour te donner avis d'un secret important.
MASCARILLE. — Quoi donc?
        ERGASTE. — N'avons-nous point ici quelque écoutant.
MASCARILLE. — Non.
        ERGASTE. — Nous sommes amis autant qu'on le peut être :
Je sais bien tes desseins et l'amour de ton maître;
Songez à vous tantôt, Léandre fait parti
Pour enlever Célie; et je suis averti
Qu'il a mis ordre à tout, et qu'il se persuade
D'entrer chez Trufaldin par une mascarade,
Ayant su qu'en ce temps, assez souvent, le soir,
Des femmes du quartier en masque l'allaient voir.
MASCARILLE. — Oui? Suffit; il n'est pas au comble de sa joie,
Je pourrai bien tantôt lui souffler cette proie;
Et contre cet assaut je sais un coup fourré,
Par qui je veux qu'il soit de lui-même enferré.
Il ne sait pas les dons dont mon âme est pourvue.
Adieu, nous boirons pinte à la première vue.

SCÈNE VII.

MASCARILLE, *seul.* — Il faut, il faut tirer à nous ce que d'heureux
Pourrait avoir en soi ce projet amoureux,
Et, par une surprise adroite et non commune,
Sans courir le danger, en tenter la fortune.
Si je vais me masquer pour devancer ses pas,
Léandre assurément ne nous bravera pas;
Et là, premier que lui, si nous faisons la prise,
Il aura fait pour nous les frais de l'entreprise,
Puisque, par son dessein déjà presque éventé,
Le soupçon tombera toujours de son côté,
Et que nous, à couverts de toutes ses poursuites,
De ce coup hasardeux ne craindrons point de suites,
C'est ne se point commettre à faire de l'éclat,
Et tirer les marrons de la patte du chat.
Allons donc nous masquer avec quelques bons frères;
Pour prévenir nos gens, il ne faut tarder guères
Je sais où gît le lièvre, et me puis, sans travail
Fournir en un moment d'hommes et d'attirail.
Croyez que je mets bien mon adresse en usage :
Si j'ai reçu du ciel des fourbes en partage,
Je ne suis point au rang de ces esprits mal nés,
Qui cachent les talents que Dieu leur a donnés.

SCÈNE VIII. — LÉLIE, ERGASTE.

LÉLIE. — Il prétend l'enlever avec sa mascarade?
ERGASTE. — Il n'est rien plus certain. Quelqu'un de sa brigade

M'ayant de ce dessein instruit, sans m'arrêter.
A Mascarille alors j'ai couru tout conter,
Qui s'en va, m'a-t-il, rompre cette partie
Par une invention dessus le champ bâtie;
Et comme je vous ai rencontré par hasard,
J'ai cru que je devais du tout vous faire part.
LÉLIE. — Tu m'obliges par trop avec cette nouvelle :
Va, je reconnaîtrai ce service fidèle.

SCÈNE IX.

LÉLIE, *seul.* — Mon drôle assurément leur jouera quelque trait,
Mais je veux de ma part seconder son projet.
Il ne sera pas dit qu'en un fait qui me touche
Je ne me sois non plus remué qu'une souche.
Voici l'heure, ils seront surpris à mon aspect.
Foin! Que n'ai-je avec moi pris mon porte-respect?
Mais vienne qui voudra contre notre personne,
J'ai deux bons pistolets, et mon épée est bonne.
Holà! quelqu'un, un mot.

SCÈNE X. — TRUFALDIN, *à sa fenêtre*; LÉLIE.

TRUFALDIN. — Qu'est-ce? Qui me vient voir?
LÉLIE. — Fermez soigneusement votre porte ce soir.
TRUFALDIN. Pourquoi?

LÉLIE. — Certaines gens font une mascarade
Pour vous venir donner une fâcheuse aubade;
Ils veulent enlever votre Célie.

TRUFALDIN. — O dieux!
LÉLIE. — Et sans doute bientôt ils viendront en ces lieux.
Demeurez; vous pourrez voir tout de la fenêtre.
Hé bien! qu'avais-je dit? Les voyez-vous paraître?
Chut! je veux à vos yeux leur en faire l'affront.
Nous allons voir beau jeu, si la corde ne rompt.

SCÈNE XI.

LÉLIE, TRUFALDIN, MASCARILLE, *et sa suite masqués.*
TRUFALDIN. — Oh! les plaisants robins, qui pensent me surprendre!
LÉLIE. — Masques, où courez-vous? Le pourrait-on apprendre?
Trufaldin, ouvrez-leur pour jouer un momon.
              (*à Mascarille déguisé en femme.*)
Bon Dieu, quelle est jolie, et qu'elle a l'air mignon!
Et quoi, vous murmurez! mais sans vous faire outrage,
Peut-on lever le masque, et voir votre visage?
TRUFALDIN. — Allez, fourbes, méchants; retirez-vous d'ici,
Canaille, et vous, seigneur, bon soir et grand merci.

SCÈNE XII. — LÉLIE, MASCARILLE.

LÉLIE, *après avoir démasqué Mascarille.* Mascarille, est-ce toi?
              MASCARILLE. — Nenni-da, c'est quelque autre.
LÉLIE. — Hélas! quelle surprise! et quel sort est le nôtre.
L'aurais-je deviné, n'étant point averti
Des secrètes raisons qui t'avaient travesti?
Malheureux que je suis, d'avoir dessous ce masque
Été, sans y penser, te faire cette frasque?
Il me prendrait envie, en mon juste courroux,
De me battre moi-même, et me donner cent coups.
MASCARILLE. — Adieu, sublime esprit, rare imaginative...
LÉLIE. — Las! si de ton secours ta colère me prive,
A quel saint me vouerai-je!
              MASCARILLE — Au grand diable d'enfer.
LÉLIE. — Ah! si ton cœur pour moi n'est de bronze ou de fer

Qu'encore un coup du moins mon imprudence ait grâce!
S'il faut pour l'obtenir que tes genoux j'embrasse,
Vois-moi...
MASCARILLE. — Tarare! Allons, camarades, allons;
J'entends venir des gens qui sont sur nos talons.

SCÈNE XIII.

LÉANDRE *et sa suite, masqués*; TRUFALDIN, *à sa fenêtre.*
LÉANDRE. — Sans bruit; ne faisons rien que de la bonne sorte.
TRUFALDIN. — Quoi! masques toute nuit assiègeront ma porte!
Messieurs, ne gagnez point de rhumes à plaisir;
Tout cerveau qui le fait, est certes de loisir.
Il est un peu trop tard pour enlever Célie;
Dispensez-l'en ce soir, elle vous en supplie :
La belle est dans le lit, et ne peut vous parler;
J'en suis fâché pour vous. Mais pour vous régaler
Du souci qui, pour elle, ici vous inquiète,
Elle vous fait présent de cette cassolette.
LÉANDRE. — Fi! cela sent mauvais, et je suis tout gâté.
Nous sommes découverts, tirons de ce côté.

FIN DU TROISIÈME ACTE.

ACTE IV.

SCÈNE PREMIÈRE. — LÉLIE, *déguisé en Arménien,* MASCARILLE.

MASCARILLE. — Vous voilà fagoté d'une plaisante sorte.
LÉLIE. — Tu ranimes par-là mon espérance morte.
MASCARILLE. — Toujours de ma colère on me voit revenir;
J'ai beau jurer, pester, je ne m'en puis tenir.
LÉLIE. — Aussi crois, si jamais je suis dans la puissance,
Que tu seras content de ma reconnaissance,
Et que, quand je n'aurais qu'un seul morceau de pain.
MASCARILLE. — Baste; songez à vous dans ce nouveau dessein.
Au moins si l'on vous voit commettre une sottise,
Vous n'imputerez plus l'erreur à la surprise;
Votre rôle en ce jeu par cœur doit être su.
LÉLIE. — Mais, comment Trufaldin chez lui t'a-t-il recu?
MASCARILLE. — D'un zèle simulé j'ai bridé le bon sire;
Avec empressement je suis venu lui dire,
S'il ne songeait à lui, que l'on le surprendroit;
Que l'on couchait en joue, et de plus d'un endroit,
Celle dont il a vu qu'une lettre en avance
Avait si faussement divulgué la naissance;
Qu'on avait bien voulu m'y mêler quelque peu;
Mais que j'avais tiré mon épingle du jeu,
Et que touché d'ardeur pour ce qui le regarde
Je venais l'avertir de se donner de garde.
De là moralisant, j'ai fait de grands discours
Sur les fourbes qu'on voit ici-bas tous les jours;
Que pour moi, las du monde et de sa vie infâme,
Je voulais travailler au salut de mon âme,
A m'éloigner du trouble, et pouvoir longuement
Près de quelque honnête homme être paisiblement
Que s'il le trouvait bon, je n'aurais d'autre envie
Que de passer chez lui le reste de ma vie;
Et que même à tel point il m'avait su ravir,

Que, sans lui demander gages pour le servir,
Je mettrais en ses mains, que je tenais certaines,
Quelque bien de mon père et le fruit de mes peines,
Dont, avenant que Dieu de ce monde m'ôtât,
J'entendais tout de bon que lui seul héritât.
C'était le vrai moyen d'acquérir sa tendresse.
Et comme, pour résoudre avec votre maîtresse
Des biais qu'on doit prendre à terminer vos vœux,
Je voulais, en secret, vous aboucher tous deux;
Lui-même a su m'ouvrir une voie assez belle,
De pouvoir hautement vous loger avec elle.
Venant m'entretenir d'un fils privé du jour,
Dont cette nuit en songe il a vu le retour.
A ce propos, voici l'histoire qu'il m'a dite,
Et sur quoi j'ai tantôt notre fourbe construite.

LÉLIE. — C'est assez, je sais tout : tu me l'as dit deux fois.

MASCARILLE. — Oui, oui; mais quand j'aurais passé jusques trois
Peut-être encor qu'avec toute sa suffisance
Votre esprit manquera dans quelque circonstance.

LÉLIE. — Mais à tant différer je me fais de l'effort.

MASCARILLE. — Ah! de peur de tomber, ne courons pas si fort!
Voyez-vous! Vous avez la caboche un peu dure;
Rendez-vous affermi dessus cette aventure.
Autrefois Trufaldin de Naples est sorti,
Et s'appelait alors Zanobio Ruberti;
Un parti qui causa quelque émeute civile,
Dont il fut seulement soupçonné dans sa ville
(De fait, il n'est pas homme à troubler un état),
L'obligea d'en sortir une nuit sans éclat.
Une fille fort jeune, et sa femme laissées,
A quelque temps de là se trouvant trépassées,
Il en eut la nouvelle; et, dans ce grand ennui,
Voulant dans quelque ville emmener avec lui,
Outre ses biens, l'espoir qui restait de sa race,
Un sien fils écolier, qui se nommait Horace,
Il écrit à Bologne, où, pour mieux être instruit,
Un certain maître Albert, jeune, l'avait conduit;
Mais, pour se joindre tous, le rendez-vous qu'il donne
Durant deux ans entiers ne lui fit voir personne :
Si bien que, les jugeant morts après ce temps-là,
Il vint en cette ville, et prit le nom qu'il a,
Sans que de cet Albert, ni de ce fils Horace,
Douze ans aient découvert jamais la moindre trace.
Voilà l'histoire en gros, redite seulement
Afin de vous servir ici de fondement.
Maintenant vous serez un marchand d'Arménie,
Qui les aurez vus sains l'un et l'autre en Turquie,
Si j'ai, plus tôt qu'aucun, un tel moyen trouvé,
Pour les ressusciter sur ce qu'il a rêvé,
C'est qu'en fait d'aventure, il est très-ordinaire
De voir gens pris sur mer par quelque Turc corsaire,
Puis être à leur famile à point nommé rendus,
Après quinze ou vingt ans qu'on les a crus perdus.
Pour moi, j'ai vu déjà cent contes de la sorte.
Sans nous alambiquer, servons-nous-en; qu'importe?
Vous leur aurez ouï leur disgrâce conter,
Vous leur aurez fourni de quoi se racheter;
Mais que, parti plus tôt pour chose nécessaire,
Horace vous chargea de voir ici son père

Dont il a su le sort, et chez qui vous devez
Attendre quelques jours qu'ils y soient arrivés.
Je vous ai fait tantôt des leçons étendues.
LÉLIE. — Ces répétitions ne sont que superflues,
Dès l'abord, mon esprit a compris tout le fait.
MASCARILLE. Je m'en vais là dedans donner le premier trait.
LÉLIE. — Ecoute, Mascarille, un seul point me chagrine.
S'il allait de son fils me demander la mine?
MASCARILLE. — Belle difficulté! Devez-vous pas savoir?
Qu'il était fort petit alors qu'il l'a pu voir?
Et puis, outre cela, le temps et l'esclavage
Pourraient-ils pas avoir changé tout son visage?
LÉLIE. — Il est vrai. Mais, dis-moi, s'il connaît qu'il m'a vu,
Que faire?
MASCARILLE. — De mémoire êtes-vous dépourvu?
Nous avons dit tantôt qu'outre que votre image
N'avait dans son esprit pu faire qu'un passage,
Pour ne vous avoir vu que durant un moment,
Et le poil et l'habit déguisaient grandement.
LÉLIE. — Fort bien. Mais, à propos, cet endroit de Turquie?...
MASCARILLE. — Tout, vous dis-je, est égal, Turquie ou Barbarie.
LÉLIE. — Mais le nom de la ville où j'aurai pu le voir?
MASCARILLE. — Tunis. Il me tiendra, je crois, jusques au soir.
La répétition, dit-il, est inutile,
Et j'ai déjà nommé douze fois cette ville.
LÉLIE. — Va, va-t'en commencer, il ne me faut plus rien.
MASCARILLE. — Au moins soyez prudent, et vous conduisez bien;
Ne donnez point ici de l'imaginative.
LÉLIE. — Laissz-moi gouverner. Que ton âme est craintive!
MASCARILLE. — Horace, dans Bologne écolier; Trufaldin
Zanobio Ruberti dans Naples citadin;
Le précepteur Albert...
LÉLIE. — Ah! c'est me faire honte
Que de me tant prêcher! Suis-je un sot à ton compte?
MASCARILLE. — Non, pas du tout; mais bien quelque chose approchant.

SCÈNE II.

LÉLIE, *seul*. Quand il m'est inutile, il fait le chien couchant;
Mais, parce qu'il sent bien le secours qu'il me donne,
Sa familiarité jusque là s'abandonne.
Je vais être de près éclairé des beaux yeux
Dont la force m'impose un joug si précieux;
Je m'en vais sans obstacle, avec des traits de flamme,
Peindre à cette beauté les tourments de mon âme :
Je saurai quel arrêt je dois.... Mais les voici.

SCÈNE III. — TRUFALDIN, LÉLIE, MASCARIILLE.

TRUFALDIN. — Sois béni, juste ciel, de mon sort adouci!
MASCARILLE. C'est à vous de rêver et de faire des songes,
Puisqu'en vous il est faux que songes sont mensonges,
TRUFALDIN, *à Lélie*.—Quelle grace, quels biens vous rendrai-je, seigneur,
Vous, que je dois nommer l'ange de mon bonheur?
LÉLIE. — Ce sont soins superflus, et je vous en dispense.
TRUFALDIN, *à Mascarille*. — J'ai, je ne sais pas où, vu quelque ressemblance
De cet Arménien.
MASCARILLE. — C'est ce que je disois;
Mais on voit des rapports admirables par fois.
TRUFALDIN. — Vous avez vu ce fils où mon ospoir se fonde?
LÉLIE. — Oui, seigneur Trufaldin, le plus gaillard du monde.
TRUFALDIN. — Il vous a dit sa vie, et parlé fort de moi?

LÉLIE. — Plus de dix mille fois.

MASCARILLE. — Quelque peu moins, je crois.

LÉLIE. — Il vous a dépeint tel que je vous vois paraître,
Le visage, le port....

TRUFALDIN. — Cela pourrait-il être,
Si lorsqu'il m'a pu voir, il n'avait que sept ans,
Et si son précepteur même, depuis ce temps,
Aurait peine à pouvoir connaître mon visage?

MASCARILLE. — Le sang, bien autrement, conserve cette image;
Par des traits si profonds ce portrait est tracé,
Que mon père....

TRUFALDIN. — Suffit. Où l'avez-vous laissé?

LÉLIE. — En Turquie, à Turin.

TRUFALDIN. — Turin? Mais cette ville
Est, je pense, en Piémont.

MASCARILLE, à part. — O cerveau mal habile!
(A Trufaldin.) Vous ne l'entendez pas, il veut dire Tunis,
Et c'est en effet là qu'il laissa votre fils;
Mais les Arméniens ont tous par habitude
Certains vice de langue à nous autres fort rude;
C'est que dans tous les mots ils changent *nis* en *rin*,
Et pour dire Tunis, ils prononcent Turin.

TRUFALDIN. — Il fallait, pour l'entendre, avoir cette lumière.
Quel moyen, vous dit-il, de rencontrer son père.

MASCARILLE. — (A part,) Voyez s'il répondra!
(A Trufaldin, après s'être escrimé.) Je repassais un peu
Quelque leçon d'escrime : autrefois en ce jeu.
Il n'était point d'adresse à mon adresse égale,
Et j'ai battu le fer en mainte et mainte salle.

TRUFALDIN, à Mascarille. — Ce n'est pas maintenant ce que je veux savoir.
(A Lélie.) Quel autre nom, dit-il, que je devais savoir?

MASCARILLE. — Ah! seigneur Zanobio Ruberti, quelle joie
Est celle maintenant que le ciel nous envoie!

LÉLIE. — C'est là votre vrai nom, et l'autre est emprunté.

TRUFALDIN. — Mais où vous a-t-il dit qu'il reçut la clarté?

MASCARILLE. — Naples est un séjour qui paraît agréable;
Mais pour vous ce doit être un lieu fort haïssable.

TRUFALDIN. — Ne peux-tu, sans parler, souffrir notre discours?

LÉLIE. — Dans Naples son destin a commencé son cours.

TRUFALDIN. — Où l'envoyai-je jeune, et sous quelle conduite?

MASCARILLE. — Ce pauvre maître Albert a beaucoup de mérite
D'avoir depuis Bologne accompagné ce fils,
Qu'à sa discrétion vos soins avaient commis!

TRUFALDIN. — Ah!

MASCARILLE, à part. — Nous sommes perdus si cet entretien dure.

TRUFALDIN. Je voudrais bien savoir de vous leur aventure,
Sur quel vaisseau le sort qui m'a su travailler....

MASCARILLE. — Je ne sais ce que c'est, je ne fais que bâiller.
Mais, seigneur Trufaldin, songez-vous que peut-être
Ce monsieur l'étranger a besoin de repaître,
Et qu'il est tard aussi?

LÉLIE. — Pour moi point de repas.

MASCARILLE. — Ah! vous avez plus faim que vous ne pensez pas?

TRUFALDIN. — Entrez donc.

LÉLIE. — Après vous.

MASCARILLE, à Trufaldin. — Monsieur, en Arménie,
Les maîtres du logis sont sans cérémonie.
(Lélie, après que Trufaldin est entré dans sa maison.)
Pauvre esprit! Pas deux mots!

LÉLIE. — D'abord il m'a surpris;

Mais n'appréhende plus, je reprends mes esprits,
Et m'en vais débiter avecque hardiesse...
MASCARILLE. — Voici votre rival, qui ne sait pas la pièce.
(Ils entrent dans la maison de Trufaldin.)

SCÈNE IV. — ANSELME, LÉANDRE.

ANSELME. — Arrêtez-vous, Léandre, et souffrez un discours
Qui cherche le repos et l'honneur de vos jours.
Je ne vous parle point en père de ma fille,
En homme intéressé pour ma propre famille,
Mais comme votre père ému pour votre bien,
Sans vouloir vous flatter et vous déguiser rien ;
Bref, comme je voudrais, d'une âme franche et pure,
Que l'on fît à mon sang en pareille aventure.
Savez-vous de quel œil chacun voit cet amour,
Qui dedans une nuit vient d'éclater au jour?
A combien de discours et de traits de risée
Votre entreprise d'hier est partout exposée?
Quel jugement on fait du choix capricieux
Qui pour femme, dit-on, vous désigne en ces lieux
Un rebut de l'Égypte, une fille coureuse,
De qui le noble emploi n'est qu'un métier de gueuse?
J'en ai rougi pour vous encor plus que pour moi,
Qui me trouve compris dans l'éclat que je voi;
Moi, dis-je, dont la fille, à vos ardeurs promise,
Ne peut, sans quelque affront, souffrir qu'on la méprise.
Ah! Léandre, sortez de cet abaissement!
Ouvrez un peu les yeux sur votre aveuglement.
Si notre esprit n'est pas sage à toutes les heures,
Les plus courtes erreurs sont toujours les meilleures.
Quand on ne prend en dot que la seule beauté,
Le remords est bien près de la solennité;
Et la plus belle femme a très peu de défense
Contre cette tiédeur qui suit la jouissance.
Je vous le dis encor, ces bouillants mouvements,
Ces ardeurs de jeunesse et ces emportements
Nous font trouver d'abord quelques nuits agréables;
Mais ces félicités ne sont guère durables,
Et notre passion ralentissant son cours,
Après ces bonnes nuits, donne de mauvais jours :
De là viennent les soins, les soucis, les misères,
Les fils déshérités par le courroux des pères.
LÉANDRE. — Dans tout votre discours je n'ai rien écouté
Que mon esprit déjà ne m'ait représenté.
Je sais combien je dois à cet honneur insigne
Que vous me voulez faire, et dont je suis indigne;
Et vois, malgré l'effort dont je suis combattu,
Ce que vaut votre fille et quelle est sa vertu :
Aussi veux-je tâcher....
       ANSELME. — On ouvre cette porte :
Retirons-nous plus loin, de crainte qu'il n'en sorte
Quelque secret poison dont vous seriez surpris.

SCÈNE V. — LÉLIE, MASCARILLE.

MASCARILLE. — Bientôt de notre fourbe on verra le débris,
Si vous continuez des sottises si grandes.
LÉLIE. — Dois-je éternellement ouïr tes réprimandes?
De quoi te peux-tu plaindre? Ai-je pas réussi
En tout ce que j'ai dit depuis?
       MASCARILLE — Couci, couci.

Et que vous assurez, par serments authentiques
Adorer pour leurs dieux la lune et le soleil.
Passe. Ce qui me donne un dépit non pareil,
C'est qu'ici votre amour étrangement s'oublie;
Près de Célie, il est ainsi que la bouillie
Qui, par un trop grand feu, s'enfle, croît jusqu'aux bords.
Et de tous les côtés se répand au dehors.
LÉLIE. — Pourrait-on se forcer à plus de retenue?
Je ne l'ai presque point encore entretenue.
MASCARILLE. — Oui : mais ce n'est pas tout que de ne parler pas,
Par vos gestes, durant un moment de repas,
Vous avez aux soupçons donné plus de matière
Que d'autres ne feraient dans une année entière.
LÉLIE. — Et comment donc?

      MASCARILLE. — Comment? Chacun a pu le voir.
A table, où Trufaldin l'oblige de se seoir,
Vous n'avez toujours fait qu'avoir les yeux sur elle.
Rouge, tout interdit, jouant de la prunelle,
Sans prendre jamais garde à ce qu'on vous servait,
Vous n'aviez point de soif qu'alors qu'elle buvait;
Et dans ses propres mains vous saisissant du verre,
Sans le vouloir rincer, sans rien jeter à terre,
Vous buviez sur son reste, et montriez d'affecter
Le côté qu'à sa bouche elle avait su porter.
Sur les morceaux touchés de sa main délicate,
Ou mordus de ses dents, vous étendiez la patte
Plus brusquement qu'un chat dessus une souris,
Et les avaliez tous ainsi que des pois gris.
Puis, outre tout cela, vous faisiez sous la table
Un bruit, un triquetrac de pieds insupportable,
Dont Trufaldin, heurté de deux coups trop pressants,
A puni par deux fois deux chiens très innocents,
Qui, s'ils eussent osé, vous eussent fait querelle.
Et puis après cela votre conduite est belle?
Pour moi, j'en ai souffert la gêne sur mon corps.
Malgré le froid, je sue encor de mes efforts.
Attaché dessus vous comme un joueur de boule
Après le mouvement de la sienne qui roule,
Je pensais retenir toutes vos actions,
En faisant de mon corps mille contorsions.
LÉLIE. — Mon Dieu! qu'il t'est aisé, de condamner des choses,
Dont tu ne ressens pas les agréables causes!
Je veux bien néanmoins, pour te plaire une fois,
Faire force à l'amour qui m'impose des lois.
Désormais...

SCENE VI. — TRUFALDIN, LÉLIE, MASCARILLE.

MASCARILLE. — Nous parlions des fortunes d'Horace.
TRUFALDIN, *à Lélie.* C'est bien fait. Cependant me ferez-vous la grâce
Que je puisse lui dire un seul mot en secret ?
LÉLIE. — Il faudrait autrement être fort indiscret
      (*Lélie entre dans la maison de Trufaldin.*)

SCÈNE VII. — TRUFALDIN, MASCARILLE.

TRUFALDIN. — Écoute : sais-tu bien ce que je viens de faire?
MASCARILLE. — Non; mais, si vous voulez, je ne tarderai guère,
Sans doute, à le savoir.
      TRUFALDIN. — D'un chêne grand et fort,
Dont près de deux cents ans ont déjà fait le sort,
Je viens de détacher une branche admirable,
Choisie expressément de grosseur raisonnable,
Dont j'ai fait sur-le-champ, avec beaucoup d'ardeur, (*Il montre son bras.*)

Un bâton à peu près... oui, de cette grandeur,
Moins gros par l'un des bouts, mais, plus que trente gaules,
Propre, comme je pense, à rosser les épaules;
Car il est bien en main, vert, noueux et massif.
MASCARILLE. — Mais pour qui, je vous prie, un tel préparatif?
TRUFALDIN. — Pour toi, premièrement; puis pour ce bon apôtre
Qui veut m'en donner d'une et m'en jouer d'une autre,
Pour cet Arménien, ce marchand déguisé,
Introduit sous l'appât d'un conte supposé.
MASCARILLE. — Quoi! vous ne croyez pas...?
                 TRUFALDIN. — Ne cherche point d'excuse:
Lui même heureusement à découvert sa ruse ;
En disant à Célie, en lui serrant la main,
Que pour elle il venait sous ce prétexte vain ;
Il n'a pas aperçu Jeannette, ma fillole,
Laquelle a tout ouï, parole pour parole :
Et je ne doute point, quoiqu'il n'en ait rien dit,
Que tu ne sois de tout le complice maudit.
MASCARILLE. — Ah! vous me faites tort. S'il faut qu'on vous affronte,
Croyez qu'il m'a trompé le premier à ce conte.
TRUFALDIN. — Veux-tu me faire voir que tu dis vérité?
Qu'à le chasser mon bras soit du tien assisté;
Donnons-en à ce fourbe et du long et du large,
Et de tout crime, après, mon esprit te décharge.
MASCARILLE. — Oui-dà, très volontiers, je l'épousterai bien,
Et par là vous verrez que je n'y trempe en rien.
   à part.) Ah, vous serez rossé, monsieur de l'Arménie,
Qui toujours gâtez tout !

SCÈNE VIII. — LÉLIE, TRUFALDIN, MASCARILLE.

TRUFALDIN, à Lélie, après avoir heurté à sa porte.
            Un mot, je vous supplie.
Donc, monsieur l'imposteur, vous osez aujourd'hui
Duper un honnête homme, et vous jouer de lui?
MASCARILLE. — Feindre avoir vu son fils en une autre contrée,
Pour vous donner chez lui plus librement entrée!
TRUFALDIN, bat Lélie. — Vidons, vidons sur l'heure.
         LÉLIE, à Mascarille qui le bat aussi. — Ah! coquin.
               MASCARILLE — C'est ainsi
Que les fourbes....
      LÉLIE. — Bourreau !
        MASCARILLE — Sont ajustés ici.
Gardez-moi bien cela.
       LÉLIE. — Quoi donc? je serais homme...
      MASCARILLE, le battant toujours en le chassant.
Tirez, tirez, vous dis-je, ou bien je vous assomme.
TRUFALDIN. — Voilà qui me plaît fort ; rentre, je suis content.
     (Mascarille suit Trufaldin, qui rentre dans sa maison.)
LÉLIE, revenant. — A moi, par un valet, cet affront éclatant !
L'aurait-on pu prévoir l'action de ce traître,
Qui vient insolemment de maltraiter son maître?
      MASCARILLE, à la fenêtre de Trufaldin.
Peut-on vous demander comment va votre dos ?
LÉLIE. — Quoi! tu m'oses encor tenir un tel propos?
MASCARILLE. — Voilà, voilà que c'est de ne voir pas Jeannette,
Et d'avoir en tout temps une langue indiscrète.
Mais pour cette fois-ci, je n'ai point de courroux,
Je cesse d'éclater, de pester contre vous;
Quoique de l'action l'imprudence soit haute,
Ma main sur votre échine a lavé votre faute.
LÉLIE. — Ah! je me vengerai de ce trait déloyal !

MASCARILLE. — Vous vous êtes causé vous même tout le mal.
LÉLIE. — Moi?
MASCARILLE.—Si vous n'étiez pas une cervelle folle,
  Quand vous avez parlé naguère à votre idole,
  Vous auriez aperçu Jeannette sur vos pas,
  Dont l'oreille subtile a découvert le cas.
LÉLIE. —On aurait pu surprendre un mot dit à Célie?
MASCARILLE.—Et d'où doncques viendrait cette prompte sortie?
  Oui, vous n'êtes dehors que par votre caquet.
  Je ne sais si souvent vous jouez au piquet;
  Mais au moins faites-vous des écarts admirables.
LÉLIE. —O le plus malheureux de tous les misérables!
  Mais encore, pourquoi me voir chassé par toi?
MASCARILLE. — Je ne fis jamais mieux que d'en prendre l'emploi;
  Par là, j'empêche au moins que de cet artifice
  Je ne sois soupçonné d'être auteur ou complice.
LÉLIE. —Tu devais donc, pour toi, frapper plus doucement.
MASCARILLE. —Quelque sot. Trufaldin lorgnait exactement:
  Et puis, je vous dirai, sous ce prétexte utile
  Je n'étais point fâché d'évaporer ma bile.
  Enfin, la chose est faite; et, si j'ai votre foi
  Qu'on ne vous verra point vouloir venger sur moi,
  Soit ou directement, ou par quelque autre voie,
  Les coups sur votre rable assénés avec joie,
  Je vous promets, aidé par le poste où je suis,
  De contenter vos vœux avant qu'il soit deux nuits.
LÉLIE. — Quoique ton traitement ait eu trop de rudesse,
  Qu'est-ce que dessus moi ne peut cette promesse?
MASCARILLE. — Vous le promettez donc?
                              LÉLIE. —Oui, je te le promets.
MASCARILLE. —Ce n'est pas encor tout : promettez que jamais
  Vous ne vous mêlerez dans quoi que j'entreprenne.
LÉLIE. —Soit.
MASCARILLE.—Si vous y manquez, votre fièvre quartaine!
LÉLIE. — Mais tiens-moi donc parole, et songe à mon repos.
MASCARILLE. — Allez quitter l'habit, et graisser votre dos
LÉLIE, seul. —Faut-il que le malheur qui me suit à la trace,
  Me fasse voir toujours disgrâce sur disgrâce!
        MASCARILLE, sortant de chez Trufaldin.
  Quoi! vous n'êtes pas loin? sortez vite d'ici ;
  Mais, surtout, gardez-vous de prendre aucun souci :
  Puisque je suis pour vous, que cela vous suffise :
  N'aidez point mon projet de la moindre entreprise ;
  Demeurez en repos.
LÉLIE, en sortant. — Oui; va, je m'y tiendrai.
MASCARILLE, seul. — Il faut voir maintenant quel biais je prendrai.

SCÈNE IX. — ERGASTE, MASCARILLE.

ERGASTE. — Mascarille, je viens te dire une nouvelle
  Qui donne à tes desseins une atteinte cruelle.
  A l'heure que je parle, un jeune Egyptien,
  Qui n'est pas noir pourtant et sent assez son bien,
  Arrive, accompagné d'une vieille fort hâve,
  Et vient chez Trufaldin racheter cette esclave
  Que vous vouliez ; pour elle il paraît fort zélé.
MASCARILLE. — Sans doute c'est l'amant dont Célie a parlé.
  Fût-il jamais destin plus brouillé que le nôtre!
  Sortant d'un embarras, nous entrons dans un autre.
  En vain nous apprenons que Léandre est au point
  De quitter la partie, et ne nous troubler point;
  Que son père, arrivé contre toute espérance,

Du côté d'Hippolyte emporte la balance,
Qu'il a tout fait changer par son autorité,
Et va dès aujourd'hui conclure le traité :
Lorsqu'un rival s'éloigne, un autre plus funeste
S'en vient nous enlever tout l'espoir qui nous reste.
Toutefois, par un trait merveilleux de mon art,
Je crois que je pourrai retarder leur départ,
Et me donner le temps qui sera nécessaire
Pour tâcher de finir cette fameuse affaire.
Il s'est fait un grand vol : par qui? l'on n'en sait rien ;
Eux autres rarement passent pour gens de bien :
Je veux adroitement, sur un soupçon frivole,
Faire pour quelques jours emprisonner ce drôle.
Je sais des officiers de justice altérés,
Qui sont pour de tels coups de vrais délibérés ;
Dessus l'avide espoir de quelque paraguante,
Il n'est rien que leur art aveuglément ne tente ;
Et du plus innocent, toujours à leur profit
La bourse est criminelle, et paye son délit.

FIN DU QUATRIÈME ACTE.

ACTE V.

SCÈNE PREMIÈRE. — MASCARILLE, ERGASTE.

MASCARILLE. — Ah! chien! ah! double chien! mâtine de cervelle!
Ta persécution sera-t-elle éternelle?
ERGASTE. — Par les soins vigilants de l'exempt Balafré,
Ton affaire allait bien, le drôle était coffré,
Si ton maître au moment ne fût venu lui-même,
En vrai désespéré, rompre ton stratagème :
Je ne saurais souffrir, a-t-il dit hautement,
Qu'un honnête homme soit traîné honteusement ;
J'en réponds sur sa mine, et je le cautionne
Et, comme on résistait à lâcher sa personne,
D'abord il a chargé si bien sur les recors,
Qui sont gens d'ordinaire à craindre pour leur corps,
Qu'à l'heure que je parle ils sont encore en fuite,
Et pensent tous avoir un Lélie à leur suite.
MASCARILLE. — Le traître ne sait pas que cet Égyptien
Est déjà là dedans pour lui ravir son bien.
ERGASTE. — Adieu. Certaine affaire à te quitter m'oblige.

SCÈNE II.

MASCARILLE, seul. — Oui, je suis stupéfait de ce dernier prodige.
On dirait (et pour moi j'en suis persuadé)
Que ce démon brouillon dont il est possédé,
Se plaise à me braver, et me l'aille conduire
Partout où sa présence est capable de nuire.
Pourtant je veux poursuivre, et, malgré tous ses coups,
Voir qui l'emportera de ce diable ou de nous.
Célie est quelque peu de notre intelligence,
Et ne voit son départ qu'avecque répugnance.
Je tâche à profiter de cette occasion.
Mais ils viennent, songeons à l'exécution.
Cette maison meublée est en ma bienséance.

Je puis en disposer avec grande licence :
Si le sort nous en dit, tout sera bien réglé ;
Nul que moi ne s'y tient, et j'en garde la clé,
O Dieu ! qu'en peu de temps on a vu d'aventures,
Et qu'un fourbe est contraint de prendre de figures!

SCÈNE III. — CÉLIE, ANDRÈS.

ANDRÈS. — Vous le savez, Célie, il n'est rien que mon cœur
N'ait fait pour vous prouver l'excès de son ardeur.
Chez les Vénitiens, dès un assez jeune âge,
La guerre en quelque estime avait mis mon courage,
Et j'y pouvais un jour, sans trop croire de moi,
Prétendre, en les servant, un honorable emploi;
Lorsqu'on me vit pour vous oublier toute chose,
Et que le prompt effet d'une métamorphose,
Qui suivit de mon cœur le soudain changement,
Parmi vos compagnons sut ranger votre amant,
Sans que mille accidents, ni votre indifférence,
Aient pu me détacher de ma persévérance.
Depuis, par un hasard, d'avec vous séparé
Pour beaucoup plus de temps que je n'eusse auguré,
Je n'ai, pour vous rejoindre, épargné temps ni peine :
Enfin, ayant trouvé la vieille Egyptienne,
Et plein d'impatience apprenant votre sort,
Que pour certain argent qui leur importait fort,
Et qui de tous vos gens détourna le naufrage,
Vous aviez en ces lieux été mise en ôtage,
J'accours vite y briser ces chaînes d'intérêt,
Et recevoir de vous les ordres qu'il vous plaît:
Cependant on vous voit une morne tristesse.
Alors que dans vos yeux doit briller l'allégresse.
Si pour vous la retraite avait quelques appas,
Venise, du butin fait parmi les combats,
Me garde pour tous deux de quoi pouvoir y vivre;
Que si, comme devant, il vous faut encor suivre,
J'y consens, et mon cœur n'ambitionnera
Que d'être auprès de vous tout ce qu'il vous plaira.
CÉLIE. — Votre zèle pour moi visiblement éclate :
Pour en paraître triste, il faudrait être ingrate;
Et mon visage aussi, par son émotion,
N'explique point mon cœur en cette occasion.
Une douleur de tête y peint sa violence;
Et, si j'avais sur vous quelque peu de puissance,
Notre voyage, au moins pour trois ou quatre jours,
Attendrait que ce mal eût pris un autre cours.
ANDRÈS. — Autant que vous voudrez, faites qu'il se diffère.
Toutes mes volontés ne buttent qu'à vous plaire.
Cherchons une maison à vous mettre en repos.
L'écriteau que voici s'offre tout à propos.

SCÈNE IV.

CÉLIE, ANDRÈS, MASCARILLE, *déguisé en Suisse.*

ANDRÈS. — Seigneur Suisse, êtes-vous de ce logis le maître?
MASCARILLE. — Moi, pour serfir à fous.
                          ANDRÈS. — Pourrons-nous y bien être?
MASCARILLE. — Oui; moi pour d'étrancher chafons champre carni.
Ma che non point locher de chans de méchant vi.
ANDRÈS. — Je crois votre maison franche de tout ombrage.
MASCARILLE. — Fous noufeau daus sti fil, msi foir à la fissage.
ANDRÈS. — Oui.
MASCARILLE. — La matame est-il mariage al monsieur?

ANDRÈS. — Quoi?

MASCARILLE. — S'il être son fame, ou s'il être son sœur?

ANDRÈS. — Non.

MASCARILLE. — Mon foi, pien choli; fenir pour marchantisse
Ou pien pour temanter à la palais choustice?
La procès il faut rien, il coûter tant t'argent!
La procurair larron, l'afocat pien méchant.

ANDRÈS. — Ce n'est pas pour cela.

    MASCARILLE. — Fous tonc mener sti file
Pour fenir pourmener et récarter la file?

ANDRÈS, (à Célie.) — Il n'importe. Je suis à vous dans un moment,
Je vais faire venir la vieille promptement;
Contremander aussi notre voiture prête.

MASCARILLE. — Li ne porte pas pien.

    ANDRÈS. — Elle a mal à la tête.

MASCARILLE. — Moi chafoir de pon fin, et te fromage pon.
Entre fous, entre fous dans mon petit maison.
  (Célie, Andrès et Mascarille entrent dans la maison.)

SCÈNE V.

LÉLIE, seul. — Quel que soit le transport d'une âme impatiente,
Ma parole m'engage à rester en attente,
A laisser faire un autre, et voir, sans rien oser,
Comme de mes destins le ciel veut disposer.

SCÈNE VI. — ANDRÈS, LÉLIE.

  LÉLIE, à Andrès qui sort de la maison.
Demandiez-vous quelqu'un dedans cette demeure?

ANDRÈS. — C'est un logis garni que j'ai pris tout à l'heure.

LÉLIE. — A mon père pourtant la maison appartient,
Et mon valet la nuit pour la garder s'y tient.

ANDRÈS. — Je ne sais : l'écriteau marque au moins qu'on la loue.
Lisez.

LÉLIE. — Certes, ceci me surprend, je l'avoue.
Qui diantre l'aurait mis? et par quel intérêt?...
Ah! ma foi, je devine à peu près ce que c'est!
Cela ne peut venir que de ce que j'augure.

ANDRÈS. — Peut-on vous demander quelle est cette aventure?

LÉLIE. — Je voudrais à tout autre en faire un grand secret;
Mais pour vous il n'importe, et vous serez discret.
Sans doute l'écriteau que vous voyez paraître,
Comme je conjecture, au moins ne saurait être
Que quelque invention du valet que je di,
Que quelque nœud subtil qu'il doit avoir ourdi
Pour mettre en mon pouvoir certaine Egyptienne,
Dont j'ai l'âme piquée, et qu'il faut que j'obtienne;
Je l'ai déjà manquée, et même plusieurs coups.

ANDRÈS. — Vous l'appelez?

    LÉLIE. — Célie.

    ANDRÈS. — He? que ne disiez-vous?
Vous n'aviez qu'à parler, je vous aurais sans doute
Epargné tous les soins que ce projet vous coûte.

LÉLIE. — Quoi! vous la connaissez?

    ANDRÈS. — C'est moi qui maintenant
Viens de la racheter.

    LÉLIE. — O discours surprenant!

ANDRÈS. — Sa santé de partir ne pouvant nous permettre,
Au logis que voilà je venais de la mettre;
Et je suis très ravi, dans cette occasion,
Que vous m'ayez instruit de votre intention.

LÉLIE. — Quoi! j'obtiendrais de vous le bonheur que j'espère?
Vous pourriez....?

ANDRÈS, *allant frapper à la porte*
Tout à l'heure on va vous satisfaire.

LÉLIE. — Que pourrai-je vous dire? Et quel remerciement?...
ANDRÈS. — Non, ne m'en faites point, je n'en veux nullement.

SCÈNE VII. — LÉLIE, ANDRÈS, MASCARILLE.

MASCARILLE, *à part.* — Hé bien! ne voilà pas mon enragé de maître!
Il nous va faire encor quelque nouveau bicêtre.
LÉLIE. — Sous ce grotesque habit qui l'aurait reconnu?
Approche, Mascarille, et sois le bien venu.
MASCARILLE. — Moi souisse ein chant t'honneur, moi non point Maquerille;
Chai point fentre chamais le fame ni le fille.
LÉLIE. — Le plaisant baragouin! il est bon, sur ma foi!
MASCARILLE. — Allez fous pourmener, sans toi rire te moi.
LÉLIE. — Va, va, lève ton masque et reconnais ton maître.
MASCARILLE. — Partié, tiable, mon foi chamais toi chai connaître.
LÉLIE. — Tout est accommodé, ne te déguise point.
MASCARILLE. — Si toi point en aller, che paille ein coup te poing.
LÉLIE. — Ton jargon allemand est superflu, te dis-je,
Car nous sommes d'accord et sa bonté m'oblige.
J'ai tout ce que mes vœux lui peuvent demander,
Et tu n'as pas sujet de rien appréhender.
MASCARILLE. — Si vous êtes d'accord par un bonheur extrême,
Je me dessuisse donc, et redeviens moi-même.
ANDRÈS. — Ce valet vous servait avec beaucoup de feu :
Mais je reviens à vous, demeurez quelque peu.

SCÈNE VIII. — LÉLIE, MASCARILLE.

LÉLIE. — Hé bien! que diras-tu?

MASCARILLE. — Que j'ai l'âme ravie
De voir d'un beau succès notre peine servie.
LÉLIE. — Tu feignais à sortir de ton déguisement,
Et ne pouvais me croire en cet évènement.
MASCARILLE. — Comme je vous connais, j'étais dans l'épouvante,
Et trouve l'aventure aussi fort surprenante.
LÉLIE. — Mais confesse qu'enfin c'est avoir fait beaucoup,
Au moins j'ai réparé mes fautes à ce coup,
Et j'aurai cet honneur d'avoir fini l'ouvrage.
MASCARILLE. — Soit; vous aurez été bien plus heureux que sage.

SCÈNE IX. — CÉLIE, ANDRÈS, LÉLIE, MASCARILLE.

ANDRÈS. — N'est pas là l'objet dont vous m'avez parlé?
LÉLIE. — Ah! quel bonheur au mien pourrait être égalé!
ANDRÈS. — Il est vrai, d'un bienfait je vous suis redevable;
Si je ne l'avouais, je serais condamnable :
Mais enfin ce bienfait aurait trop de rigueur,
S'il fallait le payer aux dépens de mon cœur.
Jugez, dans le transport où sa beauté me jette,
Si je dois à ce prix vous acquitter ma dette ;
Vous êtes généreux, vous ne le voudriez pas :
Adieu. Pour quelques jours retournons sur nos pas.

SCÈNE X. — LÉLIE, MASCARILLE.

MASCARILLE, *après avoir chanté.* — Je chante, et toutefois je n'en ai guère envie.
Vous voilà bien d'accord, il vous donne Célie
Hem, vous m'entendez bien !..

LÉLIE. — C'est trop, je ne veux plus
To demander pour moi des secours superflus

Je suis un chien, un traître, un bourreau détestable,
Indigne d'aucun soin, de rien faire incapable.
Va, cesse tes efforts pour un malencontreux,
Qui ne saurait souffrir que l'on le rende heureux.
Après tant de malheurs, après mon imprudence,
Le trépas me doit seul prêter son assistance.

SCÈNE XI.

MASCARILLE, *seul*. — Voilà le vrai moyen d'achever son destin :
Il ne lui manque plus que de mourir enfin
Pour le couronnement de toutes ses sottises.
Mais en vain son dépit pour ses fautes commises
Lui fait licencier mes soins et mon appui,
Je veux, quoi qu'il en soit, le servir malgré lui,
Et dessus son lutin obtenir la victoire.
Plus l'obstacle est puissant, plus on reçoit de gloire :
Et les difficultés dont on est combattu,
Sont les dames d'atour qui parent la vertu.

SCÈNE XII. — CÉLIE, MASCARILLE.

CÉLIE, *à Mascarille qui lui a parlé bas.*
Quoi que tu veuilles dire, et que l'on se propose,
De ce retardement j'attends fort peu de chose.
Ce qu'on voit de succès peut bien persuader
Qu'ils ne sont pas encore fort près de s'accorder.
Et je t'ai déjà dit qu'un cœur comme le nôtre
Ne voudrait pas pour l'un faire injustice à l'autre ;
Et que très fortement, par de différents nœuds,
Je me trouve attachée au parti de tous deux.
Si Lélie a pour lui l'amour et sa puissance,
Andrès pour son partage a la reconnaissance,
Qui ne souffrira point que mes pensers secrets
Consultent jamais rien contre ses intérêts :
Oui, s'il ne peut avoir plus de place en mon âme,
Si le don de mon cœur ne couronne sa flamme,
Au moins dois-je le prix à ce qu'il fait pour moi
De n'en choisir point d'autre, au mépris de sa foi,
Et de faire à mes vœux autant de violence
Que j'en fais aux désirs qu'il met en évidence.
Sur ces difficultés qu'oppose mon devoir,
Juge ce que tu peux te permettre d'espoir.
MASCARILLE. — Ce sont, à dire vrai, de très fâcheux
Et je ne sais point l'art de faire des miracles :
Mais je vais employer mes efforts plus puissants,
Remuer terre et ciel, m'y prendre de tout sens
Pour tâcher de trouver un biais salutaire,
Et vous dirai bientôt ce qui se pourra faire.

SCÈNE XIII. — HYPPOLYTE, CÉLIE.

HIPPOLYTE. — Depuis votre séjour, les dames de ces lieu
Se plaignent justement des larcins de vos yeux,
Si vous leur dérobez leurs conquêtes plus belles.
Et de tous leurs amants faites des infidèles :
Il n'est guère de cœurs qui puissent échapper
Aux traits dont à l'abord vous savez les frapper ;
Et mille libertés, à vos chaînes offertes,
Semblent vous enrichir chaque jour nos pertes·
Quant à moi, toutefois je ne me plaindrais pas
Du pouvoir absolu de vos rares appas,
Si, lorsque mes amants sont devenus les vôtres,
Un seul m'eût consolé de la perte des autres :

Mais qu'inhumainement vous ne les ôtiez tous
C'est un dur procédé dont je me plains à vous.
CÉLIE. — Voilà d'un air galant faire une raillerie :
Mais épargnez un peu celle qui vous en prie.
Vos yeux, vos propres yeux se connaissent trop bien,
Pour pouvoir de ma part redouter jamais rien ;
Ils sont fort assurés du pouvoir de leurs charmes,
Et ne prendront jamais de pareilles alarmes.
HIPPOLYTE. — Pourtant en ce discours je n'ai rien avance
Qui dans tous les esprits ne soit déjà passé :
Et, sans parler du reste, on sait bien que Célie
A causé des désirs à Léandre et Lélie.
CÉLIE. — Je crois qu'étant tombé dans cet aveuglement,
Vous vous consoleriez de leur perte aisément,
Et trouveriez pour vous l'amant peu souhaitable
Qui d'un si mauvais choix se trouverait capable.
HIPPOLYTE. — Au contraire, j'agis d'un air tout différent,
Et trouve en vos bontés un mérite si grand ;
J'y vois tant de raisons capables de défendre
L'inconstance de ceux qui s'en laisse surprendre,
Que je ne puis blâmer la nouveauté des feux
Dont envers moi Léandre a parjuré ses vœux,
Et le vais voir tantôt, sans haine et sans colère,
Ramené sous mes lois par le pouvoir d'un père.

SCÈNE XIV. CÉLIE, HIPPOLYTE, MASCARILLE.

MASCARILLE. — Grande, grande nouvelle, et succès surprenant
Que ma bouche vous vient annoncer maintenant !
CÉLIE. — Qu'est-ce donc ?
        MASCARILLE.. — Écoutez, voici sans flatterie...
CÉLIE. — Quoi ?
MASCARILLE — La fin d'une vraie et pure comédie.
La vieille Égyptienne à l'heure même...
               CÉLIE. — Hé bien ?
MASCARILLE. — Passait dedans la place et ne songeait à rien.
Alors qu'une autre vieille assez défigurée,
L'ayant de près au nez longtemps considérée,
Par un bruit enroué de mots injurieux,
A donné le signal d'un combat furieux,
Qui pour armes pourtant, mousquets, dagues, ou flèches,
Ne faisait voir en l'air que quatre griffes sèches,
Dont ces deux combattants s'efforçaient d'arracher
Ce peu que sur leurs os les ans laissent de chair.
On n'entend que ces mots, chienne, louve, bagasse.
D'abord leurs scoffions ont volé par la place,
Et laissant voir à nu deux têtes sans cheveux,
Ont rendu le combat risiblement affreux.
Andrès et Trufaldin, à l'éclat de murmure,
Ainsi que force monde, accourus d'aventure,
Ont à les décharpir eu de la peine asssez,
Tant leurs esprits étaient par la fureur poussés
Cependant que chacune, après cette tempête,
Songe à cacher aux yeux la honte de sa tête,
Et que l'on veut savoir qui causait cette humeur
Celle qui la première avait fait la rumeur,
Malgré la passion dont elle était émue,
Ayant sur Trufaldin tenu longtemps la vue :
C'est vous, si quelque erreur n'abuse ici mes yeux
Qu'on m'a dit qui viviez inconnu dans ces lieux,
M'a-t-elle dit tout haut ; ô rencontre opportune,
Qui, seigneur Zanobio Ruberti, la fortune

Le fait vous reconnaître, et dans le même instant
Que par votre intérêt je me tourmentais tant.
Lorsque Naples vous vit quitter votre famille :
J'avais, vous le savez, en mes mains votre fille
Dont j'élevais l'enfance, et qui, par mille traits,
Faisait voir, dès quatre ans, sa grâce et ses attraits.
Celle que vous voyez, cette infâme sorcière,
Dedans notre maison se rendant familière,
Me vola ce trésor. Hélas ! de ce malheur
Votre femme, je crois, conçut tant de douleur,
Que cela servit fort pour avancer sa vie !
Si bien qu'entre mes mains cette fille ravie
Me faisant redouter un reproche fâcheux,
Je vous fis annoncer la mort de toutes deux :
Mais il faut maintenant, puisque je l'ai connue,
Qu'elle fasse savoir ce qu'elle est devenue.
Au nom de Zanobio Ruberti, que sa voix,
Pendant tout ce récit répétait plusieurs fois.
Andrès, ayant changé quelque temps de visage,
A Trufaldin surpris a tenu ce langage :
Quoi donc ! le ciel me fait trouver heureusement
Celui que jusqu'ici j'ai cherché vainement,
Et que j'avais pu voir, sans pourtant reconnaître
La source de mon sang et l'auteur de mon être !
Oui, mon père je suis. Horace votre fils.
D'Albert, qui me gardait, les jours étant finis,
Me sentant naître au cœur d'autres inquiétudes,
Je sortis de Bologne, et, quittant mes études,
Portai durant six ans mes pas en divers lieux,
Selon que me poussait un désir curieux :
Pourtant, après ce temps, une secrète envie
Me pressa de revoir les miens et ma patrie ;
Mais dans Naples, hélas ! je ne vous trouve plus.
Et n'y sus votre sort que par des bruits confus :
Si bien qu'à votre quête ayant perdu mes peines,
Venise pour un temps borna mes courses vaines :
Et j'ai vécu depuis, sans que de ma maison
J'eusse d'autres clartés que d'en savoir le nom.
Je vous laisse à juger si, pendant ces affaires,
Trufaldin ressentait des transports ordinaires.
Enfin, pour retrancher ce que plus à loisir
Vous aurez le moyen de vous faire éclaircir
Par la confession de votre Égytienne,
Trufaldin maintenant vous reconnaît pour sienne ;
Andrès est votre frère ; et comme de sa sœur
Il ne peut plus songer à se voir possesseur,
Une obligation qu'il prétend reconnaître,
A fait qu'il vous obtient pour épouse à mon maître,
Dont le père, témoin de tout l'évènement,
Donne à cet hyménée un plein consentement,
Et pour mettre une joie entière en sa famille,
Pour le nouvel Horace a proposé sa fille.
Voyez que d'incidents à la fois enfantés !

CÉLIE. — Je demeure immobile à tant de nouveautés.

MASCARILLE. — Tous viennent sur mes pas, hors les deux
Qui du combat encor remettent leurs personnes.
Léandre est de la troupe, et votre père aussi.
Moi, je vais avertir mon maître de ceci,
Et que, lorsqu'à ses vœux on croit le plus d'obstacle,
Le ciel en sa faveur produit comme un miracle. (*Mascarille sort.*)

HIPPOLYTE. — Un tel ravissement rend mes esprits confus,
Que pour mon propre sort je n'en aurais pas plus;
Mais les voici venir.

SCÈNE XV.

TRUFALDIN, ANSELME, PANDOLFE, CÉLIE, HIPPOLYTE, LÉANDRE, ANDRÈS.

TRUFALDIN. — Ah! ma fille!

CÉLIE. — Ah! mon père!

TRUFALDIN. — Sais-tu déjà comment le ciel nous est prospère?

CÉLIE. — Je viens d'entendre ici ce succès merveilleux.

HIPPOLYTE *à Léandre.* — En vain vous parleriez pour excuser vos feux,
Si j'ai devant les yeux ce que vous pouvez dire.

LÉANDRE. — Un généreux pardon est ce que je désire ;
Mais j'atteste les cieux, qu'en ce retour soudain
Mon père fait bien moins que mon propre dessein.

ANDRÈS, *à Célie* — Qui l'aurait jamais cru, que cette ardeur si pure
Pût être condamnée un jour par la nature !
Toutefois tant d'honneur l'a su toujours régir,
Qu'en y changeant fort peu, je puis la retenir.

CÉLIE. — Pour moi, je me blâmais, et croyais faire faute,
Quand je n'avais pour vous qu'une estime très haute.
Je ne pouvais savoir quel obstacle puissant
M'arrêtait sur un pas si doux et si glissant,
Et détournait mon cœur de l'aveu d'une flamme
Que mes sens s'efforçaient d'introduire en mon âme.

TRUFALDIN, *à Célie.* — Mais en te retrouvant, que diras-tu de moi,
Si je songe aussitôt à me priver de toi,
Et t'engage à son fils sous la loi d'hyménée?

CÉLIE. — Que de vous maintenant dépend ma destinée.

SCÈNE XVI.

TRUFALDIN, ANSELME, PANDOLFE, CÉLIE, HIPPOLYTE, LÉLIE, LÉANDRE,
ANDRÈS, MASCARILLE.

MASCARILLE, *à Lélie.* — Voyons si votre diable aura bien le pouvoir
De détruire à ce coup un si solide espoir;
Et si, contre l'excès du bien qui nous arrive,
Vous armerez encore votre imaginative.
Par un coup imprévu des destins les plus doux,
Vos vœux sont couronnés, et Célie est à vous.

LÉLIE. — Croirai-je que du ciel la puissance absolue?...

TRUFALDIN. — Oui, mon gendre, il est vrai.

PANDOLFE. — La chose est résolue.

ANDRÈS, *à Lélie.* — Je m'acquitte par là de ce que je vous dois.

LÉLIE, *à Mascarille.* — Il faut que je t'embrasse et mille et mille fois.
Dans cette joie...

MASCARILLE. — Ahi! Ahi! doucement, je vous prie.
Il m'a presque étouffé. Je crains fort pour Célie
Si vous la caressez avec tant de transport;
De vos embrassements on se passerait fort.

TRUFALDIN, *à Lélie.* — Vous savez le bonheur que le ciel me renvoie;
Mais puisqu'un même jour nous met tous dans la joie,
Ne nous séparons point qu'il ne soit terminé;
Et que son père aussi nous soit vite amené.

MASCARILLE. — Vous voilà tous pourvus. N'est-il point quelque fille
Qui pût accommoder le pauvre Mascarille?
A voir chacun se joindre à sa chacune ici,
J'ai des démangeaisons de mariage aussi.

ANSELME. — J'ai ton fait.

MASCARILLE. — Allons donc; et que les cieux prospères
Nous donnent des enfants dont nous soyons les pères!

FIN DE L'ÉTOURDI.

LE DÉPIT AMOUREUX.

COMÉDIE EN CINQ ACTES.

PERSONNAGES.

ALBERT, père de Lucile et d'Ascagne.
POLIDORE, père de Valère.
LUCILE, fille d'Albert.
ASCAGNE, fille d'Albert, déguisée en homme.
ERASTE, amant de Lucile.
VALERE, fils de Polidore.

MARINETTE, suivante de Lucile.
FROSINE, confidente d'Ascagne.
MÉTAPHRASTE, pédant.
GROS-RENE, valet d'Eraste.
MASCARILLE, valet de Valère.
LA RAPIERE, bretteur.

La scène est à Paris.

ACTE Iᵉʳ.

SCÈNE PREMIÈRE. — ÉRASTE, GROS-RÉNÉ.

ÉRASTE. — Veux-tu que je te dise? une atteinte secrète
Ne laisse point mon âme en une bonne assiette:
Oui, quoiqu'à mon amour tu puisses repartir,
Il craint d'être la dupe, à ne te point mentir;
Qu'en faveur d'un rival ta foi ne se corrompe,
Ou du moins qu'avec moi toi-même on ne te trompe.
GROS-RÉNÉ. — Pour moi, me soupçonner de quelque mauvais tour,
Je dirai (n'en déplaise à monsieur votre amour)
Que c'est injustement blesser ma prud'homie,
Et se connaître mal en physionomie.
Les gens de mon minois ne sont point accusés
D'être, grâces à Dieu, ni fourbes ni rusés.
Cet honneur qu'on nous fait, je ne le démens guères,
Et suis homme fort rond de toutes les manières.
Pour que l'on me trompât, cela se pourrait bien,
Le doute est mieux fondé; pourtant je n'en crois rien.
Je ne vois point encore, ou je suis une bête,
Sur quoi vous avez pu prendre martel en tête.
Lucile, à mon avis, vous montre assez d'amour;
Elle vous voit, vous parle à toute heure du jour;
Et Valère, après tout, qui cause votre crainte,
Semble n'être à présent souffert que par contrainte.
ÉRASTE. — Souvent d'un faux espoir un amant est nourri;
Le mieux reçu toujours n'est pas le plus chéri;
Et tout ce que d'ardeur font paraître les femmes,
Parfois n'est qu'un beau voile à couvrir d'autres flammes.
Valère enfin, pour être un amant rebuté,
Montre depuis un temps trop de tranquillité;
Et ce qu'à ces faveurs dont tu crois l'apparence,
Il témoigne de joie ou bien d'indifférence,
M'empoisonne à tous coups leurs plus charmants appas,
Me donne ce chagrin que tu ne comprends pas,
Tient mon bonheur en doute, et me rend difficile
Une entière croyance aux propos de Lucile.
Je voudrais, pour trouver un tel destin plus doux,
Y voir entrer un peu de son transport jaloux,
Et, sur ses déplaisirs et son impatience,
Mon ame prendrait lors une pleine assurance.

Le Dépit amoureux, p. 48.

Toi-même penses-tu qu'on puisse, comme il fait,
Voir chérir un rival d'un esprit satisfait?
Et, si tu n'en crois rien, dis-moi, je t'en conjure,
Si j'ai lieu de rêver dessus cette aventure?
GROS-RÉNÉ. —Peut-être que son cœur a changé de désirs,
Connaissant qu'il poussait d'inutiles soupirs.
ÉRASTE. — Lorsque par les rebuts une ame est détachée,
Elle veut fuir l'objet dont elle fut touchée,
Et ne rompt point sa chaîne avec si peu d'éclat
Qu'elle puisse rester en un paisible état.
De ce qu'on a chéri la fatale présence
Ne nous laisse jamais dedans l'indifférence;
Et, si de cette vue on n'accroît son dédain,
Notre amour est bien près de nous rentrer au sein:
Enfin, crois-moi, si bien qu'on éteigne une flamme,
Un peu dè jalousie occupe encore une ame;
Et l'on ne saurait voir, sans en être piqué,
Posséder par un autre un cœur qu'on a manqué.
GROS-RÉNÉ. — Pour moi, je ne sais point tant de philosophie :
A ce que voient mes yeux franchement je m'y fie,
Et ne suis point de moi si mortel ennemi,
Que je m'aille affliger sans sujet ni demi.
Pourquoi subtiliser, et faire le capable
A chercher des raisons pour être misérable?
Sur des soupçons en l'air je m'irais alarmer!
Laissons venir la fête avant que la chômer.
Le chagrin me paraît une incommode chose :
Je n'en prends point pour moi sans bonne et juste cause,
Et mêmes à mes yeux cent sujets d'en avoir
S'offrent le plus souvent, que je ne veux pas voir.
Avec vous en amour je cours même fortune,
Celle que vous aurez me doit être commune :
La maîtresse ne peut abuser votre foi,
A moins que la suivante en fasse autant pour moi;
Mais j'en fuis la pensée avec un soin extrême.
Je veux croire les gens, quand on me dit : Je t'aime :
Et ne vais point chercher, pour m'estimer heureux,
Si Mascarille ou non s'arrache les cheveux.
Que tantôt Marinette endure qu'à son aise
Jodelet par plaisir la caresse et la baise,
Et que ce beau rival en rie ainsi qu'un fou :
A son exemple aussi j'en rirai tout mon soûl,
Et l'on verra qui rit avec meilleure grâce.
ÉRASTE. — Voilà de tes discours.
        GROS-RÉNÉ. — Mais je la vois qui passe.

SCÈNE II. — ÉRASTE, MARINETTE, GROS-RÉNÉ.

GROS-RÉNÉ. — St, Marinette?
        MARINETTE. — Ho! ho! que fais-tu là?
                GROS-RÉNÉ. — Ma foi,
Demande, nous étions tout à l'heure sur toi.
MARINETTE. — Vous êtes aussi là, monsieur! Depuis une heure,
Vous m'avez fait trotter comme an Basque, ou je meure.
ÉRASTE. — Comment?
        MARINETTE. — Pour vous chercher j'ai fait dix mille pas,
Et vous promets, ma foi...
                ÉRASTE. — Quoi?
                        MARINETTE. -- Que vous n'êtes pas
Au temple, au Cours, chez vous, ni dans la grande place.
GROS-RÉNÉ. — Il fallait en jurer.
        ÉRASTE. — Apprends-moi donc, de grâce,
    MOLIERE.

Qui te fait me chercher?
MARINETTE. — Quelqu'un, en vérité,
Qui pour vous n'a pas trop mauvaise volonté;
Ma maîtresse, en un mot.
ÉRASTE. — Ah! chère Marinette,
Ton discours de son cœur est-il bien l'interprète?
Ne me déguise point un mystère fatal;
Je ne t'en voudrais pas pour cela plus de mal :
Au nom des dieux, dis-moi si ta belle maîtresse
N'abuse point mes vœux d'une fausse tendresse.
MARINETTE. — Hé! hé! d'où vous vient donc ce plaisant mouvement?
Elle ne fait pas voir assez son sentiment!
Quel garant est-ce encor que votre amour demande?
Que lui faut-il ?
GROS-RÉNÉ. — A moins que Valère se pende
Bagatelle, son cœur ne s'assurera point.
MARINETTE. — Comment?
GROS-RÉNÉ. — Il est jaloux jusques en un tel point.
MARINETTE. — De Valère? Ah! vraiment la pensée est bien belle,
Elle peut seulement naître en votre cervelle.
Je vous croyais du sens, et jusqu'à ce moment
J'avais de votre esprit quelque bon sentiment;
Mais, à ce que je vois, je m'étais fort trompée.
Ta tête de ce mal est-elle aussi frappée?
GROS-RÉNÉ. — Moi, jaloux? Dieu m'en garde, et d'être assez badin
Pour m'aller emmaigrir avec un tel chagrin :
Outre que de ton cœur ta foi me cautionne,
L'opinion que j'ai de moi même est trop bonne
Pour croire auprès de moi que quelque autre te plût.
Où diantre pourrais-tu trouver qui me valût?
MARINETTE. — En effet, tu dis bien; voilà comme il faut être.
Jamais de ces soupçons qu'un jaloux fait paraître.
Tout le fruit qu'on en cueille est de se mettre mal,
Et d'avancer par-là les desseins d'un rival.
Au mérite souvent de qui l'éclat vous blesse,
Vos chagrins font ouvrir les yeux d'une maîtresse,
Et j'en sais tel, qui doit son destin le plus doux
Aux soins trop inquiets de son rival jaloux.
Enfin, quoi qu'il en soit, témoigner de l'ombrage,
C'est jouer en amour un mauvais personnage,
Et se rendre, après tout, misérable à crédit.
Cela, seigneur Eraste, en passant vous soit dit.
ÉRASTE. — Hé bien! n'en parlons plus. Que venais-tu m'apprendre?
MARINETTE. — Vous mériteriez bien que l'on vous fît attendre,
Qu'afin de vous punir je vous tinsse caché
Le grand secret pour quoi je vous ai tant cherché,
Tenez, voyez ce mot, et sortez hors de doute;
Lisez-le donc tout haut, personne ici n'écoute.
ÉRASTE lit. — « Vous m'avez dit que votre amour
      « Etait capable de tout faire;
   « Il se couronnera lui-même dans ce jour,
      « S'il peut avoir l'aveu d'un père.
   « Faites parler les droits qu'on a dessus mon cœur,
      « Je vous en donne la licence;
      « Et, si c'est en votre faveur,
   « Je vous réponds de mon obéissance. »
Ah! quel bonheur ! O toi ! qui me l'as apporté,
Je te dois regarder comme une déité !
GROS-RÉNÉ. — Je vous le disais bien : contre votre croyance,
Je ne me trompe guère aux choses que je pense.

ÉRASTE *relit.* — « Faites parler les droits qu'on a dessus mon cœur,
    « Je vous en donne la licence,
    « Et, si c'est en votre faveur.
    « Je vous réponds de mon obéissance. »
MARINETTE. — Si je lui rapportais vos faiblesses d'esprit,
  Elle désavoûrait bientôt un tel écrit.
ÉRASTE. — Ah! cache-lui, de grâce, une peur passagère,
  Où mon âme a cru voir quelque peu de lumière ;
  Ou si tu la lui dis, ajoute que ma mort
  Est prête d'expier l'erreur de ce transport;
  Que je vais à ses pieds, si j'ai pu lui déplaire,
  Sacrifier ma vie à sa juste colère.
MARINETTE. — Ne parlons point de mort, ce n'en est point le temps.
ÉRASTE. — Au reste, je te dois beaucoup, et je prétends
  Reconnaître dans peu, de la bonne manière,
  Les soins d'une si noble et si belle courrière.
MARINETTE. — A propos : savez-vous où je vous ai cherché,
  Tantôt encore ?
      ÉRASTE. — Hé bien?
        MARINETTE. — Tout proche du marché.
  Où vous savez.
      ÉRASTE. — Où donc?
        MARINETTE. — Là.... dans cette boutique
  Où dès le mois passé votre cœur magnifique
  Me promit, de sa grâce, une bague.
        ÉRASTE. — Ah! j'entends.
GROS-RÉNÉ. — La matoise!
        ÉRASTE. — Il est vrai, j'ai tardé trop longtemps
  A m'acquitter vers toi d'une telle promesse :
  Mais...
MARINETTE. — Ce que j'en ai dit, n'est pas que je vous presse.
GROS-RÉNÉ. — Ho! que non!
ÉRASTE *lui donne sa bague.* — Celle-ci peut-être aura de quoi
  Te plaire; accepte-la pour celle que je doi.
MARINETTE.—Monsieur, vous vous moquez, j'aurais honte à la prendre.
GROS-RÉNÉ. — Pauvre honteuse! prends sans davantage attendre;
  Refuser ce qu'on donne est bon à faire aux fous.
MARINETTE. — Ce sera pour garder quelque chose de vous.
ÉRASTE. — Quand puis-je rendre grâce à cet ange adorable?
MARINETTE. — Travaillez à vous rendre un père favorable.
ÉRASTE. — Mais s'il me rebutait, dois-je...?
        MARINETTE. — Alors comme alors :
  Pour vous on emploiera toutes sortes d'efforts.
  D'une façon ou d'autre il faut qu'elle soit vôtre:
  Faites votre pouvoir et nous ferons le nôtre.
ÉRASTE. — Adieu, nous en saurons le succès dans ce jour.
        (*Eraste relit la lettre tout bas.*)
      MARINETTE, *à Gros-Réné.*
  Et nous, que dirons-nous aussi de notre amour
  Tu ne m'en parles point.
      GROS-RÉNÉ. — Un hymen qu'on souhaite,
  Entre gens comme nous, est chose bientôt faite.
  Je te veux ; me veux-tu de même?
        MARINETTE. — Avec plaisir.
GROS-RÉNÉ. — Touche : il suffit.
      MARINTTE. — Adieu, Gros-Réné, mon désir.
GROS-RÉNÉ. — Adieu mon astre.
      MARINETTE.—Adieu, beau tison de ma flamme.
GROS-RÉNÉ. — Adieu, chère comète, arc-en-ciel de mon âme (*Marinette*
  Le bon Dieu soit loué, nos affaires vont bien ;
  Albert n'est pas un homme à vous refuser rien.

ÉRASTE. — Valère vient à nous.

GROS-RÉNÉ. — Je plains le pauvre hère,
Sachant ce qui se passe.

SCÈNE III. — VALÈRE, ÉRASTE, GROS-RÉNÉ.

ÉRASTE. — Hé bien ! seigneur Valère ?

VALÈRE. — Hé bien ! seigneur Eraste ?

ÉRASTE. — En quel état l'amour ?

VALÈRE. — En quel état vos feux ?

ÉRASTE. — Plus forts de jour en jour.

VALÈRE. — Et mon amour plus fort.

ÉRASTE. — Pour Lucile ?

VALÈRE. — Pour elle.

ÉRASTE. — Certes, je l'avouerai, vous êtes le modèle
D'une rare constance.

VALÈRE. — Et votre fermeté
Doit être un rare exemple à la postérité.

ÉRASTE. — Pour moi, je suis peu fait à cet amour austère,
Qui dans les seuls regards trouve à se satisfaire,
Et je ne forme point d'assez beaux sentiments
Pour souffrir constamment les mauvais traitements :
Enfin quand j'aime bien, j'aime fort que l'on m'aime.

VALÈRE. — Il est très naturel, et j'en suis bien de même.
Le plus parfait objet dont je serais charmé,
N'aurait pas mes tributs, n'en étant point aimé.

ÉRASTE. — Lucile cependant...

VALÈRE. — Lucile dans son âme,
Rend tout ce que je veux qu'elle rende à ma flamme.

ÉRASTE. — Vous êtes donc facile à contenter ?

VALÈRE. — Pas tant
Que vous pourriez penser.

ÉRASTE. — Je puis croire pourtant,
Sans trop de vanité que je suis en sa grâce.

VALÈRE. — Moi, je sais que j'y tiens une assez bonne place.

ÉRASTE. — Ne vous abusez point, croyez-moi.

VALÈRE. — Croyez-moi,
Ne laissez point duper vos yeux à trop de foi.

ÉRASTE. — Si j'osais vous montrer une preuve assurée
Que son cœur... Non, votre âme en serait altérée.

VALÈRE. — Si je vous osais, moi, découvrir en secret...
Mais je vous fâcherais, et veux être discret.

ÉRASTE. — Vraiment, vous me poussez, et, contre mon envie,
Votre présomption veut que je l'humilie.
Lisez.

VALÈRE, après avoir lu.
Ces mots sont doux.

ÉRASTE. — Vous connaissez la main ?

ALÈRE. — Oui, de Lucile.

ÉRASTE. — Hé bien ? cet espoir si certain...

VALÈRE, riant et s'en allant.
Adieu, seigneur Eraste.

GROS-RÉNÉ. — Il est fou, le bon sire.
Où vient-il donc pour lui de voir le mot pour rire ?

ÉRASTE. — Certes, il me surprend, et j'ignore, entre nous,
Quel diable de mystère est caché là-dessous.

GROS-RÉNÉ. — Son valet vient, je pense.

ÉRASTE. — Oni, je le vois paraître.
Feignons, pour le jeter sur l'amour de son maître.

SCÈNE IV. — ÉRASTE, MASCARILLE, GROS-RÉNÉ.

MASCARILLE, à part. — Non, je ne trouve point d'état plus malheureux
Que d'avoir un patron jeune et fort amoureux.

GROS-RÉNÉ. — Bonjour.

MASCARILLE. — Bonjour.

GROS-RÉNÉ — Où tend Mascarille à cette heure?
Que fait-il? revient-il? va-t-il? ou s'il demeure?

MASCARILLE. — Non, je ne reviens pas, car je n'ai pas été;
Je ne vais pas aussi, car je suis arrêté;
Et ne demeure point, car, tout de ce pas même,
Je prétends m'en aller.

ÉRASTE — La rigueur est extrême:
Doucement, Mascarille.

MASCARILLE. — Ah! monsieur serviteur.

ÉRASTE — Vous nous fuyez bien vite! hé quoi! vous fais-je peur?

MASCARILLE — Je ne crois pas cela de votre courtoisie.

ÉRASTE. — Touche; nous n'avons plus sujet de jalousie,
Nous devenons amis, et mes feux que j'éteins,
Laissent la place libre à vos heureux desseins.

MASCARILLE. — Plût à Dieu!

ÉRASTE. — Gros-Réné sait qu'ailleurs je me jette.

GROS-RÉNÉ. — Sans doute; et je te cède aussi la Marinette.

MASCARILLE. — Passons sur ce point-là; notre rivalité
N'est pas pour en venir à grande extrémité:
Mais est-ce un coup bien sûr que votre seigneurie
Soit désanamourée, ou si c'est raillerie?

ÉRASTE. — J'ai su qu'en ses amours ton maître était trop bien,
Et je serais un fou de prétendre plus rien
Aux étroites faveurs qu'il a de cette belle.

MASCARILLE. — Certes, vous me plaisez avec cette nouvelle.
Outre qu'en nos projets je vous craignais un peu,
Vous tirez sagement votre épingle du jeu.
Oui, vous avez bien fait de quitter une place
Où l'on vous caressait pour la seule grimace;
Et mille fois, sachant tout ce qui se passait,
J'ai plaint le faux espoir dont on vous repaissait:
On offense un brave homme alors que l'on l'abuse.
Mais d'où diantre, après tout, avez-vous su la ruse?
Car cet engagement mutuel de leur foi
N'eut pour témoins, la nuit, que deux autres et moi,
Et l'on croit jusqu'ici la chaîne fort secrète
Qui rend de nos amants la flamme satisfaite.

ÉRASTE. — Hé! que dis-tu?

MASCARILLE. — Je dis que je suis interdit,
Et ne sais pas, monsieur, qui peut vous avoir dit
Que, sous ce faux semblant, qui trompe tout le monde
En vous trompant aussi, leur ardeur sans seconde
D'un secret mariage a serré le lien.

ÉRASTE. — Vous en avez menti.

MASCARILLE — Monsieur, je le veux bien.

ÉRASTE. — Vous êtes un coquin.

MASCARILLE. — D'accord.

ÉRASTE. — Et cette audace
Mériterait cent coups de bâton sur la place.

MARCARILLE. — Vous avez tout pouvoir.

ÉRASTE. — Ah! Gros-Réné!

GROS-RÉNÉ. — Monsieur.

ÉRASTE. — Je démens un discours dont je n'ai que trop peur.
(à Mascarille.) Tu penses fuir.

MASCARILLE. — Nenni.

ÉRASTE. — Quoi! Lucile est la femme?

MASCARILLE. — Non, monsieur, je raillais.

ÉRASTE. — Ah! vous raillez, infâme!

MASCARILLE. — Non, je ne raillais point.
ÉRASTE. — Il est donc vrai?
MASCARILLE — Non pas,
Je ne dis pas cela.
ÉRASTE — Que dis-tu donc?
MASCARILLE — Hélas!
Je ne dis rien de peur de mal parler.
ÉRASTE. — Assure
Ou si la chose est vraie, ou si c'est imposture.
MASCARILLE. — C'est ce qu'il vous plaira; je ne suis pas ici
Pour vous rien contester.
ÉRASTE, *tirant son épée.* — Veux-tu dire? Voici,
Sans marchander, de quoi te délier la langue.
MASCARILLE. — Elle ira faire encor quelque sotte harangue
Hé ! de grâce, plutôt, si vous le trouvez bon,
Donnez-moi vitement quelques coups de bâton,
Et me laissez tirer mes chausses sans murmure.
ÉRASTE. — Tu mourras, ou je veux que la vérité pure
S'exprime par ta bouche
MASCARILLE. — Hélas! je la dirai :
Mais peut-être, monsieur, que je vous fâcherai.
ÉRASTE. — Parle : mais prends bien garde à ce que tu vas faire.
A ma juste fureur rien ne te peut soustraire,
Si tu mens d'un seul mot en ce que tu diras.
MASCARILLE. — J'y consens, rompez-moi les jambes et les bras :
Faites-moi pis encor, tuez-moi, si j'impose,
En tout ce que j'ai dit ici, la moindre chose.
ÉRASTE. — Ce mariage est vrai?
MASCARILLE. — Ma langue, en cet endroit,
A fait un pas de clerc dont elle s'aperçoit :
Mais enfin cette affaire est comme vous la dites,
Et c'est après cinq jours de nocturnes visites,
Tandis que vous serviez à mieux couvrir leur jeu,
Que depuis avant-hier ils sont joints de ce nœud;
Et Lucile depuis fait encor moins paraître
Le violent amour qu'elle porte à mon maître,
Et veut absolument que tout ce qu'il verra,
Et qu'en votre faveur son cœur témoignera,
Il l'impute à l'offet d'une haute prudence,
Qui veut de leurs secrets ôter la connaissance.
Si, malgré mes serments, vous doutez de ma foi,
Gros-René peut venir une nuit avec moi,
Et je lui ferai voir, étant en sentinelle ,
Que nous avons dans l'ombre un libre accès chez elle.
ÉRASTE. — Ote-toi de mes yeux, maraud.
MASCARILLE. — Et de grand cœur,
C'est ce que je demande.

SCÈNE V. — ÉRASTE, GROS-RÉNÉ.

ÉRASTE. — Hé bien ?
GROS-RÉNÉ. — Hé bien, monsieur?
Nous en tenons tous deux, si l'autre est véritable.
ÉRASTE. — Las! il ne l'est que trop, le bourreau détestable!
Je vois trop d'apparence à tout ce qu'il a dit;
Et ce qu'a fait Valère, en voyant cet écrit,
Marque bien leur concert, et que c'est une baie
Qui sert, sans doute, aux feux dont l'ingrate le paie.

SCÈNE VI. — ÉRASTE, MARINETTE, GROS-RÉNÉ.

MARINETTE. — Je viens vous avertir que tantôt, sur le soir,

Ma maîtresse au jardin vous permet de la voir.

ÉRASTE. — Oses-tu me parler? âme double et traîtresse!
Va, sors de ma présence; et dis à ta maîtresse
Qu'avecque ses écrits elle me laisse en paix?
Et que voilà l'état, infâme! que j'en fais (*il déchire la lettre, et sort.*)

MARINETTE. — Gros-René, dis-moi donc quelle mouche le pique.

GROS-RENÉ. — M'oses-tu bien encor parler? femelle inique,
Crocodile trompeur, de qui le cœur félon
Est pire qu'un satrape, ou bien qu'un Lestrigon!
Va, va rendre réponse à ta bonne maîtresse,
Et lui dis bien et beau, que, malgré sa souplesse,
Nous ne sommes plus sots, ni mon maître, ni moi,
Et désormais qu'elle aille au diable avecque toi.

MARINETTE, *seule.* — Ma pauvre Marinette, es-tu bien éveillée?
De quel démon est donc leur âme travaillée?
Quoi! faire un tel accueil à nos soins obligeants!
Oh! que ceci chez nous va surprendre les gens!

FIN DU PREMIER ACTE.

ACTE II.

SCÈNE PREMIÈRE. — ASCAGNE, FROSINE.

FROSINE. — Ascagne, je suis fille à secret, Dieu merci.

ASCAGNE. — Mais, pour un tel discours, sommes-nous bien ici?
Prenons garde qu'aucun ne nous vienne surprendre,
Ou que de quelque endroit on ne nous puisse entendre.

FROSINE. — Nous serions au logis beaucoup moins sûrement
Ici de tous côtés on découvre aisément ;
Et nous pouvons parler avec toute assurance.

ASCAGNE. — Hélas! que j'ai de peine à rompre mon silence!

FROSINE. Ouais! ceci doit donc être un important secret?

ASCAGNE. — Trop, puisque je le fie à vous-même à regret;
Et que si je pouvais le cacher davantage,
Vous ne le sauriez point.

        FROSINE. — Ah! c'est me faire outrage!
Feindre à s'ouvrir à moi, dont vous avez connu
Dans tous vos intérêts l'esprit si retenu!
Moi, nourrie avec vous, et qui tient sous silence
Des choses qui vous sont de si grande importance
Qui sais...

ASCAGNE. — Oui, vous savez la secrète raison
Qui cache aux yeux de tous mon sexe et ma maison ;
Vous savez que dans celle où passa mon bas âge
Je suis pour y pouvoir retenir l'héritage
Que relâchait ailleurs le jeune Ascagne mort,
Dont mon déguisement fait revivre le sort ;
Et c'est aussi pourquoi ma bouche se dispense
A vous ouvrir mon cœur avec plus d'assurance.
Mais avant que passer, Frosine, à ce discours,
Eclaircissez un doute où je tombe toujours.
Se pourrait-il qu'Albert ne sût rien du mystère
Qui masque ainsi mon sexe, et l'a rendu mon père?

FROSINE. — En bonne foi, ce point sur quoi vous me pressez
Est une affaire aussi qui m'embarrasse assez :
Le fond de cette intrigue est pour moi lettre close ;
Et ma mère ne put m'éclaircir mieux la chose.
Quand il mourut ce fils, l'objet de tant d'amour,
Au destin de qui même, avant qu'il vînt au jour
Le testament d'un oncle abondant en richesses,

D'un soin particulier avait fait des largesses;
Et que sa mère fit un secret de sa mort,
De son époux absent redoutant le transport,
S'il voyait chez un autre aller tout l'héritage
Dont sa maison tirait un si grand avantage ;
Quand, dis-je, pour cacher un tel évènement,
La supposition fut de son sentiment,
Et qu'on vous prit chez nous où vous étiez nourrie
(Votre mère d'accord de cette tromperie
Qui remplaçait ce fils à sa garde commis),
En faveur des présents le secret fut promis.
Albert ne l'a point su de nous; et pour sa femme,
L'ayant plus de douze ans conservé dans son âme,
Comme le mal fut prompt dont on la vit mourir;
Son trépas imprévu ne put rien découvrir.
Mais cependant je vois qu'il garde intelligence
Avec celle de qui vous tenez la naissance.
J'ai su qu'en secret même il lui faisait du bien,
Et peut-être cela ne se fait pas pour rien.
D'autre part, il vous veut porter au mariage ;
Et, comme il le prétend, c'est un mauvais langage,
Je ne sais s'il saurait la supposition
Sans le déguisement; mais la digression
Tout insensiblement pourrait trop loin s'étendre :
Revenons au secret que je brûle d'apprendre.

ASCAGNE. — Sachez donc que l'amour ne sait point s'abuser,
Que mon sexe à ses yeux n'a pu se déguiser,
Et que ses traits subtils, sous l'habit que je porte,
Ont su trouver le cœur d'une fille peu forte :
J'aime, enfin.

FROSINE. — Vous aimez!

ASCAGNE. — Frosine, doucement.
N'entrez pas tout à fait dedans l'étonnement ;
Il n'est pas temps encore; et ce cœur, qui soupire,
A bien pour vous surprendre autre chose à vous dire.

FROSINE. — Et quoi?

ASCAGNE. — J'aime Valère.

FROSINE. — Ah! vous avez raison;
L'objet de votre amour, lui, dont à la maison
Votre imposture enlève un puissant héritage,
Et qui, de votre sexe ayant le moindre ombrage,
Verrait incontinent ce bien lui retourner !
C'est encore un plus grand sujet de s'étonner.

ASCAGNE. — J'ai de quoi, toutefois, surprendre plus votre âme :
Je suis sa femme.

FROSINE. — O dieux! sa femme?

ASCAGNE. — Oui, sa femme.

FROSINE. — Ah! certes, celui-là l'emporte, et vient à bout
De toute ma raison.

ASCAGNE. — Ce n'est pas encor tout.

FROSINE. — Encore?

ASCAGNE. — Je la suis, dis-je, sans qu'il le pense,
Ni qu'il ait de mon sort la moindre connaissance.

FROSINE. — HO! poussez, je le quitte, et ne raisonne plus,
Tant mes sens coup sur coup se trouvent confondus.
A ces énigmes-là je ne puis rien comprendre.

ASCAGNE. — Je vais vous l'expliquer, si vous voulez m'entendre.
Valère, dans les fers de ma sœur arrêté,
Me semblait un amant digne d'être écouté;
Et je ne pouvais voir qu'on rebutât sa flamme,

Sans qu'un peu d'intérêt touchât pour lui mon âme;
Je voulais que Lucile aimât son entretien;
Je blâmais ses rigueurs; et les blâmai si bien,
Que moi-même j'entrai, sans pouvoir m'en défendre,
Dans tous les sentiments qu'elle ne pouvait prendre.
C'était, en lui parlant, moi qu'il persuadait;
Je me laissais gagner aux soupirs qu'il perdait;
Et ses vœux, rejetés de l'objet qui l'enflamme,
Etaient, comme vainqueurs, reçus dedans mon âme.
Ainsi mon cœur, Frosine, un peu trop faible, hélas!
Se rendit à des soins qu'on ne lui rendait pas,
Par un coup réfléchi reçut une blessure,
Et paya pour une autre avec beaucoup d'usure.
Enfin, ma chère, enfin, l'amour que j'eus pour lui
Se voulut expliquer, mais sous le nom d'autrui.
Dans ma bouche, une nuit, cet amant trop aimable
Crut rencontrer Lucile à ses vœux favorable,
Et je sus ménager si bien cet entretien,
Que du déguisement il ne reconnut rien.
Sous ce voile trompeur, qui flattait sa pensée,
Je lui dis que pour lui mon âme était blessée,
Mais que, voyant mon père en d'autres sentiments,
Je devais une feinte à ses commandements;
Qu'ainsi de notre amour nous ferions un mystère
Dont la nuit seulement serait dépositaire;
Et qu'entre nous, de jour, de peur de rien gâter,
Tout entretien secret se devait éviter;
Qu'il me verrait alors la même indifférence
Qu'avant que nous eussions aucune intelligence;
Et que de son côté, de même que du mien,
Geste, parole, écrit, ne m'en dît jamais rien.
Enfin, sans m'arrêter à toute l'industrie
Dont j'ai conduit le fil de cette tromperie,
J'ai poussé jusqu'au bout un projet si hardi,
Et me suis assuré l'époux que je vous di.
FROSINE. — Peste! les grands talents que votre esprit possède!
Dirait-on qu'elle y touche avec sa mine froide?
Cependant vous avez été bien vite ici;
Car je veux que la chose ait d'abord réussi,
Ne jugez-vous pas bien, à regarder l'issue,
Qu'elle ne peut longtemps éviter d'être sue?
ASCAGNE. — Quand l'amour est bien fort, rien ne peut l'arrêter;
Ses projets seulement vont à se contenter;
Et, pourvu qu'il arrive au but qu'il se propose,
Il croit que tout le reste après est peu de chose.
Mais enfin aujourd'hui je me découvre à vous,
Afin que vos conseils.... Mais voici cet époux.

SCÈNE II. — VALÈRE, ASCAGNE, FROSINE.

VALÈRE. — Si vous êtes tous deux en quelque conférence
Où je vous fasse tort de mêler ma présence,
Je me retirerai.
          ASCAGNE. — Non, non, vous pouvez bien
Puisque vous le faisiez, rompre notre entretien.
VALÈRE. — Moi?
          ASCAGNE. — Vous même.
               VALÈRE. — Et comment?
                         ASCAGNE. — Je disais que Valère
Aurait, si j'étais fille, un peu trop su me plaire,
Et que, si je faisais tous les vœux de son cœur,

Je ne tarderais guère à faire son bonheur.

VALÈRE. — Ces protestations ne coûtent pas grand'chose,
Alors qu'à leur effet un pareil si s'oppose;
Mais vous seriez bien pris, si quelque évènement
Allait mettre à l'épreuve un si doux compliment.

ASCAGNE. — Point du tout : je vous dis que, régnant dans votre âme,
Je voudrais de bon cœur couronner votre flamme.

VALÈRE. — Et si c'était quelqu'une où par votre secours
Vous puissiez être utile au bonheur de mes jours?

ASCAGNE. — Je pourrais assez mal répondre à votre attente.

VALÈRE. — Cette confession n'est pas trop obligeante.

ASCAGNE. — Hé quoi! vous voudriez, Valère, injustement
Qu'étant fille, et mon cœur vous aimant tendrement,
Je m'allasse engager avec une promesse
De servir vos ardeurs pour quelque autre maîtresse?
Un si pénible effort, pour moi, m'est interdit.

VALÈRE. — Mais cela n'étant pas?

         ASCAGNE. — Ce que je vous ai dit,
Je l'ai dit comme fille, et vous le devez prendre
Tout de même.

      VALÈRE. — Ainsi donc, il ne faut rien prétendre,
Ascagne, à des bontés que vous auriez pour nous.
A moins que le ciel fasse un grand miracle en vous;
Bref, si vous n'êtes fille, adieu votre tendresse,
Il ne vous reste rien qui pour nous s'intéresse.

ASCAGNE. — J'ai l'esprit délicat plus qu'on ne peut penser,
Et le moindre scrupule a de quoi m'offenser
Quand il s'agit d'aimer. Enfin je suis sincère,
Je ne m'engage point à vous servir, Valère,
Si vous ne m'assurez, au moins, absolument
Que vous gardez pour moi le même sentiment;
Que pareille chaleur d'amitie vous transporte,
Et que, si j'étais fille, une flamme plus forte
N'outragerait point celle où je vivrais pour vous.

VALÈRE. — Je n'avais jamais vu ce scrupule jaloux :
Mais tout nouveau qu'il est, ce mouvement m'oblige,
Et je vous fais ici tout l'aveu qu'il exige.

ASCAGNE. — Mais sans fard?

      VALÈRE. — Oui, sans fard.

        ASCAGNE. — S'il est vrai, désormais
Vos intérêts seront les miens, je vous promets.

VALÈRE. — J'ai bientôt à vous dire un important mystère,
Où l'effet de ces mots me sera nécessaire.

ASCAGNE. — Et j'ai quelque secret de même à vous ouvrir,
Où votre cœur pour moi se pourra découvrir

VALÈRE. — Hé! de quelle façon cela pourrait-il être?

ASCAGNE. — C'est que j'ai de l'amour qui ne saurait paraître;
Et vous pourriez avoir sur l'objet de mes vœux
Un empire à pouvoir rendre mon sort heureux.

VALÈRE. — Expliquez-vous, Ascagne; et croyez, par avance,
Que votre heur est certain, s'il est en ma puissance.

ASCAGNE. — Vous promettez ici plus que vous ne croyez.

VALÈRE. — Non, non : dites l'objet pour qui vous m'employez.

ASCAGNE. — Il n'est pas encore temps; mais c'est une personne
Qui vous touche de près.

       VALÈRE. — Votre discours m'étonne.
Plût à Dieu que ma sœur!...

        ASCAGNE. — Ce n'est pas la saison
De m'expliquer, vous dis-je.

        VALÈRE. — Et pourquoi?

ASCAGNE. — Pour raison :
Vous saurez mon secret, quand je saurai le vôtre.
VALÈRE. — J'ai besoin pour cela de l'aveu de quelque autre.
ASCAGNE. — Ayez-le donc ; et lors, nous expliquant nos vœux,
  Nous verrons qui tiendra mieux parole des deux.
VALÈRE. — Adieu, j'en suis content.
                  ASCAGNE. — Et moi content, Valère.
                              (*Valère sort*).
FROSINE. — Il croit trouver en vous l'assistance d'un frère.

SCÈNE III. — LUCILE, ASCAGNE, FROSINE, MARINETTE.

LUCILE, *à Marinette, les trois premiers vers.*

C'en est fait ; c'est ainsi que je puis me venger,
Et si cette action a de quoi l'affliger,
C'est toute la douceur que mon cœur s'y propose.
Mon frère, vous voyez une métamorphose.
Je veux chérir Valère après tant de fierté,
Et mes vœux maintenant tournent de son côté.
ASCAGNE. — Que dites-vous, ma sœur ? Comment ! courir au change !
  Cette inégalité me semble trop étrange.
LUCILE. — La vôtre me surprend avec plus de sujet.
  De vos soins autrefois Valère était l'objet,
  Je vous ai vu pour lui m'accuser de caprice,
  D'aveugle cruauté, d'orgueil et d'injustice :
  Et quand je veux l'aimer mon dessein vous déplaît !
  Et je vous vois parler contre son intérêt !
ASCAGNE. — Je le quitte, ma sœur, pour embrasser le vôtre ;
  Je sais qu'il est rangé dessous les lois d'une autre ;
  Et ce serait un trait honteux à vos appas,
  Si vous le rappeliez et qu'il ne revînt pas.
LUCILE. — Si ce n'est que cela, j'aurai soin de ma gloire,
  Et je sais, pour son cœur, tout ce que j'en dois croire ;
  Il s'explique à mes yeux intelligiblement :
  Ainsi découvrez-lui, sans peur, mon sentiment ;
  Ou, si vous refusez de le faire, ma bouche.
  Lui va faire savoir que son ardeur le touche...
  Quoi ! mon frère, à ces mots vous restez interdit ?
ASCAGNE. — Ah ! ma sœur ! si sur vous je puis avoir crédit.
  Si vous êtes sensible aux prières d'un frère,
  Quittez un tel dessein, et n'ôtez point Valère
  Aux vœux d'un jeune objet dont l'intérêt m'est cher,
  Et qui, sur ma parole, a droit de vous toucher.
  La pauvre infortunée aime avec violence :
  A moi seul de ses feux elle fait confidence
  Et je vois dans son cœur de tendres mouvements
  A dompter la fierté des plus durs sentiments.
  Oui, vous aurez pitié de l'état de son âme,
  Connaissant de quel coup vous menacez sa flamme,
  Et je ressens si bien la douleur qu'elle aura,
  Que je suis assuré, ma sœur, qu'elle en mourra,
  Si vous lui dérobez l'amant qui peut lui plaire.
  Eraste est un parti qui doit vous satisfaire,
  Et des feux mutuels....
            LUCILE. — Mon frère, c'est assez.
Je ne sais point pour qui vous vous intéressez ;
Mais, de grâce, cessons ce discours ; je vous prie,
Et me laissez un peu dans quelque rêverie.
ASCAGNE. — Allez. cruelle sœur, vous me désespérez
Si vous effectuez vos desseins déclarés.

SCÈNE IV — LUCILE, MARINETTE.

MARINETTE. — La résolution, madame, est assez prompte.
LUCILE. — Un cœur ne pèse rien, alors que l'on l'affronte;
Il court à sa vengeance, et saisit promptement
Tout ce qu'il croit servir à son ressentiment.
Le traître! faire voir cette insolence extrême!
MARINETTE. — Vous m'en voyez encor toute hors de moi-même;
Et quoique là-dessus je rumine sans fin,
L'aventure me passe, et j'y perds mon latin.
Car enfin, aux transports d'une bonne nouvelle
Jamais cœur ne s'ouvrit d'une façon plus belle;
De l'écrit obligeant le sien tout transporté,
Ne me donnait pas moins que de la déité:
Et cependant jamais, à cet autre message,
Fille ne fut traitée avecque tant d'outrage
Je ne sais, pour causer de si grands changements,
Ce qui s'est pu passer entre ces courts moments,
LUCILE. Rien ne s'est pu passer dont il faille être en peine,
Puisque rien ne le doit défendre de ma haine.
Quoi? tu voudrais chercher hors de sa lâcheté
La secrète raison de cette indignité?
Cet écrit malheureux, dont mon âme s'accuse,
Peut-il à son transport souffrir la moindre excuse?
MARINETTE. — En effet, je comprends que vous avez raison,
Et que cette querelle est pure trahison.
Nous en tenons, madame : et puis, prêtons l'oreille
Aux bons chiens de pendarts qui nous chantent merveille,
Qui, pour nous accrocher, feignent tant de langueur;
Laissons à leurs beaux mots fondre notre rigueur;
Rendons-nous à leurs vœux, trop faibles que nous sommes!
Foin de notre sottise, et peste soit des hommes!
LUCILE. — Hé bien! bien! qu'il s'en vante et rie à nos dépens,
Il n'aura pas sujet d'en triompher longtemps;
Et je lui ferai voir qu'en une âme bien faite
Le mépris suit de près la faveur qu'on rejette.
MARINETTE. — Au moins, en pareil cas, est-ce un bonheur bien doux,
Quand on sait qu'on n'a point d'avantage sur nous.
Marinette eut bon nez, quoi qu'on en puisse dire,
De ne permettre rien un soir qu'on voulait rire.
Quelle qu'autre, sous l'espoir du *matrimonion*,
Aurait ouvert l'oreille à la tentation,
Mais moi, *nescio vos*.
　　　　　LUCILE. — Que tu dis de folies,
Et choisis mal ton temps pour de telles saillies!
Enfin je suis touchée au cœur sensiblement;
Et si jamais celui de ce perfide amant,
Par un coup de bonheur, dont j'aurais tort, je pense
De vouloir à présent concevoir l'espérance,
(Car le ciel a trop pris plaisir de m'affliger,
Pour me donner celui de me pouvoir venger);
Quand, dis-je, par un sort à mes désirs propice,
Il reviendrait m'offrir sa vie en sacrifice,
Détester à mes pieds l'action d'aujourd'hui,
Je te défends, surtout, de me parler pour lui.
Au contraire, je veux que ton zèle s'exprime
A me bien mettre aux yeux la grandeur de son crime:
Et même si mon cœur était pour lui tenté
De descendre jamais à quelque lâcheté,
Que ton affection me soit alors sévère,
Et tienne comme il faut la main à ma colère.

MARINETTE. — Vraiment, n'ayez point peur, et laissez faire à nous;
  J'ai pour le moins autant de colère que vous ;
  Et je serais plutôt fille toute ma vie,
  Que mon gros traître aussi me redonnât envie.
  S'il vient...

SCÈNE V. — ALBERT, LUCILE, MARINETTE

  ALBERT. — Rentrez, Lucile, et me faites venir
  Le précepteur ; je veux un peu l'entretenir,
  Et m'informer de lui qui me gouverne Ascagne,
  S'il sait point quel ennui depuis peu l'accompagne.

SCÈNE VI.

  ALBERT, *seul.* — En quel gouffre de soins et de perplexité
  Nous jette une action faite sans équité !
  D'un enfant supposé par mon trop d'avarice,
  Mon cœur depuis longtemps souffre bien le supplice,
  Et quand je vois les maux où je me suis plongé,
  Je voudrais à ce bien n'avoir jamais songé.
  Tantôt je crains de voir, par la fourbe éventée,
  Ma famille en opprobre et misère jetée ;
  Tantôt pour ce fils-là qu'il me faut conserver,
  Je crains cent accidents qui peuvent arriver.
  S'il advient que dehors quelque affaire m'appelle,
  J'appréhende au retour cette triste nouvelle :
  Las! vous ne savez pas? Vous l'a-t-on annoncé?
  Votre fils a la fièvre, ou jambe, ou bras cassé :
  Enfin, à tous moments, sur quoi que je m'arrête,
  Cent sortes de chagrins me roulent dans la tête.
  Ah !...

SCÈNE VII. — ALBERT, MÉTAPHRASTE.

MÉTAPHRASTE. — *Mandatum tuum curo diligenter.*
ALBERT. — Maître, j'ai voulu...
        MÉTAPHRASTE. — Maître est dit à *magister.*
  C'est comme qui dirait trois fois plus grand.
                        ALBERT. — Je meure,
  Si je savois cela. Mais, soit, à la bonne heure.
  Maître, donc...
MÉTAPHRASTE. — Poursuivez.
        ALBERT. — Je veux poursuivre aussi :
  Mais ne poursuivez point, vous, d'interrompre ainsi.
  Donc, encore une fois, maître, c'est la troisième,
  Mon fils me rend chagrin, vous savez que je l'aime,
  Et que soigneusement je l'ai toujours nourri.
MÉTAPHRASTE. — Il est vrai : *Filio non potest præferri*
  Nisi filius.
ALBERT. — Maître, en discourant ensemble,
  Ce jargon n'est pas fort nécessaire, me semble ;
  Je vous crois grand latin, et grand docteur juré
  Je m'en rapporte à ceux qui m'en ont assuré :
  Mais dans un entretien qu'avec vous je destine,
  N'allez point déployer toute votre doctrine,
  Faire le pédagogue, et cent mots me cracher,
  Comme si vous étiez en chaire pour prêcher.
  Mon père, quoiqu'il eût la tête des meilleures,
  Ne m'a jamais rien fait apprendre que mes heures,
  Qui, depuis cinquante ans, dites journellement,
  Ne sont encor pour moi que du haut allemand.
  Laissez donc en repos votre science auguste,
  Et que votre langage à mon faible s'ajuste.

MÉTAPHRASTE. — Soit.
    ALBERT. — À mon fils, l'hymen me paraît faire peur;
Et sur quelque parti que je sonde son cœur,
Pour un pareil lien il est froid et recule.
MÉTAPHRASTE. — Peut-être a-t-il l'humeur du frère de Marc-Tulle,
Dont avec Atticus le même fait *sermon;*
Et comme aussi les Grecs disent, *Atanaton....*
ALBERT. — Mon Dieu! maître éternel, laissez-là, je vous prie
Les Grecs, les Albanais, avec l'Esclavonie,
Et tous ces autres gens dont vous voulez parler;
Eux et mon fils n'ont rien ensemble à démêler.
MÉTAPHRASTE. — Hé bien donc, votre fils?
                      ARBERT. — Je ne sais si dans l'âme
Il ne sentirait point une secrète flamme;
Quelque chose le trouble, ou je suis fort déçu;
Et je l'aperçus hier, sans en être aperçu,
Dans un recoin du bois où nul ne se retire.
MÉTAPHRASTE. — Dans un lieu reculé du bois, voulez-vous dire,
Un endroit écarté, *latinè, secussus :*
Virgile l'a dit, *Est in secussu locus....*
ALBERT. — Comment aurait-il pu l'avoir dit, ce Virgile,
Puisque je suis certain que dans ce lieu tranquille,
Ame du monde enfin n'était lors que nous deux.
MÉTAPHRASTE. — Virgile est nommé là comme un auteur fameux
D'un terme plus choisi que le mot que vous dites,
Et non comme témoin de ce qu'hier vous vîtes.
ALBERT. — Et moi, je vous dis, moi, que je n'ai pas besoin
De terme plus choisi, d'auteur, ni de témoin,
Et qu'il suffit ici de mon seul témoignage.
MÉTAPHRASTE. — Il faut choisir pourtant les mots mis en usage
Par les meilleurs auteurs : *Tu vivendo, bonos,*
Comme on dit, *scribendo, sequare peritos.*
ALBERT. — Homme, ou démon, veux-tu m'entendre sans conteste?
MÉTAPHRASTE. — Quintilien en fait le précepte.
                    ALBERT. — La peste
Soit du causeur!
    MÉTAPHRASTE. — Et dit là-dessus doctement
Un mot que vous serez bien aise assurément
D'entendre.
    ALBERT. — Je serai le diable qui t'emporte,
Chien d'homme! Oh! que je suis tenté d'étrange sorte
De faire sur ce mufle une application!
MÉTAPHRASTE. — Mais qui cause, seigneur, votre inflammation?
Que voulez-vous de moi?
             ALBERT. — Je veux que l'on m'écoute,
Vous ai-je dit vingt fois, quand je parle.
            MÉTAPHRASTE. — Ah! sans doute;
Vous serez satisfait, s'il ne tient qu'à cela :
Je me tais.
    ALBERT. — Vous ferez sagement.
        MÉTAPHRASTE. — Me voilà
Tout prêt de vous ouir.
       ALBERT. — Tant mieux.
         MÉTAPHRASTE. — Quo je trépasse,
Si je dis plus mot.
     ALBERT. — Dieu vous en fasse la grâce!
MÉTAPHRASTE. — Vous n'accuserez point mon caquet désormais.
ALBERT. — Ainsi soit-il!
     MÉTAPHRASTE. — Parlez quand vous voudrez.
                ALBERT. — J'y vais.
MÉTAPHRASTE. — Et n'appréhendez plus l'interruption nôtre

ALBERT. — C'est assez dit.

    MÉTAPHRASTE. — Je suis exact plus qu'aucun autre.

ALBERT. — Je le crois.

    MÉTAPHRASTE. — J'ai promis que je ne dirai rien.

ALBERT. — Suffit.

MÉTAPHRASTE. — Dès à présent je suis muet,

                ALBERT. — Fort bien.

MÉTAPHRASTE. — Parlez ; courage : au moins je vous donne audience.
  Vous ne vous plaindrez pas de mon peu de silence :
  Je ne desserre pas la bouche seulement.

ALBERT, à part. — Le traître !

    MÉTAPHRASTE. — Mais, de grâce, achevez vitement :
  Depuis longtemps j'écoute ; il est bien raisonnable
  Que je parle à mon tour.

      ALBERT. — Donc, bourreau détestable...

MÉTAPHRASTE. — Hé ! bon Dieu ! voulez-vous que j'écoute à jamais ?
  Partageons le parler au moins, ou je m'en vais.

ALBERT. — Ma patience est bien...

    MÉTAPHRASTE. — Quoi ! voulez-vous poursuivre ?
  Ce n'est pas encor fait ? *Per Jovem* ! je suis ivre !

ALBERT. — Je n'ai pas dit,..

    MÉTAPHRASTE. — Encor ! bon Dieu ! que de discours !
  Rien n'est-il suffisant d'en arrêter le cours ?

ALBERT. — J'enrage.

MÉTAPHRASTE. — De rechef ? O l'étrange torture !
  Hé ! laissez-moi parler un peu, je vous conjure.
  Un sot qui ne dit mot ne se distingue pas
  D'un savant qui se tait.

    ALBERT. — Parbleu ! tu te tairas

SCÈNE VIII.

MÉTAPHRASTE, seul. — D'où vient fort à propos cette sentence expresse
  D'un philosophe : parle afin qu'on te connaisse.
  Doncque, si de parler le pouvoir m'est ôté,
  Pour moi, j'aime autant perdre aussi l'humanité,
  Et changer mon essence en celle d'une bête.
  Me voilà pour huit jours avec un mal de tête.
  Oh ! que les grands parleurs par moi sont detestés !
  Mais quoi ! si les savants ne sont pas écoutés,
  Si l'on veut que toujours ils aient la bouche close,
  Il faut donc renverser l'ordre de chaque chose ;
  Que les poules dans peu dévorent les renards ;
  Que les jeunes enfants remontrent aux vieillards ;
  Qu'à poursuivre les loups les agnelets s'ébattent ;
  Qu'un fou fasse les lois ; que les femmes combattent ;
  Que par les criminels les juges soient jugés,
  Et par les écoliers les maîtres fustigés ;
  Que le malade au sain présente le remède ;
  Que le lièvre craintif...

SCÈNE IX. — ALBERT, MÉTAPHRASTE.

*Albert sonne aux oreilles de Métaphraste une cloche de mulet, qui le
fait fuir.*

MÉTAPHRASTE, *fuyant*. — Miséricorde à l'aide !

SECOND ACTE.

ACTE III.

SCÈNE PREMIÈRE.

MASCARILLE. — Le ciel parfois seconde un dessein téméraire,
Et l'on sort, comme on peut, d'une méchante affaire,
Pour moi, qu'une imprudence a trop fait discourir,
Le remède plus prompt où j'ai su recourir,
C'est de pousser ma pointe, et dire en diligence
A notre vieux patron toute la manigance.
Son fils, qui m'embarrasse, est un évaporé :
L'autre diable disant ce que j'ai déclaré,
Gare une irruption sur notre friperie !
Au moins avant qu'on puisse échauffer sa furie,
Quelque chose de bon nous pourra succéder,
Et les vieillards entre eux se pourront accorder.
C'est ce qu'on va tenter; et de la part du nôtre,
Sans perdre un seul moment, je m'en vais trouver l'autre.
(Il frappe à la porte d'Al

SCÈNE II. — ALBERT, MASCARILLE.

ALBERT. — Qui frappe?
    MASCARILLE. — Amis.
        ALBERT. — Oh! oh! qui te peut amener,
Mascarille ?
MASCARILLE.—Je viens, monsieur, pour vous donner
Le bonjour.
ALBERT. — Ah! vraiment tu prends beaucoup de peine :
De tout mon cœur, bon jour (il s'en va).
      MASCARILLE. — La replique est soudaine.
Quel homme brusque ! (il heurte).
      ALBERT. — Encor ?
    MASCARILLE. Vous n'avez pas ouï,
Monsieur.
ALBERT. — Ne m'as-tu pas donné le bonjour?
        MASCARILLE. — Oui.
ALBERT. — Hé bien ! bon jour, te dis-je (Il s'en va; Mascarille l'arrete).
        MASCARILLE. Oui; mais je viens encore
Vous saluer au nom du seigneur Polidore.
ALBERT. — Ah! c'est un autre fait. Ton maître t'a chargé
De me saluer?
MASCARILLE. — Oui.
    ALBERT. — Je lui suis obligé.
Va, que je lui souhaite une joie infinie (Il s'en va).
MASCARILLE. — Cet homme est ennemi de la cérémonie (Il heurte.)
Je n'ai pas achevé, monsieur, son compliment :
Il voudrait vous prier d'une chose instamment.
ALBERT. — Hé bien ! quand il voudra je suis à son service.
MASCARILLE, l'arrétant.—Attendez, et souffrez qu'en deux mots je finisse.
Il souhaite un moment, pour vous entretenir
D'une affaire importante, et doit ici venir.
ALBERT. — Eh ! quelle est-elle encor l'affaire qui l'oblige
A me vouloir parler?
    MASCARILLE. — Un grand secret, vous dis-je,
Qu'il vient de découvrir en ce même moment,
Et qui, sans doute, importe à tous deux grandement.
Voilà mon ambassade.

SCÈNE III.

ALBERT, *seul*. — O juste ciel! je tremble :
Car enfin nous avons peu de commerce ensemble.
Quelque tempête va renverser mes desseins,
Et ce secret, sans doute, est celui que je crains.
L'espoir de l'intérêt m'a fait quelque infidèle,
Et voilà sur ma vie une tache éternelle.
Ma fourbe est découverte. Oh! que la vérité
Se peut cacher longtemps avec difficulté !
Et qu'il eût mieux valu pour moi, pour mon estime,
Suivre les mouvements d'une peur légitime,
Par qui je me suis vu tenté plus de vingt fois
De rendre à Polidore un bien que je lui dois;
De prévenir l'éclat où ce coup-ci m'expose,
Et faire qu'en douceur passât toute la chose.
Mais, hélas! c'en est fait, il n'est plus de saison,
Et ce bien par la fraude entré dans ma maison,
N'en sera point tiré, que dans cette sortie
Il n'entraîne du mien la meilleure partie.

SCÈNE IV. — ALBERT, POLIDORE.

POLIDORE, *les quatre premiers vers sans voir Albert.*
S'être ainsi marié sans qu'on en ait su rien !
Puisse cette action se terminer à bien !
Je ne sais qu'en attendre ; et je crains fort du père
Et la grande richesse et la juste colère.
Mais je l'aperçois seul.

ALBERT. — Dieu ! Polidore vient !

POLIDORE. — Je tremble à l'aborder.

ALBERT. — La crainte me retient.

POLIDORE. — Par où lui débuter ?

ALBERT. — Quel sera mon langage ?

POLIDORE. — Son ame est tout émue.

ALBERT. — Il change de visage.

POLIDORE. — Je vois, seigneur Albert, au trouble de vos yeux,
Que vous savez déjà qui m'amène en ces lieux.

ALBERT. — Hélas! oui.

POLIDORE. — La nouvelle a droit de vous surprendre,
Et je n'eusse pas cru ce que je viens d'apprendre.

ALBERT. — J'en dois rougir de honte et de confusion.

POLIDORE. — Je trouve condamnable une telle action,
Et je né prétends point excuser le coupable.

ALBERT. — Dieu fait miséricorde au pécheur misérable.

POLIDORE. — C'est ce qui doit par vous être considéré.

ALBERT. — Il faut être chrétien.

POLIDORE. — Il est très assuré.

ALBERT. — Grâce, au nom de Dieu! grâce, ô seigneur Polidore!

POLIDORE. — Hé! c'est moi qui de vous présentement l'implore.

ALBERT. — Afin de l'obtenir, je me jette à genoux.

POLIDORE. — Je dois en cet état être plutôt que vous.

ALBERT — Prenez quelque pitié de ma triste aventure.

POLIDORE. — Je suis le suppliant dans une telle injure.

ALBERT. — Vous me fendez le cœur avec cette bonté.

POLIDORE. — Vous me rendez confus de tant d'humilité.

ALBERT. — Pardon, encore un coup!

POLIDORE. — Hélas! pardon, vous-même !

ALBERT. — J'ai de cette action une douleur extrême.

POLIDORE. — Et moi, j'en suis touché de même au dernier point.

ALBERT. — J'ose vous conjurer qu'elle n'éclate point.

POLIDORE. — Hélas! seigneur Albert, je né veux autre chose.

ALBERT. — Conservons mon honneur.

    POLIDORE. — Hé! oui, je m'y dispose.

ALBERT. — Quant au bien qu'il faudra, vous-même en résoudrez.

POLIDORE. — Je ne veux de vos biens que ce que vous voudrez;
 De tous ces intérêts je vous ferai le maître,
 Et je suis trop content si vous le pouvez être.

ALBERT. — Ah! quel homme de Dieu! quel excès de douceur!

POLIDORE. — Quelle douceur, vous-même, après un tel malheur!

ALBERT. — Que puissiez-vous avoir toutes choses prospères!

POLIDORE. — Le bon Dieu vous maintienne!

    ALBERT. — Embrassons-nous en frères.

POLIDORE. — J'y consens de grand cœur, et me réjouis fort
 Que tout soit terminé par un heureux accord.

ALBERT. — J'en rends grâces au ciel.

    POLIDORE. — Il ne vous faut rien feindre,
 Votre ressentiment me donnait lieu de craindre;
 Et Lucile tombée en faute avec mon fils,
 Comme on vous voit puissant et de biens et d'amis...

ALBERT. — Hé! que parlez-vous là de faute et de Lucile?

POLIDORE. — Soit, ne commençons point un discours inutile.
 Je veux bien que mon fils y trempe grandement :
 Même, si cela fait à votre allégement,
 J'avouerai qu'à lui seul en est toute la faute;
 Que votre fille avait une vertu trop haute
 Pour avoir jamais fait ce pas contre l'honneur,
 Sans l'incitation d'un méchant suborneur;
 Que le traître a séduit sa pudeur innocente,
 Et de votre conduite ainsi détruit l'attente.
 Puisque la chose est faite, et que, selon mes vœux,
 Un esprit de douceur nous met d'accord tous deux,
 Ne ramentevons rien, et réparons l'offense
 Par la solennité d'une heureuse alliance.

ALBERT, *à part.* — O Dieu! quelle méprise! et qu'est-ce qu'il m'apprend!
 Je rentre ici d'un trouble en un autre aussi grand.
 Dans ces divers transports je ne sais que répondre,
 Et, si je dis un mot, j'ai peur de me confondre.

POLIDORE. — A quoi pensez-vous là, seigneur Albert?

    ALBERT. — A rien.
 Remettons, je vous prie, à tantôt l'entretien.
 Un mal subit me prend, qui veut que je vous laisse.

SCÈNE V.

POLIDORE, *seul.* — Je lis dedans son âme et vois ce qui le presse
 A quoi que sa raison l'eût déjà disposé,
 Son déplaisir n'est pas encor tout apaisé.
 L'image de l'affront lui revient, et sa fuite
 Tâche à me déguiser le trouble qui l'agite.
 Je prends part à sa honte, et son deuil m'attendrit.
 Il faut qu'un peu de temps remette son esprit.
 La douleur trop contrainte aisément se redouble.
 Voici mon jeune fou, d'où nous vient tout ce trouble.

SCÈNE VI. — POLIDORE, VALÈRE.

POLIDORE. — Enfin, le beau mignon, vos beaux déportements
 Troubleront les vieux jours d'un père à tous moments;
 Tous les jours vous ferez de nouvelles merveilles,
 Et nous n'aurons jamais autre chose aux oreilles.

VALÈRE. — Que fais-je tous les jours qui soit si criminel!
 En quoi mériter tant le courroux paternel?

POLIDORE. — Je suis un étrange homme, et d'une humeur terrible,
 D'accuser un enfant si sage et si paisible!

Las! il vit comme un saint, et dedans la maison
Du matin jusqu'au soir il est en oraison !
Dire qu'il pervertit l'ordre de la nature,
Et fait du jour la nuit, ô la grande imposture!
Qu'il n'a considéré père, ni parenté
En vingt occasions : horrible fausseté !
Que de fraîche mémoire un furtif hymenée
A la fille d'Albert a joint sa destinée ,
Sans craindre de la suite un désordre puissant :
On le prend pour un autre, et le pauvre innocent
Ne sait pas seulement ce que je lui veux dire.
Ah ! chien, que j'ai reçu du ciel pour mon martyre!
Te croiras-tu toujours? et ne pourrai-je pas
Te voir être une fois sage avant mon trépas?

VALÈRE, *seul et rêvant.*—D'où peut venir ce coup? mon âme embarrassée
Ne voit que Mascarille où jeter sa pensée.
Il ne sera pas homme à m'en faire un aveu.
Il faut user d'adresse et me contraindre un peu
Dans ce juste courroux.

SCÈNE VII. — VALÈRE, MASCARILLE.

VALÈRE. — Mascarille, mon père,
Que je viens de trouver, sait toute notre affaire.

MASCARILLE. — Il la sait ?

VALÈRE. — Oui.

MASCARILLE. — D'où diantre a-t-il pu le savoir ?

VALÈRE. — Je ne sais point sur qui ma conjecture asseoir ;
Mais enfin d'un succès cette affaire est suivie,
Dont j'ai tous les sujets d'avoir l'âme ravie.
Il ne m'en a pas dit un mot qui fût fâcheux ;
Il excuse ma faute, il approuve mes feux ,
Et je voudrais savoir qui peut être capable
D'avoir pu rendre ainsi son esprit si traitable.
Je ne puis t'exprimer l'aise que j'en reçoi.

MASCARILLE. — Et que me diriez-vous, monsieur, si c'était moi,
Qui vous eût procuré cette heureuse fortune?

VALÈRE. — Bon ! bon ! tu voudrais bien ici m'en donner d'une.

MASCARILLE. — C'est moi, vous dis-je, moi, dont le patron le sait,
Et qui vous ai produit ce favorable effet.

VALÈRE. — Mais, là, sans te railler?

MASCARILLE. — Que le diable m'emporte
Si je fais raillerie, et s'il n'est de la sorte!

VALÈRE, *mettant l'épée à la main.*
Et qu'il m'entraîne, moi, si tout présentement
Tu n'en vas recevoir le juste payement.

MASCARILLE.— Ah! monsieur ! qu'est-ce ceci? Je défends la surprise.

VALÈRE. — C'est la fidélité que tu m'avais promise?
Sans ma feinte, jamais tu n'eusses avoué
Le trait que j'ai bien cru que tu m'avais joué.
Traître! de qui la langue à causer trop habile
D'un père contre moi vient d'échauffer la bile;
Qui me perd tout à fait; il faut, sans discourir,
Que tu meures.

MASCARILLE. — Tout beau. Mon âme, pour mourir,
N'est pas en bon état. Daignez, je vous conjure,
Attendre le succès qu'aura cette aventure.
J'ai de fortes raisons qui m'ont fait révéler
Un hymen que vous-même aviez peine à céler :
C'était un coup d'état, et vous verrez l'issue
Condamner la fureur que vous avez conçue.
De quoi vous fâchez-vous, pourvu que vos souhaits

Se trouvent par mes soins pleinement satisfaits,
Et voyent mettre à fin la contrainte où vous êtes?
VALÈRE. — Et si tous ces discours ne sont que des sornettes?
MASCARILLE. — Toujours serez-vous lors à temps pour me tuer.
Mais enfin mes projets pourront s'effectuer.
Dieu sera pour les siens, et, content dans la suite,
Vous me remercirez de ma rare conduite.
VALÈRE. — Nous verrons. Mais Lucile...
                    MASCARILLE. — Halte; son père sort.

SCÈNE VIII. — ALBERT, VALÈRE, MASCARILLE.

ALBERT, *les cinq premiers vers sans voir Valère.*
Plus je reviens du trouble où j'ai donné d'abord,
Plus je me sens piqué de ce discours étrange,
Sur qui ma peur prenait un si dangereux change;
Car Lucile soutient que c'est une chanson,
Et m'a parlé d'un air à m'ôter tout soupçon.
Ah! monsieur, est-ce vous de qui l'audace insigne
Met en jeu mon honneur, et fait ce conte indigne?
MASCARILLE. — Seigneur Albert, prenez un ton un peu plus doux,
Et contre votre gendre ayez moins de courroux.
ALBERT. — Comment, gendre, coquin! tu portes bien la mine
De pousser les ressorts d'une telle machine,
Et d'en avoir été le premier inventeur.
MASCARILLE. — Je ne vois ici rien à vous mettre en fureur.
ALBERT. — Trouves-tu beau, dis-moi, de diffamer ma fille,
Et faire un tel scandale à toute ma famille?
MASCARILLE. — Le voilà prêt à faire en tout vos volontés.
ALBERT. — Que voudrais-je, sinon qu'il dît des vérités?
Si quelque intention le pressait pour Lucile,
La recherche en pouvait être honnête et civile;
Il fallait l'attaquer du côté du devoir,
Il fallait de son père implorer le pouvoir,
Et non pas recourir à cette lâche feinte,
Qui porte à la pudeur une sensible atteinte.
MASCARILLE. — Quoi! Lucile n'est pas, sous des liens secrets,
A mon maître?
            ALBERT. — Non, traître! et n'y sera jamais.
MASCARILLE. — Tout doux: et s'il est vrai que ce soit chose faite,
Voulez-vous l'approuver cette chaîne secrète?
ALBERT. — Et s'il est constant, toi, que cela ne soit pas,
Veux-tu te voir casser les jambes et les bras?
VALÈRE. — Monsieur, il est aisé de vous faire paraître
Qu'il dit vrai.
            ALBERT. — Bon! voilà l'autre encor, digne maître
D'un semblable valet! O les menteurs hardis!
MASCARILLE. — D'homme d'honneur, il est ainsi que je le dis.
VALÈRE. — Quel serait notre but de vous en faire accroire!
ALBERT, *à part.* — Ils s'entendent tous deux comme larrons en foire.
MASCARILLE. — Mais venons à la preuve; et, sans nous quereller.
Faites sortir Lucile, et la laisser parler.
ALBERT. — Et si le démenti par elle vous en reste?
MASCARILLE. — Elle n'en fera rien, monsieur, je vous proteste.
Promettez à leurs vœux votre consentement;
Et je veux m'exposer au plus dur châtiment,
Si de sa propre bouche elle ne vous confesse
Et la foi qui l'engage et l'ardeur qui la presse.
ALBERT. — Il faut voir cette affaire. (*Il va frapper à sa porte*).
            MASCARILLE, *à Valère.* — Allez, tout ira bien.
ALBERT. — Holà, Lucile! un mot.

VALÈRE, *à Mascarille.* — Je crains...

MASCARILLE. — Ne craignez rien.

SCÈNE IX. — LUCILE, ALBERT, VALÈRE, MASCARILLE.

MASCARILLE. — Seigneur Albert, au moins silence. Enfin, madame,
Toute chose conspire au bonheur de votre ame;
Et monsieur votre père, averti de vos feux,
Vous laisse votre époux et confirme vos vœux,
Pourvu que, bannissant toutes craintes frivoles,
Deux mots de votre aveu confirment nos paroles.
LUCILE. — Que me vient donc conter ce coquin assuré?
MASCARILLE. — Bon? me voilà déjà d'un beau titre honoré.
LUCILE. — Sachons un peu, monsieur, quelle belle saillie
Fait ce conte galant qu'aujourd'hui l'on publie.
VALÈRE. — Pardon, charmant objet! un valet a parlé;
Et j'ai vu, malgré moi, notre hymen révélé.
LUCILE. — Notre hymen?
VALÈRE. — On sait tout, adorable Lucile,
Et vouloir déguiser est un soin inutile;
LUCILE. — Quoi! l'ardeur de mes feux vous a fait mon époux?
VALÈRE. — C'est un bien qui me doit faire mille jaloux :
Mais j'impute bien moins ce bonheur de ma flamme
A l'ardeur de vos feux qu'aux bontés de votre ame.
Je sais que vous avez sujet de vous fâcher,
Que c'était un secret que vous vouliez cacher,
Et j'ai de mes transports forcé la violence
A ne point violer votre expresse défense :
Mais...
MASCARILLE. — Hé bien! oui, c'est moi; le grand mal que voilà!
LUCILE. — Est-il une imposture égale à celle-là?
Vous l'osez soutenir en ma présence même,
Et pensez m'obtenir par ce beau stratagême?
O le plaisant amant, dont la galante ardeur
Veut blesser mon honneur au défaut de mon cœur
Et que mon père, ému de l'éclat d'un sot conte,
Paye avec mon hymen qui me couvre de honte!
Quand tout contribuerait à votre passion,
Mon père, les destins, mon inclination,
On me verrait combattre, en ma juste colère
Mon inclination, les destins, et mon père,
Perdre même le jour, avant que de m'unir
A qui par ce moyen aurait cru m'obtenir.
Allez; et si mon sexe avecque bienséance
Se pouvait emporter à quelque violence,
Je vous apprendrais bien à me traiter ainsi.
VALÈRE, *à Mascarille.*—C'en est fait, son courroux ne peut être adouci.
MASCARILLE. — Laissez-moi lui parler. Hé, madame, de grace,
A quoi bon maintenant toute cette grimace?
Quelle est votre pensée, et quel bourru transport
Contre vos propres vœux vous fait raidir si fort?
Si monsieur votre père était homme farouche,
Passe; mais il permet que la raison le touche;
Et lui-même m'a dit qu'une confession
Vous va tout obtenir de son affection.
Vous sentez, je crois bien, quelque petite honte
A faire un libre aveu de l'amour qui vous dompte;
Mais s'il vous a fait prendre un peu de liberté,
Par un bon mariage on voit tout rajusté;
Et, quoi que l'on reproche au feu qui vous consomme,
Le mal n'est pas si grand que de tuer un homme.
On sait que la chair est fragile quelquefois,

Et qu'une fille enfin n'est ni caillou ni bois.
Vous n'avez pas été sans doute la première,
Et vous ne serez pas, que je crois, la dernière.
LUCILE. — Quoi! vous pouvez ouïr ces discours effrontés,
Et vous ne dites mot à ces indignités!
ALBERT. — Que veux-tu que je die? Une telle aventure
Me met tout hors de moi.
　　　　　MASCARILLE. — Madame, je vous jure
Que déjà vous devriez avoir tout confessé.
LUCILE. — Et quoi donc confesser?
　　　　　　　MASCARILLE. — Quoi? ce qui s'est passé
Entre mon maître et vous. La belle raillerie!
LUCILE. — Et que s'est-il passé, monstre d'effronterie,
Entre ton maître et moi?
　　　　　MASCARILLE. — Vous devez, que je croi,
En savoir un peu plus de nouvelles que moi;
Et pour vous cette nuit fut trop douce pour croire
Que vous puissiez si vite en perdre la mémoire.
LUCILE. — C'est trop souffrir, mon père, un impudent valet
　　　　　　　　(Elle lui donne un soufflet.)

SCÈNE X. — ALBERT, VALÈRE, MASCARILLE.

MASCARILLE. — Je crois, qu'elle me vient de donner un soufflet.
ALBERT. — Va, coquin, scélérat; sa main vient sur ta joue
De faire une action dont son père la loue.
MASCARILLE. — Et, nonobstant cela, qu'un diable en cet instant
M'emporte, si j'ai dit rien que de très constant.
ALBERT. — Et, nonobstant cela, qu'on me coupe une oreille,
Si tu portes fort loin une audace pareille!
MASCARILLE. — Voulez-vous deux témoins qui me justifieront?
ALBERT. — Veux-tu deux de mes gens qui te bâtonneront?
MASCARILLE. — Leur rapport doit au mien donner toute créance.
ALBERT. — Leurs bras peuvent du mien réparer l'impuissance.
MASCARILLE. — Je vous dis que Lucile agit par honte ainsi.
ALBERT. — Je te dis que j'aurai raison de tout ceci.
MASCARILLE. — Connaissez-vous, Ormin, ce gros notaire habile?...
ALBERT. — Connais-tu bien Grimpant, le bourreau de la ville?...
MASCARILLE. — Et Simon, le tailleur, jadis si recherché?
ALBERT — Et la potence mise au milieu du marché?
MASCARILLE. — Vous verrez confirmer par eux cet hyménée.
ALBERT. — Tu verras achever par eux ta destinée.
MASCARILLE. — Ce sont eux qu'ils ont pris pour témoins de leur foi.
ALBERT. — Ce sont eux qui dans peu me vengeront de toi.
MASCARILLE. — Et ces yeux les ont vus s'entredonner parole.
ALBERT. — Et ces yeux te verront faire la capriole
MASCARILLE. — Et, pour signe, Lucile avait un voile noir.
ALBERT. — Et, pour signe ton front nous le fait assez voir.
MASCARILLE. — O l'obstiné vieillard!
　　　　　　　ALBERT. — O le fourbe damnable!
Va, rends grâce à mes ans qui me font incapable
De punir sur le champ l'affront que tu me fais:
Tu n'en perds que l'attente, et je te le promets.

SCÈNE XI. — VALÈRE, MASCARILLE.

VALÈRE. — Hé bien! ce beau succès que tu devais produire?..
MASCARILLE. — J'entends à demi-mot ce que vous voulez dire.
Tout s'arme contre moi; pour moi de tous côtés
Je vois coups de bâton et gibets apprêtés,
Aussi, pour être en paix dans ce désordre extrême,
Je me vais d'un rocher précipiter moi-même,
Si, dans le désespoir dont mon cœur est outré,

Je puis en rencontrer d'assez haut à mon gré.
Adieu, monsieur.
          VALÈRE. — Non, non, ta fuite est superflue;
Si tu meurs, je prétends que se soit à ma vue.
MASCARILLE. — Je ne saurais mourir quand je suis regardé,
Et mon trépas ainsi se verrait retardé.
VALÈRE. — Suis-moi, traître, suis-moi; mon amour en furie
Te fera voir si c'est matière à raillerie.
MASCARILLE, *seul*. — Malheureux Mascarille, à quels maux aujourd'hui
Te vois-tu condamné pour le péché d'autrui!

FIN DU TROISIÈME ACTE.

ACTE IV.

SCÈNE PREMIÈRE. — ASCAGNE, FROSINE.

FROSINE. — L'aventure est fâcheuse.
                    ASCAGNE. — Ah! ma chère Frosine,
Le sort absolument a conclu ma ruine.
Cette affaire, venue au point où la voilà,
N'est pas absolument pour en demeurer là;
Il faut qu'elle passe outre : et Lucile et Valère,
Surpris des nouveautés d'un semblable mystère,
Voudront chercher un jour dans ces obscurités,
Par qui tous mes projets se verront avortés.
Car enfin, soit qu'Albert ait part au stratagème,
Ou qu'avec tout le monde on l'ait trompé lui-même,
S'il arrive une fois que mon sort éclairci
Mette ailleurs tout le bien dont le sien a grossi,
Jugez s'il aura lieu de souffrir ma présence :
Son intérêt détruit me laisse à ma naissance;
C'est fait de sa tendresse et quelque sentiment
Où pour ma fourbe alors pût être mon amant,
Voudra-t-il avouer pour épouse une fille
Qu'il verra sans appui de bien et de famille?
FROSINE. — Je trouve que c'est là raisonner comme il faut:
Mais ces réflexions doivent venir plus tôt,
Qui vous a jusqu'ici caché cette lumière?
Il ne fallait pas être une grande sorcière
Pour voir, dès le moment de vos desseins pour lui,
Tout ce que votre esprit ne voit que d'aujourd'hui :
L'action le disait; et dès que je l'ai sue,
Je n'en ai prévu guère une meilleure issue.
ASCAGNE. — Que dois-je faire enfin? Mon trouble est sans pareil :
Mettez-vous en ma place et me donnez conseil.
FROSINE. — Ce doit être à vous-même, en prenant votre place,
A me donner conseil dessus cette disgrace :
Car je suis maintenant vous, et vous êtes moi;
Conseillez-moi, Frosine; au point où je me voi,
Quel remede trouver? Dites, je vous en prie.
ASCAGNE. — Hélas! ne traitez point ceci de raillerie;
C'est prendre peu de part à mes cuisants ennuis
Que de rire et de voir les termes où j'en suis.
FROSINE. — Ascagne, tout de bon, votre ennui m'est sensible,
Et pour vous en tirer je ferai mon possible.
Mais que puis-je, après tout? Je vois fort peu de jour
A tourner cette affaire au gré de votre amour.
ASCAGNE. — Si rien ne peut m'aider, il faut donc que je meure.
FROSINE. — Ah! pour cela toujours il est assez bonne heure :
La mort est un remède à trouver quand on veut;

Et l'on s'en doit servir le plus tard que l'on peut.
ASCAGNE. — Non, non, Frosine, non ; si vos conseils propices
Ne conduisent mon sort parmi ces précipices,
Je m'abandonne toute aux traits du désespoir.
FROSINE. — Savez-vous ma pensée ? Il faut que j'aille voir
La... Mais Éraste vient, qui pourrait nous distraire.
Nous pourrons, en marchant parler de cette affaire.
Allons, retirons-nous.

SCÈNE II. — ÉRASTE, GROS-RENÉ.

ÉRASTE. — Encore rebuté ?
GROS-RENÉ. — Jamais ambassadeur ne fut moins écouté.
A peine ai-je voulu lui porter la nouvelle
Du moment d'entretien que vous souhaitez d'elle,
Qu'elle m'a répondu, tenant son quant-à-moi :
Va, va, je fais état de lui comme de toi,
Dis-lui qu'il se promène ; et sur ce beau langage,
Pour suivre son chemin m'a tourné le visage.
Et Marinette aussi, d'un dédaigneux museau
Lâchant un : Laisse-nous, beau valet de carreau
M'a planté là comme elle. Et mon sort et le vôtre
N'ont rien à se pouvoir reprocher l'un à l'autre.
ÉRASTE. — L'ingrate ! recevoir avec tant de fierté
Le prompt retour d'un cœur justement emporté !
Quoi ! le premier transport d'un amour qu'on abuse !
Sous tant de vraisemblance est indigne d'excuse ?
Et ma plus vive ardeur, en ce moment fatal,
Devait être insensible au bonheur d'un rival ?
Tout autre n'eût pas fait même chose en ma place,
Et se fût moins laissé surprendre à tant d'audace ?
De mes justes soupçons suis-je sorti trop tard ?
Je n'ai point attendu de serment de sa part ;
Et lorsque tout le monde encor ne sait qu'en croire,
Ce cœur impatient lui rend toute sa gloire,
Il cherche à s'excuser : et le sien voit si peu
Dans ce profond respect la grandeur de mon feu !
Loin d'assurer une âme, et lui fournir des armes,
Contre ce qu'un rival lui veut donner d'alarmes,
L'ingrate m'abandonne à mon jaloux transport,
Et rejette de moi message, écrit, abord !
Ah ! sans doute, un amour a peu de violence,
Qu'est capable d'éteindre une si faible offense ;
Et ce dépit si prompt à s'armer de rigueur
Découvre assez pour moi tout le fond de son cœur.
Et de quel prix doit être à présent à mon âme
Tout ce dont son caprice a pu flatter ma flamme ?
Non, je ne prétends plus demeurer engagé
Pour un cœur où je vois le peu de part que j'ai :
Et puisque l'on témoigne une froideur extrême
A conserver les gens, je veux faire de même.
GROS-RENÉ. — Et moi de même aussi. Soyons tous deux fâchés,
Et mettons notre amour au rang des vieux péchés.
Il faut apprendre à vivre à ce sexe volage,
Et lui faire sentir que l'on a du courage.
Qui souffre ses mépris les veut bien recevoir.
Si nous avions l'esprit de nous faire valoir,
Les femmes n'auraient pas la parole si haute.
Oh ! qu'elles nous sont bien fières par notre faute !
Je veux être pendu, si nous ne les verrions
Sauter à notre cou plus que nous voudrions,
Sans tous ces vils devoirs dont la plupart des hommes

Les gâtent tous les jours dans le siècle où nous sommes.
ÉRASTE. — Pour moi, sur toute chose, un mépris me surprend ;
    Et, pour punir le sien par un autre aussi grand,
    Je veux mettre en mon cœur une nouvelle flamme.
GROS-RENÉ. — Et moi, je ne veux plus m'embarrasser de femme ;
    A toutes je renonce, et crois, en bonne foi,
    Que vous feriez fort bien de faire comme moi.
    Car, voyez-vous, la femme est, comme on dit, mon maître,
    Un certain animal difficile à connaître,
    Et de qui la nature est fort encline au mal :
    Et comme un animal est toujours animal,
    Et ne sera jamais qu'animal, quand sa vie
    Durerait cent mille ans ; aussi, sans repartie,
    La femme est toujours femme, et jamais ne sera
    Que femme, tant qu'entier le monde durera :
    D'où vient qu'un certain Grec dit que sa tête passe
    Pour un sable mouvant ; car goûtez bien, de grâce,
    Ce raisonnement-ci, lequel est des plus forts :
    Ainsi que la tête est comme le chef du corps,
    Et que le corps sans chef est pire qu'une bête,
    Si le chef n'est pas bien d'accord avec la tête,
    Que tout ne soit pas bien réglé par le compas,
    Nous voyons arriver de certains embarras ;
    La partie brutale alors veut prendre empire
    Dessus la sensitive ; et l'on voit que l'un tire
    A *dia*, l'autre à *hu-haut* ; l'un demande du mou,
    L'autre du dur ; enfin tout va sans savoir où ;
    Pour montrer qu'ici bas, ainsi qu'on l'interprète,
    La tête d'une femme est comme une girouette
    Au haut d'une maison, qui tourne au premier vent ;
    C'est pourquoi le cousin Aristote souvent
    La compare à la mer ; d'où vient qu'on dit qu'au monde
    On ne peut rien trouver de si stable que l'onde.
    Or, par comparaison, car la comparaison
    Nous fait distinctement comprendre une raison ;
    Et nous aimons bien mieux, nous autres gens d'étude,
    Une comparaison qu'une similitude :
    Par comparaison donc, mon maître, s'il vous plaît,
    Comme on voit que la mer, quand l'orage s'accroît,
    Vient à se courroucer, le vent souffle et ravage,
    Les flots contre les flots font un remu-ménage
    Horrible ; et le vaisseau, malgré le nautonnier,
    Va tantôt à la cave et tantôt au grenier :
    Ainsi quand une femme a sa tête fantasque,
    On voit une tempête en forme de bourrasque,
    Qui veut compétiter par de certains... propos ;
    Et lors un... certain vent, qui, par... de certains flots,
    De... certaine façon, ainsi qu'un banc de sable...
    Quand... Les femmes enfin ne valent pas le diable.
ÉRASTE. — C'est fort bien raisonner.
                GROS-RENÉ. — Assez bien, Dieu merci.
    Mais je les vois, monsieur, qui passent par ici :
    Tenez-vous ferme au moins.
                ÉRASTE. — Ne te mets pas en peine.
GROS-RENÉ. — J'ai bien peur que ses yeux resserrent votre chaîne.

SCÈNE III. — LUCILE, ÉRASTE, MARINETTE, GROS-RENÉ.

MARINETTE. — Je l'aperçois encor ; mais ne vous rendez point.
LUCILE. — Ne me soupçonne pas d'être faible à ce point.
MARINETTE. — Il vient à nous.
                ÉRASTE. — Non, non, ne croyez pas, madame,

Que je revienne encor vous parler de ma flamme.
C'en est fait ; je me veux guérir, et connais bien
Ce que de votre cœur a possédé le mien.
Un courroux si constant pour l'ombre d'une offense
M'a trop bien éclairci de votre indifférence ;
Et je dois vous montrer que les traits du mépris
Sont sensibles surtout aux généreux esprits.
Je l'avouerai, mes yeux observaient dans les vôtres
Des charmes qu'ils n'ont point trouvé dans tous les autres,
Et le ravissement où j'étais de mes fers
Les aurait préférés à des sceptres offerts.
Oui, mon amour pour vous sans doute était extrême,
Je vivais tout en vous ; et, je l'avouerai même,
Peut-être qu'après tout j'aurai, quoique outragé,
Assez de peine encore à m'en voir dégagé :
Possible que, malgré la cure qu'elle essaie,
Mon ame saignera longtemps de cette plaie,
Et qu'affranchi d'un joug qui faisait tout mon bien,
Il faudra me résoudre à n'aimer jamais rien.
Mais enfin il n'importe ; et puisque votre haine
Chasse un cœur tant de fois que l'amour vous ramène,
C'est la dernière ici des importunités
Que vous aurez jamais de mes vœux rebutés.

LUCILE. — Vous pouvez faire aux miens la grâce tout entière,
    Monsieur, et m'épargner encor cette dernière.
ÉRASTE. — Hé bien ! madame, hé bien ! ils seront satisfaits.
    Je romps avecque vous, et j'y romps pour jamais,
    Puisque vous le voulez. Que je perde la vie
    Lorsque de vous parler je reprendrai l'envie.
LUCILE. — Tant mieux ; c'est m'obliger.

                    ÉRASTE. — Non, non, n'ayez pas peur
    Que je fausse parole ; eussé-je un faible cœur
    Jusques à n'en pouvoir effacer votre image ;
    Croyez que vous n'aurez jamais cet avantage
    De me voir revenir.
              LUCILE. — Ce serait bien en vain.
ÉRASTE. — Moi-même de cent coups je percerais mon sein,
    Si j'avais jamais fait cette bassesse insigne
    De vous revoir après ce traitement indigne.
LUCILE. — Soit ; n'en parlons donc plus.

                    ÉRASTE. — Oui, oui, n'en parlons plus ;
    Et, pour trancher ici tout propos superflus,
    Et vous donner, ingrate, une preuve certaine
    Que je veux, sans retour, sortir de votre chaîne,
    Je ne veux rien garder qui puisse retracer
    Ce que de mon esprit il me faut effacer.
    Voici votre portrait : il présente à la vue
    Cent charmes merveilleux dont vous êtes pourvue ;
    Mais il cache sous eux cent défauts aussi grands,
    Et c'est un imposteur enfin que je vous rends.
GROS-RENÉ. — Bon.

              LUCILE. — Et moi, pour vous suivre au dessein de tout rendre,
    Voilà le diamant que vous m'aviez fait prendre.
MARINETTE. — Fort bien !

              ÉRASTE. — Il est à vous encor ce bracelet.
LUCILE. — Et cette agathe à vous, qu'on fit mettre en cachet.
ÉRASTE *lit*. — « Vous m'aimez d'un amour extrême,
    « Eraste, et de mon cœur voulez être éclairci ;
        « Si je n'aime Eraste de même :
    « Au moins aimé-je fort qu'Eraste m'aime ainsi.   « LUCILE. »

Vous m'assuriez par-là d'agréer mon service ;
C'est une fausseté digne de ce supplice.

(Il déchire la lettre.)

LUCILE *lit.* « J'ignore le destin de mon amour ardente,
    « Et jusqu'à quand je souffrirai :
    « Mais je sais, ô beauté charmante,
    « Que toujours je vous aimerai.

                   « ÉRASTE. »

Voilà qui m'assurait à jamais de vos feux :
Et la main et la lettre ont menti toutes deux.

(Elle déchire la lettre.)

GROS-RENÉ. — Poussez.

    ÉRASTE. — Elle est de vous. Suffit, même fortune.

MARINETTE, *à Lucile.* — Ferme.

    LUCILE. — J'aurais regret d'en épargner aucune.

GROS-RENÉ, *à Eraste.* — N'ayez pas le dernier.

    MARINETTE, *à Lucile.* — Tenez bon jusqu'au bout.

LUCILE. — Enfin, voilà le reste.

    ÉRASTE. — Et, grâce au ciel, c'est tout.
Je sois exterminé, si je ne tiens parole !

LUCILE. — Me confonde le ciel, si la mienne est frivole !

ÉRASTE. — Adieu donc.

    LUCILE. — Adieu donc.

    MARINETTE, *à Lucile.* — Voilà qui va des mieux.

    GROS-RENÉ, *à Eraste.*
Vous triomphez.

    MARINETTE, *à Lucile.*
Allons, ôtez-vous de ses yeux.

GROS-RENÉ, *à Eraste.* — Retirez-vous après cet effort de courage.

MARINETTE, *à Lucile.* — Qu'attendez-vous encor ?

    GROS-RENÉ, *à Eraste.* — Que faut-il davantage ?

ÉRASTE. — Ah ! Lucile ! Lucile ! un cœur comme le mien
Se fera regretter, et je le sais fort bien.

LUCILE. — Eraste ! Eraste ! un cœur fait comme est fait le vôtre
Se peut facilement réparer par un autre.

ÉRASTE. — Non, non, cherchez par tout, vous n'en aurez jamais
De si passionné pour vous, je vous promets.
Je ne dis pas cela pour vous rendre attendrie ;
J'aurais tort d'en former encore quelque envie.
Mes plus ardents respects n'ont pu vous obliger ;
Vous avez voulu rompre : il n'y faut plus songer.
Mais personne, après moi, quoi qu'on vous fasse entendre,
N'aura jamais pour vous de passion si tendre.

LUCILE. — Quand on aime les gens, on les traite autrement ;
On fait de leur personne un meilleur jugement.

ÉRASTE. — Quand on aime les gens, on peut de jalousie,
Sur beaucoup d'apparence, avoir l'âme saisie :
Mais alors qu'on les aime, on ne peut en effet
Se résoudre à les perdre : et vous, vous l'avez fait.

LUCILE. — La pure jalousie est plus respectueuse.

ÉRASTE. — On voit d'un œil plus doux une offense amoureuse.

LUCILE. — Non ; votre cœur, Eraste, était mal enflammé.

ÉRASTE. — Non ; Lucile, jamais vous ne m'avez aimé.

LUCILE. — Hé ! je crois que cela faiblement vous soucie.
Peut-être en serait-il beaucoup mieux pour ma vie,
Si je... Mais laissons là ces discours superflus :
Je ne dis point quels sont mes pensers là-dessus.

ÉRASTE. — Pourquoi ?

    LUCILE. — Par raison que nous rompons ensemble,
Et que cela n'est plus de saison, ce me semble.

ÉRASTE. — Nous rompons ?

LUCILE. — Oui, vraiment; quoi, n'en est-ce pas fait?
ÉRASTE. — Et vous voyez cela d'un esprit satisfait?
LUCILE. — Comme vous.
ÉRASTE. — Comme moi?
LUCILE. — Sans doute. C'est faiblesse,
De faire voir aux gens que leur perte nous blesse.
ÉRASTE. — Mais, cruelle, c'est vous qui l'avez bien voulu.
LUCILE. — Moi? point du tout. C'est vous qui l'avez résolu.
ÉRASTE. — Moi? Je vous ai cru là faire un plaisir extrême.
LUCILE. — Point, vous avez voulu vous contenter vous-même.
ÉRASTE. — Mais si mon cœur encor revoulait sa prison;
Si, tout fâché qu'il est, il demandait pardon?...
LUCILE. — Non, non, n'en faites rien ; ma faiblesse est trop grande,
J'aurais peur d'accorder trop tôt votre demande.
ÉRASTE. — Ah! vous ne pouvez pas trop tôt me l'accorder,
Ni moi sur cette peur trop tôt le demander.
Consentez-y, madame, une flamme si belle
Doit, pour votre intérêt, demeurer immortelle.
Je le demande enfin, me l'accorderez-vous,
Ce pardon obligeant?
LUCILE. — Remenez-moi chez nous.

SCÈNE IV. — MARINETTE, GROS-RENÉ.

MARINETTE. — O la lâche personne !
GROS-RÉNÉ. — Ah! le faible courage !
MARINETTE. — J'en rougis de dépit.
GROS-RENÉ. — J'en suis gonflé de rage.
Ne t'imagine pas que je me rende ainsi.
MARINETTE. — Et ne pense pas, toi, trouver ta dupe ainsi.
GROS-RENÉ. — Viens, viens frotter ton nez auprès de ma colère.
MARINETTE. — Tu nous prends pour une autre, et tu n'as pas affaire
A ma sotte maîtresse. Ardez le beau museau,
Pour nous donner envie encore de sa peau !
Moi, j'aurais de l'amour pour ta chienne de face?
Moi, je te chercherais? Ma foi! l'on t'en fricasse
Des filles comme nous.
GROS-RENÉ. — Oui ! tu te prends par-là?
Tiens, tiens, sans y chercher tant de façon, voilà
Ton beau galant de neige, avec ta nompareille;
Il n'aura plus l'honneur d'être sur mon oreille.
MARINETTE. — Et toi, pour te montrer que tu m'es à mépris,
Voilà ton demi-cent d'épingles de Paris,
Que tu me donnas hier avec tant de fanfare.
GROS-RENÉ. — Tiens, encor ton couteau : la pièce est riche et rare;
Il te coûta six blancs lorsque tu m'en fis don.
MARINETTE. — Tiens, tes ciseaux avec ta chaîne de laiton.
GROS-RENÉ. — J'oubliais d'avant-hier ton morceau de fromage;
Tiens. Je voudrais pouvoir rejeter le potage
Que tu me fis manger, pour n'avoir rien à toi.
MARINETTE. — Je n'ai point maintenant de tes lettres sur moi;
Mais j'en ferai du feu jusques à la dernière.
GROS-RENÉ. — Et des tiennes tu sais ce que j'en saurai faire.
MARINETTE. — Prends garde à ne venir jamais me reprier.
GROS-RENÉ. — Pour couper tout chemin à nous rapatrier,
Il faut rompre la paille. Une paille rompue
Rend, entre gens d'honneur, une affaire conclue.
Ne fais point les doux yeux ; je veux être fâché.
MARINETTE. — Ne me lorgne point, toi; j'ai l'esprit trop touché.
GROS-RENÉ. — Romps, voilà le moyen de ne plus s'en dédire;
Romps. Tu ris, bonne bête?
MARINETTE. — Oui, car tu me fais rire.

GROS-RÉNÉ. — La peste soit ton ris? voilà tout mon courroux
  Déjà dulcifié. Qu'en dis-tu? romprons-nous,
  Ou ne romprons-nous pas?
                    MARINETTE. — Vois.
              GROS-RENÉ. — Vois, toi.
                        MARINETTE. — Vois, toi-même.
GROS-RENÉ. — Est-ce que tu consens que jamais je ne t'aime?
MARINETTE. — Moi? ce que tu voudras.
                      GROS-RENÉ. — Ce que tu voudras, toi;
  Dis.
MARINETTE. — Je ne dirai rien.
              GROS-RENÉ. — Ni moi non plus.
                        MARINETTE. — Ni moi.
GROS-RENÉ. — Ma foi, nous ferons mieux de quitter la grimace.
  Touche, je te pardonne.
          MARINETTE. — Et moi je te fais grâce.
GROS-RENÉ. — Mon Dieu! qu'à tes appas je suis accoquiné!
MARINETTE. — Que Marinette est sotte après son Gros-René.

FIN DU QUATRIÈME ACTE.

ACTE V.

SCÈNE PREMIÈRE.

MASCARILLE. — « Dès que l'obscurité régnera dans la ville,
  « Je me veux introduire au logis de Lucile :
  « Va vite de ce pas préparer pour tantôt
  « Et la lanterne sourde et les armes qu'il faut. »
  Quand il m'a dit ces mots, il m'a semblé d'entendre :
  Va vitement chercher un licou pour te pendre.
  Venez çà, mon patron ; car, dans l'étonnement
  Où m'a jeté d'abord un tel commandement,
  Je n'ai pas eu le temps de vous pouvoir répondre ;
  Mais je vous veux ici parler et vous confondre :
  Défendez-vous donc bien ; et raisonnons sans bruit :
  Vous voulez, dites-vous, aller voir, cette nuit,
  Lucile? « Oui, Mascarille ». Et que pensez-vous faire?
  « Une action d'amant qui veut se satisfaire. »
  Une action d'un homme à fort petit cerveau,
  Que d'aller sans besoin risquer ainsi sa peau.
  « Mais tu sais quel motif à ce dessein m'appelle,
  « Lucile est irritée ». Eh bien! tant pis pour elle.
  Mais l'amour veut que j'aille apaiser son esprit. »
  Mais l'amour est un sot qui ne sait ce qu'il dit :
  Nous garantira-t-il cet amour, je vous prie,
  D'un rival, ou d'un père, ou d'un frère en furie?
  « Penses-tu qu'aucun d'eux songe à nous faire mal! »
  Oui, vraiment, je le pense, et surtout ce rival.
  « Mascarille, en tout cas, l'espoir où je me fonde,
  « Nous irons bien armés; et si quelqu'un nous gronde,
  « Nous nous chamaillerons » Oui? Voilà justement
  Ce que votre valet ne prétend nullement.
  Moi, chamailler? bon Dieu? (suis-je un Roland, mon maître)
  Ou quelque Ferragus? C'est fort mal me connaître,
  Quand je viens à songer, moi, qui me suis si cher,
  Qu'il ne faut que deux doigts d'un misérable fer
  Dans le corps, pour vous mettre un humain dans la bière,
  Je suis scandalisé d'une étrange manière.
  « Mais tu seras armé de pied en cap. » Tant pis :

J'en serai moins léger à gagner le taillis ;
Et de plus, il n'est point d'armure si bien jointe,
Où ne puisse glisser une vilaine pointe.
« Oh ! tu seras ainsi tenu pour un poltron. »
Soit : pourvu que toujours je branle le menton.
A table comptez-moi, si vous voulez, pour quatre ;
Mais comptez-moi pour rien, s'il s'agit de se battre.
Enfin, si l'autre monde a des charmes pour vous,
Pour moi je trouve l'air de celui-ci fort doux.
Je n'ai pas grande faim de mort ni de blessure,
Et vous ferez le sot tout seul, je vous assure.

SCÈNE II. — VALÈRE, MASCARILLE.

VALÈRE. — Je n'ai jamais trouvé de jour plus ennuyeux :
Le soleil semble s'être oublié dans les cieux
Et jusqu'au lit qui doit recevoir sa lumière,
Je vois rester encore une telle carrière,
Que je crois que jamais il ne l'achèvera,
Et que de sa lenteur mon ame enragera.
MASCARILLE. — Et cet empressement, pour s'en aller dans l'ombre
Pêcher vite à tâtons quelque sinistre encombre...
Vous voyez que Lucile, entière en ses rebuts...
VALÈRE. — Ne me fais point ici de contes superflus.
Quand j'y devrais trouver cent embûches mortelles,
Je sens de son courroux des gênes trop cruelles :
Et je veux l'adoucir ou terminer mon sort.
C'est un point résolu.
MASCARILLE. — J'approuve ce transport :
Mais le mal est, monsieur, qu'il faudra s'introduir
En cachette.
VALÈRE. — Fort bien.
MASCARILLE. — Et j'ai peur de vous nuire.
VALÈRE. — Et comment?
MASCARILLE — Une toux me tourmente à mourir,
Dont le bruit importun vous fera découvrir. (*il tousse*).
De moment en moment... Vous voyez le supplice.
VALÈRE. — Ce mal te passera, prends du jus de réglisse.
MASCARILLE. — Je ne crois pas, monsieur, qu'il veuille se passer.
Je serais ravi, moi, de ne vous point laisser :
Mais j'aurais un regret mortel, si j'étais cause
Qu'il fût à mon cher maître arrivé quelque chose.

SCÈNE III. — VALÈRE, LA RAPIÈRE, MASCARILLE.

LA RAPIÈRE. — Monsieur, de bonne part je viens d'être informé
Qu'Éraste est contre vous fortement animé,
Et qu'Albert parle aussi de faire pour sa fille
Rouer jambes et bras à votre Mascarille.
MASCARILLE. — Moi, je ne suis pour rien dans tout cet embarras.
Qu'ai-je fait pour me voir rouer jambes et bras?
Suis-je donc gardien, pour employer ce style,
De la virginité des filles de la ville ?
Sur la tentation ai-je quelque crédit?
Et puis-je mais, chétif, si le cœur leur en dit.
VALÈRE. — Oh ! qu'ils ne seront pas si méchants qu'ils le disent ;
Et, quelque belle ardeur que ses feux lui produisent,
Éraste n'aura pas si bon marché de nous.
LA RAPIÈRE. — S'il vous faisait besoin, mon bras est tout à vous.
Vous savez de tout temps que je suis un bon frère.
VALÈRE. — Je vous suis obligé, monsieur de la Rapière.
LA RAPIÈRE. — J'ai deux amis aussi que je vous puis donner,
Qui contre tout venant sont gens à dégaîner,

Et sur qui vous pourrez prendre toute assurance.
MASCARILLE. — Acceptez-les, monsieur.
VALÈRE. — C'est trop de complaisance.
LA RAPIÈRE. — Le petit Gille encore eût pu nous assister,
Sans le triste accident qui vient de nous l'ôter.
Monsieur, le grand dommage! et l'homme de service!
Vous avez su le tour que lui fit la justice :
Il mourut en César; et, lui cassant les os,
Le bourreau ne lui put faire lâcher deux mots.
VALÈRE. — Monsieur de la Rapière, un homme de la sorte
Doit être regretté. Mais, quant à votre escorte,
Je vous rends grâce.
LA RAPIÈRE. — Soit : mais soyez averti
Qu'il vous cherche, et vous peut faire un mauvais parti.
VALÈRE. — Et moi, pour vous montrer combien je l'appréhende,
Je lui veux, s'il me cherche, offrir ce qu'il demande,
Et par toute la ville aller présentement,
Sans être accompagné que de lui seulement.

SCÈNE IV. — VALÈRE, MASCARILLE.

MASCARILLE. — Quoi! monsieur, vous voulez tenter Dieu? Quelle audace.
Las! vous voyez tous deux comme l'on nous menace;
Combien de tous côtés...
VALÈRE. — Que regardes-tu là?
MASCARILLE. — C'est qu'il sent le bâton du côté que voilà.
Enfin si maintenant ma prudence en est crue,
Ne nous obstinons plus à rester dans la rue :
Allons nous renfermer.
VALÈRE. — Nous renfermer! faquin,
Tu m'oses proposer un acte de coquin?
Sus; sans plus de discours, résous-toi de me suivre.
MASCARILLE.—Hé! monsieur, mon cher maître, il est si doux de vivre!
On ne meurt qu'une fois; et c'est pour si longtemps !..
VALÈRE. — Je m'en vais t'assommer de coups, si je t'entends.
Ascagne vient ici, laissons-le; il faut attendre
Quel parti de lui-même il résoudra de prendre.
Cependant avec moi viens prendre à la maison
Pour nous frotter...
MASCARILLE. — Je n'ai nulle démangeaison.
Que maudit soit l'amour, et les filles maudites
Qui veulent en tâter, puis font les chatemites!

SCÈNE V. — ASCAGNE, FROSINE.

ASCAGNE. — Est-il bien vrai, Frosine, et ne rêvè-je point?
De grâce, contez-moi bien tout de point en point.
FROSINE. — Vous en saurez assez le détail, laissez faire;
Ces sortes d'incidents ne sont, pour l'ordinaire,
Que redits trop de fois de moment en moment
Suffit que vous sachiez qu'après ce testament
Qui voulait un garçon pour tenir sa promesse,
De la femme d'Albert la dernière grossesse
N'accoucha que de vous; et que lui, dessous main,
Ayant depuis longtemps concerté son dessein,
Fit son fils de celui d'Ignès la bouquetière,
Qui vous donna pour sienne à nourrir à ma mère.
La mort ayant ravi ce petit innocent
Quelques dix mois après, Albert étant absent,
La crainte d'un époux et l'amour maternelle
Firent l'évènement d'une ruse nouvelle.
Sa femme en secret lors se rendit son vrai sang,
Vous devîntes celui qui tenait votre rang;

Et la mort de ce fils mis dans votre famille
Se couvrit pour Albert de celle de sa fille.
Voilà de votre sort un mystère éclairci,
Que votre feinte mère a caché jusqu'ici;
Elle en dit des raisons, et peut en avoir d'autres,
Par qui ses intérêts n'étaient pas tous les vôtres.
Enfin cette visite, où j'espérais si peu,
Plus qu'on ne pouvait croire, a servi votre feu.
Cette Ignès vous relâche; et par votre autre affaire
L'éclat de son secret devenu nécessaire,
Nous en avons nous deux votre père informé.
Un billet de sa femme a le tout confirmé;
Et poussant plus avant encore notre pointe,
Quelque peu de fortune à notre adresse jointe,
Aux intérêts d'Albert, de Polidore, après,
Nous avons ajusté si bien les intérêts,
Si doucement à lui déployé ces mystères,
Pour n'effaroucher pas d'abord trop les affaires;
Enfin, pour dire tout, mené si prudemment
Son esprit pas à pas à l'accommodement,
Qu'autant que votre père il montre de tendresse
A confirmer les nœuds qui font votre allégresse.
ASCAGNE. — Ah! Frosine, la joie où vous m'acheminez...
Hé! que ne dois-je point à vos soins fortunés!
FROSINE. — Au reste, le bon homme est en humeur de rire,
Et pour son fils encore nous défend de rien dire.

SCÈNE VI. — POLIDORE, ASCAGNE, FROSINE,

POLIDORE. — Approchez-vous, ma fille, un tel nom m'est permis,
Et j'ai su le secret que cachaient ces habits.
Vous avez fait un trait qui, dans sa hardiesse,
Fait briller tant d'esprit et tant de gentillesse,
Que je vous en excuse, et tiens mon fils heureux
Quand il saura l'objet de ses soins amoureux.
Vous valez tout au monde, et c'est moi qui l'assure.
Mais le voici; prenons plaisir de l'aventure.
Allez faire venir tous vos gens promptement.
ASCAGNE. — Vous obéir sera mon premier compliment.

SCÈNE VII. — POLIDORE, VALÈRE, MASCARILLE.

MASCARILLE, à Valère. — Les disgraces souvent sont du ciel révélées.
J'ai songé cette nuit de perles défilées,
Et d'œufs cassés, monsieur : un tel songe m'abat.
VALÈRE. — Chien de poltron!
POLIDORE. — Valère, il s'apprête un combat
Où toute ta valeur te sera nécessaire :
Tu vas avoir en tête un puissant adversaire.
MASCARILLE. — Et personne, monsieur, qui se veuille bouger
Pour retenir des gens qui se vont égorger?
Pour moi, je le veux bien; mais au moins, s'il arrive
Qu'un funeste accident de votre fils vous prive,
Ne m'en accusez point.
POLIDORE. — Non, non; en cet endroit,
Je le pousse moi-même à faire ce qu'il doit.
MASCARILLE. — Père dénaturé!
VALÈRE. — Ce sentiment, mon père,
Est d'un homme de cœur, et je vous en révère.
J'ai dû vous offenser et je suis criminel
D'avoir fait tout ceci sans l'aveu paternel :
Mais, à quelque dépit que ma faute vous porte,
La nature toujours se montre la plus forte;

Et votre honneur fait bien, quand il ne veut pas voir;
Que le transport d'Eraste ait de quoi m'émouvoir.
POLIDORE. — On me faisait tantôt redouter sa menace;
Mais les choses depuis ont bien changé de face;
Et, sans le pouvoir fuir, d'un ennemi plus fort
Tu vas être attaqué.
          MASCARILLE. — Point de moyen d'accord?
VALÈRE.—Moi, le fuir! Dieu m'en garde. Et qui donc pourrait-ce être?
POLIDORE. — Ascagne.
               VALÈRE. — Ascagne?
                         POLIDORE. — Oui, tu le vas voir paraître.
VALÈRE. — Lui, qui de me servir m'avait donné sa foi!
POLIDORE. — Oui c'est lui qui prétend avoir affaire à toi,
   Et qui veut, dans le champ où l'honneur vous appelle,
   Qu'un combat seul à seul vide votre querelle.
MASCARILLE. — C'est un brave homme; il sait que les cœurs généreux
   Ne mettent point les gens en compromis pour eux.
POLIDORE. — Enfin, d'une imposture ils te rendent coupable,
   Dont le ressentiment m'a paru raisonnable :
   Si bien qu'Albert et moi sommes tombés d'accord
   Que tu satisferas Ascagne sur ce tort;
   Mais aux yeux d'un chacun, et sans nulles remises,
   Dans les formalités en pareil cas requises.
VALÈRE. — Et Lucile, mon père, a, d'un cœur endurci...
POLIDORE. — Lucile épouse Éraste, et te condamne aussi;
   Et pour convaincre mieux tes discours d'injustice,
   Veut qu'à tes propres yeux cet hymen s'accomplisse.
VALÈRE. — Ah! c'est une impudence à me mettre en fureur.
   Elle a donc perdu sens, foi, conscience, honneur?

SCÈNE VIII.

ALBERT, POLIDORE, LUCILE, ÉRASTE, VALÈRE, MASCARILLE.

ALBERT. — Hé bien! les combattants? On amène le nôtre.
   Avez-vous disposé le courage du vôtre?
VALÈRE. — Oui, oui; me voilà prêt, puisqu'on m'y veut forcer,
   Et si j'ai pu trouver sujet de balancer,
   Un reste de respect en pouvait être cause,
   Et non pas la valeur du bras que l'on m'oppose.
   Mais c'est trop me pousser, ce respect est à bout;
   A toute extrémité mon esprit se résout;
   Et l'on fait voir un trait de perfidie étrange,
   Dont il faut hautement que mon esprit se venge.
   (A Lucile.) Non pas que cet amour prétende encore à vous.
   Tout son feu se résout en ardeur de courroux;
   Et quand j'aurai rendu votre honte publique,
   Votre coupable hymem n'aura rien qui me pique.
   Allez, ce procédé, Lucile, est odieux;
   A peine en puis-je croire au rapport de mes yeux :
   C'est de toute pudeur se montrer ennemie,
   Et vous devriez mourir d'une telle infamie.
LUCILE. — Un semblable discours me pourrait affliger,
   Si je n'avais en main qui saura m'en venger.
   Voici venir Ascagne; il aura l'avantage
   De vous faire changer bien vite de langage,
   Et sans beaucoup d'effort.

SCÈNE IX.

ALBERT, POLIDORE, ASCAGNE, LUCILE, ÉRASTE, VALÈRE, FROSINE,
          MARINETTE, GROS-RENÉ, MASCARILLE.
                    VALÈRE. — Il ne le fera pas,
   Quand il joindrait au sien encore vingt autres bras

MOLIÈRE.   6

Je le plains de défendre une sœur criminelle ;
Mais puisque son erreur me veut faire querelle,
Nous le satisferons, et vous, mon brave, aussi.
ÉRASTE. — Je prenais intérêt tantôt à tout ceci ;
Mais enfin, comme Ascagne a pris sur lui l'affaire,
Je ne veux plus en prendre, et je le laisse faire.
VALÈRE. — C'est bien fait ; la prudence est toujours de saison.
Mais...
ÉRASTE. — Il saura pour tous vous mettre à la raison.
VALÈRE. — Lui?
POLIDORE. — Ne t'y trompe pas, tu ne sais pas encore
Quel étrange garçon est Ascagne.
ALBERT. — Il l'ignore ;
Mais il pourra dans peu le lui faire savoir.
VALÈRE. — Sus donc, que maintenant il me le fasse voir.
MARINETTE. — Aux yeux de tous?
GROS-RENÉ. — Cela ne serait pas honnête.
VALÈRE. — Se moque-t-on de moi? Je casserai la tête
A quelqu'un des rieurs. Enfin, voyons l'effet.
ASCAGNE. — Non, non, je ne suis pas si méchant qu'on me fait ;
Et, dans cette aventure où chacun m'intéresse,
Vous allez voir plutôt éclater ma faiblesse,
Connaître que le Ciel, qui dispose de nous,
Ne me fit pas un cœur pour tenir contre vous,
Et qu'il vous réservait pour victoire facile
De finir le destin du frère de Lucile.
Oui, bien loin de vanter le pouvoir de mon bras
Ascagne va pour vous recevoir le trépas.
Mais il veut bien mourir, si sa mort nécessaire
Peut avoir maintenant de quoi vous satisfaire,
En vous donnant pour femme, en présence de tous,
Celle qui justement ne peut être qu'à vous.
VALÈRE. — Non, quand toute la terre, après sa perfidie
Et les traits effrontés...
ASCAGNE. — Ah ! souffrez que je die,
Valère, que le cœur qui vous est engagé
D'aucun crime envers vous ne peut être chargé :
Sa flamme est toujours pure et sa constance extrême ;
Et j'en prends à témoin votre père lui-même.
POLIDORE. — Oui, mon fils, c'est assez rire de ta fureur,
Et je vois qu'il est temps de te tirer d'erreur.
Celle à qui par serment ton âme est attachée,
Sous l'habit que tu vois à tes yeux est cachée :
Un intérêt de bien, dès ses plus jeunes ans,
Fit ce déguisement qui trompe tant de gens ;
Et depuis peu l'amour en a su faire un autre,
Qui t'abusa, joignant leur famille à la nôtre.
Ne va point regarder à tout le monde aux yeux.
Je te fais maintenant un discours sérieux.
Oui, c'est elle, en un mot, dont l'adresse subtile,
La nuit, reçut ta foi sous le nom de Lucile,
Et qui, par ce ressort qu'on ne comprenait pas,
A semé parmi vous un si grand embarras.
Mais puisqu'Ascagne ici fait place à Dorothée,
Il faut voir de vos feux toute imposture ôtée ;
Et qu'un nœud plus sacré donne force au premier.
ALBERT. — Et c'est là justement ce combat singulier
Qui devait envers nous réparer votre offense,
Et pour qui les édits n'ont point fait de défense.
POLIDORE. — Un tel évènement rend les esprits confus :
Mais en vain tu voudrais balancer là-dessus.

VALÈRE. — Non, non, je ne veux pas songer à m'en défendre :
  Et si cette aventure a lieu de me surprendre,
  La surprise me flatte, et je me sens saisir
  De merveille à la fois, d'amour et de plaisir :
  Se peut-il que ces yeux...?
                ALBERT. — Cet habit, cher Valère,
  Souffre mal les discours que vous lui pourriez faire.
  Allons lui en faire prendre un autre, et cependant
  Vous saurez le détail de tout cet incident.
VALÈRE. — Vous, Lucile, pardon, si mon ame abusée...
LUCILE. — L'oubli de cette injure est une chose aisée.
ALBERT. — Allons, ce compliment se fera bien chez nous,
  Et nous aurons loisir de nous en faire tous.
ÉRASTE. — Mais vous ne songez pas, en tenant ce langage,
  Qu'il reste encore ici des sujets de carnage.
  Voilà bien à tous deux notre amour couronné;
  Mais, de son Mascarille et de mon Gros-René,
  Par qui doit Marinette être ici possédée,
  Il faut que par le sang l'affaire soit vidée.
MASCARILLE. — Nenni, nenni; mon sang dans mon corps sied trop bien;
  Qu'il l'épouse en repos, cela ne me fait rien.
  De l'humeur que je sais la chère Marinette,
  L'hymen ne ferme pas la porte à la fleurette.
MARINETTE. — Et tu crois que de toi je ferais mon galant?
  Un mari, passe encor; tel qu'il est on le prend;
  On n'y va pas chercher tant de cérémonie :
  Mais il faut qu'un galant soit fait à faire envie.
GROS-RENÉ. — Ecoute, quand l'hymen aura joint nos deux peaux,
  Je prétends qu'on soit sourde à tous les damoiseaux.
MASCARILLE. — Tu crois te marier pour toi tout seul, compère
GROS-RENÉ. — Bien entendu : je veux une femme sévère,
  Ou je ferai beau bruit.
        MASCARILLE. — Hé! mon Dieu! tu feras
  Comme les autres font, et tu t'adouciras.
  Ces gens avant l'hymen si fâcheux et critiques,
  Dégénèrent souvent en maris pacifiques.
MARINETTE. — Va, va, petit mari, ne crains rien de ma foi;
  Les douceurs ne feront que blanchir contre moi,
  Et je te dirai tout.
        MASCARILLE. — O la fine pratique!
  Un mari confident!
        MARINETTE. — Taisez-vous, as de pique!
ALBERT — Pour la troisième fois, allons-nous-en chez nous
  Poursuivre en liberté des entretiens si doux.

FIN DU DÉPIT AMOUREUX.

LES PRÉCIEUSES RIDICULES.

COMÉDIE EN UN ACTE.

PRÉFACE.

C'est une chose étrange qu'on imprime les gens malgré eux. Je ne vois rien de si injuste, et je pardonnerais toute autre violence plutôt que celle-là.

Ce n'est pas que je veuille faire ici l'auteur modeste, et mépriser par honneur ma comédie. J'offenserais mal à propos tout Paris, si je l'accusais d'avoir pu applaudir à une sottise. Comme le public est le juge absolu de ces sortes d'ouvrages, il y aurait de l'impertinence à moi de le démentir ; et quand j'aurais eu la plus mauvaise opinion du monde de mes *Précieuses ridicules* avant leur représentation, je dois croire maintenant qu'elles valent quelque chose, puisque tant de gens ensemble en ont dit du bien. Mais comme une grande partie des grâces qu'on y a trouvées dépendent de l'action et du ton de voix, il m'importait qu'on ne les dépouillât pas de ces ornements, et je trouvais que le succès qu'elles avaient eu dans la représentation, était assez beau pour en demeurer là. J'avais résolu, dis-je, de ne les faire voir qu'à la chandelle, pour ne point donner lieu à quelqu'un de dire le proverbe : « Elle est belle à la chandelle ; mais le grand jour gâte tout ; » et je ne voulais pas qu'elles sautassent du théâtre de Bourbon dans la galerie du Palais. Cependant je n'ai pu l'éviter, et je suis tombé dans la disgrace de voir une copie dérobée de pièce entre les mains des libraires, accompagnée d'un privilége obtenu par surprise. J'ai eu beau crier : O temps ! ô mœurs ! on m'a fait voir une nécessité pour moi d'être imprimé, ou d'avoir un procès ; et le dernier mal est encore pire que le premier. Il faut donc se laisser aller à la destinée, et consentir à une chose qu'on ne laisserait pas de faire sans moi.

Mon Dieu ! l'étrange embarras qu'un livre à mettre au jour, et qu'un auteur est neuf la première fois qu'on l'imprime ! Encore, si l'on m'avait donné du temps, j'aurais pu mieux songer à moi, et j'aurais pris toutes les précautions que Messieurs les auteurs, à présent mes confrères, ont coutume de prendre en semblables occasions. Outre quelque grand seigneur que j'aurais été prendre malgré lui pour protecteur de mon ouvrage, et dont j'aurais tenté la libéalité par une épître dédicatoire bien fleurie, j'aurais tâché de faire une belle et docte préface ; et je ne manque point de livres qui m'auraient fourni tout ce qu'on peut dire de savant sur la tragédie et la comédie, l'étymologie de toutes deux, leur origine, leur définition, et le reste.

J'aurais parlé aussi à mes amis, qui, pour la recommandation de ma pièce, ne m'auraient pas refusé ou des vers français, ou des vers latins. J'en ai même qui m'auraient loué en grec, et l'on n'ignore pas qu'une louange en grec est d'une merveilleuse efficacité à la tête d'un livre. Mais on me met au jour sans me donner le loisir de me reconnaître ; et je ne puis même obtenir la liberté de dire deux mots pour justifier mes intentions sur le sujet de cette comédie. J'aurais voulu faire voir qu'elle se tient partout dans les bornes de la satyre honnête et permise : que les plus excellentes choses sont sujettes à être copiées par de mauvais singes qui méritent d'être bernés ; que ces vicieuses imitations de ce qu'il y a de plus parfait, ont été de tous temps la matière de la comédie ; et que par la même raison que les véritables savants et les vrais braves ne se sont point encore avisés de s'offenser du Docteur de la Comédie,

et du capitan, non plus que les juges, les princes et les rois, de voir Trivelin
ou quelque autre, sur le théâtre, faire ridiculement le juge, le prince, ou le
roi; aussi les véritables précieuses auraient tort de se piquer lorsqu'on joue les
ridicules qui les imitent mal. Mais enfin, comme j'ai dit, on ne me laisse pas
le temps de respirer, et M. de Luynes veut m'aller faire relier de ce pas : à la
bonne heure, puisque Dieu l'a voulu.

PERSONNAGES.

LA GRANGE, } amants rebutés.
DU CROISY,
GORGIBUS, bon bourgeois.
MADELON, fille de Gorgibus, précieuse
    ridicule.
CATHOS, nièce de Gorgibus, précieuse
    ridicule.
MAROTTE, servante des précieuses ri-
    dicules.
ALMANZOR, laquais des précieuses ri-
    dicules.

Le marquis de MASCARILLE, valet de
    La Grange.
Le vicomte de JODELET, valet de Du
    Croisy.
LUCILE, voisine de Gorgibus
CÉLIMÈNE, voisine de Gorgibus.
Deux Porteurs de chaise.
Violons.

La scène est à Paris, dans la maison de Gorgibus.

ACTE Iᵉʳ.

SCÈNE PREMIÈRE. — LA GRANGE, DU CROISY.

DU CROISY. — Seigneur la Grange...

LA GRANGE. — Quoi?

DU CROISY. — Regardez-moi un peu sans rire.

LA GRANGE. — Hé bien ?

DU CROISY. — Que dites-vous de notre visite? En êtes-vous fort satisfait?

LA GRANGE. — A votre avis, avons-nous sujet de l'être tous deux?

DU CROISY. — Pas tout à fait, à dire vrai.

LA GRANGE. — Pour moi, je vous avoue que j'en suis tout scandalisé. A-t-on
jamais vu, dites-moi, deux pecques provinciales faire plus les renchéries que
celles-là, et deux hommes traités avec plus de mépris que nous? A peine ont
elles pu se résoudre à nous faire donner des siéges. Je n'ai jamais vu tant parler
à l'oreille qu'elles ont fait entre elles, tant bâiller, tant se frotter les yeux, et
demander tant de fois : Quelle heure est-il? Ont-elles répondu que oui et non,
à tout ce que nous avons pu leur dire? Et ne m'avouerez-vous pas enfin que,
quand nous aurions été les deux dernières personnes du monde, on ne pouvait nous faire pis qu'elles ont fait?

DU CROISY. — Il me semble que vous prenez la chose fort à cœur.

LA GRANGE. — Sans doute, je l'y prends, et de telle façon que je me veux
venger de cette impertinence. Je connais ce qui nous a fait mépriser. L'air précieux n'a pas seulement infecté Paris; il s'est aussi répandu dans les provinces,
et nos donzelles ridicules en ont humé leur bonne part. En un mot, c'est un
ambigu de précieuse et de coquette que leur personne. Je vois ce qu'il faut
être pour en être bien reçu; et si vous m'en croyez, nous leur jouerons tous
deux une pièce qui leur fera voir leur sottise, et pourra leur apprendre à connaître un peu mieux leur monde.

DU CROISY. — Et comment encore?

LA GRANGE. — J'ai un certain valet, nommé Mascarille, qui passe, au sentiment de beaucoup de gens, pour une manière de bel esprit; car il n'y a rien à
meilleur marché que le bel esprit maintenant. C'est un extravagant qui s'est
mis dans la tête de vouloir faire l'homme de condition. Il se pique ordinairement de galanterie et de vers, et dédaigne les autres valets, jusqu'à les appeler
brutaux.

DU CROISY. — Hé bien ! qu'en prétendez-vous faire ?

LA GRANGE. — Ce que j'en prétends faire ? Il faut.... Mais sortons d'ici auparavant.

SCÈNE II. — GORGIBUS, DU CROISY, LA GRANGE.

GORGIBUS. — Hé bien ! vous avez vu ma nièce et ma fille ? Les affaires iront-elles bien ? Quel est le résultat de cette visite ?

LA GRANGE. — C'est une chose que vous pourrez mieux apprendre d'elles que de nous. Tout ce que nous pouvons vous dire, c'est que nous vous rendons grâce de la faveur que vous nous avez faite, et demeurons vos très-humbles serviteurs.

DU CROISY. — Vos très-humbles serviteurs.

GORGIBUS, seul. — Ouais! il semble qu'ils sortent mal satisfaits d'ici. D'où pourrait venir leur mécontentement ? Il faut savoir un peu ce que c'est. Holà !

SCÈNE III. — GORGIBUS, MAROTTE.

MAROTTE. — Que désirez-vous, monsieur ?

GORGIBUS. — Où sont vos maîtresses ?

MAROTTE. — Dans leur cabinet.

GORGIBUS. — Que font-elles ?

MAROTTE. — De la pommade pour les lèvres.

GORGIBUS. — C'est trop pommadé : dites-leur qu'elles descendent.

SCÈNE IV.

GORGIBUS, seul. — Ces pendardes-là, avec leur pommade, ont, je pense, envie de me ruiner. Je ne vois partout que blancs d'œufs, lait virginal, et mille autres brimborions que je ne connais point. Elles ont usé, depuis que nous sommes ici, le lard d'une douzaine de cochons, pour le moins; et quatre valets vivraient tous les jours des pieds de moutons qu'elles emploient.

SCÈNE V. — MADELON, CATHOS, GORGIBUS.

GORGIBUS. — Il est bien nécessaire, vraiment, de faire tant de dépense pour vous graisser le museau ! Dites-moi un peu ce que vous avez fait à ces messieurs, que je les vois sortir avec tant de froideur. Vous avais-je pas commandé de les recevoir comme des personnes que je voulais vous donner pour maris ?

MADELON. — Et quelle estime, mon père, voulez-vous que nous fassions du procédé irrégulier de ces gens-là?

CATHOS. — Le moyen, mon oncle, qu'une fille un peu raisonnable se pût accommoder de leur personne?

GORGIBUS. — Et qu'y trouvez-vous à redire?

MADELON. — La belle galanterie que la leur! Quoi! débuter d'abord par le mariage !

GORGIBUS. — Et par où veux-tu donc qu'ils débutent? par le concubinage? N'est-ce pas un procédé dont vous avez sujet de vous louer toutes deux, aussi bien que moi ? Est-il rien de plus obligeant que cela ? Et ce lien sacré où ils aspirent, n'est-il pas un témoignage de l'honnêteté de leurs intentions?

MADELON. — Ah! mon père, ce que vous dites-là est du dernier bourgeois. Cela me fait honte de vous ouïr parler de la sorte ; et vous devriez un peu vous faire apprendre le bel air des choses.

GORGIBUS. — Je n'ai que faire ni d'air ni de chanson. Je te dis que le mariage est une chose sainte et sacrée, et que c'est faire en honnêtes gens, quo de débuter par-là.

MADELON. — Mon Dieu! que si tout le monde vous ressemblait, un roman serait bientôt fini ! La belle chose que ce serait si d'abord Cyrus épousait Mandane, et qu'Aronce de plain-pied fût marié à Clélie !

GORGIBUS. — Que me vient conter celle-ci ?

MADELON. — Mon père, voilà ma cousine qui vous dira, aussi bien que moi, que le mariage ne doit jamais arriver qu'après les autres aventures. Il faut qu'un amant, pour être agréable, sache débiter les beaux sentiments, pousser le doux, le tendre et le passionné, et que sa recherche soit dans les formes. Premièrement, il doit voir au temple, ou à la promenade, ou dans quelque cérémonie publique, la personne dont il devient amoureux · ou bien être conduit fatalement chez elle par un parent ou un ami, et sortir de là tout rêveur et mélancolique. Il cache un temps sa passion à l'objet aimé, et cependant lui rend plusieurs visites, où l'on ne manque jamais de mettre sur le tapis une question galante qui exerce les esprits de l'assemblée. Le jour de la déclaration arrive, qui se doit faire ordinairement dans une allée de quelque jardin, tandis que la compagnie s'est un peu éloignée; et cette déclaration est suivie d'un prompt courroux qui paraît à notre rougeur, et qui, pour un temps, bannit l'amant de notre présence. Ensuite il trouve moyen de nous apaiser, de nous accoutumer insensiblement au discours de sa passion, et de tirer de nous cet aveu qui fait tant de peine. Après cela viennent les aventures, les rivaux qui se jettent à la traverse d'une inclinaison établie, les persécutions des pères, les jalousies conçues sur de fausses apparences, les plaintes, les désespoirs, les enlèvements, et ce qui s'ensuit. Voilà comme les choses se traitent dans les belles manières; et ce sont des règles dont, en bonne galanterie, on ne saurait se dispenser. Mais en venir de but en blanc à l'union conjugale, ne faire l'amour qu'en faisant le contrat de mariage, et prendre justement le roman par la queue; encore un coup, mon père, il ne se peut rien de plus marchand que ce procédé; et j'ai mal au cœur de la seule vision que cela me fait.

GORGIBUS. — Quel diable de jargon entend-je ici? Voici bien du haut style.

CATHOS. — En effet, mon oncle, ma cousine donne dans le vrai de la chose. Le moyen de bien recevoir des gens qui sont tout à fait incongrus en galanterie? Je m'en vais gager qu'ils n'ont jamais vu la carte de Tendre, et que Billets-doux, Petits-soins, Billets-galants et Jolis-vers, sont des terres inconnues pour eux. Ne voyez-vous pas que toute leur personne marque cela, et qu'ils n'ont point cet air qui donne d'abord bonne opinion des gens? Venir en visite amoureuse avec une jambe toute unie, un chapeau désarmé de plumes, une tête irrégulière en cheveux, et un habit qui souffre une indigence de rubans; mon Dieu! quels amants sont-ce là! Quelle frugalité d'ajustement, et quelle sécheresse de conversation! On n'y dure point, on n'y tient pas. J'ai remarqué encore que leurs rabats ne sont pas de la bonne faiseuse, et qu'il s'en faut plus d'un grand demi-pied que leurs hauts-de-chausses ne soient assez larges.

GORGIBUS. — Je pense qu'elles sont folles toutes deux, et je ne puis rien comprendre à ce baragouin. Cathos, et vous, Madelon...

MADELON. — Hé! de grâce, mon père, défaites-vous de ces noms étranges, et nous appelez autrement.

GORGIBUS. — Comment, ces noms étranges! ne sont-ce pas vos noms de baptême?

MADELON. — Mon Dieu! que vous êtes vulgaire! Pour moi, un de mes étonnements, c'est que vous ayez pu faire une fille si spirituelle que moi. A-t-on jamais parlé, dans le beau style, de Cathos ni de Madelon, et ne m'avouerez-vous pas que ce serait assez d'un de ces noms pour décrier le plus beau roman du monde?

CATHOS. — Il est vrai, mon oncle, qu'une oreille un peu délicate pâtit furieusement à entendre prononcer ces mots-là; et le nom de Polixène, que ma cousine a choisi, et celui d'Aminte, que je me suis donné, ont une grâce dont il faut que vous demeuriez d'accord.

GORGIBUS. — Écoutez; il n'y a qu'un mot qui serve. Je n'entends point que vous ayez d'autres noms que ceux qui vous ont été donnés par vos parrains et marraines; et pour ces messieurs dont il est question, je connais leurs familles et leurs biens, et je veux résolument que vous vous disposiez à les recevoir pour maris. Je me lasse de vous avoir sur les bras, et la garde de deux filles est une charge un peu trop pesante pour un homme de mon âge.

CATHOS. — Pour moi, mon oncle, tout ce que je puis vous dire, c'est que je trouve le mariage une chose tout à fait choquante. Comment est-ce qu'on peut souffrir la pensée de coucher contre un homme vraiment nu ?

MADELON.—Souffrez que nous prenions un peu haleine parmi le beau monde de Paris, où nous ne faisons que d'arriver. Laissez-nous faire à loisir le tissu de notre roman, et n'en pressez point tant la conclusion.

GORGIBUS, à part. — Il n'en faut point douter, elles sont achevées. (Haut.) Encore un coup, je n'entends rien à toutes ces balivernes, je veux être maître absolu ; et pour trancher toutes sortes de discours, ou vous serez mariées toutes deux avant qu'il soit peu, ou, ma foi, vous serez religieuses: j'en fais un bon serment.

SCÈNE VI. — CATHOS, MADELON.

CATHOS. — Mon Dieu! ma chère, que ton père a la forme enfoncée dans la matière ! que son intelligence est épaisse ! et qu'il fait sombre dans son âme !

MADELON. — Que veux-tu? ma chère, j'en suis en confusion pour lui; j'ai peine à me persuader que je puisse être véritablement sa fille, et je crois que quelque aventure, un jour, me viendra développer une naissance plus illustre.

CATHOS. — Je le croirais bien ; oui, il y a toutes les apparences du monde. Et pour moi, quand je me regarde aussi...

SCÈNE VII. — CATHOS, MADELON , MAROTTE.

MAROTTE. — Voilà un laquais qui demande si vous êtes au logis, et dit que son maître vous veut venir voir.

MADELON. — Apprenez, sotte, à vous énoncer moins vulgairement. Dites : Voilà un nécessaire qui demande si vous êtes en commodité d'être visibles.

MAROTTE. — Dame! je n'entends point le latin, et je n'ai pas appris, comme vous, la filophie dans le grand Cyre.

MADELON. — L'impertinente! Le moyen de souffrir cela! Et qui est-il, le maître de ce laquais?

MAROTTE. — Il me l'a nommé le marquis de Mascarille.

MADELON. — Ah! ma chère, un marquis! Oui, allez dire qu'on peut nous voir. C'est sans doute un bel-esprit qui aura ouï parler de nous.

CATHOS. — Assurément, ma chère.

MADELON. — Il faut le recevoir dans cette salle basse, plutôt qu'en notre chambre. Ajustons un peu nos cheveux au moins, et soutenons notre réputation. Vite, venez nous tendre ici dedans le conseiller des grâces.

MAROTTE. — Par ma foi, je ne sais point quelle bête c'est là; il faut parler chrétien, si vous voulez que je vous entende.

CATHOS. — Apportez-nous le miroir, ignorante que vous êtes, et gardez-vous bien d'en salir la glace par la communication de votre image.

(Elles sortent.)

SCÈNE VIII. — MASCARILLE, DEUX PORTEURS.

MASCARILLE. — Holà, porteurs, holà. Là, là, là, là, là. Je pense que ces marauds-là ont le dessein de me briser à force de heurter contre les murailles et les pavés.

PREMIER PORTEUR. — Dame ! c'est que la porte est étroite. Vous avez voulu aussi que nous soyons entrés jusqu'ici.

MASCARILLE. — Je le crois bien, voudriez-vous, faquins, que j'exposasse l'embonpoint de mes plumes aux inclémences de la saison pluvieuse, et que j'allasse imprimer mes souliers en boue? Allez, ôtez votre chaise d'ici.

DEUXIÈME PORTEUR. — Payez-nous donc, s'il vous plaît, monsieur,

MARCARILLE. — Hein ?

DEUXIÈME PORTEUR. — Je dis, monsieur, que vous nous donniez de l'argent, s'il vous plaît.

MASCARILLE, *lui donnant un soufflet.* — Comment, coquin ! demander de l'argent à une personne de ma qualité !

DEUXIÈME PORTEUR. — Est-ce ainsi qu'on paye les pauvres gens? et votre qualité nous donne-t-elle à dîner?

MASCARILLE. — Ah ! ah! je vous apprendrai à vous connaître. Ces canailles-là s'osent jouer à moi!

PREMIER PORTEUR, *prenant un des bâtons de sa chaise.* — Ça, payez-nous vitement.

MASCARILLE. — Quoi?

PREMIER PORTEUR. — Je dis que je veux avoir de l'argent, tout à l'heure.

MASCARILLE. — Il est raisonnable celui-là.

PREMIER PORTEUR. — Vite donc.

MASCARILLE. — Oui-dà, tu parles comme il faut, toi; mais l'autre est un coquin qui ne sait ce qu'il dit. Tiens, es-tu content?

PREMIER PORTEUR. — Non, je ne suis pas content; vous avez donné un soufflet à mon camarade, et... (*levant son bâton.*)

MASCARILLE. — Doucement ; tiens, voilà pour le soufflet. On obtient tout de moi quand on s'y prend de la bonne façon. Allez, venez me reprendre tantôt pour aller au Louvre, au petit coucher.

<h3 style="text-align:center">SCÈNE IX. — MAROTTE, MASCARILLE.</h3>

MAROTTE. — Monsieur, voilà mes maîtresses qui vont venir tout à l'heure.

MASCARILLE. — Qu'elles ne se pressent point; je suis ici posté commodément pour attendre.

MAROTTE. — Les voici.

<h3 style="text-align:center">SCÈNE X. — MADELON, CATHOS, MASCARILLE, ALMANZOR.</h3>

MASCARILLE, *après avoir salué.* — Mesdames, vous serez surprises, sans doute, de l'audace de ma visite; mais votre réputation vous attire cette méchante affaire; et le mérite a pour moi des charmes si puissants, que je cours partout après lui.

MADELON. — Si vous poursuivez le mérite, ce n'est pas sur nos terres que vous devez chasser.

CATHOS. — Pour avoir chez nous le mérite, il a fallu que vous l'y ayez amené.

MASCARILLE. — Ah ! je m'inscris en faux contre vos paroles. La renommée accuse juste en contant ce que vous valez; et vous allez faire pic, repic et capot tout ce qu'il y a de galant dans Paris.

MADELON. — Votre complaisance pousse un peu trop avant la libéralité de ses louanges ; et nous n'avons garde, ma cousine et moi, de donner de notre sérieux dans le doux de votre flatterie.

CATHOS. — Ma chère, il faudrait faire donner des siéges.

MADELON. — Holà ! Almanzor.

ALMANZOR. — Madame?

MADELON. — Vite, voiturez-nous ici les commodités de la conversation.

MASCARILLE. — Mais, au moins, y a-t-il sûreté ici pour moi ?

(Almanzor sort.)

CATHOS. — Que craignez-vous ?

MASCARILLE. — Quelque vol de mon cœur, quelque assassinat de ma franchise. Je vois ici deux yeux qui ont la mine d'être de fort mauvais garçons, de faire insulte aux libertés, et de traiter une ame de Turc à More. Comment diable ! d'abord qu'on les approche, ils se mettent sur leur garde meurtrière.

Ah ! par ma foi, je m'en défie ; et je m'en vais gagner au pied, ou je veux caution bourgeoise qu'ils ne me feront point de mal.

MADELON. — Ma chère, c'est le caractère enjoué.

CATHOS. — Je vois bien que c'est un Amilcar.

MADELON. — Ne craignez rien, nos yeux n'ont point de mauvais desseins, et votre cœur peut dormir en assurance sur leur prud'homie.

CATHOS. — Mais, de grâce, monsieur, ne soyez point inexorable à ce fauteuil qui vous tend les bras il y a un quart-d'heure ; contentez un peu l'envie qu'il a de vous embrasser.

MASCARILLE, *après s'être peigné et avoir ajusté ses canons.* — Hé bien ! mesdames, que dites-vous de Paris ?

MADELON. — Hélas ! qu'en pourrions-nous dire ? Il faudrait être l'antipode de de la raison pour ne pas confesser que Paris est le grand bureau des merveilles, le centre du bon goût, du bel esprit, et de la galanterie.

MASCARILLE. — Pour moi, je tiens que hors de Paris, il n'y a point de salut pour les honnêtes gens.

CATHOS. — C'est une vérité incontestable.

MASCARILLE. — Il y fait un peu crotté ; mais nous avons la chaise.

MADELON. — Il est vrai que la chaise est un retranchement merveilleux côntre les insultes de la boue et du mauvais temps.

MASCARILLE. — Vous recevez beaucoup de visites ? Quel bel-esprit est des vôtres ?

MADELON. — Hélas ! nous ne sommes pas encore connues, mais nous sommes en passe de l'être, et nous avons une amie particulière qui nous a promis d'amener ici tous ces messieurs du Recueil des pièces choisies.

CATHOS. — Et certains autres qu'on nous a nommés aussi pour être les arbitres souverains des belles choses.

MASCARILLE. — C'est moi qui ferai votre affaire mieux que personne, ils me rendent tous visite ; et je puis dire que je ne me lève jamais sans une demi-douzaine de beaux-esprits.

MADELON. — Hé ! mon Dieu ! nous vous serons obligées de la dernière obligation , si vous nous faites cette amitié ; car enfin il faut avoir la connaissance de tous ces messieurs-là, si l'on veut être du beau monde. Ce sont eux qui donnent le branle à la réputation dans Paris ; et vous savez qu'il y en a tel dont il ne faut que la seule fréquentation pour vous donner bruit de connaisseuse , quand il n'y aurait rien autre chose que cela. Mais pour moi, ce que je considère particulièrement, c'est que, par le moyen de ces visites spirituelles, on est instruit de cent choses qu'il faut savoir de nécessité, et qui sont de l'essence du bel-esprit. On apprend par là chaque jour les petites nouvelles galantes, les jolis commerces de prose ou de vers. On sait à point nommé , un tel a composé la plus jolie pièce du monde sur un tel sujet ; une telle a fait des paroles sur un tel air : celui-ci a fait un madrigal sur une jouissance ; celui-là a composé des stances sur une infidélité : monsieur un tel écrivit hier au soir un sixain à mademoiselle une telle , dont elle lui a envoyé réponse ce matin sur les huit heures : un tel auteur a fait un tel dessein ; celui-là est à la troisième partie de son roman , cet autre met ses ouvrages sous la presse. C'est là ce qui vous fait valoir dans les compagnies ; et si l'on ignore ces choses, je ne donnerais pas un clou de tout l'esprit qu'on peut avoir.

CATHOS. — En effet, je trouve que c'est renchérir sur le ridicule, qu'une personne se pique d'esprit, et ne sache pas jusqu'au moindre petit quatrain qui se fait chaque jour ; et pour moi j'aurais toutes les hontes du monde, s'il fallait qu'on vînt à me demander si j'aurais vu quelque chose de nouveau que je n'aurais pas vu.

MASCARILLE. — Il est vrai qu'il est honteux de n'avoir pas des premiers tout ce qui se fait. Mais ne vous mettez pas en peine ; je veux établir chez vous une académie de beaux-esprits ; et je vous promets qu'il ne se fera pas un bout de vers dans Paris que vous ne sachiez par cœur avant tous les autres. Pour moi, tel que vous me voyez, je m'en escrime un peu quand je veux ; et vous verrez courir de ma façon, dans les belles ruelles de Paris, deux cents chansons, autant de sonnets, quatre cents épigrammes, et plus de mille madrigaux, sans compter les énigmes et les portraits.

MADELON. — Je vous avoue que je suis furieusement pour les portraits ; je ne vois rien de si galant que cela.

MASCARILLE. — Les portraits sont difficiles, et demandent un esprit profond : vous en verrez de ma manière qui ne vous déplairont pas.

CATHOS. — Pour moi, j'aime terriblement les énigmes.

MASCARILLE. — Cela exerce l'esprit, et j'en ai fait quatre encore ce matin, que je vous donnerai à deviner.

MADELON. — Les madrigaux sont agréables, quand ils sont bien tournés.

MASCARILLE. — C'est mon talent particulier, et je travaille à mettre en madrigaux toute l'histoire romaine.

MADELON. — Ah ! certes, cela sera du dernier beau ! J'en retiens un exemplaire au moins, si vous le faites imprimer.

MASCARILLE. — Je vous en promets à chacune un, et des mieux reliés. Cela est au-dessous de ma condition : mais je le fais seulement pour donner à gagner aux libraires qui me persécutent.

MADELON. — Je m'imagine que le plaisir est grand de se voir imprimer.

MASCARILLE. — Sans doute. Mais, à propos, il faut que je vous die un impromptu que je fis hier chez une duchesse de mes amies que je fus visiter ; car je suis diablement fort sur les impromptus.

CATHOS. — L'impromptu est justement la pierre de touche de l'esprit.

MASCARILLE. — Écoutez donc.

MADELON. — Nous y sommes de toutes nos oreilles.

MASCARILLE. — Oh ! oh ! je n'y prenais pas garde :
Tandis que sans songer à mal, je vous regarde,
Votre œil en tapinois me dérobe mon cœur.
Au voleur ! au voleur ! au voleur ! au voleur !

CATHOS. — Ah ! mon Dieu ! voilà qui est poussé dans le dernier galant.

MASCARILLE. — Tout ce que je fais a l'air cavalier ; cela ne sent point le pédant.

MADELON. — Il en est éloigné de plus de deux mille lieues.

MASCARILLE. — Avez-vous remarqué ce commencement *oh ! oh !* Voilà qui est extraordinaire, *oh ! oh !* comme un homme qui s'avise tout d'un coup, *oh ! oh !* La surprise, *oh ! oh !*

MADELON. — Oui, je trouve ce *oh ! oh !* admirable.

MASCARILLE. — Il me semble que cela ne soit rien.

CATHOS. — Ah ! mon Dieu ! que dites-vous ? Ce sont là de ces sortes de choses qui ne se peuvent payer.

MADELON. — Sans doute ; et j'aimerais mieux avoir fait ce *oh ! oh !* qu'un poème épique.

MASCARILLE. — Tudieu ! vous avez le goût bon.

MADELON. — Hé ! je ne l'ai pas tout à fait mauvais.

MASCARILLE. — Mais n'admirez-vous pas aussi, *je n'y prenais pas garde ? je n'y prenais pas garde*, je ne m'apercevais pas de cela ; façon de parler naturelle, *je n'y prenais pas garde. Tandis que sans songer à mal*, tandis qu'innocemment, sans malice, comme un pauvre mouton, *je vous regarde*, c'est-à-dire je m'amuse à vous considérer ; je vous observe, je vous contemple ; *votre œil en tapinois...* Que vous semble de ce mot *tapinois* ? n'est-il pas bien choisi ?

CATHOS. — Tout à fait bien.

MASCARILLE. — *Tapinois*, en cachette; il semble que ce soit un chat qui vienne de prendre une souris, *tapinois*.

MADELON. — Il ne se peut rien de mieux.

MASCARILLE. — *Me dérobe mon cœur*, me l'emporte, me le ravit; *au voleur! au voleur! au voleur! au voleur!* Ne diriez-vous pas que c'est un homme qui crie et court après un voleur pour le faire arrêter? *au voleur! au voleur! au voleur! au voleur!*

MADELON. — Il faut avouer que cela a un tour spirituel et galant.

MASCARILLE. — Je veux vous dire l'air que j'ai fait dessus.

CATHOS. — Vous avez appris la musique?

MASCARILLE. — Moi? Point du tout.

CATHOS. — Et comment donc cela se peut-il?

MASCARILLE. — Les gens de qualité savent tout sans avoir jamais appris.

MADELON. — Assurément, ma chère.

MASCARILLE. — Écoutez si vous trouverez l'air à votre goût : *hem, hem, la, la, la, la, la.* La brutalité de la saison a furieusement outragé la délicatesse de ma voix : mais il n'importe, c'est à la cavalière. (*Il chante.*)

> Oh! oh! je n'y prenais pas garde, etc.

CATHOS. — Ah! que voilà un air qui est passionné! Est-ce qu'on n'en meurt point?

MADELON. — Il y a de la chromatique là-dedans.

MASCARILLE. — Ne trouvez-vous pas la pensée bien exprimée dans le chant? *Au voleur! au voleur! au voleur!* Et puis comme si l'on criait bien fort, *au, au, au, au, au voleur!* Et tout d'un coup, comme une personne essoufflée, *au voleur!*

MADELON. — C'est là savoir le fin des choses, le grand fin, le fin du fin. Tout est merveilleux, je vous assure; je suis enthousiasmée de l'air et des paroles.

CATHOS. — Je n'ai encore rien vu de cette force-là.

MASCARILLE. — Tout ce que je fais me vient naturellement : c'est sans étude.

MADELON. — La nature vous a traité en vraie mère passionnée, et vous en êtes l'enfant gâté.

MASCARILLE. — A quoi donc passez-vous le temps, mesdames?

CATHOS. — A rien du tout.

MADELON. — Nous avons été jusqu'ici dans un jeûne effroyable de divertissements.

MASCARILLE. — Je m'offre à vous mener l'un de ces jours à la comédie, si vous voulez; aussi bien on en doit jouer une nouvelle que je serai bien aise que nous voyions ensemble.

MADELON. — Cela n'est pas de refus.

MASCARILLE. — Mais je vous demande d'applaudir comme il faut, quand nous serons là; car je me suis engagé de faire valoir la pièce, et l'auteur m'en est venu prier encore ce matin. C'est la coutume ici, qu'à nous autres gens de condition, les auteurs viennent lire leurs pièces nouvelles pour nous engager à les trouver belles et leur donner de la réputation; et je vous laisse à penser si, quand nous disons quelque chose, le parterre ose nous contredire. Pour moi, j'y suis fort exact; et quand j'ai promis à quelque poète, je crie toujours : Voilà qui est beau! devant que les chandelles soient allumées.

MADELON. — Ne m'en parlez point, c'est un admirable lieu que Paris; il s'y passe cent choses tous les jours qu'on ignore dans les provinces, quelque spirituelle qu'on puisse être.

CATHOS. — C'est assez; puisque nous sommes instruites, nous ferons notre devoir de nous écrier comme il faut sur tout ce qu'on dira.

MASCARILLE. — Je ne sais si je me trompe, mais vous avez toute la mine d'avoir fait quelque comédie.

MADELON. — Hé! il pourrait bien être quelque chose de ce que vous dites.

MASCARILLE.— Ah! ma foi, il faudra que nous la voyions. Entre nous, j'en ai composé une que je veux faire représenter.

CATHOS. — Hé! à quels comédiens la donnerez-vous?

MASCARILLE. — Belle demande! Aux grands comédiens; il n'y a qu'eux qui soient capables de faire valoir les choses: les autres sont des ignorants qui récitent comme l'on parle; ils ne savent pas faire ronfler les vers, et s'arrêter au bel endroit. Et le moyen de connaître où est le beau vers, si le comédien ne s'y arrête, et ne vous avertit par là qu'il faut faire le brouhaha?

CATHOS. — En effet, il y a manière de faire sentir aux auditeurs les beautés d'un ouvrage; et les choses ne valent que ce qu'on les fait valoir.

MASCARILLE. — Que pensez-vous de ma petite oie? la trouvez-vous congruante à l'habit?

CATHOS. — Tout à fait.

MASCARILLE. — Le ruban est bien choisi.

MADELON. — Furieusement bien. C'est Perdrigeon tout pur.

MASCARILLE. — Que dites-vous de mes canons?

MADELON. — Ils ont tout à fait bon air.

MASCARILLE. — Je puis me vanter au moins qu'ils ont un grand quartier plus que tous ceux qu'on fait.

MADELON. — Il faut avouer que je n'ai jamais vu porter si haut l'élégance de l'ajustement.

MASCARILLE. — Attachez un peu sur ces gants la réflexion de votre odorat.

MADELON. — Ils sentent terriblement bon.

CATHOS. — Je n'ai jamais respiré une odeur mieux conditionnée.

MASCARILLE. — Et celle-là? (*Il donne à sentir les cheveux poudrés de sa perruque.*)

MADELON. — Elle est tout à fait de qualité; le sublime en est touché délicieusement.

MASCARILLE. — Vous ne me dites rien de mes plumes! Comment les trouvez-vous?

CATHOS. — Effroyablement belles.

MASCARILLE. Savez-vous que le brin me coûte un louis d'or? Pour moi j'ai cette manie de vouloir donner généralement sur tout ce qu'il y a de plus beau.

MADEDON. — Je vous assure que nous sympathisons vous et moi. J'ai une délicatesse furieuse pour tout ce que je porte; et, jusqu'à mes chaussettes, je ne puis rien souffrir qui ne soit de la bonne faiseuse.

MASCARILLE, *s'écriant brusquement.* — Ahi! ahi! ahi! doucement. Dieu me damne, mesdames! c'est fort mal en user; j'ai à me plaindre de votre procédé: cela n'est pas honnête.

CATHOS. —Qu'est-ce donc? qu'avez-vous?

MASCARILLE. — Quoi! toutes deux contre mon cœur en même temps! M'attaquer à droite et à gauche? Ah! c'est contre le droit des gens; la partie n'est pas égale, et je m'en vais crier au meurtre.

CATHOS. —Il faut avouer qu'il dit les choses d'une manière particulière.

MADELON. — Il a un tour admirable dans l'esprit.

CATHOS. — Vous avez plus de peur que de mal, et votre cœur crie avant qu'on l'écorche.

MASCARILLE. — Comment diable! il est écorché depuis la tête jusqu'aux pieds.

SCÈNE XI. — CATHOS, MADELON, MASCARILLE, MAROTTE.

MAROTTE. — Madame, on demande à vous voir,

MADELON. — Qui?

MAROTTE. — Le vicomte de Jodelet.

MASCARILLE. — Le vicomte de Jodelet?

MAROTTE. — Oui, monsieur.

CATHOS. — Le connaissez-vous?

MASCARILLE. — C'est mon meilleur ami.

MADELON. — Faites entrer vitement.

MASCARILLE. — Il y a quelque temps que nous ne nous sommes vus, et je suis ravi de cette aventure.

CATHOS. — Le voici.

SCÈNE XII.

CATHOS, MADELON, MASCARILLE, JODELET, MAROTTE, ALMANZOR.

MASCARILLE. — Ah! vicomte!

JODELET, *s'embrassant l'un l'autre*. — Ah! marquis!

MASCARILLE. — Que je suis aise de te rencontrer!

JODELET. — Que j'ai de joie de te voir ici!

MASCARILLE. — Baise-moi donc encore un peu, je te prie.

MADELON, *à Cathos*. — Ma toute bonne, nous commençons d'être connues; voilà le beau monde qui prend le chemin de nous venir voir.

MASCARILLE. — Mesdames, agréez que je vous présente ce gentilhomme-ci; sur ma parole, il est digne d'être connu de vous.

JODELET. — Il est juste de venir vous rendre ce qu'on vous doit; et vos attraits exigent leurs droits seigneuriaux sur toutes sortes de personnes.

MADELON. — C'est pousser vos civilités jusqu'aux derniers confins de la flatterie.

CATHOS. — Cette journée doit être marquée dans notre almanach comme une journée bien heureuse.

MADELON, *à Almanzor*.. — Allons, petit garçon, faut-il toujours vous répéter les choses? Voyez-vous pas qu'il faut le surcroît d'un fauteuil?

MASCARILLE. — Ne vous étonnez pas de voir le vicomte de la sorte; il ne fait que sortir d'une maladie qui lui a rendu le visage pâle, comme vous le voyez.

JODELET. — Ce sont fruits des veilles de la cour, et des fatigues de la guerre.

MASCARILLE. — Savez-vous, mesdames, que vous voyez dans le vicomte un des vaillants hommes du siècle! c'est un brave à trois poils.

JODELET. — Vous ne m'en devez rien, marquis; et nous savons ce que vous savez faire aussi.

MASCARILLE. — Il est vrai que nous nous sommes vus tous deux dans l'occasion.

JODELET. — Et dans des lieux où il faisait fort chaud.

MASCARILLE, *regardant Cathos et Madelon*. — Oui, mais non pas si chaud qu'ici. Hai! hai! hai!

JODELET. — Notre connaissance s'est faite à l'armée; et la première fois que nous nous vîmes, il commandait un régiment de cavalerie sur les galères de Malte.

MASCARILLE. — Il est vrai: mais vous étiez pourtant dans l'emploi avant que j'y fusse; et je me souviens que je n'étais que petit officier encore, que vous commandiez deux mille chevaux.

JODELET. — La guerre est une belle chose: mais, ma foi! la cour récompense bien mal aujourd'hui les gens de service comme nous.

MASCARILLE. — C'est ce qui fait que je veux pendre l'épée au croc.

CATHOS. — Pour moi, j'ai un furieux tendre pour les hommes d'épée.

MADELON. — Je les aime aussi: mais je veux que l'esprit assaisonne la bravoure.

MASCARILLE. — Te souvient-il, vicomte, de cette demi-lune que nous emportâmes sur les ennemis au siége d'Arras?

JODELET. —Que veux-tu dire avec ta demi-lune? C'était bien une lune toute entière.

MASCARILLE. — Je pense que tu as raison.

JODELET. — Il m'en doit bien souvenir, ma foi! j'y fus blessé à la jambe d'un coup de grenade, dont je porte encore les marques. Tâtez un peu, de grâce; vous sentirez quel coup c'était-là.

CATHOS, *après avoir touché l'endroit.* — Il est vrai que la cicatrise est grande.

MASCARILLE. — Donnez-moi un peu votre main, et tâtez celui-ci : là justement au derrière de la tête. Y êtes-vous ?

MADELON. — Oui, je sens quelque chose.

MASCARILLE. — C'est un coup de mousquet que je reçus la dernière campagne que j'ai faite.

JODELET, *découvrant sa poitrine.* — Voici un coup qui me perça de part en part à l'attaque de Gravelines.

MASCARILLE, *mettant la main sur le bouton de son haut de chausse.* — Je vais vous montrer une furieuse plaie.

MADELON. — Il n'est pas nécessaire, nous le croyons sans y regarder.

MASCARILLE. — Ce sont des marques honorables qui font voir ce qu'on est.

CATHOS. — Nous ne doutons pas de ce que vous êtes.

MASCARILLE. — Vicomte; as-tu là ton carrosse?

JODELET. — Pourquoi?

MASCARILLE. — Nous mènerions promener ces dames hors des portes, et leur donnerions un cadeau.

MADELON. — Nous ne saurions sortir aujourd'hui.

MASCARILLE. — Ayons donc les violons pour danser.

JODELET. — Ma foi, c'est bien avisé.

MADELON. — Pour cela nous y consentons; mais il faut donc quelque surcroît de compagnie.

MASCARILLE. — Holà! Champagne, Picard, Bourguignon, Cascaret, Basque, la Verdure, Lorrain, Provençal, la Violette. Au diable soient tous les laquais! Je ne pense pas qu'il y ait gentilhomme en France plus mal servi que moi. Ces canailles me laissent toujours seul.

MADELON. — Almanzor, dites aux gens de monsieur qu'ils aillent quérir des violons, et nous faites venir ces messieurs et ces dames d'ici près, pour peupler la solitude de notre bal.   (*Almanzor sort.*)

MASCARILLE. — Vicomte, que dis-tu de ces yeux?

JODELET. — Mais toi-même, marquis, que t'en semble?

MASCARILLE. — Moi, je dis que nos libertés auront peine à sortir d'ici les braies nettes. Au moins, pour moi, je reçois d'étranges secousses, et mon cœur ne tient plus qu'à un filet.

MADELON. — Que tout ce qu'il dit est naturel! il tourne les choses le plus agréablement du monde.

CATHOS. — Il est vrai qu'il fait une furieuse dépense en esprit.

MASCARILLE. — Pour vous montrer que je suis véritable, je veux faire un impromptu là-dessus.   (*Il médite.*)

CATHOS. — Hé! je vous en conjure de toute la dévotion de mon cœur, que nous ayions quelque chose qu'on ait fait pour nous.

JODELET. — J'aurais envie d'en faire autant, mais je me trouve un peu incommodé de la veine poétique pour la quantité des saignées que j'y ai faites ces jours passés.

MASCARILLE. — Que diable est-là! Je fais toujours bien le premier vers, mais j'ai peine à faire les autres. Ma foi, ceci est un peu trop pressé; je vous ferai un impromptu à loisir, que vous trouverez le plus beau du monde.

JODELET. — Il a de l'esprit comme un démon.

MADELON. — Et du galant, et bien tourné.

MASCARILLE. — Vicomte, dis-moi un peu, y a-t-il longtemps que tu n'as vu la comtesse?

JODELET. — Il y a plus de trois semaines que je ne lui ai rendu visite.

MASCARILLE. — Sais-tu bien que le duc m'est venu voir ce matin, et m'a voulu mener à la campagne courir un cerf avec lui?

MADELON. — Voici nos amies qui viennent.

SCÈNE XIII. — LUCILE, CÉLIMÈNE, CATHOS, MADELON, MASCARILLE, JODELET, MAROTTE, ALMAZOR, Violons.

MADELON. — Mon Dieu! mes chères, nous vous demandons pardon. Ces messieurs ont eu fantaisie de nous donner les ames des pieds, et nous vous avons envoyé quérir pour remplir les vides de notre assemblée.

LUCILE. — Vous nous avez obligées, sans donte.

MASCARILLE. — Ce n'est ici qu'un bal à la hâte; mais, l'un de ces jours, nous vous en donnerons un dans les formes. Les violons sont-ils venus?

ALMANZOR. — Oui, monsieur, ils sont ici.

CATHOS. — Allons donc, mes chères, prenez place.

MASCARILLE, *dansant lui seul comme par prélude*. — La, la, la, la, la, la, la,

MADELON. — Il a la taille tout à fait élégante.

CATHOS. — Et a la mine de danser proprement.

MASCARILLE, *ayant pris Madelon pour danser*. — Ma franchise va danser la courante aussi bien que mes pieds. En cadence, violons; en cadence. O quels ignorants! Il n'y a pas moyen de danser avec eux. Le diable vous emporte! ne sauriez-vous jouer en mesure? La, la, la, la, la, la, la, la. Ferme! O violons de village!

JODELET, *dansant ensuite*. — Holà! ne pressez pas si fort la cadence, je ne fais que sortir de maladie.

SCÈNE XIV. — DU CROISY, LA GRANGE, CATHOS, MADELON, LUCILE, CÉLIMÈNE, JODELET, MASCARILLE, MAROTTE, Violons.

LA GRANGE, *un bâton à la main*. — Ah! ah! coquins, que faites-vous ici? Il y a trois heures que nous vous cherchons.

MASCARILLE, *se sentant battre*. — Ahi! ahi! ahi! vous ne m'aviez pas dit que les coups en seraient aussi.

JODELET. — Ahi! ahi! ahi!

LA GRANGE. — C'est bien à vous, infâmes que vous êtes, à vouloir faire l'homme d'importance!

DU CROISY. — Voilà qui vous apprendra à vous connaître.

SCÈNE XV. — CATHOS, MADELON, LUCILE, CÉLIMÈNE, MASCARILLE, JODELET, MAROTTE, Violons.

MADELON. — Que veut donc dire ceci?

JODELET. — C'est une gageure.

CATHOS. — Quoi! vous laisser battre de la sorte!

MASCARILLE. — Mon Dieu! je n'ai pas voulu faire semblant de rien, car je suis violent, et je me serais emporté.

MADELON. — Endurer un affront comme celui-là en notre présence.

MASCARILLE. — Ce n'est rien, ne laissons pas d'achever. Nous nous connaissons il y a longtemps, et entre amis on ne va pas se piquer pour si peu de chose.

SCÈNE XVI. — DU CROISY, LA GRANGE, MADELON, CATHOS, CÉLIMÈNE, LUCILE, MASCARILLE, JODELET, MAROTTE, Violons.

LA GRANGE. — Ma foi, marauds, vous ne vous rirez pas de nous, je vous promets. Entrez, vous autres.

(Trois ou quatre spadassins entrent.)

MADELON. — Quelle est donc cette audace de venir nous troubler de la sorte dans notre maison?

DU CROISY. — Comment, mesdames! nous endurerons que nos laquais soient mieux reçus que nous, qu'ils viennent vous faire l'amour à nos dépens et vous donnent le bal?

MADELON. — Vos laquais?

LA GRANGE. — Oui, nos laquais; et cela n'est ni beau ni honnête de nous les débaucher comme vous faites.

MADELON. — O ciel! quelle insolence!

LA GRANGE. — Mais ils n'auront pas l'avantage de se servir de nos habits pour vous donner dans la vue; et si vous les voulez aimer, ce sera, ma foi pour leurs beaux yeux. Vite, qu'on les dépouille sur-le-champ.

JODELET. — Adieu, notre braverie.

MASCARILLE. — Voilà le marquisat et la vicomté à bas.

DU CROISY. — Ah! ah! coquins, vous avez l'audace d'aller sur nos brisées! Vous irez chercher autre part de quoi vous rendre agréables aux yeux de vos belles, je vous en assure.

LA GRANGE. — C'est trop de nous supplanter, et de nous supplanter avec nos propres habits.

MASCARILLE. — O fortune, quelle est ton inconstance!

DU CROISY. — Vite qu'on leur ôte jusqu'à la moindre chose.

LA GRANGE. — Qu'on emporte toutes ces hardes, dépêchons. Mais tenant, mesdames, en l'état qu'ils sont, vous pouvez continuer vos amours avec eux tant qu'il vous plaira; nous vous laisserons toute sorte de liberté pour cela et nous vous protestons, monsieur et moi, que nous n'en serons aucunement jaloux.

SCÈNE XVII. — MADELON, CATHOS, JODELET, MASCARILLE, violons.

CATHOS. — Ah! quelle confusion!

MADELON. — Je crève de dépit.

UN DES VIOLONS, *à Mascarille.* — Qu'est-ce donc que ceci? Qui nous paiera, nous autres?

MASCARILLE. — Demandez à M. le vicomte.

UN DES VIOLONS, *à Jodelet.* — Qui est-ce qui nous donnera de l'argent?

JODELET. — Demandez à M. le marquis.

SCÈNE XVIII.

GORGIBUS, MADELON, CATHOS, JODELET, MASCARILLE, violons.

GORGIBUS. — Ah! coquines que vous êtes, vous nous mettez dans de beaux draps blancs, à ce que je vois! je viens d'apprendre de belles affaires, vraiment, de ces messieurs qui sortent!

MADELON. — Ah! mon père, c'est une pièce sanglante qu'ils nous ont faite.

GORGIBUS. — Oui, c'est une pièce sanglante, mais qui est un effet de votre impertinence, infâmes. Ils se sont ressentis du traitement que vous leur avez fait; et cependant, malheureux que je suis, il faut que je boive l'affront.

MADELON. — Ah! je jure que nous serons vengées, que je mourrai en la peine. Et vous, maraud, osez-vous vous tenir ici après votre insolence?

MASCARILLE. — Traiter comme cela un marquis! Voilà ce que c'est que du monde; la moindre disgrâce nous fait mépriser de ceux qui nous chérissaient. Allons, camarade, allons chercher fortune autre part; je vois bien qu'on n'aime ici que la vaine apparence, et qu'on n'y considère point la vertu toute nue.

SCÈNE XIX. — GORGIBUS, MADELON, CATHOS, violons.

UN DES VIOLONS. — Monsieur, nous entendons que vous nous contentiez, à leur défaut, pour ce que nous avons joué ici.

MOLIÈRE.   7

GORGIBUS, *les battant.* — Oui, oui, je vous vais contenter, et voici la monnaie dont je vous veux payer. Et vous, pendardes, je ne sais qui me tient que je ne vous en fasse autant. Nous allons servir de fable et de risée à tout le monde, et voilà ce que vous vous êtes attiré par vos extravagances. Allez vous cacher, vilaines; allez vous cacher pour jamais. (*Seul.*) Et vous, qui êtes cause de leur folie, sottes billevesées, pernicieux amusements des esprits oisifs, romans, vers, chansons, sonnets et sonnettes, puissiez-vous être à tous les diables !

FIN DES PRÉCIEUSES RIDICULES.

SGANARELLE,
OU LE COCU IMAGINAIRE.

COMÉDIE EN UN ACTE.

PERSONNAGES.

GORGIBUS, bourgeois de Paris.
CÉLIE, fille de Gorgibus.
LÉLIE, amant de Célie.
GROS-RENE, valet de Lélie.
SGANARELLE, bourgeois de Paris, et
cocu imaginaire.

LA FEMME DE SGANARELLE.
VILLEBREQUIN, père de Valère.
LA SUIVANTE DE CÉLIE.
UN PARENT DE LA FEMME DE SGA
NARELLE.

La scène est dans une place publique.

SCÈNE PREMIÈRE.

GORGIBUS, CÉLIE, LA SUIVANTE DE CÉLIE.

CÉLIE, *sortant toute éplorée et son père la suivant.*

Ah! n'espérez jamais que mon cœur y consente.

GORGIBUS. —Que marmottez-vous là, petite impertinente?
Vous prétendez choquer ce que j'ai résolu?
Je n'aurai pas sur vous un pouvoir absolu?
Et, par sottes raisons, votre jeune cervelle
Voudrait régler ici la raison paternelle?
Qui de nous deux à l'autre a droit de faire loi?
À votre avis, qui mieux, ou de vous ou de moi,
O sotte, peut juger ce qui vous est utile?
Par la corbleu! gardez d'échauffer trop ma bile;
Vous pourriez éprouver, sans beaucoup de longueur
Si mon bras sait encore montrer quelque vigueur.
Votre plus court sera, madame la mutine,
D'accepter sans façon l'époux qu'on vous destine.
J'ignore, dites-vous, de quelle humeur il est,
Et dois, auparavant, consulter s'il vous plaît:
Informé du grand bien qui lui tombe en partage,
Dois-je prendre le soin d'en savoir davantage?
Et cet époux, ayant vingt mille bons ducats,
Pour être aimé de vous doit-il manquer d'appas?
Allez, tel qu'il puisse être avecque cette somme
Je vous suis caution qu'il est très honnête homme.

CÉLIE. — Hélas!

GORGIBUS — Hé bien hélas! Que veut dire ceci?
Voyez le bel hélas qu'elle nous donne ici!
Hé!... Que si la colère une fois me transporte,
Je vous ferai chanter hélas de belle sorte.
Voilà, voilà le fruit de ces empressements
Qu'on vous voit, nuit et jour, à lire vos romans;
De quolibets d'amour votre tête est remplie,
Et vous parlez de Dieu bien moins que de Clélie.
Jetez-moi dans le feu tous ces méchants écrits
Qui gâtent tous les jours tant de jeunes esprits;
Lisez-moi, comme il faut, au lieu de ces sornettes,
Les Quatrains de Pibrac et les doctes Tablettes
Du conseiller Matthieu: l'ouvrage est de valeur,
Et plein de beaux dictons à réciter par cœur.
La Guide des Pêcheurs est encore un bon livre:
C'est là qu'en peu de temps on apprend à bien vivre;

Et si vous n'aviez lu que ces moralités,
Vous sauriez un peu mieux suivre mes volontés.
CÉLIE. — Quoi! vous prétendez donc, mon père, que j'oublie
La constante amitié que je dois à Lélie?
J'aurais tort, si sans vous je disposais de moi;
Mais vous-même à ses vœux engageâtes ma foi.
GORGIBUS. — Lui fût-elle engagée encore davantage,
Un autre est survenu dont le bien l'en dégage.
Lélie est fort bien fait; mais apprends qu'il n'est rien
Qui ne doive céder au soin d'avoir du bien;
Que l'or donne aux plus laids certain charme pour plaire.
Et que sans lui le reste est une triste affaire.
Valère, je crois bien, n'est pas de toi chéri;
Mais s'il ne l'est amant, il le sera mari.
Plus que l'on ne le croit, ce nom d'époux engage,
Et l'amour est souvent le fruit du mariage.
Mais suis-je pas bien fat de vouloir raisonner,
Où de droit absolu j'ai pouvoir d'ordonner?
Trève donc, je vous prie, à vos impertinences.
Que je n'entende plus vos sottes doléances.
Ce gendre doit venir vous visiter ce soir,
Manquez un peu, manquez à le bien recevoir:
Si je ne vous lui vois faire un fort bon visage,
Je vous... Je ne veux pas en dire davantage.

SCÈNE II. — CÉLIE, LA SUIVANTE DE CÉLIE.

LA SUIVANTE. — Quoi! refuser, madame, avec cette rigueur,
Ce que tant d'autres gens voudraient de tout leur cœur!
A des offres d'hymen répondre par des larmes,
Et tarder tant à dire un oui si plein de charmes!
Hélas! que ne veut-on aussi me marier!
Ce ne serait pas moi qui se ferait prier;
Et, loin qu'un pareil oui me donnât de la peine,
Croyez que j'en dirais bien vite une douzaine.
Le précepteur qui fait répéter la leçon
A votre jeune frère, a fort bonne raison
Lorsque, nous discourant des choses de la terre,
Il dit que la femelle est ainsi que le lierre,
Qui croît beau, tant qu'à l'arbre il se tient bien serré,
Et ne profite point s'il en est séparé.
Il n'est rien de plus vrai, ma très chère maîtresse,
Et je l'éprouve en moi, chétive pécheresse!
Le bon Dieu fasse paix à mon pauvre Martin!
Mais j'avais, lui vivant, le teint d'un chérubin,
L'embonpoint merveilleux, l'œil gai, l'ame contente,
Et je suis maintenant ma commère dolente.
Pendant cet heureux temps, passé comme un éclair,
Je me couchais sans feu dans le fort de l'hiver;
Sécher même les draps me semblait ridicule:
Et je tremble à présent dedans la canicule.
Enfin, il n'est rien tel, madame, croyez-moi,
Que d'avoir un mari la nuit auprès de soi.
Ne fût-ce que pour l'heur d'avoir qui vous salue
D'un: Dieu vous soit en aide, alors qu'on éternue.
CÉLIE. — Peux-tu me conseiller de commettre un forfait!
D'abandonner Lélie et prendre ce mal fait!
LA SUIVANTE. — Votre Lélie aussi n'est, ma foi, qu'une bête,
Puisque si hors de temps son voyage l'arrête;
Et la grande longueur de son éloignement
Me le fait soupçonner de quelque changement.

CÉLIE, *lui montrant le portrait de Lélie.*
Ah! ne m'accable point par ce triste présage!
Vois attentivement les traits de ce visage,
Ils jurent à mon cœur d'éternelles ardeurs ;
Je veux croire, après tout, qu'ils ne sont pas menteurs,
Et que comme c'est lui que l'art y représente,
Il conserve à mes feux une amitié constante.
LA SUIVANTE. — Il est vrai que ces traits marquent un digne amant,
Et que vous avez lieu de l'aimer tendrement.
CÉLIE. — Si cependant il faut... Ah! soutiens-moi.
(Elle laisse tomber le portrait de Lélie.)
LA SUIVANTE.—Madame,
D'où vous pourrait venir... Ah! bons Dieux ! elle pâme!
Hé! vite, holà! quelqu'un !

SCÈNE III.

CÉLIE ; SGANARELLE, LA SUIVANTE DE CÉLIE.

SGANARELLE. — Qu'est-ce donc? me voilà.
LA SUIVANTE. — Ma maîtresse se meurt.
SGANARELLE. — Quoi! n'est-ce que cela?
Je croyais tout perdu, de crier de la sorte ;
Mais approchons pourtant. Madame, êtes-vous morte?
Hays! Elle ne dit mot.
LA SUIVANTE. — Je vais faire venir
Quelqu'un pour l'emporter, veuillez la soutenir.

SCÈNE IV. — CÉLIE , SGANARELLE, LA FEMME DE SGANARELLE.

SGANARELLE, *en passant la main sur le sein de Célie.*
Elle est froide partout, et je ne sais qu'en dire,
Approchons-nous pour voir si sa bouche respire.
Ma foi ! je ne sais pas ; mais j'y trouve encor, moi,
Quelque signe de vie.
LA FEMME DE SGANARELLE, *regardant par la fenêtre.*
Ah! qu'est-ce que je voi?
Mon mari dans ses bras !... Mais je m'en vais descendre :
Il me trahit, sans doute, et je veux le surprendre.
SGANARELLE. — Il faut se dépêcher de l'aller secourir ;
Certes, elle aurait tort de se laisser mourir.
Aller en l'autre monde est très grande sottise,
Tant que dans celui-ci l'on peut être de mise.
(Il la porte chez elle avec un homme que la suivante amène.)

SCÈNE V. — LA FEMME DE SGANARELLE , *seule.*

Il s'est subitement éloigné de ces lieux,
Et sa fuite a trompé mon desir curieux:
Mais de sa trahison je ne fais plus de doute,
Et le peu que j'ai vu me la découvre toute.
Je ne m'étonne plus de l'étrange froideur
Dont je le vois répondre à ma pudique ardeur;
Il réserve , l'ingrat, ses caresses à d'autres,
Et nourrit leurs plaisirs par le jeûne des nôtres.
Voilà de nos maris le procédé commun ;
Ce qui leur est permis, leur devient importun.
Dans les commencements ce sont toutes merveilles;
Ils témoignent pour nous des ardeurs non pareilles ;
Mais les traîtres bientôt se lassent de nos feux,
Et portent autre part ce qu'ils doivent chez eux.
Ah! que j'ai de dépit que la loi n'autorise
A changer de mari comme on fait de chemise !
Cela serait commode ; et j'en sais telle ici

Qui, comme moi, ma foi, le voudrait bien aussi
(*En ramassant le portrait que Célie avait laissé tomber.*)
Mais quel est ce bijou que le sort me présente?
L'émail en est fort beau, la gravure charmante.
Ouvrons.

SCÈNE VI. — SGANARELLE, LA FEMME DE SGANARELLE.

SGANARELLE, *se croyant seul.* — On la croyait morte, et ce n'était rien.
Il n'en faut plus qu'autant, elle se porte bien.
Mais j'aperçois ma femme.
LA FEMME DE SGANARELLE, *se croyant seule.* — O ciel! c'est miniature!
Et voilà d'un bel homme une vive peinture!
SGANARELLE, *à part et regardant par dessus l'épaule de sa femme.*
Que considère-t-elle avec attention?
Ce portrait, mon honneur, ne nous dit rien de bon;
D'un fort vilain soupçon je me sens l'ame émue.
LA FEMME DE SGANARELLE, *sans apercevoir son mari.*
Jamais rien de plus beau ne s'offrit à ma vue;
Le travail plus que l'or s'en doit encor priser.
Oh! que cela sent bon!
SGANARELLE, *à part* — Quoi! peste, le baiser!
Ah! j'en tiens!
LA FEMME DE SGANARELLE, *poursuit.* — Avouons qu'on doit être ravi
Quand d'un homme ainsi fait on se peut voir servie,
Et que, s'il en contait avec attention,
Le penchant serait grand à la tentation.
Ah! que n'ai-je un mari d'une aussi bonne mine!
Au lieu de mon pelé, de mon rustre...
SGANARELLE, *lui arrachant le portrait.* — Ah! mâtine!
Nous vous y surprenons en faute contre nous,
Et diffamant l'honneur de votre cher époux.
Donc, à votre calcul, ô ma trop digne femme!
Monsieur, tout bien compté, ne vaut pas bien madame?
Et, de par Belzébut, qui vous puisse emporter!
Quel plus rare parti pourriez-vous souhaiter?
Peut-on trouver en moi quelque chose à redire?
Cette taille, ce port, que tout le monde admire;
Ce visage si propre à donner de l'amour,
Pour qui mille beautés soupirent nuit et jour;
Bref, en tout et partout, ma personne charmante
N'est donc pas un morceau dont vous soyez contente?
Et, pour rassasier votre appétit gourmand,
Il faut joindre au mari le ragoût d'un galant?
LA FEMME DE SGANARELLE — J'entends à demi-mot où va la raillerie.
Tu crois par ce moyen...
SGANARELLE. — A d'autres, je vous prie.
La chose est avérée, et je tiens dans mes mains
Un bon certificat du mal dont je me plains.
LA FEMME DE SGANARELLE. — Mon courroux n'a déjà que trop de violence,
Sans le charger encor d'une nouvelle offense.
Ecoute, ne crois pas retenir mon bijou,
Et songe un peu...
SGANARELLE. — Je songe à te rompre le cou.
Que ne puis-je, aussi bien que je tiens la copie,
Tenir l'original!
LA FEMME DE SGANARELLE. — Pourquoi?
SGANARELLE. — Pour rien, ma mie,
Doux objet de mes vœux, j'ai grand tort de crier,
Et mon front de vos dons vous doit remercier.
(*Regardant le portrait de Lélie.*)

Le voilà ! le beau fils, le mignon de couchette !
Le malheureux tison de ta flamme secrète !
Le drôle avec lequel...

LA FEMME DE SGANARELLE. — Avec lequel ? Poursuis...

SGANARELLE. — Avec lequel, te dis-je... et j'en crève d'ennuis.

LA FEMME DE SGANARELLE.

Que me veut donc compter par-là ce maître ivrogne ?

SGANARELLE. — Tu ne m'entends que trop, madame la carogne.
Sganarelle est un nom qu'on ne me dira plus,
Et l'on va m'appeler seigneur Cornelius.
J'en suis pour mon honneur ; mais à toi, qui me l'ôtes,
Je t'en ferai du moins pour un bras et deux côtes.

LA FEMME DE SGANARELLE.—Et tu m'oses tenir de semblables discours !

SGANARELLE. — Et tu m'oses jouer de ces diables de tours !

LA FEMME DE SGANARELLE.

Et quels diables de tours ? Parle donc sans rien feindre.

SGANARELLE. — Ah ! cela ne vaut pas la peine de se plaindre :
D'un panache du cerf sur le front me pourvoir :
Hélas ! voilà vraiment un beau venez-y voir !

LA FEMME DE SGANARELLE.

Donc, après m'avoir fait la plus sensible offense
Qui puisse d'une femme exciter la vengeance,
Tu prends d'un feint courroux le vain amusement
Pour prévenir l'effet de mon ressentiment ?
D'un pareil procédé l'insolence est nouvelle !
Celui qui fait l'offense, est celui qui querelle.

SGANARELLE. — Hé ! la bonne effrontée ! A voir ce fier maintien,
Ne la croirait-on pas une femme de bien ?

LA FEMME DE SGANARELLE.

Va, poursuis ton chemin, cajole tes maîtresses.
Adresse-leur tes vœux, et fais-leur des caresses ;
Mais rends-moi mon portrait sans te jouer de moi.

(*Elle lui arrache le portrait, et s'enfuit.*)

SGANARELLE, *courant après elle.*

Oui, tu crois m'échapper ; je l'aurai malgré toi.

SCÈNE VII. — LÉLIE, GROS-RENÉ.

GROS-RENÉ. — Enfin nous y voici. Mais, monsieur, si je l'ose,
Je voudrais vous prier de me dire une chose.

LÉLIE. — Hé bien, parle.

GROS-RENÉ — Avez-vous le diable dans le corps
Pour ne point succomber à de pareils efforts ?
Depuis huit jours entiers, avec vos longues traites,
Nous sommes à piquer des chiennes de mazettes,
De qui le train maudit nous a tant secoués,
Que je me sens, pour moi, tous les membres roués ;
Sans préjudice encor d'un accident bien pire,
Qui m'afflige un endroit que je ne veux pas dire :
Cependant arrivé, vous sortez bien et beau,
Sans prendre de repos ni manger un morceau.

LÉLIE — Ce grand empressement n'est pas digne de blâme ;
De l'hymen de Célie on alarme mon ame :
Tu sais que je l'adore ; et je veux être instruit,
Avant tout autre soir, de ce funeste bruit.

GROS-RENÉ. — Oui : mais un bon repas vous serait nécessaire,
Pour s'aller éclaircir, monsieur, de cette affaire ;
Et votre cœur, sans doute, en deviendrait plus fort
Pour pouvoir résister aux attaques du sort :
J'en juge par moi-même ; et la moindre disgrâce,
Lorsque je suis à jeûn, me saisit, me terrasse ;
Mais quand j'ai bien mangé, mon ame est ferme à tout.

Et les plus grands revers n'en viendraient pas à bout
Croyez-moi, bourrez-vous, et sans réserve aucune,
Contre les coups que peut vous porter la fortune;
Et, pour fermer chez vous l'entrée à la douleur,
De vingt verres de vin entourez votre cœur.

LÉLIE. — Je ne saurais manger.

GROS-RENÉ, *bas, à part.* — Si ferai bien, je meure.
  (*haut.*)
Votre dîné pourtant serait prêt tout-à-l'heure.

LÉLIE. — Tais-toi, je te l'ordonne.

GROS-RENÉ. — Ah! quel ordre inhumain!

LÉLIE. — J'ai de l'inquiétude, et non pas de la faim.

GROS-RENÉ. — Et moi, j'ai de la faim, et de l'inquiétude
De voir qu'un sot amour fait toute votre étude.

LÉLIE. — Laisse-moi m'informer de l'objet de mes vœux,
Et, sans m'importuner, va manger si tu veux.

GROS-RENÉ. — Je ne réplique point à ce qu'un maître ordonne.

SCÈNE VIII.

LÉLIE, *seul.* — Non, non, à trop de peur mon ame s'abandonne,
Le père m'a promis, et la fille a fait voir
Des preuves d'un amour qui soutient mon espoir.

SCÈNE IX. — SGANARELLE, LÉLIE.

SGANARELLE, *sans voir Lélie, et tenant dans ses mains le portrait.*
Nous l'avons, et je puis voir à l'aise la trogne
Du malheureux pendard qui cause ma vergogne;
Il ne m'est point connu.

LÉLIE, *à part.* — Dieux! qu'aperçois-je ici?
Et, si c'est mon portrait, que dois-je croire aussi?

SGANARELLE, *sans voir Lélie.*—Ah! pauvre Sganarelle, à quelle destinée
Ta réputation est-elle condamnée!
Faut...
  (*Apercevant Lélie qui le regarde, il se tourne de l'autre côté.*)

LÉLIE, *à part.*—Ce gage ne peut, sans alarmer ma foi,
Etre sorti des mains qui le tenaient de moi.

SGANARELLE, *à part.*—Faut-il que désormais à deux doigts l'on te montre,
Qu'on te mette en chansons, et qu'en toute rencontre,
On te rejette au nez le scandaleux affront
Qu'une femme mal née imprime sur ton front?

LÉLIE, *à part.*—Me trompé-je?

SGANARELLE, *à part.* — Ah! truande! as-tu bien le courage
De m'avoir fait cocu dans la fleur de mon âge?
Et femme d'un mari qui peut passer pour beau,
Faut-il qu'un marmouset, un maudit étourneau...

LÉLIE, *à part, et regardant encore le portrait que tient Sganarelle.*
Je ne m'abuse point: c'est mon portrait lui-même!

SGANARELLE, *lui tourne le dos.*
Cet homme est curieux.

LÉLIE, *à part.* — Ma surprise est extrême!

SGANARELLE, *à part.* — A qui donc en a-t-il?

LÉLIE, *à part.* — Je le veux accoster.
  (*Sganarelle veut s'éloigner.*)
. (*Haut*) Puis-je...? Hé! de grâce, un mot.

SGANARELLE, *à part, s'éloignant encore.* — Que me veut-il conter?

LÉLIE. — Puis-je obtenir de vous de savoir l'aventure
Qui fait dedans vos mains trouver cette peinture?

SGANARELLE, *à part.*—D'où lui vient ce désir? Mais je m'avise ici.
  (*Il examine Lélie, et le portrait qu'il tient.*)
Ah! ma foi! me voilà de son trouble éclairci!
Sa surprise à présent n'étonne plus mon ame

C'est mon homme ; où plutôt, c'est celui de ma femme.
LÉLIE. — Retirez-moi de peine, et dites d'où vous vient...
SGANARELLE. — Nous savons, Dieu merci, le souci qui vous tient;
Ce portrait qui vous fâche est votre ressemblance:
Il était en des mains de votre connaissance ;
Et ce n'est pas un fait qui soit secret pour nous
Que les douces ardeurs de la dame et de vous.
Je ne sais pas si j'ai, dans sa galanterie,
L'honneur d'être connu de votre seigneurie :
Mais faites-moi celui de cesser désormais
Un amour qu'un mari peut trouver fort mauvais;
Et songez que les nœuds sacrés du mariage...
LÉLIE. — Quoi! celle, dites-vous, dont vous tenez ce gage...
SGANARELLE. — Est ma femme, et je suis son mari.
       LÉLIE. — Son mari?
SGANARELLE. — Oui, son mari, vous dis-je, et mari très marri;
Vous en savez la cause, et je m'en vais l'apprendre
Sur l'heure à ses parents.

SCÈNE X.

   LÉLIE, *seul.* — Ah! que viens-je d'entendre!
On me l'avait bien dit, et que c'était de tous
L'homme le plus mal fait qu'elle avait pour époux
Ah! quand mille serments de ta bouche infidèle
Ne m'auraient pas promis une flamme éternelle,
Le seul mépris d'un choix si bas et si honteux
Devait bien soutenir l'intérêt de mes feux,
Ingrate! et quelque bien... Mais ce sensible outrage,
Se mêlant aux travaux d'un assez long voyage,
Me donne tout à coup un choc si violent,
Que mon cœur devient faible, et mon corps chancelant.

SCÈNE XI.

LÉLIE, LA FEMME DE SGANARELLE.

LA FEMME DE SGANARELLE , *se croyant seule, apercevant Lélie.*
Malgré moi, mon perfide. Hélas quel mal vous presse?
Je vous vois prêt, monsieur, à tomber en faiblesse.
LÉLIE. — C'est un mal qui m'a pris assez subitement.
LA FEMME DE SGANARELLE.—Je crains ici pour vous l'évanouissement;
Entrez dans cette salle, en attendant qu'il passe.
LÉLIE. — Pour un moment ou deux j'accepte cette grâce.

SCÈNE XII,

SGANARELLE, UN PARENT DE LA FEMME DE SGANARELLE

LE PARENT. — D'un mari sur ce point j'approuve le souci :
Mais c'est prendre la chèvre un peu bien vite aussi ;
Et tout ce que de vous je viens d'ouïr contre elle,
Ne conclut point, parent, qu'elle soit criminelle ;
C'est un point délicat, et de pareils forfaits,
Sans les bien avérer, ne s'imputent jamais.
SGANARELLE. — C'est-à-dire qu'il faut toucher au doigt la chose.
LE PARENT. — Le trop de promptitude à l'erreur nous expose.
Qui sait comme en ses mains ce portrait est venu,
Et si l'homme, après tout, lui peut être connu?
Informez-vous-en donc ; et si c'est ce qu'on pense,
Nous serons les premiers à punir son offense.

SCÈNE XIII.

SGANARELLE, *seul.* — On ne peut pas mieux dire; en effet, il est bon
D'aller tout doucement. Peut-être, sans raison,
Me suis-je en tête mis ces visions cornues,

Et les sueurs au front m'en sont trop tôt venues,
Par ce portrait enfin dont je suis alarmé,
Mon déshonneur n'est pas tout à fait confirmé.
Tâchons-donc par nos soins.....

SCÈNE XIV.

SGANARELLE, LA FEMME DE SGANARELLE, *sur la porte de sa maison,
reconduisant Lélie ;* LÉLIE.

SGANARELLE, *à part les voyant.*
Ah ! que vois-je ? je meure !
Il n'est plus question de portrait à cette heure ;
Voici, ma foi, la chose en propre original.

LA FEMME DE SGANARELLE.
C'est par trop vous hâter, monsieur, et votre mal,
Si vous sortez si tôt, pourra bien vous reprendre.
LÉLIE. — Non, non, je vous rends grâce, autant qu'on puisse rendre,
De l'obligeant secours que vous m'avez prêté.
SGANARELLE, *à part.* — La masque encore après lui fait civilité !
(*La femme de Sganarelle rentre dans sa maison.*)

SCÈNE XV. — SGANARELLE, LÉLIE.

SGANARELLE, *à part.* — Il m'aperçoit ; voyons ce qu'il me pourra dire.
LÉLIE, *à part.* — Ah ! mon ame s'émeut, et cet objet m'inspire...
Mais je dois condamner cet injuste transport,
Et n'imputer mes maux qu'aux rigueurs de mon sort.
Envions seulement le bonheur de sa flamme.
(*En s'approchant de Sganarelle.*)
O trop heureux d'avoir une si belle femme !

SCÈNE XVI.

SGANARELLE, CÉLIE, *à sa fenêtre, voyant Lélie qui s'en va.*
SGANARELLE, *seul.* — Ce n'est point s'expliquer en termes ambigus.
Cet étrange propos me rend aussi confus
Que s'il m'était venu des cornes à la tête !
(*Regardant le côté par où Lélie est sorti.*)
Allez, ce procédé n'est point du tout honnête.
CÉLIE, *à part, en entrant.*
Quoi ! Lélie a paru tout à l'heure à mes yeux !
Qui pourrait me cacher son retour en ces lieux ?
SGANARELLE, *sans voir Célie.*
Oh ! trop heureux d'avoir une si belle femme !
Malheureux bien plutôt de l'avoir, cette infâme !
Dont le coupable feu, trop bien vérifié,
Sans respect ni demi nous a cocufié !
Mais je le laisse aller après un tel indice,
Et demeure les bras croisés comme un Jocrisse !
Ah ! je devais du moins lui jeter son chapeau,
Lui ruer quelque pierre, ou crotter son manteau,
Et sur lui hautement, pour contenter ma rage,
Faire au larron, d'honneur, crier le voisinage.
(*Pendant le discours de Sganarelle, Célie s'approche peu à peu, et
attend, pour lui parler, que son transport soit fini.*)
CÉLIE, *à Sganarelle.* — Celui qui maintenant devant vous est venu,
Et qui vous a parlé, d'où vous est-il connu ?
SGANARELLE. — Hélas ! ce n'est pas moi qui le connais, madame ;
C'est ma femme.
CÉLIE. — Quel trouble agite ainsi votre ame ?
SGANARELLE. — Ne me condamnez point d'un deuil hors de saison,
Et laissez-moi pousser des soupirs à foison.
CÉLIE. — D'où vous peuvent venir ces douleurs non communes ?
SGANARELLE. — Si je suis affligé, ce n'est pas pour des prunes ;

Et je le donnerais à bien d'autres qu'à moi
De se voir sans chagrin au point où je me voi.
Des maris malheureux vous voyez le modèle ;
On dérobe l'honneur au pauvre Sganarelle ;
Mais c'est peu que l'honneur dans mon affliction,
L'on me dérobe encore la réputation.

CÉLIE. — Comment ?

SGANARELLE. — Ce damoiseau parlant par révérence,
Me fait cocu, madame, avec toute licence ;
Et j'ai su par mes yeux avérer aujourd'hui
Le commerce secret de ma femme et de lui.

CÉLIE. — Celui qui maintenant...

SGANARELLE. — Oui, oui, me déshonore ;
Il adore ma femme, et ma femme l'adore.

CÉLIE. — Ah ! j'avais bien jugé que ce secret retour
Ne pouvait me couvrir que quelque lâche tour ;
Et j'ai tremblé d'abord, en le voyant paraître,
Par un pressentiment de ce qui devait être.

SGANARELLE. — Vous prenez ma défense avec trop de bonté,
Tout le monde n'a pas la même charité ;
Et plusieurs qui tantôt ont appris mon martyre,
Bien loin d'y prendre part, n'en ont rien fait que rire.

CÉLIE. — Est-il rien de plus noir que ta lâche action ?
Et peut-on lui trouver une punition ?
Dois-tu ne te pas croire indigne de la vie,
Après t'être souillé de cette perfidie ?
O ciel ! est-il possible ?

SGANARELLE. — Il est trop vrai pour moi.

CÉLIE. — Ah ! traître ! scélérat, ame double et sans foi !

SGANARELLE. — La bonne ame !

CÉLIE. — Non, non, l'enfer n'a point de gêne
Qui ne soit pour ton crime une trop douce peine.

SGANARELLE. Que voilà bien parler !

CÉLIE. — Avoir ainsi traité
Et la même innocence et la même bonté.

SGANARELLE, soupire haut. — Hai !

CÉLIE. — Un cœur qui jamais n'a fait la moindre chose
A mériter l'affront où ton mépris l'expose !

SGANARELLE. — Il est vrai.

CÉLIE. — Qui bien loin... Mais c'est trop, et ce cœur
Ne saurait y songer sans mourir de douleur.

SGANARELLE. — Ne vous fâchez pas tant, ma très chère madame ;
Mon mal vous touche trop, et vous me percez l'ame.

CÉLIE. — Mais ne t'abuse pas jusqu'à te figurer
Qu'à des plaintes sans fruit j'en veuille demeurer :
Mon cœur, pour se venger, sait ce qu'il te faut faire ;
Et j'y cours de ce pas ; rien ne m'en peut distraire.

SCÈNE XVII.

SGANARELLE, seul. — Que le ciel la préserve à jamais de danger !
Voyez quelle bonté de vouloir me venger !
En effet, son courroux, qu'excite ma disgrâce,
M'enseigne hautement ce qu'il faut que je fasse ;
Et l'on ne doit jamais souffrir, sans dire mot,
De semblables affronts, à moins qu'être un vrai sot.
Courons donc le chercher, ce pendard qui m'affronte ;
Montrons notre courage à venger notre honte.
Vous apprendrez, maroufle, à rire à nos dépens,
Et, sans aucun respect, faire cocus les gens.

(Il revient après avoir fait quelques pas.)

Doucement, s'il vous plaît, cet homme a bien la mine

D'avoir le sang bouillant et l'âme un peu mutine;
Il pourrait bien, mettant affront dessus affront,
Charger de bois mon dos, comme il a fait mon front.
Je hais de tout mon cœur les esprits colériques,
Et porte grand amour aux hommes pacifiques,
Je ne suis point battant, de peur d'être battu,
Et l'humeur débonnaire est ma grande vertu.
Mais mon honneur me dit que d'une telle offense
Il faut absolument que je prenne vengeance:
Ma foi! laissons-le dire autant qu'il lui plaira,
Au diantre qui pourtant rien du tout en fera!
Quand j'aurai fait le brave, et qu'un fer, pour ma peine,
M'aura d'un vilain coup transpercé la bedaine,
Que par la ville ira le bruit de mon trépas,
Dites-moi, mon honneur, en serez-vous gras?
La bière est un séjour par trop mélancolique,
Et trop malsain pour ceux qui craignent la colique
Et, quant à moi, je trouve, ayant tout compassé,
Qu'il vaut mieux être encor cocu que trépassé.
Quel mal cela fait-il? La jambe en devient-elle
Plus tortue, après tout, et la taille moins belle?
Peste soit qui premier trouva l'invention
De s'affliger l'esprit de cette vision,
Et d'attacher l'honneur de l'homme le plus sage
Aux choses que peut faire une femme volage!
Puisqu'on tient, à bon droit, tout crime personnel,
Que fait là notre honneur pour être criminel?
Des actions d'autrui on nous donne le blâme!
Si nos femmes sans nous font un commerce infâme,
Il faut que tout le mal tombe sur notre dos!
Elles font la sottise, et nous sommes les sots.
C'est un vilain abus, et les gens de police
Nous devraient bien régler une telle injustice.
N'avons-nous pas assez des autres accidents
Qui nous viennent happer en dépit de nos dents?
Les querelles, procès, faim, soif et maladie,
Troublent-ils pas assez le repos de la vie,
Sans s'aller, de surcroît, aviser sottement
De se faire un chagrin qui n'a nul fondement?
Moquons-nous de cela, méprisons les alarmes,
Et mettons sous nos pieds les soupirs et les larmes.
Si ma femme a failli, qu'elle pleure bien fort;
Mais pourquoi, moi, pleurer, puisque je n'ai point tort?
En tout cas, ce qui peut m'ôter ma fâcherie,
C'est que je ne suis pas seul de ma confrérie.
Voir cajoler sa femme, et n'en témoigner rien,
Se pratique aujourd'hui par force gens de bien.
N'allons donc point chercher à faire une querelle,
Pour un affront qui n'est que pure bagatelle.
L'on m'appelera sot de ne me venger pas,
Mais je le serais fort de courir au trépas.
(Mettant la main sur sa poitrine.)
Je me sens là pourtant remuer une bile
Qui veut me conseiller quelque action virile :
Oui, le courroux me prend; c'est être trop poltron :
Je veux résolument me venger du larron.
Déjà, pour commencer, dans l'ardeur qui m'enflamme,
Je vais dire partout qu'il couche avec ma femme.

SCÈNE XVIII. — GORGIBUS, CÉLIE, LA SUIVANTE *de Célie*.

CÉLIE. — Oui, je veux bien subir une si juste loi :

Mon père, disposez de mes vœux et de moi :
Faites, quand vous voudrez, signer cet hyménée :
A suivre mon devoir je suis déterminée ;
Je prétends gourmander mes propres sentiments,
Et me soumettre en tout à vos commandements.
GORGIBUS. — Ah! voilà qui me plaît de parler de la sorte.
Parbleu! si grande joie à l'heure me transporte,
Que mes jambes sur l'heure en caprioleraient,
Si nous n'étions point vus de gens qui s'en riraient!
Approche-toi de moi; viens çà que je t'embrasse.
Une telle action n'a pas mauvaise grâce ;
Un père, quand il veut, peut sa fille baiser,
Sans que l'on ait sujet de s'en scandaliser.
Va, le contentement de te voir si bien née,
Me fera rajeunir de dix fois une année.

SCÈNE XIX. — CÉLIE, LA SUIVANTE DE CÉLIE.

LA SUIVANTE. — Ce changement m'étonne.
                CÉLIE. — Et lorsque tu sauras
Par quels motifs j'agis, tu m'en estimeras.
LA SUIVANTE. — Cela pourrait bien être.
              CÉLIE. — Apprends donc que Lélie
A pu blesser mon cœur par une perfidie ;
Qu'il était en ces lieux sans...
         LA SUIVANTE. — Mais il vient à nous.

SCÈNE XX. — LÉLIE, CÉLIE, LA SUIVANTE DE CÉLIE.

LÉLIE. — Avant que pour jamais je m'éloigne de vous,
Je veux vous reprocher au moins en cette place...
CÉLIE. — Quoi! me parler encore? avez-vous cette audace?
LÉLIE. — Il est vrai qu'elle est grande ; et votre choix est tel,
Qu'à vous rien reprocher je serais criminel.
Vivez, vivez contente et bravez ma mémoire,
Avec la digne époux qui vous comble de gloire.
CÉLIE. — Oui, traître! j'y veux vivre; et mon plus grand désir,
Ce serait que ton cœur en eût du déplaisir.
LÉLIE. — Qui rend donc contre moi ce courroux légitime
CÉLIE. — Quoi! tu fais le surpris et demandes ton crime?

SCÈNE XXI.

CÉLIE, LÉLIE, SGANARELLE, *armé de pied en cap*, LA SUIVANTE DE CÉLIE.
SGANARELLE. — Guerre! guerre mortelle à ce larron d'honneur!
Qui, sans miséricorde, a souillé notre honneur.
        CÉLIE, *à Lélie, lui montrant Sganarelle.*
Tourne, tourne les yeux, sans me faire répondre.
LÉLIE. — Ah! je vois...
           CÉLIE. — Cet objet suffit pour te confondre.
LÉLIE. — Mais pour vous obliger bien plutôt à rougir.
SGANARELLE, *à part.* — Ma colère à présent est en état d'agir;
Dessus ses grands chevaux est monté mon courage;
Et si je le rencontre on verra du carnage.
Oui, j'ai juré sa mort; rien ne peut l'empêcher :
Où je le trouverai, je le veux dépêcher.
      (*Tirant son épée à demi, il approche de Lélie.*)
Au beau milieu du cœur il faut que je lui donne...
LÉLIE, *se retournant.* — A qui donc en veut-on?
           SGANARELLE. — Je n'en veux à personne.
LÉLIE. — Pourquoi ces armes-là?
        SGANARILLE. — C'est un habillement
Que j'ai pris pour la pluie. (*A part.*) Ah! quel contentement.

J'aurai à le tuer ! Prenons-en le courage.
LÉLIE, *se retournant encore.* — Hai ?
           SGANARELLE. — Je ne parle pas.
    (*A part, après s'être donné des soufflets pour s'exciter.*)
                Ah ! poltron ! dont j'enrage,
Lâche ! vrai cœur de poulet !
       CÉLIE, *à Lélie.* — Il t'en doit dire assez,
Cet objet dont tes yeux nous paraissent blessés.
LÉLIE. — Oui, je connais par là que vous êtes coupable
De l'infidélité la plus inexcusable,
Qui jamais d'un amant puisse outrager la foi.
SGANARELLE, *à part.* — Que n'ai-je un peu de cœur

                CÉLIE. — Ah! cesse devant moi,
Traître ! de ce discours l'insolence cruelle !
SGANARELLE, *à part,* — Sganarelle, tu vois qu'elle prend ta querelle :
Courage, mon enfant, sois un peu vigoureux.
Là , hardi ! tâche à faire un effort généreux,
En le tuant, tandis qu'il tourne le derrière.
LÉLIE, *faisant deux ou trois pas sans dessein, fait retourner Sganarelle*
           qui s'approchait pour le tuer.
Puisqu'un pareil discours émeut votre colère ;
Je dois de votre cœur me montrer satisfait,
Et l'applaudir ici du beau choix qu'il a fait.
CÉLIE. — Oui, oui, mon choix est tel qu'on n'y peut rien reprendre.
LÉLIE. — Allez, vous faites bien de le vouloir défendre.
SGANARELLE. — Sans doute , elle fait bien de défendre mes droits.
Cette action, monsieur, n'est point selon les lois :
J'ai raison de m'en plaindre ; et si je n'étais sage,
On verrait arriver un étrange carnage.
LÉLIE. — D'où vous naît cette plainte ? et quel chagrin brutal ?..
SGANARELLE. — Suffit. Vous savez bien où le bât me fait mal :
Mais votre conscience et le soin de votre ame
Vous devraient mettre aux yeux que ma femme est ma femme ;
Et vouloir, à ma barbe, en faire votre bien,
Que ce n'est pas du tout agir en bon chrétien.
LÉLIE. — Un semblable soupçon est bas et ridicule.
Allez, dessus ce point n'ayez aucun scrupule :
Je sais qu'elle est à vous ; et bien loin de brûler...
CÉLIE. — Ah ! qu'ici tu sais bien, traître, dissimuler !
LÉLIE. — Quoi! me soupçonnez-vous d'avoir une pensée
De qui son ame ait lieu de se croire offensée?
De cette lâcheté voulez-vous me noircir ?
CÉLIE. — Parle, parle à lui-même, il pourra t'éclaircir.
SGANARELLE, *à Célie.*—Vous me défendez mieux que je ne saurais faire;
Et du biais qu'il faut vous prenez cette affaire.

SCÈNE XXII.

CÉLIE, LÉLIE, SGANARELLE, LA FEMME DE SGANARELLE, LA SUIVANTE
DE CÉLIE.

LA FEMME DE SGANARELLE.

Je ne suis point d'humeur à vouloir contre vous
Faire éclater, madame, un esprit trop jaloux ;
Mais je ne suis point dupe, et vois ce qui se passe :
Il est de certains feux de fort mauvaise grâce ;
Et votre ame devrait prendre un meilleur emploi,
Que de séduire un cœur qui doit n'être qu'à moi.
CÉLIE. — La déclaration est assez ingénue.
SGANARELLE, *à sa femme.*—L'on ne demandait pas, carogne, ta venue.
Tu la viens quereller lorsqu'elle me défend,
Et tu trembles de peur qu'on t'ôte ton galant.
CÉLIE. — Allez, ne craignez pas que l'on en ait envie.(*Se tournant vers Lélie.*

Tu vois si c'est mensonge; et j'en suis fort ravie.

LÉLIE. — Que me veut-on conter?

LA SERVANTE. — Ma foi, je ne sais pas
Quand on verra finir ce galimatias ;
Déjà depuis longtemps je tâche à le comprendre,
Et si, plus je l'écoute, et moins je puis l'entendre.
Je vois bien à la fin que je m'en dois mêler.

(*Elle se met entre Lélie et sa maîtresse.*)
Répondez-moi par ordre, et me laissez parler.
(*A Lélie.*) Vous, qu'est-ce qu'à son cœur peut reprocher le vôtre?

LÉLIE. — Que l'infidèle a pu me quitter pour un autre ;
Que lorsque, sur le bruit de son hymen fatal,
J'accours tout transporté d'un amour sans égal,
Dont l'ardeur résistait à se croire oubliée,
Mon abord en ces lieux la trouve mariée.

LA SUIVANTE. — Mariée ! à qui donc?

LÉLIE, *montrant Sganarelle.* — A lui.

LA SUIVANTE. — Comment! à lui?

CÉLIE. — Oui-dà!

LA SUIVANTE. — Qui vous l'a dit?

LÉLIE. — C'est lui-même, aujourd'hui.

LA SUIVANTE, *à Sganarelle.*
Est-il vrai?

SGANARELLE. — Moi? j'ai dit que c'était à ma femme
Que j'étais marié.

LÉLIE. — Dans un grand trouble d'ame,
Tantôt de mon portrait je vous ai vu saisi.

SGANARELLE. — Il est vrai, le voilà.

LÉLIE, *à Sganarelle.* — Vous m'avez dit aussi
Que celle aux mains de qui vous aviez pris ce gage
Était liée à vous des nœuds du mariage.

SGANARELLE, *montrant sa femme.*
Sans doute. Et je l'avais de ses mains arraché,
Et n'eusse pas sans lui découvert son péché.

LA FEMME DE SGANARELLE.
Que me viens-tu conter par ta plainte importune?
Je l'avais sous mes pieds rencontré par fortune ;
Et même, quand, après ton injuste courroux.

(*Montrant Lélie.*)
J'ai fait, dans sa faiblesse, entrer monsieur chez nous,
Je n'ai pas reconnu les traits de sa peinture.

CÉLIE. — C'est moi qui du portrait ai causé l'aventure;
Et je l'ai laissé choir en cette pamoison.
(*A Sganarelle.*) Qui m'a fait par vos soins remettre à la maison.

LA SUIVANTE. — Vous voyez que, sans moi, vous y seriez encore !
Et vous aviez besoin de mon peu d'ellébore.

SGANARELLE, *à part.*
Prendrons-nous tout ceci pour de l'argent comptant?
Mon front l'a, sur mon ame, eu bien chaude pourtant!

LA FEMME DE SGANARELLE.
Ma crainte toutefois n'est pas trop dissipée.
Et, doux que soit le mal, je crains d'être trompée.

SGANARELLE, *à sa femme*
Hé ! mutuellement, croyons-nous gens de bien ;
Je risque plus du mien que tu ne fais du tien ;
Accepte sans façon le marché qu'on propose.

LA FEMME DE SGANARELLE.
Soit. Mais gare le bois si j'apprends quelque chose !

CÉLIE, *à Lélie, après avoir parlé bas ensemble.*
Ah dieux ! s'il est ainsi, qu'est-ce donc que j'ai fait?
Je dois de mon courroux appréhender l'effet.

Oui, vous croyant sans foi, j'ai pris pour ma vengeance
Le malheureux secours de mon obéissance.
Et, depuis un moment mon cœur vient d'accepter
Un hymen que toujours j'eus lieu de rebuter.
J'ai promis à mon père ; et ce qui me désole.....
Mais je le vois venir.

LÉLIE. — Il me tiendra parole.

SCÈNE XXIII.

GORGIBUS, CÉLIE, LÉLIE, SGANARELLE, LA FEMME DE SGANARELLE.
LA SUIVANTE DE CÉLIE.

LÉLIE. — Monsieur, vous me voyez en ces lieux de retour,
Brûlant des mêmes feux, et mon ardent amour
Verra, comme je crois, la promesse accomplie
Qui me donna l'espoir de l'hymen de Célie,

GORGIBUS. — Monsieur, que je revois en ces lieux de retour,
Brûlant des mêmes feux, et dont l'ardent amour
Verra, que vous croyez, la promesse accomplie
Qui vous donna l'espoir de l'hymen de Célie,
Très humble serviteur à votre seigneurie.

LÉLIE. — Quoi ! monsieur, est-ce ainsi qu'on trahit mon espoir ?

GORGIBUS. — Oui, monsieur, c'est ainsi que je fais mon devoir :
Ma fille en suit les lois.

CÉLIE. — Mon devoir m'intéresse,
Mon père, à dégager vers lui votre promesse.

GORGIBUS. — Est-ce répondre en fille à mes commandements ?
Tu te démens bientôt de tes bons sentiments :
Pour Valère, tantôt..... Mais j'aperçois son père ;
Il vient assurément pour conclure l'affaire.

SCÈNE XXIV.

VILLEBREQUIN, GORGIBUS, CÉLIE, LÉLIE, SGANARELLE, LA FEMME DE
SGANARELLE, LA SUIVANTE DE CÉLIE.

GORGIBUS. — Qui vous amène ici, seigneur Villebrequin ?

VILLEBREQUIN. — Un secret important que j'ai su ce matin,
Qui rompt absolument ma parole donnée.
Mon fils, dont votre fille acceptait l'hymenée,
Sous des liens cachés trompant les yeux de tous,
Vit depuis quatre mois avec Lise en époux ;
Et, comme des parents le bien et la naissance
M'ôtent tout le pouvoir de casser l'alliance,
Je vous viens...

GORGIBUS. — Brisons là. Si, sans votre congé,
Valère votre fils ailleurs s'est engagé,
Je ne vous puis céler que ma fille Célie
Dès longtemps par moi-même est promise à Lélie ;
Et que, riche en vertu, son retour aujourd'hui
M'empêche d'agréer un autre époux que lui.

VILLEBREQUIN. — Un tel choix me plaît fort.

LÉLIE. — Et cette juste envie
D'un bonheur éternel va couronner ma vie...

GORGIBUS. — Allons choisir le jour pour se donner la foi.

SGANARELLE, seul. — A-t-on mieux cru jamais être cocu que moi ?
Vous voyez qu'en ce fait la plus forte apparence
Peut jeter dans l'esprit une fausse créance.
De cet exemple-ci ressouvenez-vous bien ;
Et quand vous verriez tout, ne croyez jamais rien.

FIN DE SGANARELLE.

DON GARCIE DE NAVARRE

OU LE PRINCE JALOUX,

COMÉDIE HÉROÏQUE EN CINQ ACTES.

PERSONNAGES.

Don GARCIE, prince de Navarre, amant de done Elvire.
Done ELVIRE, princesse de Léon.
Don ALPHONSE, prince de Léon, cru prince de Castille sous le nom de don Sylve.
Done IGNÈS, comtesse, amante de don Sylve, aimée par Maurégat, usurpateur de l'état de Léon.

ÉLISE, confidente de done Elvire.
Don ALVAR, confident de don Garcie, amant d'Elise.
Don LOPE, autre confident de don Garcie, amant d'Elise.
Don PEDRE, écuyer d'Ignès.
Un Page de done Elvire.

La scène est dans Astorgue, ville d'Espagne, dans le royaume de Léon.

ACTE Ier.

SCÈNE PREMIÈRE. — DONE ELVIRE, ÉLISE.

D. ELVIRE.—Non, ce n'est point un choix qui, pour ces deux amants,
  Sut régler de mon cœur les secrets sentiments ;
  Et le prince n'a point, dans tout ce qu'il peut être,
  Ce qui fit préférer l'amour qu'il fait paraître.
  Don Sylve, comme lui, fit briller à mes yeux
  Toutes les qualités d'un héros glorieux ;
  Même éclat de vertus, joint à même naissance,
  Me parlait en tous deux pour cette préférence ;
  Et je serais encore à nommer le vainqueur,
  Si le mérite seul prenait droit sur un cœur :
  Mais ces chaînes du ciel qui tombent sur nos ames,
  Décidèrent en moi le destin de leurs flammes ;
  Et toute mon estime, égale entre les deux,
  Laissa vers don Garcie entraîner tous mes vœux.

ÉLISE. — Cet amour que pour lui votre astre vous inspire,
  N'a sur vos actions pris que bien peu d'empire,
  Puisque nos yeux, madame, ont pu longtemps douter
  Qui de ces deux amants vous vouliez mieux traiter.

D. ELVIRE. — De ces nobles rivaux l'amoureuse poursuite,
  A de fâcheux combats, Elise, m'a réduite.
  Quand je regardais l'un, rien ne me reprochait
  Le tendre mouvement où mon ame penchait ;
  Mais je me l'imputais à beaucoup d'injustice,
  Quand de l'autre à mes yeux s'offrait le sacrifice :
  Et don Sylve, après tout, dans ses soins amoureux,
  Me semblait mériter un destin plus heureux.
  Je m'opposais encor ce qu'au sang de Castille
  Du feu roi de Léon semble devoir la fille ;
  Et la longue amitié qui d'un étroit lien
  Joignit les intérêts de son père et du mien.
  Ainsi, plus dans mon ame un autre prenait place,
  Plus de tous ses respects je plaignais la disgrace ;
  Ma pitié, complaisante à ses brûlants soupirs,
  D'un dehors favorable amusait ses desirs,
  Et voulait réparer, par ce faible avantage,
  Ce qu'au fond de mon cœur je lui faisais d'outrage.

ÉLISE. — Mais son premier amour que vous avez appris,
  Doit de cette contrainte affranchir vos esprits ;
  Et, puisque avant ces soins où pour vous il s'engage,

Donc Ignès de son cœur avait reçu l'hommage,
Et que, par des liens aussi fermes que doux,
L'amitié vous unit cette comtesse et vous,
Son secret révélé vous est une matière
A donner à vos vœux liberté tout entière :
Et vous pouvez, sans crainte, à cet amant confus,
D'un devoir d'amitié couvrir tous vos refus.

D. ELVIRE. — Il est vrai que j'ai lieu de chérir la nouvelle
Qui m'apprit que don Sylve était un infidèle,
Puisque par ses ardeurs mon cœur tyrannisé
Contre elles à présent se voit autorisé ;
Qu'il en peut justement combattre les hommages,
Et, sans scrupule, ailleurs donner tous ses suffrages.
Mais enfin quelle joie en peut prendre ce cœur,
Si d'une autre contrainte il souffre la rigueur?
Si d'un prince jaloux l'éternelle faiblesse
Reçoit indignement les soins de ma tendresse,
Et semble préparer, dans mon juste courroux,
Un éclat à briser tout commerce entre nous?

ÉLISE. — Mais, si de votre bouche il n'a point su sa gloire,
Est-ce un crime pour lui que de n'oser la croire ?
Et ce qui d'un rival a pu flatter les feux,
L'autorise-t-il pas à douter de vos vœux?

D. ELVIRE. — Non, non, de cette sombre et lâche jalousie
Rien ne peut excuser l'étrange frénésie ;
Et par mes actions je l'ai trop informé
Qu'il peut bien se flatter du bonheur d'être aimé.
Sans employer la langue, il est des interprètes
Qui parlent clairement des atteintes secrètes.
Un soupir, un regard, une simple rougeur,
Un silence est assez pour expliquer un cœur.
Tout parle dans l'amour, et sur cette matière,
Le moindre jour doit être une grande lumière,
Puisque chez notre sexe, où l'honneur est puissant,
On ne montre jamais tout ce que l'on ressent.
J'ai voulu, je l'avoue, ajuster ma conduite,
Et voir d'un œil égal l'un et l'autre mérite :
Mais que contre ses vœux on combat vainement,
Et que la différence est connue aisément
De toutes ces faveurs qu'on fait avec étude,
A celles où du cœur fait pencher l'habitude!
Dans les unes toujours on paraît se forcer ;
Mais les autres, hélas! se font sans y penser:
Semblables à ces eaux, si pures et si belles,
Qui coulent sans effort des sources naturelles.
Ma pitié pour don Sylve avait beau l'émouvoir,
J'en trahissais les soins sans m'en apercevoir ;
Et mes regards au prince, en un pareil martyre,
En disaient toujours plus que je n'en voulais dire.

ÉLISE. — Enfin si les soupçons de cet illustre amant,
Puisque vous le voulez, n'ont point de fondement,
Pour le moins font-ils foi d'une ame bien atteinte,
Et d'autres chériraient ce qui fait votre plainte.
De jaloux mouvements doivent être odieux,
S'ils partent d'un amour qui déplaît à nos yeux :
Mais tout ce qu'un amant nous peut montrer d'alarmes
Doit, lorsque nous l'aimons, avoir pour nous des charmes.
C'est par là que son feu se peut mieux exprimer;
Et plus il est jaloux, plus nous devons l'aimer.
Ainsi, puisque en votre ame un prince magnanime...

D. ELVIRE. — Ah! ne m'avancez point cette étrange maxime!

Partout la jalousie est un monstre odieux :
Rien n'en peut adoucir les traits injurieux ;
Et plus l'amour est cher qui lui donne naissance,
Plus on doit ressentir les coups de cette offense.
Voir un prince emporté, qui perd à tous moments
Le respect que l'amour inspire aux vrais amants ;
Qui, dans les soins jaloux où son ame se noie,
Querelle également mon chagrin et ma joie,
Et dans tous mes regards ne peut rien remarquer,
Qu'en faveur d'un rival il ne veuille expliquer,
Non, non, par ces soupçons je suis trop offensée,
Et sans déguisement je te dis ma pensée.
Le prince don Garcie est cher à mes desirs ;
Il peut d'un cœur illustre échauffer les soupirs ;
Au milieu de Léon on a vu son courage
Me donner de sa flamme un noble témoignage,
Braver, en ma faveur, des périls les plus grands,
M'enlever aux desseins de nos lâches tyrans,
Et, dans ces murs forcés, mettre ma destinée
A couvert des horreurs d'un indigne hyménée :
Et je ne cèle point que j'aurais de l'ennui
Que la gloire en fût due à quelqu'autre qu'à lui,
Car un cœur amoureux prend un plaisir extrême
A se voir redevable, Elise, à ce qu'il aime ;
Et sa flamme timide ose mieux éclater,
Lorsqu'en favorisant elle croit s'acquitter.
Oui, j'aime qu'un secours, qui hasarde sa tête,
Semble à sa passion donner droit de conquête,
J'aime que mon péril m'ait jetée en ses mains :
Et, si les bruits communs ne sont pas des bruits vains,
Si la bonté du ciel nous ramène mon frère,
Les vœux les plus ardents que mon cœur puisse faire,
C'est que son bras encor sur un perfide sang
Puisse aider à ce frère à reprendre son rang,
Et, par d'heureux succès d'une haute vaillance,
Mériter tous les soins de sa reconnaissance.
Mais, avec tout cela, s'il pousse mon courroux,
S'il ne purge ses feux de leurs transports jaloux,
Et ne les range aux lois que je veux lui prescrire.
C'est inutilement qu'il prétend donc Elvire :
L'hymen ne peut nous joindre, et j'abhorre des nœuds
Qui deviendraient sans doute un enfer pour tous deux.

ÉLISE. — Bien que l'on pût avoir des sentiments tout autres,
C'est au prince, madame, à se régler aux vôtres ;
Et dans votre billet ils sont si bien marqués,
Que quand il les verra de la sorte expliqués...

D. ELVIRE. — Je n'y veux point, Elise, employer cette lettre,
C'est un soin qu'à ma bouche il me vaut mieux commettre.
La faveur d'un écrit laisse aux mains d'un amant
Des témoins trop constants de notre attachement ;
Ainsi donc empêchez qu'au prince on ne la livre.

ÉLISE. — Toutes vos volontés sont des lois qu'on doit suivre.
J'admire cependant que le ciel ait jeté
Dans le goût des esprits tant de diversité,
Et que ce que les uns regardent comme outrage,
Soit vu par d'autres yeux sous un autre visage.
Pour moi, je trouverais mon sort tout à fait doux,
Si j'avais un amant qui pût être jaloux ;
Je saurais m'applaudir de son inquiétude :
Et ce qui pour mon ame est souvent un peu rude,
C'est de voir don Alvar ne prendre aucun souci...

D. ELVIRE. — Nous ne le croyions pas si proche, le voici.

SCÈNE II. — DONE ELVIRE , DON ALVAR, ÉLISE.

D. ELVIRE. — Votre retour surprend ; qu'avez-vous à m'apprendre?
Don Alphonse vient-il? A-t-on lieu de l'attendre?
D. ALVAR. — Oui, madame, et ce frère, en Castille élevé,
De rentrer dans ses droits voit le temps arrivé.
Jusqu'ici don Louis, qui vit à sa prudence
Par le feu roi mourant commettre son enfance,
A caché ses destins aux yeux de tout l'État,
Pour l'ôter aux fureurs du traître Maurégat;
Et bien que le tyran, depuis sa lâche audace,
L'ait souvent demandé pour lui rendre sa place,
Jamais son zèle ardent n'a pris de sûreté
A l'appât dangereux de sa fausse équité
Mais les peuples émus par cette violence
Que vous a voulu faire une injuste puissance,
Ce généreux vieillard a cru qu'il était temps
D'éprouver le succès d'un espoir de vingt ans :
Il a tenté Léon , et ses fidèles trames
Des grands, comme du peuple , ont pratiqué les ames,
Tandis que la Castille armait dix mille bras
Pour redonner ce prince aux vœux de ses états;
Il fait auparavant semer sa renommée,
Et ne veut le montrer qu'en tête d'une armée,
Que tout prêt à lancer le foudre punisseur,
Sous qui doit succomber un lâche ravisseur.
On investit Léon, et don Sylve en personne
Commande le secours que son père vous donne.
D. ELVIRE. — Un secours si puissant doit flatter notre espoir ;
Mais je crains que mon frère y puisse trop devoir.
D. ALVAR. — Mais , madame , admirez que, malgré la tempête
Que votre usurpateur voit gronder sur sa tête,
Tous les bruits de Léon annoncent pour certain
Qu'à la comtesse Ignès il va donner la main.
B. ELVIRE. — Il cherche dans l'hymen de cette illustre fille
L'appui du grand crédit où se voit sa famille ;
Je ne reçois rien d'elle, et j'en suis en souci ;
Mais son cœur au tyran fut toujours endurci.
ÉLISE. — De trop puissants motifs d'honneur et de tendresse
Opposent ses refus aux nœuds dont on la presse,
Pour....
D. ALVARE. — Le prince entre ici.

SCÈNE III. — DON GARCIE, DON ELVIRE, DON ALVAR, ÉLISE.

D. GARCIE. — Je viens m'intéresser,
Madame, au doux espoir qu'il vous vient d'annoncer.
Ce frère qui menace un tyran plein de crimes
Flatte de mon amour les transports légitimes :
Son sort offre à mon bras des périls glorieux
Dont je puis faire hommage à l'éclat de vos yeux,
Et par eux m'acquérir, si le ciel m'est propice,
La gloire d'un revers que vous doit sa justice,
Qui va faire à vos pieds choir l'infidélité,
Et rendre à votre sang toute sa dignité.
Mais ce qui plus me plaît d'une atteinte si chère,
C'est que, pour être roi, le ciel vous rend ce frère;
Et qu'ainsi mon amour peut éclater au moins
Sans qu'à d'autres motifs on impute ses soins ,
Et qu'il soit soupçonné que dans votre personne
Il cherche à me gagner les droits d'une couronne.
Oui, tout mon cœur voudrait montrer aux yeux de tous

Qu'il ne regarde en vous autre chose que vous ;
Et cent fois, si je puis le dire sans offense,
Ses vœux se sont armés contre votre naissance ;
Leur chaleur indiscrète a d'un destin plus bas
Souhaité le partage à vos divins appas ;
Afin que de ce cœur le noble sacrifice
Pût du ciel envers vous réparer l'injustice,
Et votre sort tenir des mains de mon amour
Tout ce qu'il doit au sang dont vous tenez le jour
Mais puisque enfin les cieux de tout ce juste hommage,
A mes feux prévenus dérobent l'avantage,
Trouvez bon que ces feux prennent un peu d'espoir
Sur la mort que mon bras s'apprête à faire voir,
Et qu'ils osent briguer, par d'utiles services,
D'un frère et d'un État les suffrages propices.
D. ELVIRE. — Je sais que vous pouvez, prince, en vengeant nos droits,
Faire pour votre amour parler cent beaux exploits :
Mais ce n'est pas assez pour le prix qu'il espère,
Que l'aveu d'un État et la faveur d'un frère.
Donc Elvire n'est pas au bout de cet effort,
Et je vous vois à vaincre un obstacle plus fort.
D. GARCIE. — Oui, madame, j'entends ce que vous voulez dire.
Je sais bien que pour vous mon cœur en vain soupire ;
Et l'obstacle puissant qui s'oppose à mes feux,
Sans que vous le nommiez n'est pas secret pour eux.
D. ELVIRE. — Souvent on entend mal ce qu'on croit bien entendre ;
Et par trop de chaleur, prince, on se peut méprendre·
Mais, puisqu'il faut parler, désirez-vous savoir
Quand vous pourrez me plaire, et prendrez quelque espoir ?
D. GARCIE. — Ce me sera, madame, une faveur extrême.
D. ELVIRE. — Quand vous saurez m'aimer comme il faut que l'on aime.
D. GARCIE. — Eh ! que peut-on, hélas ! observer sous les cieux,
Qui ne cède à l'ardeur que m'inspire vos yeux ?
D. ELVIRE. — Quand votre passion ne fera rien paraître
Dont se puisse indigner celle qui l'a fait naître.
D. GARCIE. — C'est là son plus grand soin.
D. ELVIRE. — Quand tous ses mouvements
Ne prendront point de moi de trop bas sentiments.
D. GARCIE. — Ils vous révèrent trop.
D. ELVIRE. — Quand d'un injuste ombrage
Votre raison saura me réparer l'outrage,
Et que vous bannirez enfin ce monstre affreux
Qui de son noir venin empoisonne vos feux,
Cette jalouse humeur dont l'importun caprice
Aux vœux que vous m'offrez rend un mauvais office,
S'oppose à leur attente, et contre eux, à tous coups,
Arme les mouvements de mon juste courroux.
D. GARCIE. — Ah ! madame ! il est vrai, quelque effort que je fasse,
Qu'un peu de jalousie en mon cœur trouve place,
Et qu'un rival, absent de vos divins appas,
Au repos de ce cœur vient livrer des combats.
Soit caprice ou raison, j'ai toujours la croyance
Que votre ame en ces lieux souffre de son absence,
Et que, malgré mes soins, vos soupirs amoureux
Vont trouver à tous coups ce rival trop heureux.
Mais, si de tels soupçons ont de quoi vous déplaire,
Il vous est bien facile, hélas ! de m'y soustraire ;
Et leur bannissement, dont j'accepte la loi,
Dépend bien plus de vous qu'il ne dépend de moi.
Oui, c'est vous qui pouvez, par deux mots pleins de flamme,
Contre la jalousie armer toute mon ame.

Et, des pleines clartés d'un glorieux espoir,
Dissiper les horreurs que ce monstre y fait choir.
Daignez donc étouffer le doute qui m'accable,
Et faites qu'un aveu d'une bouche adorable
Me donne l'assurance, au fort de tant d'assauts,
Que je ne puis trouver dans le peu que je vaux.

D. ELVIRE. — Prince, de vos soupçons la tyrannie est grande :
Au moindre mot qu'il dit, un cœur veut qu'on l'entende,
Et n'aime point ces feux dont l'importunité
Demande qu'on s'explique avec plus de clarté.
Le premier mouvement qui découvre notre ame,
Doit d'un amant discret satisfaire la flamme ;
Et c'est à s'en dédire autoriser nos vœux,
Que vouloir plus avant pousser de tels aveux.
Je ne dis point quel choix, s'il m'était volontaire,
Entre don Sylve et vous mon ame pourrait faire :
Mais vouloir vous contraindre à n'être point jaloux,
Aurait dit quelque chose à tout autre que vous ;
Et je croyais cet ordre un assez doux langage,
Pour n'avoir pas besoin d'en dire davantage.
Cependant votre amour n'est pas encor content ;
Il demande un aveu qui soit plus éclatant ;
Pour l'ôter de scrupule, il me faut, à vous-même,
En des termes exprès, dire que je vous aime ;
Et peut-être qu'encor, pour vous en assurer,
Vous vous obstineriez à m'en faire jurer.

D. GARCIE. — Hé bien ! madame, hé bien ! je suis trop téméraire ;
De tout ce qui vous plaît je dois me satisfaire.
Je ne demande point de plus grande clarté ;
Je crois que vous avez pour moi quelque bonté ,
Que d'un peu de pitié mon feu vous sollicite,
Et je me vois heureux plus que je ne mérite.
C'en est fait, je renonce à mes soupçons jaloux ;
L'arrêt qui les condamne est un arrêt bien doux,
Et je reçois la loi qu'il daigne me prescrire ,
Pour affranchir mon cœur de leur injuste empire.

D. ELVIRE. — Vous promettez beaucoup, prince ; et je doute fort
Si vous pourrez sur vous faire ce grand effort.

D. GARCIE. — Ah ! madame ! il suffit, pour me rendre croyable,
Que ce qu'on vous promet doit être inviolable ;
Et que l'heur d'obéir à sa divinité
Ouvre aux plus grands efforts trop de félicité :
Que le ciel me déclare une éternelle guerre ,
Que je tombe à vos pieds d'un éclat de tonnerre ;
Ou , pour périr encor par de plus rudes coups,
Puissé-je voir sur moi fondre votre courroux,
Si jamais mon amour descend à la faiblesse
De manquer au devoir d'une telle promesse ,
Si jamais dans mon ame aucun jaloux transport
Fait.....

SCÈNE IV.

DONE ELVIRE, DON GARCIE, DON ALVAR, ÉLISE, UN PAGE, *présentant*
un billet à Done Elvire.

D. ELVIRE. — J'en étais en peine , et tu m'obliges fort.
Que le courrier attende.

SCÈNE V. — DONE ELVIRE, DON GARCIE, DON ALVAR, ÉLISE.

D. ELVIRE, *bas, à part.* — A ces regards qu'il jette,
Vois-je pas que déjà cet écrit l'inquiète ?
Prodigieux effet de son tempérament

(*Haut.*) Qui vous arrête, prince, au milieu du serment ?

D. GARCIE. — J'ai cru que vous aviez quelque secret ensemble,
Et je ne voulais pas l'interrompre.

D. ELVIRE. — Il me semble,
Que vous me répondez d'un ton fort altéré.
Je vous vois tout à coup le visage égaré.
Ce changement soudain a lieu de me surprendre :
D'où peut-il provenir? le pourrait-on apprendre?

D. GARCIE. — D'un mal qui tout à coup vient d'attaquer mon cœur.

D. ELVIRE. — Souvent plus qu'on ne croit ces maux ont de rigueur,
Et quelque prompt secours vous serait nécessaire.
Mais encor, dites-moi, vous prend-il d'ordinaire ?

D. GARCIE. — Parfois.

D. ELVIRE. — Ah! prince faible! Hé bien ! par cet écrit
Guérissez-le, ce mal; il n'est que dans l'esprit.

D. GARCIE — Par cet écrit, madame? Ah! ma main le refuse!
Je vois votre pensée, et de quoi l'on m'accuse
Si....

D. ELVIRE. — Lisez-le, vous dis-je, et satisfaites-vous.

D. GARCIE. — Pour me traiter après de faible et de jaloux ?
Non, non. Je dois ici vous rendre un témoignage
Qu'à mon cœur cet écrit n'a point donné d'ombrage ;
Et, bien que vos bontés m'en laissent le pouvoir,
Pour me justifier, je ne veux point le voir.

D. ELVIRE. — Si vous vous obstinez à cette résistance,
J'aurais tort de vouloir vous faire violence ;
Et c'est assez enfin que vous avoir pressé
De voir de quelle main ce billet m'est tracé.

D GARCIE. — Ma volonté toujours vous doit être soumise :
Si c'est votre plaisir que pour vous je le lise,
Je consens volontiers à prendre cet emploi.

D. ELVIRE. — Oui, oui, prince, tenez, vous le lirez pour moi.

D. GARCIE. — C'est pour vous obéir, au moins, et je puis dire...

D. ELVIRE. — C'est ce que vous voudrez ; dépêchez-vous de lire.

D. GARCIE. — Il est de donc Ignès, à ce que je connoi.

D. ELVIRE. — Oui. Je m'en réjouis et pour vous et pour moi.

D. GARCIE, *lit.* — « Malgré l'effort d'un long mépris,
« Le tyran toujours m'aime, et, depuis votre absence,
« Vers moi, pour me porter au dessein qu'il a pris,
« Il semble avoir tourné toute sa violence,
« Dont il poursuivait l'alliance
        « De vous et de son fils.
   « Ceux qui sur moi peuvent avoir empire,
« Par de lâches motifs qu'un faux honneur inspire,
   « Approuvent tous cet indigne lien.
« J'ignore encor par où finira mon martyre ;
« Mais je mourrai plutôt que de consentir rien.
      « Puissiez-vous jouir, belle Elvire,
      « D'un destin plus doux que le mien !
                    « D. IGNÈS. »

Dans la haute vertu son ame est affermie.

D. ELVIRE. — Je vais faire réponse à cette illustre amie.
Cependant, apprenez, prince, à vous mieux armer
Contre ce qui prend droit de vous trop alarmer.
J'ai calmé votre trouble avec cette lumière,
Et la chose a passé d'une douce manière ;
Mais, à n'en point mentir, il serait des moments
Où je pourrais entrer en d'autres sentiments.

D. GARCIE. — Hé quoi! vous croyez donc ?...

D. ELVIRE. — Je crois ce qu'il faut croire.
Adieu. De mes avis conservez la mémoire ;

Et s'il est vrai pour moi que votre amour soit grand,
Donnez-en à mon cœur les preuves qu'il prétend.
D, GARCIE. — Croyez que désormais c'est toute mon envie,
Et qu'avant d'y manquer je veux perdre la vie.

FIN DU PREMIER ACTE.

ACTE II.

SCÈNE PREMIÈRE. — ÉLISE, DON LOPE.

ÉLISE. — Tout ce que fait le prince, à parler franchement,
N'est pas ce qui me donne un grand étonnement;
Car que d'un noble amour une ame bien saisie
En pousse les transports jusqu'à la jalousie;
Que de doutes fréquents ses vœux soient traversés;
Il est fort naturel, et je l'approuve assez:
Mais ce qui me surprend, don Lope, c'est d'entendre
Que vous lui préparez les soupçons qu'il doit prendre,
Que votre ame les forme, et qu'il n'est en ces lieux,
Fâcheux que par vos soins, jaloux que par vos yeux.
Encore un coup, don Lope, une ame bien éprise,
Des soupçons qu'elle prend ne me rend point surprise;
Mais qu'on ait sans amour tous les soins d'un jaloux,
C'est une nouveauté qui n'appartient qu'à vous.
D. LOPE. — Que sur cette conduite à son aise l'on glose,
Chacun règle la sienne au but qu'il se propose,
Et, rebuté par vous des soins de mon amour,
Je songe auprès du prince à bien faire ma cour.
ÉLISE. — Mais savez-vous qu'enfin il fera mal la sienne,
S'il faut qu'en cette humeur votre esprit l'entretienne?
D. LOPE. — Et quand, charmante Elise, a-t-on vu, s'il vous plaît,
Qu'on cherche auprès des grands que son propre intérêt?
Qu'un parfait courtisan veuille charger leur suite
D'un censeur des défauts qu'on trouve en leur conduite?
Et s'aille inquiéter si son discours leur nuit,
Pourvu que sa fortune en tire quelque fruit?
Tout ce qu'on fait ne va qu'à se mettre en leur grâce,
Par la plus courte voie on y cherche une place,
Et les plus prompts moyens de gagner leur faveur
C'est de flatter toujours le faible de leur cœur;
D'applaudir en aveugle à ce qu'ils veulent faire,
Et n'appuyer jamais ce qui peut leur déplaire:
C'est là le vrai secret d'être bien auprès d'eux.
Les utiles conseils font passer pour fâcheux,
Et vous laissent toujours hors de la confidence,
Où vous jette d'abord l'adroite complaisance.
Enfin, on voit partout que l'art des courtisans
Ne tend qu'à profiter des faiblesses des grands,
A nourrir leurs erreurs, et jamais dans leur ame
Ne porter les avis des choses qu'on y blâme.
ÉLISE. — Ces maximes un temps leur peuvent succéder;
Mais il est des revers qu'on doit appréhender;
Et dans l'esprit des grands, qu'on tâche de surprendre,
Un rayon de lumière à la fin peut descendre,
Qui sur tous ces flatteurs venge équitablement
Ce qu'a fait à leur gloire un long aveuglement;
Cependant je dirai que votre ame s'explique
Un peu bien librement sur votre politique;

Et ces nobles motifs, au prince rapportés,
Serviraient assez mal vos assiduités.
D. LOPE. — Outre que je pourrais désavouer sans blâme
Ces libres vérités sur quoi s'ouvre mon ame,
Je sais fort bien qu'Elise a l'esprit trop discret
Pour aller divulguer cet entretien secret.
Qu'ai-je dit, après tout, que sans moi l'on ne sache?
Et dans mon procédé que faut-il que je cache?
On peut craindre une chute avec quelque raison,
Quand on met en usage ou ruse ou trahison;
Mais qu'ai-je à redouter, moi, qui partout n'avance
Que les soins approuvés d'un peu de complaisance,
Et qui suis seulement, par d'utiles leçons,
La pente qu'a le prince à de jaloux soupçons?
Son ame semble en vivre, et je mets mon étude
A trouver des raisons à son inquiétude,
A voir de tous côtés s'il ne se passe rien
A fournir le sujet d'un secret entretien;
Et quand je puis venir, enflé d'une nouvelle,
Donner à son repos une atteinte mortelle,
C'est lors que plus il m'aime, et je vois sa raison
D'une audience avide avaler le poison,
Et m'en remercier comme d'une victoire
Qui comblerait ses jours de bonheur et de gloire.
Mais mon rival paraît, je vous laisse tous deux :
Et bien que je renonce à l'espoir de vos vœux,
J'aurais un peu de peine à voir qu'en ma présence
Il reçut des effets de quelque préférence,
Et je veux, si je puis, m'épargner ce souci.
ÉLISE. — Tout amant de bon sens en doit user ainsi.

SCÈNE II. — DON ALVAR, ÉLISE.

D. ALVAR. — Enfin nous apprenons que le roi de Navarre
Pour les desirs du prince aujourd'hui se déclare,
Et qu'un nouveau renfort de troupes nous attend
Pour le fameux service où son amour prétend.
Je suis surpris, pour moi, qu'avec tant de vitesse
On ait fait avancer... Mais.....

SCÈNE III. — DON GARCIE, ÉLISE, DON ALVAR.

D. GARCIE. — Que fait la princesse?
ÉLISE. — Quelques lettres, seigneur; je le présume ainsi;
Mais elle va savoir que vous êtes ici,
D. GARCIE. — J'attendrai qu'elle ait fait.

SCÈNE IV.

D. GARCIE, *seul*. — Près de souffrir sa vue,
D'un trouble tout nouveau je me sens l'ame émue;
Et la crainte, mêlée à mon ressentiment,
Jette par tout mon corps un soudain tremblement.
Prince, prends garde au moins qu'un aveugle caprice
Ne te conduise ici dans quelque précipice,
Et que de ton esprit les désordres puissants
Ne donnent un peu trop au rapport de tes sens :
Consulte ta raison, prends sa clarté pour guide;
Vois si de tes soupçons l'apparence est solide.
Ne démens pas leur voix; mais aussi garde bien
Que pour les croire trop, ils ne t'imposent rien;
Qu'à tes premiers transports ils n'osent trop permettre,
Et relis posément cette moitié de lettre.
Ah! qu'est-ce que mon cœur, trop digne de pitié,

Ne voudrait pas donner pour son autre moitié!
Mais, après tout, que dis-je? Il suffit bien de l'une,
Et n'en voilà que trop pour voir mon infortune,

    « Quoique votre rival....
    « Vous devez toutefois vous...
    « Et vous avez en vous à...
    « L'obstacle le plus grand...
    « Je chéris tendrement ce...
    « Pour me tirer de mains de...
    « Son amour, ses devoirs...
    « Mais il m'est odieux avec...
    « Otez donc à vos feux ce...
    « Méritez les regards que l'on...
    « Et lorsqu'on vous oblige...
    « Ne vous obstinez point à... »

Oui, mon sort par ces mots est assez éclairci ;
Son cœur, comme sa main, se fait connaître ici;
Et les sens imparfaits de cet écrit funeste,
Pour s'expliquer à moi, n'ont pas besoin du reste.
Toutefois dans l'abord agissons doucement,
Couvrons à l'infidèle un vif ressentiment ;
Et, de ce que je tiens ne donnant point d'indice,
Confondons son esprit par son propre artifice.
La voici. Ma raison, renferme mes transports,
Et rends-toi pour un temps maîtresse du dehors.

SCÈNE V. — DONE ELVIRE, DON GARCIE.

D. ELVIRE. — Vous avez bien voulu que je vous fisse attendre?
              D. GARCIE, *bas, à part.*
Ah! qu'elle cache bien...
          D. ELVIRE. — On vient de nous apprendre
Que le roi votre père approuve vos projets,
Et veut bien que son fils nous rende nos sujets;
Et mon ame en a pris une allégresse extrême.
D. GARCIE. — Oui, madame, et mon cœur s'en réjouit de même;
Mais...
  ELVIRE.—Le tyran sans doute aura peine à parer
Les foudres que partout il entend murmurer ;
Et j'ose me flatter que le même courage
Qui put bien me soustraire à sa brutale rage,
Et, dans les murs d'Astorgue arraché de ses mains,
Me faire un sûr asile à braver ses desseins,
Pourra, de tout Léon achevant la conquête,
Sous ses nobles efforts faire choir cette tête.
D. GARCIE. — Le succès en pourra parler dans quelques jours.
Mais, de grâce, passons à quelque autre discours.
Puis-je, sans trop oser, vous prier de me dire
A qui vous avez pris, madame, soin d'écrire,
Depuis que le destin nous a conduits ici?
D. ELVIRE. — Pourquoi cette demande? et d'où vient ce souci?
D. GARCIE. — D'un desir curieux de pure fantaisie.
D. ELVIRE. — La curiosité naît de la jalousie.
D. GARCIE. — Non, ce n'est rien du tout de ce que vous pensez;
Vos ordres de ce mal me défendent assez,
D. ELVIRE. — Sans chercher plus avant quel intérêt vous presse,
J'ai deux fois à Léon écrit à la comtesse,
Et deux fois au marquis don Louis, à Burgos,
Avec cette réponse êtes-vous en repos?
D. GARCIE. — Vous n'avez point écrit à quelque autre personne,
Madame?

D. ÉLVIRE.—Non, sans doute, et ce discours m'étonne,

D. GARCIE. — De grâce, songez bien, avant que d'assurer,
En manquant de mémoire on peut se parjurer.

D. ELVIRE. — Ma bouche, sur ce point, ne peut être parjure

D. GARCIE. — Elle a dit toutefois une haute imposture.

D. ELVIRE. — Prince!

D. GARCIE. — Madame!

D. ELVIRE. — O ciel! quel est ce mouvement?
Avez-vous, dites-moi, perdu le jugement?

D. GARCIE. — Oui, oui, je l'ai perdu, lorsque dans votre vue
J'ai pris, pour mon malheur, le poison qui me tue,
Et que j'ai cru trouver quelque sincérité
Dans les traîtres appas dont je suis enchanté.

D. ELVIRE. — De quelle trahison pouvez-vous donc vous plaind.

D. GARCIE.—Ah! que ce cœur est double, et sait bien l'art de feindre!
Mais tous moyens de fuir lui vont être soustraits.
Jetez ici les yeux, et connaissez vos traits :
Sans avoir vu le reste, il m'est assez facile
De découvrir pour qui vous employez ce style.

D. ELVIRE — Voilà donc le sujet qui vous trouble l'esprit?

D. GARCIE. — Vous ne rougissez pas en voyant cet écrit?

D. ELVIRE. — L'innocence à rougir n'est point accoutumée.

D. GARCIE. — Il est vrai qu'en ces lieux on la voit opprimée.
Ce billet démenti pour n'avoir point de seing...

D. ELVIRE. — Pourquoi le démentir, puisqu'il est de ma main ?

D. GARCIE. — Encore est-ce beaucoup, que de franchise pure,
Vous demeuriez d'accord que c'est votre écriture :
Mais ce sera, sans doute, et j'en serais garant,
Un billet qu'on envoie à quelque indifférent ;
Ou du moins, ce qu'il a de tendresse évidente,
Sera pour une amie, ou pour quelque parente.

D. ELVIRE. — Non, c'est pour un amant que ma main l'a formé,
Et, j'ajoute de plus, pour un amant aimé.

D. GARCIE. — Et je puis! ô perfide !...

D. ELVIRE. — Arrêtez, prince indigne.
De ce lâche transport l'égarement insigne.
Bien que de vous mon cœur ne prenne point de loi,
Et ne doive en ces lieux aucun compte qu'à soi,
Je veux bien me purger, pour votre seul supplice,
Du crime que m'impose un insolent caprice
Vous serez éclairci, n'en doutez nullement :
J'ai ma défense prête en ce même moment.
Vous allez recevoir une pleine lumière.
Mon innocence ici paraîtra toute entière ;
Et je veux, vous mettant juge en votre intérêt,
Vous faire prononcer vous-même votre arrêt.

D. GARCIE. — Ce sont propos obscurs qu'on ne saurait comprendre.

D. ELVIRE. — Bientôt à vos dépens vous me pourrez entendre.
Elise, holà!

SCÈNE VI. — DON GARCIE, DONE ELVIRE, ÉLISE.

ÉLISE. — Madame.

D. ELVIRE, *à D. Garcie.* — Observez bien au moins
Si j'ose à vous tromper employer quelques soins;
Si, par un seul coup-d'œil, ou geste qui l'instruise,
Je cherche de ce coup à parer la surprise.
(*à Élise.*) Le billet que tantôt ma main avait tracé
Répondez promptement, où l'avez-vous laissé?

ÉLISE. — Madame, j'ai sujet de m'avouer coupable.
Je ne sais comme il est demeuré sur ma table;
Mais on vient de m'apprendre, en ce même moment,

Que don Lope, venant dans mon appartement,
Par une liberté qu'on lui voit se permettre,
A fureté partout, et trouvé cette lettre.
Comme il la dépliait, Léonor a voulu
S'en saisir promptement avant qu'il eût rien lu;
Et, se jetant sur lui, la lettre contestée
En deux justes moitiés dans leurs mains est restée;
Et don Lope, aussitôt prenant un prompt essor,
A dérobé la sienne aux soins de Léonor.

D. ELVIRE. — Avez-vous ici l'autre?

           ÉLISE. — Oui, la voilà, madame.

D. ELVIRE, *à don Garcie.* — Donnez. Nous allons voir qui mérite le blâme.
Avec votre moitié rassemblez celle-ci.
Lisez, et hautement; je veux l'entendre aussi.

D. GARCIE. — « Au prince don Garcie. » Ah!

      D. ELVIRE. — Achevez de lire,
Votre ame pour ce mot ne doit point s'interdire.

D. GARCIE *lit.* — « Quoique votre rival, prince, alarme votre ame,
« Vous devez toutefois vous craindre plus que lui ;
« Et vous avez en vous à détruire aujourd'hui
« L'obstacle le plus grand que trouve votre flamme.
« Je chéris tendrement ce qu'a fait don Garcie
« Pour me tirer des mains de mes fiers ravisseurs;
« Son amour, ses devoirs, ont pour moi des douceurs;
« Mais il m'est odieux avec sa jalousie.
« Otez donc à vos feux ce qu'ils en font paraître,
« Méritez les regards que l'on jette sur eux;
« Et, lorsqu'on vous oblige à vous tenir heureux,
« Ne vous obstinez point à ne pas vouloir l'être. »

D. ELVIRE. — Hé bien! que dites-vous?

       D. GARCIE. — Ah! madame! je dis
Qu'à cet objet mes sens demeurent interdits;
Que je vois dans ma plainte une horrible injustice,
Et qu'il n'est point pour moi d'assez cruel supplice.

D. ELVIRE. — Il suffit. Apprenez que si j'ai souhaité
Qu'à vos yeux cet écrit pût être présenté,
C'est pour le démentir, et cent fois me dédire
De tout ce que pour vous vous y venez de lire.
Adieu, prince.

      D. GARCIE. — Madame, hélas! où fuyez-vous?

D. ELVIRE. — Où vous ne serez point, trop odieux jaloux.

D. GARCIE. — Ah! madame, excusez un amant misérable,
Qu'un sort prodigieux a fait vers vous coupable,
Et qui, bien qu'il vous cause un courroux si puissant,
Eût été plus blâmable à rester innocent.
Car enfin, peut-il être une ame bien atteinte
Dont l'espoir le plus doux ne soit mêlé de crainte?
Et pourriez-vous penser que mon cœur eût aimé,
Si ce billet fatal ne l'eût point alarmé;
S'il n'avait point frémi des coups de cette foudre
Dont je me figurais tout mon bonheur en poudre?
Vous-même, dites-moi si cet événement
N'eût pas dans mon erreur jeté tout autre amant;
Si d'une preuve, hélas! qui me semblait si claire,
Je pouvais démentir...

      D. ELVIRE. — Oui, vous le pouviez faire;
Et dans mes sentiments, assez bien déclarés,
Vos doutes rencontraient des garants assurés:
Vous n'aviez rien à craindre; et d'autres, sur ce gage,
Auraient du monde entier bravé le témoignage.

D. GARCIE. — Moins on mérite un bien qu'on nous fait espérer,

Plus notre ame a de peine à pouvoir s'assurer.
Un sort trop plein de gloire à nos yeux est fragile,
Et nous laisse aux soupçons une pente facile.
Pour moi, qui crois si peu mériter vos bontés,
J'ai douté du bonheur de mes témérités;
J'ai cru que dans ces lieux rangés sous ma puissance
Votre ame se forçait à quelque complaisance :
Que, déguisant pour moi votre sévérité...
D. ELVIRE. — Et je pourrais descendre à cette lâcheté?
Moi, prendre le parti d'une honteuse feinte !
Agir par les motifs d'une servile crainte !
Trahir mes sentiments ! et, pour être en vos mains,
D'un masque de faveur vous couvrir mes dédains ?
La gloire sur mon cœur aurait si peu d'empire !
Vous pouvez le penser, et vous me l'osez dire ?
Apprenez que ce cœur ne sait point s'abaisser ;
Qu'il n'est rien sous les cieux qui puisse l'y forcer ;
Et, s'il vous a fait voir, par une erreur insigne,
Des marques de bonté dont vous n'étiez pas digne,
Qu'il saura bien montrer, malgré votre pouvoir,
La haine que pour vous il se résout d'avoir ;
Braver votre furie, et vous faire connaître
Qu'il n'a point été lâche, et ne veut jamais l'être.
D. GARCIE. — Hé bien ! je suis coupable, et ne m'en défends pas,
Mais je demande grâce à vos divins appas ;
Je la demande au nom de la plus vive flamme
Dont jamais deux beaux yeux aient fait brûler une ame.
Que si votre courroux ne peut être apaisé,
Si mon crime est trop grand pour se voir excusé,
Si vous ne regardez ni l'amour qui le cause,
Ni le vif repentir que mon cœur vous expose,
Il faut qu'un coup heureux, en me faisant mourir,
M'arrache à des tourments que je ne puis souffrir.
Non, ne présumez pas qu'ayant su vous déplaire,
Je puisse vivre une heure avec votre colère.
Déjà de ce moment la barbare longueur
Sous ces cuisants remords fait succomber mon cœur,
Et de mille vautours les blessures cruelles
N'ont rien de comparable à ses douleurs mortelles.
Madame, vous n'avez qu'à me le déclarer,
S'il n'est point de pardon que je doive espérer,
Cette épée aussitôt, par un coup favorable,
Va percer, à vos yeux, le cœur d'un misérable,
Ce cœur, ce traître cœur, dont les perplexités
Ont si fort outragé vos extrêmes bontés :
Trop heureux, en mourant, si ce coup légitime
Efface en votre esprit l'image de mon crime,
Et ne laisse aucuns traits de votre aversion
Au faible souvenir de mon affection !
C'est l'unique faveur que demande ma flamme.
D. ELVIRE. — Ah ! prince trop cruel !
                         D. GARCIE. — Dites, parlez, madame.
D. ELVIRE. — Faut-il encor pour vous conserver des bontés,
Et vous voir m'outrager par tant d'indignités.
D. GARCIE. — Un cœur ne peut jamais outrager quand il aime ;
Et ce que fait l'amour, il l'excuse lui-même.
D. ELVIRE. — L'amour n'excuse point de tels emportements.
D. GARCIE. — Tout ce qu'il a d'ardeur passe en ses mouvements,
Et plus il devient fort, plus il trouve de peine...
D. ELVIRE. — Non, ne m'en parlez point, vous méritez ma haine.
D. GARCIE. — Vous me haïssez donc?

D. ELVIRE. — J'y veux tâcher, au moins,
Mais, hélas! je crains bien que j'y perde mes soins,
Et que tout le courroux qu'excite votre offense,
Ne puisse jusque-là faire aller ma vengeance.
D. GARCIE. — D'un supplice si grand ne tentez point l'effort,
Puisque pour vous venger je vous offre ma mort;
Prononcez-en l'arrêt, et j'obéis sur l'heure.
D. ELVIRE. — Qui ne saurait haïr ne peut vouloir qu'on meure.
D. GARCIE. — Et moi, je ne puis vivre, à moins que vos bontés
Accordent un pardon à mes témérités.
Résolvez l'un des deux, de punir ou d'absoudre.
D. ELVIRE. — Hélas! j'ai trop fait voir ce que je puis résoudre,
Par l'aveu d'un pardon n'est-ce pas se trahir,
Que dire au criminel qu'on ne le peut haïr!
D. GARCIE. — Ah! c'en est trop; souffrez, adorable princesse...
D. ELVIRE. — Laissez : je me veux mal d'une telle faiblesse.
D. GARCIE, *seul.* — Enfin je suis...

SCÈNE VII. — DON GARCIE, DON LOPE.

D. LOPE. — Seigneur, je viens vous informer
D'un secret dont vos feux ont droit de s'alarmer.
D. GARCIE. — Ne me viens point parler de secret ni d'alarme
Dans les doux mouvements du transport qui me charme.
Après ce qu'à mes yeux on vient de présenter,
Il n'est point de soupçons que je doive écouter;
Et d'un divin objet la bonté sans pareille
A tous ces vains rapports doit fermer mon oreille :
Ne m'en fais plus.
D. LOPE. — Seigneur, je veux ce qu'il vous plaît;
Mes soins en tout ceci n'ont que votre intérêt.
J'ai cru que le secret que je viens de surprendre,
Méritait bien qu'en hâte on vous le vînt apprendre :
Mais puisque vous voulez que je n'en touche rien,
Je vous dirai, seigneur, pour changer d'entretien,
Que déjà dans Léon on voit chaque famille
Lever le masque au bruit des troupes de Castille,
Et que surtout le peuple y fait pour son vrai roi
Un éclat à donner au tyran de l'effroi.
D. GARCIE. — La Castille du moins n'aura pas la victoire,
Sans que nous essayions d'en partager la gloire;
Et nos troupes aussi peuvent être en état
D'imprimer quelque crainte au cœur de Maurégat.
Mais quel est ce secret dont tu voulais m'instruire?
Voyons un peu.
D. LOPE. — Seigneur, je n'ai rien à vous dire.
D. GARCIE. — Va, va, parle, mon cœur t'en donne le pouvoir.
D. LOPE. — Vos paroles, seigneur, m'en ont trop fait savoir;
Et, puisque mes avis ont de quoi vous déplaire,
Je saurai désormais trouver l'art de me taire.
D. GARCIE. — Enfin, je veux savoir la chose absolument.
D. LOPE. — Je ne réplique point à ce commandement.
Mais, seigneur, en ce lieu le devoir de mon zèle
Trahirait le secret d'une telle nouvelle.
Sortons pour vous l'apprendre; et sans rien embrasser,
Vous même vous verrez ce qu'on en doit penser.

FIN DU DEUXIÈME ACTE.

ACTE III.

SCÈNE PREMIÈRE. — DONE ELVIRE, ÉLISE.

D. ELVIRE. — Élise, que dis-tu de l'étrange faiblesse
Que vient de témoigner le cœur d'une princesse
Que dis-tu de me voir tomber si promptement
De toute la chaleur de mon ressentiment?
Et, malgré tant d'éclat, relâcher mon courage
Au pardon trop honteux d'un si cruel outrage ?
ÉLISE. — Moi, je dis que d'un cœur que nous pouvons chérir,
Une injure sans doute est bien dure à souffrir ;
Mais que, s'il n'en est point qui davantage irrite,
Il n'en est point aussi qu'on pardonne si vite,
Et qu'un coupable aimé triomphe à vos genoux
De tous les prompts transports du plus bouillant courroux,
D'autant plus aisément, madame, quand l'offense
Dans un excès d'amour peut trouver sa naissance.
Ainsi, quelque dépit que l'on vous ait causé,
Je ne m'étonne point de le voir apaisé ;
Et je sais quel pouvoir, malgré votre menace,
A de pareils forfaits donnera toujours grace.
D. ELVIRE. — Ah ! sache, quelque ardeur qui m'impose des lois,
Que mon front a rougi pour la dernière fois ;
Et que si désormais on pousse ma colère,
Il n'est point de retour qu'il faille qu'on espère.
Quand je pourrais reprendre un tendre sentiment,
C'est assez contre lui que l'éclat d'un serment :
Car enfin, un esprit qu'un peu d'orgueil inspire,
Trouve beaucoup de honte à se pouvoir dédire ;
Et souvent, aux dépens d'un pénible combat,
Fait sur ses propres vœux un illustre attentat,
S'obstine par honneur, et n'a rien qu'il n'immole
A la noble fierté de tenir sa parole.
Ainsi, dans le pardon que l'on vient d'obtenir,
Ne prends point de clartés pour régler l'avenir ;
Et, quoi qu'à mes destins la fortune prépare,
Crois que je ne puis être au prince de Navarre,
Que de ces noirs accès qui troublent sa raison,
Il n'ait fait éclater l'entière guérison,
Et réduit tout mon cœur, que ce mal persécute,
A n'en plus redouter l'affront d'une rechute.
ÉLISE. — Mais quel affront nous fait le transport d'un jaloux ?
D. ELVIRE. — En est-il un qui soit plus digne de courroux?
Et, puisque notre cœur fait un effort extrême
Lorsqu'il se peut résoudre à confesser qu'il aime,
Puisque l'honneur du sexe, en tout temps rigoureux,
Oppose un fort obstacle à de pareils aveux,
L'amant qui voit pour lui franchir un tel obstacle,
Doit-il impunément douter de cet oracle?
Et n'est-il pas coupable, alors qu'il ne croit pas
Ce qu'on ne dit jamais qu'après de grands combats?
ÉLISE. — Moi, je tiens que toujours un peu de défiance
En ces occasions n'a rien qui nous offense ;
Et qu'il est dangereux qu'un cœur qu'on a charmé
Soit trop persuadé, madame, d'être aimé :
Si....
D. ELVIRE. — N'en disputons plus. Chacun a sa pensée.
C'est un scrupule enfin dont mon ame est blessée ;
Et, contre mes desirs, je sens je ne sais quoi

Me prédire un éclat entre le prince et moi ,
Qui, malgré ce qu'on doit aux vertus dont il brille...
Mais , ô ciel! en ces lieux don Sylve de Castille !

SCÈNE II. — DONE ELVIRE, DON ALPHONSE, *cru* DON SYLVE, ÉLISE.

D. ELVIRE. — Ah! seigneur, par quel sort vous vois-je maintenant?
D. ALPHONSE. — Je sais que mon abord, madame, est surprenant
Et qu'être sans éclat entré dans cette ville,
Dont l'ordre d'un rival rend l'accès difficile;
Qu'avoir pu me soustraire aux yeux de ses soldats,
C'est un événement que vous n'attendiez pas.
Mais si j'ai dans ces lieux franchi quelques obstacles,
L'ardeur de vous revoir peut bien d'autres miracles ;
Tout mon cœur a senti par de trop rudes coups
Le rigoureux destin d'être éloigné de vous,
Et je n'ai pu nier au tourment qui le tue,
Quelques moments secrets d'une si chère vue.
Je viens vous dire donc que je rends grâce aux cieux
De vous voir hors des mains d'un tyran odieux ;
Mais parmi les douceurs d'une telle aventure,
Ce qui m'est un sujet d'éternelle torture,
C'est de voir qu'à mon bras les rigueurs de mon sort
Ont envié l'honneur de cet illustre effort,
Et fait à mon rival, avec trop d'injustice,
Offrir les doux périls d'un si fameux service.
Oui, madame, j'avais, pour rompre vos liens,
Des sentiments sans doute aussi beaux que les siens;
Et je pouvais, pour vous, gagner cette victoire,
Si le ciel n'eût voulu m'en dérober la gloire.
D. ELVIRE. — Je sais, seigneur, je sais que vous avez un cœur
Qui des plus grands périls vous peut rendre vainqueur ;
Et je ne doute point que ce généreux zèle,
Dont la chaleur vous pousse à venger ma querelle,
N'eût, contre les efforts d'un indigne projet,
Pu faire en ma faveur tout ce qu'un autre a fait.
Mais, sans cette action dont vous étiez capable,
Mon sort à la Castille est assez redevable ;
On sait ce qu'en ami plein d'ardeur et de foi
Le comte votre père a fait pour le feu roi :
Après l'avoir aidé jusqu'à l'heure dernière, .
Il donne en ses états un asyle à mon frère ;
Quatre lustres entiers il y cache son sort
Aux barbares fureurs de quelque lâche effort,
Et, pour rendre à son front l'éclat d'une couronne,
Contre nos ravisseurs vous marchez en personne.
N'êtes-vous pas content? Et ces soins généreux
Ne m'attachent-ils point par d'assez puissants nœuds ?
Quoi! votre ame, seigneur, serait-elle obstinée
À vouloir asservir toute ma destinée ?
Et faut-il que jamais il ne tombe sur nous
L'ombre d'un seul bienfait, qu'il ne vienne de vous?
Ah! souffrez, dans les maux où mon destin m'expose,
Qu'aux soins d'un autre aussi je doive quelque chose;
Et ne vous plaignez point de voir un autre bras
Acquérir de la gloire où la vôtre n'est pas.
D. ALPHONSE. — Oui, madame, mon cœur doit cesser de s'en plaindre,
Avec trop de raison vous voulez m'y contraindre,
Et c'est injustement qu'on se plaint d'un malheur,
Quand un autre plus grand s'offre à notre douleur.
Ce secours d'un rival m'est un cruel martyre;
Mais, hélas! de mes maux ce n'est pas là le pire :

Le coup, le **rude coup** dont je suis atterré,
C'est de me voir par vous ce rival préféré.
Oui, je ne vois que trop que ces feux pleins de gloire,
Sur les miens dans votre ame emportent la victoire;
Et cette occasion de servir vos appas,
Cet avantage offert de signaler mon bras,
Cet éclatant exploit qui vous fut salutaire,
N'est que le pur effet du bonheur de vous plaire;
Que le secret pouvoir d'un astre merveilleux,
Qui fait tomber la gloire où s'attachent vos vœux.
Ainsi, tous mes efforts ne seront que fumée.
Contre vos fiers tyrans je conduis une armée :
Mais je marche en tremblant à cet illustre emploi,
Assuré que vos vœux ne seront pas pour moi;
Et que, s'ils sont suivis, la fortune prépare
L'heur des plus beaux succès aux soins de la Navarre.
Ah! madame, faut-il me voir précipité
De l'espoir glorieux dont je m'étais flatté?
Et ne puis-je savoir quels crimes on m'impute,
Pour avoir mérité cette effroyable chute?

D. ELVIRE. — Ne me demandez rien avant que regarder
Ce qu'à mes sentiments vous devez demander,
Et, sur cette froideur qui semble vous confondre,
Répondez-vous, seigneur, ce que je puis répondre :
Car enfin tous vos soins ne sauraient ignorer
Quels secrets de votre ame on m'a su déclarer;
Et je la crois, cette ame, et trop noble et trop haute,
Pour vouloir m'obliger à commettre une faute.
Vous-même, dites-vous s'il est de l'équité
De me voir couronner une infidélité;
Si vous pouviez m'offrir, sans beaucoup d'injustice,
Un cœur à d'autres yeux offert en sacrifice,
Vous plaindre avec raison, et blâmer mes refus,
Lorsqu'ils veulent d'un crime affranchir vos vertus;
Oui, seigneur, c'est un crime, et les premières flammes
Ont des droits si sacrés sur les illustres ames,
Qu'il faut perdre grandeur, et renoncer au jour,
Plutôt que de pencher vers un second amour.
J'ai pour vous cette ardeur que peut prendre l'estime
Pour un courage haut, pour un cœur magnanime;
Mais n'exigez de moi que ce que je vous dois,
Et soutenez l'honneur de votre premier choix.
Malgré vos feux nouveaux, voyez quelle tendresse
Vous conserve le cœur de l'aimable comtesse.
Ce que pour un ingrat, car vous l'êtes seigneur,
Elle a d'un choix constant refusé de bonheur!
Quel mépris généreux, dans son ardeur extrême,
Elle a fait de l'éclat que donne un diadème!
Voyez combien d'efforts pour vous elle a bravés,
Et rendez à son cœur ce que vous lui devez.

D. ALPHONSE. — Ah! madame, à mes yeux n'offrez point son mérite.
Il n'est que trop présent à l'ingrat qui la quitte;
Et si mon cœur vous dit ce que pour elle il sent,
J'ai peur qu'il ne soit pas envers vous innocent.
Oui, ce cœur l'ose plaindre, et ne suit pas sans peine
L'impérieux effort de l'amour qui l'entraîne;
Aucun espoir pour vous n'a flatté mes desirs,
Qui ne m'ait arraché pour elle des soupirs;
Qui n'ait dans ses douceurs fait jeter à mon ame
Quelques tristes regards vers sa première flamme.

MOLIÈRE.   9

Se reprocher l'effet de vos divins attraits,
Et mêler des remords à mes plus chers souhaits.
J'ai fait plus que cela, puisqu'il vous faut tout dire,
Oui, j'ai voulu sur moi vous ôter votre empire,
Sortir de votre chaîne, et rejeter mon cœur
Sous le joug innocent de son premier vainqueur.
Mais, après mes efforts, ma constance abattue
Voit un cours nécessaire à ce mal qui me tue;
Et, dût être mon sort à jamais malheureux,
Je ne puis renoncer à l'espoir de mes vœux.
Je ne saurais souffrir l'épouvantable idée
De vous voir par un autre à mes yeux possédée
Et le flambeau du jour, qui m'offre vos appas,
Doit avant cet hymen éclairer mon trépas,
Je sais que je trahis une princesse aimable;
Mais, madame, après tout, mon cœur est-il coupable?
Et le fort ascendant que prend votre beauté,
Laisse-t-il aux esprits aucune liberté?
Hélas! je suis ici bien plus à plaindre qu'elle:
Son cœur, en me perdant, ne perd qu'un infidèle;
D'un pareil déplaisir on se peut consoler :
Mais moi, par un malheur, qui ne peut s'égaler,
J'ai celui de quitter une aimable personne,
Et tous les maux encor que mon amour me donne.

D. ELVIRE. — Vous n'avez que les maux que vous voulez avoir,
Et toujours notre cœur est en notre pouvoir.
Il peut bien quelquefois montrer quelque faiblesse;
Mais enfin sur nos sens la raison est maîtresse...

SCÈNE III.

DON GARCIE, DONE ELVIRE, DON ALPHONSE, *cru* D. SYLVE.

D. GARCIE. — Madame, mon abord, comme je connais bien,
Assez mal à propos trouble votre entretien ;
Et mes pas en ce lieu, s'il faut que je le die,
Ne croyaient pas trouver si bonne compagnie.

D. ELVIRE. — Cette vue, en effet, surprend au dernier point ;
Et, de même que vous, je ne l'attendais point.

D. GARCIE. — Oui, madame, je crois, que de cette visite,
Comme vous l'assurez, vous n'étiez point instruite.

(à don Sylve.)

Mais, seigneur, vous deviez nous faire au moins l'honneur,
De nous donner avis de ce rare bonheur,
Et nous mettre en état, sans vouloir nous surprendre,
De vous rendre en ces lieux ce qu'on voudrait vous rendre.

D. ALPHONSE. — Les héroïques soins vous occupent si fort,
Que de vous en tirer, seigneur, j'aurais eu tort;
Et des grands conquérants les sublimes pensées
Sont aux civilités avec peine abaissées.

D. GARCIE. — Mais les grands conquérants dont on vante les soins,
Loin d'aimer le secret, affectent les témoins :
Leur ame, dès l'enfance, à la gloire élevée,
Les fait dans leurs projets aller tête levée;
Et, s'appuyant toujours sur de hauts sentiments,
Ne s'abaisse jamais à des déguisements.
Ne commettez-vous point vos vertus héroïques,
En passant dans ces lieux par de sourdes pratiques;
Et ne craignez-vous point qu'on puisse, aux yeux de tous,
Trouver cette action trop indigne de vous?

D. ALPHONSE. — Je ne sais si quelqu'un blâmera ma conduite,
Au secret que j'ai fait d'une telle visite;

Mais je sais qu'aux projets qui veulent la clarté,
Prince, je n'ai jamais cherché l'obscurité :
Et, quand j'aurai sur vous à faire une entreprise,
Vous n'aurez pas sujet de blâmer la surprise ;
Il ne tiendra qu'à vous de vous en garantir,
Et l'on prendra le soin de vous en avertir.
Cependant demeurons aux termes ordinaires,
Remettons nos débats après d'autres affaires :
Et, d'un sang un peu chaud réprimant les bouillons,
N'oublions pas tous deux devant qui nous parlons.

D. ELVIRE, *à don Garcie.* — Prince, vous avez tort ; et sa visite est telle
Que vous...

D. GARCIE. — Ah ! c'en est trop de prendre sa querelle,
Madame, et votre esprit devrait feindre un peu mieux,
Lorsqu'il veut ignorer sa venue en ces lieux.
Cette chaleur si prompte à vouloir la défendre.
Persuade assez mal qu'elle ait pu vous surprendre.

D. ELVIRE. — Quoi que vous soupçonniez, il m'importe si peu,
Que j'aurais du regret d'en faire un désaveu.

D. GARCIE. — Poussez donc jusqu'au bout cet orgueil héroïque.
Et que, sans hésiter, tout votre cœur s'explique :
C'est au déguisement donner trop de crédit,
Ne désavouez rien, puisque vous l'avez dit.
Tranchez, tranchez le mot, forcez toute contrainte ;
Dites que de ses feux vous ressentez l'atteinte,
Que pour vous sa présence a des charmes si doux...

D. ELVIRE. — Et si je veux l'aimer, m'en empêcherez-vous ?
Avez-vous sur mon cœur quelque empire à prétendre ?
Et pour régler mes vœux, ai-je votre ordre à prendre ?
Sachez que trop d'orgueil a pu vous décevoir,
Si votre cœur sur moi s'est cru quelque pouvoir,
Et que mes sentiments sont d'une ame trop grande
Pour vouloir les cacher lorsqu'on me les demande.
Je ne vous dirai point si le comte est aimé :
Mais apprenez de moi qu'il est fort estimé,
Que ses hautes vertus, pour qui je m'intéresse,
Méritent mieux que vous les vœux d'une princesse ;
Que je garde aux ardeurs, aux soins qu'il me fait voir,
Tout le ressentiment qu'une ame puisse avoir ;
Et que si des destins la fatale puissance
M'ôte la liberté d'être sa récompense,
Au moins est-il en moi de promettre à ses vœux,
Qu'on ne me verra point le butin de vos feux.
Et, sans vous amuser d'une atteinte frivole,
C'est à quoi je m'engage, et je tiendrai parole.
Voilà mon cœur ouvert, puisque vous le voulez,
Et mes vrais sentiments à vos yeux étalés.
Etes-vous satisfait ? et mon ame attaquée
S'est-elle, à votre avis, assez bien expliquée ?
Voyez, pour vous ôter tout lieu de soupçonner,
S'il reste quelque jour encore à vous donner. (*A don Sylve.*)
Cependant, si vos soins s'attachent à me plaire,
Songez que votre bras, comte, m'est nécessaire ;
Et, d'un capricieux quels que soient les transports,
Qu'à punir nos tyrans il doit tous ses efforts.
Fermez l'oreille enfin à toute sa furie,
Et, pour vous y porter, c'est moi qui vous en prie.

SCÈNE IV.

DON GARCIE, DON ALPHONSE cru DON SYLVE.

D. GARCIE. — Tout vous rit, et votre ame en cette occasion

Jouit superbement de ma confusion.
Il vous est doux de voir un aveu plein de gloire,
Sur les feux d'un rival marquer votre victoire :
Mais c'est à votre joie un surcroît sans égal,
D'en avoir pour témoins les yeux de ce rival ;
Et mes prétentions hautement étouffées,
A vos vœux triomphants sont d'illustres trophées.
Goûtez à pleins transports ce bonheur éclatant :
Mais sachez qu'on n'est pas encore où l'on prétend
La fureur qui m'anime a de trop justes causes,
Et l'on verra peut-être arriver bien des choses.
Un désespoir va loin quand il est échappé,
Et tout est pardonnable à qui se voit trompé.
Si l'ingrate à mes yeux, pour flatter votre flamme,
A jamais n'être à moi vient d'engager son ame,
Je saurai bien trouver, dans mon juste courroux,
Les moyens d'empêcher qu'elle ne soit à vous.

D. ALPHONSE. — Cet obstacle n'est pas ce qui me met en peine.
Nous verrons quelle attente en tout cas sera vaine ;
Et chacun, de ses feux, pourra, par sa valeur,
Ou défendre la gloire, où venger le malheur.
Mais comme, entre rivaux, l'ame la plus posée
A des termes d'aigreur trouve une pente aisée,
Et que je ne veux pas qu'un pareil entretien
Puisse trop échauffer votre esprit et le mien,
Prince, affranchissez-moi d'une gêne secrète,
Et me donnez moyen de faire ma retraite.

D. GARGIE. — Non, non, ne craignez point qu'on pousse votre esprit
A violer ici l'ordre qu'on vous prescrit.
Quelque juste fureur qui me presse et vous flatte,
Je sais, comte, je sais quand il faut qu'elle éclate.
Ces lieux vous sont ouverts ; oui, sortez-en, sortez
Glorieux des douceurs que vous en remportez.
Mais, encore une fois, apprenez que ma tête
Peut seule dans vos mains mettre votre conquête.

D. ALPHONSE. — Quand nous en serons là, le sort en notre bras
De tous nos intérêts videra les débats.

FIN DU TROISIÈME ACTE.

ACTE IV.

SCÈNE PREMIÈRE. — DONE ELVIRE, DON ALVAR.

D. ELVIRE. — Retournez, don Alvar, et perdez l'espérance
De me persuader l'oubli de cette offense.
Cette plaie en mon cœur ne saurait se guérir,
Et les soins qu'on en prend ne font rien que l'aigrir.
A quelques faux respects croit-il que je défère ?
Non, non : il a poussé trop avant ma colère ;
Et son vain repentir qui porte ici vos pas,
Sollicite un pardon que vous n'obtiendrez pas.

D. ALVAR. — Madame, il fait pitié. Jamais cœur, que je pense,
Par un plus vif remords n'expia son offense ;
Et si dans sa douleur vous le considériez,
Il toucherait votre ame, et vous l'excuseriez.
On sait bien que le prince est dans un âge à suivre
Les premiers mouvements où son ame se livre,
Et qu'en un sang bouillant, toutes les passions
Ne laissent guère place à des réflexions.

Don Lope, prévenu d'une fausse lumière,
De l'erreur de son maître a fourni la matière.
Un bruit assez confus, dont le zèle indiscret
A de l'abord du comte éventé le secret,
Vous avait mise aussi de cette intelligence,
Qui, dans ces lieux gardés, a donné sa présence.
Le prince a cru l'avis, et son amour séduit
Sur une fausse alarme a fait tout ce grand bruit;
Mais d'une telle erreur son ame est revenue :
Votre innocence enfin lui vient d'être connue,
Et don Lope, qu'il chasse, est un visible effet
Du vif remords qu'il sent de l'éclat qu'il a fait.

D. ELVIRE. — Ah! c'est trop promptement qu'il croit mon innocence,
Il n'en a pas encore une entière assurance :
Dites-lui, dites-lui qu'il doit bien tout peser,
Et ne se hâter point, de peur de s'abuser.

D. ALVAR. — Madame, il sait trop bien...

            D. ELVIRE. — Mais, don Alvar de grâce,
N'étendons pas plus loin un discours qui me lasse;
Il réveille un chagrin qui vient, à contre-temps,
En troubler dans mon cœur d'autres plus importants.
Oui, d'un trop grand malheur la surprise me presse;
Et le bruit du trépas de l'illustre comtesse
Doit s'emparer si bien de tout mon déplaisir,
Qu'aucun autre souci n'a droit de me saisir.

D. ALVAR. — Madame, ce peut être une fausse nouvelle,
Mais mon retour au prince en porte une cruelle.

D. ELVIRE. — De quelque grand ennui qu'il puisse être agité,
Il en aura toujours moins qu'il n'a mérité.

SCÈNE II. — DONE ELVIRE, ÉLISE.

ÉLISE. — J'attendais qu'il sortît, madame, pour vous dire
Ce qu'il veut maintenant que votre ame respire,
Puisque votre chagrin, dans un moment d'ici,
Du sort de done Ignès peut se voir éclairci.
Un inconnu, qui vient pour cette confidence,
Vous fait, par un des siens, demander audience.

D. ELVIRE. — Élise, il faut le voir; qu'il vienne promptement.

ÉLISE. — Mais il veut n'être vu que de vous seulement;
Et par cet envoyé, madame, il sollicite
Qu'il puisse, sans témoin, vous rendre sa visite.

D. ELVIRE. — Hé bien! nous serons seuls, et je vais l'ordonner;
Tandis que tu prendras le soin de l'amener.
Que mon impatience en ce moment est forte!
Ô destin! est-ce joie ou douleur qu'on m'apporte?

SCÈNE III. — DON PEDRE, ÉLISE.

ÉLISE. — Où...

D. PEDRE. — Si vous me cherchez, madame, me voici.

ÉLISE. — En quel lieu votre maître ?

            D. PEDRE. — Il est proche d'ici :
Le ferais-je venir?

        ÉLISE. — Dites-lui qu'il s'avance,
Assuré qu'on l'attend avec impatience,
Et qu'il ne se verra d'aucuns yeux éclairé.
(Seule.) Je ne sais quel secret en doit être auguré
Tant de précautions qu'il affecte de prendre...
Mais le voici déjà.

SCÈNE IV. — DONE IGNÈS, déguisée en homme, ÉLISE.

     ÉLISE. — Seigneur, pour vous attendre
On a fait... Mais que vois-je? Ah! madame! mes yeux...

D. IGNÈS. — Ne me découvrez point, Élise, dans ces lieux,
  Et laissez respirer ma triste destinée
  Sous une feinte mort que je me suis donnée.
  C'est elle qui m'arrache à tous mes fiers tyrans,
  Car je puis sous ce nom comprendre mes parents.
  J'ai par elle évité cet hymen redoutable,
  Pour qui j'aurais souffert une mort véritable;
  Et, sous cet équipage et le bruit de ma mort,
  Il faut cacher à tous le secret de mon sort,
  Pour me voir à l'abri de l'injuste poursuite,
  Qui pourrait dans ces lieux persécuter ma fuite.
ÉLISE. — Ma surprise en public eût trahi vos desirs;
  Mais allez là-dedans étouffer des soupirs ;
  Et, des charmants transports d'une pleine alégresse,
  Saisir à votre aspect le cœur de la princesse :
  Vous la trouverez seule, elle-même a pris soin
  Que votre abord fût libre, et n'eût aucun témoin.

SCÈNE V. — DON ALVAR, ÉLISE.

ÉLISE. — Vois-je pas don Alvar?
                  ALVAR. — Le prince me renvoie
Vous prier que pour lui votre crédit s'emploie.
De ses jours, belle Élise, on doit n'espérer rien ,
S'il n'obtient par vos soins un moment d'entretien;
Son ame a des transports... Mais le voici lui-même.

SCÈNE VI. — DON GARCIE, DON ALVAR , ÉLISE.

D. GARCIE. — Ah ! sois un peu sensible à ma disgrâce extrême,
  Élise, et prends pitié d'un cœur infortuné,
  Qu'aux plus vives douleurs tu vois abandonné.
ÉLISE. — C'est avec d'autres yeux que ne fait la princesse,
  Seigneur, que je verrais le tourment qui vous presse :
  Mais nous avons du ciel, ou du tempérament,
  Que nous jugeons de tout chacun diversement ;
  Et puisqu'elle vous blâme, et que sa fantaisie
  Lui fait un monstre affreux de votre jalousie,
  Je serais complaisant, et voudrais m'efforcer
  De cacher à ses yeux ce qui peut les blesser.
  Un amant suit sans doute une utile méthode,
  S'il fait qu'à notre humeur la sienne s'accommode :
  Et cent devoirs font moins que ces ajustements,
  Qui font croire en deux cœurs les mêmes sentiments.
  L'art de ces deux rapports fortement les assemble ,
  Et nous n'aimons rien tant que ce qui nous ressemble.
D. GARCIE. — Je le sais; mais, hélas! les destins inhumains
  S'opposent à l'effet de ses justes desseins;
  Et, malgré tous mes soins , viennent toujours me tendre
  Un piège dont mon cœur ne saurait se défendre.
  Ce n'est pas que l'ingrate aux yeux de mon rival
  N'ait fait contre mes feux un aveu trop fatal,
  Et témoigné pour lui des excès de tendresse,
  Dont le cruel objet me reviendra sans cesse ;
  Mais comme trop d'ardeur enfin m'avait séduit,
  Quand j'ai cru qu'en ces lieux elle l'ait introduit,
  D'un trop cuisant ennui je sentirais l'atteinte
  A lui laisser sur moi quelque sujet de plainte.
  Oui, je veux faire au moins, si je m'en vois quitté,
  Que ce soit de son cœur pure infidélité;
  Et, venant m'excuser d'un trait de promptitude,
  Dérober tout prétexte à son ingratitude.
ÉLISE. — Laissez un peu de temps à son ressentiment,

Et ne la voyez point, seigneur, si promptement.
D. GARCIE. — Ah! si tu me chéris, obtiens que je la voie;
  C'est une liberté qu'il faut qu'elle m'octroie:
  Je ne pars point d'ici, qu'au moins son fier dédain...
ÉLISE. — De grâce, différez l'effet de ce dessein.
D. GARCIE. — Non, ne m'oppose point une excuse frivole.
ÉLISE, *à part*. — Il faut que ce soit elle, avec une parole,
  Qui trouve les moyens de le faire en aller.
  (*A don Garcie.*) Demeurez donc, seigneur, je m'en vais lui parler.
D. GARCIE. — Dis-lui que j'ai d'abord banni de ma présence
  Celui dont les avis ont causé mon offense,
  Que don Lope jamais...

SCÈNE VII. — DON GARCIE, DON ALVAR.

D. GARCIE, *regardant par la porte qu'Elise a laissée entr'ouverte.*
                Que vois-je! ô justes cieux!
Faut-il que je m'assure au rapport de mes yeux?
Ah! sans doute, ils me sont des témoins trop fidèles!
Voilà le comble affreux de mes peines mortelles!
Voici le coup fatal qui devait m'accabler:
Et quand par des soupçons je me sentais troubler,
C'était, c'était le ciel dont la sourde menace
Présageait à mon cœur cette horrible disgrace.
D. ALVAR. — Qu'avez-vous vu, seigneur, qui vous puisse émouvoir?
D. GARCIE. — J'ai vu ce que mon ame a peine à concevoir;
  Et le renversement de toute la nature
  Ne m'étonnerait pas comme cette aventure!
  C'en est fait... Le destin... Je ne saurais parler.
D. ALVAR. — Seigneur, que votre esprit tâche à se rappeler.
D. GARCIE. — J'ai vu... Vengeance, ô ciel!
                          D. ALVAR. — Quelle atteinte soudaine...
D. GARCIE. — J'en mourrai, don Alvar; la chose est bien certaine.
D. ALVAR. — Mais, seigneur, qui pourrait...
                          D. GARCIE. — Ah! tout est ruiné;
  Je suis, je suis, trahi, je suis assassiné:
  Un homme, sans mourir te le puis-je bien dire?
  Un homme dans les bras de l'infidèle Elvire!
D. ALVAR. — Ah! seigneur, la princesse est vertueuse au point...
D. GARCIE. — Ah! sur ce que j'ai vu ne me contestez point,
  Don Alvar; c'en est trop que soutenir sa gloire,
  Lorsque mes yeux font foi d'une action si noire.
D. ALVAR. — Seigneur, nos passions nous font prendre souvent
  Pour chose véritable un objet décevant;
  Et de croire qu'une ame à la vertu nourrie
  Se puisse...
D. GARCIE. — Don Alvar, laissez-moi, je vous prie.
  Un conseiller me choque en cette occasion,
  Et je ne prends avis que de ma passion.
D. ALVAR, *à part*. — Il ne faut rien répondre à cet esprit farouche.
D. GARCIE. — Ah! que sensiblement cette atteinte me touche!
  Mais il faut voir qui c'est, et de ma main punir...
  La voici... Ma fureur, te peux-tu retenir?

SCÈNE VIII. — DONE ELVIRE, DON GARCIE, DON ALVAR.

D. ELVIRE. — Hé bien! que voulez-vous? Et quel espoir de grâce,
  Après vos procédés, peut flatter votre audace?
  Osez-vous à mes yeux encor vous présenter?
  Et que me direz-vous que je doive écouter.
D. GARCIE. — Que toutes les horreurs dont une ame est capable
  A vos déloyautés n'ont rien de comparable;
  Que le sort, les démons, et le ciel en courroux,
  N'ont jamais rien produit de si méchant que vous.

D. ELVIRE. — Ah! vraiment j'attendais l'excuse d'un outrage;
Mais, à ce que je vois, c'est un autre langage.

D. GARCIE. — Oui, oui, c'en est un autre; et vous n'attendiez pas
Que j'eusse découvert le traître dans vos bras;
Qu'un funeste hasard, par la porte entr'ouverte,
Eût offert à mes yeux votre honte et ma perte.
Est-ce l'heureux amant sur ses pas revenu,
Ou quelque autre rival qui m'était inconnu?
O ciel! donne à mon cœur des forces suffisantes
Pour pouvoir supporter des douleurs si cuisantes!
Rougissez maintenant, vous en avez raison :
Et le masque est levé de votre trahison ;
Voilà ce que marquaient les troubles de mon ame;
Ce n'était pas en vain que s'alarmait ma flamme;
Par ces fréquents soupçons qu'on trouvait odieux,
Je cherchais le malheur qu'ont rencontré mes yeux;
Et, malgré tous vos soins et votre adresse à feindre,
Mon astre me disait ce que j'avais à craindre;
Mais ne présumez pas que, sans être vengé,
Je souffre le dépit de me voir outragé.
Je sais que sur les vœux on n'a point de puissance ;
Que l'amour veut partout naître sans dépendance;
Que jamais par la force on n'entra dans un cœur,
Et que toute ame est libre à nommer son vainqueur:
Aussi ne trouverais-je aucun sujet de plainte,
Si pour moi votre bouche avait parlé sans feinte;
Et, son arrêt livrant mon espoir à la mort,
Mon cœur n'aurait eu droit de s'en prendre qu'au sort.
Mais d'un aveu trompeur voir ma flamme applaudie,
C'est une trahison, c'est une perfidie
Qui ne saurait trouver de trop grands châtiments:
Et je puis tout permettre à mes ressentiments.
Non, non, n'espérez rien après un tel outrage,
Je ne suis plus à moi; je suis tout à la rage.
Trahi de tous côtés, mis dans un triste état;
Il faut que mon amour se venge avec éclat;
Qu'ici j'immole tout à ma fureur extrême,
Et que mon désespoir achève par moi-même.

D. ELVIRE. — Assez paisiblement vous a-t-on écouté?
Et pourrai-je à mon tour parler en liberté?

D. GARCIE. — Et par quels beaux discours que l'artifice inspire...

D. ELVIRE. — Si vous avez encor quelque chose à me dire,
Vous pouvez l'ajouter, je suis prête à l'ouïr;
Si non, faites au moins que je puisse jouir
De deux ou trois moments de paisible audience.

D. GARCIE. — Hé bien! j'écoute. O ciel! quelle est ma patience?

D. ELVIRE. — Je force ma colère; et veux, sans nulle aigreur,
Répondre à ce discours si rempli de fureur.

D. GARCIE. — C'est que vous voyez bien...

                              D. ELVIRE. — Ah! j'ai prêté l'oreille!
Autant qu'il vous a plu; rendez-moi la pareille.
J'admire mon destin, et jamais sous les cieux
Il ne fut rien, je crois, de si prodigieux;
Rien, dont la nouveauté soit plus inconcevable,
Et rien que la raison rende plus supportable.
Je me vois un amant qui, sans me rebuter,
Applique tous ses soins à me persécuter ;
Qui, dans tout cet amour que sa bouche m'exprime,
Ne conserve pour moi nul sentiment d'estime ;
Rien, au fond de ce cœur qu'ont pu blesser mes yeux,
Qui fasse droit au sang que j'ai reçu des cieux.

Et de mes actions défende l'innocence
Contre le moindre effort d'une fausse apparence.
Oui je vois...
            (*D. Garcie montre de l'impatience pour parler.*)
                Ah! surtout ne m'interrompez point.
Je vois, dis-je, mon sort malheureux à ce point,
Qu'un cœur, qui dit qu'il m'aime, et qui doit faire croire
Que quand tout l'univers douterait de ma gloire,
Il voudrait contre tous en être le garant.
Est celui qui s'en fait l'ennemi le plus grand,
On ne voit échapper aux soins que prend sa flamme
Aucune occasion de soupçonner mon ame :
Mais c'est peu des soupçons, il en faits des éclats
Que, sans être blessé, l'amour ne souffre pas.
Loin d'agir en amant qui, plus que la mort même,
Appréhende toujours d'offenser ce qu'il aime;
Qui se plaint doucement et cherche, avec respect,
A pouvoir s'éclaircir de ce qu'il croit suspect,
A toute extrémité dans ses doutes il passe;
Et ce n'est que fureur, qu'injure et que menace.
Cependant aujourd'hui je veux fermer les yeux
Sur tout ce qui devait me le rendre odieux,
Et lui donner moyen, par une bonté pure,
De tirer son salut d'une nouvelle injure.
Ce grand emportement qu'il m'a fallu souffrir,
Part de ce qu'à vos yeux le hasard vient d'offrir.
J'aurais tort de vouloir démentir votre vue,
Et votre ame sans doute a dû paraître émue.

D. GARCIE, — Et n'est-ce pas...

                D. ELVIRE. — Encore un peu d'attention
Et vous allez savoir ma résolution.
Il faut que de nous deux le destin s'accomplisse ;
Vous êtes maintenant sur un grand précipice,
Et ce que votre cœur pourra délibérer
Va vous y faire choir, ou bien vous en tirer.
Si, malgré cet objet qui vous a pu surprendre,
Prince, vous me rendez ce que vous devez rendre,
Et ne demandez point d'autre preuve que moi,
Pour condamner l'erreur du trouble où je vous voi;
Si de vos sentiments la prompte déférence
Veut sur ma seule foi croire mon innocence,
Et de tous vos soupçons démentir le crédit,
Pour croire aveuglément ce que mon cœur vous dit,
Cette soumission, cette marque d'estime,
Du passé dans ce cœur efface tout le crime;
Je rétracte, à l'instant, ce qu'un juste courroux
M'a fait, dans la chaleur, prononcer contre vous;
Et si je puis un jour choisir ma destinée,
Sans choquer les devoirs du rang où je suis née,
Mon honneur, satisfait par ce respect soudain,
Promet à votre amour et mes vœux et ma main :
Mais, prêtez bien l'oreille à ce que je vais dire :
Si cette offre sur vous obtient si peu d'empire
Que vous me refusiez de me faire, entre nous,
Un sacrifice entier de vos soupçons jaloux;
S'il ne vous suffit pas de toute l'assurance
Que vous peuvent donner mon cœur et ma naissance.
Et que de votre esprit les ombrages puissants
Forcent mon innocence à convaincre vos sens,
Et porter à vos yeux l'éclatant témoignage
D'une vertu sincère à qui l'on fait outrage;

Je suis prête à le faire, et vous serez content :
Mais il vous faut de moi détacher à l'instant,
A mes vœux, pour jamais, renoncer de vous-même ;
Et j'atteste du ciel la puissance suprême,
Que, quoi que le destin puisse ordonner de nous,
Je choisirai plutôt d'être à la mort qu'à vous.
Voilà dans ces deux choix de quoi vous satisfaire :
Avisez maintenant celui qui peut vous plaire.
D. GARCIE. — Juste ciel! jamais rien peut-il être inventé
Avec plus d'artifice et de déloyauté?
Tout ce que des enfers la malice étudie?
A-t-il rien de si noir que cette perfidie,
Et peut-elle trouver dans toute sa rigueur
Un plus cruel moyen d'embarrasser un cœur?
Ah! que vous savez bien ici contre moi-même,
Ingrate! vous servir de ma faiblesse extrême,
Et ménager pour vous l'effort prodigieux
De ce fatal amour né de vos traîtres yeux!
Parce qu'on est surprise, et qu'on manque d'excuse,
D'une offre de pardon on emprunte la ruse :
Votre feinte douceur forge un amusement
Pour divertir l'effet de mon ressentiment ;
Et, par le nœud subtil du choix qu'elle embarrasse,
Veut soustraire un perfide au coup qui le menace.
Oui, vos dextérités veulent me détourner
D'un éclaircissement qui vous doit condamner ;
Et votre ame, feignant une innocence entière,
Ne s'offre à m'en donner une plaine lumière
Qu'à des conditions qu'après d'ardents souhaits
Vous pensez que mon cœur n'acceptera jamais.
Mais vous serez trompée en me croyant surprendre.
Oui, oui, je prétends voir ce qui doit vous défendre,
Et quel fameux prodige, accusant ma fureur,
Peut de ce que j'ai vu justifier l'horreur.
D. ELVIRE. — Songez que par ce choix vous allez-vous prescrire
De ne plus rien prétendre au cœur de done Elvire.
D. GARCIE. — Soit. Je souscris à tout : et mes vœux, aussi bien,
En l'état où je suis, ne prétendent plus rien.
D. ELVIRE. — Vous vous repentirez de l'éclat que vous faites.
D. GARCIE. — Non, non, tous ces discours sont de vaines défaites ;
Et c'est moi bien plutôt qui dois vous avertir
Que quelque autre dans peu pourra se repentir ·
Le traître, quel qu'il soit, n'aura pas l'avantage
De dérober sa vie à l'effort de ma rage.
D. ELVIRE. — Ah! c'est trop en souffrir, et mon cœur irrité
Ne doit plus conserver une sotte bonté ;
Abandonnons l'ingrat à son propre caprice,
Et puisqu'il veut périr, consentons qu'il périsse.
(A don Garcie.) Élise... A cet éclat vous voulez me forcer ;
Mais je vous apprendrai que c'est trop m'offenser.

SCÈNE IX. — DONE ELVIRE, DON GARCIE, ÉLISE, DON ALVAR.

D. ELVIRE, à Élise. — Faites un peu sortir la personne chérie...
Allez, vous m'entendez, dites que je l'en prie.
D. GARCIE. — Et je puis...
         D. ELVIRE. — Attendez, vous serez satisfait.
           ÉLISE, à part en sortant.
Voici de son jaloux, sans doute, un nouveau trait.
D. ELVIRE. — Prenez garde qu'au moins cette noble colère
Dans la même fierté jusqu'au bout persévère ;

Et surtout désormais songez bien à quel prix
Vous avez voulu voir vos soupçons éclaircis.

SCÈNE X.

DONE ELVIRE, DON GARCIE, DONE IGNÈS, *déguisée en homme*; ÉLISE,
DON ALVAR.

D. ELVIRE, *à D. Garcie, en lui montrant D. Ignès.*
Voici, grâces au ciel, ce qui les a fait naître
Ces soupçons obligeants que l'on me fait paraître ;
Voyez bien ce visage et si de done Ignès
Vos yeux au même instant n'y connaissent les traits.
D. GARCIE. — O ciel!
D. ELVIRE. — Si la fureur, dont votre ame est émue,
Vous trouble jusque-là l'usage de la vue,
Vous avez d'autres yeux à pouvoir consulter,
Qui ne vous laisseront aucun lieu de douter,
Sa mort est une adresse au besoin inventée
Pour fuir l'autorité qui l'a persécutée ;
Et, sous un tel habit, elle cachait son sort,
Pour mieux jouir du fruit de cette feinte mort.
(*A done Ignès.*) Madame, pardonnez, s'il faut que je consente
A trahir vos secrets et tromper votre attente :
Je me vois exposée à sa témérité,
Toutes mes actions n'ont plus de liberté,
Et mon honneur, en butte aux soupçons qu'il peut prendre,
Est réduit à toute heure aux soins de se défendre.
Nos doux embrassements, qu'a surpris ce jaloux,
De cent indignités m'ont fait souffrir les coups.
Oui, voilà le sujet d'une fureur si prompte,
Et l'assuré témoin qu'on produit de ma honte.
(*A don Garcie.*) Jouissez à cette heure en tyran absolu
De l'éclaircissement que vous avez voulu :
Mais, sachez que j'aurai sans cesse la mémoire
De l'outrage sanglant qu'on a fait à ma gloire ;
Et, si je puis jamais oublier mes serments,
Tombent sur moi du ciel les plus grands châtiments ;
Qu'un tonnerre éclatant mette ma tête en poudre,
Lorsqu'à souffrir vos feux je pourrai me résoudre!
Allons, madame, allons, ôtons-nous de ces lieux
Qu'infectent les regards d'un monstre furieux ;
Fuyons-en promptement l'atteinte envenimée,
Evitons les efforts de sa rage animée,
Et ne faisons des vœux, dans nos justes desseins,
Que pour nous voir bientôt affranchir de ses mains.
D. IGNÈS, *à don Garcie.*—Seigneur, de vos soupçons l'injuste violence
A la même vertu vient de faire une offense.

SCÈNE XI. — DON GARCIE, DON ALVAR.

D. GARCIE. — Quelles tristes clartés, dissipant mon erreur,
Enveloppent mes sens d'une profonde horreur,
Et ne laissent plus voir à mon ame abattue
Que l'effroyable objet d'un remords qui me tue!
Ah! don Alvar, je vois que vous avez raison ;
Mais l'enfer dans mon cœur a soufflé son poison.
Et, par un trait fatal d'une rigueur extrême,
Mon plus grand ennemi se rencontre en moi-même.
Que me sert-il d'aimer du plus ardent amour
Qu'une ame consumée ait jamais mis au jour,
Si, par ces mouvements qui font toute ma peine,
Cet amour à tout coup se rend digne de haine ?
Il faut, il faut venger par mon juste trépas

L'outrage que j'ai fait à ses divins appas ;
Aussi bien, quels conseils aujourd'hui puis-je suivre ?
Ah ! j'ai perdu l'objet pour qui j'aimais à vivre.
Si j'ai pu renoncer à l'espoir de ses vœux,
Renoncer à la vie est beaucoup moins fâcheux.

D. ALVAR. — Seigneur...

D. GARCIE. — Non, don Alvar, ma mort est nécessaire,
Il n'est soins ni raisons qui m'en puissent distraire ;
Mais il faut que mon sort, en se précipitant,
Rende à cette princesse un service éclatant,
Et je veux me chercher, dans cette illustre envie
Les moyens glorieux de sortir de la vie ;
Faire par un grand coup qui signale ma foi,
Qu'en expirant pour elle, elle ait regret à moi,
Et qu'elle puisse dire, en se voyant vengée :
« C'est par son trop d'amour qu'il m'avait outragée. »
Il faut que de sa main un illustre attentat
Porte une mort trop due au sein de Maurégat ;
Que j'aille prévenir, par une belle audace,
Le coup dont la Castille avec bruit le menace ;
Et j'aurai des douceurs, dans mon instant fatal,
De ravir cette gloire à l'espoir d'un rival.

D. ALVAR. — Un service, seigneur, de cette conséquence
Aurait bien le pouvoir d'effacer votre offense ;
Mais hasarder...

D. GARCIE. — Allons, par un juste devoir,
Faire à ce noble effort servir mon désespoir.

FIN DU QUATRIÈME ACTE.

ACTE V.

SCÈNE PREMIÈRE.

DON ALVAR, ÉLISE.

D. ALVAR. — Oui, jamais il ne fut de si rude surprise.
Il venait de former cette haute entreprise ;
A l'avide désir d'immoler Maurégat,
De son prompt désespoir il tournait tout l'éclat ;
Ses soins précipités voulaient à son courage
De cette juste mort assurer l'avantage,
Y chercher son pardon, et prévenir l'ennui
Qu'un rival partageât cette gloire avec lui.
Il sortait de ces murs, quand un bruit trop fidèle
Est venu lui porter la fâcheuse nouvelle
Que ce même rival, qu'il voulait prévenir,
A remporté l'honneur qu'il pensait obtenir,
L'a prévenu lui-même en immolant le traître ;
Et poussé dans ce jour don Alphonse à paraître,
Qui, d'un si prompt succès, va goûter la douceur
Et vient prendre en ces lieux la princesse sa sœur ;
Et, ce qui n'a pas peine à gagner la croyance,
On entend publier que c'est la récompense
Dont il prétend payer le service éclatant
Du bras qui lui fait jour au trône qui l'attend.

ÉLISE. — Oui, donc Elvire a su ces nouvelles semées,
Et du vieux don Louis les trouve confirmées,
Qui vient de lui mander que Léon, dans ce jour,
De don Alphonse et d'elle attend l'heureux retour,
Et que c'est là qu'on doit, par un revers prospère,

Lui voir prendre un époux de la main de ce frère.
Dans ce peu qu'il en dit, il donne assez à voir
Que don Sylve est l'époux qu'elle doit recevoir.

D. ALVAR. — Ce coup au cœur du prince...

ÉLISE. — Est sans doute bien rude,
Et je le trouve à plaindre en son inquiétude.
Son intérêt pourtant, si j'en ai bien jugé,
Est encor cher au cœur qu'il a tant outragé ;
Et je n'ai point connu qu'à ce succès qu'on vante
La princesse ait fait voir une ame fort contente
De ce frère qui vient, et de la lettre aussi ;
Mais...

SCÈNE II. — DONE ELVIRE, DONE IGNÈS, *déguisée en homme,* ÉLISE,
DON ALVAR.

D. ELVIRE. — Faites, don Alvar, venir le prince ici. (*Don Alvar sort.*)
Souffrez que devant vous je lui parle, madame,
Sur cet évènement dont on surprend mon ame ;
Et ne m'accusez point d'un trop prompt changement,
Si je perds contre lui tout mon ressentiment.
Sa disgrâce imprévue a pris droit de l'éteindre ;
Sans lui laisser ma haine, il est assez à plaindre :
Et le ciel, qui l'expose à ce trait de rigueur,
N'a que trop bien servi les serments de mon cœur.
Un éclatant arrêt de ma gloire outragée
A jamais n'être à lui me tenait engagée ;
Mais quand par les destins il est exécuté,
J'y vois pour son amour trop de sévérité ;
Et le triste succès de tout ce qu'il m'adresse
M'efface son offense, et lui rend ma tendresse :
Oui, mon cœur trop vengé par de si rudes coups,
Laisse à leur cruauté désarmer son courroux,
Et cherche maintenant, par un soin pitoyable,
A consoler le sort d'un amant misérable ;
Et je crois que sa flamme a bien pu mériter
Cette compassion que je lui veux prêter.

D. IGNÈS. — Madame, on aurait tort de trouver à redire
Aux tendres sentiments qu'on voit qu'il vous inspire ;
Ce qu'il a fait pour vous... Il vient, et sa pâleur
De ce coup surprenant marque assez la douleur.

SCÈNE III. — DON GARCIE, DON ELVIRE, DONE IGNÈS, *déguisée en homme,*
ÉLISE.

D. GARCIE. — Madame, avec quel front faut-il que je m'avance,
Quand je viens vous offrir l'odieuse présence...

D. ELVIRE. — Prince, ne parlons plus de mon ressentiment :
Votre sort dans mon ame a fait du changement ;
Et, par le triste état où sa rigueur vous jette,
Ma colère est éteinte, et notre paix est faite.
Oui, bien que votre amour ait mérité les coups
Que fait sur lui du ciel éclater le courroux ;
Bien que ces noirs soupçons aient offensé ma gloire
Par des indignités qu'on aurait peine à croire,
J'avouerai toutefois que je plains son malheur
Jusqu'à voir nos succès avec quelque douleur ;
Que je hais les faveurs de ce fameux service,
Lorsqu'on veut de mon cœur lui faire sacrifice,
Et voudrais bien pouvoir racheter les moments
Où le sort contre vous n'armait que mes serments.
Mais enfin vous savez comme nos destinées
Aux intérêts publics sont toujours enchaînées,

Et que l'ordre des cieux, pour disposer de moi,
Dans mon frère qui vient, me va montrer mon roi.
Cédez comme moi, prince, à cette violence
Où la grandeur soumet celles de ma naissance;
Et, si de votre amour les déplaisirs sont grands,
Qu'il se fasse un secours de la part que j'y prends,
Et ne se serve point, contre un coup qui l'étonne,
Du pouvoir qu'en ces lieux votre valeur vous donne :
Ce vous serait, sans doute, un indigne transport
De vouloir dans vos maux lutter contre le sort,
Et, lorsque c'est en vain qu'on s'oppose à sa rage,
La soumission prompte est grandeur de courage.
Ne résistez donc point à ses coups éclatants;
Ouvrez les murs d'Astorgue au frère que j'attends;
Laissez-moi rendre aux droits qu'il peut sur moi prétendre
Ce que mon triste cœur a résolu de rendre ;
Et ce fatal hommage, où mes vœux sont forcés
Peut-être n'ira pas si loin que vous pensez.

D. GARCIE. —C'est faire voir, madame, une bonté trop rare
Que vouloir adoucir le coup qu'on me prépare ;
Sur moi, sans de tels soins, vous pouvez laisser choir
Le foudre rigoureux de tout votre devoir.
En l'état où je suis je n'ai rien à vous dire:
J'ai mérité du sort tout ce qu'il a de pire ;
Et je sais, quelques maux qu'il me faille endurer,
Que je me suis ôté le droit d'en murmurer.
Par où pourrai-je, hélas! dans ma vaste disgrace,
Vers vous de quelque plainte autoriser l'audace?
Mon amour s'est rendu mille fois odieux ,
Il n'a fait qu'outrager vos attraits glorieux ;
Et, lorsque par un juste et fameux sacrifice
Mon bras à votre sang cherche à rendre un service,
Mon astre m'abandonne au déplaisir fatal
De me voir prévenu par le bras d'un rival.
Madame, après cela je n'ai rien à prétendre ;
Je suis digne du coup que l'on me fait attendre,
Et je le vois venir, sans oser contre lui
Tenter de votre cœur le favorable appui.
Ce qui peut me rester dans mon malheur extrême,
C'est de chercher alors mon remède en moi-même;
Et faire que ma mort , propice à mes desirs,
Affranchisse mon cœur de tous ses déplaisirs.
Oui, bientôt dans ces lieux don Alphonse doit être,
Et déjà mon rival commence de paraître ;
De Léon vers ces murs il semble avoir volé
Pour recevoir le prix du tyran immolé,
Ne craignez point du tout qu'aucune résistance
Fasse valoir ici ce que j'ai de puissance;
Il n'est effort humain que, pour vous conserver,
Si vous y consentiez, je ne pusse braver ;
Mais ce n'est pas à moi, dont on hait la mémoire,
A pouvoir espérer cet aveu plein de gloire ;
Et je ne voudrais pas, par des efforts trop vains,
Jeter le moindre obstacle à vos justes desseins.
Non, je ne contrains point vos sentiments, madame;
Je vais en liberté laisser toute votre ame,
Ouvrir les murs d'Astorgue à cet heureux vainqueur,
Et subir de mon sort la dernière rigueur.

SCÈNE IV. — DONE ELVIRE, DONE IGNÈS, *déguisée en homme;*

D. ELVIRE. —Madame, au désespoir où son destin l'expose,

De tous mes déplaisirs n'imputez pas la cause.
Vous me rendrez justice, en croyant que mon cœur
Fait de vos intérêts sa plus vive douleur ;
Que bien plus que l'amour l'amitié m'est sensible,
Et que, si je me plains d'une disgrâce horrible,
C'est de voir que du ciel le funeste courroux
Ait pris chez moi les traits qu'il lance contre vous,
Et rendu mes regards coupables d'une flamme
Qui traite indignement les bontés de votre ame.
D. IGNÈS. — C'est un évènement dont sans doute vos yeux
N'ont point pour moi, madame, à quereller les cieux.
Si les faibles attraits qu'étale mon visage,
M'exposaient au destin de souffrir un volage,
Le ciel ne pouvait mieux m'adoucir de tel coups
Quand pour m'ôter ce cœur, il s'est servi de vous ;
Et mon front ne doit point rougir d'une inconstance
Qui de vos traits aux miens marque la différence.
Si pour ce changement je pousse des soupirs,
Ils viennent de le voir fatal à vos desirs ;
Et, dans cette douleur que l'amitié m'excite,
Je m'accuse pour vous de mon peu de mérite,
Qui n'a pu retenir un cœur dont les tribnts
Causent un si grand trouble à vos vœux combattus.
D. ELVIRE. — Accusez-vous plutôt de l'injuste silence
Qui m'a de vos deux cœurs caché l'intelligence.
Ce secret plus tôt su, peut-être à toutes deux
Nous aurait épargné des troubles si fâcheux ;
Et mes justes froideurs, des desirs d'un volage
Au point de leur naissance ayant banni l'hommage,
Eussent pu renvoyer...
            D. IGNÈS. — Madame, le voici.
D. ELVIRE. — Sans rencontrer ses yeux vous pouvez être ici :
Ne sortez point, madame, et, dans un tel martyre,
Veuillez être témoin de ce que je vais dire.
. IGNÈS. — Madame, j'y consens, quoique je sache bien
Qu'on fuirait en ma place un pareil entretien.
D. ELVIRE. — Son succès, si le ciel seconde ma pensée,
Madame, n'aura rien dont vous soyez blessée.

SCÈNE V.

DON ALPHONSE, *cru* **D, SYLVE ; DONE ELVIRE, DON IGNÈS.** *déguisée en*
homme, **ÉLISE.**

D. ELVIRE. — Avant que vous parliez, je demande instamment
Que vous daigniez, seigneur, m'écouter un moment.
Déjà la renommée a jusqu'à nos oreilles
Porté de votre bras les soudaines merveilles ;
Et j'admire avec tous comme en si peu de temps
Il donne à nos destins ces succès éclatants.
Je sais bien qu'un bienfait de cette conséquence
Ne saurait demander trop de reconnaissance,
Et qu'on doit toute chose à l'exploit immortel
Qui replace mon frère au trône paternel.
Mais, quoi que de son cœur vous offrent les hommages,
Usez en généreux de tous vos avantages ;
Et ne permettez pas que ce coup glorieux
Jette sur moi, seigneur, un joug impérieux ;
Que votre amour, qui sait quel intérêt m'anime,
S'obstine à triompher d'un refus légitime,
Lt veuille que ce frère, où l'on va m'exposer,
Commence d'être roi pour me tyranniser.
Léon à d'autres prix dont, en cette occurrenc

Il peut mieux honorer votre haute vaillance ;
Et c'est à vos vertus faire un présent trop bas
Que vous donner un cœur qui ne se donne pas,
Peut-on être jamais satisfait en soi-même,
Lorsque par la contrainte on obtient ce qu'on aime ?
C'est un triste avantage, et l'amant généreux
A ces conditions refuse d'être heureux :
Il ne veut rien devoir à cette violence
Qu'exercent sur nos cœurs les droits de la naissance,
Et pour l'objet qu'il aime est toujours trop zélé
Pour souffrir qu'en victime il lui soit immolé.
Ce n'est pas que ce cœur, au mérite d'un autre
Prétende réserver ce qu'il refuse au vôtre :
Non, seigneur, j'en réponds, et vous donne ma foi,
Que personne jamais n'aura pouvoir sur moi ;
Qu'une sainte retraite à toute autre poursuite...
D. ALPHONSE. — J'ai de votre discours assez souffert la suite,
Madame, et par deux mots je vous l'eusse épargné
Si votre fausse alarme eût sur vous moins gagné.
Je sais qu'un bruit commun, qui partout se fait croire,
De la mort du tyran me veut donner la gloire ;
Mais le seul peuple enfin, comme on nous fait savoir,
Laissant par don Louis échauffer son devoir,
A remporté l'honneur de cet acte héroïque
Dont mon nom est chargé par la rumeur publique,
Et ce qui d'un tel bruit a fourni le sujet,
C'est que, pour appuyer son illustre projet,
Don Louis fit semer, par une feinte utile,
Que, secondé des miens, j'avais saisi la ville ;
Et, par cette nouvelle, il a poussé les bras
Qui d'un usurpateur ont hâté le trépas.
Par son zèle prudent il a su tout conduire,
Et c'est par un des siens qu'il vient de m'en instruire,
Mais dans le même instant un secret m'est appris.
Qui va vous étonner autant qu'il m'a surpris.
Vous attendez un frère, et Léon, son vrai maître ;
A vos yeux maintenant le ciel le fait paraître :
Oui, je suis don Alphonse, et mon sort conservé,
Et sous le nom du sang de Castille élevé,
Est un fameux effet de l'amitié sincère
Qui fut entre son prince et le roi notre père.
Don Louis du secret a toutes les clartés,
Et doit aux yeux de tous prouver ces vérités.
D'autres soins maintenant occupent ma pensée ,
Non qu'à votre sujet elle soit traversée ,
Que ma flamme querelle un tel évènement,
Et qu'en mon cœur le frère importune l'amant.
Mes feux par ce secret ont reçu sans murmure
Le changement qu'en eux a prescrit la nature ;
Et le sang qui nous joint m'a si bien détaché
De l'amour dont pour vous mon cœur était touché,
Qu'il ne respire plus, pour faveur souveraine,
Que les chères douceurs de sa première chaîne,
Et le moyen de rendre à l'adorable Ignès
Ce que de ses bontés a mérité l'excès :
Mais son sort incertain rend le mien misérable ;
Et, si ce qu'on en dit se trouvait véritable,
En vain Léon m'appelle et le trône m'attend ;
La couronne n'a rien à me rendre content,
Et je n'en veux l'éclat que pour goûter la joie
D'en couronner l'objet où le ciel me renvoie,

Et pouvoir réparer, par ces justes tributs,
L'outrage que j'ai fait à ses rares vertus.
Madame, c'est de vous que j'ai raison d'attendre
Ce que de son destin mon ame peut apprendre,
Instruisez-m'en, de grâce; et, par votre discours,
Hâtez mon désespoir, ou le bien de mes jours.

D. ELVIRE. — Ne vous étonnez pas si je tarde à répondre,
Seigneur; ces nouveautés ont droit de me confondre,
Je n'entreprendrai point de dire à votre amour
Si donc Ignès est morte, ou respire le jour;
Mais par ce cavalier, l'un de ses plus fidèles,
Vous en pourrez sans doute apprendre des nouvelles.

D. ALPHONSE, *reconnaissant donc Ignès.*
Ah! madame! il m'est doux en ces perplexités,
De voir ici briller vos célestes beautés.
Mais vous, avec quels yeux verrez-vous un volage
Dont le crime...

D. IGNÈS. — Ah! gardez de me faire un outrage,
Et de vous hasarder de dire que vers moi
Un cœur dont je fais cas ait pu manquer de foi.
J'en refuse l'idée, et l'excuse me blesse;
Rien n'a pu m'offenser auprès de la princesse;
Et tout ce que d'ardeur elle vous a causé,
Par un si haut mérite est assez excusé.
Cette flamme vers moi ne vous rend point coupable;
Et, dans le noble orgueil dont je me sens capable,
Sachez, si vous l'étiez, que ce serait en vain
Que vous présumeriez de fléchir mon dédain,
Et qu'il n'est repentir, ni suprême puissance,
Qui gagnât sur mon cœur d'oublier cette offense.

D. ELVIRE. — Mon frère, d'un tel nom souffrez-moi la douceur,
De quel ravissement comblez-vous une sœur!
Que j'aime votre choix, et bénis l'aventure
Qui vous fait couronner une amitié si pure!
Et de deux nobles cœurs que j'aime tendrement....

SCÈNE VI.

DON GARCIE, DONE ELVIRE, DONE IGNÈS, *déguisée en homme;* DON
ALPHONSE; *cru* DON SYLVE. ÉLISE.

D. GARCIE. —De grâce, cachez-moi votre contentement,
Madame, et me laissez mourir dans la croyance
Que le devoir vous fait un peu de violence.
Je sais que de vos vœux vous pouvez disposer,
Et mon dessein n'est pas de leur rien opposer,
Vous le voyez assez, et quelle obéissance
De vos commandements m'arrache la puissance;
Mais je vous avouerai que cette gaieté
Surprend au dépourvu toute ma fermeté
Et qu'un pareil objet dont mon ame fait naître
Un transport dont j'ai peur que je ne sois pas maître;
Et je me punirais, s'il m'avait pu tirer
De ce respect soumis où je veux demeurer.
Oui, vos commandements ont prescrit à mon ame
De souffrir sans éclat le malheur de ma flamme:
Cet ordre sur mon cœur doit être tout puissant
Et je prétends mourir en vous obéissant;
Mais, encore une fois, la joie où je vous treuve
M'expose à la rigueur d'une trop rude épreuve,
Et l'ame la plus sage, en ces occasions,
Répond mal aisément de ses émotions.
Madame, épargnez-moi cette cruelle atteinte,

MOLIÈRE.   10

Donnez-moi, par pitié, deux moments de contrainte,
Et, quoi que d'un rival vous inspirent les soins,
N'en rendez pas mes yeux les malheureux témoins:
C'est la moindre faveur qu'on peut, je crois, prétendre,
Lorsque dans ma disgrâce un amant peut descendre.
Je ne l'exige pas, madame, pour longtemps,
Et bientôt mon départ rendra vos vœux contents:
Je vais où de ses feux mon ame consumée
N'apprendra votre hymen que par la renommée.
Ce n'est pas un spectacle où je doive courir:
Madame, sans le voir, j'en saurai bien mourir.

D. IGNÈS. — Seigneur, permettez-moi de blâmer votre plainte.
De vos maux la princesse a su paraître atteinte ;
Et cette joie encor, de quoi vous murmurez,
Ne lui vient que des biens qui vous sont préparés.
Elle goûte un succès à vos desirs prospère,
Et dans votre rival elle trouve son frère ;
C'est don Alphonse, enfin, dont on a tant parlé
Et ce fameux secret vient d'être dévoilé.

D. ALPHONSE. — Mon cœur, grâces au ciel, après un long martyre,
Seigneur, sans vous rien prendre, a tout ce qu'il désire,
Et goûte d'autant mieux son bonheur en ce jour,
Qu'il se voit en état de servir votre amour.

D. GARCIE. — Hélas ! cette bonté seigneur, doit me confondre.
A mes plus chers desirs elle daigne répondre;
Le coup que je craignais, le ciel l'a détourné,
Et tout autre que moi se verrait fortuné ;
Mais ces douces clartés d'un secret favorable
Vers l'objet adoré me découvrent coupable;
Et, tombé de nouveau dans ces traîtres soupçons,
Sur quoi l'on m'a tant fait d'inutiles leçons,
Et par qui mon ardeur, si souvent odieuse,
Doit perdre tout espoir d'être à jamais heureuse :
Oui, l'on doit me haïr avec trop de raison ;
Moi-même je me trouve indigne de pardon ;
Et, quelque heureux succès que le sort me présente,
La mort, la seule mort est toute mon attente.

D. ELVIRE. — Non, non ; de ce transport le soumis mouvement
Prince, jette en mon ame un plus doux sentiment.
Par lui de mes serments je me sens détachée;
Vos plaintes, vos respects, vos douleurs, m'ont touchée,
J'y vois partout briller un excès d'amitié,
Et votre maladie est digne de pitié.
Je vois, prince, je vois qu'on doit quelque indulgence
Aux défauts où du ciel fait pencher l'influence ;
Et, pour tout dire enfin, jaloux ou non jaloux,
Mon roi, sans me gêner, peut me donner à vous.

D. GARCIE. — Ciel ! dans l'excès des biens que cet aveu m'octroie,
Rends capable mon cœur de supporter sa joie!

D. ALPHONSE. — Je veux que cet hymen, après nos vains débats,
Seigneur, joigne à jamais nos cœurs et nos états.
Mais ici le temps presse, et Léon nous appelle;
Allons dans nos plaisirs satisfaire son zèle,
Et, par notre présence et nos soins différents,
Donner le dernier coup au parti des tyrans.

FIN DE DON GARCIE DE NAVARRE.

L'ÉCOLE DES MARIS.

COMÉDIE EN TROIS ACTES.

A MONSEIGNEUR LE DUC D'ORLÉANS, FRÈRE UNIQUE DU ROI.

MONSEIGNEUR,

Je fais voir ici à la France des choses bien peu proportionnées : il n'est rien de si grand et de si superbe que le nom que je mets à la tête de ce livre, et rien de plus bas que ce qu'il contient. Tout le monde trouvera cet assemblage étrange ; et quelques-uns pourront bien dire, pour en exprimer l'inégalité, que c'est poser une couronne de perles et de diamants sur une statue de terre, et faire entrer par des portiques magnifiques et des arcs triomphaux superbes, dans une méchante cabane. Mais, MONSEIGNEUR, ce qui doit me servir d'excuse, c'est qu'en cette aventure je n'ai eu aucun choix à faire, et que l'honneur que j'ai d'être à VOTRE ALTESSE ROYALE, m'a imposé une nécessité absolue de lui dédier le premier ouvrage que je mets de moi-même au jour. Ce n'est pas un présent que je lui fais, c'est un devoir dont je m'acquitte ; et les hommages ne sont jamais regardés par les choses qu'ils portent. J'ai donc osé, MONSEIGNEUR, dédier une bagatelle à VOTRE ALTESSE ROYALE, parce que je n'ai pu m'en dispenser ; et si je me dispense ici de m'étendre sur les belles et glorieuses vérités qu'on pourrait dire d'Elle, c'est par la juste appréhension que ces grandes idées ne fissent éclater encore davantage la bassesse de mon offrande. Je me suis imposé silence pour trouver un endroit plus propre à placer de si belles choses : et tout ce que j'ai prétendu dans cette épître, c'est de justifier mon action à toute la France, et d'avoir cette gloire de vous dire à vous-même, MONSEIGNEUR, avec toute la soumission possible, que je suis

De Votre Altesse Royale, le très-humble, très-obéissant et très-fidèle serviteur,

MOLIÈRE.

PERSONNAGES.

SGANARELLE, frères d'Ariste.
ARISTE, frère de Sganarelle.
ISABELLE, sœur de Léonor.
LÉONOR. sœur d'Isabelle.
VALÈRE, amant d'Isabelle.

LISETTE, suivante de Léonor.
ERGASTE, valet de Valère.
Un Commissaire.
Un Notaire.
Deux Laquais.

La scène est à Paris, dans une place publique.

ACTE Ier.

SCÈNE PREMIÈRE. — SGANARELLE, ARISTE.

SGANARELLE. — Mon frère, s'il vous plaît, ne discourons point tant,
Et que chacun de nous vive comme il l'entend.
Bien que sur moi des ans vous ayez l'avantage,
Et soyez assez vieux pour devoir être sage,
Je vous dirai pourtant que mes intentions
Sont de ne prendre point de vos corrections ;
Que j'ai pour tout conseil ma fantaisie à suivre,
Et me trouve fort bien de ma façon de vivre.
ARISTE. — Mais chacun la condamne.
SGANARELLE. — Oui, des fous comme vous,
Mon frère.
ARISTE. — Grand merci ; le compliment est doux !
SGANARELLE. — Je voudrais bien savoir, puisqu'il faut tout entendre
Ce que ces beaux censeurs en moi peuvent reprendre.

ARISTE. — Cette farouche humeur, dont la sévérité
    Fuit toutes les douceurs de la société,
    A tous vos procédés inspire un air bizarre,
    Et, jusques à l'habit, rend tout chez vous barbare.
SGANARELLE. — Il est vrai qu'à la mode il faut m'assujétir,
    Et ce n'est pas pour moi que je me dois vêtir.
    Ne voudriez-vous point, par vos belles sornettes,
    Monsieur mon frère aîné, car, dieu merci, vous l'êtes
    D'une vingtaine d'ans, à ne vous rien céler,
    Et cela ne vaut point la peine d'en parler;
    Ne voudriez-vous point, dis-je, sur ces matières,
    De vos jeunes muguets m'inspirer les manières?
    M'obliger à porter de ces petits chapeaux
    Qui laissent éventer leurs débiles cerveaux ;
    Et de ces blonds cheveux, de qui la vaste enflure
    Des visages humains offusque la figure ?
    De ces petits pourpoints sous les bras se perdants,
    Et de ces grands collets jusqu'au nombril pendants ?
    De ces manches qu'à table on voit tâter les sauces?
    Et de ces cotillons appelés hauts-de-chausses?
    De ces souliers mignons, de rubans revêtus,
    Qui vous font ressembler à des pigeons pattus?
    Et de ces grands canons où, comme en des entraves,
    On met, tous les matins, ses deux jambes esclaves,
    Et par qui nous voyons ces messieurs les galants
    Marcher écarquillés ainsi que des volants?
    Je vous plairais, sans doute, équipé de la sorte?
    Et je vous vois porter les sottises qu'on porte.
ARISTE. — Toujours au plus grand nombre on doit s'accommoder,
    Et jamais il ne faut se faire regarder.
    L'un et l'autre excès choque ; et tout homme bien sage
    Doit faire des habits ainsi que du langage,
    N'y rien trop affecter, et, sans empressement,
    Suivre ce que l'usage y fait de changement.
    Mon sentiment n'est pas qu'on prenne la méthode
    De ceux qu'on voit toujours renchérir sur la mode,
    Et qui, dans cet excès dont ils sont amoureux,
    Seraient fâchés qu'un autre eût été plus loin qu'eux ;
    Mais je tiens qu'il est mal, sur quoi que l'on se fonde,
    De fuir obstinément ce que suit tout le monde,
    Et qu'il vaut mieux souffrir d'être au nombre des fous,
    Que du sage parti se voir seul contre tous.
SGANARELLE. — Cela sent son vieillard, qui, pour en faire accroire,
    Cache ses cheveux blancs d'une perruque noire.
ARISTE. — C'est un étrange fait du soin que vous prenez,
    A me venir toujours jeter mon âge au nez ;
    Et qu'il faille qu'en moi sans cesse je vous voie
    Blâmer l'ajustement, aussi bien que la joie :
    Comme si, condamnée à ne plus rien chérir,
    La vieillesse devait ne songer qu'à mourir,
    Et d'assez de laideur n'est pas accompagnée
    Sans se tenir encor malpropre et rechinée.
SGANARELLE. — Quoi qu'il en soit, je suis attaché fortement
    A ne démordre point de mon habillement.
    Je veux une coiffure, en dépit de la mode,
    Sous qui toute ma tête ait un abri commode ;
    Un bon pourpoint bien long, et ferré comme il faut,
    Qui, pour bien digérer, tienne l'estomac chaud ;
    Un haut-de-chausse fait justement pour ma cuisse ;
    Des souliers où mes pieds ne soient point au supplice,
    Ainsi qu'en ont usé sagement nos aïeux ·
    Et qui me trouve mal, n'a qu'à fermer les yeux.

SCÈNE II.

LÉONOR, ISABELLE LISETTE , ARISTE ET SGANARELLE , *parlant bas
ensemble sur le devant du théâtre, sans être aperçus.*

LÉONOR, *a Isabelle.*—Je me charge de tout, en cas que l'on vous gronde

LISETTE, *à Isabelle.*—Toujours dans une chambre à ne point voir le monde

ISABELLE. — Il est ainsi bâti.

    LÉONOR. — Je vous en plains, ma sœur.

     LISETTE, *à Léonor.*

Bien vous prend que son frère ait toute une autre humeur,
Madame , et le destin vous fut bien favorable
En vous faisant tomber aux mains du raisonnable.

ISABELLE. — C'est un miracle encor qu'il ne m'ait aujourd'hui
Enfermée à la clef, ou menée avec lui.

LISETTE. — Ma foi, je l'enverrais au diable avec sa fraise ,
 Et...

   SGANARELLE , *heurté par Lisette , à Léonor.*
 Où donc allez-vous , qu'il ne vous en déplaise?

LÉONOR. — Nous ne savons encore , et je pressais ma sœur
De venir du beau temps respirer la douceur :
Mais.....

    SGANARELLE, *à Léonor.*
 Pour vous, vous pouvez aller où bon vous semble?·
    (Montrant Lisette.)
 Vous n'avez qu'à courir , vous voilà deux ensemble.
   (A Isabelle.)
 Mais vous, je vous défends, s'il vous plaît, de sortir.

ARISTE. — Ah ! laissez-les, mon frère, aller se divertir.

SGANARELLE. — Je suis votre valet, mon frère.

     ARISTE. — La jeunesse
Veut....

SGANARELLE. — La jeunesse est sotte , et parfois la vieillesse...

ARISTE. — Croyez-vous qu'elle est mal d'être avec Léonor ?

SGANARELLE. — Non pas ; mais avec moi je la crois mieux encor.

ARISTE. — Mais...

SGANARELLE. — Mais ses actions de moi doivent dépendre,
Et je sais l'intérêt enfin que j'y dois prendre.

ARISTE. — A celle de sa sœur ai-je un moindre intérêt?

SGANARELLE. — Mon Dieu! chacun raisonne et fait comme il lui plaît.
Elles sont sans parents, et notre ami leur père
Nous commit leur conduite à son heure dernière ;
Et nous chargeant tous deux, ou de les épouser,
Ou, sur notre refus, un jour d'en disposer.
Sur elles, par contrat, nous sut, dès leur enfance,
Et de père et d'époux donner pleine puissance.
D'élever celle-là vous prîtes le souci,
Et moi, je me chargeai du soin de celle-ci :
Selon vos volontés vous gouvernez la vôtre ;
Laissez-moi, je vous prie, à mon gré régir l'autre.

ARISTE. — Il me semble...

   SGANARELLE. — Il me semble, et je le dis tout haut,
Que sur un tel sujet c'est parler comme il faut.
Vous souffrez que la vôtre aille leste et pimpante,
Je le veux bien ; qu'elle ait et laquais et suivante,
J'y consens ; qu'elle coure, aime l'oisiveté,
Et soit des damoiseaux flairée en liberté,
J'en suis fort satisfait : mais j'entends que la mienne
Vive à ma fantaisie, et non pas à la sienne ;
Que d'une serge honnête elle ait son vêtement,
Et ne porte le noir qu'aux bons jours seulement ;
Qu'enfermée au logis, en personne bien sage,

Elle s'applique toute aux choses du ménage,
A recoudre mon linge aux heures de loisir,
Ou bien à tricoter quelques bas par plaisir;
Qu'aux discours des muguets elle ferme l'oreille;
Et ne sorte jamais sans avoir qui la veille.
Enfin la chair est faible, et j'entends tous les bruits
Je ne veux point porter de cornes si je puis;
Et, comme à m'épouser sa fortune l'appelle,
Je prétends, corps pour corps, pouvoir répondre d'elle.
ISABELLE. — Vous n'avez pas sujet, que je crois...
                              SGANARELLE. — Taisez-vous,
Je vous apprendrai bien s'il faut sortir sans nous.
LÉONOR. — Quoi donc! monsieur...
                SGANARELLE. — Mon Dieu! madame, sans langage,
Je ne vous parle pas, car vous êtes trop sage.
LÉONOR. — Voyez-vous Isabelle avec nous à regret?
SGANARELLE. — Oui, vous me la gâtez, puisqu'il faut parler net.
Vos visites ici ne font que me déplaire;
Et vous m'obligerez de ne nous en plus faire.
LÉONOR. — Voulez-vous que mon cœur vous parle net aussi?
J'ignore de quel œil elle voit tout ceci;
Mais je sais ce qu'en moi ferait la défiance
Et, quoiqu'un même sang nous ait donné naissance,
Nous sommes bien peu sœurs, s'il faut que chaque jour
Vos manières d'agir lui donnent de l'amour.
LISETTE. — En effet, tous ces soins sont des choses infames:
Sommes-nous chez les Turcs, pour renfermer les femmes
Car on dit qu'on les tient esclaves en ce lieu,
Et que c'est pour cela qu'ils sont maudits de Dieu.
Notre honneur est, monsieur, bien sujet à faiblesse,
S'il faut qu'il ait besoin qu'on le garde sans cesse.
Pensez-vous, après tout, que ces précautions
Servent de quelque obstacle à nos intentions?
Et, quand nous nous mettons quelque chose à la tête,
Que l'homme le plus fin ne soit pas une bête,
Toutes ces gardes-là sont visions des fous;
Le plus sûr est, ma foi, de se fier en |nous :
Qui nous gêne, se met en un péril extrême,
Et toujours notre honneur veut se garder lui-même.
C'est nous inspirer presque un désir de pécher;
Que montrer tant de soins de nous en empêcher;
Et, si par un mari je me voyais contrainte,
J'aurais fort grande pente à confirmer sa crainte.
SGANARELLE, à Ariste. — Voilà, beau précepteur, votre éducation :
Et vous souffrez cela sans nulle émotion?
ARISTE. — Mon frère, son discours ne doit que faire rire :
Elle a quelque raison en ce qu'elle veut dire.
Leur sexe aime à jouir d'un peu de liberté;
On le retient fort mal par tant d'austérité·
Et les soins défiants, les verroux et les grilles,
Ne font pas la vertu des femmes ni des filles :
C'est l'honneur qui les doit tenir dans le devoir,
Non la sévérité que nous leur faisons voir.
C'est une étrange chose, à vous parler sans feinte,
Qu'une femme qui n'est sage que par contrainte.
En vain sur tous ses pas nous prétendons régner,
Je trouve que le cœur est ce qu'il faut gagner,
Et je ne tiendrais, moi, quelque soin qu'on se donne,
Mon honneur guère sûr aux mains d'une personne
A qui, dans les désirs qui pourraient l'assaillir,
Il ne manquerait rien qu'un moyen de faillir.

SGANARELLE. — Chansons que tout cela.

ARISTE. — Soit; mais je tiens sans cesse
Qu'il nous faut en riant instruire la jeunesse,
Reprendre ses défauts avec grande douceur,
Et du nom de vertu ne lui point faire peur.
Mes soins pour Léonor ont suivi ces maximes;
Des moindres libertés je n'ai point fait des crimes,
A ses jeunes desirs j'ai toujours consenti,
Et je ne m'en suis pas, grâce au ciel, repenti.
J'ai souffert qu'elle ait vu les belles compagnies,
Les divertissements, les bals, les comédies :
Ce sont choses, pour moi, que je tiens de tout temps
Fort propres à former l'esprit des jeunes gens;
Et l'école du monde en l'air dont il faut vivre
Instruit mieux à mon gré que ne fait aucun livre.
Elle aime à dépenser en habits, linge et nœuds :
Que voulez-vous? je tâche à contenter ses vœux;
Et ce sont des plaisirs qu'on peut, dans nos familles,
Lorsque l'on a du bien, permettre aux jeunes filles.
Un ordre paternel l'oblige à m'épouser;
Mais mon dessein n'est pas de la tyranniser.
Je sais bien que nos ans ne se rapportent guère,
Et je laisse à son choix liberté tout entière.
Si quatre mille écus de rentes bien venants,
Une grande tendresse et des soins complaisants,
Peuvent, à son avis, pour un tel mariage,
Réparer entre nous l'inégalité d'âge,
Elle peut m'épouser; sinon, choisir ailleurs.
Je consens que sans moi ses destins soient meilleurs,
Et j'aime mieux la voir sous un autre hyménée,
Que si contre son gré sa main m'était donnée.

SGANARELLE. — Hé! qu'il est doucereux! c'est tout sucre et tout miel!

ARISTE. — Enfin, c'est mon humeur, et j'en rends grace au ciel.
Je ne suivrais jamais ces maximes sévères
Qui font que les enfants comptent les jours des pères.

SGANARELLE. — Mais ce qu'en la jeunesse on prend de liberté
Ne se retranche pas avec facilité;
Et tous ses sentiments suivraient mal votre envie,
Quand il faudra changer sa manière de vie.

ARISTE. — Et pourquoi la changer?

SGANARELLE. — Pourquoi?

ARISTE. — Oui.

SGANARELLE. — Je ne saì.

ARISTE. — Y voit-on quelque chose où l'honneur soit blessé?

SGANARELLE. — Quoi! si vous l'épousez, elle pourra prétendre
Les mêmes libertés que fille on lui voit prendre?

ARISTE. — Pourquoi non?

SGANARELLE. — Vos desirs lui seront complaisants,
Jusques à lui laisser et mouches et rubans?

ARISTE. — Sans doute.

SGANARELLE. — A lui souffrir, en cervelle troublée,
De courir tous les bals et les lieux d'assemblée?

ARISTE. — Oui vraiment.

SGANARELLE. — Et chez vous iront les damoiseaux?

ARISTE. — Et quoi donc?

SGANARELLE. — Qui joueront et donneront cadeaux?

ARISTE. — D'accord.

SGANARELLE. — Et votre femme entendra les fleurettes?

ARISTE. — Fort bien.

SGANARELLE. — Et vous verrez ces visites muguettes
D'un œil à témoigner de n'en être point saoul?

ARISTE. — Cela s'entend.

SGANARELLE. — Allez, vous êtes un vieux fou.
(*A Isabelle.*) Rentrez, pour n'ouïr point cette pratique infâme.

SCÈNE III. — ARISTE, SGANARELLE, LÉONOR, LISETTE.

ARISTE. — Je veux m'abandonner à la foi de ma femme,
Et prétends toujours vivre ainsi que j'ai vécu.

SGANARELLE. — Que j'aurai de plaisir si l'on le fait cocu !

ARISTE. — J'ignore pour quel sort mon astre m'a fait naître ;
Mais je sais que pour vous, si vous manquez de l'être,
On ne vous en doit point imputer le défaut,
Car vos soins pour cela font bien tout ce qu'il faut.

SGANARELLE. — Riez donc, beau rieur. Oh ! que cela doit plaire
De voir un goguenard presque sexagénaire !

LÉONOR. — Du sort dont vous parlez, je le garantis, moi,
S'il faut que par l'hymen il reçoive ma foi ;
Il s'y peut assurer ; mais sachez que mon âme
Ne répondrait de rien si j'étais votre femme.

LISETTE. — C'est conscience à ceux qui s'assurent en nous ;
Mais c'est pain bénit, pain bénit certe, à des gens comme vous.

SGANARELLE. — Allez, langue maudite et des plus mal apprises.

ARISTE. — Vous vous êtes, mon frère , attiré ces sottises.
Adieu. Changez d'humeur , et soyez averti
Que renfermer sa femme est un mauvais parti.
Je suis votre valet.

SGANARELLE. — Je ne suis pas le vôtre.

SCÈNE IV.

SGANARELLE, *seul.* — Oh ! que les voilà bien tous formés l'un pour l'autre
Quelle belle famille ! Un vieillard insensé ,
Qui fait le dameret dans un corps tout cassé ;
Une fille maîtresse et coquette suprême ;
Des valets impudents ! Non, la Sagesse même
N'en viendrait pas à bout, perdrait sens et raison
A vouloir corriger une telle maison.
Isabelle pourrait perdre dans ces hantises
Les semences d'honneur qu'avec nous elle a prises ;
Et, pour l'en empêcher, dans peu nous prétendons
Lui faire aller revoir nos choux et nos dindons.

SCÈNE V. — VALÈRE, SGANARELLE, ERGASTE.

VALÈRE , *dans le fond du théâtre.*
Ergaste, le voilà cet Argus que j'abhorre,
Le sévère tuteur de celle que j'adore.

SGANARELLE, *se croyant seul.*
N'est-ce pas quelque chose enfin de surprenant
Que la corruption des mœurs de maintenant !

VALÈRE. — Je voudrais l'accoster, s'il est en ma puissance,
Et tâcher de lier avec lui connaissance.

SGANARELLE, *se croyant seul.* — Au lieu de voir régner cette sévérité
Qui composait si bien l'ancienne honnêteté,
La jeunesse en ces lieux, libertine, absolue,
Ne prend...

(Valère salue Sganarelle de loin.)

VALÈRE. — Il ne voit pas que c'est lui qu'on salue.

ERGASTE. — Son mauvais œil peut-être est de ce côté-ci.
Passons du côté droit.

SGANARELLE, *se croyant seul.* — Il faut sortir d'ici.
Le séjour de la ville en moi ne peut produire
Que des...

VALÈRE , *en s'approchant peu à peu.*
Il faut chez lui tâcher de m'introduire.

SGANARELLE, *entendant quelque bruit.* — Hé!... j'ai cru qu'on parlait.
(*Se croyant seul.*)
Aux champs, grâces aux cieux,
Les sottises du temps ne blessent point mes yeux.
ERGASTE, *à Valère.* — Abordez-le.
SGANARELLE, *entendant encore du bruit.* Plaît-il?
(*N'entendant plus rien.*)
Les oreilles me cornent. (*Se croyant seul.*)
Là tous les passe-temps de nos filles se bornent...
(*Il aperçoit Valère qui le salue.*)
Est-ce à nous?
ERGASTE, *à Valère.* — Approchez.
SGANARELLE, *sans prendre garde à Valère.* — Là, nul godelureau
(*Valère le salue encore.*)
Ne vient... Que diable...?
(*Il se tourne, et voit Ergaste qui le salue de l'autre côté.*)
Encor! Que de coups de chapeau!
VALÈRE. — Monsieur, un tel abord vous interrompt peut-être?
SGANARELLE. — Cela se peut.
VALÈRE. — Mais quoi! l'honneur de vous connaître
Est un si grand bonheur, est un si doux plaisir,
Que de vous saluer j'avais un grand desir.
SGANARELLE. — Soit.
VALÈRE. — Et de vous venir, mais sans nul artifice,
Assurer que je suis tout à votre service.
SGANARELLE. — Je le crois.
VALÈRE. — J'ai le bien d'être de vos voisins,
Et j'en dois rendre grâce à mes heureux destins.
SGANARELLE. — C'est bien fait.
VALÈRE. — Mais, monsieur, savez-vous les nouvelles
Que l'on dit à la cour, et qu'on tient pour fidèles?
SGANARELLE. — Que m'importe?
VALÈRE. — Il est vrai; mais pour les nouveautés
On peut avoir parfois des curiosités.
Vous irez voir, monsieur, cette magnificence
Que de notre dauphin prépare la naissance?
SGANARELLE. — Si je veux.
VALÈRE. — Avouons que Paris nous fait part
De cent plaisirs charmants qu'on n'a point autre part.
Les provinces auprès sont des lieux solitaires.
A quoi donc passez-vous le temps?
SGANARELLE. — A mes affaires.
VALÈRE. — L'esprit veut du relâche, et succombe parfois
Par trop d'attachement aux sérieux emplois.
Que faites-vous les soirs avant qu'on se retire?
SGANARELLE. — Ce qui me plaît,
VALÈRE. — Sans doute, on ne peut pas mieux dire;
Cette réponse est juste, et le bon sens paraît
A ne vouloir jamais faire que ce qui plaît.
Si je ne vous croyais l'ame trop occupée,
J'irais parfois chez vous passer l'après-soupée.
SGANARELLE. — Serviteur.

SCÈNE VI. — VALÈRE, ERGASTE.

VALÈRE. — Que dis-tu de ce bizarre fou?
ERGASTE. — Il a le repart brusque, et l'accueil loup-garou.
VALÈRE. — Ah! j'enrage!
ERGASTE. — Et de quoi?
VALÈRE. — De quoi? C'est que j'en
De voir celle que j'aime au pouvoir d'un sauvage,
D'un dragon surveillant, dont la sévérité

Ne lui laisse jouir d'aucune liberté.
ERGASTE. — C'est ce qui fait pour vous, et sur ces conséquences
  Votre amour doit fonder de grandes espérances.
  Apprenez, pour avoir votre esprit raffermi,
  Qu'une femme qu'on garde est gagnée à demi,
  Et que les noirs chagrins des maris ou des pères
  Ont toujours du galant avancé les affaires.
  Je coquette fort peu, c'est mon moindre talent,
  Et de profession je ne suis point galant;
  Mais j'en ai servi vingt de ces chercheurs de proie,
  Qui disaient fort souvent que leur plus grande joie
  Etait de rencontrer de ces maris fâcheux
  Qui jamais sans gronder ne reviennent chez eux;
  De ces brutaux fieffés qui, sans raison ni suite,
  De leurs femmes en tout contrôlent la conduite,
  Et, du nom de mari fièrement se parants,
  Leur rompent en visière aux yeux des soupirants.
  On en sait, disent-ils, prendre ses avantages;
  Et l'aigreur de la dame, à ces sortes d'outrages
  Dont la plaint doucement le complaisant témoin,
  Est un champ à pousser les choses assez loin.
  En un mot, ce vous est une attente assez belle
  Que la sévérité du tuteur d'Isabelle.
VALÈRE. — Mais, depuis quatre mois que je l'aime ardemment,
  Je n'ai pour lui parler pu trouver un moment.
ERGASTE. — L'amour rend inventif; mais vous ne l'êtes guère,
  Et si j'avais été...
          VALÈRE. — Mais, qu'aurais-tu pu faire,
  Puisque sans ce brutal on ne la voit jamais;
  Et qu'il n'est là-dedans servantes ni valets,
  Dont par l'appât flatteur de quelque récompense,
  Je puisse pour mes feux ménager l'assistance?
ERGASTE. — Elle ne sait donc pas encor que vous l'aimez?
VALÈRE. — C'est un point dont mes vœux ne sont pas informés
  Partout où ce farouche a conduit cette belle,
  Elle m'a toujours vu comme une ombre après elle,
  Et mes regards aux siens ont tâché chaque jour
  De pouvoir expliquer l'excès de mon amour.
  Mes yeux ont fort parlé; mais qui me peut apprendre
  Si leur langage enfin a pu se faire entendre?
ERGASTE. — Ce langage, il est vrai, peut être obscur parfois,
  S'il n'a pour truchement l'écriture ou la voix.
VALÈRE. — Que faire pour sortir de cette peine extrême,
  Et savoir si la belle a connu que je l'aime?
  Dis-m'en quelque moyen.
          ERGASTE. — C'est ce qu'il faut trouver.
Entrons un peu chez vous afin d'y mieux rêver.

FIN DU PREMIER ACTE.

ACTE II.

SCÈNE PREMIÈRE. — ISABELLE, SGANARELLE.

SGANARELLE. — Va, je sais la maison, et connais la personne
  Aux marques seulement que ta bouche me donne.
ISABELLE, *à part*. — O ciel! sois-moi propice, et seconde en ce jour
  Le stratagème adroit d'un innocent amour.
SGANARELLE. — Dis-tu pas qu'on t'a dit qu'il s'appelle Valère?
ISABELLE. — Oui.

SGANARELLE. — Va, sois en repos, rentre, et me laisse faire ;
Je vais parler sur l'heure à ce jeune étourdi.
ISABELLE, *en s'en allant.* — Je fais, pour une fille, un projet bien hardi ;
Mais l'injuste rigueur dont envers moi l'on use,
Dans tout esprit bien fait me servira d'excuse.

SCÈNE II. — SGANARELLE, *seul.*

(Il va frapper à sa porte, croyant que c'est celle de Valère.)
Ne perdons point de temps ; c'est ici. Qui va là ?
Bon ! je rêve. Holà ! dis-je, holà ! quelqu'un, holà !
Je ne m'étonne pas, après cette lumière,
S'il y venait tantôt de si douce manière ;
Mais je veux me hâter, et de son fol espoir...

SCÈNE III. — VALÈRE, SGANARELLE, ERGASTE.

SGANARELLE, *à Ergaste qui est sorti brusquement.*
Peste soit du gros bœuf, qui, pour me faire choir,
Se vient devant mes pas planter comme une perche !
VALÈRE. — Monsieur, j'ai du regret...
     SGANARELLE. — Ah ! c'est vous que je cherche.
VALÈRE. — Moi, monsieur ?
    SGANARELLE. — Vous. Valère est-il pas votre nom ?
VALÈRE. — Oui.
SGANARELLE. — Je viens vous parler, si vous le trouvez bon.
VALÈRE. — Puis-je être assez heureux pour vous rendre service ?
SGANARELLE.—Non. Mais je prétends, moi, vous rendre un bon office ;
Et c'est ce qui chez vous prend droit de m'amener.
VALÈRE. — Chez moi, monsieur.
    SGANARELLE. — Chez vous. Faut-il tant s'étonner ?
VALÈRE. — J'en ai bien du sujet ; et mon ame ravie
De l'honneur...
  SGANARELLE. — Laissons-là cet honneur, je vous prie.
VALÈRE. — Voulez-vous pas entrer ?
    SGANARELLE. — Il n'en est pas besoin.
VALÈRE. — Monsieur, de grâce.
    SGANARELLE. — Non ; je n'irai pas plus loin.
VALÈRE. — Tant que vous serez là, je ne puis vous entendre.
SGANARELLE. — Moi je n'en veux bouger.
     VALÈRE. — Hé bien ! il faut se rendre.
Vite, puisque monsieur à cela se résout,
Donnez un siège ici.
   SGANARELLE. — Je veux parler debout.
VALÈRE. — Vous souffrir de la sorte ?
    SGANARELLE. — Ah ! contrainte effroyable !
VALÈRE. — Cette incivilité serait trop condamnable.
SGANARELLE. — C'en est une que rien ne saurait égaler,
De n'ouïr pas les gens qui veulent nous parler.
VALÈRE. — Je vous obéis donc.
   SGANARELLE. — Vous ne sauriez mieux faire.
   (Ils font de grandes cérémonies pour se couvrir.)
Tant de cérémonie est fort peu nécessaire.
Voulez-vous m'écouter ?
   VALÈRE — Sans doute, et de grand cœur.
SGANARELLE. — Savez-vous, dites-moi, que je suis le tuteur
D'une fille assez jeune et passablement belle,
Qui loge en ce quartier, et qu'on nomme Isabelle ?
VALÈRE. — Oui.
SGANARELLE. — Si vous le savez, je ne vous l'apprends pas.
Mais savez-vous aussi, lui trouvant des appas,
Qu'autrement qu'en tuteur sa personne me touche,
Et qu'elle est destinée à l'honneur de ma couche ?
VALÈRE. — Non.

SGANARELLE. — Je vous l'apprends donc, et qu'il est à propos
Que vos feux, s'il vous plaît, la laissent en repos.
VALÈRE. — Qui moi, monsieur?
      SGANARELLE. — Oui, vous. Mettons bas toute feinte.
VALÈRE. — Qui vous a dit que j'ai pour elle l'ame atteinte?
SGANARELLE. — Des gens à qui l'on peut donner quelque crédit.
VALÈRE. Mais encore?
SGANARELLE. — Elle-même.
      VALÈRE. — Elle?
      SGANARELLE. — Elle. Est-ce assez dit?
Comme une fille honnête, et qui m'aime d'enfance,
Elle vient de m'en faire entière confidence,
Et de plus, m'a chargé de vous donner avis
Que, depuis que par vous tous ses pas sont suivis,
Son cœur, qu'avec excès votre poursuite outrage,
N'a que trop de vos yeux entendu le langage;
Que vos secrets desirs lui sont assez connus;
Et que c'est vous donner des soucis superflus
De vouloir davantage expliquer une flamme
Qui choque l'amitié que me garde son ame.
VALÈRE. — C'est elle, dites-vous, qui de sa part vous fait...
SGANARELLE. — Oui, vous venir donner cet avis franc et net;
Et qu'ayant vu l'ardeur dont votre ame est blessée,
Elle vous eût plus tôt fait savoir sa pensée,
Si son cœur avait eu, dans son émotion,
A qui pouvoir donner cette commission;
Mais qu'enfin les douleurs d'une contrainte extrême
L'a réduite à vouloir se servir de moi-même,
Pour vous rendre averti, comme je vous ai dit,
Qu'à tout autre que moi son cœur est interdit,
Que vous avez assez joué de la prunelle,
Et que, si vous avez tant soit peu de cervelle,
Vous prendrez d'autres soins. Adieu, jusqu'au revoir.
Voilà ce que j'avais à vous faire savoir.
VALÈRE, bas. — Ergaste, que dis-tu d'une telle aventure?
SGANARELLE, bas à part. — Le voilà bien surpris!
      ERGASTE, bas à Valère — Selon ma conjecture,
Je tiens qu'elle n'a rien de déplaisant pour vous;
Qu'un mystère assez fin est caché là-dessous,
Et qu'enfin cet avis n'est pas d'une personne
Qui veuille voir cesser l'amour qu'elle vous donne.
SGANARELLE, à part. — Il en tient comme il faut.
      VALÈRE, bas à Ergaste. — Tu crois mystérieux...
ERGASTE, bas.—Oui... Mais il nous observe, ôtons-nous de ses yeux..

SCÈNE IV.

SGANARELLE, seul. — Que sa confusion paraît sur son visage.
Il ne s'attendait pas sans doute à ce message.
Appelons Isabelle : elle montre le fruit
Que l'éducation dans une ame produit;
La vertu fait ses soins, et son cœur s'y consomme
Jusques à s'offenser des seuls regards d'un homme.

SCÈNE V. — ISABELLE, SGANARELLE.

ISABELLE, bas, en entrant.—J'ai peur que cet amant, plein de sa passion,
N'ait pas de mon avis compris l'intention;
Et j'en veux, dans les fers où je suis prisonnière,
Hasarder un qui parle avec plus de lumière.
SGANARELLE. — Me voilà de retour.
      ISABELLE. — Hé bien?
      SGANARELLE. — Un plein effet
A suivi tes discours, et ton homme a son fait.

Il me voulait nier que son cœur fût malade :
Mais lorsque de ta part j'ai marqué l'ambassade,
Il est resté d'abord et muet et confus,
Et je ne pense pas qu'il y revienne plus.
ISABELLE. — Ah! que me dites-vous? J'ai bien peur du contraire,
  Et qu'il ne nous prépare encor plus d'une affaire.
SGANARELLE. — Et sur quoi fondes-tu cette peur que tu dis?
ISABELLE. — Vous n'avez pas été plutôt hors du logis,
  Qu'ayant, pour prendre l'air, la tête à ma fenêtre,
  J'ai vu dans ce détour un jeune homme paraître,
  Qui d'abord, de la part de cet impertinent,
  Est venu me donner un bonjour surprenant,
  Et m'a, droit dans ma chambre, une boîte jetée
  Qui renferme une lettre en poulet cachetée.
  J'ai voulu sans tarder lui rejeter le tout ;
  Mais ses pas de la rue avaient gagné le bout,
  Et je m'en sens le cœur tout gros de fâcherie.
SGANARELLE. — Voyez un peu la ruse et la friponnerie!
ISABELLE. — Il est de mon devoir de faire promptement
  Reporter boîte et lettre à ce maudit amant ;
  Et j'aurais pour cela besoin d'une personne...
  Car, d'oser à vous-même...
            SGANARELLE. — Au contraire, mignonne,
  C'est me faire mieux voir ton amour et ta foi,
  Et mon cœur avec joie accepte cet emploi ;
  Tu m'obliges par là plus que je ne puis dire.
ISABELLE. — Tenez donc.
        SGANARELLE. — Bon. Voyons ce qu'il a pu t'écrire.
ISABELLE. — Ah! ciel! gardez-vous bien de l'ouvrir.
                        SGANARELLE. — Et pourquoi?
ISABELLE. — Lui voulez-vous donner à croire que c'est moi?
  Une fille d'honneur doit toujours se défendre
  De lire les billets qu'un homme lui fait rendre.
  La curiosité qu'on fait lors éclater
  Marque un secret plaisir de s'en ouïr conter;
  Et je trouve à propos que, toute cachetée,
  Cette lettre lui soit promptement reportée,
  Afin que d'autant mieux il connaisse aujourd'hui
  Le mépris éclatant que mon cœur fait de lui;
  Que ses feux désormais perdent toute espérance,
  Et n'entreprennent plus pareille extravagance.

CGANARELLE. — Certes, elle a raison, lorsqu'elle parle ainsi.
  Va, ta vertu me charme, et ta prudence aussi ;
  Je vois que mes leçons ont germé dans ton ame,
  Et tu te montre digne enfin d'être ma femme.
ISABELLE. — Je ne veux pas pourtant gêner votre desir.
  La lettre est dans vos mains et vous pouvez l'ouvrir.
SGANARELLE.—Non, je n'ai gardé; hélas! tes raisons sont trop bonnes;
  Et je vais m'acquitter du soin que tu me donnes;
  A quatre pas de là dire ensuite deux mots,
  Et revenir ici te remettre en repos.

SCÈNE VI.

SGANARELLE, *seul.*—Dans quel ravissement est-ce que mon cœur
  Lorsque je vois en elle une fille si sage!
  C'est un trésor d'honneur que j'ai dans ma maison.
  Prendre un regard d'amour pour une trahison!
  Recevoir un poulet pour une injure extrême,
  Et le faire au galant reporter par moi-même!
  Je voudrais bien savoir, en voyant tout ceci,
  Si celle de mon frère en userait ainsi.

Ma foi, les filles sont ce que l'on les fait être.
Holà. (*Il frappe à la porte de Valère.*)

SCÈNE VII. — SGANARELLE, ERGASTE.

ERGASTE. — Qu'est-ce?

SGANARELLE. — Tenez, dites à votre maître
Qu'il ne s'ingère pas d'oser écrire encor
Des lettres qu'il envoie avec des boîtes d'or,
Et qu'Isabelle en est puissamment irritée.
Voyez, on ne l'a pas au moins décachetée;
Il connaîtra l'état que l'on fait de ses feux,
Et quel heureux succès il doit espérer d'eux.

SCÈNE VIII. — VALÈRE, ERGASTE.

VALÈRE. — Que vient de te donner cette farouche bête?
ERGASTE. — Cette lettre, monsieur, qu'avecque cette boîte
On prétend qu'ait reçue Isabelle de vous,
Et dont elle est, dit-il, en un fort grand courroux.
C'est sans vouloir l'ouvrir qu'elle vous la fait rendre.
Lisez vite, et voyons si je me puis méprendre.

VALÈRE *lit.* — « Cette lettre vous surprendra sans doute; et l'on peut
« trouver bien hardi pour moi, et le dessein de vous l'écrire, et la manière de
« vous la faire tenir; mais je me vois dans un état à ne plus garder de mesure.
« La juste horreur d'un mariage dont je suis menacée dans six jours, me fait
« hasarder toutes choses; et, dans la résolution de m'en affranchir par quelque
« voie que ce soit, j'ai cru que je devais plutôt vous choisir que le désespoir.
« Ne croyez pas pourtant que vous soyez redevable de tout à ma mauvaise
« destinée : ce n'est pas la contrainte où je me trouve qui a fait naître les sen-
« timents que j'ai pour vous; mais c'est elle qui en précipite le témoignage, et
« qui me fait passer sur des formalités où la bienséance du sexe oblige. Il ne
« tiendra qu'à vous que je sois à vous bientôt, et j'attends seulement que vous
« m'ayez marqué les intentions de votre amour pour vous faire savoir la réso-
« lution que j'ai prise : mais, surtout, songez que le temps presse, et que deux
« cœurs qui s'aiment doivent s'entendre à demi-mot.

ERGASTE. — Hé bien! monsieur, le tour est-il original?
Pour une jeune fille elle n'en sait pas mal !
De ces ruses d'amour la croirait-on capable ?
VALÈRE. — Ah! je la trouve là tout à fait adorable.
Ce trait de son esprit et de son amitié
Accroît pour elle encor mon amour de moitié,
Et joint aux sentiments que sa beauté m'inspire.
ERGASTE. — La dupe vient; songez à ce qu'il vous faut dire.

SCÈNE IX. — SGANARELLE, VALÈRE, ERGASTE.

SGANARELLE, se croyant seul.

Oh! trois ou quatre fois béni soit cet édit
Par qui des vêtements le luxe est interdit !
Les peines des maris ne seront pas si grandes,
Et les femmes auront un frein à leurs demandes.
Oh! que je sais au roi bon gré de ces décris!
Et que, pour le repos de ces mêmes maris,
Je voudrais bien qu'on fît de la coquetterie
Comme de la guipure, et de la broderie !
J'ai voulu l'acheter, l'édit, expressément,
Afin que d'Isabelle il soit lu hautement;
Et ce sera tantôt, n'étant plus occupée,
Le divertissement de notre après-soupée. (*Apercevant Valère.*)
Envoierez-vous encor, monsieur aux blonds cheveux,
Avec des boîtes d'or des billets amoureux ?

Vous pensiez bien trouver quelque jeune coquette,
Friande de l'intrigue, et tendre à la fleurette?
Vous voyez de quel air on reçoit vos joyaux?
Croyez-moi, c'est tirer votre poudre aux moineaux.
Elle est sage, elle m'aime, et votre amour l'outrage.
Prenez visée ailleurs, et troussez-moi bagage.
VALÈRE. — Oui, oui, votre mérite, à qui chacun se rend
Est à mes vœux, monsieur, un obstacle trop grand ;
Et c'est folie, à moi, dans mon ardeur fidèle,
De prétendre avec vous à l'amour d'Isabelle.
SGANARELLE. — Il est vrai, c'est folie.
                          VALÈRE. — Aussi n'aurais-je pas
Abandonné mon cœur à suivre ses appas,
Si j'avais pu savoir que ce cœur misérable
Dût trouver un rival comme vous redoutable.
SGANARELLE. — Je le crois.
                    VALÈRE. — Je n'ai garde à présent d'espérer :
Je vous cède, monsieur, et c'est sans murmurer.
SGANARELLE. — Vous faites bien.
                    VALÈRE. — Le droit de la sorte l'ordonne;
Et de tant de vertus brille votre personne,
Que j'aurais tort de voir d'un regard de courroux
Les tendres sentiments qu'Isabelle a pour vous.
SGANARELLE.—Cela s'entend.
                    VALÈRE. — Oui, oui, je vous quitte la place :
Mais je vous prie au moins, et c'est la seule grâce,
Monsieur, que vous demande un misérable amant,
Dont vous seul aujourd'hui causez tout le tourment.
Je vous conjure donc d'assurer Isabelle
Que, si depuis trois mois mon cœur brûle pour elle,
Cette amour est sans tache, et n'a jamais pensé
A rien dont son honneur ait lieu d'être offensé.
SGANARELLE. Oui.
        VALÈRE. — Que, ne dépendant que du choix de mon âme,
Tous mes desseins étaient de l'obtenir pour femme,
Si les desseins, en vous qui captivez son cœur,
N'opposaient un obstacle à cette juste ardeur.
SGANARELLE. — Fort bien,
                    VALÈRE. — Que, quoi qu'on fasse, il ne lui faut pas croire
Que jamais ses appas sortent de ma mémoire ;
Que, quelque arrêt des cieux qu'il me faille subir,
Mon sort est de l'aimer jusqu'au dernier soupir ;
Et que, si quelque chose étouffe mes poursuites,
C'est le juste respect que j'ai pour vos mérites.
SGANARELLE. — C'est parler sagement; et je vais de ce pas
Lui faire ce discours qui ne la choque pas ;
Mais, si vous me croyez, tâchez de faire en sorte
Que de votre cerveau cette passion sorte
Adieu.
ERGASTE, *à Valère.* — La dupe est bonne!

SCÈNE X.

SGANARELLE, *seul.* — Il me fait grand'pitié,
Ce pauvre malheureux trop rempli d'amitié ;
Mais c'est un mal pour lui de s'être mis en tête
De vouloir prendre un fort qui se voit ma conquête.
        (*Sganarelle heurte à sa porte.*)

SCÈNE XI. — SGANARELLE, ISABELLE.

SGANARELLE. — Jamais amant n'a fait tant de trouble éclater,
Au poulet renvoyé sans le décacheter :
Il perd toute espérance enfin, et se retire:

Mais il m'a tendrement conjuré de te dire :
« Que du moins en t'aimant, il n'a jamais pensé
« A rien dont ton honneur ait lieu d'être offensé,
« Et que, ne dépendant que du choix de son ame,
« Tous ses desirs étaient de t'obtenir pour femme,
« Si les destins, en moi qui captive ton cœur,
« N'opposaient un obstacle à cette juste ardeur;
« Que, quoi qu'on puisse faire, il ne te faut pas croire
« Que jamais tes appas sortent de sa mémoire;
« Que, quelque arrêt des cieux qu'il lui faille subir,
« Son sort est de t'aimer jusqu'au dernier soupir;
« Et que, si quelque chose étouffe sa poursuite,
« C'est le juste respect qu'il a pour mon mérite. »
Ce sont ses propres mots : et loin de le blâmer,
Je le trouve honnête homme, et le plains de t'aimer.

ISABELLE, *bas*. — Ses feux ne trompent point ma secrète croyance,
Et toujours ses regards m'en ont dit l'innocence.

SGANARELLE. — Que dis-tu?

       ISABELLE. — Qu'il m'est dur que vous plaigniez si fort
Un homme que je hais à l'égal de la mort :
Et que, si vous m'aimiez autant que vous le dites,
Vous sentiriez l'affront que me font ses poursuites.

SGANARELLE. — Mais il ne savait pas tes inclinations;
Et, par l'honnêteté de ses intentions,
Son amour ne mérite...

       ISABELLE. — Est-ce les avoir bonnes,
Dites-moi, de vouloir enlever les personnes?
Est-ce être homme d'honneur de former des desseins
Pour m'épouser de force en m'ôtant de vos mains?
Comme si j'étais fille à supporter la vie
Après qu'on m'aurait fait une telle infamie!

SGANARELLE. — Comment?

       ISABELLE. — Oui, oui; j'ai su que ce traître d'amant
Parle de m'obtenir par un enlèvement;
Et j'ignore, pour moi, les pratiques secrètes
Qui l'ont instruit sitôt du dessein que vous faites
De me donner la main dans huit jours au plus tard,
Puisque ce n'est que d'hier que vous m'en fîtes part :
Mais il veut prévenir, dit-on, cette journée
Qui doit à votre sort unir ma destinée.

SGANARELLE. — Voilà qui ne vaut rien.

       ISABELLE. — Oh! que pardonnez-moi!
C'est un fort honnête homme, et qui ne sent pour moi....

SGANARELLE. — Il a tort; et ceci passe la raillerie.

ISABELLE. — Allez, votre douceur entretient sa folie;
S'il vous eût vu tantôt lui parler vertement,
Il craindrait vos transports et mon ressentiment;
Car c'est encor depuis sa lettre méprisée,
Qu'il a dit ce dessein qui m'a scandalisée;
Et son amour conserve, ainsi que je l'ai su,
La croyance qu'il est dans mon cœur bien reçu,
Que je fuis votre hymen, quoi que le monde en croie,
Et me verrais tirer de vos mains avec joie,

SGANARELLE. — Il est fou.

       ISABELLE. — Devant vous il sait se déguiser;
Et son intention est de vous amuser.
Croyez, par ses beaux mots, que le traître vous joue.
Je suis bien malheureuse, il faut que je l'avoue,
Qu'avecque tous mes soins pour vivre dans l'honneur
Et rebuter les vœux d'un lâche suborneur,
Il faille être exposée aux fâcheuses surprises

De voir faire sur moi d'infâmes entreprises!
SGANARELLE. — Va, ne redoute rien.
                    ISABELLE. — Pour moi, je vous le di,
Si vous n'éclatez fort contre un trait si hardi,
Et ne trouvez bientôt moyen de me défaire
Des persécutions d'un pareil téméraire,
J'abandonnerai tout, et renonce à l'ennui
De souffrir les affronts que je reçois de lui.
SGANARELLE. — Ne t'afflige point tant; va, ma petite femme,
Je m'en vais le trouver et lui chanter sa gamme.
ISABELLE. — Dites-lui bien au moins qu'il le nierait en vain,
Que c'est de bonne part qu'on m'a dit son dessein;
Et qu'après cet avis, quoi qu'il puisse entreprendre,
J'ose le défier de me pouvoir surprendre;
Enfin que, sans plus perdre et soupirs et moments,
Il doit savoir pour vous quels sont mes sentiments;
Et que, si d'un malheur il ne veut être cause,
Il ne se fasse pas deux fois dire une chose.
SGANARELLE. — Je dirai ce qu'il faut.
                    ISABELLE. — Mais tout cela d'un ton
Qui marque que mon cœur lui parle tout de bon.
SGANARELLE. — Va, je n'oublierai rien, je t'en donne assurance.
ISABELLE. — J'attends votre retour avec impatience:
Hâtez-le, s'il vous plaît, de tout votre pouvoir.
Je languis quand je suis un moment sans vous voir.
SGANARELLE. — Va, pouponne, mon cœur, je reviens tout à l'heure.

SCÈNE XII. — SGANARELLE, *seul.*

Est-il une personne et plus sage et meilleure?
Ah! que je suis heureux! et que j'ai de plaisir
De trouver une femme au gré de mon desir!
Oui, voilà comme il faut que les femmes soient faites:
Et non, comme j'en sais, de ces franches coquettes
Qui s'en laissent conter, et font dans tout Paris
Montrer au bout du doigt leurs honnêtes maris.
                    (*Il frappe à la porte de Valère.*)
Holà, notre galant aux belles entreprises!

SCÈNE XIII. — VALÈRE, SGANARELLE, ERGASTE.

VALÈRE. — Monsieur, qui vous ramène en ces lieux?
                    SGANARELLE. — Vos sottises.
VALÈRE. — Comment?
          SGANARELLE. — Vous savez bien de quoi je veux parler.
Je vous croyais plus sage, à ne vous rien céler.
Vous venez m'amuser de vos belles paroles,
Et conservez sous main vos espérances folles.
Voyez-vous, j'ai voulu doucement vous traiter;
Mais vous m'obligerez à la fin d'éclater.
N'avez-vous point de honte, étant ce que vous êtes,
De faire en votre esprit les projets que vous faites?
De prétendre enlever une fille d'honneur,
Et troubler un hymen qui fait tout son bonheur.
VALÈRE. — Qui vous a dit, monsieur, cette étrange nouvelle?
SGANARELLE. — Ne dissimulons point, je la tiens d'Isabelle,
Qui vous mande par moi, pour la dernière fois,
Qu'elle vous a fait voir assez quel est son choix;
Que son cœur, tout à moi, d'un tel projet s'offense;
Qu'elle mourrait plutôt qu'en souffrir l'insolence;
Et que vous causerez de terribles éclats,
Si vous ne mettez fin à tout cet embarras.
VALÈRE. — Si vous ne mettez fin à tout cet embarras.
          MOLIÈRE.

J'avouerai que mes feux n'ont rien plus à prétendre;
Par ces mots assez clairs je vois tout terminé,
Et je dois révérer l'arrêt qu'elle a donné.
SGANARELLE. — Si... Vous en doutez donc, et prenez pour des feintes
Tout ce que de sa part je vous ai fait de plaintes?
Voulez-vous qu'elle-même elle explique son cœur?
J'y consens volontiers pour vous tirer d'erreur,
Suivez-moi, vous verrez s'il est rien que j'avance
Et si son jeune cœur entre nous deux balance.

(Il va frapper à sa porte.)

SCÈNE XIV. — ISABELLE, SGANARELLE, VALÈRE, ERGASTE.

ISABELLE. — Quoi! vous me l'amenez! Quel est votre dessein?
Prenez-vous contre moi ses intérêts en main?
Et voulez-vous, charmé de ses rares mérites,
M'obliger à l'aimer, et souffrir ses visites?
SGANARELLE. — Non, ma mie, et ton cœur pour cela m'est trop cher:
Mais il prend mes avis pour des contes en l'air,
Croit que c'est moi qui parle et te fais, par adresse,
Pleine pour lui de haine, et pour moi de tendresse;
Et par toi-même enfin j'ai voulu sans retour
Le tirer d'une erreur qui nourrit son amour.
ISABELLE, *à Valère.* — Quoi! mon ame à vos yeux ne se montre pas toute,
Et de mes vœux encor vous pouvez être en doute?
VALÈRE. — Oui, tout ce que monsieur de votre part m'a dit,
Madame, a bien pouvoir de surprendre un esprit.
J'ai douté, je l'avoue; et cet arrêt suprême
Qui décide du sort de mon amour extrême
Doit m'être assez touchant pour ne pas s'offenser
Que mon cœur par deux fois le fasse prononcer.
ISABELLE. — Non, non, un tel arrêt ne doit pas vous surprendre;
Ce sont mes sentiments qu'il vous a fait entendre:
Et je les tiens fondés sur assez d'équité
Pour en faire éclater toute la vérité.
Oui, je veux bien qu'on sache, et j'en dois être crue,
Que le sort offre ici deux objets à ma vue,
Qui, m'inspirant pour eux différents sentiments,
De mon cœur agité font tous les mouvements.
L'un, par un juste choix où l'honneur m'intéresse,
A toute mon estime et toute ma tendresse;
Et l'autre, pour le prix de son affection,
A toute ma colère et mon aversion.
La présence de l'un m'est agréable et chère,
J'en reçois dans mon ame une allégresse entière;
Et l'autre, par sa vue, inspire dans mon cœur
Des secrets mouvements et de haine et d'horreur.
Me voir femme de l'un est toute mon envie;
Et, plutôt qu'être à l'autre, on m'ôterait la vie.
Mais c'est assez montrer mes justes sentiments,
Et trop longtemps languir dans ces rudes tourments:
Il faut que ce que j'aime usant de diligence,
Fasse à ce que je hais perdre toute espérance,
Et qu'un heureux hymen affranchisse mon sort
D'un supplice pour moi plus affreux que la mort.
SGANARELLE. — Oui, mignonne, je songe à remplir ton attente.
ISABELLE. — C'est l'unique moyen de me rendre contente.
SGANARELLE. — Tu la seras dans peu.
ISABELLE. — Je sais qu'il est honteux
Aux filles d'expliquer si librement leurs vœux.
SGANARELLE. — Point, point.
ISABELLE. — Mais en l'état où sont mes destin

De telles libertés doivent m'être données;
Et je puis sans rougir faire un aveu si doux
A celui que déjà je regarde en époux.
SGANARELLE. — Oui, ma pauvre enfant, pouponne de mon ame.
ISABELLE. — Qu'il songe donc, de grâce, à me prouver sa flamme.
SGANARELLE. — Oui, tiens, baise ma main.
     ISABELLE. — Que sans plus de soupirs
Il conclue un hymen qui fait tous mes désirs,
Et reçoive en ce lieu la foi que je lui donne
De n'écouter jamais les vœux d'autre personne.
(Elle fait semblant d'embrasser Sgnnarelle, et donne sa main à baiser à
Valère.)

SGANARELLE. — Hai! hai! mon petit nez, pauvre petit bouchon,
Tu ne languiras pas longtemps, je t'en réponds.
Va, chut. (*à Valère.*)
    Vous le voyez, je ne lui fais pas dire,
Ce n'est qu'après moi seul que son ame respire.
VALÈRE. — Hé bien! madame, hé bien! c'est s'expliquer assez:
Je vois par ce discours de quoi vous me pressez,
Et je saurai dans peu vous ôter la présence
De celui qui vous fait si grande violence.
ISABELLE. — Vous ne me sauriez faire un plus charmant plaisir;
Car enfin cette vue est fâcheuse à souffrir,
Elle m'est odieuse; et l'horreur est si forte...
SGANARELLE. — Hé! hé!
    ISABELLE. — Vous offensé-je en parlant de la sorte?
Fais-je...
SGANARELLE. — Mon Dieu! nenni, je ne dis pas cela:
Mais je plains, sans mentir, l'état où te voilà,
Et c'est trop hautement que ta haine se montre.
ISABELLE. — Je n'en puis trop montrer en pareille rencontre.
VALÈRE. — Oui, vous serez contente; et dans trois jours vos yeux
Ne verront plus l'objet qui vous est odieux.
ISABELLE. — A la bonne heure. Adieu.
    SGANARELLE, *à Valère.* — Je plains votre infortune:
Mais...
VALÈRE. — Non, vous n'entendrez de mon cœur plainte aucune:
Madame assurément rend justice à tous deux,
Et je vais travailler à contenter ses vœux.
Adieu.
SGANARELLE. — Pauvre garçon! sa douleur est extrême;
Tenez, embrassez-moi, c'est un autre elle-même. (*Il embrasse Valère.*)

SCÈNE XV. — ISABELLE, SGANARELLE.

SGANARELLE. — Je le tiens fort à plaindre.
ISABELLE. — Allez, il ne l'est point.
SGANARELLE. — Au reste, ton amour me touche au dernier point,
Mignonette, et je veux qu'il ait sa récompense.
C'est trop que de huit jours pour ton impatience;
Dès demain je t'épouse, et n'y veux appeler...
ISABELLE. — Dès demain?
    SGANARELLE. — Par pudeur tu feins d'y reculer;
Mais je sais bien la joie où ce discours te jette,
Et tu voudrais déjà que la chose fût faite.
ISABELLE. — Mais...
    SGANARELLE. — Pour ce mariage allons tout préparer.
ISABELLE, *à part.* — O ciel! inspire-moi ce qui peut le parer.

FIN DU DEUXIÈME ACTE.

ACTE III.

SCÈNE PREMIÈRE.

ISABELLE, *seule.* — Oui, le trépas cent fois me semble moins à craindre
Que cet hymen fatal où l'on veut me contraindre;
Et tout ce que je fais pour en fuir les rigueurs
Doit trouver quelque grâce auprès de mes censeurs.
Le temps presse, il fait nuit; allons, sans crainte aucune,
A la foi d'un amant commettre ma fortune.

SCÈNE II. — SGANARELLE, ISABELLE.

SGANARELLE, *parlant à ceux qui sont dans sa maison.*
Je reviens, et l'on va pour demain de ma part...

ISABELLE. — O ciel!

SGANARELLE. — C'est toi, mignonne? Où vas-tu donc si tard?
Tu disais qu'en ta chambre, étant un peu lassée,
Tu t'allais renfermer, lorsque je t'ai laissée;
Et tu m'avais prié même que mon retour
T'y souffrît en repos jusques à demain jour.

ISABELLE. — Il est vrai; mais....

SGANARELLE. — Hé quoi?

ISABELLE. — Vous me voyez confuse,
Et je ne sais comment vous en dire l'excuse.

SGANARELLE. — Quoi donc! que pourrait-ce être?

ISABELLE. — Un secret surprenant;
C'est ma sœur qui m'oblige à sortir maintenant,
Et qui, pour un dessein dont je l'ai fort blâmée.
M'a demandé ma chambre, où je l'ai renfermée.

SGANARELLE. — Comment?

ISABELLE. — L'eût-on pu croire? Elle aime cet amant
Que nous avons banni.

SGANARELLE. — Valère?

ISABELLE. — Éperdûment.
C'est un transport si grand, qu'il n'en est point de même;
Et vous pouvez juger de sa puissance extrême,
Puisque seule, à cette heure, elle est venue ici
Me découvrir à moi son amoureux souci;
Me dire absolument qu'elle perdra la vie
Si son ame n'obtient l'effet de son envie;
Que depuis plus d'un an d'assez vives ardeurs
Dans un secret commerce entretenaient leurs cœurs;
Et que même ils s'étaient, leur flamme étant nouvelle,
Donné de s'épouser une foi mutuelle...

SGANARELLE. — La vilaine!

ISABELLE. — Qu'ayant appris le désespoir
Où j'ai précipité celui qu'elle aime à voir,
Elle vient me prier de souffrir que sa flamme
Puisse rompre un départ qui lui percerait l'ame;
Entretenir ce soir cet amant sous mon nom
Par la petite rue où ma chambre répond;
Lui peindre, d'une voix qui contrefait la mienne,
Quelques doux sentiments dont l'appât le retienne,
Et ménager enfin pour elle adroitement
Ce que pour moi l'on sait qu'il a d'attachement.

SGANARELLE. — Et tu trouves cela...

ISABELLE. — Moi? j'en suis courroucée.
Quoi! ma sœur, ai-je dit, êtes-vous insensée?
Ne rougissez-vous point d'avoir pris tant d'amour
Pour ces sortes de gens qui changent chaque jour,
D'oublier votre sexe, et tromper l'espérance

D'un homme dont le ciel vous donnait l'alliance ;
SGANARELLE. — Il le mérite bien ; et j'en suis fort ravi.
ISABELLE. — Enfin de cent raisons mon dépit s'est servi
Pour lui bien reprocher des bassesses si grandes,
Et pouvoir cette nuit rejeter ses demandes ;
Mais elle m'a fait voir de si pressants desirs,
A tant versé de pleurs, tant poussé de soupirs,
Tant dit qu'au désespoir je porterais son ame
Si je lui refusais ce qu'exige sa flamme,
Qu'à céder malgré moi mon cœur s'est vu réduit
Et, pour justifier cette intrigue de nuit,
Où me faisait du sang relâcher la tendresse,
J'allais faire avec moi venir coucher Lucrèce,
Dont vous me vantez tant les vertus chaque jour ;
Mais vous m'avez surprise avec ce prompt retour.
SGANARELLE. — Non, non, je ne veux point chez moi tout ce mystère.
J'y pourrais consentir à l'égard de mon frère ;
Mais on peut être vu de quelqu'un du dehors ;
Et celle que je dois honorer de mon corps
Non seulement doit être et pudique et bien née,
Il ne faut pas que même elle soit soupçonnée.
Allons chasser l'infâme ; et de sa passion....
ISABELLE. — Ah ! vous lui donneriez trop de confusion ;
Et c'est avec raison qu'elle pourrait se plaindre
Du peu de retenue où j'ai su me contraindre :
Puisque de son dessein je dois me départir,
Attendez que du moins je la fasse sortir.
SGANARELLE. — Hé bien ! fais.
      ISABELLE. — Mais surtout cachez-vous, je vous prie,
Et sans lui dire rien, daignez voir sa sortie.
SGANARELLE. — Oui, pour l'amour de toi je retiens mes transports :
Mais, dès le même instant qu'elle sera dehors,
Je veux, sans différer, aller trouver mon frère :
J'aurai joie à courir lui dire cette affaire.
ISABELLE. — Je vous conjure donc de ne me point nommer.
Bon soir ; car tout d'un temps je vais me renfermer.
SGANARELLE, seul. — Jusqu'à demain, ma mie... En quelle impatience
Suis-je de voir mon frère, et lui conter sa chance !
Il en tient, le bon homme, avec tout son phébus,
Et je n'en voudrais pas tenir cent bons écus.
ISABELLE, dans la maison. — Oui, de vos déplaisirs l'atteinte m'est sensible :
Mais ce que vous voulez, ma sœur, m'est impossible ;
Mon honneur, qui m'est cher, y court trop de hasard.
Adieu. Retirez-vous avant qu'il soit plus tard.
SGANARELLE. — La voilà qui, je crois, peste de belle sorte :
De peur qu'elle revînt, fermons à clef la porte.
ISABELLE, en sortant. — O ciel, dans mes desseins ne m'abandonnez pas !
SGANARELLE, à part. — Où pourra-t-elle aller ? Suivons un peu ses pas.
ISABELLE, à part. — Dans mon trouble du moins la nuit me favorise.
SGANARELLE, à part. — Au logis du galant ! Quelle est son entreprise ?

SCÉNE III. — VALÈRE, ISABELLE, SGANARELLE.

VALÈRE, sortant brusquement.
Oui, oui, je veux tenter quelque effort cette nuit
Pour parler... Qui va là ?
      ISABELLE, à Valère. — Ne faites point de bruit,
Valère ; on vous prévient, et je suis Isabelle.
SGANARELLE. — Vous en avez menti, chienne ; ce n'est pas elle.
De l'honneur que tu fuis elle suit trop les lois ;
Et tu prends faussement et son nom et sa voix.
ISABELLE, à Valère. — Mais à moins de vous voir par un saint hyménée..

VALÈRE. — Oui, c'est l'unique but où tend ma destinée ;
  Et je vous donne ici ma foi que dès demain
  Je vais où vous voudrez recevoir votre main.
SGANARELLE, *à part.* — Pauvre sot qui s'abuse !
                   VALÈRE. — **Entrez en** assurance :
  De votre Argus dupé je brave la puissance ;
  Et, devant qu'il vous pût ôter à mon ardeur,
  Mon bras de mille coups lui percerait le cœur.

SCÈNE IV. — SGANARELLE, seul.

  Ah ! je te promets bien que je n'ai pas envie
  De te l'ôter, l'infâme à ses feux asservie,
  Que du don de sa foi je ne suis point jaloux,
  Et que, si j'en suis cru, tu seras son époux.
  Oui, faisons-le surprendre avec cette effrontée :
  La mémoire du père à bon droit respectée,
  Jointe au grand intérêt que je prends à la sœur,
  Veut que du moins l'on tâche à lui rendre l'honneur.
  Holà. (*Il frappe à la porte d'un commissaire.*)

SCÈNE V.

SGANARELLE, UN COMMISSAIRE, UN NOTAIRE, UN LAQUAIS *avec un flambeau.*
LE COMMISSAIRE. — Qu'est-ce ?
                SGANARELLE. — Salut, monsieur le commissaire.
  Votre présence en robe est ici nécessaire ;
  Suivez-moi, s'il vous plaît, avec votre clarté.
LE COMMISSAIRE. — Nous sortions...
              SGANARELLE. — Il s'agit d'un fait assez hâté.
LE COMMISSAIRE. — Quoi ?
         SGANARELLE. — D'aller là-dedans, et d'y surprendre ensemble
  Deux personnes qu'il faut qu'un bon hymen assemble :
  C'est une fille à nous, que, sous un don de foi,
  Un Valère a séduite et fait entrer chez soi.
  Elle sort de famille et noble et vertueuse,
  Mais...
LE COMMISSAIRE. — Si c'est pour cela, la rencontre est heureuse,
  Puisqu'ici nous avons un notaire.
            SGANARELLE. — Monsieur ?
LE NOTAIRE. — Oui, notaire royal.
             LE COMMISSAIRE. — De plus homme d'honneur.
SGANARELLE. — Cela s'en va sans dire. Entrez dans cette porte,
  Et sans bruit ayez l'œil que personne n'en sorte :
  Vous serez pleinement contentés de vos soins ;
  Mais ne vous laissez pas graisser la patte, au moins.
LE COMMISSAIRE. Comment ! Vous croyez donc qu'un homme de justice.
SGANARELLE. — Ce que j'en dis n'est pas pour taxer votre office.
  Je vais faire venir mon frère promptement :
  Faites que le flambeau m'éclaire seulement.   (*A part.*)
  Je vais le réjouir cet homme sans colère.
  Holà,   (*Il frappe à la porte d'Ariste.*)

SCÈNE VI. — ARISTE, SGANARELLE.

ARISTE. — Qui frappe ? Ah ! ah ! que voulez-vous, mon frère ?
SGANARELLE. — Venez, beau directeur, suranné damoiseau,
  On veut vous faire voir quelque chose de beau.
ARISTE. — Comment ?
         SGANARELLE. — Je vous apporte une bonne nouvelle.
ARISTE. — Quoi ?
SGANARELLE. — Votre Léonor, où, je vous prie, est-elle ?
ARISTE. — Pourquoi cette demande ? Elle est, comme je crois,
  Au bal chez son amie.
           SGANARELLE. — Eh ! oui, oui ; suivez-moi,
  Vous verrez à quel bal la donzelle est allée.

ARISTE. — Que voulez-vous conter?

SGANARELLE. — Vous l'avez bien stylée :
Il n'est pas bon de vivre en sévère censeur;
On gagne les esprits par beaucoup de douceur;
Et les soins défiants, les verroux et les grilles,
Ne font pas la vertu des femmes ni des filles;
Nous les portons au mal par tant d'austérité,
Et leur sexe demande un peu de liberté.
Vraiment! elle en a pris tout son soûl, la rusée;
Et la vertu chez elle est fort humanisée.

ARISTE. — Où veut donc aboutir un pareil entretien?

SGANARELLE. — Allez, mon frère aîné, cela vous sied fort bien;
Et je ne voudrais pas pour vingt bonnes pistoles
Que vous n'eussiez ce fruit de vos maximes folles :
On voit ce qu'en deux sœurs nos leçons ont produit;
L'une fuit le galant, et l'autre le poursuit.

ARISTE. — Si vous ne me rendez cette énigme plus claire...

SGANARELLE. — L'énigme est que son bal est chez monsieur Valère;
Que, de nuit, je l'ai vue y conduire ses pas,
Et qu'à l'heure présente elle est entre ses bras...

ARISTE. — Qui?

SGANARELLE. — Léonor.

ARISTE. — Cessons de railler, je vous prie.

SGANARELLE. — Je raille... Il est fort bon avec sa raillerie!
Pauvre esprit! Je vous dis, et vous redis encor
Que Valère chez lui tient votre Léonor,
Et qu'ils s'étaient promis une foi mutuelle
Avant qu'il eût songé de poursuivre Isabelle.

ARISTE. — Ce discours d'apparence est si fort dépourvu...

SGANARELLE. — Il ne le croira pas encore en l'ayant vu :
J'enrage, Par ma foi! l'âge ne sert de guère
Quand on n'a pas cela. (*Il met le doigt sur son front.*)

ARISTE. — Quoi voulez-vous, mon frère...

SGANARELLE. — Mon dieu! je ne veux rien. Suivez-moi seulement;
Votre esprit tout à l'heure aura contentement;
Vous verrez si j'impose, et si leur foi donnée
N'avait pas joint leurs cœurs depuis plus d'une année.

ARISTE. — L'apparence qu'ainsi, sans m'en faire avertir,
A cet engagement elle eût pu consentir?
Moi, qui dans toute chose ai, depuis son enfance,
Montré toujours pour elle entière complaisance,
Et qui cent fois ai fait des protestations
De ne jamais gêner ses inclinations!

SGANARELLE. — Enfin vos propres yeux jugeront de l'affaire.
J'ai fait venir déjà commissaire et notaire :
Nous avons intérêt que l'hymen prétendu
Répare sur-le-champ l'honneur qu'elle a perdu;
Car je ne pense pas que vous soyez si lâche,
De vouloir l'épouser avecque cette tache,
Si vous n'avez encor quelques raisonnements
Pour vous mettre au-dessus de tous les bernements.

ARISTE. — Moi? Je n'aurai jamais cette faiblesse extrême
De vouloir posséder un cœur malgré lui-même.
Mais je ne saurais croire enfin...

SGANARELLE. — Que de discour
Allons, ce procès-là continuerait toujours.

SCÈNE VII.

SGANARELLE, ARISTE, UN COMMISSAIRE, UN NOTAIRE.

LE COMMISSAIRE. — Il ne faut mettre ici nulle force en usage,
Messieurs; et si vos vœux ne vont qu'au mariage,

Vos transports en ce lieu se peuvent apaiser.
Tous deux également tendent à s'épouser ;
Et Valère déjà, sur ce qui vous regarde ,
A signé que pour femme il tient celle qu'il garde.

ARISTE. — La fille..?

LE COMMISSAIRE — Est renfermée , et ne veut point sortir
Que vos desirs aux leurs ne veuillent consentir.

SCÈNE VIII.

VALÈRE , UN COMMISSAIRE , UN NOTAIRE , SGANARELLE , ARISTE.

VALÈRE , *à la fenêtre de sa maison.*

Non , messieurs ; et personne ici n'aura l'entrée
Que cette volonté ne m'ait été montrée.
Vous savez qui je suis, et j'ai fait mon devoir
En vous signant l'aveu qu'on peut vous faire **voir.**
Si c'est votre dessein d'approuver l'alliance,
Votre main peut aussi m'en signer l'assurance;
Sinon , faites état de m'arracher le jour,
Plutôt que de m'ôter l'objet de mon amour.

SGANARELLE. — Non , nous ne songeons pas à vous separer d'elle.
(Bas à part.) Il ne s'est point encor détrompé d'Isabelle :
Profitons de l'erreur.

ARISTE , *à Valère.* — Mais est-ce Léonor?

SGANARELLE , *à Ariste.* — Taisez-vous.

ARISTE. — Mais...

SGANARELLE. — Paix donc!

ARISTE. — Je veux savoir...

SGANARELLE. — Encor?

Vous tairez-vous ? vous dis-je.

VALÈRE. — Enfin quoi qu'il advienne,
Isabelle a ma foi ; j'ai de même la sienne,
Et ne suis point un choix, à tout examiner,
Que vous soyez reçus à faire condamner.

ARISTE, *à Sganarelle.* — Ce qu'il dit là n'est pas...

SGANARELLE. — Taisez-vous , et pour cause ;
(A Valère.) Vous saurez le secret. Oui , sans dire autre chose
Nous consentons tous deux que vous soyez l'époux
De celle qu'à présent on trouvera chez vous.

LE COMMISSAIRE. — C'est dans ces termes-là que la cnose est conçue ,
Et le nom est en blanc pour ne l'avoir point vue.
Signez. La fille après vous mettra tous d'accord.

VALÈRE. — J'y consens de la sorte.

SGANARELLE. — Et moi je le veux fort.
(A part.)　　　*(Haut.)*
Nous rirons bien tantôt. Là, signez donc, mon frère ;
L'honneur vous appartient.

ARISTE. — Mais quoi ! tout ce mystère...

SGANARELLE.—Diantre ! que de façons ! signez, pauvre butor.

ARISTE. — Il parle d'Isabelle , et vous de Léonor.

SGANARELLE. — N'êtes-vous pas d'accord. mon frère, si c'est elle,
De les laisser tous deux à leur foi mutuelle ?

ARISTE. — Sans doute.

SGANARELLE. — Signez donc ; j'en fais de même aussi.

ARISTE. — Soit. Je n'y comprends rien.

SGANARELLE. — Vous serez éclairci.

LE COMMISSAIRE. — Nous allons revenir.

SGANARELLE , *à Ariste.* — Or ça je vais vous dire
La fin de cette intrigue, *(Ils se retirent dans le fond du théâtre.)*

SCÈNE IX.

LÉONOR, SGANARELLE , ARISTE, LISETTE.

LÉONOR. — O l'étrange martyr !

Que tous ces jeunes fous me paraissent fâcheux !
Je me suis dérobée au bal pour l'amour d'eux.
LISETTE. — Chacun d'eux près de vous veut se rendre agréable.
LÉONOR. — Et moi, je n'ai rien vu de plus insupportable ;
Et je préférerais le plus simple entretien
A tous les contes bleus de ces diseurs de rien.
Ils croyent que tout cède à leur perruque blonde,
Et pensent avoir dit le meilleur mot du monde
Lorsqu'ils viennent, d'un ton de mauvais goguenard,
Vous railler sottement sur l'amour d'un vieillard.
Et moi, d'un tel vieillard je prise plus le zèle,
Que tous les beaux transports d'une jeune cervelle.
Mais n'aperçois-je pas?...
SGANARELLE, à Ariste. — Oui l'affaire est ainsi. (Apercevant Léonor.)
Ah ! je la vois paraître et sa suivante aussi.
ARISTE. — Léonor, sans courroux, j'ai sujet de me plaindre,
Vous savez si jamais j'ai voulu vous contraindre,
Et si plus de cent fois je n'ai pas protesté
De laisser à vos vœux leur pleine liberté :
Cependant votre cœur, méprisant mon suffrage,
De foi comme d'amour à mon insu s'engage.
Je ne me repens pas de mon doux traitement :
Mais votre procédé me touche assurément ;
Et c'est une action que n'a pas méritée
Cette tendre amitié que je vous ai portée.
LÉONOR. — Je ne sais pas sur quoi vous tenez ce discours ;
Mais croyez que je suis de même que toujours,
Que rien ne peut pour vous altérer mon estime,
Que toute autre amitié me paraîtrait un crime,
Et que, si vous voulez satisfaire mes vœux,
Un saint nœud dès demain nous unira tous deux.
ARISTE. — Dessus quel fondement venez-vous donc, mon frère?...
SGANARELLE. — Quoi ! vous ne sortez pas du logis de Valère?
Vous n'avez point conté vos amours aujourd'hui ?
Et vous ne brûlez pas depuis un an pour lui ?
LÉONOR. — Qui vous a fait de moi de si belles peintures,
Et prend soin de forger de telles impostures ?

SCÈNE X. — ISABELLE, VALÈRE, LÉONOR, ARISTE, SGANARELLE, UN
COMMISSAIRE, UN NOTAIRE, LISETTE, ERGASTE.

ISABELLE. — Ma sœur, je vous demande un généreux pardon.
Si de mes libertés j'ai taché votre nom.
Le pressant embarras d'une surprise extrême
M'a tantôt inspiré ce honteux stratagème :
Votre exemple condamne un tel emportement ;
Mais le sort nous traita nous deux diversement. (à Sganarelle.)
Pour vous, je ne veux point, monsieur, vous faire excuse,
Je vous sers beaucoup plus que je ne vous abuse.
Le ciel pour être joints ne nous fit pas tous deux :
Je me suis reconnue indigne de vos vœux ;
Et j'ai bien mieux aimé me voir aux mains d'un autre,
Que ne pas mériter un cœur comme le vôtre,
VALÈRE, à Sganarelle.
Pour moi je mets ma gloire et mon bien souverain,
A la pouvoir, monsieur, tenir de votre main.
ARISTE. — Mon frère, doucement il faut boire la chose :
D'une telle action vos procédés sont cause ;
Et je vois votre sort malheureux à ce point,
Que, vous sachant dupé, l'on ne vous plaindra point.
LISETTE. — Par ma foi ! je lui sais bon gré de cette affaire ;
Et ce prix de ses soins est un trait exemplaire.

LÉONOR. — Je ne sais si ce trait se doit faire estimer;
Mais je sais bien qu'au moins je ne le puis blâmer.
ERGASTE. — Au sort d'être cocu son ascendant l'expose;
Et ne l'être qu'en herbe est pour lui douce chose.
SGANARELLE, *sortant de l'accablement dans lequel il était plongé.*
Non, je ne puis sortir de mon étonnement.
Cette déloyauté confond mon jugement;
Et je ne pense pas que Satan en personne
Puisse être si méchant qu'une telle friponne.
J'aurais pour elle au feu mis la main que voilà.
Malheureux qui se fie à femme après cela!
La meilleure est toujours en malice féconde;
C'est un sexe engendré pour damner tout le monde.
J'y renonce à jamais, à ce sexe trompeur,
Et je le donne tout au diable de bon cœur.
ERGASTE. — Bon.
ARISTE. Allons tous chez moi. Venez,
Nous tâcherons demain d'apaiser sa colère.
LISETTE, *au parterre.*
Vous si vous connaissez des maris loups-garous,
Envoyez-les au moins à l'école chez nous.

FIN DE L'ÉCOLE DES MARIS.

LES FACHEUX,
COMÉDIE-BALLET EN TROIS ACTES.

AU ROI,

SIRE,

J'ajoute une scène à la comédie; et c'est une espèce de Fâcheux assez insupportable, qu'un homme qui dédie un livre. VOTRE MAJESTÉ en sait des nouvelles plus que personne de son royaume, et ce n'est pas d'aujourd'hui qu'ELLE se voit en butte à la furie des épîtres dédicatoires. Mais, bien que je suive l'exemple des autres, et me mette moi-même au rang de ceux que j'ai joués, j'ose dire toutefois à VOTRE MAJESTÉ que ce que j'en ai fait, n'est pas tant pour lui présenter un livre que pour avoir lieu de lui rendre grâces du succès de cette comédie. Je le dois, SIRE, ce succès qui a passé mon attente, non-seulement à cette glorieuse approbation dont VOTRE MAJESTÉ honora d'abord la pièce, et qui a entraîné si hautement celle de tout le monde, mais encore à l'ordre qu'elle me donna d'y ajouter un caractère de Fâcheux, dont ELLE eut la bonté de m'ouvrir les idées ELLE-MÊME, et qui a été trouvé partout le beau morceau de l'ouvrage. Il faut avouer, SIRE, que je n'ai jamais rien fait avec tant de facilité, ni si promptement que cet endroit où VOTRE MAJESTÉ me commanda de travailler. J'avais une joie à lui obéir, qui me valait bien mieux qu'Apollon et toutes les muses; et je conçois par-là ce que je serais capable d'exécuter pour une comédie entière, si j'étais inspiré par de pareils commandements. Ceux qui sont nés en un rang élevé peuvent se proposer l'honneur de servir VOTRE MAJESTÉ dans les grands emplois; mais pour moi, toute la gloire où je puis aspirer, c'est de la réjouir. Je borne là l'ambition de mes souhaits; et je crois qu'en quelque façon ce n'est pas être inutile à la France que de contribuer en quelque chose au divertissement de son roi. Quand je n'y réussirai pas, ce ne sera jamais par défaut de zèle ni d'étude, mais seulement par un mauvais destin qui suit assez souvent les meilleures intentions. et qui sans doute affligerait sensiblement,

SIRE, DE VOTRE MAJESTÉ, le très humble, très obéissant et très fidèle serviteur,　　　　　　　　　　　　　　　　　J.-B. P. MOLIÈRE.

AVERTISSEMENT.

Jamais entreprise au théâtre ne fut si précipitée que celle-ci; et c'est une chose, je crois, toute nouvelle, qu'une comédie ait été conçue, faite, apprise et représentée en quinze jours. Je ne dis pas cela pour me piquer de *l'impromptu*, et en prétendre de la gloire, mais seulement pour prévenir certaines gens qui pourraient trouver à redire que je n'aie pas mis ici toutes les espèces de Fâcheux qui se trouvent. Je sais que le nombre en est grand, et à la cour et dans la ville; et que, sans épisodes, j'eusse bien pu en composer une comédie de cinq actes bien fournis, et avoir encore de la matière de reste. Mais, dans le peu de temps qui me fut donné, il m'était impossible de faire un grand dessin, et de rêver beaucoup sur le choix de mes personnages, et sur la disposition de mon sujet. Je me réduisis donc à ne toucher qu'un petit nombre d'importuns; et je pris ceux qui s'offrirent d'abord à mon esprit, et que je crus les plus propres à réjouir les augustes personnes devant qui j'avais à paraître; et, pour lier promptement toutes ces choses ensemble, je me servis du premier nœud que je pus trouver. Ce n'est pas mon dessein d'examiner maintenant si tout cela pouvait-être mieux, et si tous ceux qui s'y sont divertis, ont ri selon les règles. Le temps viendra de faire imprimer mes remarques sur les pièces que j'aurai faites, et je ne désespère pas de faire voir un jour, en grand auteur, que je puis citer Aristote et Horace. En attendant cet examen, qui peut-être ne viendra point, je m'en remets assez aux décisions de la multitude, et je tiens aussi difficile de combattre un ouvrage que le public approuve, que d'en défendre un qu'il condamne.

Il n'y a personne qui ne sache pour quelle réjouissance la pièce fut composée; et cette fête (1) a fait un tel éclat, qu'il n'est pas nécessaire d'en parler;

(1) Fête de Vaux, donnée par Fouquet.

mais il ne sera pas hors de propos de dire deux paroles des ornements qu'on a mêlés avec la comédie.

Le dessein était de donner un ballet aussi; et comme il n'y avait qu'un petit nombre choisi de danseurs excellents, on fut contraint de séparer les entrées de ce ballet, et l'avis fut de les jeter dans les entr'actes de la comédie, afin que ces intervalles donnassent temps aux mêmes baladins de venir sous d'autres habits; de sorte que, pour ne point rompre aussi le fil de la pièce par ces manières d'intermèdes, on s'avisa de les coudre au sujet du mieux que l'on put, et de ne faire qu'une seule chose du ballet et de la comédie : mais comme le temps était fort précipité, et que tout cela ne fut pas réglé entièrement par une même tête, on trouvera peut-être quelques endroits du ballet qui n'entrent pas dans la comédie aussi naturellement que d'autres. Quoi qu'il en soit, c'est un mélange qui est nouveau pour nos théâtres, et dont on pourrait chercher quelques autorités dans l'antiquité; et comme tout le monde l'a trouvé agréable, il peut servir d'idées à d'autres choses qui pourraient être méditées avec plus de loisir.

D'abord que la toile fut levée, un des acteurs, comme vous pourriez dire moi, parut sur le théâtre en habit de ville, et s'adressant au Roi avec le visage d'un homme surpris, fit des excuses en désordre de ce qu'il se trouvait là seul, et manquait de temps et d'acteurs pour donner à Sa Majesté le divertissement qu'elle semblait attendre. En même temps, au milieu de vingt jets d'eau naturels, s'ouvrit cette coquille que tout le monde a vue ; et l'agréable Naïade qui parut dedans, s'avança au bord du théâtre, et d'un air héroïque prononça les vers que M. Pellisson avait faits, et qui servent de prologue.

PROLOGUE.

Le théâtre représente un jardin orné de termes et de plusieurs jets d'eau.

UNE NAYADE, *sortant des eaux dans une coquille.*

Pour voir en ces beaux lieux le plus grand roi du monde,
Mortels, je viens à vous de ma grotte profonde.
Faut-il, en sa faveur, que la terre ou que l'eau
Produisent à vos yeux un spectacle nouveau?
Qu'il parle ou qu'il souhaite, il n'est rien d'impossible :
Lui-même n'est-il pas un miracle visible?
Son règne, si fertile en miracles divers,
N'en demande-t-il pas à tout cet univers ?
Jeune, victorieux, sage, vaillant, auguste,
Aussi doux que sévère, aussi puissant que juste ;
Régler et ses états et ses propres desirs ;
Joindre aux nobles travaux les plus nobles plaisirs ;
En ses justes projets jamais ne se méprendre ;
Agir incessamment, tout voir et tout entendre,
Qui peut cela peu tout : il n'a qu'à tout oser,
Et le ciel à ses vœux ne peut rien refuser.
Ces termes marcheront, et, si Louis l'ordonne,
Ces arbres parleront mieux que ceux de Dodone.
Hôtesses de leurs troncs, moindres divinités
C'est Louis qui le veut, sortez, Nymphes, sortez,
Je vous montre l'exemple : il s'agit de lui plaire...
Quittez pour quelque temps votre forme ordinaire,
Et paraissons ensemble aux yeux des spectateurs,
Pour ce nouveau théâtre, autant de vrais acteurs.

Plusieurs Dryades, accompagnées de Faunes et de
des arbres et des termes.

Vous, soin de ses sujets, sa plus charmante étude,
Héroïque souci, royale inquiétude.
Laissez-le respirer, et souffrez qu'un moment

Son grand cœur s'abandonne au divertissement :
Vous le verrez demain d'une force nouvelle,
Sous le fardeau pénible où votre voix l'appelle,
Faire obéir les lois, partager les bienfaits,
Par ses propres conseils prévenir vos souhaits,
Maintenir l'univers dans une paix profonde,
Et s'ôter le repos pour le donner au monde.
Qu'aujourd'hui tout lui plaise, et semble consentir
A l'unique dessein de le bien divertir.
Fâcheux, retirez-vous, où s'il faut qu'il vous voie,
Que ce soit seulement pour exciter sa joie.

*La Nayade emmène avec elle, pour la comédie, une partie des gens
qu'elle a fait paraître, pendant que le reste se met à danser au son des
hautbois, qui se joignent aux violons.*

PERSONNAGES·

PERSONNAGE DE LA COMÉDIE.

DAMIS, tuteur d'Orphise.
ORPHISE.
ERASTE, amoureux d'Orphise.

ALCIDOR,
LISANDRE.
ALCANDRE,
ALCIPPE,
ORANTE,
CLIMÈNE,
DORANTE,
CARITIDÈS,
ORMIN,
FILINTE,
} fâcheux.

LA MONTAGNE, valet d'Éraste.
L'EPINE, valet de Damis.
LA RIVIÈRE, et deux camarades·

PERSONNAGE DU BALLET.

I. Acte. { Joueur du Mail.
{ Curieux.

II. Acte. { Joueurs de boule·
{ Frondeurs.
{ Saveliers et Savetières,
{ Un Jardinier.

III. Acte. { Suisses.
{ Quatre Bergers.
{ Une Bergère.

La scène est à Paris.

ACTE Ier.

SCÈNE PREMIÈRE. — ÉRASTE, LA MONTAGNE.

ÉRASTE. — Sous quel astre, bon dieu ! faut-il que je sois né,
Pour être de fâcheux toujours assassiné !
Il semble que partout le sort me les adresse,
Et j'en vois chaque jour quelque nouvelle espèce ;
Mais il n'est rien d'égal au fâcheux d'aujourd'hui ;
J'ai cru n'être jamais débarrassé de lui,
Et cent fois j'ai maudit cette innocente envie
Qui m'a pris à dîner de voir la comédie,
Où pensant m'égayer, j'ai misérablement
Trouvé de mes péchés le rude châtiment.
Il faut que je te fasse un récit de l'affaire,
Car je m'en sens encor tout ému de colère.
J'étais sur le théâtre en humeur d'écouter
La pièce, qu'à plusieurs j'avais ouï vanter ;
Les acteurs commençaient, chacun prêtait silence ;
Lorsque d'un air bruyant et plein d'extravagance,
Un homme à grands canons est entré brusquement
En criant : Holà ! ho ! un siége promptement !
Et, de son grand fracas surprenant l'assemblée,
Dans le plus bel endroit a la pièce troublée.
Hé ! mon dieu ! nos Français, si souvent redressés,
Ne prendront-ils jamais un air de gens sensés,
Ai-je dit et faut-il, sur nos défauts extrêmes,

Qu'en théâtre public nous nous jouions nous-mêmes,
Et confirmions ainsi, par des éclats de fous,
Ce que chez nos voisins on dit partout de nous?
Tandis que là-dessus je haussais les épaules,
Les acteurs ont voulu continuer leurs rôles;
Mais l'homme pour s'asseoir a fait nouveau fracas,
Et traversant encor le théâtre à grands pas,
Bien que dans les côtés il pût être à son aise,
Au milieu du devant il a planté sa chaise,
Et de son large dos morguant les spectateurs,
Aux trois quarts du parterre a caché les acteurs.
Un bruit s'est élevé, dont un autre eût eu honte;
Mais lui, ferme et constant, n'en a fait aucun compte.
Et se serait tenu comme il s'était posé,
Si, pour mon infortune, il ne m'eût avisé.
Ah! marquis! m'a-t-il dit, prenant près de moi place,
Comment te portes-tu? Souffre que je t'embrasse.
Au visage sur l'heure un rouge m'est monté
Que l'on me vit connu d'un pareil éventé.
Je l'étais peu pourtant; mais on en voit paraître,
De ces gens qui de rien veulent fort vous connaître,
Dont il faut au salut les baisers essuyer,
Et qui sont familiers jusqu'à vous tutoyer.
Il m'a fait à l'abord cent questions frivoles,
Plus haut que les acteurs élevant ses paroles.
Chacun le maudissant, et moi, pour l'arrêter,
Je serais, ai-je dit, bien aise d'écouter.
Tu n'as point vu ceci, marquis? Ah! dieu me damne!
Je le trouve assez drôle, et je n'y suis pas âne;
Je sais par quelles lois un ouvrage est parfait,
Et Corneille me vient lire tout ce qu'il fait.
Là-dessus de la pièce il m'a fait un sommaire
Scène à scène averti de ce qui s'allait faire,
Et jusques à des vers qu'il en savait par cœur,
Il me les récitait tout haut avant l'acteur.
J'avais beau m'en défendre, il a poussé sa chance,
Et s'est devers la fin levé longtemps d'avance;
Car les gens du bel air, pour agir galamment,
Se gardent bien surtout d'ouïr le dénouement.
Je rendais grâce au ciel, et croyais de justice,
Qu'avec la comédie eût fini mon supplice;
Mais, comme si c'en eût été trop bon marché,
Sur nouveau frais mon homme à moi s'est attaché,
M'a conté ses exploits, ses vertus non communes,
Parlé de ses chevaux, de ses bonnes fortunes,
Et de ce qu'à la cour il avait de faveur,
Disant qu'à m'y servir il s'offrait de grand cœur.
Je le remerciais doucement de la tête,
Minutant à tous coups quelque retraite honnête;
Mais lui, pour le quitter, me voyant ébranlé,
Sortons, ce m'a-t-il dit, le monde est écoulé:
Et, sortis de ce lieu, me la donnant plus sèche,
Marquis, allons au Cours faire voir ma calèche:
Elle est bien entendu, et plus d'un duc et pair
En fait à mon faiseur faire une du même air.
Moi, de lui rendre grâce, et, pour mieux m'en défendre,
De dire que j'avais certain repas à rendre.
Ah! parbleu, j'en veux être, étant de tes amis,
Et manque au maréchal, à qui j'avais promis.
De la chère, ai-je fait, la dose est trop peu forte
Pour oser y prier des gens de votre sorte,

Non, m'a-t-il répondu, je suis sans compliment,
Et j'y vais pour causer avec toi seulement:
Je suis des grands repas fatigué, je te jure.
Mais si l'on vous attend, ai-je dit, c'est injure.
Tu te moques, marquis, nous nous connaissons tous,
Et je trouve avec toi des passe-temps plus doux.
Je pestais contre moi, l'ame triste et confuse
Du funeste succès qu'avait eu mon excuse,
Et ne savais à quoi je devais recourir,
Pour sortir d'une peine à me faire mourir;
Lorsqu'un carrosse fait de superbe manière,
Et comblé de laquais et devant et derrière,
S'est, avec un grand bruit, devant nous arrêté,
D'où sautant un jeune homme amplement ajusté,
Mon importun et lui, courant à l'embrassade,
Ont surpris les passants de leur brusque incartade;
Et, tandis que tous deux étaient précipités
Dans les convulsions de leurs civilités,
Je me suis doucement esquivé sans rien dire;
Non sans avoir longtemps gémi d'un tel martyre,
Et maudit le fâcheux, dont le zèle obstiné
M'ôtait au rendez-vous qui m'est ici donné.
LA MONTAGNE. — Ce sont chagrins mêlés aux plaisir de la vie.
   Tout ne va pas, monsieur, au gré de notre envie.
   Le ciel veut qu'ici-bas chacun ait ses fâcheux,
   Et les hommes seraient sans cela trop heureux.
ÉRASTE. — Mais, de tous mes fâcheux, le plus fâcheux encore,
   C'est Damis, le tuteur de celle que j'adore,
   Qui rompt ce qu'à mes vœux elle donne d'espoir,
   Et fait qu'en sa présence elle n'ose me voir.
   Je crains d'avoir déjà passé l'heure promise,
   Et c'est dans cette allée où devait être Orphise.
LA MONTAGNE. — L'heure d'un rendez-vous d'ordinaire s'étend,
   Et n'est pas resserrée aux bornes d'un instant.
ÉRASTE. — Il est vrai; mais je tremble, et mon amour extrême
   D'un rien se fait un crime envers celle que j'aime.
LA MONTAGNE. — Si ce parfait amour que vous prouvez si bien,
   Se fait vers votre objet un grand crime de rien,
   Ce que son cœur pour vous sent de feux légitimes,
   En revanche lui fait un rien de tous vos crimes.
ÉRASTE. — Mais, tout de bon, crois-tu que je sois d'elle aimé?
LA MONTAGNE. — Quoi! vous doutez encor d'un amour confirmé?
ÉRASTE. — Ah! c'est mal aisément qu'en pareille matière
   Un cœur bien enflammé prend assurance entière:
   Il craint de se flatter; et, dans ses divers soins,
   Ce que plus il souhaite est ce qu'il croit le moins:
   Mais songeons à trouver une beauté si rare.
LA MONTAGNE. — Monsieur, votre rabat par devant se sépare.
ÉRASTE. — N'importe.
   LA MONTAGNE. — Laissez-moi l'ajuster, s'il vous plaît.
ÉRASTE. — Ouf! tu m'étrangle; fat, laisse-le comme il est.
LA MONTAGNE. — Souffrez qu'on peigne un peu...
                              ÉRASTE. — Sottise sans pareille!
   Tu m'a d'un coup de dent presque emporté l'oreille.
LA MONTAGNE. — Vos canons...
                      ÉRASTE. — Laisse-les, tu prends trop de souci.
LA MONTAGNE. — Ils sont tout chiffonnés.
                         ÉRASTE. — Je veux qu'ils soient ainsi.
LA MONTAGNE. — Accordez-moi du moins, pour grâce singulière,
   De frotter ce chapeau qu'on voit plein de poussière.

ÉRASTE. — Frotte donc, puisqu'il faut que j'en passe par-là.
LA MONTAGNE. — Le voulez-vous porter fait comme le voilà?
ÉRASTE. — Mon dieu! dépêche-toi.
   LA MONTAGNE. — Ce serait conscience.
ÉRASTE, *après avoir attendu.* — C'est assez.
    LA MONTAGNE. — Donnez-vous un peu de patience.
ÉRASTE. — Il me tue.
   LA MONTAGNE. — En quel lieu vous êtes-vous fourré?
ÉRASTE. — T'es-tu de ce chapeau pour toujours emparé?
LA MONTAGNE. — C'est fait.
    ÉRASTE. — Donne-moi donc.
LA MONTAGNE, *laissant tomber le chapeau.* — Haï!
      ÉRASTE. — Le voilà par terre!
Je suis fort avancé. Que la fièvre te serre!
LA MONTAGNE. — Permettez qu'en deux coups j'ôte...
     ÉRASTE. — Il ne me plaît pas.
Au diantre tout valet qui vous est sur les bras,
Qui fatigue son maître, et ne fait que déplaire
À force de vouloir trancher du nécessaire?

  SCÈNE II. — ORPHISE, ALCIDOR, ÉRASTE, LA MONTAGNE.

 (*Orphise traverse le fond du théâtre; Alcidor lui donne la main.*)

ÉRASTE. — Mais vois-je pas Orphise? Oui, c'est elle qui vient,
 Où va-t-elle si vite? et quel homme la tient?
 (*Il la salue comme elle passe, et elle, en passant détourne la tête.*)

  SCÈNE III. — ÉRASTE, LA MONTAGNE.

ÉRASTE. — Quoi! me voir en ces lieux devant elle paraître,
 Et passer en feignant de ne me pas connaître!
 Que croire? Qu'en dis-tu; Parle donc, si tu veux.
LA MONTAGNE. — Monsieur, je ne dis rien de peur d'être fâcheux.
ÉRASTE. — Et c'est l'être en effet que de ne me rien dire
 Dans les extrémités d'un si cruel martyre.
 Fais donc quelque réponse à mon cœur abattu.
 Que dois-je présumer? Parle, qu'en penses-tu?
 Dis-moi ton sentiment.
   LA MONTAGNE. — Monsieur, je veux me taire,
 Et ne desire point trancher du nécessaire.
ÉRASTE. — Peste l'impertinent! Va-t'en suivre leurs pas,
 Vois ce qu'ils deviendront, et ne les quitte pas.
   LA MONTAGNE, *revenant sur ses pas.*
 Il faut suivre de loin?...
   ÉRASTE. — Oui.
LA MONTAGNE, *revenant sur ses pas.* — Sans que l'on me voie,
 Ou faire aucun semblant qu'après eux on m'envoie?
ÉRASTE. — Non, tu feras bien mieux de leur donner avis
 Que par mon ordre exprès ils sont de toi suivis.
LA MONTAGNE, *revenant sur ses pas.* — Vous trouverai-je ici?
     ÉRASTE. — Que le ciel te confonde
 Homme, à mon sentiment, le plus fâcheux du monde!

  SCÈNE IV.

ÉRASTE. *seul.* — Ah! que je sens de trouble, et qu'il m'eût été doux
 Qu'on me l'eût fait manquer ce fatal rendez-vous!
 Je pensais y trouver toutes choses propices,
 Et mes yeux pour mon cœur y trouvent des supplices.

  SCÈNE V. — LISANDRE, ÉRASTE.

LISANDRE. — Sous ces arbres de loin mes yeux t'ont reconnu,
 Cher marquis, et d'abord je suis à toi venu.
 Comme à de mes amis, il faut que je te chante
 Certain air que j'ai fait de petite courante,
 Qui de toute la cour contente les experts,

Et sur qui plus de vingt ont déjà fait des vers.
J'ai le bien, la naissance, et quelque emploi passable,
Et fais figure en France assez considérable ;
Mais je ne voudrais pas, pour tout ce que suis,
N'avoir point fait cet air qu'ici je te produis.
(*Il prélude.*) La, la... hem, hem, écoute avec soin, je te prie.
(*Il chante sa courante.*) N'est-elle pas belle ?

> ÉRASTE. — Ah !

> LISANDRE. — Cette fin est jolie.

(*Il rechante la fin quatre ou cinq fois de suite.*)
Comment la trouves-tu ?

> ÉRASTE. — Fort belle, assurément.

LISANDRE. — Les pas que j'en ai faits, n'ont pas moins d'agrément,
Et surtout la figure a merveilleuse grâce.

(*Il chante, parle et danse tout ensemble.*)
Tiens, l'homme passe ainsi, puis la femme repasse :
Ensemble ; puis on quitte, et la femme vient là.
Vois-tu ce petit trait de feinte que voilà ?
Ce fleuret ? ces coupés courant après la belle ?
Dos à dos, face à face, en se pressant sur elle.
Que t'en semble, marquis ?

> ÉRASTE. — Tous ces pas-là sont fins :

LISANDRE. — Je me moque, pour moi, des maîtres baladins,

ÉRASTE. — On le voit.

> LISANDRE. — Les pas donc ?

> ÉRASTE. — N'ont rien qui me surprenne.

LISANDRE. — Veux-tu, par amitié, que je te les apprenne ?

ÉRASTE. — Ma foi, pour le présent, j'ai certain embarras...

LISANDRE. — Hé bien donc ! ce sera lorsque tu le voudras.
Si j'avais dessus moi ces paroles nouvelles,
Nous les lirions ensemble, et verrions les plus belles

ÉRASTE. — Une autre fois.

> LISANDRE. — Adieu ; Baptiste le très-cher
N'a point vu ma courante, et je le vais chercher :
Nous avons pour les airs de grandes sympathies,
Et je veux le prier d'y faire des parties.

(*Il s'en va chantant toujours.*)

SCÈNE VI.

ÉRASTE, *seul.* — Ciel ! faut-il que le rang dont on veut tout couvrir
De cent sots tous les jours nous oblige à souffrir,
Et nous fasse abaisser jusques aux complaisances
D'applaudir bien souvent à leurs impertinences !

SCÈNE VII. — ÉRASTE, LA MONTAGNE.

LA MONTAGNE. — Monsieur, Orphise est seule,, et vient de ce côté.

ÉRASTE. — Ah ! d'un trouble bien grand je me sens agité !
J'ai de l'amour encor pour la belle inhumaine,
Et ma raison voudrait que j'eusse de la haine.

LA MONTAGNE. — Monsieur, votre raison ne sait ce qu'elle veut,
Ni ce que sur un cœur une maîtresse peut.
Bien que de s'emporter on ait de justes causes,
Une belle, d'un mot, rajuste bien des choses.

ÉRASTE. — Hélas ! je te l'avoue, et déjà cet aspect
A toute ma colère imprime le respect.

SCÈNE VII. — ORPHISE, ÉRASTE, LA MONTAGNE.

ORPHISE. — Votre front à mes yeux montre peu d'allégresse ;
Serait-ce ma présence, Éraste, qui vous blesse ?
Qu'est-ce ? donc ? Qu'avez-vous ? Et sur quels déplaisirs,
Lorsque vous me voyez, poussez-vous des soupirs ?

ÉRASTE — Hélas ! pouvez-vous bien me demander, cruelle !

MOLIÈRE.   12

Ce qui fait de mon cœur la tristesse mortelle?
Et d'un esprit méchant n'est-ce pas un effet,
Que feindre d'ignorer ce que vous m'avez fait?
Celui dont l'entretien vous a fait à ma vue
Passer...

ORPHISE, *riant*. — C'est de cela que votre ame est émue?

ÉRASTE. — Insultez, inhumaine, encor à mon malheur :
Allez, il vous sied mal de railler ma douleur,
Et d'abuser, ingrate, à maltraiter ma flamme,
Du faible que pour vous vous savez qu'a mon ame.

ORPHISE. — Certes, il en faut rire, et confesser ici
Que vous êtes bien fou de vous troubler ainsi.
L'homme dont vous parlez, loin qu'il puisse me plaire,
Est un homme fâcheux dont j'ai su me défaire;
Un de ces importuns et sots officieux
Qui ne pourraient souffrir qu'on soit seule en des lieux,
Et viennent aussitôt, avec un doux langage,
Vous donner une main contre qui l'on enrage.
J'ai feint de m'en aller pour cacher mon dessein,
Et jusqu'à mon carrosse il m'a prêté la main.
Je m'en suis promptement défaite de la sorte;
Et j'ai, pour vous trouver, rentré par l'autre porte.

ÉRASTE. — A vos discours, Orphise, ajouterais-je foi,
Et votre cœur est-il tout sincère pour moi?

ORPHISE. — Je vous trouve fort bon de tenir ces paroles,
Quand je me justifie à vos plaintes frivoles.
Je suis bien simple encore, et ma sotte bonté...

ÉRASTE. — Ah! ne vous fâchez pas, trop sévère beauté;
Je veux croire en aveugle, étant sous votre empire,
Tout ce que vous aurez la bonté de me dire.
Trompez, si vous voulez, un malheureux amant;
J'aurai pour vous respect jusques au monument...
Maltraitez mon amour, refusez-moi le vôtre,
Exposez à mes yeux le triomphe d'un autre;
Oui, je souffrirai tout de vos divins appas.
J'en mourrai; mais enfin je ne m'en plaindrai pas.

ORPHISE. — Quand de tels sentiment régneront dans votre ame,
Je saurai de ma part...

SCÈNE IX. — ALCANDRE, ORPHISE, ÉRASTE, LA MONTAGNE.

ALCANDRE. (*à Orphise.*) — Marquis, un mot. Madame,
De grâce, pardonnez si je suis indiscret,
En osant, devant vous, lui parler en secret. (*Orphise sort.*)

SCÈNE X. — ALCANDRE, ÉRASTE, LA MONTAGNE.

ALCANDRE. — Avec peine, marquis, je te fais la prière:
Mais un homme vient là de me rompre en visière,
Et je souhaite fort, pour ne rien reculer,
Qu'à l'heure, de ma part, tu l'ailles appeler,
Tu sais qu'en pareil cas ce serait avec joie
Que je te le rendrai en la même monnoie.

ÉRASTE, *après avoir été quelque temps sans parler.*
Je ne veux point ici faire le capitan;
Mais on m'a vu soldat avant que courtisan:
J'ai servi quatorze ans, et je crois être en passe
De pouvoir d'un tel pas me tirer avec grâce,
Et de ne craindre point qu'à quelque lâcheté
Le refus de mon bras me puisse être imputé.
Un duel met les gens en mauvaise posture;
Et notre roi n'est pas un monarque en peinture
Il sait faire obéir les plus grands de l'Etat.
Et je trouve qu'il fait en digne potentat.

Quand il faut le servir, j'ai du cœur pour le faire;
Mais je ne m'en sens point, quand il faut lui déplaire.
Je me fais de son ordre une suprême loi ;
Pour lui désobéir, cherche un autre que moi.
Je te parle, vicomte, avec franchise entière,
Et suis ton serviteur en toute autre matière.
Adieu.

SCÈNE XI. — ÉRASTE, LA MONTAGNE.

ÉRASTE. — Cinquante fois au diable les fâcheux
Où donc s'est retiré cet objet de mes vœux?
LA MONTAGNE. — Je ne sais.
ÉRASTE. — Pour savoir où la belle est allée,
Va-t'en chercher par-tout j'attends: dans cette allée.

FIN DU PREMIER ACTE.

BALLET DU PREMIER ACTE.

PREMIÈRE ENTRÉE. — Des joueurs de mail, en criant gare, obligent Éraste à se
retirer, et comme il veut revenir lorsqu'ils ont fait,
SECONDE ENTRÉE. — Des curieux viennent qui tournent autour de lui pour le
connaître, et font qu'il se retire encore pour un moment.

ACTE II.

SCÈNE PREMIÈRE.

ÉRASTE. — Les fâcheux à la fin se sont-ils écartés ?
Je pense qu'il en pleut ici de tous côtés.
Je les fuis, et les trouve; et, pour second martyre ,
Je ne saurais trouver celle que je desire.
Le tonnerre et la pluie ont promptement passé ,
Et n'ont point de ces lieux le beau monde chassé.
Plût au ciel, dans les dons que ses soins y prodiguent ,
Qu'ils en eussent chassé tous les gens qui fatiguent !
Le soleil baisse fort, et je suis étonné
Que mon valet encor ne soit point retourné.

SCÈNE II. — ALCIPPE, ÉRASTE.

ALCIPPE. — Bonjour.
ÉRASTE, à part. — Hé quoi ! toujours ma flamme divertie!
ALCIPPE. — Console-moi, marquis, d'une étrange partie
Qu'au piquet je perdis hier contre un Saint-Bouvain ,
A qui je donnerais quinze points et la main.
C'est un coup enragé, qui depuis hier m'accable ,
Et qui ferait donner tous les joueurs au diable ;
Un coup assurément à se pendre en public.
Il ne m'en faut que deux, l'autre a besoin d'un pic :
Je donne, il en prend six, et demande à refaire ;
Moi, me voyant de tout, je n'en voulais rien faire.
Je porte l'as de trèfle (admire mon malheur !)
L'as, le roi, le valet, le huit et dix de cœur;
Et quitte, comme au point allait la politique,
Dame et roi de carreau, dix et dame de pique.
Sur mes cinq cœurs portés la dame arrive encor.
Qui me fait justement une quinte major;
Mais mon homme avec l'as, non sans surprise extrême,
Des bas carreaux sur table étale une sixième ;
J'en avais écarté la dame avec le roi ;
Mais lui fallant un pic, je sortis hors d'effroi ,
Et croyais bien du moins faire deux points uniques.
Avec les sept carreaux il avait quatre piques,
Et jetant le dernier m'a mis dans l'embarras

De ne savoir lequel garder de mes deux as.
J'ai jeté l'as de cœur, avec raison, me semble ;
Mais il avait quitté quatre trèfles ensemble,
Et par un six de cœur je me suis vu capot,
Sans pouvoir, de dépit, proférer un seul mot.
Morbleu ! fais-moi raison de ce coup effroyable :
A moins que l'avoir vu, peut-il être croyable ?
ÉRASTE. — C'est dans le jeu qu'on voit les plus grands coups du sort.
ALCIPPE. — Parbleu ! tu jugeras toi-même si j'ai tort,
Et si c'est sans raison que ce coup me transporte ;
Car voici nos deux jeux, qu'exprès sur moi je porte.
Tiens, c'est ici mon port, comme je te l'ai dit ;
Et voici...
ÉRASTE. — J'ai compris le tout par ton récit,
Et vois de la justice au transport qui t'agite ;
Mais pour certaine affaire il faut que je te quite.
Adieu. Console-toi pourtant de ton malheur.
ALCIPPE. — Qui, moi? J'aurai toujours ce coup-là sur le cœur ;
Et c'est pour ma raison pis qu'un coup de tonnerre.
Je le veux faire, moi, voir à toute la terre.
(Il s'en va, et rentre en disant .)
Un six de cœur ! Deux points !
ÉRASTE. — En quel lieux sommes-nous?
De quelque part qu'on tourne, on ne voit que des fous.

SCÈNE III. — ÉRASTE, LA MONTAGNE.

ÉRASTE. — Ah ! que tu fais languir ma juste impatience !
LA MONTAGNE. — Monsieur, je n'ai pu faire une autre diligence.
ÉRASTE. — Mais me rapportes-tu quelque nouvelle, enfin?
LA MONTAGNE. — Sans doute ; et de l'objet qui fait votre destin,
J'ai, par un ordre exprès, quelque chose à vous dire.
ÉRASTE. — Et quoi? Déjà mon cœur après ce mot soupire.
Parle.
LA MONTAGNE. — Souhaitez-vous de savoir ce que c'est?
ÉRASTE. — Oui, dis vite.
LA MONTAGNE. — Monsieur, attendez, s'il vous plaît :
Je me suis, à courir, presque mis hors d'haleine.
ÉRASTE. — Prends-tu quelque plaisir à me tenir en peine?
LA MONTAGNE. — Puisque vous desirez de savoir promptement
L'ordre que j'ai reçu de cet objet charmant,
Je vous dirai... Ma foi! sans vous vanter mon zèle,
J'ai bien fait du chemin pour trouver cette belle ;
Et si...
ÉRASTE. — Peste soit fait de tes digressions !
LA MONTAGNE. — Ah! il faut modérer un peu ses passions ;
Et Sénèque...
ÉRASTE. — Sénèque est un sot dans ta bouche,
Puisqu'il ne me dit rien de tout ce qui me touche.
Dis-moi ton ordre, tôt.
LA MONTAGNE. — Pour contenter vos vœux,
Votre Orphise... Une bête est là dans vos cheveux.
ÉRASTE. — Laisse.
LA MONTAGNE. — Cette beauté, de sa part, vous fait dire...
ÉRASTE. — Quoi?
LA MONTAGNE. — Devinez.
ÉRASTE. — Sais-tu que je ne veux pas rire?
LA MONTAGNE. — Son ordre est qu'en ce lieu vous devez vous tenir,
Assuré que dans peu vous l'y verrez venir.
Lorsqu'elle aura quitté quelques provinciales,
Aux personnes de cour fâcheuse animales.
ÉRASTE. — Tenons-nous donc au lieu qu'elle a voulu choisir.

Mais, puisque l'ordre ici m'offre quelque loisir,
Laisse-moi méditer.   (*La Montagne sort.*)
J'ai dessein de lui faire
Quelques vers sur un air où je la vois se plaire.   (*Il rêve.*)

SCÈNE IV.

ORANTE, CLIMÈNE, ÉRASTE, *dans un coin du théâtre sans être aperçu.*

ORANTE. — Tout le monde sera de mon opinion.

CLIMÈNE. — Croyez-vous l'emporter par obstination ?

ORANTE. — Je pense mes raisons meilleures que les vôtres.

CLIMÈNE. — Je voudrais qu'on ouït les unes et les autres.

ORANTE, *apercevant Éraste.*—J'avise un homme ici qui n'est pas ignorant:
Il pourra nous juger sur notre différent.
Marquis, de grâce, un mot, souffrez qu'on vous appelle
Pour être entre nous deux juge d'une querelle,
D'un débat qu'ont ému nos divers sentiments
Sur ce qui peut marquer les plus parfaits amants.

ÉRASTE. — C'est une question à vider difficile,
Et vous devez chercher un juge plus habile.

ORANTE. — Non ; vous nous dites-là d'inutiles chansons.
Votre esprit fait du bruit, et nous vous connaissons·
Nous savons que chacun vous donne, à juste titre..

ÉRASTE. — Hé! de grâce...

ORANTE. — En un mot, vous serez notre arbitre;
Et ce sont deux moments qu'il vous faut nous donner.

CLIMÈNE, *à Orante.* — Vous retenez ici qui vous doit condamner:
Car, enfin, s'il est vrai ce que j'en ose croire,
Monsieur à mes raisons donnera la victoire.

ÉRASTE, *à part.* — Que ne puis-je à mon traître inspirer le souci
D'inventer quelque chose à me tirer d'ici !

ORANTE, *à Climène.*—Pour moi, de son esprit j'ai trop bon témoignage,
Pour craindre qu'il prononce à mon désavantage.
(*A Eraste.*)   Enfin, ce grand débat qui s'allume entre nous,
Est de savoir s'il faut qu'un amant soit jaloux.

CLIMÈNE. — Ou, pour mieux expliquer ma pensée et la vôtre,
Lequel doit plaire plus d'un jaloux ou d'un autre.

ORANTE. — Pour moi, sans contredit, je suis pour le dernier.

CLIMÈNE. — Et, dans mon sentiment, je tiens pour le premier.

ORANTE. — Je crois que notre cœur doit donner son suffrage
A qui fait éclater du respect davantage.

CLIMÈNE. — Et moi, que si nos vœux doivent paraître au jour,
C'est pour celui qui fait éclater plus d'amour.

ORANTE. — Oui; mais on voit l'ardeur dont une ame est saisie,
Bien mieux dans le respect que dans la jalousie.

CLIMÈNE. — Et c'est mon sentiment, que qui s'attache à nous
Nous aime d'autant plus, qu'il se montre jaloux.

ORANTE. — Fi! ne me parlez point, pour être amants, Climène,
De ces gens dont l'amour est fait comme la haine,
Et qui, pour tous respects et toute offre de vœux,
Ne s'appliquent jamais qu'à se rendre fâcheux;
Dont l'ame que sans cesse un noir transport anime,
Des moindres actions cherche à nous faire un crime,
En soumet l'innocence à son aveuglement,
Et veut sur un coup-d'œil un éclaircissement;
Qui de quelque chagrin nous voyant l'apparence,
Se plaignent aussitôt qu'il naît de leur présence,
Et, lorsque dans nos yeux brille un peu d'enjouement,
Veulent que leurs rivaux en soient le fondement;
Enfin, qui, prenant droit des fureurs de leur zèle,
Ne vous parlent jamais que pour faire querelle,
Osent défendre à tous l'approche de nos cœurs,

Et se font les tyrans de leurs propres vainqueurs
Moi, je veux des amants que le respect inspire,
Et leur soumission marque mieux notre empire.
CLIMÈNE. — Fi ! ne me parlez point, pour être vrais amants,
De ces gens qui pour nous n'ont nuls emportements;
De ces tièdes galants, de qui les cœurs paisibles
Tiennent déjà pour eux les choses infaillibles,
N'ont point peur de nous perdre, et laissent, chaque jour,
Sur trop de confiance, endormir leur amour;
Sont avec leurs rivaux en bonne intelligence,
Et laissent un champ libre à leur persévérance.
Un amour si tranquille excite mon courroux.
C'est aimer froidement que n'être point jaloux;
Et je veux qu'un amant, pour me prouver sa flamme,
Sur d'éternels soupçons laisse flotter son ame,
Et, par de prompts transports, donne un signe éclatant
De l'estime qu'il fait de celle qu'il prétend.
On s'applaudit alors de son inquiétude;
Et, s'il nous fait parfois un traitement trop rude,
Le plaisir de le voir, soumis à nos genoux,
S'excuser de l'éclat qu'il a fait contre nous,
Ses pleurs, son désespoir d'avoir pu nous déplaire,
Est un charme à calmer toute notre colère.
ORANTE. — Si, pour vous plaire, il faut beaucoup d'emportement,
Je sais qui vous pourrait donner contentement;
Et je connais des gens dans Paris plus de quatre,
Qui, comme ils le font voir, aiment jusques à battre.
CLIMÈNE. — Si, pour vous plaire, il faut n'être jamais jaloux,
Je sais certaines gens fort commode pour vous;
Des hommes en amour d'une humeur si souffrante,
Qu'ils vous verraient sans peine entre les bras de trente.
ORANTE. — Enfin par votre arrêt vous devez déclarer
Celui de qui l'amour vous semble à préférer.
(Orphise paraît dans le fond du théâtre, et voit Eraste entre Orante
et Climène.)
ÉRASTE. — Puisqu'à moins d'un arrêt je ne m'en puis défaire,
Toutes deux à la fois je veux vous satisfaire;
Et, pour ne point blâmer ce qui plaît à vos yeux,
Le jaloux aime plus, et l'autre aime bien mieux.
CLIMÈNE. — L'arrêt est plein d'esprit, mais....
                              ÉRASTE. — Suffit. J'en suis quitte.
Après ce que j'ai dit, souffrez que je vous quitte.
            SCÈNE V. — ORPHISE, ÉRASTE.
      ÉRASTE, apercevant Orphise, et allant au devant d'elle.
Que vous tardez, madame, et que j'éprouve bien...
ORPHISE. — Non, non, ne quittez pas un si doux entretien.
A tort vous m'accusez d'être trop tard venue;
        (Montrant Orante et Climène qui viennent de sortir.)
Et vous avez de quoi vous passer de ma vue.
ÉRASTE. — Sans sujet contre moi voulez-vous vous aigrir,
Et me reprochez-vous ce qu'on me fait souffrir?
Ah ! de grâce, attendez...
              ORPHISE. — Laissez-moi, je vous prie;
Et courez-vous rejoindre à votre compagnie.

SCÈNE VI.

ÉRASTE, seul. — Ciel ! faut-il qu'aujourd'hui fâcheuses et fâcheux
Conspirent à troubler les plus chers de mes vœux !
Mais allons sur ses pas malgré sa résistance,
Et faisons à ses yeux briller notre innocence.

SCÈNE VII. — DORANTE, ÉRASTE.

DORANTE. — Ah ! marquis ! que l'on voit de fâcheux tous les jours
  Venir de nos plaisirs interrompre le cours !
  Tu me vois enragé d'une assez belle chasse
  Qu'un fat... C'est un récit qu'il faut que je te fasse.
ÉRASTE. — Je cherche ici quelqu'un , et ne puis m'arrêter.
DORANTE. — Parbleu ! chemin faisant, je te le veux conter
  Nous étions une troupe assez bien assortie.
  Qui pour courir un cerf, avions hier fait partie ;
  Et nous fûmes coucher sur le pays exprès ,
  C'est-à-dire, mon cher, en fin fond des forêts.
  Comme cet exercice est mon plaisir suprême,
  Je voulus, pour bien faire, aller aux bois moi-même,
  Et nous conclûmes tous d'attacher nos efforts
  Sur un cerf, qu'un chacun nous disait cerf dix-cors ;
  Mais, moi, mon jugement, sans qu'aux marques j'arrête,
  Fut qu'il n'était que cerf à sa seconde tête.
  Nous avions, comme il faut , séparé nos relais,
  Et déjeûnions en hâte avec quelques œufs frais ,
  Lorsqu'un franc campagnard avec longue rapière,
  Montant superbement sa jument poulinière,
  Qu'il honorait du nom de sa bonne jument,
  S'en est venu nous faire un mauvais compliment,
  Nous présentant aussi , pour surcroît de colère,
  Un grand benêt de fils aussi sot que son père.
  Il s'est dit grand chasseur, et nous a priés tous
  Qu'il pût avoir le bien de courir avec nous.
  Dieu préserve, en chassant, toute sage personne,
  D'un porteur de hochet, qui mal à propos sonne ;
  De ces gens qui, suivis de dix hourets galeux,
  Disent, ma meute, et font les chasseurs merveilleux !
  Sa demande reçue, et ses vertus prisées,
  Nous avons tous été frapper à nos brisées.
  A trois longueurs de trait, tayaut ! voilà d'abord
  Le cerf donné aux chiens. J'appuie, et sonne fort.
  Mon cerf débouche, et passe une assez lougue pleine ;
  Et mes chiens après lui, mais si bien en haleine,
  Qu'on les aurait couverts tous d'un seul justaucorps.
  Il vient à la forêt. Nous lui donnons alors ,
  La vieille meute ; et moi, je prends en diligence
  Mon cheval alezan. Tu l'as vu ?
                    ÉRASTE. — Non, je pense.
DORANTE. — Comment ! C'est un cheval aussi bon qu'il est beau.
  Et que ces jours passés , j'achetai de Gaveau (1).
  Je te laisse à penser si, sur cette matière,
  Il voudrait me tromper, lui qui me considère ;
  Aussi je m'en contente ; et jamais, en effet,
  Il n'a vendu cheval ni meilleur ni mieux fait...
  Une tête de barbe, avec l'étoile nette,
  L'encolure d'un cigne, effilée et bien droite ;
  Point d'épaule, non plus qu'un lièvre, court jointé ,
  Et qui fait dans son port voir sa vivacité ;
  Des pieds ! morbleu, des pieds ! le rein double : à vrai dire,
  J'ai trouvé le moyen , moi seul , de le réduire ;
  Et sur lui quoiqu'aux yeux il monrtât beau semblant
  Petit-Jean de Gaveau ne montait qu'en tremblant.
  Une croupe en largeur à nulle autre pareille,
  Et des gigots, dieu sait ! Bref, c'est une merveille,
  Et j'en ai refusé cent pistoles, crois moi ;

(1) Fameux Piqueur.

Au retour d'un cheval amené pour le roi.
Je monte donc dessus, et ma joie était pleine
De voir filer de loin les coupeurs dans la plaine;
Je pousse, et je me trouve en un fort à l'écart,
A la queue de nos chiens, moi seul avec Drécar (1) :
Une heure là-dedans notre cerf se fait battre.
J'appuie alors mes chiens, et fais le diable à quatre;
Enfin jamais chasseur ne se vit plus joyeux.
Je le relance seul et tout allait des mieux,
Lorsque d'un jeune cerf s'accompagne le nôtre·
Une part de mes chiens se sépare de l'autre;
Et je les vois, marquis, comme tu peux penser,
Chasser tous avec crainte, et Finaut balancer;
Il se rabat soudain, dont j'eus l'ame ravie;
Il empaume la voie; et moi, je sonne et crie:
A Finaut! à Finaut! j'en revois à plaisir
Sur une taupinière, et resonne à loisir.
Quelques chiens revenaient à moi, quand, pour disgrâce,
Le jeune cerf, marquis, à mon campagnard passe.
Mon étourdi se met à sonner comme il faut,
Et crie à pleine voix, tayaut! tayaut! tayaut!
Mes chiens me quittent tous, et vont à ma pécore:
J'y pousse, et j'en revois dans le chemin encore;
Mais à terre, mon cher, je n'eus pas jeté l'œil,
Que je connus le change, et sentis un grand deuil.
J'ai beau lui faire voir toutes les différences
Des pinces de mon cerf et de ses connaissances,
Il me soutient toujours, en chasseur ignorant,
Que c'est le cerf de meute ; et, par ce différent,
Il donne temps aux chiens d'aller loin. J'en enrage,
Et, pestant de bon cœur contre le personnage,
Je pousse mon cheval et par haut et par bas,
Qui pliait des gaulis aussi gros que les bras ;
Je ramène les chiens à ma première voie,
Qui vont, en me donnant une excessive joie,
Requérir notre cerf, comme s'ils l'eussent vu.
Ils le relancent; mais ce coup est-il prévu?
A te dire le vrai, cher marquis, il m'assomme
Notre cerf relancé va passer à notre homme,
Qui croyant faire un trait de chasseur fort vanté,
D'un pistolet d'arçon qu'il avait apporté,
Lui donne justement au milieu de la tête,
Et de fort loin me crie : Ah ! j'ai mis bas la bête!
A-t-on jamais parlé de pistolets, bon dieu!
Pour courre un cerf? Pour moi, venant dessus le lieu,
J'ai trouvé l'action tellement hors d'usage,
Que j'ai donné des deux à mon cheval, de rage,
Et m'en suis revenu chez moi toujours courant,
Sans vouloir dire un mot à ce sot ignorant.

ÉRASTE. — Tu ne pouvais mieux faire, et ta prudence est rare:
C'est ainsi des fâcheux qu'il faut qu'on se sépare.
Adieu.

DORANTE. — Quand tu voudras, nous irons quelque part,
Où nous ne craindrons pas de chasseur campagnard.

ÉRASTE, *seul.* — Fort bien. Je crois qu'enfin je perdrai patience.
Cherchons à m'excuser avecque diligence.

(1) Drécar, piqueur renommé.

FIN DU SECOND ACTE.

BALLET DU SECOND ACTE.

PREMIÈRE ENTRÉE. — Des joueurs de boule arrêtent Éraste pour un coup sur lequel ils sont en dispute. Il se défait d'eux avec peine, et leur laisse danser un pas composé de toutes les postures qui sont ordinaires à ce jeu.

SECONDE ENTRÉE. — Des petits frondeurs les viennent interrompre, qui sont chassés ensuite

TROISIÈME ENTRÉE. — Par des savetiers et des savetières, leurs pères, et autres, qui sont aussi chassés à leur tour

QUATRIÈME ENTRÉE. — Par un jardinier qui danse seul, et se retire pour faire place au troisième acte.

ACTE III.

SCÈNE PREMIÈRE. — ÉRASTE, LA MONTAGNE.

ÉRASTE. — Il est vrai, d'un côté, mes soins ont réussi,
Cet adorable objet enfin s'est adouci;
Mais d'un autre on m'accable, et les astres sévères
Ont contre mon amour redoublé leurs colères.
Oui, Damis son tuteur, mon plus rude fâcheux,
Tout de nouveau s'oppose au plus doux de mes vœux,
A son aimable nièce a défendu ma vue,
Et veut d'un autre époux la voir demain pourvue.
Orphise toutefois, malgré son désaveu,
Daigne accorder ce soir une grâce à mon feu;
Et j'ai fait consentir l'esprit de cette belle
A souffrir qu'en secret je la visse chez elle.
L'amour aime surtout les secrètes faveurs.
Dans l'obstacle qu'on force il trouve des douceurs;
Et le moindre entretien de la beauté qu'on aime,
Lorsqu'il est défendu, devient grâce suprême.
Je vais au rendez-vous, c'en est l'heure à peu près.
Puis je veux m'y trouver plutôt avant qu'après.

LA MONTAGNE. — Suivrai-je vos pas?

ÉRASTE. — Non. Je craindrais que peut-être
A quelques yeux suspects tu me fisses connaître.

LA MONTAGNE. — Mais...

ÉRASTE. — Je ne le veux pas.

LA MONTAGNE. — Je dois suivre vos lois:
Mais au moins, si de loin...

ÉRASTE. — Te tairas-tu vingt fois?
Et ne veux-tu jamais quitter cette méthode,
De te rendre à toute heure un valet incommode?

SCÈNE II. — CARITIDÈS, ÉRASTE.

CARITIDÈS. — Monsieur, le temps répugne à l'honneur de vous voir,
Le matin est plus propre à rendre un tel devoir;
Mais de vous rencontrer il n'est pas bien facile,
Car vous dormez toujours, ou vous êtes en ville:
Au moins, messieurs vos gens me l'assurent ainsi;
Et j'ai, pour vous trouver, pris l'heure que voici.
Encore est-ce un grand heur dont le destin m'honore,
Car, deux moments plus tard, je vous manquais encore,

ÉRASTE. — Monsieur, souhaitez-vous quelque chose de moi?

CARITIDÈS. — Je m'acquitte, monsieur, de ce que je vous doi,
Et vous viens... Excusez l'audace qui m'inspire.
Si...

ÉRASTE. — Sans tant de façons, qu'avez-vous à me dire?

CARITIDÈS. — Comme le rang, l'esprit, la générosité,
Que chacun vante en vous...

ÉRASTE. — Oui, je suis fort vanté.
Passons, monsieur.

CARITIDÈS. — Monsieur, c'est une peine extrême;
Lorsqu'il faut à quelqu'un se produire soi-même;
Et toujours près des grands on doit être introduit
Par des gens qui de nous fassent un peu de bruit,
Dont la bouche écoutée avecque poids débite
Ce qui peut faire voir notre petit mérite.
Enfin, j'aurais voulu que des gens bien instruits
Vous eussent pu, monsieur, dire ce que je suis.

ÉRASTE. — Je vois assez, monsieur, ce que vous pouvez être,
Et votre seul abord le peut faire connaître.

CARITIDÈS. — Oui, je suis un savant charmé de vos vertus,
Non pas de ces savants dont le nom n'est qu'en *us,*
Il n'est rien si commun qu'un nom à la latine :
Ceux qu'on habille en grec ont bien meilleure mine,
Et, pour en avoir un qui se termine en *ès,*
Je me fais appeler monsieur Caritidès.

ÉRASTE. — Monsieur Caritidès, soit. Qu'avez-vous à dire?

CARITIDÈS. — C'est un placet, monsieur, que je voudrais vous lire,
Et que, dans la posture où vous met votre emploi,
J'ose vous conjurer de présenter au roi.

ÉRASTE. — Hé! monsieur, vous pouvez le présenter vous-même.

CARITIDÈS. — Il est vrai que le roi fait cette grâce extrême;
Mais, par ce même excès de ses rares bontés,
Tant de méchants placets, monsieur, sont présentés,
Qu'ils étouffent les bons; et l'espoir où je fonde
Est qu'on donne le mien quand le prince est sans monde.

ÉRASTE. — Hé bien! vous le pouvez, et prendre votre temps.

CARITIDÈS. — Ah! monsieur, les huissiers sont de terribles gens!
Ils traitent les savants de faquins à nasardes,
Et je n'en puis venir qu'à la salle des gardes.
Les mauvais traitements qu'il me faut endurer,
Pour jamais de la cour me feraient retirer,
Si je n'avais conçu l'espérance certaine,
Qu'auprès de notre roi vous serez mon Mécène.
Oui, votre crédit m'est un moyen assuré...

ÉRASTE. — Hé bien! donnez-moi donc; je le présenterai.

CARITIDÈS. — Le voici. Mais au moins voyez-en la lecture.

ÉRASTE. — Non...

CARITIDÈS. — C'est pour être instruit, monsieur : je vous conjure.

AU ROI.

SIRE, « Votre très humble, très obéissant, très fidèle et très savant sujet et
» serviteur Caristidès, français de nation, grec de profession, ayant consi-
» déré les grands et notables abus qui se commettent aux inscriptions des
« enseignes des maisons, boutiques, cabarets, jeux de boule, et autres lieux
« de votre bonne ville de Paris, en ce que certains ignorants, compositeurs
« desdites inscriptions, renversent par une barbare, pernicieuse et détestable
« orthographe, toute sorte de sens et de raison, sans aucun égard d'étymologie,
« analogie, énergie, ni allégorie quelconque, au grand scandale de la répu-
« blique des lettres, et de la nation française, qui se décrie et se déshonore par
« lesdits abus et fautes grossières, envers les étrangers, notamment envers
« les Allemands, curieux lecteurs et spectateurs desdites inscriptions...

ÉRASTE. — Ce placet est fort long, et pourrait bien fâcher...

CARITIDÈS. — Ah! monsieur, pas un mot ne s'en peut retrancher.

ÉRASTE. — Achevez promptement.

CARITIDÈS, *continue.* — « Supplie humblement VOTRE MAJESTÉ de créer, pour
«» le bien de son État et la gloire de son empire, une charge de contrôleur,
« intendant, correcteur, reviseur et restaurateur général desdites inscriptions,

« et d'icelle honorer le suppliant, tant en considération de son rare et éminent
« savoir, que des grands et signalés services qu'il a rendus à l'État et à VOTRE
« MAJESTÉ, en faisant l'anagramme de VOTRE DITE MAJESTÉ, en français,
« latin, grec, hébreu, syriaque, chaldéen, arabe... »

ÉRASTE, *l'interrompant.* —Fort bien. Donnez-le vite, et faites la retraite;
  Il sera vu du roi; c'est une affaire faite.

CARITIDÈS. —Hélas! monsieur, c'est tout que montrer mon placet.
  Si le roi le peut voir, je suis sûr de mon fait;
  Car, comme sa justice en toute chose est grande,
  Il ne pourra jamais refuser ma demande.
  Au reste, pour porter au ciel votre renom,
  Donnez-moi par écrit votre nom et surnom,
  J'en veux faire un poème en forme d'acrostiche
  Dans les deux bouts du vers et dans chaque hémistiche.

ÉRASTE. —Oui, vous l'aurez demain, monsieur. Caritidès.
  (*Seul.*) Ma foi, de tels savants sont des ânes bien faits.
  J'aurais dans d'autres temps bien ri de sa sottise.

SCÈNE III. — ORMIN, ÉRASTE.

ORMIN. —Bien qu'une grande affaire en ce lieu me conduise,
  J'ai voulu qu'il sortît avant de vous parler.

ÉRASTE. —Fort bien. Mais dépêchons; car je veux m'en aller.

ORMIN. —Je me doute à peu près que l'homme qui vous quitte
  Vous a fort ennuyé, monsieur, par sa visite.
  C'est un vieux importun qui n'a pas l'esprit sain,
  Et pour qui j'ai toujours quelque défaite en main.
  Au Mail, à Luxembourg et dans les Tuileries,
  Il fatigue le monde avec ses rêveries;
  Et des gens comme vous doivent fuir l'entretien
  De tous ces savants qui ne sont bons à rien.
  Pour moi, je ne crains pas que je vous importune,
  Puisque je viens, monsieur, faire votre fortune.

ÉRASTE, *bas, à part.* —Voici quelque souffleur de ces gens qui n'ont rien,
  Et vous viennent toujours promettre tant de bien.
  (*Haut.*) Vous avez fait, monsieur, cette bénite prière,
  Qui peut seule enrichir tous les rois de la terre?

ORMIN. —La plaisante pensée, hélas! où vous voilà!
  Dieu me garde, monsieur, d'être de ces fous-là!
  Je ne me repais point de visions frivoles,
  Et je vous porte ici les solides paroles
  D'un avis que par vous je veux donner au roi,
  Et que tout cacheté je conserve sur moi:
  Non de ces sots projets, de ces chimères vaines,
  Dont les surintendants ont les oreilles pleines;
  Non de ces gueux d'avis, dont les prétentions
  Ne parlent que de vingt ou trente millions;
  Mais un qui, tous les ans, à si peu qu'on le monte,
  En peu donner au roi quatre cents de bon compte,
  Avec facilité, sans risque, ni soupçon,
  Et sans fouler le peuple en aucune façon;
  Enfin, c'est un avis d'un gain inconcevable,
  Et que du premier mot on trouvera faisable.
  Oui, pourvu que par vous je puisse être poussé...

ÉRASTE. —Soit; nous en parlerons. Je suis un peu pressé.

ORMIN. —Si vous me promettiez de garder le silence,
  Je vous découvrirais cet avis d'importance.

ÉRASTE. —Non, non, je ne veux point savoir votre secret.

ORMIN. —Monsieur, pour le trahir, je vous crois trop discret,
  Et veux, avec franchise, en deux mots vous l'apprendre.
  Il faut voir si quelqu'un ne peut point nous entendre.
(Après avoir regardé si personne ne l'écoute, il s'approche de l'oreille d'Éraste.)

Cet avis merveilleux dont je suis l'inventeur,
Est que...
ÉRASTE. — D'un peu plus loin, et pour cause, monsieur,
ORMIN. — Vous voyez le grand gain, sans qu'il faille le dire,
Que de ses ports de mer le roi tous les ans tire.
Or l'avis, dont encor nul ne s'est avisé,
Est qu'il faut de la France, et c'est un coup aisé,
En fameux ports de mer mettre toutes les côtes.
Ce serait pour monter à des sommes très-hautes;
Et si...
ÉRASTE. — L'avis est bon, et plaira fort au roi.
Adieu. Nous nous verrons.
    ORMIN. — Au moins, appuyez-mo
Pour en avoir ouvert les premières paroles.
ÉRASTE. — Oui, oui.
   ORMIN. — Si vous vouliez me prêter deux pistoles,
Que vous reprendriez sur le droit de l'avis,
Monsieur...
ÉRASTE. (*Il donne de l'argent à Ormin.*) (*seul.*)
   Oui, volontiers. Plût à dieu qu'à ce prix
De tous les importuns je pusse me voir quitte!
Voyez quel contre-temps prend ici leur visite!
Je pense qu'à la fin je pourrai bien sortir.
Viendra-t-il point quelqu'un encor me divertir?

SCÈNE IV. — FILINTE, ÉRASTE.

FILINTE. — Marquis, je viens d'apprendre une étrange nouvelle.
ÉRASTE. — Quoi?
   FILINTE. — Qu'un homme tantôt t'a fait une querelle.
ÉRASTE. — A moi?
   FILINTE. — Que te sert-il de le dissimuler?
Je sais de bonne part qu'on t'a fait appeler;
Et comme ton ami, quoi qu'il en réussisse,
Je te viens contre tous faire offre de service.
ÉRASTE. — Je te suis obligé; mais crois que tu me fais...
FILINTE. — Tu ne l'avoueras pas, mais tu sors sans valets,
Demeure dans la ville, ou gagne la campagne,
Tu n'iras nulle part où je ne t'accompagne.
ÉRASTE, *à part.* — Ah! j'enrage!
    FILINTE. — A quoi bon de te cacher de moi?
ÉRASTE. — Je te jure, marquis, qu'on s'est moqué de toi.
FILINTE. — En vain tu t'en défends.
    ÉRASTE. — Que le ciel me foudroie,
Si d'aucun démêlé...
   FILINTE. — Tu penses qu'on te croie?
ÉRASTE. — Hé! mon dieu! je te dis et ne déguise point
Que...
   FILINTE. — Ne me crois pas dupe et crédule en ce point
ÉRASTE. — Veux-tu m'obliger?
    FILINTE. — Non.
     ÉRASTE. — Laisse-moi, je te prie.
FILINTE. — Point d'affaire, marquis.
    ÉRASTE. — Une galanterie
En certain lieu, ce soir...
   FILINTE. — Je ne te quitte pas.
En quel lieu que ce soit, je veux suivre tes pas.
ÉRASTE. — Parbleu! puisque tu veux que j'aie une querelle,
Je consens à l'avoir pour contenter ton zèle;
Ce sera contre toi, qui me fais enrager,
Et dont je ne me puis par douceur dégager.
FILINTE. — C'est fort mal d'un ami recevoir le service;

Mais puisque je vous rends un si mauvais office,
Adieu. Videz sans moi tout ce que vous aurez.
ÉRASTE. — Vous serez mon ami quand vous me quitterez.
 (*Seul.*) Mais voyez quels malheurs suivent ma destinée !
Ils m'auront fait passer l'heure qu'on m'a donnée.

SCÈNE V. — DAMIS, L'ÉPINE, ÉRASTE, LA RIVIÈRE, *et ses compagnons.*

DAMIS, *à part.* — Quoi ! malgré moi, le traître espère l'obtenir !
 Ah ! mon juste courroux le saura prévenir.
ÉRASTE, *à part.* — J'entrevois là quelqu'un sur la porte d'Orphise.
 Quoi ! toujours quelque obstacle aux feux qu'elle autorise !
DAMIS, *à l'Épine.* — Oui, j'ai su que ma nièce, en dépit de mes soins,
 Doit voir ce soir chez elle Éraste sans témoins.
          LA RIVIÈRE, *à ses compagnons.*
 Qu'entends-je à ces gens-là dire de notre maître ?
 Approchons doucement sans nous faire connaître.
DAMIS, *à l'Épine.* — Mais avant qu'il ait lieu d'achever son dessein,
 Il faut de mille coups percer son traître sein.
 Va-t-en faire venir ceux que je viens de dire
 Pour les mettre en embûche au lieu que je desire
 Afin qu'au nom d'Éraste on soit prêt à venger
 Mon honneur que ses feux ont l'orgueil d'outrager,
 A rompre un rendez-vous qui dans ce lieu l'appelle,
 Et noyer dans son sang sa flamme criminelle.
          LA RIVIÈRE, *attaquant Damis avec ses compagnons.*
 Avant qu'à tes fureurs l'on puisse l'immoler,
 Traître ! tu trouveras en nous à qui parler.
ÉRASTE. — Bien qu'il m'ait voulu perdre, un point d'honneur me presse,
 De secourir ici l'oncle de ma maîtresse.
 (*A Damis.*) Je suis à vous, monsieur.
(*Il met l'épée à la main, contre La Rivière et ses compagnons qu'il met en fuite.*)
          DAMIS. — O ciel ! par quels secours,
 D'un trépas assuré vois-je sauver mes jours ?
 A qui suis-je obligé d'un si rare service ?
ÉRASTE, *revenant.* — Je n'ai fait, vous servant, qu'un acte de justice.
DAMIS. — Ciel ! puis-je à mon oreille ajouter quelque foi ?
 Est-ce la main d'Éraste ?…
          ÉRASTE. — Oui, oui, monsieur, c'est moi.
 Trop heureux que ma main vous ait tiré de peine,
 Trop malheureux d'avoir mérité votre haine.
DAMIS. — Quoi ! celui dont j'avais résolu le trépas,
 Est celui qui pour moi vient d'employer son bras !
 Ah ! c'en est trop ; mon cœur est contraint de se rendre,
 Et, quoi que votre amour ce soir ait pu prétendre,
 Ce trait si surprenant de générosité
 Doit étouffer en moi toute animosité.
 Je rougis de ma faute, et blâme mon caprice.
 Ma haine trop longtemps vous a fait injustice ;
 Et, pour la condamner par un éclat fameux,
 Je vous joins dès ce soir à l'objet de vos vœux.

          SCÈNE VI. — ORPHISE, DAMIS, ÉRASTE.

ORPHISE. — *sortant de chez elle avec un flambeau.*
 Monsieur, quelle aventure a d'un trouble effroyable…
DAMIS. — Ma nièce, elle n'a rien que de très agréable,
 Puisqu'après tant de vœux que j'ai blâmés en vous,
 C'est elle qui vous donne Éraste pour époux.
 Son bras a repoussé le trépas que j'évite,
 Et je veux envers lui que votre main m'acquitte.
ORPHISE. — Si c'est pour lui payer ce que vous lui devez,
 J'y consens, devant tout aux jours qu'il a sauvés.

ÉRASTE. — Mon cœur est si surpris d'une telle merveille,
　Qu'en ce ravissement je doute si je veille.
DAMIS. — Célébrons l'heureux sort dont vous allez jouir,
　Et que nos violons viennent nous réjouir.
　　　　　　　　(On frappe à la porte de Damis.)
ÉRASTE. — Qui frappe là si fort?

　　　SCÈNE VII. — DAMIS, ORPHISE, ÉRASTE, L'ÉPINE.

　　　　　L'ÉPINE. — Monsieur, ce sont des masques,
　Qui portent des crincrins et des tambours de basques.
　　　(Les masques entrent qui occupent toute la place.)
ÉRASTE. — Quoi! toujours des fâcheux! Holà! Suisses, ici;
　Qu'on me fasse sortir ces grédins que voici.

　　　　　　　FIN DU TROISIÈME ACTE.

BALLET DU TROISIÈME ACTE

PREMIÈRE ENTRÉE. — Des Suisses, avec des hallebardes, chassent tous les
　masques fâcheux, et se retirent ensuite pour laisser danser à leur aise.
SECONDE ENTRÉE. — Quatre bergers et une bergère qui, au sentiment de tous
　ceux qui l'ont vue, ferment le divertissement d'assez bonne grâce.

　　　　　　　FIN DES FACHEUX.

L'Ecole des Femmes, p. 191.

L'ÉCOLE DES FEMMES,

COMÉDIE EN CINQ ACTES.

A MADAME (1).

MADAME, Je suis le plus embarrassé homme du monde, lorsqu'il me faut dédier un livre; et je me trouve si peu fait au style d'épître dédicatoire, que je ne sais par où sortir de celle-ci. Un auteur qui serait en ma place trouverait d'abord cent belles choses à dire de VOTRE A. R. sur ce titre de *l'École des Femmes*, et l'offre qu'il vous en ferait. Mais, pour moi, MADAME, je vous avoue mon faible; je ne sais point cet art de trouver des rapports entre des choses si peu proportionnées; et quelques belles lumières que mes confrères les auteurs me donnent tous les jours sur de pareils sujets, je ne vois point ce que votre ALTESSE ROYALE pourrait avoir à démêler avec la comédie que je lui présente. On n'est pas en peine, sans doute, comment il faut faire pour vous louer. La matière, MADAME, ne saute que trop aux yeux; et de quelque côté qu'on vous regarde, on rencontre gloire sur gloire, qualités sur qualités. Vous en avez du côté du rang et de la naissance, qui vous font respecter de toute la terre. Vous en avez du côté des grâces et de l'esprit, et du corps, qui vous font admirer de toutes les personnes qui vous voient. Vous en avez du côté de l'ame qui, si l'on ose parler ainsi, vous font aimer de tous ceux qui ont l'honneur d'approcher de vous : je veux dire cette douceur pleine de charmes dont vous daignez tempérer la fierté des grands titres que vous portez, cette bonté tout obligeante, cette affabilité généreuse que vous faites paraître pour tout le monde. Et ce sont particulièrement ces dernières pour qui je suis, et dont je sens fort bien que je ne pourrai taire quelques jours. Mais, encore une fois, MADAME, je ne sais point le biais de faire entrer ici des vérités si éclatantes ; et ce sont choses, à mon avis, et d'une trop vaste étendue, et d'un mérite trop relevé, pour les vouloir renfermer dans une épître et les mêler avec des bagatelles. Tout bien considéré, MADAME, je ne vois rien à faire ici pour moi que de vous dédier simplement ma comédie et de vous assurer avec tout le respect qu'il m'est possible, que je suis,

DE VOTRE ALTESSE ROYALE, MADAME, le très humbles, et très obéissant serviteur,
                              J.-B. P. MOLIÈRE.

(1) MADAME, première femme de Monsieur, frère de Louis XIV, était cette Henriette d'Angleterre, petite fille de Henri IV, dont tout le monde chérissait la bonté, l'esprit et les grâces ; dont la mort soudaine et prématurée fit naître des soupçons d'empoisonnement qui sont loin d'être encore détruits; et dont l'oraison funèbre, prononcée par Bossuet, est un des chefs-d'œuvre de ce grand orateur. Elle mourut à Saint-Cloud le 30 juin 1670, à l'âge de vingt-six ans

PRÉFACE.

Bien des gens ont frondé d'abord cette comédie; mais les rieurs ont été pour elle, et tout le mal qu'on en a pu dire, n'a pu faire qu'elle n'ait eu un succès dont je me contente. Je sais qu'on attend de moi dans cette impression quelque préface qui réponde aux censeurs et rende raison de mon ouvrage; et sans doute que je suis assez redevable à toutes les personnes qui lui ont donné leur approbation, pour me croire obligé de défendre leur jugement contre celui des autres ; mais il se trouve qu'une grande partie des choses que j'aurais à dire sur ce sujet est déjà dans une dissertation que j'ai faite en dialogue, et dont je ne sais encore ce que je ferai. L'idée de ce dialogue, ou, si l'on veut, de cette petite comédie, me vint après les deux ou trois premières représentations de ma pièce. Je la dis, cette idée, dans une maison où je me trouvai un soir; et d'abord une personne de qualité, dont l'esprit est assez connu dans le monde, et qui me fait l'honneur de m'aimer, trouva le projet assez à son gré, non-seulement pour me solliciter d'y mettre la main, mais encore pour l'y mettre lui-même; et je fus étonné que, deux jours après il me montra toute l'affaire exécutée d'une manière, à la vérité, beaucoup plus galante et plus spirituelle que je ne puis faire, mais où je trouvai des choses trop avantageuses pour moi; et j'eus peur que, si je produisais cet ouvrage sur notre théâtre, on ne m'accusât d'avoir mendié les louanges qu'on m'y donnait. Cependant, cela m'empêcha, par quelque considération, d'achever ce que j'avais commencé. Mais tant de gens me pressent tous les jours de le faire, que je ne sais ce qui en sera; et cette incertitude est cause que je ne mets point dans cette préface ce qu'on verra dans la Critique, en cas que je me résolve à la faire paraître. S'il faut que cela soit, je le dis encore, ce sera seulement pour venger le public du chagrin délicat de certaines gens: car, pour moi, je m'en tiens assez vengé par la réussite de ma comédie; et je souhaite que toutes celles que je pourrai faire soient traitées par eux comme celle-ci, pourvu que le reste suive de même.

PERSONNAGES.

ARNOLPHE, autrement M. de La Souche.
AGNÈS, fille d'Eurique élevée par Arnolphe.
HORACE, amant d'Agnès, et fils d'Oronte.
CHRYSALDE, ami d'Arnolphe.
ENRIQUE, beau-frère de Chrysalde et père d'Agnès.

ORONTE, père d'Horace et grand ami d'Arnolphe.
ALIN, paysan, valet d'Arnolphe.
GEORGETTE, paysanne, servante d'Arnolphe.

La scène est dans une place de ville.

SCÈNE PREMIÈRE.

CHRYSALDE, ARNOLPHE.

CHRYSALDE. — Vous venez, dites-vous, pour lui donner la main?

ARNOLPHE. — Oui. Je veux terminer la chose dans demain.

CHRYSALDE. — Nous sommes ici seuls, et l'on peut, ce me semble,
Sans craindre d'être ouïs, y discourir ensemble
Voulez-vous qu'en ami je vous ouvre mon cœur
Votre dessein pour vous me fait trembler de peur,
Et, de quelque façon que vous tourniez l'affaire,
Prendre femme est à vous un coup bien téméraire.

ARNOLPHE. — Il est vrai, mon ami. Peut-être que, chez vous,
Vous trouvez des sujets de craindre pour chez nous;
Et votre front, je crois, veut que du mariage
Les cornes soient partout l'infaillible apanage.

CHRYSALDE. — Ce sont coups du hasard, dont on n'est point garant;
Et bien sot, ce me semble, est le soin qu'on en prend.
Mais quand je crains pour vous, c'est cette raillerie
Dont cent pauvres maris ont souffert la furie:
Car enfin vous savez qu'il n'est grands, ni petits,
Que de votre critique ont ait vus garantis:
Que vos plus grands plaisirs sont, par tout où vous êtes,
De faire cent éclats des intrigues secrètes...

ARNOLPHE. — Fort bien. Est-il au monde une autre ville aussi
Où l'on ait des maris si patients qu'ici?
Est-ce qu'on n'en voit pas de toutes les espèces,
Qui sont accommodés chez eux de toutes pièces?
L'un amasse du bien, dont sa femme fait part
A ceux qui prennent soin de le faire cornard:
L'autre un peu plus heureux, mais non pas moins infâme,
Voit faire tous les jours des présents à sa femme,
Et d'aucun soin jaloux n'a l'esprit combattu,
Parce qu'elle lui dit que c'est pour sa vertu.
L'un fait beaucoup de bruit qui ne lui sert de guères:
L'autre en toute douceur laisse aller les affaires,
Et, voyant arriver chez lui le damoiseau,

Prend fort honnêtement ses gants et son manteau.
L'une, de son galant, en adroite femelle,
Fait fausse confidence à son époux fidèle
Qui dort en sûreté sur un pareil appas,
Et le plaint, ce galant, des soins qu'il ne perd pas;
L'autre, pour se purger de sa magnificence,
Dit qu'elle gagne au jeu l'argent qu'elle dépense;
Et le mari benêt, sans songer à quel jeu,
Sur les gains qu'elle fait rend des grâces à Dieu.
Enfin, ce sont partout des sujets de satyre,
Et, comme spectateur, ne puis-je pas en rire?
Puis-je pas de nos sots?...

    CHRYSALDE. — Oui: mais qui rit d'autrui
Doit craindre qu'en revanche on rie aussi de lui.
J'entends parler le monde; et des gens se délassent
A venir débiter les choses qui se passent:
Mais, quoi que l'on divulgue aux endroits où je suis,
Jamais on ne m'a vu triompher de ces bruits.
J'y suis assez modeste; et bien qu'aux occurrences
Je puisse condamner certaines tolérances,
Que mon dessein ne soit de souffrir nullement
Ce que quelques maris souffrent paisiblement,
Pourtant je n'ai jamais affecté de le dire;
Car enfin il faut craindre un revers de satyre,
Et l'on ne doit jamais jurer sur de tel cas
De ce qu'on pourra faire, ou bien ne faire pas.
Ainsi, quand à mon front, par un sort qui tout mène,
Il serait arrivé quelque disgrâce humaine,
Après mon procédé, je suis presque certain
Qu'on se contentera de s'en rire sous main:
Et peut-être qu'encor j'aurai cet avantage,
Que quelques bonnes gens diront, que c'est dommage
Mais de vous, cher compère, il en est autrement;
Je vous le dis encor, vous risquez diablement.
Comme sur les maris accusés de souffrance
De tout temps votre langue a daubé d'importance,
Qu'on vous a vu contre eux un diable déchaîné,
Vous devez marcher droit pour n'être point berné;
Et, s'il faut que sur vous on ait la moindre prise,
Gare qu'aux carrefours on ne vous tympanise,
Et...

ARNOLPHE. — Mon dieu! mon ami, ne vous tourmentez point,
Bien huppé qui pourra m'attraper sur ce point.
Je sais les tours rusés et les subtiles trames
Dont pour nous en planter savent user les femmes;
Et, comme on est dupé par leurs dextérités,
Contre cet accident j'ai pris mes sûretés:
Et celle que j'épouse a toute l'innocence
Qui peut sauver mon front de maligne influence.
CHRYSALDE. — Et que prétendez-vous qu'une sotte, en un mot...
ARNOLPHE. — Épouser une sotte, est pour n'être point sot.
Je crois, en bon chrétien, votre moitié fort sage:
Mais une femme habile est un mauvais présage;
Et je sais ce qu'il coûte à de certaines gens
Pour avoir pris les leurs avec trop de talents.
Moi, j'irais me charger d'une spirituelle,
Qui ne parlerait rien que cercle et que ruelle;
Qui de prose et de vers ferait de doux écrits,
Et que visiteraient marquis et beaux esprits,
Tandis que, sous le nom du mari de madame,
Je serais comme un saint que pas un ne réclame;

MOLIÈRE.   13

Non, non, je ne veux point d'un esprit qui soit haut,
Et femme qui compose en sait plus qu'il ne faut.
Je prétends que la mienne, en clartés peu sublime,
Même ne sache pas ce que c'est qu'une rime;
Et s'il faut qu'avec elle on joue au corbillon,
Et qu'on vienne à lui dire à son tour: Qu'y met-on?
En un mot qu'elle soit d'une ignorance extrême
Je veux qu'elle réponde: Une tarte à la crème;
Et c'est assez pour elle, à vous en bien parler,
De savoir prier Dieu, m'aimer, coudre, et filer.

CHRYSALDE. — Une femme stupide est donc votre marotte?

ARNOLPHE. — Tant, que j'aimerais mieux une laide bien sotte,
Qu'une femme fort belle avec beaucoup d'esprit.

CHRYSALDE. — L'esprit et la beauté...

ARNOLPHE. — L'honnêteté suffit.

CHRYSALDE. — Mais comment voulez-vous, après tout, qu'une
Puisse jamais savoir ce que c'est qu'être honnête?
Outre qu'il est assez ennuyeux, que je croi,
D'avoir toute sa vie une bête avec soi,
Pensez-vous le bien prendre, et que sur votre idée
La sûreté d'un front puisse être bien fondée?
Une femme d'esprit peut trahir son devoir,
Mais il faut, pour le moins, qu'elle ose le vouloir;
Et la stupide au sien peut manquer d'ordinaire
Sans en avoir l'envie et sans penser le faire.

ARNOLPHE. — A ce bel argument, à ce discours profond
Ce que Pantagruel à Panurge répond:
Pressez-moi de me joindre à femme autre que sotte,
Prêchez, patrocinez jusqu'à la Pentecôte;
Vous serez ébahi quand vous serez au bout,
Que vous ne m'aurez rien persuadé du tout.

CHRYSALDE. — Je ne vous dis plus mot.

ARNOLPHE. — Chacun a sa méthode.
En femme, comme en tout, je veux suivre ma mode:
Je me vois riche assez pour pouvoir, que je croi,
Choisir une moitié qui tienne tout de moi,
Et de qui la soumise et pleine dépendance
N'ait à me reprocher aucun bien ni naissance.
Un air doux et posé, parmi d'autres enfants,
M'inspira de l'amour pour elle dès quatre ans;
Sa mère se trouvant de pauvreté pressée,
De la lui demander il me vint en pensée;
Et la bonne paysanne, apprenant mon desir,
A s'ôter cette charge eut beaucoup de plaisir.
Dans un petit couvent, loin de toute pratique,
Je la fis élever selon ma politique;
C'est-à-dire, ordonnant quels soins on emploierait
Pour la rendre idiote autant qu'il se pourrait.
Dieu merci, le succès a suivi mon attente;
Et grande, je l'ai vue à tel point innocente,
Que j'ai béni le ciel d'avoir trouvé mon fait,
Pour me faire une femme au gré de mon souhait.
Je l'ai donc retirée; et, comme ma demeure
A cent sortes de gens est ouverte à toute heure,
Je l'ai mise à l'écart, comme il faut tout prévoir,
Dans cette autre maison où nul ne me vient voir;
Et, pour ne pas gâter sa bonté naturelle,
Je n'y tiens que des gens tout aussi simples qu'elle.
Vous me direz, pourquoi cette narration?
C'est pour vous rendre instruit de ma précaution.

Le résultat de tout est qu'en ami fidèle
Ce soir je vous invite à souper avec elle;
Je veux que vous puissiez un peu l'examiner,
Et voir si de mon choix on doit me condamner.
CHRYSALDE. — J'y consens.
                    ARNOLPHE. — Vous pouvez, dans cette conférence,
  uger de la personne et de son innocence.
CHRYSALDE. — Pour cet article-là, ce que vous m'avez dit
  Ne peut....
ARNOLPHE. — La vérité passe encor mon récit.
  Dans ses simplicités à tous coups je l'admire,
  Et parfois elle en dit dont je pâme de rire.
  L'autre jour, pourrait-on se le persuader?
  Elle était fort en peine, et vint me demander,
  Avec une innocence à nulle autre pareille,
  Si les enfants qu'on fait se faisaient par l'oreille.
CHRYSALDE. — Je me réjouis fort seigneur Arnolphe...
                              ARNOLPHE. — Bon !
  Me voulez-vous toujours appeler de ce nom !
CHRYSALDE. — Ah! malgré que j'en aie, il me vient à la bouche;
  Et jamais je ne songe à monsieur de La Souche.
  Qui diable vous a fait aussi vous aviser,
  A quarante-deux ans, de vous débaptiser,
  Et d'un vieux tronc pourri de votre métairie
  Vous faire dans le monde un nom de seigneurie?
ARNOLPHE. — Outre que la maison par ce nom se connaît,
  La Souche plus qu'Arnolphe à mes oreilles plaît.
CHRYSALDE. — Quel abus de quitter le vrai nom de ses pères,
  Pour en vouloir prendre un bâti sur des chimères !
  De la plupart des gens c'est la démangeaison,
  Et, sans vous embrasser dans la comparaison,
  Je sais un paysan qu'on appelait Gros-Pierre,
  Qui, n'ayant pour tout bien qu'un seul quartier de terre,
  Y fit tout à l'entour faire un fossé bourbeux,
  Et de monsieur de l'Isle en prit le nom pompeux.
ARNOLPHE. — Vous pourriez vous passer d'exemples de la sorte.
  Mais enfin de La Souche est le nom que je porte
  J'y vois de la raison, j'y trouve des appas ;
  Et m'appeler de l'autre est ne m'obliger pas.
CHRYSALDE. — Cependant la plupart ont peine à s'y soumettre,
  Et je vois même encor des adresses de lettre...
ARNOLPHE. — Je le souffre aisément de qui n'est pas instruit ;
  Mais vous...
     CHRYSALDE. — Soit : là-dessus nous n'aurons pas de bruit;
  Et je prendrai le soin d'accoutumer ma bouche
  A ne vous plus nommer que monsieur de La Souche.
ARNOLPHE. — Adieu. Je frappe ici pour donner le bon jour,
  Et dire seulement que je suis de retour.
                    CHRYSALDE, *à part, en s'en allant.*
  Ma foi, je le tiens fou de toutes les manières.
ARNOLPHE, *seul.* — Il est un peu blessé de certaines matières.
  Chose étrange que de voir comme, avec passion,
  Un chacun est chaussé de son opinion ! (*Il frappe à sa porte.*)
  Holà!

SCÈNE II. — ARNOLPHE, ALAIN, GEORGETTE, *dans la maison.*

ALAIN. — Qui heurte?
          ARNOLPHE. — Ouvrez. (*A part.*) On aura, que je pense,
  Grande joie à me voir après dix jours d'absence.
ALAIN. — Qui va là?
     ARNOLPHE. — Moi.

ALAIN. — Georgette!

GEORGETTE. — Hé bien?

ALAIN. — Ouvre là-bas.

GEORGETTE. — Vas-y, toi.

ALAIN. — Vas-y, toi.

GEORGETTE. — Ma foi, je n'irai pas.

ALAIN. — Je n'irai pas aussi.

ARNOLPHE. — Belle cérémonie,
Pour me laisser dehors! Holà! ho! je vous prie.

GEORGETTE. — Qui frappe?

ARNOLPHE. — Votre maître.

GEORGETTE. — Alain!

ALAIN. — Quoi?

GEORGETTE. — C'est monsieu.
Ouvre vite.

ALAIN. — Ouvre, toi.

GEORGETTE. — Je souffle notre feu.

ALAIN. — J'empêche, peur du chat, que mon moineau ne sorte.

ARNOLPHE. — Quiconque de vous deux n'ouvrira pas la porte
N'aura point à manger de plus de quatre jours.
Ah!

GEORGETTE. — Par quelle raison y venir, quand j'y cours?

ALAIN. — Pourquoi plutôt que moi? Le plaisant stratagème!

GEORGETTE. — Ôte-toi donc de là.

ALAIN. — Non, ôte-toi, toi-même.

GEORGETTE. — Je veux ouvrir la porte.

ALAIN. — Et je veux l'ouvrir, moi.

GEORGETTE. — Tu ne l'ouvriras pas.

ALAIN. — Ni toi non plus.

GEORGETTE. — Ni toi.

ARNOLPHE. — Il faut que j'aie ici l'ame bien patiente!

ALAIN, *en entrant*. — Au moins, c'est moi, monsieur.

GEORGETTE, *en entrant*. — Je suis votre servante;
C'est moi.

ALAIN. — Sans le respect de Monsieur que voilà,
Je te...

ARNOLPHE, *recevant un coup d'Alain*. — Peste!

ALAIN. — Pardon.

ARNOLPHE. — Voyez ce lourdaud-là?

ALAIN. — C'est elle, aussi, monsieur.

ARNOLPHE. — Que tous deux on se taise,
Songez à me répondre, et laissons la fadaise.
Hé bien! Alain, comment se porte-t-on ici?

ALAIN. — Monsieur, nous nous...
(*Arnolphe ôte le chapeau de dessus la tête d'Alain.*)
Monsieur, nous nous por...
(*Arnolphe l'ôte encore.*) Dieu merci,
Nous nous...

ARNOLPHE, *ôtant le chapeau d'Alain pour la troisième fois, et le jetant
par terre.*
Qui vous apprend, impertinente bête,
A parler devant moi, le chapeau sur la tête?

ALAIN. — Vous faites bien, j'ai tort.

ARNOLPHE, *à Alain*. — Faites descendre Agnès.

SCÈNE III. — ARNOLPHE, GEORGETTE.

ARNOLPHE. — Lorsque je m'en allai, fut-elle triste après.

GEORGETTE. — Triste? Non.

ARNOLPHE. — Non!

GEORGETTE. — Si fait.

ARNOLPHE. — Pourquoi donc?...

GEORGETTE. — Oui, je meure,
Elle vous croyait voir de retour à toute heure;
Et nous n'oyions jamais passer devant chez nous
Cheval, âne ou mulet, qu'elle ne prît pour vous.

SCÈNE IV. — ARNOLPHE, AGNÈS, ALAIN, GEORGETTE.

ARNOLPHE. — La besogne à la main! c'est un beau témoignage.
Hé bien! Agnès, je suis de retour du voyage,
En êtes-vous bien aise?

AGNÈS. — Oui, monsieur, dieu merci.

ARNOLPHE. — Et moi de vous revoir je suis bien aise aussi.
Vous vous êtes toujours, comme on voit, bien portée?

AGNÈS. — Hors les puces, qui m'ont la nuit inquiétée.

ARNOLPHE. — Ah! vous aurez dans peu quelqu'un pour les chasser.

AGNÈS. — Vous me ferez plaisir.

ARNOLPHE. — Je le puis bien penser.
Que faites-vous donc là?

AGNÈS. — Je me fais des cornettes.
Vos chemises de nuit et vos coiffes sont faites.

ARNOLPHE. — Ah! voilà qui va bien! Allez, montez là-haut:
Ne vous ennuyez pas, je reviendrai tantôt,
Et je vous parlerai d'affaires importantes.

SCÈNE V. — ARNOLPHE, *seul*.

Héroïnes du temps, mesdames les savantes,
Pousseuses de tendresse et de beaux sentiments,
Je défie à la fois tous vos vers, vos romans,
Vos lettres, billets doux, toute votre science,
De valoir cette honnête et pudique ignorance.
Ce n'est point par le bien qu'il faut être ébloui;
Et pourvu que l'honneur soit...

SCÈNE VI. — HORACE, ARNOLPHE.

ARNOLPHE. — Que vois-je! Est-ce...? Oui.
Je me trompe. Nenni. Si fait. Non, c'est lui-même,
Hor...

HORACE. — Seigneur Ar...

ARNOLPHE. — Horace.

HORACE. — Arnolphe.

ARNOLPHE. — Ah! joie extrême!
Et depuis quand ici?

HORACE. — Depuis neuf jours.

ARNOLPHE. — Vraiment?

HORACE. — Je fus d'abord chez vous, mais inutilement.

ARNOLPHE. — J'étais à la campagne.

HORACE. — Oui, depuis dix journées.

ARNOLPHE. — Oh! comme les enfants croissent en peu d'années!
J'admire de le voir au point où le voilà,
Après que je l'ai vu pas plus grand que cela.

HORACE. — Vous voyez.

ARNOLPHE. — Mais, de grâce, Oronte votre père
Mon bon et cher ami, que j'estime et révère,
Que fait-il à présent? Est-il toujours gaillard?
A tout ce qui le touche, il sait que je prends part:
Nous ne nous sommes vus depuis quatre ans ensemble,
Ni, qui plus est, écrit l'un à l'autre, me semble.

HORACE. — Il est, seigneur Arnolphe, encor plus gai que nous,
Et j'avais de sa part une lettre pour vous;
Mais depuis, par une autre, il m'apprend sa venue,
Et la raison encor ne m'en est pas connue.
Savez-vous qui peut être un de vos citoyens,
Qui retourne en ces lieux avec beaucoup de biens,
Qu'il s'est en quatorze ans acquis dans l'Amérique?

ARNOLPHE. — **Non. Vous a-t-on point dit comme on le nomme?**
                                        HORACE. — Enrique.

ARNOLPHE. — **Non.**
          HORACE. — Mon père m'en parle, et qu'il est revenu,
Comme s'il devait m'être entièrement connu,
Et m'écrit qu'en chemin ensemble ils se vont mettre
Pour un fait important que ne dit point sa lettre.
          (Horace remet la lettre d'Oronte à Arnolphe.)
ARNOLPHE. — J'aurai certainement grande joie à le voir,
Et pour le régaler je ferai mon pouvoir.
                    (Après avoir lu la lettre.)
Il faut pour des amis des lettres moins civiles,
Et tous ces compliments sont choses inutiles.
Sans qu'il prît le souci de m'en écrire rien,
Vous pouvez librement disposer de mon bien.
HORACE. — Je suis homme à saisir les gens par leurs paroles,
Et j'ai présentement besoin de cent pistoles.
ARNOLPHE. — Ma foi, c'est m'obliger que d'en user ainsi,
Et je me réjouis de les avoir ici.
Gardez aussi la bourse.
               HORACE. — Il faut...
                    ARNOLPHE. — Laissons ce style.
Hé bien! comment encor trouvez-vous cette ville?
HORACE. — Nombreuse en citoyens, superbe en bâtiments;
Et j'en crois merveilleux les divertissements.
ARNOLPHE. — Chacun a ses plaisirs qu'il se fait à sa guise;
Mais pour ceux que du nom de galants on baptise,
Ils ont dans ce pays de quoi se contenter,
Car les femmes y sont faites à coqueter ;
On trouve d'humeur douce et la brune et la blonde,
Et les maris aussi les plus bénins du monde;
C'est un plaisir de prince; et des tours que je vois
Je me donne souvent la comédie à moi.
Peut-être en avez-vous déjà féru quelqu'une.
Vous est-il point encore arrivé de fortune?
Les gens faits comme vous font plus que les écus,
Et vous êtes de taille à faire des cocus.
HORACE. — A ne vous rien cacher de la vérité pure,
J'ai d'amour en ces lieux eu certaine aventure,
Et l'amitié m'oblige à vous en faire part.
ARNOLPHE, *à part.* — Bon! Voici de nouveau quelque conte gaillard;
Et ce sera de quoi mettre sur mes tablettes.
HORACE. — Mais, de grâce, qu'au moins ces choses soient secrètes.
ARNOLPHE. — Oh!
          HORACE. — Vous n'ignorez pas qu'en ces occasions
Un secret éventé rompt nos prétentions.
Je vous avoûrai donc avec pleine franchise
Qu'ici d'une beauté mon ame s'est éprise.
Mes petits soins d'abord ont eu tant de succès,
Que je me suis chez elle ouvert un doux accès;
Et, sans trop me vanter ni lui faire une injure,
Mes affaires y sont en fort bonne posture.
ARNOLPHE, *en riant.* — Et c'est?
          HORACE, *lui montrant le logis d'Agnès.*
                    Un jeune objet qui loge en ce logis
Dont vous voyez ici que les murs sont rougis;
Simple, à la vérité, par l'erreur sans seconde
D'un homme qui la cache au commerce du monde,
Mais qui, dans l'ignorance où l'on veut l'asservir,
Fait briller des attraits capables de ravir;
Un air tout engageant, je ne sais quoi de tendre

Dont il n'est point de cœur qui se puisse défendre.
Mais peut-être il n'est pas que vous n'ayez bien vu
Ce jeune astre d'amour de tant d'attraits pourvu :
C'est Agnès qu'on l'appelle.
   ARNOLPHE, *à part*. — Ah! je crève!
        HORACE. — Pour l'homme
C'est, je crois, de la Zousse, ou Source, qu'on le nomme;
Je ne me suis pas fort arrêté sur le nom :
Riche, à ce qu'on m'a dit, mais des plus sensés, non;
Et l'on m'en a parlé comme d'un ridicule.
Le connaissez-vous point?
   ARNOLPHE, *à part*. — La fâcheuse pilule!
HORACE. — Hé! vous ne dites mot?
    ARNOLPHE. — Eh! oui, je le connoi.
HORACE. — C'est un fou, n'est-ce pas?
    ARNOLPHE. — Hé...
      HORACE. — Qu'en dites-vous? Quoi?
Hé! c'est-à-dire, oui? Jaloux à faire rire?
Sot? Je vois qu'il en est ce que l'on m'a pu dire.
Enfin l'aimable Agnès a su m'assujétir.
C'est un joli bijou, pour ne vous point mentir;
Et ce serait péché qu'une beauté si rare
 Fût laissée au pouvoir de cet homme bizarre.
Pour moi, tous mes efforts, tous mes vœux les plus doux
Vont à m'en rendre maître en dépit du jaloux;
Et l'argent que de vous j'emprunte avec franchise
N'est que pour mettre à bout cette juste entreprise.
Vous savez mieux que moi, quels que soient nos efforts,
Que l'argent est la clef de tous les grands ressorts,
Et que ce doux métal qui frappe tant de têtes,
En amour, comme en guerre, avance les conquêtes.
Vous me semblez chagrin! Serait-ce qu'en effet
Vous désapprouveriez le dessein que j'ai fait?
ARNOLPHE. — Non, c'est que je songeais...
     HORACE. — Cet entretien vous lasse.
Adieu. J'irai chez vous tantôt vous rendre grâce.
ARNOLPHE, *se croyant seul*. — Ah! faut-il...
   HORACE, *revenant*. — Derechef, veuillez être discret;
Et n'allez pas, de grâce, éventer mon secret.
ARNOLPHE, *se croyant seul*. — Que je sens dans mon ame!...
    HORACE, *revenant*. — Et surtout à mon père,
Qui s'en ferait peut-être un sujet de colère.
ARNOLPHE, *croyant qu'Horace revient encore*. — Oh!...

SCÈNE VII.

ARNOLPHE, *seul*. — Oh! que j'ai souffert durant cet entretien!
Jamais trouble d'esprit ne fut égal au mien.
Avec quelle imprudence et quelle hâte extrême
Il m'est venu conter cette affaire à moi-même!
Bien que mon autre nom le tienne dans l'erreur,
Étourdi montra-t-il jamais tant de fureur?
Mais, ayant tant souffert, je devais me contraindre
Jusques à m'éclaircir de ce que je dois craindre,
A pousser jusqu'au bout son caquet indiscret,
Et savoir pleinement leur commerce secret.
Tâchons de le rejoindre; il n'est pas loin, je pense :
Tirons-en de ce fait l'entière confidence
Je tremble du malheur qui m'en peut arriver,
Et l'on cherche souvent plus qu'on ne veut trouver.

FIN DU PREMIER ACTE.

ACTE II.

SCÈNE PREMIÈRE.

ARNOLPHE. — Il m'est, lorsque j'y pense, avantageux, sans doute,
D'avoir perdu mes pas, et pu marquer ma route :
Car enfin de mon cœur le trouble impérieux
N'eût pu se renfermer tout entier à ses yeux ;
Il eût fait éclater l'ennui qui me dévore,
Et je ne voudrais pas qu'il sût ce qu'il ignore.
Mais je ne suis pas homme à gober le morceau,
Et laisser un champ libre aux vœux d'un damoiseau.
J'en veux rompre le cours, et, sans tarder, apprendre
Jusqu'où l'intelligence entre eux a pu s'étendre :
J'y prends pour mon honneur un notable intérêt ;
Je la regarde en femme au terme qu'elle en est ;
Elle n'a pu faillir sans me couvrir de honte,
Et tout ce qu'elle a fait enfin est sur mon compte.
Éloignement fatal ! voyage malheureux ! (*Il frappe à sa porte.*)

SCÈNE II. — ARNOLPHE, [ALAIN, GEORGETTE.

ALAIN. — Ah ! monsieur, cette fois...
                    ARNOLPHE. — Paix. Venez çà, tous deux.
Passez là, passez là. Venez là, venez, dis-je.
GEORGETTE. — Ah ! vous me faites peur, et tout mon sang se fige.
ARNOLPHE. — C'est donc ainsi qu'absent vous m'avez obéi ?
Et, tous deux de concert, vous m'avez donc trahi ?
GEORGETTE, *tombant aux genoux d'Arnolphe.*
Hé ! ne me mangez pas, monsieur, je vous conjure.
ALAIN, *à part.* — Quelque chien enragé l'a mordu, je m'assure.
ARNOLPHE, *à part.* — Ouf ! je ne puis parler, tant je suis prévenu,
Je suffoque, et voudrais me pouvoir mettre nu.
                    (*A Alain et à Georgette.*)
Vous avez donc souffert, ô canaille maudite !
                    (*A Alain qui veut s'enfuir.*)
Qu'un homme soit venu ?... Tu veux prendre la fuite !
A Georgette.)   Il faut que sur-le-champ.. Si tu bouges... Je veux
(*A Alain.*)   Que vous me disiez... Hé ! oui, je veux que tous deux.
        (*Alain et Georgette se lèvent et veulent encore s'enfuir.*)
Qui conque remûra, par la mort ! je l'assomme.
Comme est-ce que chez moi s'est introduit cet homme ?
Hé ! parlez. Dépêchez, vite promptement, tôt,
Sans rêver. Veut-on dire ?
        ALAIN ET GEORGETTE. — Ah ! Ah !
        GEORGETTE, *retombant aux genoux d'Arnolphe.* Le cœur me faut.
            ALAIN, *retombant aux genoux d'Arnolphe.*
Je meurs.
ARNOLPHE, *à part.* — Je suis en eau : prenons un peu d'haleine.
Il faut que je m'évente et que je me promène.
Aurais-je deviné, quand je l'ai vu petit,
Qu'il croîtrait pour cela ? Ciel ! que mon cœur pâtit !
Je pense qu'il vaut mieux que de sa propre bouche
Je tire avec douceur l'affaire qui me touche.
Tâchons à modérer notre ressentiment.
Patience, mon cœur, doucement, doucement.
                    (*A Alain et à Georgette.*)
Levez-vous, et, rentrant, faites qu'Agnès descende,
Arrêtez.   (*à part.*) Sa surprise en deviendrait moins grande
Du chagrin qui me trouble ils iraient l'avertir,
Et moi-même je veux l'aller faire sortir.
(*A Allain et à Georgette.*) Que l'on m'attende ici.

SCÈNE III. — ALAIN, GEORGETTE.

GEORGETTE. — Mon dieu! qu'il est terrible!
Ses regards m'ont fait peur, mais une peur horrible;
Et jamais je ne vis un plus hideux chrétien.
ALAIN. — Ce monsieur l'a fâché; je te le disais bien.
GEORGETTE. — Mais que diantre est-ce là, qu'avec tant de rudesse
Il nous fait au logis garder notre maîtresse!
D'où vient qu'à tout le monde il veut tant la cacher,
Et qu'il ne saurait voir personne en approcher?
ALAIN. — C'est que cette action le met en jalousie.
GEORGETTE. — Mais d'où vient qu'il est pris de cette fantaisie?
ALAIN. — Cela vient... Cela vient de ce qu'il est jaloux.
GEORGETTE. — Oui; mais pourquoi l'est-il? et pourquoi ce courroux?
ALAIN. — C'est que la jalousie... entends-tu bien Georgette,
Est une chose... la... qui fait qu'on s'inquiète...
Et qui chasse les gens d'autour d'une maison.
Je m'en vais te bailler une comparaison,
Afin de concevoir la chose davantage.
Dis-moi, n'est-il pas vrai, quand tu tiens ton potage,
Que, si quelque affamé venait pour en manger,
Tu serais en colère, et voudrais le charger?
GEORGETTE. — Oui, je comprends cela.
                         ALAIN. — C'est justement tout comme.
La femme est en effet le potage de l'homme:
Et quand un homme voit d'autres hommes parfois
Qui veulent dans sa soupe aller tremper leurs doigts,
Il en montre aussitôt une colère extrême.
GEORGETTE. — Oui; mais pourquoi chacun n'en fait-il pas de même,
Et que nous en voyons qui paraissent joyeux,
Lorsque leurs femmes sont avec les biaux monsieux?
ALAIN. — C'est que chacun n'a pas cette amitié goulue,
Qui n'en veut que pour soi.
                   GEORGETTE. — Si je n'ai la berlue,
Je le vois qui revient.
                   ALAIN. — Tes yeux sont bons, c'est lui.
GEORGETTE. — Vois comme il est chagrin.
                              ALAIN. — C'est qu'il a de l'ennui.

SCÈNE IV. — ARNOLPHE, ALAIN, GEORGETTE.

ARNOLPHE, à part. — Un certain Grec disait à l'empereur Auguste,
Comme une instruction utile autant que juste,
Que, lorsqu'une aventure en colère nous met,
Nous devons, avant tout, dire notre alphabet,
Afin que dans ce temps la bile se tempère,
Et qu'on ne fasse rien que l'on ne doive faire.
J'ai suivi sa leçon sur le sujet d'Agnès,
Et je la fais venir dans ce lieu tout exprès,
Sous prétexte d'y faire un tour de promenade,
Afin que les soupçons de mon esprit malade
Puissent sur le discours la mettre adroitement,
Et, lui sondant le cœur, s'éclaircir doucement.

SCÈNE V. — ARNOLPHE, AGNÈS, ALAIN, GEORGETTE.

ARNOLPHE. — Venez, Agnès.
    (A Alain et à Georgette.) Rentrez.

SCÈNE VI. — ARNOLPHE, AGNÈS.

        ARNOLPHE. — La promenade est belle.
AGNÈS. — Fort belle.
        ARNOLPHE. — Le beau jour!
                AGNÈS. — Fort beau.

        ARNOLPHE. — Quelle nouvelle?

AGNÈS. — Le petit chat est mort.

      ARNOLPHE. — C'est dommage; mais quoi!
Nous sommes tous mortels, et chacun est pour soi.
Lorsque j'étais aux champs, n'a-t-il point fait de pluie?

AGNÈS. — Non.

    ARNOLPHE. — Vous ennuyait-il?

        AGNÈS. — Jamais je ne m'ennuie.

ARNOLPHE. — Qu'avez-vous fait encor ces neuf ou dix jours-ci?

AGNÈS. — Six chemises, je pense, et six coiffes aussi.

      ARNOLPHE, *après avoir un peu rêvé.*
Le monde, chère Agnès, est une étrange chose!
Voyez la médisance, et comme chacun cause!
Quelques voisins m'ont dit qu'un jeune homme inconnu
Était en mon absence à la maison venu;
Que vous aviez souffert sa vue et ses harangues;
Mais je n'ai point pris foi sur ces méchantes langues,
Et j'ai voulu gager que c'était faussement...

AGNÈS. — Mon dieu! ne gagez pas, vous perdriez vraiment.

ARNOLPHE. — Quoi! c'est la vérité qu'un homme...?

        AGNÈS. — Chose sûre.
Il n'a presque bougé de chez nous, je vous jure.

ARNOLPHE, *bas, à part.* — Cet aveu qu'elle fait avec sincérité
Me marque pour le moins son ingénuité.
(*Haut.*) Mais il me semble, Agnès, si ma mémoire est bonne,
Que j'avais défendu que vous vissiez personne.

AGNÈS. — Oui : mais quand je l'ai vu, vous ignorez pourquoi;
Et vous en auriez fait, sans doute, autant que moi.

ARNOLPHE. — Peut-être. Mais enfin contez-moi cette histoire.

AGNÈS. — Elle est fort étonnante et difficile à croire.
J'étais sur le balcon à travailler au frais,
Lorsque je vis passer sous les arbres d'auprès
Un jeune homme bien fait, qui, rencontrant ma vue,
D'une humble révérence aussitôt me salue :
Moi, pour ne point manquer à la civilité,
Je fis la révérence aussi de mon côté.
Soudain il me refait une autre révérence;
Moi, j'en refais de même une autre en diligence;
Et lui d'une troisième aussitôt repartant,
D'une troisième aussi j'y repars à l'instant.
Il passe, vient, repasse, et toujours, de plus belle,
Me fait à chaque fois révérence nouvelle;
Et moi, qui tous ses tours fixement regardais,
Nouvelle révérence aussi je lui rendais :
Tant que, si sur ce point la nuit ne fût venue,
Toujours comme cela je me serais tenue,
Ne voulant point céder, ni recevoir l'ennui
Qu'il me pût estimer moins civile que lui.

ARNOLPHE. — Fort bien.

      AGNÈS. — Le lendemain, étant sur notre porte,
Une vieille m'aborde en parlant de la sorte :
« Mon enfant, le bon Dieu puisse-t-il vous bénir,
« Et dans tous vos attraits longtemps vous maintenir!
« Il ne vous a pas faite une belle personne
« Afin de mal user des choses qu'il vous donne;
« Et vous devez savoir que vous avez blessé
« Un cœur qui de s'en plaindre est aujourd'hui forcé. »

ARNOLPHE, *à part.* — Ah! suppôt de satan! exécrable damnée!

AGNÈS. — Moi, j'ai blessé quelqu'un! fis-je tout étonnée.
« Oui, dit-elle, blessé, mais blessé tout de bon;
« Et c'est l'homme qu'hier vous vîtes du balcon. »

Hélas! qui pourrait, dis-je, en avoir été cause?
Sur lui, sans y penser, fis-je choir quelque chose?
« Non, dit-elle, vos yeux ont fait ce coup fatal,
« Et c'est de leurs regards qu'est venu tout son mal. »
Hé! mon dieu! ma surprise est, fis-je, sans seconde;
Mes yeux ont-ils du mal pour en donner au monde?
« Oui, fit-elle, vos yeux, pour causer le trépas,
« Ma fille, ont un venin que vous ne savez pas.
« En un mot, il languit, le pauvre misérable;
« Et, s'il faut, poursuivit la vieille charitable,
« Que votre cruauté lui refuse un secours,
« C'est un homme à porter en terre dans deux jours. »
Mon dieu! j'en aurais, dis-je, une douleur bien grande,
Mais pour le secourir qu'est-ce qu'il me demande?
« Mon enfant, me dit-elle, il ne veut obtenir
« Que le bien de vous voir et vous entretenir;
« Vos yeux peuvent eux seuls empêcher sa ruine,
« Et du mal qu'ils ont fait être la médecine. »
Hélas! volontiers, dis-je; et, puisqu'il est ainsi,
Il peut, tant qu'il voudra, me venir voir ici.

ARNOLPHE, *à part.* — Ah! sorcière maudite, empoisonneuse d'âmes,
Puisse l'enfer payer tes charitables trames!

AGNÈS. — Voilà comme il me vit, et reçut guérison.
Vous-même, à votre avis, n'ai-je pas eu raison?
Et pouvais-je, après tout, avoir la conscience
De le laisser mourir, faute d'une assistance?
Moi qui compatis tant aux gens qu'on fait souffrir,
Et ne puis sans pleurer, voir un poulet mourir!

ARNOLPHE, *bas, à part.* — Tout cela n'est parti que d'une âme innocente;
Et j'en dois accuser mon absence imprudente,
Qui sans guide a laissé cette bonté de mœurs
Exposée aux aguets des rusés séducteurs.
Je crains que le pendard, dans ses vœux téméraires,
Un peu plus fort que jeu ait poussé les affaires.

AGNÈS. — Qu'avez-vous? Vous grondez, ce me semble, un petit?
Est-ce que c'est mal fait ce que je vous ai dit?

ARNOLPHE. — Non. Mais de cette vue apprenez-moi les suites,
Et comme le jeune homme a passé ses visites.

AGNÈS. — Hélas! si vous saviez comme il était ravi,
Comme il perdit son mal sitôt que je le vis,
Le présent qu'il m'a fait d'une belle cassette,
Et l'argent qu'en ont eu notre Alain et Georgette,
Vous l'aimeriez sans doute, et diriez comme nous...

ARNOLPHE. — Oui, mais que faisait-il, étant seul avec vous?

AGNÈS. — Il disait qu'il m'aimait d'un amour sans seconde,
Et me disait des mots les plus gentils du monde,
Des choses que jamais rien ne peut égaler,
Et dont, toutes les fois que je l'entends parler,
La douceur me chatouille, et là-dedans remue
Certain je ne sais quoi dont je suis tout émue.

ARNOLPHE, *bas, à part.* — O fâcheux examen d'un mystère fatal
Où l'examinateur souffre seul tout le mal!
(*Haut.*) Outre tous ces discours, toutes ces gentillesses,
Ne vous faisait-il point aussi quelques caresses?

AGNÈS. — Oh tant! il me prenait et les mains et les bras,
Et de me les baiser il n'était jamais las.

ARNOLPHE. — Ne vous a-t-il point pris, Agnès, quelque autre chose?
(*La voyant interdite.*) Ouf!

AGNÈS. — Hé! il m'a ..

ARNOLPHE — Quoi?

AGNÈS. — Pris...

ARNOLPHE. — Hé!

AGNÈS. — Le...

ARNOLPHE. — Plaît-il?

AGNÈS. — Je n'ose,

Et vous vous fâcherez peut-être contre moi.

ARNOLPHE. — Non.

AGNÈS. — Si fait.

ARNOLPHE. — Mon dieu! non.

AGNÈS. — Jurez donc votre foi.

ARNOLPHE. — Ma foi, soit.

AGNÈS. — Il m'a pris... Vous serez en colère.

ARNOLPHE. — Non.

AGNÈS. — Si

ARNOLPHE. — Non, non, non, non. Diantre! que de mystère!
Qu'est-ce qu'il vous a pris?

AGNÈS. — Il...

ARNOLPHE, *à part*. — Je souffre en damné.

AGNÈS. — Il m'a pris le ruban que vous m'aviez donné.
A vous dire le vrai, je n'ai pu m'en défendre.

ARNOLPHE, *reprenant haleine*.

Passe pour le ruban. Mais je voulais apprendre
S'il ne vous a rien fait que vous baiser le bras,

AGNÈS. — Comment! est-ce qu'on fait d'autres choses?

ARNOLPHE. — Non pas.

Mais, pour guérir du mal qu'il dit qui le possède,
N'a-t-il pas exigé de vous d'autre remède?

AGNÈS. — Non. Vous pouvez juger s'il en eût demandé,
Que pour le secourir j'aurais tout accordé.

ARNOLPHE, *bas. a part*

Grâce aux bontés du ciel, j'en suis quitte à bon compte :
Si j'y retombe plus, je veux bien qu'on m'affronte.
(*Haut.*) Chut. De votre innocence, Agnès, c'est un effet :
Je ne vous en dis mot. Ce qui s'est fait est fait.
Je sais qu'en vous flattant le galant ne desire
Que de vous abuser, et puis après s'en rire.

AGNÈS. — Oh! point. Il me l'a dit plus de vingt fois, a moi.

ARNOLPHE. — Ah! vous ne savez pas ce que c'est que sa foi
Mais enfin apprenez qu'accepter des cassettes,
Et de ces beaux blondins écouter les sornettes;
Que se laisser par eux, à force de langueur,
Baiser ainsi les mains, et chatouiller le cœur,
Est un péché mortel des plus gros qu'il se fasse.

AGNÈS. — Un péché, dites-vous! Et la raison, de grâce?

ARNOLPHE. — La raison? La raison est l'arrêt prononcé
Que par ces actions le ciel est courroucé.

AGNÈS. — Courroucé! Mais pourquoi faut-il qu'il s'en courrouce?
C'est une chose, hélas! si plaisante et si douce.
J'admire quelle joie on goûte à tout cela;
Et je ne savais point encor ces choses-là.

ARNOLPHE. — Oui, c'est un grand plaisir que toutes ces tendresses,
Ces propos si gentils et ces douces caresses;
Mais il faut le goûter en toute honnêteté,
Et qu'en se mariant le crime en soit ôté.

AGNÈS. — N'est-ce plus un péché, lorsque l'on se marie?

ARNOLPHE. — Non.

AGNÈS. — Mariez-moi donc promptement, je vous prie.

ARNOLPHE — Si vous le souhaitez, je le souhaite aussi,
Et pour vous marier on me revoit ici.

AGNÈS. — Est-il possible?

ARNOLPHE. — Oui.

AGNÈS. — Que vous me ferez aise!

ARNOLPHE. — Oui, je ne doute point que l'hymen ne vous plaise.
AGNÈS. — Vous nous voulez nous deux...
                                   ARNOLPHE. — Rien de plus assuré.
AGNÈS. — Que, si cela se fait, je vous caresserai!
ARNOLPHE. — Hé! la chose sera de ma part réciproque.
AGNÈS. — Je ne reconnais point, pour moi, quand on se moque
    Parlez-vous tout de bon?
                        ARNOLPHE. — Oui, vous le pourrez voir.
AGNÈS. — Nous serons mariés?
                        ARNOLPHE. — Oui.
                            AGNÈS. — Mais quand?
                                ARNOLPHE. — Dès ce soir.
AGNÈS, *riant.* — Dès ce soir?
                 ARNOLPHE. — Dès ce soir. Cela vous fait donc rire?
AGNÈS. — Oui.
   ARNOLPHE. — Vous voir bien contente est ce que je desire.
AGNÈS. — Hélas! que je vous ai grande obligation,
    Et qu'avec lui j'aurai de satisfaction!
ARNOLPHE. — Avec qui?
              AGNÈS. — Avec... Là...
                  ARNOLPHE. — Là... Là n'est pas mon compte.
    A choisir un mari vous êtes un peu prompte.
    C'est un autre, en un mot, que je vous tiens tout prêt.
    Et, quant au monsieur là, je prétends, s'il vous plaît,
    Dût le mettre au tombeau le mal dont il vous berce,
    Qu'avec lui désormais vous rompiez tout commerce;
    Que, venant au logis, pour votre compliment,
    Vous lui fermiez au nez la porte honnêtement;
    Et, lui jetant, s'il heurte, un grès par la fenêtre,
    L'obligiez tout de bon à ne plus y paraître.
    M'entendez-vous, Agnès? Moi, caché dans un coin,
    De votre procédé je serai le témoin.
AGNÈS. — Las! il est si bien fait! C'est...
                    ARNOLPHE. — Ah! que de langage!
AGNÈS. — Je n'aurai pas le cœur...
                 ARNOLPHE. — Point de bruit davantage.
    Montez là-haut.
         AGNÈS. — Mais quoi! voulez-vous...
                 ARNOLPHE. — C'est assez.
    Je suis maître, je parle; allez, obéissez.

FIN DU SECOND ACTE.

ACTE III.

SCÈNE PREMIÈRE.

ARNOLPHE, AGNÈS, ALAIN, GEORGETTE.

ARNOLPHE. — Oui, tout a bien été, ma joie est sans pareille:
    Vous avez là suivi mes ordres à merveille,
    Confondu de tout point le blondin séducteur;
    Et voilà de quoi sert un sage directeur.
    Votre innocence, Agnès, avait été surprise:
    Voyez, sans y penser où vous vous étiez mise.
    Vous enfiliez tout droit, sans mon instruction,
    Le grand chemin d'enfer et de perdition.
    De tous ces damoiseaux on sait trop les coutumes:
    Ils ont des beaux canons, force rubans et plumes,
    Grands cheveux, belles dents, et des propos fort doux;
    Mais, comme je vous dis, la griffe est là-dessous,
    Et ce sont vrais satans, dont la gueule altérée

De l'honneur féminin cherche à faire curée.
Mais, encore une fois, grâce au soin apporté.
Vous en êtes sortie avec honnêteté.
L'air dont je vous ai vu lui jeter cette pierre,
Qui de tous ses desseins a mis l'espoir par terre,
Me confirme encor mieux à ne point différer
Les noces où je dis qu'il vous faut préparer.
Mais, avant toute chose, il est bon de vous faire
Quelque petit discours qui vous soit salutaire.

(A Georgette et à Alain.)

Un siège au frais ici. Vous, si jamais en rien....
GEORGETTE. — De toutes vos leçons nous nous souviendrons bien.
Cet autre monsieur-là nous en faisait accroire :
Mais...
ALAIN. — S'il entre jamais, je veux jamais ne boire.
Aussi bien est-ce un sot ; il nous à l'autre fois
Donné deux écus d'or qui n'étaient pas de poids.
ARNOLPHE. — Ayez donc pour souper tout ce que je desire;
Et pour notre contrat, comme je viens dire,
Faites venir ici, l'un ou l'autre, au retour,
Le notaire qui loge au coin du carrefour.

SCÈNE II. — ARNOLPHE, AGNÈS.

ARNOLPHE, *assis.* — Agnès, pour m'écouter, laissez-là votre
Levez un peu la tête, et tournez le visage :

(Mettant le doigt sur son front.)

Là, regardez-moi là durant cet entretien ;
Et, jusqu'au moindre mot, imprimez-le-vous bien.
Je vous épouse, Agnès ; et, cent fois la journée,
Vous devez bénir l'heur de votre destinée,
Contempler la bassesse où vous avez été,
Et dans le même temps admirer ma bonté,
Qui, de ce vil état de pauvre villageoise
Vous fait monter au rang d'honorable bourgeoise,
Et jouir de la couche et des embrassements
D'un homme qui fuyait tous ces engagements,
Et dont à vingt partis, fort capables de plaire,
Le cœur a refusé l'honneur qu'il vous veut faire.
Vous devez toujours, dis-je, avoir devant les yeux
Le peu que vous étiez sans ce nœud glorieux,
Enfin que cet objet d'autant mieux vous instruise
A mériter l'état où je vous aurai mise,
A toujours vous connaître, et faire qu'à jamais
Je puisse me louer de l'acte que je fais.
Le mariage, Agnès, n'est pas un badinage :
A d'austères devoirs le rang de femme engage :
Et vous n'y montez pas à ce que je prétends,
Pour être libertine et prendre du bon temps.
Votre sexe n'est là que pour la dépendance :
Du côté de la barbe est la toute la puissance.
Bien qu'on soit deux moitiés de la société,
Ces deux moitiés pourtant n'ont point d'égalité :
L'une est moitié suprême, et l'autre subalterne;
L'une en tout est soumise à l'autre qui gouverne;
Et ce que le soldat, dans son devoir instruit,
Montre d'obéissance au chef qui le conduit,
Le valet à son maître, un enfant à son père,
A son supérieur le moindre petit frère,
N'approche point encor de la docilité,
Et de l'obéissance, et de l'humilité,
Et du profond respect où la femme doit être
Pour son mari, son chef, son seigneur

Lorsqu'il jette sur elle un regard sérieux,
Son devoir aussitôt est de baisser les yeux,
Et de n'oser jamais le regarder en face,
Que quand d'un doux regard il lui veut faire grâce.
C'est ce qu'entendent mal les femmes d'aujourd'hui :
Mais ne vous gâtez pas sur l'exemple d'autrui.
Gardez-vous d'imiter ces coquettes vilaines
Dont par toute la ville on chante les fredaines,
Et de vous laisser prendre aux assauts du malin,
C'est-à-dire d'ouïr aucun jeune blondin.
Songez qu'en vous faisant moitié de ma personne,
C'est un honneur, Agnès, que je vous abandonne :
Que cet honneur est tendre, et se blesse de peu ;
Que sur un tel sujet il ne faut point de jeu ;
Et qu'il est aux enfers des chaudières bouillantes
Où l'on plonge à jamais les femmes mal vivantes.
Ce que je vous dis là ne sont pas des chansons ;
Et vous devez du cœur dévorer ses leçons.
Si votre ame les suit, et fuit d'être coquette,
Elle sera toujours, comme un lys, blanche et nette :
Mais s'il faut qu'à l'honneur elle fasse un faut bond,
Elle deviendra lors noire comme un charbon ;
Vous paraîtrez à tous un objet effroyable,
Et vous irez un jour, vrai partage du diable,
Bouillir dans les enfers à toute éternité,
Dont vous veuille garder la céleste bonté!
Faite la révérence. Ainsi qu'une novice
Par cœur dans le couvent doit savoir son office,
Entrant au mariage il en faut faire autant;
Et voici dans ma poche un écrit important,
Qui vous enseignera l'office de la femme.
J'en ignore l'auteur: mais c'est quelque bonne ame,
Et je veux que ce soit votre unique entretien.
(*Il se lève.*) Tenez. Voyons un peu si vous le lirez bien.

AGNÈS, lit.

LES MAXIMES DU MARIAGE,

OU LES DEVOIRS DE LA FEMME MARIÉE ;
avec son exercice journalier.

PREMIÈRE MAXIME.

Celle qu'un lien honnête
Fait entrer au lit d'autrui,
Doit se mettre dans la tête,
Malgré le train d'aujourd'hui,
Que l'homme qui la prend ne la prend que pour lui.

ARNOLPHE. — Je vous expliquerai ce que cela veut dire ;
Mais pour l'heure présente il ne faut rien que lire.

AGNÈS, poursuit.

DEUXIÈME MAXIME.

Elle ne doit se parer
Qu'autant que peut desirer
Le mari qui la possède :
C'est lui que touche seul le soin de sa beauté ;
Et pour rien doit être compté
Que les autres la trouve laide.

TROISIÈME MAXIME.

Loin ces études d'œillades,
Ces eaux, ces blancs, ces pommades,
Et mille ingrédiens qui font des teints fleuris ;
A l'honneur, tous les jours, ce sont drogues mortelles ;

Et les soins de paraître belles
Se prennent peu pour les maris.

QUATRIÈME MAXIME.

Sous sa coiffe en sortant, comme l'honneur l'ordonne,
Il faut que de ses yeux elle étouffe les coups :
Car, pour bien plaire à son époux,
Elle ne doit plaire à personne.

CINQUIÈME MAXIME.

Hors ceux dont au mari la visite se rend,
La bonne règle défend
De recevoir aucune ame :
Ceux qui de galante humeur
N'ont affaire qu'à madame,
N'accommodent pas monsieur.

SIXIÈME MAXIME.

Il faut des présents des hommes
Qu'elle se défende bien :
Car, dans le siècle où nous sommes,
On ne donne rien pour rien.

SEPTIÈME MAXIME.

Dans ses meubles, dût-elle en avoir de l'ennui,
Il ne faut écritoire, encre, papier, ni plumes :
Le mari doit, dans les bonnes coutumes,
Écrire tout ce qui s'écrit chez lui.

HUITIÈME MAXIME.

Ces sociétés déréglées,
Qu'on nomme belles assemblées,
Des femmes tous les jours corrompent les esprits :
En bonne politique on les doit interdire;
Car c'est là que l'on conspire
Contre les pauvres maris.

NEUVIÈME MAXIME.

Toute femme qui veut à l'honneur se vouer
Doit se défendre de jouer,
Comme d'une chose funeste :
Car le jeu, fort décevant,
Pousse une femme souvent
A jouer de tout son reste.

DIXIÈME MAXIME.

Des promenades du temps,
Ou repas qu'on donne aux champs,
Il ne faut point qu'elle essaie.
Selon les prudents cerveaux,
Le mari dans ses cadeaux
Est toujours celui qu'on paie.

ONZIÈME MAXIME.

. . . , ...

ARNOLPHE. — Vous achèverez seule; et, pas à pas, tantôt
Je vous expliquerai ces choses comme il faut.
Je me suis souvenu d'une petite affaire :
Je n'ai qu'un mot à dire, et ne tarderai guère.
Rentrez ; et conservez ce livre chèrement.
Si le notaire vient, qu'il m'attende un moment.

SCÈNE III. — ARNOLPHE, *seul.*

Je ne puis faire mieux que d'en faire ma femme.
Ainsi que je voudrai, je tournerai cette ame;
Comme un morceau de cire entre mes mains elle est,
Et je lui puis donner la forme qu'il me plaît.
Il s'en est peu fallu que, durant mon absence,
On ne m'ait attrapé par son trop d'innocence!

Mais il vaut beaucoup mieux, à dire vérité,
Que la femme qu'on a pêche de ce côté.
De ces sortes d'erreurs le remède est facile.
Toute personne simple aux leçons est docile ;
Et, si du bon chemin on la fait écarter,
Deux mots incontinents l'y peuvent rejeter.
Mais une femme habile est bien une autre bête :
Notre sort ne dépend que de sa seule tête,
De ce qu'elle s'y met rien ne la fait gauchir,
Et nos enseignements ne font là que blanchir ;
Son bel esprit lui sert à railler nos maximes,
A se faire souvent des vertus de ses crimes,
Et trouver, pour venir à ses coupables fins,
Des détours à duper l'adresse des plus fins.
Pour se parer du coup en vain on se fatigue :
Une femme d'esprit est un diable en intrigue ;
Et dès que son caprice a prononcé tout bas
L'arrêt de notre honneur, il faut passer le pas :
Beaucoup d'honnêtes gens en pourraient bien que dire,
Enfin mon étourdi n'aura pas lieu d'en rire ;
Par son trop de caquet, il a ce qu'il lui faut.
Voilà de nos Français l'ordinaire défaut :
Dans la possession d'une bonne fortune,
Le secret est toujours ce qui les importune ;
Et la vanité sotte a pour eux tant d'appas,
Qu'ils se pendraient plutôt que de ne causer pas.
Oh ! que les femmes sont du diable bien tentées
Lorsqu'elles vont choisir ces têtes évantées !
Et que... Mais le voici. Cachons-nous toujours bien,
Et découvrons un peu quel chagrin est le sien.

SCÈNE IV. — HORACE, ARNOLPHE.

HORACE. — Je reviens de chez vous, et le destin me montre
    Qu'il n'a pas résolu que je vous y rencontre.
    Mais j'irai tant de fois, qu'enfin quelque moment...
ARNOLPHE. — Hé ! mon dieu ! n'entrons point dans ce vain compliment :
    Rien ne me fâche tant que ces cérémonies ;
    Et, si l'on m'en croyait, elles seraient bannies.
    C'est un maudit usage ; et la plùpart des gens
    Y perdent sottement les deux tiers de leur temps.   (*Il se couvre.*)
    Mettons donc sans façon. Hé bien ! vos amourettes ?
    Puis-je, seigneur Horace, apprendre où vous en êtes ?
    J'étais tantôt distrait par quelque vision ;
    Mais depuis là-dessus j'ai fait réflexion.
    De vos premiers progrès j'admire la vitesse,
    Et dans l'évènement mon ame s'intéresse.
HORACE. — Ma foi, depuis qu'à vous s'est découvert mon cœur,
    Il est à mon amour arrivé du malheur.
ARNOLPHE. — Oh ! oh ! comment cela ?
                          HORACE. — La fortune cruelle
    A ramené des champs le patron de la belle.
ARNOLPHE. — Quel malheur !
                          HORACE. — Et de plus, à mon très grand regret,
    Il a su de nous deux le commerce secret.
ARNOLPHE. — D'où diantre a-t-il sitôt appris cette aventure ?
HORACE. — Je ne sais ; mais enfin c'est une chose sûre.
    Je pensais aller rendre, à mon heure à peu près,
    Ma petite visite à ses jeunes attraits,
    Lorsque, changeant pour moi de ton et de visage,
    Et servante et valet m'ont bouché le passage,
        MOLIÈRE.

Et d'un *Retirez-vous, vous nous importunez,*
M'ont assez rudement fermé la porte au nez.
ARNOLPHE. — La porte au nez!
HORACE. — Au nez.
ARNOLPHE. — La chose est un peu forte.
HORACE. — J'ai voulu leur parler au travers de la porte;
Mais à tous mes propos ce qu'ils ont répondu,
C'est *Vous n'entrerez point, monsieur l'a défendu.*
ARNOLPHE. — Ils n'ont donc point ouvert?
HORACE. — Non. Et de la fenêtre
Agnès m'a confirmé le retour de ce maître,
En me chassant de là plein d'un ton de fierté,
Accompagné d'un grès que sa main a jeté.
ARNOLPHE. — Comment! d'un grès!
HORACE. — D'un grès de taille non petite,
Dont on a par ses mains régalé ma visite.
ARNOLPHE. — Diantre! ce ne sont pas des prunes que cela!
Et je trouve fâcheux l'état où vous voilà.
HORACE. — Il est vrai, je suis mal par ce retour funeste.
ARNOLPHE. — Certes, j'en suis fâché pour vous, je vous proteste.
HORACE. — Cet homme me rompt tout.
ARNOLPHE. — Oui; mais cela n'est rien,
Et de vous raccrocher vous trouverez moyen.
HORACE. — Il faut bien essayer, par quelque intelligence,
De vaincre du jaloux l'exacte vigilance.
ARNOLPHE. — Cela vous est facile; et la fille, après tout,
Vous aime.
HORACE. — Assurément.
ARNOLPHE. — Vous en viendrez à bout.
HORACE. — Je l'espère.
ARNOLPHE. — Le grès vous a mis en déroute;
Mais cela ne doit pas vous étonner.
HORACE. — Sans doute;
Et j'ai compris d'abord que mon homme était là,
Qui, sans se faire voir, conduisait tout cela.
Mais ce qui m'a surpris, et qui va vous surprendre,
C'est un autre incident que vous allez entendre;
Un trait hardi qu'a fait cette jeune beauté,
Et qu'on n'attendrait point de sa simplicité.
Il le faut avouer, l'amour est un grand maître :
Ce qu'on ne fut jamais il nous enseigne à l'être;
Et souvent de nos mœurs l'absolu changement
Devient par ses leçons l'ouvrage d'un moment.
De la nature en nous il force les obstacles,
Et ses effets soudains ont de l'air des miracles.
D'un avare à l'instant il fait un libéral,
Un vaillant d'un poltron, un civil d'un brutal;
Il rend agile à tout l'âme la plus pesante,
Et donne de l'esprit à la plus innocente.
Oui, ce dernier miracle éclate dans Agnès;
Car tranchant avec moi par ces termes exprès :
« Retirez-vous, mon âme aux visites renonce,
« Je sais tous vos discours; et voilà ma réponse : »
Cette pierre ou ce grès dont vous vous étonniez
Avec un mot de lettre est tombée à mes pieds :
Et j'admire de voir cette lettre ajustée
Avec le sens des mots, et la pierre jetée.
D'une telle action n'êtes-vous pas surpris?
L'amour sait-il pas l'art d'aiguiser les esprits?
Et peut-on me nier que ses flammes puissantes
Ne fassent dans un cœur des choses étonnantes?

Que dites-vous du tour et de ce mot d'écrit?
Euh! n'admirez-vous point cette adresse d'esprit?
Trouvez-vous pas plaisant de voir quel personnage
A joué mon jaloux dans tout ce badinage?
Dites.

ARNOLPHE. — Oui, fort plaisant.

HORACE. — Riez-en donc un peu.

(Arnolphe rit d'un air forcé.)

Cet homme gendarmé d'abord contre mon feu,
Qui chez lui se retranche, et de grès fait parade,
Comme si j'y voulais entrer par escalade;
Qui, pour me repousser, dans son bizarre effroi,
Anime du dedans tous ses gens contre moi;
Et qu'abuse à ses yeux, par sa machine même,
Celle qu'il veut tenir dans l'ignorance extrême!
Pour moi, je vous l'avoue, encor que son retour
En un grand embarras jette ici mon amour,
Je tiens cela plaisant, autant qu'on saurait dire :
Je ne puis y songer sans de bon cœur en rire;
Et vous n'en riez pas assez, à mon avis.

ARNOLPHE, *avec un ris forcé.*
Pardonnez-moi, j'en ris tout autant que je puis.

HORACE. — Mais il faut qu'en ami je vous montre sa lettre.
Tout ce que son cœur sent, sa main a su l'y mettre,
Mais en termes touchants et tout pleins de bonté,
De tendresse innocente et d'ingénuité,
De la manière enfin que la pure nature
Exprime de l'amour la première blessure.

ARNOLPHE, *bas, à part.* — Voilà, friponne, à quoi l'écriture te sert;
Et, contre mon dessein, l'art t'en fut découvert.

HORACE. — « Je veux vous écrire, et je suis bien en peine par où je m'y
« prendrai. J'ai des pensées que je désirerais que vous sussiez, mais je ne sais
« comment faire pour vous les dire, et je me défie de mes paroles. Comme je
« commence à connaître qu'on m'a toujours tenue dans l'ignorance, j'ai peur
« de mettre quelque chose qui ne soit pas bien, et d'en dire plus que je ne
« devrais. En vérité, je ne sais ce que vous m'avez fait; mais je sens que je suis
« fâchée à mourir de ce qu'on me fait faire contre vous, que j'aurai toutes les
« peines du monde à me passer de vous, et que je serais bien aise d'être à vous.
« Peut-être qu'il y a du mal à dire cela; mais enfin je ne puis m'empêcher de le
« dire, et je voudrais que cela se pût faire sans qu'il y en eût. On me dit fort
« que tous les jeunes hommes sont des trompeurs, qu'il ne les faut point
« écouter, et que tout ce que vous me dites n'est que pour m'abuser; mais je
« vous assure que je n'ai pu encore me figurer cela de vous; et je suis si
« touchée de vos paroles, que je ne saurais croire qu'elles soient menteuses.
« Dites-moi franchement ce qui en est; car enfin, comme je suis sans malice,
« vous auriez le plus grand tort du monde, si vous me trompiez; et je pense
« que j'en mourrais de déplaisir. »

ARNOLPPHE, *à part.* — Hon! chienne!

HORACE. — Qu'avez-vous?

ARNOLPHE. — Moi? rien. C'est que je tousse.

HORACE. — Avez-vous jamais vu d'expression plus douce?
Malgré les soins maudits d'un injuste pouvoir,
Un plus beau naturel se peut-il faire voir?
Et n'est-ce pas sans doute un crime punissable
De gâter méchamment ce fonds d'ame admirable;
D'avoir, dans l'ignorance et la stupidité,
Voulu de cet esprit étouffer la clarté?
L'amour a commencé d'en déchirer le voile;
Et si, par la faveur de quelque bonne étoile,

Je puis, comme j'espère, à ce franc animal.
Ce traître, ce bourreau, ce faquin, ce brutal...
ARNOLPHE. Adieu.
HORACE. — Comment ! si vite ?
ARNOLPHE. — Il m'est dans la pensée
Venu tout maintenant une affaire pressée.
HORACE. — Mais ne sauriez-vous point, comme on la tient de près,
Qui dans cette maison pourrait avoir accès ?
J'en use sans scrupule ; et ce n'est pas merveille
Qu'on se puisse, entre amis, servir à la pareille.
Je n'ai plus là-dedans que gens pour m'observer
Et servante et valet, que je viens de trouver,
N'ont jamais, de quelque air que je m'y sois pu prendre,
Adouci leur rudesse à me vouloir entendre.
J'avais pour de tels coups certaine vieille en main,
D'un génie, à vrai dire, au-dessus de l'humain :
Elle m'a dans l'abord servi de bonne sorte ;
Mais, depuis quatre jours, la pauvre femme est morte.
Ne me pourriez-vous point ouvrir quelque moyen ?
ARNOLPHE. — Non, vraiment ; et sans moi vous en trouverez bien.)
HORACE. — Adieu donc. Vous voyez ce que je vous confie.

SCÈNE V.

ARNOLPHE, *seul.* — Comme il faut devant lui que je me mortifie !
Quelle peine à cacher mon déplaisir cuisant !
Quoi ! pour une innocente un esprit si présent !
Elle a feint d'être telle à mes yeux, la traîtresse,
Ou le diable à son âme a soufflé cette adresse.
Enfin me voilà mort par ce funeste écrit.
Je vois qu'il a, le traître, empaumé son esprit,
Qu'à ma suppression il s'est ancré chez elle ;
Et c'est mon désespoir et ma peine mortelle.
Je souffre doublement dans le vol de son cœur ;
Et l'amour y pâtit aussi bien que l'honneur.
J'enrage de trouver cette place usurpée,
Et j'enrage de voir ma prudence trompée.
Je sais que, pour punir un amour libertin,
Je n'ai qu'à laisser faire à son mauvais destin,
Que je serai vengé d'elle par elle-même ;
Mais il est bien fâcheux de perdre ce qu'on aime.
Ciel ! puisque pour un choix j'ai tant philosophé,
Faut-il de ses appas m'être si fort coiffé !
Elle n'a ni parent, ni support, ni richesse ;
Elle trahit mes soins, mes bontés, ma tendresse ;
Et cependant je l'aime, après ce lâche tour,
Jusqu'à ne me pouvoir passer de cet amour.
Sot, n'as-tu point de honte ? Ah ! je crève, j'enrage,
Et je souffletterais mille fois mon visage.
Je veux entrer un peu, mais seulement pour voir
Quelle est sa contenance après un trait si noir.
Ciel, faites que mon front soit exempt de disgrâce ;
Ou bien, s'il est écrit qu'il faille que j'y passe,
Donnez-moi tout au moins, pour de tels accidents,
La constance qu'on voit à de certaines gens !

FIN DU TROISIÈME ACTE.

ACTE IV.

SCÈNE PREMIÈRE.

ARNOLPHE. — J'ai peine, je l'avoue, à demeurer en place,
Et de mille soucis mon esprit s'embarrasse,
Pour pouvoir mettre un ordre en dedans et dehors,
Qui du godelureau rompe tous les efforts.
De quel œil la traîtresse a soutenu ma vue!
De tout ce qu'elle a fait elle n'est point émue;
Et, bien qu'elle me mette à deux doigts du trépas,
On dirait, à la voir, qu'elle n'y touche pas.
Plus, en la regardant, je la voyais tranquille,
Plus je sentais en moi s'échauffer une bile;
Et ces bouillants transports dont s'enflammait mon cœur,
Y semblaient redoubler mon amoureuse ardeur.
J'étais aigri, fâché, désespéré contre elle;
Et cependant jamais je ne la vis si belle,
Jamais ses yeux aux miens n'ont paru si perçants,
Jamais je n'eus pour eux des desirs si pressants;
Et je sens là-dedans qu'il faudra que je crève,
Si de mon triste sort la disgrâce s'achève.
Quoi! j'aurai dirigé son éducation
Avec tant de tendresse et de précaution;
Je l'aurai fait passer chez moi dès son enfance,
Et j'en aurai chéri la plus tendre espérance;
Mon cœur aura bâti sur ses attraits naissants,
Et cru la mitonner pour moi durant treize ans,
Afin qu'un jeune fou dont elle s'amourache
Me la vienne enlever jusque sur la moustache,
Lorsqu'elle est avec moi mariée à demi!
Non, parbleu! non, parbleu! Petit sot, mon ami,
Vous aurez beau tourner, ou j'y perdrai mes peines,
Ou je rendrai, ma foi, vos espérances vaines,
Et de moi tout-à-fait vous ne vous rirez point.

SCÈNE II. — UN NOTAIRE, ARNOLPHE.

LE NOTAIRE. — Ah! le voilà! Bon jour. Me voici tout à point
Pour dresser le contrat que vous souhaitez faire.

ARNOLPHE, *se croyant seul, et sans voir ni entendre le notaire.*
Comment faire?

LE NOTAIRE. — Il le faut dans la forme ordinaire.

ARNOLPHE, *se croyant seul.* — A mes précautions je veux songer de près.

LE NOTAIRE. — Je ne passerai rien contre vos intérêts.

ARNOLPHE, *se croyant seul.*
Il se faut garantir de toutes les surprises.

LE NOTAIRE. — Suffit qu'entre mes mains vos affaires soient mises.
Il ne vous faudra point, de peur d'être déçu,
Quittancer le contrat que vous n'ayez reçu.

ARNOLPHE, *se croyant seul.*
J'ai peur, si je vais faire éclater quelque chose,
Que de cet incident par la ville on ne cause.

LE NOTAIRE. — Hé bien! il est aisé d'empêcher cet éclat,
Et l'on peut en secret faire votre contrat.

ARNOLPHE, *se croyant seul.*
Mais comment faudra-t-il qu'avec elle j'en sorte?

LE NOTAIRE. — Le douaire se règle au bien qu'on vous apporte.

ARNOLPHE, *se croyant seul.*
Je l'aime, et cet amour est mon grand embarras.

LE NOTAIRE. — On peut avantager une femme en ce cas.

ARNOLPHE, *se croyant seul.*
Quel traitement lui faire en pareille aventure!

LE NOTAIRE. — L'ordre est que le futur doit douer la future
Du tiers de dot qu'elle a ; mais cet ordre n'est rien ,
Et l'on va plus avant lorsque l'on le veut bien.
ARNOLPHE, *se croyant seul.*
Si...   (*Il aperçoit le Notaire.*)
LE NOTAIRE. — Pour le préciput, il les regarde ensemble.
Je dis que le futur peut, comme bon lui semble,
Douer la future.
ARNOLPHE. — Hé?
LE NOTAIRE. — Il peut l'avantager
Lorsqu'il l'aime beaucoup et qu'il veut l'obliger ;
Et cela par douaire, ou préfix qu'on appelle ,
Qui demeure perdu par le trépas d'icelle ;
Ou sans retour, qui va de ladite à ses hoirs ;
Ou coutumier, selon les différents vouloirs ;
Ou par donation dans le contrat formelle ,
Qu'on fait ou pure ou simple, ou qu'on fait mutuelle ,
Pourquoi hausser le dos ? Est-ce qu'on parle en fat ,
Et que l'on ne sait pas les formes d'un contrat?
Qui me les apprendra? Personne, je présume.
Sais-je pas qu'étant joints on est par la coutume,
Communs en meubles, biens, immeubles et conquêts,
A moins que par un acte on n'y renonce exprès?
Sais-je pas que le tiers du bien de la future
Entre en communauté pour?...
ARNOLPHE. — Oui , c'est chose sûre ,
Vous savez tout cela; mais qui vous en dit mot?
LE NOTAIRE. — Vous, qui me prétendez faire passer pour sot,
En me haussant l'épaule et faisant la grimace.
ARNOLPHE. — La peste soit de l'homme et sa chienne de face !
Adieu. C'est le moyen de vous faire finir.
LE NOTAIRE. — Pour dresser un contrat m'a-t-on pas fait venir !
ARNOLPHE. — Oui, je vous ai mandé ; mais la chose est remise,
Et l'on vous mandera quand l'heure sera prise.
Voyez quel diable d'homme avec son entretien !
LE NOTAIRE, *seul.* — Je pense qu'il en tient, et je crois penser bien.

SCÈNE III. — LE NOTAIRE, ALAIN, GEORGETTE.

LE NOTAIRE, *allant au devant d'Alain et de Georgette.*
M'êtes-vous pas venus quérir pour votre maître?
ALAIN. — Oui.
LE NOTAIRE. — J'ignore pour qui, vous le pouvez connaître.
Mais allez de ma part lui dire de ce pas,
Que c'est un fou fieffé.
GEORGETTE. — Nous n'y manquerons pas.

SCÈNE IV. — ARNOLPHE, ALAIN, GEORGETTE.

ALAIN. — Monsieur...
ARNOLPHE. — Approchez-vous ; vous êtes mes fidèles,
Mes bons, mes vrais amis , et j'en sais des nouvelles.
ALAIN. — Le notaire...
ARNOLPHE. — Laissons, c'est pour quelque autre jour.
On veut à mon honneur jouer d'un mauvais tour ;
Et quel affront pour vous, mes enfants , pourrait-ce être,
Si l'on avait ôté l'honneur à votre maître !
Vous n'oseriez après paraître en nul endroit ;
Et chacun, vous voyant, vous montrerait au doigt.
Donc, puisque autant que moi l'affaire vous regarde,
Il faut de votre part faire une telle garde,
Que ce galant ne puisse en aucune façon...
GEORGETTE. — Vous nous avez tantôt montré notre leçon.
ARNOLPHE. — Mais à ses beaux discours gardez bien de vous rendre.

ALAIN. — Oh vraiment !...

GEORGETTE. — Nous savons comme il faut s'en défendre.

ARNOLPHE. — S'il venait doucement : Alain, mon pauvre cœur,
Par un peu de secours soulage ma langueur !

ALAIN. — Vous êtes un sot.

ARNOLPHE. (*A Georgette.*) — Bon. Georgette, ma mignonne,
Tu me parais si douce et si bonne personne !

GEORGETTE. — Vous êtes un nigaud.

ARNOLPHE. (*A Alain.*) — Bon. Quel mal trouves-tu
Dans un dessein honnête et tout plein de vertu ?

ALAIN. — Vous êtes un poltron.

ARNOLPHE. (*A Georgette.*) — Fort bien. Ma mort est sûre,
Si tu ne prends pitié des peines que j'endure.

GEORGETTE. — Vous êtes un benêt, un impudent.

ARNOLPHE. — Fort bien.
(*A Alain.*) Je ne suis pas un homme à vouloir rien pour rien ;
Je sais, quand on me sert, en garder la mémoire.
Cependant, par avance, Alain, voilà, pour boire ;
Et voilà pour t'avoir, Georgette, un cotillon.
(*Ils tendent tous deux la main, et prennent l'argent.*)
Ce n'est de mes bienfaits qu'un simple échantillon.
Toute la courtoisie enfin dont je vous presse,
C'est que je puisse voir votre belle maîtresse.

GEORGETTE, *le poussant.* — A d'autres.

ARNOLPHE. — Bon cela.

ALAIN, *le poussant.* — Hors d'ici.

ARNOLPHE. — Bon.

GEORGETTE, *le poussant.* — Mais tôt.

ARNOLPHE. — Bon. Holà ! c'est assez.

GEORGETTE. — Fais-je pas comme il faut ?

ALAIN. — Est-ce de la façon que vous voulez l'entendre ?

ARNOLPHE. — Oui, fort bien, hors l'argent qu'il ne fallait pas prendre.

GEORGETTE. — Nous ne nous sommes pas souvenus de ce point.

ALAIN. — Voulez-vous qu'à l'instant nous recommencions ?

ARNOLPHE. — Point.
Suffit. Rentrez tous deux.

ALAIN. — Vous n'avez rien qu'à dire.

ARNOLPHE. — Non, vous dis-je, rentrez, puisque je le desire.
Je vous laisse l'argent. Allez. Je vous rejoins,
Ayez bien l'œil à tout, et secondez mes soins.

SCÈNE V.

ARNOLPHE, *seul.* — Je veux, pour espion qui soit d'exacte vue,
Prendre le savetier du coin de notre rue.
Dans la maison toujours je prétends la tenir,
Y faire bonne garde, et surtout en bannir
Vendeuses de rubans, perruquières, coiffeuses,
Faiseuses de mouchoirs, gantières, revendeuses,
Tous ces gens qui sous mains travaillent chaque jour
A faire réussir les mystères d'amour.
Enfin j'ai vu le monde, et j'en sais les finesses.
Il faudra que mon homme ait de grandes adresses,
Si message ou poulet de sa part peut entrer.

SCÈNE VI. — HORACE, ARNOLPHE.

HORACE. — La place m'est heureuse à vous y rencontrer.
Je viens de l'échapper bien belle, je vous jure,
Au sortir d'avec vous, sans prévoir l'aventure,
Seule dans son balcon j'ai vu paraître Agnès,
Qui des arbres prochains prenaient un peu le frais.
Après m'avoir fait signe, elle a su faire en sorte,

Descendant au jardin, de m'en ouvrir la porte :
Mais à peine tous deux dans sa chambre étions-nous;
Quelle a sur les degrés entendu son jaloux;
Et tout ce qu'elle a pu dans un tel accessoire,
C'est de me renfermer dans une grande armoire.
Il est entré d'abord : je ne le voyais pas,
Mais je l'oyais marcher, sans rien dire, à grands pas;
Poussant de temps en temps des soupirs pitoyables,
Et donnant quelquefois de grands coups sur les tables,
Frappant un petit chien qui pour lui s'émouvait,
Et jetant brusquement les hardes qu'il trouvait.
Il a même cassé, d'une main mutinée,
Des vases don la belle ornait sa cheminée ;
Et sans doute il faut bien qu'à ce becque-cornu
Du trait qu'elle a joué quelque jour soit venu.
Enfin, après vingt tours, ayant de la manière
Sur ce qui n'en peut mais déchargé sa colère,
Mon jaloux inquiet, sans dire son ennui,
Est sorti de la chambre, et moi, de mon étui.
Nous n'avons point voulu, de peur du personnage,
Risquer à nous tenir ensemble davantage;
C'était trop hasarder : mais je dois cette nuit,
Dans sa chambre un peu tard m'introduire sans bruit
En toussant par trois fois je me ferai connaître ;
Et je dois au signal voir ouvrir la fenêtre,
Dont, avec une échelle, et secondé d'Agnès,
Mon amour tâchera de me gagner l'accès.
Comme à mon seul ami, je veux bien vous l'apprendre.
L'allégresse du cœur s'augmente à la répandre;
Et, goûtât-on cent fois un bonheur tout parfait,
On n'en est pas content, si quelqu'un ne le sait.
Vous prendrez part, je pense, à l'heur de mes affaires
Adieu. Je vais songer aux choses nécessaires.

SCÈNE VII.

ARNOLPHE, *seul.* — Quoi ! l'astre qui s'obstine à me désespérer
Ne me donnera pas le temps de respirer!
Coup sur coup je verrai, par leur intelligence,
De mes soins vigilants confondre la prudence!
Et je serai la dupe, en ma maturité,
D'une jeune innocente et d'un jeune éventé!
En sage philosophe on m'a vu, vingt années,
Contempler des maris les tristes destinées,
Et m'instruire avec soin de tous les accidents
Qui font dans le malheur tomber les plus prudents;
Des disgrâces d'autrui profitant dans mon ame,
J'ai cherché les moyens, voulant prendre une femme,
De pouvoir garantir mon front de tous affronts,
Et le tirer de pair d'avec les autres fronts;
Pour ce noble dessein, j'ai cru mettre en pratique
Tout ce que peut trouver l'humaine politique :
Et, comme si du sort il était arrêté
Que nul homme ici bas n'en serait exempté,
Après l'expérience et toutes les lumières
Que j'ai pu m'acquérir sur de telles matières,
Après vingt ans et plus de méditation
Pour me conduire en tout avec précaution,
De tant d'autres maris j'aurais quitté la trace,
Pour me trouver après dans la même disgrâce!
Ah! bourreau de destin, vous en aurez menti;
De l'objet qu'on poursuit je suis encor nanti;
Si son cœur m'est volé par ce blondin funeste

J'empêcherai du moins qu'on s'empare du reste ;
Et cette nuit, qu'on prend pour ce galant exploit,
Ne se passera pas si doucement qu'on croit.
Ce m'est quelque plaisir, parmi tant de tristesse,
Que l'on me donne avis du piège qu'on me dresse,
Et que cette étourdi, qui veut m'être fatal,
Fasse son confident de son propre rival.

SCÈNE. VIII. — CHRYSALDE, ARNOLPHE.

CHRYSALDE. — Hé bien ! souperons-nous avant la promenade ?
ARNOLPHE. — Non, je jeûne ce soir.
CHRYSALDE. — D'où vient cette boutade ?
ARNOLPHE. — De grâce, excusez-moi, j'ai quelque autre embarras.
CHRYSALDE. — Votre hymen résolu ne se fera-t-il pas ?
ARNOLPHE. — C'est trop s'inquiéter des affaires des autres.
CHRYSALDE.—Oh ! oh ! si brusquement ! Quels chagrins sont les vôtres ?
Serait-il point, compère, à votre passion
Arrivé quelque peu de tribulation ?
Je le jurerais presque à voir votre visage.
ARNOLPHE. — Quoi qu'il m'arrive, au moins aurais-je l'avantage
De ne pas ressembler à de certaines gens
Qui souffrent doucement l'approche des galants.
CHRYSALDE. — C'est un étrange fait, qu'avec tant de lumières,
Vous vous effarouchiez toujours sur ces matières,
Qu'en cela vous mettiez le souverain bonheur,
Et ne conceviez point au monde d'autre honneur.
Etre avare, brutal, fourbe, méchant et lâche,
N'est rien, à votre avis, auprès de cette tache,
Et, de quelque façon qu'on puisse avoir vécu,
On est homme d'honneur quand on n'est point cocu.
A le bien prendre au fond, pourquoi voulez-vous croire
Que de ce cas fortuit dépende notre gloire,
Et qu'une ame bien née ait à se reprocher
L'injustice d'un mal qu'on ne peut empêcher ?
Pourquoi voulez-vous, dis-je, en prenant une femme,
Qu'on soit digne, à son choix, de louange ou de blâme,
Et qu'on s'aille former un monstre plein d'effroi
De l'affront que nous fait son manquement de foi ?
Mettez-vous dans l'esprit qu'on peut du cocuage
Se faire en galant homme une plus douce image ;
Que, des coups du hasard aucun n'étant garant,
Cet accident de soi doit être indifférent,
Et qu'enfin tout le mal, quoique le monde glose,
N'est que dans la façon de recevoir la chose ;
Et, pour se bien conduire en ces difficultés,
Il y faut, comme en tout, fuir les extrémités,
N'imiter pas ces gens un peu trop débonnaires
Qui tirent vanité de ces sortes d'affaires,
De leurs femmes toujours vont citant les galants,
En font partout l'éloge et prônent leurs talents ;
Témoignent avec eux d'étroites sympathies,
Sont de tous leurs cadeaux, de toutes les parties,
Et font qu'avec raison les gens sont étonnés
De voir leur hardiesse à montrer là leur nez.
Ce procédé, sans doute, est tout-à-fait blâmable ;
Mais l'autre extrémité n'est pas moins condamnable.
Si je n'approuve pas ces amis des galants,
Je ne suis pas aussi pour ces gens turbulents,
Dont l'imprudent chagrin, qui tempête et qui gronde,
Attire au bruit qu'il fait les yeux de tout le monde,
Et qui, par cet éclat, semble ne pas vouloir

Qu'aucun puisse ignorer ce qu'ils peuvent avoir.
Entre ces deux partis il en est un honnête,
Où, dans l'occasion, l'homme prudent s'arrête ;
Et, quand on le sait prendre, on n'a point à rougir
Du pis dont une femme avec nous puisse agir.
Quoi qu'on en puisse dire enfin, le cocuage,
Sous des traits moins affreux, aisément s'envisage ;
Et, comme je vous dis, toute l'habileté
Ne va qu'à le savoir tourner du bon côté.

ARNOLPHE. — Après ce beau discours, toute la confrérie
Doit un remerciement à votre seigneurie ;
Et quiconque voudra vous entendre parler
Montrera de la joie à s'y voir enrôler.

CHRYSALDE. — Je ne dis pas cela ; car c'est ce que je blâme ;
Mais, comme c'est le sort qui nous donne une femme,
Je dis que l'on doit faire ainsi qu'au jeu de dés,
Où, s'il ne vous vient pas ce que vous demandez,
Il faut jouer d'adresse, et, d'une ame réduite,
Corriger le hasard par la bonne conduite.

ARNOLPHE. — C'est-à-dire, dormir et manger toujours bien,
Et se persuader que tout cela n'est rien.

CHRYSALDE. — Vous pensez vous moquer ; mais à ne vous rien feindre,
Dans le monde je vois cent choses plus à craindre,
Et dont je me ferais un bien plus grand malheur
Que de cet accident qui vous fait tant de peur.
Pensez-vous qu'à choisir de deux choses prescrites,
Je n'aimasse pas mieux être ce que vous dites,
Que de me voir mari de ces femmes de bien,
Dont la mauvaise humeur fait un procès sur rien,
Ces dragons de vertu, ces honnêtes diablesses,
Se retranchant toujours sur leurs sages prouesses,
Qui, pour un petit tort qu'elles ne nous font pas,
Prennent droit de traiter les gens de haut en bas
Et veulent, sur le pied de nous être fidèle,
Que nous soyons tenus à tout endurer d'elles ?
Encore un coup, compère, apprenez qu'en effet
Le cocuage n'est que ce que l'on le fait ;
Qu'on peut le souhaiter pour de certaines causes,
Et qu'il a ses plaisirs comme les autres choses.

ARNOLPHE. — Si vous êtes d'humeur à vous en contenter,
Quant à moi, ce n'est pas la mienne d'en tâter ;
Et plutôt que subir une telle aventure...

CHRYSALDE. — Mon dieu ! ne jurez point, de peur d'être parjure.
Si le sort l'a réglé, vos soins sont surperflus,
Et l'on ne prendra pas votre avis là-dessus.

ARNOLPHE. — Moi, je serais cocu !

CHRYLALDE. — Vous voilà bien malade !
Mille gens le sont bien, sans vous faire bravade,
Qui, de mine, de cœur, de biens et de maison,
Ne feraient avec vous nulle comparaison.

ARNOLPHE. — Et moi, je n'en voudrais avec eux faire aucune ;
Mais cette raillerie, en un mot, m'importune ;
Brisons-là, s'il vous plaît.

CRYSALDE. — Vous êtes en courroux !
Nous en saurons la cause. Adieu. Souvenez-vous,
Quoi que sur ce sujet votre honneur vous inspire,
Que c'est être à demi ce que l'on vient de dire,
Que de vouloir jurer qu'on ne le sera pas.

ARNOLPHE. — Moi, je le jure encore, et je vais de ce pas
Contre cette accident trouver un bon remède.

(Il court heurter à sa porte.)

SCÈNE IX. — ARNOLPHE, ALAIN, GEORGETTE.

ARNOLPHE. — Mes amis, c'est ici que j'implore votre aide.
  Je suis édifié de votre affection :
  Mais il faut qu'elle éclate en cette occasion ;
  Et, s'y vous m'y servez selon ma confiance,
  Vous êtes assurés de votre récompense.
  L'homme que vous savez (n'en faites point de bruit)
  Veut, comme je l'ai su , m'attraper cette nuit,
  Dans la chambre d'Agnès entrer par escalade ;
  Mais il lui faut nous trois dresser une embuscade,
  Je veux que vous preniez chacun un bon bâton,
  Et, quand il sera prêt du dernier échelon ,
  (Car dans le temps qu'il faut j'ouvrirai la fenêtre,)
  Que tous deux à l'envi vous me chargiez ce traître,
  Mais d'un air dont son dos garde le souvenir,
  Et qui lui puisse apprendre à n'y plus revenir ;
  Sans me nommer pourtant en aucune manière,
  Ni faire aucun semblant que je serai derrière.
  Aurez-vous bien l'esprit de servir mon courroux ?
ALAIN. — S'il ne tient qu'à frapper, monsieur ! tout est à nous :
  Vous verrez, quand je bats , si j'y vais de main morte.
GEORGETTE. — La mienne , quoiqu'aux yeux elle semble moins forte,
  N'en quitte pas sa part.a le bien étriller.
ARNOLPHE. — Rentrez donc ; et surtout gardez de babiller.
  (Seul.) Voilà pour le prochain une leçon utile ;
  Et, si tous les maris qui sont en cette ville
  De leurs femmes ainsi recevaient le galant,
  Le nombre des cocus ne serait pas si grand.

FIN DU QUATRIÈME ACTE.

ACTE V.

SCÈNE PREMIÈRE. — ARNOLPHE, ALAIN, GEORGETTE.

ARNOLPHE. — Traître, qu'avez-vous fait par cette violence ?
ALAIN. — Nous vous avons rendu, monsieur, obéissance.
ARNOLPHE. — De cette excuse en vain vous voulez vous armer,
  L'ordre était de le battre et non de l'assommer ;
  Et c'était sur le dos, et non pas sur la tête,
  Que j'avais commandé qu'on fît choir la tempête.
  Ciel ! dans quel accident me jette ici le sort !
  Et que puis-je résoudre à voir cet homme mort ?
  Rentrez dans la maison, et gardez de rien dire
  De cet ordre innocent que j'ai pu vous prescrire.
  (Seul.) Le jour s'en va paraître, et je vais consulter
  Comment dans ce malheur je me dois comporter.
  Hélas ! que deviendrai-je ? et que dira le père,
  Lorsque inopinément il saura cette affaire ?

SCÈNE II. — HORACE, ARNOLPHE.

HORACE, à part. — Il faut que j'aille un peu reconnaître qui c'est.
            ARNOLPHE, se croyant seul.

  Eût-on jamais prévu....
  (Heurté par Horace qu'il ne reconnaît pas.) Qui va là, s'il vous plaît ?
HORACE. — C'est vous, seigneur Arnolphe ?
            ARNOLPHE. — Oui. Mais vous...?
                HORACE. — C'est Horace.
  Je m'en allais chez vous vous prier d'une grâce.
  Vous sortez bien matin !
ARNOLPHE, bas, à part. — Quelle confusion !

Est-ce un enchantement? est-ce une illusion?
HORACE. — J'étais, à dire vrai, dans une grande peine;
Et je bénis du ciel la bonté souveraine
Qui fait qu'à point nommé je vous rencontre ainsi.
Je viens vous avertir que tout a réussi,
Et même beaucoup plus que je n'eusse osé dire,
Et par un incident qui devait tout détruire.
Je ne sais point par où l'on a pu soupçonner
Cette assignation qu'on m'avait su donner :
Mais, étant sur le point d'atteindre à la fenêtre,
J'ai, contre mon espoir, vu quelques gens paraître,
Qui, sur moi brusquement levant chacun le bras,
M'ont fait manquer le pied et tomber jusqu'en bas;
Et ma chute, aux dépens de quelque meurtrissure,
De vingt coups de bâton m'a sauvé l'aventure.
Ces gens-là, dont était, je pense, mon jaloux;
Ont imputé ma chute à l'effort de leurs coups ;
Et, comme la douleur, un assez long espace,
M'a fait sans remuer demeurer sur la place,
Ils ont cru tout de bon qu'il m'avait assommé,
Et chacun d'eux s'en est aussitôt alarmé.
J'entendais tout le bruit dans le profond silence :
L'un l'autre ils s'accusaient de cette violence :
Et, sans lumière aucune, en querellant le sort,
Sont venus doucement tâter si j'étais mort.
Je vous laisse à penser si, dans la nuit obscure,
J'ai d'un vrai trépassé su tenir la figure.
Ils se sont retirés avec beaucoup d'effroi ;
Et comme je songeais à me retirer, moi,
De cette feinte mort la jeune Agnès émue
Avec empressement est devers moi venue :
Car les discours qu'entre eux ces gens avaient tenus
Jusques à son oreille étaient d'abord venus,
Et, pendant tout ce trouble étant moins observée,
Du logis aisément elle s'était sauvée ;
Mais, me trouvant sans mal, elle a fait éclater
Un transport difficile à bien représenter.
Que vous dirai-je? enfin, cette aimable personne
A suivi les conseils que son amour lui donne,
N'a plus voulu songer à retourner chez soi,
Et de tout son destin s'est commise à ma foi,
Considérez un peu, par ce trait d'innocence,
Où l'expose d'un fou la haute impertinence.
Et quels fâcheux périls elle pourrait courir,
Si j'étais maintenant homme à la moins chérir.
Mais d'un trop pur amour mon ame est embrasée;
J'aimerais mieux mourir que la voir abusée :
Je lui vois des appas dignes d'un autre sort,
Et rien ne m'en saurait séparer que la mort.
Je prévois là-dessus l'emportement d'un père;
Mais nous prendrons le temps d'apaiser sa colère.
A des charmes si doux je me laisse emporter,
Et dans la vie, enfin, il se faut contenter.
Ce que je veux de vous, sous un secret fidèle;
C'est que je puisse mettre en vos mains cette belle ;
Que dans votre maison, en faveur de mes feux,
Vous lui donniez retraite au moins un jour ou deux.
Outre qu'aux yeux du monde il faut cacher sa fuite,
Et qu'on en pourra faire une exacte poursuite,
Vous savez qu'une fille aussi de sa façon
Donne avec un jeune homme un étrange soupçon ,

Et, comme c'est à vous, sûr de votre prudence,
Que j'ai fait de mes feux entière confidence,
C'est à vous seul aussi, comme ami généreux,
Que je puis confier ce dépôt amoureux.
ARNOLPHE. — Je suis, n'en doutez point, tout à votre service.
HORACE. — Vous voulez bien me rendre un si charmant office?
ARNOLPHE. — Très volontiers, vous dis-je; et je me sens ravir
De cette occasion que j'ai de vous servir.
Je rends grâces au ciel de ce qu'il me l'envoi,
Et n'ai jamais rien fait avec si grande joie.
HORACE. — Que je suis redevable à toutes vos bontés!
J'avais de votre part craint des difficultés;
Mais vous êtes du monde, et, dans votre sagesse,
Vous savez excuser le feu de la jeunesse.
Un de mes gens la garde au coin de ce détour.
ARNOLPHE, — Mais comment ferons-nous! car il fait un peu jour.
Si je la prends ici, l'on me verra peut-être;
Et, s'il faut que chez moi vous veniez à paraître,
Des valets causeront. Pour jouer au plus sûr,
Il faut me l'amener dans un lieu plus obscur.
Mon allée est commode, et je l'y vais attendre.
HORACE. — Ce sont précautions qu'ils est fort bon de prendre.
Pour moi, je ne ferai que vous la mettre en main,
Et chez moi, sans éclat, je retourne soudain.
ARNOLPHE, *seul*. — Ah! fortune, ce trait d'aventure propice
Répare tous les maux que m'a fait ton caprice.
(Il s'enveloppe le nez dans son manteau.)

SCÈNE III. — AGNÈS, HORACE, ARNOLPHE.

HORACE, à *Agnès*. — Ne soyez point en peine où je veux vous mener;
C'est un logement sûr que je vous fais donner.
Vous loger avec moi, ce serait tout détruire :
Entrez dans cette porte, et laissez-vous conduire.
(*Arnolphe lui prend la main sans qu'elle le reconnaisse.*)
AGNÈS, à *Horace*. — Pourquoi me quittez-vous?
HORACE. — Chère Agnès, il le faut
AGNÈS. — Songez donc, je vous prie, à revenir bientôt.
HORACE. — J'en suis assez pressé par ma flamme amoureuse.
AGNÈS. — Quand je ne vous vois point, je ne suis point joyeuse.
HORACE. — Hors de votre présence, on me voit triste aussi.
AGNÈS. — Hélas! s'il était vrai, vous resteriez ici.
HORACE. — Quoi! vous pourriez douter de mon amour extrême!
AGNÈS. — Non, vous ne m'aimez pas autant que je vous aime.
(*Arnolphe la tire.*)
Ah! l'on me tire trop.
HORACE. — C'est qu'il est dangereux,
Chère Agnès, qu'en ce lieu nous soyons vus tous deux,
Et le parfait ami de qui la main vous presse
Suit le zèle prudent qui pour nous l'intéresse.
AGNÈS. — Mais suivre un inconnu que...
HORACE. — N'appréhendez rien :
Entre de telles mains vous ne serez que bien.
AGNÈS. — Je me trouverais mieux entre celles d'Horace,
Et j'aurais...
(*A Arnolphe qui la tire encore.*)
Attendez.
HORACE. — Adieu. Le jour me chasse.
AGNÈS. — Quand vous verrai-je donc?
HORACE. — Bientôt, assurément.
AGNÈS. — Que je vais m'ennuyer jusques à ce moment!

HORACE, *en s'en allant.*
Grâce au ciel, mon bonheur n'est plus en concurrence ;
Et je puis maintenant dormir en assurance.

SCÈNE IV. — ARNOLPHE, AGNÈS.

ARNOLPHE, *caché dans son manteau et diguisant sa voix.*
Venez, ce n'est pas là que je vous logerai,
Et votre gîte ailleurs est par moi préparé.
Je prétends en lieu sûr mettre votre personne. (*Se faisant connaître.*)
Me connaissez-vous ?

AGNÈS. — Hai !

ARNOLPHE. — Mon visage friponne,
Dans cette occasion rend vos sens effrayés,
Et c'est à contre-cœur qu'ici vous me voyez ;
Je trouble en ses projets l'amour qui vous possède.
(*Agnès regarde si elle ne verra point Horace.*)
N'appelez point des yeux le galant à votre aide ;
Il est trop éloigné pour vous donner secours.
Ah ! ah ! si jeune encor, vous jouez de ces tours !
Votre simplicité, qui semble sans pareille,
Demande si l'on fait les enfants par l'oreille ;
Et vous savez donner des rendez-vous la nuit,
Et pour suivre un galant vous évader sans bruit !
Tu-dieu ! comme avec lui votre langue cajole !
Il faut qu'on vous ait mise à quelque bonne école !
Qui diantre tout d'un coup vous en a tant appris ?
Vous ne craignez donc plus de trouver des esprits ?
Et ce galant, la nuit, vous a donc enhardie ?
Ah ! coquine, en venir à cette perfidie !
Malgré tous mes bienfaits former un tel dessein !
Petit serpent que j'ai réchauffé dans mon sein,
Et qui, dès qu'il se sent, par une humeur ingrate
Cherche à faire du mal à celui qui le flatte !

AGNÈS. — Pourquoi me criez-vous ?

ARNOLPHE. — J'ai grand tort en effet !

AGNÈS. — Je n'entends point de mal dans tout ce que j'ai fait.

ARNOLPHE. — Suivre un galant n'est pas une action infâme ?

AGNÈS. — C'est un homme qui dit qu'il me veut pour sa femme :
J'ai suivi vos leçons, et vous m'avez prêché
Qu'il se faut marier pour ôter le péché.

ARNOLPHE. — Oui. Mais pour femme, moi, je prétendais vous prendre,
Et je vous l'avais fait, me semble, assez entendre.

AGNÈS. — Oui. Mais, à vous parler franchement entre nous,
Il est plus pour cela selon mon goût que vous.
Chez vous le mariage est fâcheux et pénible,
Et vos discours en font une image terrible ;
Mais, las ! il le fait, lui, si rempli de plaisirs,
Que de se marier il donne des desirs.

ARNOLPHE. — Ah ! c'est que vous l'aimez, traîtresse !

AGNÈS. — Oui, je l'aime.

ARNOLPHE. — Et vous avez le front de le dire à moi-même !

AGNÈS. — Et pourquoi, s'il est vrai, ne le dirais-je pas ?

ARNOLPHE. — Lo deviez-vous aimer, impertinente ?

AGNÈS. — Hélas !
Est-ce que j'en puis mais ? Lui seul en est la cause,
Et je n'y songeais pas lorsque se fit la chose.

ARNOLPHE. — Mais il fallait chasser cet amoureux desir.

AGNÈS. — Le moyen de chasser ce qui fait du plaisir ?

ARNOLPHE. — Et ne saviez-vous pas que c'était me déplaire ?

AGNÈS. — Moi ? point du tout. Quel mal cela vous peut-il faire ?

ARNOLPHE. — Il est vrai, j'ai sujet d'en être réjoui !
Vous ne m'aimez donc pas, à ce compte ?

, AGNÈS. — Vous?
ARNOLPHE. — Oui.

AGNÈS. — Hélas! non.
ARNOLPHE. — Comment, non!
AGNÈS. — Voulez-vous que je mente?
ARNOLPHE. — Pourquoi ne m'aimer pas, madame l'impudente?
AGNÈS. — Mon dieu! ce n'est pas moi que vous devez blâmer :
Que ne vous êtes-vous, comme lui, fait aimer?
Je ne vous en ai pas empêché, que je pense.
ARNOLPHE. — Je m'y suis efforcé de toute ma puissance;
Mais les soins que j'ai pris, je les ai perdus tous.
AGNÈS. — Vraiment, il en sait donc là-dessus plus que vous;
Car à se faire aimer il n'a point eu de peine.
ARNOLPHE, à part. — Voyez comme raisonne et répond la vilaine!
Peste! une précieuse en dirait-elle plus?
Ah! je l'ai mal connue; ou, ma foi, là-dessus
Une sotte en sait plus que le plus habile homme.
(A Agnès.) Puisqu'en raisonnements votre esprit se consomme,
La belle raisonneuse; es-ce qu'un si long temps
Je vous aurai pour lui nourrie à mes dépens?
AGNÈS. — Non. Il vous rendra tout jusques au dernier double.
ARNOLPHE, bas, à part. — Elle a de certains mots où mon dépit redouble.
(Haut.) Me rendra-t-il, coquine, avec tout son pouvoir,
Les obligations que vous pouvez m'avoir?
AGNÈS. — Je ne vous en ai pas de si grandes qu'on pense.
ARNOLPHE. — N'est-ce rien que les soins d'élever votre enfance?
AGNÈS. — Vous avez là-dedans bien opéré vraiment,
Et m'avez fait en tout instruire joliment!
Croit-on que je me flatte, et qu'enfin, dans ma tête,
Je ne juge pas bien que je suis une bête?
Moi-même j'en ai honte; et, dans l'âge où je suis,
Je ne veux plus passer pour sotte, si je puis.
ARNOLPHE. — Vous fuyez l'ignorance, et voulez, quoi qu'il coûte,
Apprendre du blondin quelque chose?
AGNÈS. — Sans doute.
C'est de lui que je sais ce que je puis savoir;
Et beaucoup plus qu'à vous je pense lui devoir.
ARNOLPHE. — Je ne sais qui me tient qu'avec une gourmade.
Ma main de ce discours ne venge la bravade.
J'enrage quand je vois sa piquante froideur;
Et quelques coups de poing satisferaient mon cœur.
AGNÈS. — Hélas! vous le pouvez si cela vous peut plaire.
ARNOLPHE, à part. — Ce mot et ce regard désarme ma colère,
Et produit un retour de tendresse de cœur,
Qui de son action efface la noirceur.
Chose étrange d'aimer, et que, pour ces traîtresses,
Les hommes soient sujets à de telles faiblesses!
Tout le monde connaît leur imperfection;
Ce n'est qu'extravagance et qu'indiscrétion;
Leur esprit est méchant, et leur ame fragile;
Il n'est rien de plus faible et de plus imbécille,
Rien de plus infidèle : et malgré tout cela,
Dans le monde on fait tout pour ces animaux-là.
(A Agnès.) Hé bien! faisons la paix. Va, petite traîtresse,
Je te pardonne tout et te rends ma tendresse;
Considère par là l'amour que j'ai pour toi,
Et, me voyant si bon, en revanche aime-moi.
AGNÈS. — Du meilleur de mon cœur je voudrais vous complaire :
Que me coûterait-il si je le pouvais faire?
ARNOLPHE. — Mon pauvre petit cœur, tu le peux, si tu veux.
Ecoute seulement ce soupir amoureux,

Vois ce regard mourant, contemple ma personne,
Et quitte ce morveux et l'amour qu'il te donne.
C'est quelque sort qu'il faut qu'il ait jeté sur toi.
Et tu seras cent fois plus heureuse avec moi.
Ta forte passion est d'être brave et leste,
Tu le seras toujours, va, je te le proteste ;
Sans cesse, nuit et jour, je te caresserai,
Je te bouchonnerai, baiserai, mangerai ;
Tout comme tu voudras, tu pourras te conduire :
Je ne m'explique point, et cela, c'est tout dire.
  (*Bas, à part.*) Jusqu'où la passion peut-elle faire aller !
  (*Haut.*) Enfin, à mon amour rien ne peut s'égaler :
Quelle preuve veux-tu que je t'en donne, ingrate?
Me veux-tu voir pleurer? Veux-tu que je me batte?
Veux-tu que je m'arrache un côté de cheveux?
Veux-tu que je me tue? Oui, dis si tu le veux,
Je suis tout prêt, cruelle, à te prouver ma flamme.
AGNÈS. — Tenez, tous vos discours ne me touchent point l'ame,
Horace avec deux mots en ferait plus que vous.
ARNOLPHE. — Ah! c'est trop me braver, trop pousser mon courroux.
Je suivrai mon dessein, bête trop indocile,
Et vous dénicherez à l'instant de la ville.
Vous rebutez mes vœux et me mettez à bout ;
Mais un cul de couvent me vengera de tout.

SCÈNE V. — ARNOLPHE, AGNÈS, ALAIN.

ALAIN. — Je ne sais ce que c'est, monsieur, mais il me semble
Qu'Agnès et le corps mort s'en sont allés ensemble.
ARNOLPHE. — La voici. Dans ma chambre allez me la nicher.
  (*A part.*) Ce ne sera pas là qu'il la viendra chercher ;
Et puis, c'est seulement pour une demi-heure.
Je vais, pour lui donner une sûre demeure,   (*A Alain.*)
Trouver une voiture. Enfermez-vous des mieux ;
Et surtout gardez-vous de la quitter des yeux.
  (*Seul.*) Peut-être que son ame étant dépaysée,
Pourra de cet amour être désabusée.

SCÈNE VI. — HORACE, ARNOLPHE.

HORACE. — Ah! je viens vous trouver, accablé de douleur.
Le ciel, seigneur Arnolphe, a conclu mon malheur ;
Et, par un trait fatal d'une injustice extrême,
On me veut arracher de la beauté que j'aime.
Pour arriver ici, mon père a pris le frais ;
J'ai trouvé qu'il mettait pied à terre ici près :
Et la cause, en un mot, d'une telle venue,
Qui, comme je disais, ne m'était pas connue.
C'est qu'il m'a marié sans m'en écrire rien,
Et qu'il vient en ces lieux célébrer ce lien.
Jugez, en prenant part à mon inquiétude,
S'il pouvait m'arriver un contre-temps plus rude,
Cet Enrique, dont hier je m'informais chez vous,
Cause tout le malheur dont je ressens les coups :
Il vient avec mon père achever ma ruine.
Et c'est sa fille unique à qui l'on me destine.
J'ai, dès leurs premiers mots, pensé m'évanouir :
Et d'abord, sans vouloir plus long-temps les ouïr,
Mon père ayant parlé de vous rendre visite,
L'esprit plein de frayeur, je l'ai devancé vite.
De grâce, gardez-vous de lui rien découvrir
De mon engagement qui le pourrait aigrir :

Et tâchez, comme en vous il prend grande créance,
De le dissuader de cette autre alliance.
ARNOLPHE. — Oui-dà.

    HORACE — Conseillez-lui de différer un peu,
Et rendez, en ami, ce service à mon feu.
ARNOLPHE. — Je n'y manquerai pas.

    HORACE. — C'est en vous que j'espère.
ARNOLPHE. — fort bien.

    HORACE. — Et je vous tiens mon véritable père.
Dites-lui que mon âge... Ah ! je le vois venir !
Ecoutez les raisons que je vous puis fournir.

SCÈNE VII.

ENRIQUE, ORONTE, CHRYSALDE, HORACE, ARNOLPHE.
*(Horace et Arnolphe se retirent dans un coin du théâtre et parlent
bas ensemble.)*

ENRIQUE, *à Chrysalde.* — Aussitôt qu'à mes yeux je vous ai vu paraître,
Quand on ne m'eût rien dit, j'aurais su vous connaître.
Je vous vois tous les traits de cette aimable sœur
Dont l'hymen autrefois m'avait fait possesseur;
Et je serais heureux, si la parque cruelle
M'eût laissé ramener cette épouse fidèle,
Pour jouir avec moi des sensibles douceurs
De revoir tous les siens après nos longs malheurs.
Mais, puisque du destin la fatale puissance
Nous prive pour jamais de sa chère présence,
Tâchons de nous résoudre, et de nous contenter
Du seul fruit amoureux qui m'en est pu rester.
Il vous touche de près, et sans votre suffrage
J'aurais tort de vouloir disposer de ce gage.
Le choix du fils d'Oronte est glorieux de soi;
Mais il faut que ce choix vous plaise comme à moi.
CHRYSALDE. — C'est de mon jugement avoir mauvaise estime,
Que douter si j'approuve un choix si légitime.
ARNOLPHE, *à part, à Horace.* — Oui, je vais vous servir de la bonne façon.
HORACE, *à part, à Arnolphe.* — Gardez encore un coup...

    ARNOLPHE *à Horace.* — N'ayez aucun soupçon.
(Arnolphe quitte Horace pour aller embrasser Oronte.)
ORONTE, *à Arnolphe.* — Ah! que cette embrassade est pleine de tendresse!
ARNOLPHE. — Que je sens à vous voir une grande allégresse !
ORONTE. — Je suis ici venu...

    ARNOLPHE. — Sans m'en faire récit,
Je sais ce qui vous mène.

    ORONTE. — On vous l'a déja dit?
ARNOLPHE. — Oui.

    ORONTE. — Tant mieux.

    ARNOLPHE. — Votre fils à cet hymen résiste,
Et son cœur prévenu n'y voit rien que de triste :
Il m'a même prié de vous en détourner ;
Et moi, tout le conseil, que je vous puis donner,
C'est de ne pas souffrir que ce nœud se diffère.
Et de faire valoir l'autorité de père.
Il faut avec vigueur ranger les jeunes gens,
Et nous faisons contre eux à leur être indulgents.
HORACE, *à part.* — Ah! traître !

    CHRYSALDE. — Si son cœur a quelque répugnance,
Je tiens qu'on ne doit pas lui faire violence.
Mon frère, que je crois, sera de mon avis.
ARNOLPHE. — Quoi! se laissera-t-il gouverner par son fils?
Est-ce que vous voulez qu'un père ait la mollesse
De ne savoir pas faire obéir la jeunesse?
MOLIÈRE.   15

Il serait beau, vraiment, qu'on le vît aujourd'hui
Prendre loi de qui doit la recevoir de lui!
Non, non : c'est mon intime, et sa gloire est la mienne :
Sa parole est donnée, il faut qu'il la maintienne ;
Qu'il fasse voir ici de fermes sentiments,
Et force de son fils tous les attachements.

ORONTE. — C'est parler comme il faut ; et dans cette alliance,
C'est moi qui vous réponds de son obéissance.

CHRYSALDE, *à Arnolphe.*
Je suis surpris, pour moi, du grand empressement
Que vous me faites voir pour cet engagement,
Et ne puis deviner quel motif vous inspire...

ARNOLPHE. — Je sais ce que je fais, et dis ce qu'il faut dire.

ORONTE. — Oui, oui, seigneur Arnolphe, il est...

CHRYSALDE. — Ce nom l'aigrit.
C'est monsieur de la Souche, on vous l'a déjà dit.

ARNOLPHE. — Il m'importe.

HORACE, *à part.* — Qu'entends-je?

ARNOLPHE, *se tournant vers Horace.* — Oui, c'est là le mystère
Et vous pouvez juger ce que je devais faire.

HORACE, *à part.* — En quel trouble...

SCÈNE VIII.

ENRIQUE, ORONTE, CHRYSALDE, HORACE, ARNOLPHE, GEORGETTE.

GEORGETTE. — Monsieur, si vous n'êtes auprès,
Nous aurons de la peine à retenir Agnès ;
Elle veut à tous coups s'échapper, et peut-être
Qu'elle se pourrait bien jeter par la fenêtre.

ARNOLPHE. — Faites-la moi venir ; aussi bien de ce pas
(*A Horace.*)
Prétends-je l'emmener. Ne vous en fâchez pas :
Un bonheur continu rendrait l'homme superbe ;
Et chacun a son tour, comme dit le proverbe.

HORACE, *à part.* — Quels maux peuvent, ô ciel! égaler mes ennuis!
Et s'est-on jamais vu dans l'abîme où je suis!

ARNOLPHE, *à Oronte.* — Pressez vite le jour de la cérémonie,
J'y prends part ; et déjà moi-même je m'en prie.

ORONTE. — C'est bien notre dessein.

SCÈNE IX. — AGNÈS, ORONTE, ENRIQUE, ARNOLPHE, HORACE, CHRY-
SALDE, ALAIN, GEORGETTE.

ARNOLPHE, *à Agnès.* — Venez, belle, venez,
Qu'on ne saurait tenir, et qui vous mutinez.
Voici votre galant, à qui, pour récompense,
Vous pouvez faire une humble et douce révérence.
(*A Horace.*) Adieu. L'évènement trompe un peu vos souhaits
Mais tous les amoureux ne sont pas satisfaits.

AGNÈS. — Me laissez-vous, Horace, emmener de la sorte?

HORACE. — Je ne sais où j'en suis, tant ma douleur est forte.

ARNOLPHE. — Allons, causeuse, allons.

AGNÈS. — Je veux rester ici.

ORONTE. — Dites-nous ce que c'est que ce mystère-ci :
Nous nous regardons tous, sans le pouvoir comprendre.

ARNOLPHE. — Avec plus de loisir je pourrai vous l'apprendre.
Jusqu'au revoir.

ORONTE. — Où donc prétendez-vous aller?
Vous ne nous parlez point comme il nous faut parler.

ARNOLPHE. — Je vous ai conseillé, malgré tout son murmure,
D'achever l'hyménée.

ORONTE. — Oui, mais pour le conclure,
Si l'on vous a dit tout, ne vous a-t-on pas dit

Que vous avez chez vous celle dont il s'agit ;
La fille qu'autrefois, de l'aimable Angélique,
Sous des liens secrets, eut le seigneur Enrique ?
Sur quoi votre discours était-il donc fondé ?

CHRYSALDE. — Je m'étonnais aussi de voir son procédé.

ARNOLPHE. — Quoi ?..

CHRYSALDE. — D'un hymen secret ma sœur eut une fille,
Dont on cacha le sort à toute la famille.

ORONTE. — Et qui, sous de feints noms, pour ne rien découvrir,
Par son époux, aux champs fut donnée à nourrir.

CHRYSALDE. — Et dans ce temps, le sort, lui déclarant la guerre,
L'obligea de sortir de sa natale terre.

ORONTE. — Et d'aller essuyer mille périls divers,
Dans ces lieux séparés de nous par tant de mers.

CHRYSALDE. — Où ses soins ont gagné ce que dans sa patrie
Avaient pu lui ravir l'imposture et l'envie.

ORONTE. — Et de retour en France, il a cherché d'abord
Celle à qui de sa fille il confia le sort.

CHRYSALDE. — Et cette paysanne a dit avec franchise,
Qu'en vos mains à quatre ans elle l'avait remise.

ORONTE. — Et qu'elle l'avait fait, sur votre charité,
Par un accablement d'extrême pauvreté.

CHRYSALDE. — Et lui, plein de transport, et l'allégresse en l'ame,
A fait jusqu'en ces lieux conduire cette femme.

ORONTE. — Et vous allez enfin la voir venir ici,
Pour rendre aux yeux de tous ce mystère éclairci.

CHRYSALDE, à *Arnolphe*. — Je devine à peu près quel est votre supplice
Mais le sort en cela ne vous est que propice.
Si n'être point cocu vous semble un si grand bien,
Ne vous point marier en est le vrai moyen.

ARNOLPHE, *s'en allant tout transporté, et ne pouvant parler.*
Ouf !

SCÈNE X. — ENRIQUE, ORONTE, CHRYSALDE, AGNÈS HORACE.

ORONTE. — D'où vient qu'il s'enfuit sans rien dire ?

                   HORACE. — Ah ! mon père,
Vous saurez pleinement ce surprenant mystère.
Le hasard en ces lieux avait exécuté
Ce que votre sagesse avait prémédité.
J'étais, par les doux nœuds d'une ardeur mutuelle,
Engagé de parole avecque cette belle ;
Et c'est elle, en un mot, que vous venez chercher,
Et pour qui mon refus a pensé vous fâcher.

ENRIQUE. — Je n'en ai point douté d'abord que je l'ai vue,
Et mon ame depuis n'a cessé d'être émue.
Ah ! ma fille, je cède à des transports si doux.

CHRYSALDE. — J'en ferais de bon cœur, mon frère, autant que vous ;
Mais ces lieux et cela ne s'accommodent guères.
Allons dans la maison débrouiller ces mystères,
Payer à notre ami ses soins officieux,
Et rendre grâce au ciel qui fait tout pour le mieux.

FIN DE L'ÉCOLE DES FEMMES.

LA CRITIQUE DE L'ÉCOLE DES FEMMES.

COMÉDIE EN UN ACTE.

À LA REINE-MÈRE.

MADAME, je sais bien que Votre Majesté n'a que faire de toutes nos dédicaces, et que ces prétendus devoirs dont on lui dit élégamment qu'on s'acquitte envers Elle, sont des hommages, à dire vrai, dont Elle nous dispenserait très volontiers : mais je ne laisse pas d'avoir l'audace de lui dédier *la Critique de l'Ecole des Femmes*, et je n'ai pu refuser cette petite occasion de pouvoir témoigner ma joie à Votre Majesté sur cette heureuse convalescence qui redonne à nos vœux la plus grande et la meilleure princesse du monde, et nous promet en Elle de longues années d'une santé vigoureuse. Comme chacun regarde les choses du côté de ce qui le touche, je me réjouis, dans cette allégresse générale, de pouvoir encore avoir l'honneur de divertir Votre Majesté ; Elle, MADAME, qui prouve si bien que la véritable dévotion n'est point contraire aux honnêtes divertissements ; qui, de ses hautes pensées et de ses importantes occupations, descend si humainement dans le plaisir de nos spectacles, et ne dédaigne pas de rire de cette même bouche dont elle prie si bien Dieu : je flatte, dis-je, mon esprit de l'espérance de cette gloire ; j'en attends le moment avec toutes les impatiences du monde ; et quand, je jouirai de ce bonheur, ce sera la plus grande joie que je puisse recevoir ;

MADAME, de votre Majesté, Le très humble, très obéissant et très fidèle serviteur et sujet, J. B. P. MOLIÈRE.

PERSONNAGES.

URANIE.
ELISE
CLIMENE.
LE MARQUIS.
DORANTE OU LE CHEVALIER.

LYSIDAS, poète.
GALOPIN, laquais

La scène est à Paris dans la maison d'Uranie.

ACTE Iᵉʳ.

SCÈNE PREMIÈRE. — URANIE, ÉLISE.

URANIE. — Quoi! cousine, personne ne t'est venue rendre visite?

ÉLISE. — Personne du monde.

URANIE. — Vraiment! voilà qui m'étonne, que nous ayons été seules l'une et l'autre tout aujourd'hui.

ÉLISE. — Cela m'étonne aussi : car ce n'est guère notre coutume; et votre maison, dieu merci, est le refuge ordinaire de tous les fainéants de la cour.

URANIE. — L'après-dînée, à dire vrai m'a semblé fort longue.

ÉLISE. — Et moi je l'ai trouvée fort courte.

URANIE. — C'est que les beaux esprits, cousine, aiment la solitude.

ÉLISE. — Ah! très humble servante au bel esprit! vous savez que ce n'est pas là que je vise.

URANIE. — Pour moi, j'aime la compagnie, je l'avoue.

ÉLISE. — Je l'aime aussi, mais je l'aime choisie; et la quantité des sottes visites qu'il vous faut essuyer parmi les autres, est cause bien souvent que je prends plaisir d'être seule.

URANIE. — La délicatesse est trop grande de ne pouvoir souffrir que des gens triés.

ÉLISE. — Et la complaisance est trop générale de souffrir indifféremment toutes sortes de personnes.

URANIE. — Je goûte ceux qui sont raisonnables, et me divertis des extravagants.

ÉLISE. — Ma foi, les extravagants ne vont guère loin sans vous ennuyer, et la plupart de ces gens-là ne sont plus plaisants dès la seconde visite. Mais, à propos d'extravagants, ne voulez-vous pas me défaire de votre marquis incommode? Pensez-vous me le laisser toujours sur les bras, et que je puisse durer à ses turlupinades perpétuelles?

URANIE. — Ce langage est à la mode, et l'on le tourne en plaisanterie à la cour.

ÉLISE. — Tant pis pour ceux qui le font, et qui se tuent tout le jour à parler ce jargon obscur. La belle chose de faire entrer aux conversations du Louvre de vieilles équivoques ramassées parmi les boues des halles et de la place Maubert! La jolie façon de plaisanter pour des courtisans! et qu'un homme montre d'esprit lorsqu'il vient vous dire: Madame vous êtes dans la place Royale, et tout le monde vous voit de trois lieues de Paris; car chacun vous voit de bon œil; à cause que Bonneuil est un village à trois lieues d'ici ! Cela n'est-il pas bien galant et bien spirituel? Et ceux qui trouvent ces belles rencontres n'ont-ils pas lieu de s'en glorifier?

URANIE. — On ne dit pas cela aussi comme une chose spirituelle; et la plupart de ceux qui affectent ce langage savent bien eux-mêmes qu'il est ridicule.

ÉLISE. — Tant pis encore de prendre peine à dire des sottises, et d'être mauvais plaisants de dessein formé. Je les en tiens moins excusables; et si j'en étais juge, je sais bien à quoi je condamnerais tous ces messieurs les turlupins.

URANIE. — Laissons cette matière qui t'échauffe un peu trop, et disons que Dorante vient bien tard, à mon avis, pour le souper que nous devons faire ensemble.

ÉLISE. — Peut-être l'a-t-il oublié, et que...

SCÈNE II. — URANIE, ÉLISE, GALOPIN.

GALOPIN. — Voilà Climène, madame, qui vient ici pour vous voir.

URANIE. — Hé! mon dieu! quelle visite!

ÉLISE. — Vous vous plaignez d'être seule; aussi le ciel vous en punit.

URANIE. — Vite, qu'on aille dire que je n'y suis pas.

GALOPIN. — On a déjà dit que vous y étiez.

URANIE. — Et qui est le sot qui l'a dit?

GALOPIN. — Moi, madame.

URANIE. — Diantre soit le petit vilain! Je vous apprendrai à faire vos réponses de vous-même.

GALOPIN. — Je vais lui dire, madame, que vous voulez être sortie.

URANIE. — Arrêtez, animal, et la laissez monter, puisque la sottise est faite.

GALOPIN. — Elle parle encore à un homme dans la rue.

URANIE — Ah! cousine, que cette visite m'embarrasse à l'heure qu'il est !

ÉLISE. — Il est vrai que la dame est un peu embarrassante de son naturel : j'ai toujours eu pour elle une furieuse aversion; et, n'en déplaise à sa qualité, c'est la plus sotte bête qui se soit jamais mêlée de raisonner.

URANIE. — L'épithète est un peu forte.

ÉLISE. — Allez, allez, elle mérite bien cela, et quelque chose de plus si on lui faisait justice. Est-ce qu'il y a une personne qui soit plus véritablement qu'elle ce qu'on appelle précieuse, à prendre le mot dans sa plus mauvaise signification?

URANIE. — Elle se défend bien de ce nom pourtant.

ÉLISE. — Il est vrai, elle se défend du nom, mais non pas de la chose : car enfin elle l'est depuis les pieds jusqu'à la tête, et la plus grande façonnière du monde. Il semble que tout son corps soit démonté, et que les mouvements de ses hanches, de ses épaules et de sa tête, n'aillent que par ressorts. Elle affecte toujours un ton de voix languissant et niais, fait la moue pour montrer une petite bouche, et roule les yeux pour les faire paraître grands.

URANIE. — Doucement donc. Si elle venait à entendre...

ÉLISE. — Point, point; elle ne monte pas encore. Je me souviens toujours du soir qu'elle eut envie de voir Damon, sur la réputation qu'on lui donne, et les choses que le public a vues de lui. Vous connaissez l'homme et sa naturelle paresse à soutenir la conversation. Elle l'avait invité à souper comme bel esprit, et jamais il ne parut si sot parmi une demi-douzaine de gens à qui elle avait fait fête de lui, et qui le regardaient avec de grands yeux, comme une personne qui ne devait pas être faite comme les autres. Ils pensaient tous qu'il était là pour défrayer la compagnie de bons mots; que chaque parole qui sortait devait être extraordinaire; qu'il devait faire des impromptus sur tout ce qu'on disait, et ne demander à boire qu'avec une pointe. Mais il les trompa fort par son silence; et la dame fut aussi mal satisfaite de lui, que je le fus d'elle.

URANIE. — Tais-toi je vais la recevoir à la porte de la chambre.

ÉLISE. — Encore un mot. Je voudrais bien la voir mariée avec le marquis dont nous avons parlé! Le bel assemblage que ce serait d'une précieuse et d'un turlupin!

URANIE. — Veux-tu te taire? La voici.

SCÈNE III. — CLIMÈNE, URANIE, ÉLISE, GALOPIN.

URANIE. — Vraiment, c'est bien tard que...

CLIMÈNE. — Hé! de grâce, ma chère, faites-moi vite donner un siège.

URANIE, à Galopin. — Un fauteuil promptement.

CLIMÈNE. — Ah! mon Dieu!

URANIE. — Qu'est-ce donc?

CLIMÈNE. — Je n'en puis plus.

URANIE. — Qu'avez-vous?

CLIMÈNE. — Le cœur me manque.

URANIE. — Sont-ce vos vapeurs qui vous ont pris?

CLIMÈNE. — Non.

URANIE. — Voulez-vous qu'on vous délace?

CLIMÈNE. — Mon Dieu! non. Ah!

URANIE. — Quel est donc votre mal? et depuis quand vous a-t-il pris?

CLIMÈNE. — Il y a plus de trois heures, et je l'ai apporté du Palais-Royal.

URANIE. — Comment?

CLIMÈNE. — Je viens de voir, pour mes péchés, cette méchante rapsodie de l'École des femmes. Je suis encore en défaillance du mal de cœur que cela m'a donné; et je pense que je n'en reviendrai de plus de quinze jours.

ÉLISE. — Voyez un peu comme les maladies arrivent sans qu'on y songe!

URANIE. — Je ne sais pas de quel tempérament nous sommes, ma cousine et moi; mais nous fûmes avant-hier à la même pièce, et nous en revînmes toutes deux saines et gaillardes.

CLIMÈNE. — Quoi! vous l'avez vue?

URANIE. — Oui, et écoutée d'un bout à l'autre.

CLIMÈNE. — Et vous n'en avez pas été jusques aux convulsions, ma chère?

URANIE. — Je ne suis pas si délicate, Dieu merci, et je trouve pour moi que cette comédie serait plutôt capable de guérir les gens que de les rendre malades.

CLIMÈNE. — Ah! mon dieu! que dites-vous là? Cette proposition peut-elle être avancée par une personne qui ait du revenu en sens commun? Peut-on impunément, comme vous faites, rompre en visière à la raison? Et, dans le vrai de la chose, est-il un esprit si affamé de plaisanterie qu'il puisse tâter des fadaises

dont cette comédie est assaisonnée? Pour moi, je vous avoue que je n'ai pas
trouvé le moindre grain de sel dans tout cela. *Les enfants par l'oreille* m'ont
paru d'un goût détestable; *la tarte à la crème* m'a affadi le cœur; et j'ai pensé
vomir *au potage.*

ÉLISE.— Mon dieu! que tout cela est dit élégamment! J'aurais cru que cette
pièce était bonne; mais madame a une éloquence si persuasive, elle tourne les
choses d'une manière si agréable, qu'il faut être de son sentiment malgré qu'on
en ait.

URANIE. — Pour moi, je n'ai pas tant de complaisance; et pour dire ma pensée,
je tiens cette comédie une des plus plaisantes que l'auteur ait produites.

CLIMÈNE. — Ah! vous me faites pitié de parler ainsi, et je ne saurais vous
souffrir cette obscurité de discernement. Peut-on, ayant de la vertu, trouver
de l'agrément dans une pièce qui tient sans cesse la pudeur en alarme, et salit
à tout moment l'imagination?

ÉLISE. — Les jolies façons de parler que voilà! Que vous êtes, madame, une
rude joueuse en critique! et que je plains le pauvre Molière de vous avoir pour
ennemie!

CLIMÈNE. — Croyez-moi, ma chère, corrigez de bonne foi votre jugement,
et, pour votre honneur, n'allez point dire par le monde que cette comédie vous
ait plu.

URANIE. — Moi, je ne sais pas ce que vous y avez trouvé qui blesse la
pudeur.

CLIMÈNE. — Hélas! tout; et je mets en fait qu'une honnête femme ne la
saurait voir sans confusion, tant j'ai découvert d'ordures et de saletés.

URANIE. — Il faut donc que pour les ordures vous ayez des lumières que les
autres n'ont pas; car, pour moi, je n'y en ai point vu.

CLIMÈNE. — C'est que vous ne voulez pas y en avoir vu, assurément; car
enfin toutes ces ordures, dieu merci, y sont à visage découvert. Elles n'ont pas
la moindre enveloppe qui les couvre, et les yeux les plus hardis sont effrayés
de leur nudité.

ÉLISE. — Ah!

CLIMÈNE. — Hai, hai, hai.

URANIE. — Mais encore, s'il vous plaît, marquez-moi une de ces ordures que
vous dites.

CLIMÈNE. — Hélas! est-il nécessaire de vous les marquer?

URANIE.—Oui. Je vous demande seulement un endroit qui vous ait fort choquée.

CLIMÈNE. — En faut-il d'autres que la scène de cette Agnès, lorsqu'elle dit
ce qu'on lui a pris?

URANIE. — Et que trouvez-vous là de sale?

CLIMÈNE. — Ah!

URANIE. — De grâce.

CLIMÈNE. — Fi!

URANIE. — Mais encore?

CLIMÈNE. — Je n'ai rien à vous dire.

URANIE. — Pour moi, je n'y entends point de mal.

CLIMÈNE. — Tant pis pour vous.

URANIE. — Tant mieux plutôt, ce me semble. Je regarde les choses du côté
qu'on me les montre, et ne les tourne point pour y chercher ce qu'il ne faut
pas voir.

CLIMÈNE. — L'honnêteté d'une femme...

URANIE.—L'honnêteté d'une femme n'est pas dans les grimaces. Il sied mal
de vouloir être plus sage que celles qui sont sages. L'affectation en cette matière
est pire qu'en toute autre, et je ne vois rien de si ridicule que cette délicatesse
d'honneur qui prend tout en mauvaise part, donne un sens criminel aux plus

innocentes paroles, et s'offense de l'ombre des choses. Croyez-moi : celles qui font tant de façons n'en sont pas estimées plus femmes de bien ; au contraire, leur sévérité mystérieuse et leurs grimaces affectées irritent la censure de tout le monde contre les actions de leur vie. On est ravi de découvrir ce qu'il peut y avoir à redire, et, pour tomber dans l'exemple, il y avait l'autre jour des femmes à cette comédie vis-à-vis de la loge où nous étions, qui, par les mines qu'elles affectèrent durant toute la pièce, leurs détournements de tête et leurs cachements de visages, firent dire de tous côtés cent sottises de leur conduite, que l'on n'aurait pas dites sans cela ; et quelqu'un même des laquais cria tout haut qu'elles étaient plus chastes des oreilles que de tout le reste du corps.

CLIMÈNE. — Enfin, il faut être aveugle dans cette pièce, et ne pas faire semblant d'y voir les choses.

URANIE. — Il ne faut pas y vouloir voir ce qui n'y est pas.

CLIMÈNE. — Ah! je soutiens, encore un coup, que les saletés y crèvent les yeux.

URANIE. — Et moi, je ne demeure pas d'accord de cela.

CLIMÈNE. — Quoi! la pudeur n'est pas visiblement blessée par ce que dit Agnès dans l'endroit dont nous parlons?

URANIE. — Non, vraiment. Elle ne dit pas un mot qui de soi ne soit fort honnête ; et, si vous voulez entendre dessous quelque autre chose, c'est vous qui faites l'ordure, et non pas elle, puisqu'elle parle seulement d'un ruban qu'on lui a pris.

CLIMÈNE. — Ah! ruban, tant qu'il vous plaira ; mais ce *le* où elle s'arrête n'est pas mis pour des prunes. Il vient sur ce *le* d'étranges pensées ; ce *le* scandalise furieusement ; et, quoi que vous puissiez dire, vous ne sauriez défendre l'insolence de ce *le*.

ÉLISE. — Il est vrai, ma cousine, je suis pour madame contre ce *le*. Ce *le* est insolent au dernier point, et vous avez tort de défendre ce *le*.

CLIMÈNE. — Il a une obscénité qui n'est pas supportable.

ÉLISE. — Comment dites-vous ce mot-là, madame?

CLIMÈNE. — Obscénité, madame.

ÉLISE. — Ah! mon dieu! obscénité. Je ne sais ce que ce mot veut dire ; mais je le trouve le plus joli du monde.

CLIMÈNE. — Enfin vous voyez comme votre sang prend mon parti.

URANIE. — Hé! mon dieu! c'est une causeuse qui ne dit pas ce qu'elle pense. Ne vous y fiez pas beaucoup, si vous m'en voulez croire.

ÉLISE. — Ah! que vous êtes méchante, de me vouloir rendre suspecte à madame. Voyez un peu où j'en serais, si elle allait croire ce que vous dites? Serais-je si malheureuse, madame, que vous eussiez de moi cette pensée?

CLIMÈNE. — Non, non, je ne m'arrête pas à ces paroles, et je vous crois plus sincère qu'elle ne dit.

ÉLISE. — Ah! que vous avez bien raison, madame! et que vous me rendrez justice, quand vous croirez que je vous trouve la plus engageante personne du monde, que j'entre dans tous vos sentiments, et suis charmée de toutes les expressions qui sortent de votre bouche!

CLIMÈNE. — Hélas! je parle sans affectation.

ÉLISE. — On le voit bien, madame, et que tout est naturel en vous. Vos paroles, le ton de votre voix, vos regards, vos pas, votre action et votre ajustement, ont je ne sais quel air de qualité qui enchante les gens. Je vous étudie des yeux et des oreilles ; et je suis si remplie de vous, que je tâche d'être votre singe et de vous contrefaire en tout...

CLIMÈNE. — Vous vous moquez de moi, madame.

ÉLISE. — Pardonnez-moi, madame. Qui voudrait se moquer de vous?

CLIMÈNE. — Je ne suis pas un bon modèle madame.

ÉLISE. — Oh! que si, madame.

CLIMÈNE. — Vous me flattez, madame.

ÉLISE. — Point du tout, madame.

CLIMÈNE. — Épargnez-moi, s'il vous plaît, madame.

ÉLISE. —Je vous épargne aussi, madame, et je ne dis pas la moitié de ce que je pense, madame.

CLIMÈNE. — Ah ! mon dieu ! brisons-là, de grâce. Vous me jeteriez dans une confusion épouvantable. (*A Uranie.*) Enfin nous voilà deux contre vous, et l'opiniâtreté sied si mal aux personnes spirituelles...

SCÈNE IV. — LE MARQUIS, CLIMÈNE, URANIE, ÉLISE, GALOPIN.

GALOPIN, *à la porte de la chambre.* — Arrêtez, s'il vous plaît, monsieur.

LE MARQUIS. — Tu ne me connais pas sans doute !

GALOPIN. — Si fait, je vous connais; mais vous n'entrerez pas.

LE MARQUIS. — Ah ! que de bruit, petit laquais!

GALOPIN. — Cela n'est pas bien de vouloir entrer malgré les gens.

LE MARQUIS. — Je veux voir ta maîtresse.

GALOPIN. — Elle n'y est pas, vous dis-je.

LE MARQUIS. — La voilà dans sa chambre.

GALOPIN. — Il est vrai, la voilà; mais elle n'y est pas.

URANIE. — Qu'est-ce donc qu'il y a là?

LE MARQUIS. — C'est votre laquais, madame, qui fait le sot.

GALOPIN. — Je lui dis que vous n'y êtes pas, madame, et il ne veut pas laisser d'entrer.

URANIE. — Et pourquoi dire à monsieur que je n'y suis pas?

GALOPIN. — Vous me grondâtes l'autre jour de lui avoir dit que vous y étiez.

URANIE. — Voyez cet insolent ! Je vous prie, monsieur, de ne pas croire ce qu'il dit. C'est un petit écervelé qui a vous pris pour un autre.

LE MARQUIS. — Je l'ai bien vu, madame; sans votre respect, je lui aurais appris à connaître les gens de qualité.

ÉLISE. —Ma cousine vous est fort obligée de cette déférence.

URANIE, *à Galopin.* — Un siège donc, impertinent.

GALOPIN. — N'en voilà-t-il pas un?

URANIE. —Approchez-le.

(Galopin pousse le siège rudement, et sort.)

SCÈNE V. — LE MARQUIS, CLIMÈNE, URANIE, ÉLISE.

LE MARQUIS. — Votre petit laquais, madame, a du mépris pour ma personne.

ÉLISE. — Il aurait tort, sans doute.

LE MARQUIS. — C'est peut-être que je paie l'intérêt de ma mauvaise mine : (*Il rit.*) hai, hai, hai, hai.

ÉLISE. — L'âge le rendra plus éclairé en honnêtes gens.

LE MARQUIS. — Sur quoi en étiez-vous, mesdames, lorsque je vous ai interrompues?

URANIE. — Sur la comédie de l'École des Femmes.

LE MARQUIS. — Je ne fais que d'en sortir.

CLIMÈNE. — Hé bien ! monsieur, comment la trouvez-vous, s'il vous plaît?

LE MARQUIS. — Tout-à fait impertinente.

CLIMÈNE. — Ah ! que j'en suis ravie!

LE MARQUIS. — C'est la plus méchante chose du monde. Comment diable! à peine ai-je pu trouver place. J'ai pensé être étouffé à la porte, et jamais on ne m'a tant marché sur les pieds. Voyez comme mes canons et mes rubans en sont ajustés, de grâce.

ÉLISE. — Il est vrai que cela crie vengeance contre l'Ecole des Femmes, et que vous la condamnez avec justice.

LE MARQUIS. — Il ne s'est jamais fait, je pense, une si méchant comédie.

URANIE. — Ah ! voici Dorante que nous attendions.

SCÈNE VI. — DORANTE, CLIMÈNE, URANIE, ÉLISE, LE MARQUIS.

DORANTE. — Ne bougez, de grâce, n'interrompez point votre discours. Vous êtes là sur une matière qui, depuis quatre jours, fait presque l'entretien de toutes les maisons de Paris, et jamais on n'a rien vu de si plaisant que la diversité des jugements qui se font là-dessus : car enfin j'ai ouï condamner cette comédie à certaines gens, par les mêmes choses que j'ai vu d'autres estimer le plus.

URANIE. — Voilà monsieur le marquis qui en dit force mal.

LE MARQUIS. — Il est vrai. Je la trouve détestable, morbleu! détestable, du dernier détestable, ce qu'on appelle détestable.

DORANTE. — Et moi, mon cher marquis, je trouve le jugement détestable.

LE MARQUIS. — Quoi! chevalier, est-ce que tu prétends soutenir cette pièce?

DORANTE. — Oui, je prétends la soutenir.

LE MARQUIS. — Parbleu! je la garantis détestable.

DORANTE. — La caution n'est pas bourgeoise. Mais, marquis, par quelle raison, de grâce, cette comédie est-elle ce que tu dis?

LE MARQUIS. — Pourquoi elle est détestable?

DORANTE. — Oui.

LE MARQUIS. — Elle est détestable, parce qu'elle est détestable.

DORANTE. — Après cela il n'y a plus rien à dire; voilà son procès fait. Mais encore, instruis-nous, et nous dis les défauts qui y sont.

LE MARQUIS. — Que sais-je, moi? Je ne me suis pas seulement donné la peine d'écouter. Mais enfin je sais bien que je n'ai jamais rien vu de si méchant. Dieu me damne; et Dorilas, contre qui j'étais, a été de mon avis.

DORANTE. — L'autorité est belle, et te voilà bien appuyé?

LE MARQUIS. — Il ne faut que voir les continuels éclats de rire que le parterre y fait. Je ne veux point d'autre chose pour témoigner qu'elle ne vaut rien.

DORANTE. — Tu es donc, marquis, de ces messieurs du bel air qui ne veulent pas que le parterre ait du sens commun, et qui seraient fâchés d'avoir ri avec lui, fût-ce de la meilleure chose du monde? Je vis l'autre jour sur le théâtre un de nos amis qui se rendit ridicule par là. Il écouta toute la pièce avec un sérieux le plus sombre du monde; et ce qui égayait les autres ridait son front. A tous les éclats de risée, il haussait les épaules, et regardait le parterre en pitié; et quelquefois aussi, le regardant avec dépit, il lui disait tout haut : *Ris donc, parterre, ris donc.* Ce fut une seconde comédie que le chagrin de notre ami : il la donna en galant homme à toute l'assemblée, et chacun demeura d'accord qu'on ne pouvait pas mieux jouer qu'il fit. Apprends, marquis, je te prie, et les autres aussi, que le bon sens n'a point de place déterminée; que la différence du demi-louis d'or et de la pièce de 15 sous ne fait rien du tout au bon goût; que debout ou assis on peut donner un mauvais jugement; et qu'enfin, à le prendre en général, je me fierais assez à l'approbation du parterre, par la raison qu'entre ceux qui le composent il y en a plusieurs qui sont capables de juger d'une pièce selon les règles, et que les autres en jugent par la bonne façon d'en juger, qui est de se laisser prendre aux choses, et de n'avoir ni prévention aveugle, ni complaisance affectée, ni délicatesse ridicule.

LE MARQUIS. — Te voilà donc, chevalier, le défenseur du parterre? Parbleu! je m'en réjouis, et je ne manquerai pas de l'avertir que tu es de ses amis. Hai, hai, hai, hai, hai.

DORANTE. — Ris tant que tu voudras. Je suis pour le bon sens, et ne saurais souffrir les ébullitions de cerveau de nos marquis de Mascarille. J'enrage de voir de ces gens qui se traduisent en ridicule malgré leur qualité; de ces gens qui décident toujours, et parlent hardiment de toutes choses sans s'y connaître; qui dans une comédie se récrieront aux méchants endroits, et ne branleront pas à ceux qui sont bons; qui, voyant un tableau, ou écoutant un concert de musique, blâment de même, et louent tout à contresens, prennent par où ils peuvent les termes de l'art qu'ils attrapent, et ne manquent jamais de les estropier et de les mettre hors de place. Hé! morbleu! messieurs, taisez-vous. Quand Dieu ne vous a pas donné la connaissance d'une chose, n'apprêtez point à rire à ceux qui vous entendent parler; et songez qu'en ne disant mot on croira peut-être que vous êtes d'habiles gens.

LE MARQUIS. — Parbleu! chevalier, tu te prends là...

DORANTE. — Mon dieu! marquis, ce n'est pas à toi que je parle; c'est à une douzaine de messieurs qui déshonorent les gens de cour par leurs manières extravagantes, et font croire parmi le peuple que nous nous ressemblons tous. Pour moi, je m'en veux justifier le plus qu'il me sera possible; et je les dauberai tant en toutes rencontres, qu'à la fin ils se rendront sages.

LE MARQUIS. — Dis-moi un peu, chevalier: crois-tu que Lysandre ait de l'esprit?

DORANTE. — Oui, sans doute, et beaucoup.

LE MARQUIS. — C'est une chose qu'on ne peut pas nier.

LE MARQUIS. — Demande-lui ce qu'il lui semble de l'Ecole des Femmes, tu verras qu'il te dira qu'elle ne lui plaît pas.

DORANTE. — Hé! mon dieu! il y en a beaucoup que le trop d'esprit gâte, qui voient mal les choses à force de lumières, et même qui seraient bien fâchés d'être de l'avis des autres, pour avoir la gloire de décider.

URANIE. — Il est vrai. Notre ami est de ces gens-là, sans doute. Il veut être le premier de son opinion, et qu'on attende par respect son jugement. Toute approbation qui marche avant la sienne est un attentat sur ses lumières, dont il se venge hautement en prenant le contraire parti. Il veut qu'on le consulte sur toutes les affaires d'esprit; et je suis sûr que si l'auteur lui eût montré sa comédie avant que de la faire voir au public, il l'eût trouvée la plus belle du monde.

LE MARQUIS. — Et que direz-vous de la marquise Araminte, qui la publie partout pour épouvantable, et dit qu'elle n'a pu jamais souffrir les ordures dont elle est pleine?

DORANTE. — Je dirai que cela est digne du caractère qu'elle a pris, et qu'il y a des personnes qui se rendent ridicules pour vouloir avoir trop d'honneur. Bien qu'elle ait de l'esprit, elle a suivi le mauvais exemple de celles qui, étant sur le retour de l'âge, veulent remplacer de quelque chose ce qu'elles voient qu'elles perdent, et prétendent que les grimaces d'une pruderie scrupuleuse leur tiendront lieu de jeunesse et de beauté. Celle-ci pousse l'affaire plus avant qu'aucune; et l'habileté de son scrupule découvre des saletés où jamais personne n'en avait vu. On tient qu'il va, ce scrupule, jusques à défigurer notre langue, et qu'il n'y a presque point de mots dont la sévérité de cette dame ne veuille retrancher ou la tête ou la queue pour les syllabes déshonnêtes qu'elle y trouve.

URANIE. — Vous êtes bien fou, chevalier.

LE MARQUIS. — Enfin, chevalier, tu crois défendre la comédie en faisant la satyre de ceux qui la condamnent.

DORANTE. — Non pas; mais je tiens que cette dame se scandalise à tort...

ÉLISE. — Tout beau, monsieur le chevalier! il pourrait y en avoir d'autres qu'elle qui seraient dans les mêmes sentiments.

DORANTE. — Je sais bien que ce n'est pas vous, au moins; et que, lorsque vous avez vu cette représentation...

ÉLISE. — Il est vrai, mais j'ai changé d'avis, et madame (*montrant Climène*) sait appuyer le sien par des raisons si convaincantes, qu'elle m'a entraînée de son côté.

DORANTE, *à Climène.* — Ah! madame, je vous demande pardon; et, si vous le voulez, je me dédirai, pour l'amour de vous, de tout ce que j'ai dit.

CLIMÈNE. — Je ne veux pas que ce soit pour l'amour de moi, mais pour l'amour de la raison : car enfin cette pièce, à bien prendre, est tout à fait indéfendable, et je ne conçois pas...

URANIE. — Ah! voici l'auteur monsieur Lysidas. Il vient tout à propos pour cette matiere. Monsieur Lysidas, prenez un siège vous-même, et vous mettez-là.

SCÈNE VII — LYSIDAS, CLIMÈNE, URANIE, ÉLISE, DORANTE, LE MARQUIS.

LYSIDAS. — Madame, je viens un peu tard ; mais il m'a fallu lire ma pièce chez madame la marquise dont je vous avais parlé ; et les louanges qui lui ont été données m'ont retenu une heure plus que je ne croyais.

ÉLISE. — C'est un grand charme que les louanges pour arrêter un auteur.

URANIE. — Asseyez-vous donc, monsieur Lysidas ; nous lirons votre pièce après souper.

LYSIDAS. — Tous ceux qui étaient là doivent venir à sa première représentation, et m'ont promis de faire leur devoir comme il faut.

URANIE. — Je le crois. Mais encore une fois, asseyez-vous, s'il vous plaît. Nous sommes ici sur une matière que je serai bien aise que nous poussions.

LYSIDAS. — Je pense, madame, que vous retiendrez aussi une loge pour ce jour-là.

URANIE. — Nous verrons. Poursuivons, de grâce notre discours.

LYSIDAS. — Je vous donne avis, madame, qu'elles sont presque toutes retenues.

URANIE. — Voilà qui est bien. Enfin j'avais besoin de vous, lorsque vous êtes venu, et tout le monde était ici contre moi.

ÉLISE, à *Uranie, montrant Dorante.* — Il s'est mis d'abord de votre côté : mais maintenant qu'il sait que madame (*montrant Climène*) est à la tête du parti contraire, je pense que vous n'avez qu'à chercher un autre secours.

CLIMÈNE. — Non, non, je ne voudrais pas qu'il fît mal sa cour auprès de madame votre cousine, et je permets à son esprit d'être du parti de son cœur.

DORANTE. — Avec cette permission, madame, je prendrai la hardiesse de me défendre.

URANIE. — Mais auparavant, sachons un peu les sentiments de monsieur Lysidas.

LYSIDAS. — Sur quoi, madame?

URANIE. — Sur le sujet de l'École des Femmes.

LYSIDAS. — Ah! ah!

DORANTE. — Que vous en semble?

LYSIDAS. — Je n'ai rien à dire là-dessus ; et vous savez qu'entre nous autres auteurs, nous devons parler des ouvrages les uns des autres avec beaucoup de circonspection.

DORANTE. — Mais encore, entre nous, que pensez-vous de cette comédie?

LYSIDAS. — Moi, monsieur?

URANIE. — De bonne foi, dites-nous votre avis.

LYSIDAS. — Je la trouve fort belle.

DORANTE. — Assurément?

LYSIDAS. — Assurément. Pourquoi non? n'est-elle pas en effet la plus belle du monde?

DORANTE. — Hon, hon, vous êtes un méchant diable, monsieur Lysidas, vous ne dites pas ce que vous pensez.

LYSIDAS. — Pardonnez-moi.

DORANTE. — Mon dieu! je vous connais. Ne dissimulons point.

LYSIDAS. — Moi, monsieur!

DORANTE. — Je vois bien que le bien que vous dites de cette pièce n'est que par honnêteté, et que, dans le fond du cœur, vous êtes de l'avis de beaucoup de gens qui la trouvent mauvaise.

LYSIDAS. — Hai, hai, hai.

DORANTE.—Avouez, ma foi, que c'est une méchante chose que cette comédie.

LYSIDAS. — Il est vrai qu'elle n'est pas approuvée par les connaisseurs.

LE MARQUIS. — Ma foi, chevalier, tu en tiens, et te voilà payé de ta raillerie. Ah, ah, ah, ah, ah.

DORANTE. — Pousse, mon cher marquis, pousse.

LE MARQUIS. — Tu vois que nous avons les savants de notre côté.

DORANTE. — Il est vrai, le jugement de monsieur Lysidas est quelque chose de considérable ; mais monsieur Lysidas veut bien que je ne me rende pas pour cela ; et puisque j'ai bien l'audace de me défendre contre les sentiments de madame (*montrant Climène*), il ne trouvera pas mauvais que je combatte les siens.

ÉLISE. — Quoi! vous voyez contre vous madame, monsieur le marquis et monsieur Lysidas, et vous osez résister encore! Fi ! que cela est de mauvaise grâce !

CLIMÈNE. — Voilà qui me confond, pour moi, que des personnes raisonnables se puissent mettre en tête de donner protection aux sottises de cette pièce.

LE MARQUIS. — Dieu me damne! madame, elle est misérable depuis le commencement jusqu'à la fin.

DORANTE. — Cela est bientôt dit, marquis. Il n'est rien plus aisé que de trancher ainsi; et je ne vois aucune chose qui puisse être à couvert de la souveraineté de tes décisions.

LE MARQUIS. — Parbleu! tous les autres comédiens qui étaient là pour la voir en ont dit tous les maux du monde.

DORANTE. — Ah! je ne dis plus mot; tu as raison, marquis. Puisque les autres comédiens en disent du mal, il faut les en croire assurément : ce sont tous gens éclairés et qui parlent sans intérêt. Il n'y a plus rien à dire, je me rends.

CLIMÈNE. — Rendez-vous, ou ne vous rendez pas, je sais fort bien que vous ne me persuadrez point de souffrir les immodesties de cette pièce, non plus que les satyres désobligeantes qu'on y voit contre les femmes.

URANIE. — Pour moi, je me garderai bien de m'en offenser, et de prendre rien sur mon compte de tout ce qui s'y dit. Ces sortes de satyres tombent directement sur les mœurs, et ne frappent les personnes que par réflexion. N'allons point nous appliquer à nous-mêmes les traits d'une censure générale ; et profitons de la leçon, si nous pouvons, sans faire semblant qu'on parle à nous. Toutes les peintures ridicules qu'on expose sur les théâtres doivent être regardées sans chagrin de tout le monde. Ce sont miroirs publics où il ne faut jamais témoigner qu'on se voie, et c'est se taxer hautement d'un défaut que se scandaliser qu'on le reprenne.

CLIMÈNE. —Pour moi, je ne parle pas de ces choses par la part que j'y puisse avoir, et je pense que je vis d'un air dans le monde à ne pas craindre d'être cherchée dans les peintures qu'on fait là des femmes qui se gouvernent mal.

ÉLISE. — Assurément, madame, on ne vous y cherchera point. Votre conduite est assez connue, et ce sont de ces sortes de choses qui ne sont contestées de personne.

URANIE, *à Climène.* — Aussi, madame, n'ai-je rien dit qui aille à vous ; et mes paroles, comme les satyres de la comédie, demeurent dans la thèse générale.

CLIMÈNE. — Je n'en doute pas, madame. Mais enfin passons sur ce chapitre. Je ne sais pas de quelle façon vous recevez les injures qu'on dit à notre sexe dans un certain endroit de la pièce; et pour moi, je vous avoue que je suis dans une colère épouvantable de voir que cet auteur impertinent nous appelle *des animaux.*

URANIE. — Ne voyez-vous pas que c'est un ridicule qu'il fait parler ?

DORANTE. — Et puis, madame, ne savez-vous pas que les injures des amants n'offensent jamais ; qu'il est des amours emportés aussi bien que des doucereux ; et qu'en pareilles occasions les paroles les plus étranges, et quelque chose de pis encore, se prennent bien souvent pour des marques d'affection par celles même qui les reçoivent.

ÉLISE. — Dites tout ce que vous voudrez, je ne saurais digérer cela, non plus que *le potage* et *la tarte à la crème* dont madame a parlé tantôt.

LE MARQUIS. — Ah! ma foi oui, *tarte à la crème!* voilà ce que j'avais remarqué tantôt ; *tarte à la crème!* Que je vous suis obligé, madame, de m'avoir fait souvenir de *tarte à la crème!* Y a-t-il assez de pommes en Normandie pour *tarte à la crème ? Tarte à la crème!* morbleu, *tarte à la crème!*

DORANTE. — Hé bien! que veux-tu dire ? *tarte à la crème!*

LE MARQUIS. — Parbleu! *tarte à la crème,* chevalier.

DORANTE. — Mais encore ?

LE MARQUIS. — *Tarte à la crème!*

DORANTE. — Dis-nous un peu tes raisons.

LE MARQUIS. — *Tarte à la crème!*

URANIE. — Mais il faut expliquer sa pensée, ce me semble.

LE MARQUIS. — *Tarte à la crème,* madame.

URANIE. — Que trouvez-vous là à redire ?

LE MARQUIS. — Moi, rien. *Tarte à la crème.*

URANIE. — Ah! je le quitte.

ÉLISE. — Monsieur le marquis s'y prend bien, et vous bourre de la belle manière. Mais je voudrais bien que monsieur Lysidas voulût les achever, et leur donner quelques petits coups de sa façon.

LYSIDAS. — Ce n'est pas ma coutume de rien blâmer, et je suis assez indulgent pour les ouvrages des autres. Mais enfin, sans choquer l'amitié que monsieur le chevalier témoigne pour l'auteur, on m'avouera que ces sortes de comédies ne sont pas proprement des comédies, et qu'il y a une grande différence de toutes ces bagatelles à la beauté des pièces sérieuses. Cependant tout le monde donne là-dedans aujourd'hui : on ne court plus qu'à cela ; et l'on voit une solitude effroyable aux grands ouvrages, lorsque des sottises ont tout Paris. Je vous avoue que le cœur m'en saigne quelquefois, et cela est honteux pour la France.

CLIMÈNE. — Il est vrai que le goût des gens est étrangement gâté là-dessus, et que le siècle s'encanaille furieusement.

ÉLISE. — Celui-là est joli encore, *s'encanaille!* Est-ce vous qui l'avez inventé, madame?

CLIMÈNE. — Hé!

ÉLISE. — Je m'en suis bien doutée.

DORANTE. — Vous croyez donc, monsieur Lysidas, que tout l'esprit et toute la beauté sont dans les poèmes sérieux, et que les pièces comiques sont des niaiseries qui ne méritent aucune louange?

URANIE. — Ce n'est pas mon sentiment, pour moi. La tragédie, sans doute, est quelque chose de beau quand elle est bien touchée ; mais la comédie a ses charmes, et je tiens que l'une n'est pas moins difficile à faire que l'autre.

DORANTE. — Assurément, madame ; et quand, pour la difficulté, vous mettriez un peu plus du côté de la comédie, peut-être que vous ne vous abuseriez pas : car enfin je trouve qu'il est bien plus aisé de se guinder sur de grands sentiments, de braver en vers la fortune, accuser les destins, et dire des injures aux dieux, que d'entrer comme il faut dans le ridicule des hommes, et de rendre agréablement sur le théâtre les défauts de tout le monde. Lorsque vous peignez des héros, vous faites ce que vous voulez; ce sont des portraits à plaisir, où l'on ne cherche point de ressemblance; et vous n'avez qu'à suivre les traits d'une imagination qui se donne l'essor, et qui souvent laisse le vrai pour attraper le merveilleux. Mais, lorsque vous peignez les hommes, il faut peindre d'après nature. On veut que ces portraits ressemblent, et vous n'avez rien fait, si vous n'y faites reconnaître les gens de votre siècle. En un mot, dans les pièces sérieuses, il suffit pour n'être point blâmé, de dire des choses qui soient de bon sens et bien écrites mais ce n'est pas assez dans les autres, il y faut plaisanter; et c'est une étrange entreprise que celle de faire rire les honnêtes gens.

CLIMÈNE. — Je crois être du nombre des honnêtes gens, et cependant je n'ai pas trouvé le mot pour rire dans tout ce que j'ai vu.

LE MARQUIS. — Ma foi, ni moi non plus.

DORANTE. — Pour toi, marquis, je ne m'en étonne pas : c'est que tu n'y as point trouvé de turlupinades.

LYSIDAS. — Ma foi, monsieur, ce que l'on y rencontre ne vaut guère mieux; et toutes les plaisanteries y sont assez froides, à mon avis.

DORANTE. — La cour n'a pas trouvé cela...

LYSIDAS. — Ah! monsieur, la cour?

DORANTE. — Achevez, monsieur Lysidas. Je vois bien que vous voulez dire que la cour ne se connaît pas à ces choses; et c'est le refuge ordinaire de vous autres messieurs les auteurs, dans le mauvais succès de vos ouvrages, que d'accuser l'injustice du siècle et le peu de lumières des courtisans. Sachez, s'il vous plaît, monsieur Lysidas, que les courtisans ont d'aussi bons yeux que d'autres; qu'on peut être habile avec un point de Venise et des plumes, aussi bien qu'avec une perruque courte et un petit rabat uni : que la grande épreuve de toutes vos comédies, c'est le jugement de la cour; que c'est son goût qu'il faut étudier pour trouver l'art de réussir; qu'il n'y a point de lieu où les décisions soient si justes; et sans mettre en ligne de compte tous les gens savants qui y sont, que, du simple bon sens naturel et du commerce de tout le beau monde, on s'y fait une manière d'esprit qui, sans comparaison, juge plus finement des choses que tout le savoir enrouillé des pédants.

URANIE. — Il est vrai que pour peu qu'on y demeure, il vous passe là tous les jours assez de choses devant les yeux pour acquérir quelque habitude de les connaître, et surtout pour ce qui est de la bonne ou mauvaise plaisanterie.

DORANTE. — La cour a quelques ridicules, j'en demeure d'accord; et je suis, comme on voit, le premier à les fronder : mais, ma foi, il y en a un grand nombre parmi les beaux esprits de profession; et, si l'on joue quelques marquis, je trouve qu'il y a bien plus de quoi jouer les auteurs, et que ce serait une chose plaisante à mettre sur le théâtre, que leurs grimaces savantes et leurs raffinements ridicules, leur vicieuse coutume d'assassiner les gens de leurs ouvrages, leur friandise de louanges, leurs ménagements de pensées, leur trafic de réputation, et leurs ligues offensives et défensives aussi bien que leurs guerres d'esprit et leurs combats de prose et de vers.

LYSIDAS. — Molière est bien heureux, monsieur, d'avoir un protecteur aussi chaud que vous. Mais enfin, pour venir au fait, il est question de savoir si sa pièce est bonne; et je m'offre d'y montrer partout cent défauts visibles.

URANIE. — C'est une étrange chose de vous autres messieurs les poètes, que vous condamniez toujours les pièces où tout le monde court, et ne disiez jamais du bien que de celles où personne ne va! Vous montrez pour les unes une haine invincible, et pour les autres une tendresse qui n'est pas concevable.

DORANTE. — C'est qu'il est généreux de se ranger du côté des affligés.

URANIE. — Mais, de grâce, monsieur Lysidas, faites-nous voir ces défauts dont je ne me suis point aperçue.

LYSIDAS. — Ceux qui possèdent Aristote et Horace voient d'abord, madame, que cette comédie pèche contre toutes les règles de l'art.

URANIE. — Je vous avoue que je n'ai aucune habitude avec ces messieurs-là, et que je ne sais point les règles de l'art.

DORANTE. — Vous êtes de plaisantes gens avec vos règles dont vous embarrassez les ignorants et nous étourdissez tous les jours! Il semble à vous ouïr parler, que ces règles de l'art soient les plus grands mystères du monde; et cependant ce ne sont que quelques observations aisées que le bon sens a faites sur ce qui peut ôter le plaisir que l'on prend à ces sortes de poèmes, et le même bon sens qui a fait autrefois ces observations les fait tous les jours sans le secours d'Horace et d'Aristote. Je voudrais bien savoir si la grande règle de toutes les règles n'est pas de plaire, et si une pièce de théâtre qui a attrapé son but n'a pas suivi un bon chemin. Veut-on que tout un public s'abuse sur ces sortes de choses, et que chacun n'y soit pas juge du plaisir qu'il y prend?

URANIE. — J'ai remarqué une chose de ces messieurs-là; c'est que ceux qui parlent le plus des règles, et qui les savent mieux que les autres, font des comédies que personne ne trouve belles.

DORANTE. — Et c'est ce qui marque, madame, comme on doit s'arrêter peu à leurs disputes embarrassées. Car enfin, si les pièces qui sont selon les règles ne plaisent pas, et que celles qui plaisent ne soient pas selon les règles, il faudrait, de nécessité, que les règles eussent été mal faites. Moquons-nous donc de cette chicane où ils veulent assujettir le goût du public, et ne consultons dans une comédie que l'effet qu'elle fait sur nous. Laissons-nous aller de bonne foi aux choses qui nous prennent par les entrailles, et ne cherchons point de raisonnements pour nous empêcher d'avoir du plaisir.

URANIE. — Pour moi, quand je vois une comédie, je regarde seulement si les choses me touchent; et, lorsque je m'y suis bien divertie, je ne vais point demander si j'ai eu tort, et si les règles d'Aristote me défendent de rire.

DORANTE. — C'est justement comme un homme qui aurait trouvé une sauce excellente, et qui voudrait examiner si elle est bonne, sur les préceptes du Cuisinier Français.

URANIE. — Il est vrai; et j'admire les raffinements de certaines gens sur des choses que nous devons sentir nous-mêmes.

DORANTE. — Vous avez raison, madame, de les trouver étranges, tous ces raffinements mystérieux. Car enfin, s'ils ont lieu, nous voilà réduits à ne nous plus croire, nos propres sens seront esclaves en toutes choses; et, jusqu'au manger et au boire, nous n'oserons plus trouver rien de bon sans le congé de messieurs les experts.

LYSIDAS. — Enfin, monsieur, toute votre raison, c'est que l'École des Femmes a plu, et vous ne vous souciez point qu'elle ne soit pas dans les règles, pourvu..

DORANTE. — Tout beau, monsieur Lysidas; je ne vous accorde pas cela. Je dis bien que le grand art est de plaire, et que, cette comédie ayant plu à ceux pour qui elle était faite, je trouve que c'est assez pour elle, et qu'elle doit peu se soucier du reste. Mais avec cela, je soutiens qu'elle ne pèche contre aucune des règles dont vous parlez : je les ai lues, dieu merci, autant qu'un autre, et je ferais voir aisément que peut-être n'avons-nous point de pièce au théâtre plus régulière que celle-là.

ÉLISE. — Courage, monsieur Lysidas, nous sommes perdus si vous reculez.

LYSIDAS. — Quoi! monsieur, la protase, l'épitase, et la péripétie...

DORANTE. — Ah! monsieur Lysidas, vous nous assommez avec vos grands mots. Ne paraissez point si savant', de grâce; humanisez vos discours, et parlez pour être entendu. Pensez-vous qu'un nom grec donne plus de poids à vos raisons? et ne trouveriez-vous pas qu'il fût aussi beau de dire l'exposition du sujet, que la protase; le nœud, que l'épitase, et le dénouement, que la péripétie?

LYSIDAS. — Ce sont termes de l'art, dont il est permis de se servir. Mais puisque ces mots blessent vos oreilles, je m'expliquerai d'une autre façon, et je vous prie de répondre positivement à trois ou quatre choses que je vais dire. Peut-on souffrir une pièce qui pèche contre le nom propre des pièces de théâtre? Car enfin le nom de poème dramatique vient d'un mot grec qui signifie *agir*, pour montrer que la nature du poème consiste dans l'action; et, dans cette comédie-ci, il ne se passe point d'actions, et tout consiste en des récits que vient faire ou Agnès ou Horace.

LE MARQUIS. — Ah! ah! chevalier!

CLIMÈNE. — Voilà qui est spirituellement remarqué, et c'est prendre le fin des choses.

LYSIDAS. — Est-il rien de si peu spirituel, ou, pour mieux dire, rien de si bas, que quelques mots où tout le monde rit, et surtout celui *des enfants par l'oreille?*

CLIMÈNE. — Fort bien.

ÉLISE. — Ah!

LYSIDAS. — La scène du valet et de la servante au dedans de la maison n'est-elle pas d'une longueur ennuyeuse et tout-à-fait impertinente?

LE MARQUIS. — Cela est vrai.

CLIMÈNE. — Assurément.

ÉLISE. — Il a raison.

LYSIDAS. — Arnolphe ne donne-t-il pas trop librement son argent à Horace? Et puisque c'est le personnage ridicule de la pièce, fallait-il lui faire faire l'action d'un honnête homme?

LE MARQUIS. — Bon. La remarque est encore bonne.

CLIMÈNE. — Admirable!

ÉLISE. — Merveilleuse!

LYSIDAS. — Le sermon et les maximes ne sont-elles pas des choses ridicules, et qui choquent même le respect que l'ont doit à nos mystères?

LE MARQUIS. — C'est bien dit.

CLIMÈNE. — Voilà parlé comme il faut.

ÉLISE. — Il ne se peut rien de mieux.

LYSIDAS. — Et ce monsieur de la Souche, enfin, qu'on nous fait un homme d'esprit, et qui paraît si sérieux en tant d'endroits, ne descend-il point dans quelque chose de trop outré au cinquième acte, lorsqu'il explique à Agnès la violence de son amour avec ces roulements d'yeux extravagants, ces soupirs ridicules et ces larmes niaises qui font rire tout le monde?

LE MARQUIS. — Morbleu! merveille!

CLIMÈNE. — Miracle!

ÉLISE. — *Vivat* monsieur Lysidas!

LYSIDAS. — Je laisse cent mille autres choses, de peur d'être ennuyeux.

LE MARQUIS. — Parbleu! chevalier, te voilà mal ajusté.

DORANTE. — Il faut voir.

LE MARQUIS. — Tu as trouvé ton homme.

DORANTE. — Peut-être.

LE MARQUIS. — Réponds, réponds, réponds, réponds.

DORANTE. — Volontiers, Il...

LE MARQUIS. — Réponds donc, je te prie.

DORANTE. — Laisse-moi donc faire. Si...

LE MARQUIS. — Parbleu! je te défie de répondre.

MOLIÈRE.

DORANTE. — Oui, si tu parles toujours.

CLIMÈNE. — De grâce, écoutons ses raisons.

DORANTE. — Premièrement il n'est pas vrai de dire que toute la pièce n'est qu'en récits. On y voit beaucoup d'actions qui se passent sur la scène : et les récits eux-mêmes y sont des actions, suivant la constitution du sujet ; d'autant qu'ils sont tous faits innocemment, ces récits, à la personne intéressée, qui, par là, entre à tous coups dans une confusion à réjouir les spectateurs, et prend, à chaque nouvelle, toutes les mesures qu'il peut pour se parer du malheur qu'il craint.

URANIE. — Pour moi, je trouve que la beauté du sujet de l'École des Femmes consiste dans cette confidence perpétuelle ; et ce qui me paraît assez plaisant, c'est qu'un homme qui a de l'esprit, et qui est averti de tout par une innocente qui est sa maîtresse, et par un étourdi qui est son rival, ne puisse avec cela éviter ce qui lui arrive.

LE MARQUIS. — Bagatelle, bagatelle.

CLIMÈNE. — Faible réponse.

ÉLISE. — Mauvaises raisons.

DORANTE. — Pour ce qui est *des enfants par l'oreille*, ils ne sont plaisants que par réflexion à Arnolphe, et l'auteur n'a pas mis cela pour être de soi un bon mot, mais seulement pour une chose qui caractérise l'homme, et peint d'autant mieux son extravagance, puisqu'il rapporte une sottise triviale qu'a dite Agnès, comme la chose la plus belle du monde et qui lui donne une joie inconcevable.

LE MARQUIS. — C'est mal répondre.

CLIMÈNE. — Cela ne satisfait point.

ÉLISE. — C'est ne rien dire.

DORANTE. — Quant à l'argent qu'il donne librement, outre que la lettre de son meilleur ami lui est une caution suffisante, il n'est pas incompatible qu'une personne soit ridicule en de certaines choses et honnête homme en d'autres. Et, pour la scène d'Alain et de Georgette dans le logis, que quelques-uns ont trouvée longue et froide, il est certain qu'elle n'est pas sans raison ; et de même qu'Arnolphe se trouve attrapé pendant son voyage par la pure innocence de sa maîtresse, il demeure au retour longtemps à sa porte par l'innocence de ses valets, afin qu'il soit partout puni par les choses qu'il a cru faire la sûreté de ses précautions.

LE MARQUIS. — Voilà des raisons qui ne valent rien.

CLIMÈNE. — Tout cela ne fait que blanchir.

ÉLISE. — Cela fait pitié.

DORANTE. — Pour le discours moral que vous appelez un sermon, il est certain que de vrais dévots qui l'ont ouï n'ont pas trouvé qu'il choquât ce que vous dites ; et sans doute que ces paroles d'*enfer* et de *chaudières bouillantes* sont assez justifiées par l'extravagance d'Arnolphe et par l'innocence de celle à qui il parle. Et quant au transport amoureux du cinquième acte, qu'on accuse d'être trop outré et trop comique, je voudrais bien savoir si ce n'est pas faire la satyre des amants, et si les honnêtes gens même et les plus sérieux, en de pareilles occasions, ne font pas des choses...

LE MARQUIS. — Ma foi, chevalier, tu ferais mieux de te taire.

DORANTE. — Fort bien. Mais enfin, si nous nous regardions nous-mêmes quand nous sommes bien amoureux...

LE MARQUIS. — Je ne veux pas seulement t'écouter.

DORANTE. — Écoute-moi si tu veux. Est-ce que dans la violence de la passion... ?

LE MARQUIS. — La, la, la, la, lare, la, la, la, la, la. (*Il chante.*)

DORANTE. — Quoi !...

LE MARQUIS. — La, la, la, la, lare, la, la, la, la, la.

DORANTE. — Je ne sais pas si...

LE MARQUIS. — La, la, la, la, lare, la, la, la, la, la, la.

URANIE. — Il me semble que...

LE MARQUIS. — La, la, la, lare, la, la, la, la, la, la, la, la, la, la.

URANIE. — Il se passe des choses assez plaisantes dans notre dispute. Je trouve qu'on en pourrait bien faire une petite comédie, et que cela ne serait pas trop mal à la queue de l'École des Femmes.

DORANTE. — Vous avez raison.

LE MARQUIS. — Parbleu! chevalier, tu jouerais là-dedans un rôle qui ne te serait pas avantageux.

DORANTE. Il est vrai, marquis.

CLIMÈNE. — Pour moi je souhaiterais que cela se fît, pourvu qu'on traitât l'affaire comme elle s'est passée.

ÉLISE. — Et moi, je fournirais de bon cœur mon personnage.

LYSIDAS. — Je ne refuserais pas le mien, que je pense.

URANIE. — Puisque chacun en serait content, chevalier, faites un mémoire de tout, et le donnez à Molière, que vous connaissez, pour le mettre en comédie.

CLIMÈNE. — Il n'aurait garde, sans doute, et ce ne serait pas des vers à sa louange.

URANIE. — Point, point : je connais son humeur ; il ne se soucie pas qu'on fronde ses pièces, pourvu qu'il y vienne du monde.

DORANTE. — Oui. Mais quel dénouement pourrait-il trouver à ceci? car il ne saurait y avoir ni mariage ni reconnaissance, et je ne sais point par où l'on pourrait faire finir la dispute.

URANIE. — Il faudrait rêver à quelque incident pour cela.

SCÈNE VIII.

CLIMÈNE, URANIE, ÉLISE, DORANTE, LE MARQUIS, LYSIDAS, GALOPIN.

GALOPIN. — Madame, on a servi sur table.

DORANTE. — Ah! voilà justement ce qu'il faut pour le dénoûment que nous cherchions, et l'on ne peut rien trouver de plus naturel. On disputera fort et ferme de part et d'autre, comme nous avons fait, sans que personne se rende; un petit laquais viendra dire qu'on a servi; on se lèvera, et chacun ira souper.

URANIE. — La comédie ne peut pas mieux finir, et nous ferons bien d'en demeurer là.

FIN DE LA CRITIQUE DE L'ÉCOLE DES FEMMES.

L'IMPROMPTU DE VERSAILLES,

COMÉDIE EN UN ACTE.

REMERCIEMENT AU ROI.

Votre paresse enfin me scandalise ,
Ma muse, obéissez-moi :
Il faut ce matin , sans remise
Aller au lever du roi :
Vous savez bien pourquoi ;
Et ce vous est une honte
De n'avoir pas été plus prompte
A le remercier de ses fameux bienfaits.
Mais il vaut mieux tard que jamais :
Faites donc votre compte
D'aller au Louvre accomplir mes souhaits.
Gardez-vous bien d'être en muse bâtie ;
Un air de muse est choquant en ces lieux :
On y veut des objets à réjouir les yeux,
Vous en devez être avertie ;
Et vous ferez votre cour beaucoup mieux
Lorsqu'en marquis vous serez travestie.
Vous savez ce qu'il faut pour paraître marquis :
N'oubliez rien de l'air ni des habits ;
Arborez un chapeau chargé de trente plumes
Sur une perruque de prix ;
Que le rabat soit des plus grands volumes,
Et le pourpoint des plus petits :
Mais surtout je vous recommande
Le manteau d'un ruban sur le dos retroussé,
La galanterie en est grande ;
Et parmi des marquis de la plus haute bande
C'est pour être placé.
Avec vos brillantes hardes
Et votre ajustement,
Faites tout le trajet de la salle des gardes ;
Et, vous peignant galamment,
Portez de tous côtés vos regards brusquement,
Et ceux que vous pourrez connaître,
Ne manquez pas, d'un haut ton,
De les saluer par leur nom,
De quelque rang qu'ils puissent être.
Cette familiarité
Donne, à quiconque en use, un air de qualité.
Grattez du peigne à la porte
De la chambre du roi ;
Ou si, comme je prévoi,
La presse s'y trouve forte,
Montrez de loin votre chapeau,
Ou montez sur quelque chose
Pour faire voir votre museau ,
Et criez, sans aucune pause,
D'un ton rien moins que naturel :
Monsieur l'huissier , pour le marquis un tel.
Jetez-vous dans la foule, et tranchez du notable ;
Coudoyez un chacun, point du tout de quartier :
Pressez, poussez, faites le diable
Pour vous mettre le premier ;
Et quand même l'huissier,

REMERCIEMENT AU ROI.

A vos désirs inexorable,
Vous trouverait en face un marquis repoussable,
Ne démordez point pour cela,
Tenez toujours ferme là :
A déboucher la porte il irait trop du vôtre ;
Faites qu'aucun n'y puisse pénétrer,
Et qu'on soit obligé de vous laisser entrer
Pour faire entrer quelque autre.
Quand vous serez entré, ne vous relâchez pas ;
Pour assiéger la chaise il faut d'autres combats :
Tâchez d'en être des plus proches,
En y gagnant le terrain pas à pas ;
Et, si des assiégeants le prévenant amas
En bouche toutes les approches,
Prenez le parti doucement
D'attendre le prince au passage ;
Il connaîtra votre visage
Malgré votre déguisement ;
Et lors, sans tarder davantage,
Faites-lui votre compliment.
Vous pourriez aisément l'étendre,
Et parler des transports qu'en vous font éclater
Les surprenants bienfaits que, sans les mériter,
Sa libérale main sur vous daigne répandre,
Et des nouveaux efforts où s'en va vous porter
L'excès de cet honneur où vous n'osiez prétendre :
Lui dire comme vos désirs
Sont, après ses bontés qui n'ont point de pareilles,
D'employer à sa gloire, ainsi qu'à ses plaisirs,
Tout votre art et toutes vos veilles ;
Et là-dessus lui promettre merveilles.
Sur ce chapitre on n'est jamais à sec :
Les muses sont de grandes prometteuses ;
Et, comme vos sœurs les causeuses,
Vous ne manquerez pas, sans doute, par le bec.
Mais les grands princes n'aiment guères
Que les compliments qui sont courts ;
Et le nôtre surtout a bien d'autres affaires
Que d'écouter tous vos discours.
La louange et l'encens n'est pas ce qui le touche :
Dès que vous ouvrirez la bouche
Pour lui parler de grâce et de bienfait,
Il comprendra d'abord ce que vous voulez dire ;
Et, se mettant doucement à sourire
D'un air qui sur les cœurs fait un charmant effet,
Il passera comme un trait,
Et cela doit vous suffire.
Voilà votre compliment fait.

PERSONNAGES.

MOLIÈRE, marquis ridicule.
BRÉCOURT, homme de qualité.
LA GRANGE, marquis ridicule.
DU CROISY, poète.
LA THORILLIÈRE, marquis fâcheux.
BÉJART, homme qui fait le nécessaire.
Mademoiselle DU PARC, marquise façonnière,

Mademoiselle BÉJART, prude.
Mademoiselle DE BRIE, sage coquette.
Mademoiselle MOLIÈRE, satyrique spirituelle.
Mademoiselle DU CROISY, peste doucereuse.
Mademoiselle HERVÉ, servante précieuse.
Quatre Nécessaires

La scène se passe à Versailles, dans la salle de la Comédie.

SCÈNE PREMIÈRE.

MOLIÈRE, BRÉCOURT, LA GRANGE, DU CROISY, MESDEMOISELLES DU PARC, BÉJART, DE BRIE, MOLIÈRE, DU CROISY, HERVÉ.

MOLIÈRE, *seul, parlant à ses camarades qui sont derrière le théâtre.* — Allons donc, messieurs et mesdames; vous moquez-vous avec votre longueur? et ne voulez-vous pas tous venir ici? La peste soit des gens! Holà, hô, monsieur de Brécourt.

BRÉCOURT, *derrière le théâtre.* — Quoi?

MOLIÈRE. — Monsieur de la Grange.

LA GRANGE, *derrière le théâtre.* — Qu'est-ce?

MOLIÈRE. — Monsieur du Croisy.

DU CROISY, *derrière le théâtre.* — Plaît-il?

MOLIÈRE. — Mademoiselle du Parc.

MADEMOISELLE DU PARC, *derrière le théâtre.* — Hé bien?

MOLIÈRE. — Mademoiselle Béjart.

MADEMOISELLE BÉJART, *derrière le théâtre.* — Qu'y a-t-il?

MOLIÈRE. — Mademoiselle de Brie.

MADEMOISELLE DE BRIE, *derrière le théâtre.* — Que veut-on?

MOLIÈRE. — Mademoiselle du Croisy.

MADEMOISELLE DU CROISY, *derrière le théâtre.* — Qu'est-ce que c'est?

MOLIÈRE. — Mademoiselle Hervé.

MADEMOISELLE HERVÉ, *derrière le théâtre.* — On y va.

MOLIÈRE. — Je crois que je deviendrai fou avec tous ces gens-ci. Hé! (*Brécourt, la Grange, du Croisy entrent.*) Têtebleu! messieurs, me voulez-vous faire enrager aujourd'hui?

BRÉCOURT. — Que voulez-vous qu'on fasse? Nous ne savons pas nos rôles; et c'est nous faire enrager vous-même, que de nous obliger à jouer de la sorte.

MOLIÈRE. — Ah! les étranges animaux à conduire que des comédiens!
(*Mesdemoiselles Béjart, du Parc, de Brie, Molière, du Croisy et Hervé arrivent.*)

MADEMOISELLE BÉJART. — Hé bien! nous voilà. Que prétendez-vous faire?

MADEMOISELLE DU PARC. — Quelle est votre pensée?

MADEMOISELLE DE BRIE. — De quoi est-il question?

MOLIÈRE. — De grâce, mettons-nous ici; et puisque nous voilà tous habillés, et que le roi ne doit venir de deux heures, employons ce temps à répéter notre affaire, et voir la manière dont il faut jouer les choses.

LA GRANGE. — Le moyen de jouer ce qu'on ne sait pas?

MADEMOISELLE DU PARC. — Pour moi, je vous déclare que je ne me souviens pas d'un mot de mon personnage.

MADEMOISELLE DE BRIE. — Je sais bien qu'il me faudra souffler le mien d'un bout à l'autre.

MADEMOISELLE BÉJART. — Et moi, je me prépare fort à tenir mon rôle à la main.

MADEMOISELLE MOLIÈRE. — Et moi aussi.

MADEMOISELLE HERVÉ. — Pour moi, je n'ai pas grand'chose à dire.

MADEMOISELLE DU CROISY. — Ni moi non plus ; mais, avec cela, je ne répondrais pas de ne point manquer.

DU CROISY. — J'en voudrais être quitte pour dix pistoles.

BRÉCOURT. — Et moi, pour vingt bons coups de fouet, je vous assure.

MOLIÈRE. — Vous voilà tous bien malades d'avoir un méchant rôle à jouer ! Et que feriez-vous donc si vous étiez à ma place ?

MADEMOISELLE BÉJART. — Qui ? vous ? vous n'êtes pas à plaindre ; car ayant fait la pièce, vous n'avez pas peur d'y manquer.

MOLIÈRE. — Et n'ai-je à craindre que le manquement de mémoire ? Ne comptez-vous pour rien l'inquiétude d'un succès qui ne regarde que moi seul ? Et pensez-vous que ce soit une petite affaire que d'exposer quelque chose de comique devant une assemblée comme celle-ci, que d'entreprendre de faire rire des personnes qui nous impriment le respect, et ne rient que quand elles veulent ? Est-il auteur qui ne doive trembler, lorsqu'il en vient à cette épreuve ? Et n'est-ce pas à moi de dire que je voudrais en être quitte pour toutes les choses du monde ?

MADEMOISELLE BÉJART. — Si cela vous faisait trembler, vous prendriez mieux vos précautions, et n'auriez pas entrepris en huit jours ce que vous avez fait.

MOLIÈRE. — Le moyen de m'en défendre quand un roi me l'a commandé ?

MADEMOISELLE BÉJART. — Le moyen ? une respectueuse excuse fondée sur l'impossibilité de la chose dans le peu de temps qu'on vous donne ; et tout autre en votre place ménagerait mieux sa réputation, et se serait bien gardé de se compromettre comme vous faites. Où en serez-vous, je vous prie, si l'affaire réussit mal ? et quel avantage pensez-vous qu'en prendront tous vos ennemis ?

MADEMOISELLE DE BRIE. — En effet, il fallait s'excuser avec respect envers le roi, ou demander du temps davantage.

MOLIÈRE. — Mon dieu ! mademoiselle, les rois n'aiment rien tant qu'une prompte obéissance, et ne se plaisent point du tout à trouver des obstacles. Les choses ne sont bonnes que dans les temps qu'ils les souhaitent ; et leur en vouloir reculer le divertissement est en ôter pour eux toute la grâce. Ils veulent des plaisirs qui ne se fassent point attendre, et les moins préparés leur sont toujours les plus agréables. Nous ne devons jamais nous regarder dans ce qu'ils désirent de nous ; nous ne sommes que pour leur plaire ; et lorsqu'ils nous ordonnent quelque chose, c'est à nous à profiter vite de l'envie où ils sont. Il vaut mieux s'acquitter mal de ce qu'ils nous demandent, que de ne s'en acquitter pas assez tôt ; et, si l'on a la honte de n'avoir pas bien réussi, on a toujours la gloire d'avoir obéi vite à leurs commandements. Mais songeons à répéter, s'il vous plaît.

MADEMOISELLE BÉJART. — Comment prétendez-vous que nous fassions, si nous ne savons pas nos rôles ?

MOLIÈRE. — Vous les saurez, vous dis-je ; et, quand même vous ne les sauriez pas tout-à-fait, pouvez-vous pas y suppléer de votre esprit, puisque c'est de la prose, et que vous savez votre sujet ?

MADEMOISELLE BÉJART. — Je suis votre servante ; la prose est pis encore que les vers.

MADEMOISELLE MOLIÈRE. — Voulez-vous que je vous le dise ? vous deviez faire une comédie où vous auriez joué tout seul.

MOLIÈRE. — Taisez-vous, ma femme, vous êtes une bête.

MADEMOISELLE MOLIÈRE. — Grand merci, monsieur mon mari. Voilà ce que c'est ! Le mariage change bien les gens ; et vous ne m'auriez pas dit cela il y a dix-huit mois.

MOLIÈRE. — Taisez-vous, je vous prie.

MADEMOISELLE MOLIÈRE. — C'est une chose étrange, qu'une petite cérémonie soit capable de nous ôter toutes nos belles qualités, et qu'un mari et un galant regardent la même personne avec des yeux si différents !

MOLIÈRE. — Que de discours!

MADEMOISELLE MOLIÈRE. — Ma foi, si je faisais une comédie, je la ferais sur ce sujet. Je justifierais les femmes de bien des choses dont on les accuse ; et je ferais craindre aux maris la différence qu'il y a de leurs manières brusques aux civilités des galants.

MOLIÈRE. — Ah ! laissons cela. Il n'est pas question de causer maintenant, nous avons autres choses à faire.

MADEMOISELLE BÉJARD. — Mais, puisqu'on vous a commandé de travailler sur le sujet de la critique qu'on a faite contre vous, que n'avez-vous fait cette comédie des Comédiens dont vous nous avez parlé il y a longtemps? C'était une affaire toute trouvée, et qui venait fort bien à la chose; et d'autant mieux, qu'ayant entrepris de vous peindre, ils vous ouvraient l'occasion de les peindre aussi, et que cela aurait pu s'appeler leur portrait, à bien plus juste titre que tout ce qu'ils ont fait ne peut être appelé le vôtre ; car vouloir contrefaire un comédien dans un rôle comique, ce n'est pas le peindre lui-même, c'est peindre d'après lui les personnages qu'il représente et se servir des mêmes traits et des mêmes couleurs qu'il est obligé d'employer aux différents tableaux des caractères ridicules qu'il imite d'après nature; mais contrefaire un comédien dans des rôles sérieux, c'est le peindre par des défauts qui sont entièrement de lui, puisque ces sortes de personnages ne veulent ni les gestes ni les tons de voix ridicules dans lesquels on les reconnaît.

MOLIÈRE. — Il est vrai; mais j'ai mes raisons pour ne le pas faire et je n'ai pas cru entre nous que la chose en valût la peine. Et puis il fallait plus de temps pour exécuter cette idée. Comme leurs jours de comédie sont les mêmes que les nôtres, à peine ai-je été les voir trois ou quatre fois depuis que nous sommes à Paris : je n'ai attrapé de leur manière de réciter que ce qui m'a d'abord sauté aux yeux ; et j'aurais eu besoin de les étudier davantage pour faire des portraits bien ressemblants.

MADEMOISELLE DU PARC. — Pour moi, j'en ai reconnu quelques uns dans votre bouche.

MADEMOISELLE DE BRIE. — Je n'ai jamais ouï parler de cela.

MOLIÈRE. — C'est une idée qui m'avait passé une fois par la tête, et que j'ai laissée là comme une bagatelle, une badinerie, qui peut-être n'aurait pas fait rire.

MADEMOISELLE DE BRIE. — Dites-la moi un peu, puisque vous l'avez dit aux autres.

MOLIÈRE. — Nous n'avons pas le temps maintenant.

MADEMOISELLE DE BRIE. — Seulement deux mots.

MOLIÈRE. — J'avais songé une comédie où il y aurait eu un poète, que j'aurais représenté moi-même, qui serait venu pour offrir une pièce à une troupe de comédiens nouvellement arrivés de campagne. Avez-vous, aurait-il dit, des acteurs et des actrices qui soient capables de bien faire valoir un ouvrage, car ma pièce est une pièce... Hé? monsieur, auraient répondu les comédiens, nous avons des hommes et des femmes qui ont été trouvés raisonnables partout où nous avons passé. — Et qui fait les rois parmi vous? — Voilà un acteur qui s'en démêle par fois. — Qui? ce jeune homme bien fait? Vous moquez-vous? il faut un roi qui soit gros et gras comme quatre; un roi, morbleu! qui soit entrepaillé comme il faut; un roi d'une vaste circonférence, et qui puisse remplir un trône de la belle manière. La belle chose qu'un roi d'une taille galante! Voilà déjà un grand défaut. Mais que je l'entende un peu réciter une douzaine de vers. Là-dessus le comédien aurait récité, par exemple, quelques vers du roi de Nicomède.

Te le dirais-je, Araspe? il m'a trop bien servi,
        Augmentant mon pouvoir...

le plus naturellement qu'il lui aurait été possible. Et le poète : Comment! vous appelez cela réciter ? C'est se railler ; il faut dire les choses avec emphase. Écoutez-moi.

(*Il contrefait Montfleury , comédien de l'hôtel de Bourgogne.*)

        Te le dirai-je, Araspe ?... etc.

Voyez-vous cette posture? Remarquez bien cela. Là , appuyez comme il faut le dernier vers. Voilà ce qui attire l'approbation et fait faire le brouhaha. Mais, monsieur, aurait répondu le comédien, il me semble qu'un roi qui s'entretient tout seul avec son capitaine des gardes, parle un peu plus humainement, et ne prend guère ce ton de démonique. Vous ne savez ce que c'est : allez-vous en réciter comme vous faites, vous verrez si vous ferez faire aucun ah ! Voyons un peu une scène d'amant et d'amante. Là-dessus une comédienne et un comédien auraient fait une scène ensemble , qui est celle de Camille et de Curiace :

        Iras-tu, ma chère ame? et ce funeste honneur
        Te plaît-il aux dépens de tout notre bonheur?
        Hélas ! je vois trop bien... etc.

tout de même que l'autre, et le plus naturellement qu'ils auraient pu. Et le poète aussitôt : Vous vous moquez, vous ne faites rien qui vaille; et voici comme il faut réciter cela. (*Il imite mademoiselle de Beauchâteau, comédienne de l'hôtel de Bourgogne.*

        Iras-tu ma chère ame?
        Non, je te connais mieux...

Voyez vous comme cela est naturel et passionné? Admirez ce visage riant qu'elle conserve dans les plus grandes afflictions. — Enfin voilà l'idée. Et il aurait parcouru de même tous les acteurs et toutes les actrices.

MADEMOISELLE DE BRIE. — Je trouve cette idée assez plaisante , et j'en ai reconnu là dès le premier vers. Continuez, je vous prie.

MOLIÈRE, *imitant Beauchâteau , comédien de l'hôtel de Bourgogne , dans la statue du Cid.*

        Percé jusques au fond du cœur, etc.

Et celui-ci le reconnaîtrez-vous bien , dans Pompée, *de Sertorius* ? (*Il contrefait Hauteroche , comédien de l'hôtel de Bourgogne.*)

        L'inimitié qui règne entre les deux partis
        N'y rend pas l'honneur, etc.

MADEMOISELLE DE BRIE. — Je le reconnais un peu, je pense.

MOLIÈRE. — Et celui-ci ? (*Imitant de Villiers, comédien de l'hôtel de Bourgogne.*)

        Seigneur, Polybe est mort, etc.

MADEMOISELLE DE BRIE. — Oui, je sais qui c'est. Mais il y en a quelques uns d'entre eux, je crois, que vous auriez peine à contrefaire.

MOLIÈRE. — Mon Dieu ! il n'y en a point qu'on ne pût attraper par quelque endroit, si je les avais bien étudiés. Mais vous me faites perdre un temps qui nous est cher : songeons à nous, de grâce, et ne nous amusons pas davantage à discourir. (*A la Grange.*) Vous , prenez garde à bien représenter avec moi votre rôle de marquis.

MADEMOISELLE MOLIÈRE. — Toujours des marquis !

MOLIÈRE. — Oui, toujours des marquis. Que diable voulez-vous qu'on prenne pour un caractère agréable de théâtre? Le marquis aujourd'hui est le plaisant de la comédie; et comme dans toutes les comédies anciennes, on voit toujours un valet bouffon qui fait rire les auditeurs, de même dans toutes nos pièces de maintenant, il faut toujours un marquis ridicule qui divertisse la compagnie.

MADEMOISELLE BÉJART. — Il est vrai, on ne s'en saurait passer.

MOLIÈRE. — Pour vous, mademoiselle...

MADEMOISELLE DU PARC. — Mon dieu! pour moi, je m'acquitterai fort mal de mon personnage, et je ne sais pas pourquoi vous m'avez donné ce rôle de façonnerie.

MOLIÈRE. — Mon dieu! mademoiselle, voilà comme vous disiez lorsque l'on vous donna celui de la Critique de l'École des Femmes : cependant vous vous en êtes acquittée à merveille; et tout le monde est demeuré d'accord qu'on ne peut pas mieux faire que vous ayez fait. Croyez-moi, celui-ci sera de même, et vous le jouerez mieux que vous ne le pensez.

MADEMOISELLE DU PARC. — Comment cela se pourrait-il faire? car il n'y a point de personne au monde qui soit moins façonnière que moi.

MOLIÈRE. — Cela est vrai; et c'est en quoi vous faites mieux voir que vous êtes une excellente comédienne, de bien représenter un personnage qui est si contraire à votre humeur. Tâchez donc de bien prendre tous les caractère de vos rôles, et de vous figurer que vous êtes ce que vous représentez.

(A du Croisy.) Vous faites le poète, vous; et vous devez vous remplir de ce personnage, marquer cet air pédant qui se conserve parmi le commerce du beau monde, ce ton de voix sentencieux, et cette exactitude de prononciation qui appuie sur toutes les syllabes et ne laisse échapper aucune lettre de la plus sévère orthographe.

(A Brécourt.) Pour vous, vous faites un honnête homme de cour, comme vous avez fait déjà dans la Critique de l'École des Femmes; c'est-à-dire que vous devez prendre un air posé, un ton de voix naturel, et gesticuler le moins qu'il vous sera possible.

(A la Grange.) Pour vous, je n'ai rien à vous dire.

(A mademoiselle Béjart.) Vous, vous représentez une de ces femmes qui, pourvu qu'elles ne fassent point l'amour, croient que tout le reste leur est permis; de ces femmes qui se retranchent toujours fièrement sur leur pruderie, regardent un chacun de haut en bas, et veulent que toutes les plus belles qualités que possèdent les autres ne soient en comparaison d'un misérable honneur dont personne ne se soucie. Ayez toujours ce caractère devant les yeux pour en bien faire les grimaces.

(A mademoiselle de Brie.) Pour vous, vous faites une de ces femmes qui pensent être les plus vertueuses personnes du monde, pourvu qu'elles sauvent les apparences; de ces femmes qui croient que le péché n'est que dans le scandale, qui veulent conduire doucement les affaires qu'elles ont sur le pied d'attachement honnête, et appellent amis ce que les autres nomment galants. Entrez bien dans ce caractère.

(A mademoiselle Molière.) Vous, vous faites le même personnage que dans la Critique, et je n'ai rien à vous dire non plus qu'à mademoisselle du Parc.

(A mademoiselle du Croisy.) Pour vous, vous représentez une de ces personnes qui prêtent doucement des charités à tout le monde, de ces femmes qui donnent toujours le petit coup de langue en passant, et seraient bien fâchées d'avoir souffert qu'on eût dit du bien du prochain. Je crois que vous ne vous acquitterez pas mal de ce rôle.

(A mademoiselle Hervé.) Et pour vous, vous êtes la soubrette de la précieuse, qui se mêle de temps en temps dans la conversation, et attrape, comme elle peut, tous les termes de sa maîtresse. Je vous dis tous vos caractères, afin que vous vous les imprimiez fortement dans l'esprit. Commençons maintenant à répéter, et voyons comme cela ira. Ah! voici justement un fâcheux? Il ne nous fallait plus que cela.

SCÈNE II.

LA THORILLIÈRE, MOLIÈRE, BRÉCOURT, LA GRANGE, DU CROISY, MESDEMOI-
SELLES DU PARC, BÉJART, DE BRIE, MOLIÈRE, DU CROISY, HERVÉ.

LA THORILLIÈRE. — Bonjour, monsieur Molière.

MOLIÈRE. — Monsieur, votre serviteur. (*A part.*) La peste soit de l'homme!

LA THORILLIÈRE. — Comment vous en va?

MOLIÈRE. — Fort bien pour vous servir. (*Aux actrices.*) Mesdemoiselles, ne

LA THORILLIÈRE. — Je viens d'un lieu où j'ai bien dit du bien de vous...

MOLIÈRE. — Je vous suis obligé. (*A part.*) Que le diable t'emporte! (*Aux acteurs.*) Ayez un peu soin...

LA THORILLIÈRE. — Vous jouez une pièce nouvelle aujourd'hui?

MOLIÈRE. — Oui, monsieur. (*Aux actrices.*) N'oubliez pas...

LA THORILIÈRE. — C'est le roi qui vous l'a fait faire?

MOLIÈRE. — Oui, monsieur. (*Aux acteurs.*) De grâce, songez...

LA THORILLIÈRE. — Comment l'appelez-vous?

MOLIÈRE. — Oui, monsieur.

LA THORILLIÈRE. — Je vous demande comment vous la nommez.

MOLIÈRE. — Ah! ma foi, je ne sais. (*Aux actrices.*) Il faut, s'il vous plaît que vous...

LA THORILLIÈRE. — Comment serez-vous habillés?

MOLIÈRE. — Comme vous voyez. (*Aux acteurs.*) Je vous prie...

LA THORILLIÈRE. — Quand commencerez-vous?

MOLIÈRE. — Quand le roi sera venu. (*A part.*) Au diantre le questionneur!

LA THORILLIÈRE. — Quand croyez-vous qu'il vienne?

MOLIÈRE. — La peste m'étouffe, monsieur, si je le sais!

LA THORILLIÈRE. — Savez-vous point...?

MOLIÈRE. — Tenez, monsieur, je suis le plus ignorant homme du monde. Je ne sais rien de tout ce que vous pourrez me demander, je vous jure. (*A part.*) J'enrage! Ce bourreau vient avec un air tranquille vous faire des questions, et ne se soucie pas qu'on ait en tête d'autres affaires.

LA THORILLIÈRE. — Mesdemoiselles, votre serviteur.

MOLIÈRE. — Ah! bon! le voilà d'un autre côté.

LA THORILLIÈRE, *à mademoiselle du Croisy.* — Vous voilà belle comme un petit ange. Jouez-vous toutes deux aujourd'hui? (*En regardant mademoiselle Hervé.*)

MADEMOISELLE DU CROISY. — Oui, monsieur.

LA THORILLIÈRE. — Sans vous la comédie ne vaudrait pas grand'chose.

MOLIÈRE, *bas, aux actrices.* — Vous ne voulez pas faire en aller cet homme-là?

MADEMOISELLE DE BRIE, *à la Thorillière.* — Monsieur, nous avons ici quelque chose à répéter ensemble.

LA THORILLIÈRE. — Ah! parbleu! je ne veux pas vous empêcher; vous n'avez qu'à poursuivre.

MADEMOISELLE DE BRIE. — Mais...

LA THORILLIÈRE. — Non, non: je serais fâché d'incommoder personne. Faites librement ce que vous avez à faire.

MADEMOISELLE DE BRIE. — Oui, mais...

LA THORILLIÈRE. — Je suis homme sans cérémonie, vous dis-je; et vous pouvez répéter ce qu'il vous plaira.

MOLIÈRE. — Monsieur, ces demoiselles ont peine à vous dire qu'elles souhaiteraient fort que personne ne fût ici pendant cette répétition.

LA THORILLIÈRE. — Pourquoi? il n'y a point de danger pour moi.

MOLIÈRE. — Monsieur, c'est une coutume qu'elles observent, et vous aurez plus de plaisir quand les choses vous surprendront.

LA THORILLIÈRE. — Je m'en vais donc dire que vous êtes prêts.

MOLIÈRE. — Point du tout, monsieur; ne vous hâtez pas, de grâce.

SCÈNE III.

MOLIÈRE, BRÉCOURT, LA GRANGE, DU CROISY, MESDEMOISELLES DU PARC, BÉJART, DE BRIE, MOLIÈRE, DU CROISY, HERVÉ

MOLIÈRE. — Ah! que le monde est plein d'impertinents! Or, sus, commençons. Figurez-vous donc premièrement que la scène est dans l'antichambre du roi; car c'est un lieu où il se passe tous les jours des choses assez plaisantes. Il est aisé de faire venir là toutes les personnes qu'on veut, et qu'on peut trouver des raisons même pour y autoriser la venue des femmes que j'introduis. La comédie s'ouvre par deux marquis qui se rencontrent.

(*A la Grange.*) Souvenez-vous bien, vous, de venir, comme je vous ai dit, là, avec cet air qu'on nomme le bel air, peignant votre perruque, et grondant une petite chanson entre vos dents. La, la, la, la, la, la. Rangez-vous donc, vous autres; car il faut du terrain à deux marquis, et ils ne sont pas gens à tenir leur personne dans un petit espace.

(*A la Grange.*) Allons, parlez.

LE GRANGE. — « Bon jour, marquis. »

MOLIÈRE. — Mon dieu! ce n'est point là le ton d'un marquis: il faut prendre un peu plus haut; et la plupart de ces messieurs affectent une manière de parler particulière pour se distinguer du commun. « Bon jour, marquis. » Recommencez donc.

LA GRANGE. — « Bon jour, marquis. »

MOLIÈRE. — « Ah! marquis, ton serviteur. »

LA GRANGE. — « Que fais-tu là? »

MOLIÈRE. — « Parbleu! tu vois; j'attends que tous ces messieurs aient « débouché la porte, pour présenter là mon visage. »

LA GRANGE. — « Têtebleu! quelle foule! Je n'ai garde de m'y aller frotter, « et j'aime bien mieux entrer des derniers. »

MOLIÈRE. — « Il y a là vingt gens qui sont fort assurés de n'entrer point, et » qui ne laissent pas de se presser et d'occuper toutes les avenues de la » porte. »

LA GRANGE. — « Crions nos deux noms à l'huissier, afin qu'il nous appelle. »

MOLIÈRE — « Cela est bon pour toi; mais, pour moi, je ne veux pas être « joué par Molière. »

LE GRANGE. — « Je pense pourtant, marquis, que c'est toi qu'il joue dans « la Critique. »

MOLIÈRE. — « Moi? Je suis ton valet; c'est toi-même en propre personne. »

LA GRANGE. — « Ah! ma foi, tu es bon de m'appliquer ton personnage. »

MOLIÈRE. — « Parbleu! je te trouve plaisant de me donner ce qui t'appar-« tient. »

LA GRANGE, *riant.* — « Ah, ah, ah! Cela est drôle. »

MOLIÈRE, *riant.* — « Ah, ah, ah! Cela est bouffon. »

LA GRANGE, — « Quoi! tu veux soutenir que ce n'est pas toi qu'on joue « dans le marquis de la Critique? »

MOLIÈRE. — « Il est vrai : c'est moi. *Détestable, morbleu! détestable; tarte* « *à la crème.* C'est moi, c'est moi; assurément, c'est moi. »

LA GRANGE. — « Oui, parbleu! c'est toi, tu n'as que faire de railler; et, si tu veux, nous gagerons, et verrons qui a raison des deux. »

MOLIÈRE. — « Et que veux-tu gager encore? »

LA GRANGE. — « Je gage cent pistoles que c'est toi. »

MOLIÈRE. — « Et moi, cent pistoles que c'est toi. »

LA GRANGE. — « Cent pistoles comptant. »

MOLIÈRE. — « Comptant. Quatre-vingt-dix pistoles sur Amyntas, et dix pistoles comptant. »

LA GRANGE. — « Je le veux. »

MOLIÈRE. — « Cela est fait. »

LA GRANGE. — « Ton argent court grand risque. »

MOLIÈRE. — « Le tien est bien aventuré. »

LA GRANGE. — « A qui nous en rapporter? »

MOLIÈRE. — « Voici un homme qui nous jugera. (*A Brécourt.*) Chevalier. »

BRÉCOURT. — « Quoi?

MOLIÈRE. — Bon ! voilà l'autre qui prend le ton de marquis! Vous ai-je pas dit que vous faites un rôle où l'on doit parler naturellement?

BRÉCOURT. — Il est vrai.

MOLIÈRE. — Allons donc. « Chevalier. »

BRÉCOURT. — « Quoi? »

MOLIÈRE. — « Juge-nous un peu sur une gageure que nous avons faite. »

BRÉCOURT. — « Et quelle? »

MOLIÈRE. — « Nous disputons qui est le marquis de la Critique de Molière : « il gage que c'est moi; et moi je gage que c'est lui. »

BRÉCOURT. — « Et moi, je juge que ce n'est ni l'un ni l'autre. Vous êtes « fous tous deux de vouloir vous appliquer ces sortes de choses; et voilà de « quoi j'ouïs l'autre jour se plaindre Molière, parlant à des personnes qui le « chargeaient de même chose que vous. Il disait que rien ne lui donnait du « déplaisir comme d'être accusé de regarder quelqu'un dans les portraits qu'il « fait; que son dessein est de peindre les mœurs sans vouloir toucher aux « personnes, et que tous les personnages qu'il représente sont des personna- « ges en l'air, et des fantômes proprement, qu'il habille à sa fantaisie, pour « réjouir les spectateurs; qu'il serait bien fâché d'y avoir jamais marqué « qui que ce soit; et que, si quelque chose était capable de le dégoûter de « faire des comédies, c'était les ressemblances qu'on y voulait toujours trou- « ver, et dont ses ennemis tâchaient malicieusement d'appuyer la pensée « pour lui rendre de mauvais offices auprès de certaines personnes à qui il « n'a jamais pensé. En effet, je trouve qu'il a raison : car pourquoi vouloir, « je vous prie, appliquer tous ses gestes et toutes ses paroles, et chercher à « lui faire des affaires, en disant hautement: Il joue un tel, lorsque ce sont « des choses qui peuvent convenir à cent personnes? Comme l'affaire de la « comédie est de représenter en général tous les défauts des hommes, et prin- « cipalement des hommes de notre siècle, il est impossible à Molière de faire « aucun caractère qui ne rencontre quelqu'un dans le monde; et, s'il faut « qu'on l'accuse d'avoir songé à toutes les personnes où l'on peut trouver les « défauts qu'il peint, il faut, sans doute, qu'il ne fasse plus de comédies. »

MOLIÈRE. — « Ma foi, chevalier, tu veux justifier Molière, et épargner notre « ami que voilà. »

LA GRANGE. — « Point du tout, c'est toi qu'il épargne; et nous trouverons « d'autres juges. »

MOLIÈRE. — « Soit. Mais dis-moi, chevalier, crois-tu pas que ton Molière « est épuisé maintenant, et qu'il ne trouvera plus de matière pour...? »

BRÉCOURT. — « Plus de matière! Hé! mon pauvre marquis, nous ne pre- « nons guère le chemin de nous rendre sages, pour tout ce qu'il fait et tout « ce qu'il dit. »

MOLIÈRE. — Attendez. Il faut marquer davantage tout cet endroit. Écoutez-le moi dire un peu.... « Et qu'il ne trouvera plus de matière pour... — Plus « de matière! Hé! mon pauvre marquis, nous lui en fournirons toujours assez;

« et nous ne prenons guère le chemin de nous rendre sages, pour tout ce qu'il
« fait et tout ce qu'il dit. Crois-tu qu'il ait épuisé dans ses comédies tout le ridi-
« cule des hommes ? Eh ! sans sortir de la cour, n'a-t-il pas encore vingt carac-
« tères de gens où il n'a point touché ? N'a-t-il pas, par exemple, ceux qui se
« font les plus grandes amitiés du monde, et qui, le dos tourné, font galanteries
« de se déchirer l'un l'autre ? N'a-t-il pas ses adulateurs à outrance, ces flatteurs
« insipides qui n'assaisonnent d'aucun sel les louanges qu'ils donnent, et dont
« toutes les flatteries ont une douceur fade qui fait mal au cœur à ceux qui
« les écoutent ? N'a-t-il pas ces lâches courtisans de la faveur, ces perfides
« adorateurs de la fortune, qui vous encensent dans la prospérité, et vous
« accablent dans la disgrace ? N'a-t-il pas ceux qui sont toujours mécontents
« de la cour, ces suivants inutiles, ces incommodes assidus, ces gens, dis-je,
« qui, pour services, ne peuvent compter que des importunités, et qui veu-
« lent qu'on les récompense d'avoir obsédé le prince dix ans durant ? N'a-t-il
« pas ceux qui caressent également tout le monde, qui promènent leurs civi-
« lités à droite et à gauche et courent à tous ceux qu'ils voient avec les mê-
« mes embrassades et les mêmes protestations d'amitié ? — Monsieur, votre
« très humble serviteur. Monsieur, je suis tout à votre service. Tenez-moi
« des vôtres, mon cher. Faites état de moi, monsieur, comme du plus chaud
« de vos amis. Monsieur, je suis ravi de vous embrasser. Ah ! monsieur, je ne
« vous voyais pas. Faites-moi la grâce de m'employer ; soyez persuadé que je
« suis entièrement à vous. Vous êtes l'homme du monde que je révère le plus.
« Il n'y a personne que j'honore à l'égal de vous. Je vous conjure de le croire.
« Je vous supplie de n'en point douter. Serviteur. Très humble valet. — Va,
« va, marquis, Molière aura toujours plus de sujets qu'il n'en voudra ; et tout
« ce qu'il a touché jusqu'ici n'est rien que bagatelle au prix de ce qui reste. »
Voilà à peu près comme cela doit être joué.

BRÉCOURT. — C'est assez.

MOLIÈRE. — Poursuivez.

DRÉCOURT. — « Voici Climène et Élise. »

MOLIÈRE, à mesdemoiselles du Parc et Molière. — Là-dessus vous arriverez
toutes deux. (A mademoiselle du Parc.) Prenez bien garde, vous, à vous
déhancher comme il faut et à faire bien des façons. Cela vous contraindra un
peu ; mais qu'y faire ? Il faut parfois se faire violence.

MADEMOISELLE MOLIÈRE. — « Certes, madame, je vous ai reconnue de loin ;
« et j'ai bien vu, à votre air, que ce ne pouvait être une autre que vous. »

MADEMOISELLE DU PARC. — « Vous voyez, je viens attendre ici la sortie
« d'un homme avec qui j'ai une affaire à démêler. »

MADEMOISELLE MOLIÈRE. — « Et moi de même. »

MOLIÈRE. — Mesdames, voilà des coffres qui vous serviront de fauteuils.

MADEMOISELLE DU PARC. — « Allons, madame, prenez place, s'il vous plaît. »

MADEMOISELLE MOLIÈRE. — « Après vous, madame. »

MOLIÈRE. — Bon. Après ces petites cérémonies muettes, chacun prendra
place, et parlera assis, hors les marquis, qui tantôt se lèveront et tantôt s'as-
soieront, suivant leur inquiétude naturelle. « Parbleu ! chevalier, tu devrais
« faire prendre médecine à tes canons. »

BRÉCOURT. — « Comment ? »

MOLIÈRE. — « Ils se portent fort mal. »

BRÉCOURT. — « Serviteur à la turlupinade. »

MADEMOISELLE MOLIÈRE. — « Mon dieu ! madame, que je vous trouve
« le teint d'une blancheur éblouissante, et les lèvres d'une couleur de feu
« surprenante ! »

MADEMOISELLE DU PARC. — « Ah ! que dites-vous là, madame ? ne me regar-
« dez point, je suis du dernier laid aujourd'hui. »

MADEMOISELLE MOLIÈRE. — « Hé! madame, levez un peu votre coiffe. »

MADEMOISELLE DU PARC. — « Fi! je suis épouvantable, vous dis-je, et je
« me fais peur à moi-même. »

MADEMOISELLE MOLIÈRE. « Vous êtes si belle! »

MADEMOISELLE DU PARC. — Point, point. »

MADEMOISELLE MOLIÈRE. — « Montrez-vous. »

MADEMOISELLE DU PARC. — « Ah! fi donc, je vous prie! »

MADEMOISELLE MOLIÈRE. — « De grâce. »

MADEMOISELLE DU PARC. — « Mon dieu! non. »

MADEMOISELLE MOLIÈRE. — « Si fait. »

MADEMOISELLE DU PARC. — « Vous me désespérez. »

MADEMOISELLE MOLIÈRE. — « Un moment. »

MADEMOISELLE DU PARC. — « Hai! »

MADEMOISELLE MOLIÈRE. — « Résolument, vous vous montrerez. On ne
« peut point se passer de vous voir. »

MADEMOISELLE DU PARC. — « Mon dieu! que vous êtes une étrange per-
« sonne! vous voulez furieusement ce que vous voulez. »

MADEMOISELLE MOLIÈRE. — « Ah! madame, vous n'avez aucun desavantage
« à paraître au grand jour, je vous jure. Les méchantes gens, qui assuraient
« que vous mettiez quelque chose! Vraiment! je les démentirai bien mainte-
« nant! »

MADEMOISELLE DU PARC. — « Hélas! je ne sais pas seulement ce qu'on ap-
« pelle mettre quelque chose. Mais où vont ces dames? »

MADEMOISELLE DE BRIE. — « Vous voulez bien, mesdames, que nous vous
« donnions en passant la plus agréable nouvelle du monde. Voilà monsieur
« Lysidas qui vient de nous avertir qu'on a fait une pièce contre Molière, que
« les grands comédiens vont jouer. »

MOLIÈRE. — « Il est vrai; on me l'a voulu lire. C'est un nommé Br... Brou..
« Brossaut qui l'a faite. »

DU CROISY. — « Monsieur, elle est affichée sous le nom de Boursault; mais,
« à vous dire le secret, bien des gens ont mis la main à cet ouvrage, et l'on
« en doit concevoir une assez haute attente. Comme tous les auteurs et tous
« les comédiens regardent Molière comme leur plus grand ennemi, nous nous
« sommes tous unis pour le desservir. Chacun de nous a donné un coup de
« pinceau à son portrait; mais nous nous sommes bien gardés d'y mettre nos
« noms : il lui aurait été trop glorieux de succomber, aux yeux du monde,
« sous les efforts de tout le Parnasse; et, pour rendre sa défaite plus ignomi-
« nieuse, nous avons voulu choisir tout exprès un auteur sans réputation. »

MADEMOISELLE DU PARC. — « Pour moi, je vous avoue que j'en ai toutes
« les joies imaginables. »

MOLIÈRE. — « Et moi aussi. Par la sambleu! le railleur sera raillé, il aura
« sur les doigts, ma foi. »

MADEMOISELLE DU PARC. — « Cela lui apprendra à vouloir satyriser tout.
« Comment! cet impertinent ne veut pas que les femmes aient de l'esprit! Il
« condamne toutes nos expressions élevées, et prétend que nous parlions
« toujours terre à terre! »

MADEMOISELLE DE BRIE. — « Le langage n'est rien : mais il censure tous
« nos attachements, quelque innocents qu'ils puissent être ; et, de la façon
« qu'il en parle, c'est être criminel que d'avoir du mérite. »

MADEMOISELLE DU CROISY. — « Cela est insupportable. Il n'y a pas une
« femme qui puisse plus rien faire. Que ne laisse-t-il en repos nos maris, sans
« leur ouvrir les yeux, et leur faire prendre garde à des choses dont ils ne
« s'avisent pas? »

MADEMOISELLE BÉJAR. — « Passe pour tout cela ; mais il satyrise mêmes les
« femmes de bien, et ce méchant plaisant leur donne le titre d'honnêtes dia-
« blesses. »

MADEMOISELLE MOLIÈRE. — « C'est un impertinent. Il faut qu'il en ait tout le
« soul. »

DU CROISY. — « La représentation de cette comédie, madame, aura besoin
« d'être appuyée, et les comédiens de l'hôtel... »

MADEMOISELLE DU PARC. — « Mon dieu! qu'ils n'appréhendent rien ; je leur
« garantis le succès de leur pièce, corps pour corps. »

MADEMOISELLE MOLIÈRE. — « Vous avez raison, madame. Trop de gens sont
« intéressés à la trouver belle. Je vous laisse à penser si tous ceux qui se
« croiront satyrisés par Molière, ne prendront point l'occasion de se venger
« de lui en applaudissant à cette comédie. »

BRÉCOUR, *ironiquement*. — « Sans doute ; et pour moi je reponds de douze
« marquis, de six précieuses, de vingt coquettes, et de trente cocus, qui ne
« manqueront pas d'y battre des mains. »

MADEMOISELLE MOLIÈRE. — « En effet, pourquoi aller offenser toutes ces
« personnes-là, et particulièrement les cocus, qui sont les meilleurs gens du
« monde. »

MOLIÈRE. — « Par le sang-bleu? on m'a dit qu'on va le dauber, lui et toutes
« ses comédies, de la belle manière, et que les comédiens et les auteurs, depuis
« le cèdre jusqu'à l'hysope, sont diablement animés contre lui. »

MADEMOISELLE MOLIÈRE. — « Cela lui sied fort bien. Pourquoi fait-il de
« méchantes pièces que tout Paris va voir, où il peint si bien les gens, que
« chacun s'y connaît? Que ne fait-il des comédies comme celle de monsieur
« Lysidas? Il n'aurait personne contre lui, et tous les auteurs en diraient du
« bien. Il est vrai que de semblables comédies n'ont pas ce grand concours de
« monde ; mais, en revanche, elles sont toujours bien écrites : personne n'écrit
« contre elles, et tous ceux qui les voient meurent d'envie de les trouver belles. »

DU CROISY. — « Il est vrai que j'ai l'avantage de ne point faire d'ennemis,
« et que tous mes ouvrages ont l'approbation des savants. »

MADEMOISELLE MOLIÈRE. — « Vous faites bien d'être content de vous : cela
« vaut mieux que tous les applaudissements du public, et que tout l'argent
« qu'on saurait gagner aux pièces de Molière. Que vous importe qu'il vienne
« du monde à vos comédies, pourvu qu'elles soient approuvées par messieurs
« vos confrères. »

LA GRANGE. — « Mais quand jouera-t-on le Portrait du Peintre? »

DU CROISY. — « Je ne sais ; mais je me prépare fort à paraître des premiers
« sur les rangs, pour crier : Voilà qui est beau ! »

MOLIÈRE. — « Et moi de même, parbleu ! »

LA GRANGE. — « Et moi aussi, dieu me sauve ! »

MADEMOISELLE DU PARC. — « Pour moi, j'y paierai de ma personne comme
« il faut ; et je réponds d'une bravoure d'approbation qui mettra en déroute
« tous les jugements ennemis. C'est bien la moindre chose que nous devions
« faire, que d'épauler de nos louanges le vengeur de nos intérêts. »

MADEMOISELLE MOLIÈRE. — « C'est fort bien dit. »

MADEMOISELLE DE BRIE. — « Et ce qu'il nous faut faire toutes.

MADEMOISELLE BÉJART. « Assurément. »

MADEMOISELLE DU CROISY. — « Sans doute. »

MADEMOISELLE HERVÉ. — « Point de quartier à ce contrefaiseur de gens. »

MOLIÈRE. — « Ma foi, chevalier, mon ami, il faudra que ton Molière se
« cache. »

BRÉCOURT. — « Qui lui? Je te promets, marquis, qu'il fait dessein d'aller sur le théâtre rire, avec tous les autres, du portrait qu'on a fait de lui. »

MOLIÈRE. — « Parbleu! ce sera donc du bout des dents qu'il y rira. »

BRÉCOURT. — « Va, va, peut-être qu'il y trouvera plus de sujets de rire que
« tu ne penses. On m'a montré la pièce; et comme tout ce qu'il y a d'agréable
« sont effectivement les idées qui ont été prises de Molière, la joie que cela
« pourra donner n'aura pas lieu de lui déplaire, sans doute; car, pour l'en-
« droit où l'on s'efforce de le noircir, je suis le plus trompé du monde, si cela
« est approuvé de personne. Et quant à tous les gens qu'ils ont tâché d'animer
« contre lui, sur ce qu'il fait, dit-on, des portaits trop ressemblants, outre que
« cela est de fort mauvaise grâce, je ne vois rien de plus ridicule et de plus mal
« pris; et je n'avais pas cru jusqu'ici que ce fût un sujet de blâme pour un
« comédien, que de peindre trop bien les hommes. »

LA GRANGE. — « Les comédiens m'ont dit qu'ils l'attendaient sur la réponse,
« et que... »

BRÉCOURT. — « Sur la réponse? Ma foi, je le trouverais un grand fou,
« s'il se mettait en peine de répondre à leurs invectives. Tout le monde sait
« assez de quel motif elles peuvent partir; et la meilleure réponse qu'il leur
« puisse faire, c'est une comédie qui réussisse comme toutes ses autres : voilà
« le vrai moyen de se venger d'eux comme il faut. Et de l'humeur dont je les
« connais, je suis fort assuré qu'une pièce nouvelle qui leur enlèvera le
« monde, les fâchera bien plus que toutes les satyres qu'on pourrait faire de
« leurs personnes. »

MOLIÈRE. — « Mais, chevalier... »

MADEMOISELLE BÉJART. — Souffrez que j'interrompe pour un peu la répétition. (*A Molière.*) Voulez-vous que je vous dise? Si j'avais été en votre place,
j'aurais poussé les choses autrement. Tout le monde attend de vous une réponse vigoureuse; et, après la manière dont on m'a dit que vous étiez traité
dans cette comédie, vous étiez en droit de tout dire contre les comédiens, et
vous deviez n'en épargner aucun.

MOLIÈRE. — J'enrage de vous ouïr parler de la sorte. Et voilà votre manie à
vous autres femmes : vous voudriez que je prisse feu d'abord contre eux, et
qu'à leur exemple j'allasse éclater promptement en invectives et en injures. Le
bel honneur que j'en pourrais tirer! et le grand dépit que je leur ferais! Ne se
sont-ils pas préparés de bonne volonté à ces sortes de choses? et, lorsqu'ils ont
délibéré s'ils joueraient le Portrait du Peintre, sur la crainte d'une riposte,
quelques-uns d'entre eux n'ont-ils pas répondu : Qu'il nous rende toutes les
injures qu'il voudra, pourvu que nous gagnions de l'argent? N'est-ce pas là
la marque d'une ame fort sensible à la honte! et ne me vengerai-je pas bien
d'eux en leur donnant ce qu'ils veulent bien recevoir?

MADEMOISELLE DE BRIE. — Ils se sont fort plaints toutefois de trois ou quatre
mots que vous avez dits d'eux dans la Critique et dans vos Précieuses.

MOLIÈRE. — Il est vrai, ces trois ou quatre mots sont fort offensants, et ils ont
grande raison de les citer! Allez, allez, ce n'est pas cela. Le plus grand mal que
je le leur aie fait, c'est que j'ai eu le bonheur de plaire un peu plus qu'ils n'auraient voulu; et tout leur procédé, depuis que nous sommes venus à Paris, a
trop marqué ce qui les touche. Mais laissons-les faire tant qu'ils voudront;
toutes leurs entreprises ne doivent point m'inquiéter. Ils critiquent mes pièces,
tant mieux; et Dieu me garde d'en faire jamais qui leur plaisent! ce serait une
mauvaise affaire pour moi.

MADEMOISELLE DE BRIE. — Il n'y a pas grand plaisir pourtant à voir déchirer
ses ouvrages.

MOLIÈRE. — Et qu'est-ce que cela me fait? n'ai-je pas obtenu de ma comédie
tout ce que j'en voulais obtenir, puisqu'elle a eu le bonheur d'agréer aux
augustes personnes à qui particulièrement je m'efforce de plaire? N'ai-je pas

MOLIÈRE.   17

lieu d'être satisfait de sa destinée? et toutes leurs censures ne viennent-elles pas trop tard? Est-ce moi, je vous prie, que cela regarde maintenant? et lorsqu'on attaque une pièce qui a eu du succès, n'est-ce pas attaquer plutôt le jugement de ceux qui l'ont approuvée, que l'art de celui qui l'a faite?

MADEMOISELLE DE BRIE. — Ma foi, j'aurais joué ce petit monsieur l'auteur qui se mêle d'écrire contre des gens qui ne songent pas à lui.

MOLIÈRE. — Vous êtes folle. Le beau sujet à divertir la cour que monsieur Boursault? Je voudrais bien savoir de quelle façon on pourrait l'ajuster pour le rendre plaisant, et si, quand on le bernerait sur le théâtre, il serait assez heureux pour faire rire le monde. Ce lui serait trop d'honneur que d'être joué devant une auguste assemblée, il ne demanderait pas mieux, et il m'attaque de gaîté de cœur pour se faire connaître de quelque façon que ce soit. C'est un homme qui n'a rien à perdre, et les comédiens ne me l'ont déchaîné que pour m'engager à une sotte guerre, et me détourner, par cet artifice, des autres ouvrages que j'ai à faire; et cependant vous êtes assez simples pour donner toutes dans ce panneau! Mais enfin, j'en ferai ma déclaration publiquement; je ne prétends faire aucune réponse à leurs critiques et leurs contre-critiques. Qu'ils disent tous les maux du monde de mes pièces, j'en suis d'accord. Qu'ils s'en saisissent après nous; qu'ils les retournent comme un habit pour les mettre sur leur théâtre, et tâchent à profiter de quelque agrément qu'on y trouve et d'un peu de bonheur que j'ai, j'y consens: ils en ont besoin, et je serai bien aise de contribuer à les faire subsister, pourvu qu'ils se contentent de ce que je puis leur accorder avec bienséance. La courtoisie doit avoir des bornes; et il y a des choses qui ne font rire ni les spectateurs ni celui dont on parle. Je leur abandonne de bon cœur mes ouvrages, ma figure, mes gestes, mes paroles, mon ton de voix et ma façon de réciter, pour en faire et dire tout ce qu'il leur plaira, s'ils en peuvent tirer quelque avantage. Je ne m'oppose point à toutes ces choses; et je serai ravi que cela puisse réjouir le monde; mais, en leur abandonnant tout cela, ils me doivent faire la grâce de me laisser le reste; et de ne point toucher à des matières de la nature de celles sur lesquelles on m'a dit qu'ils m'attaquaient dans leurs comédies. C'est de quoi je prierai civilement cet honnête monsieur qui se mêle d'écrire pour eux; et voilà toute la réponse qu'ils auront de moi.

MADEMOISELLE BÉJART. — Mais enfin...

MOLIÈRE. — Mais enfin vous me feriez devenir fou. Ne parlons point de cela davantage; nous nous amusons à faire des discours au lieu de répéter notre comédie. Où en étions-nous? Je ne m'en souviens plus.

MADEMOISELLE DE BRIE. — Vous en étiez à l'endroit...

MOLIÈRE. — Mon dieu! J'entends du bruit: c'est le roi qui arrive assurément, et je vois bien que nous n'aurons pas le temps de passer outre. Voilà ce que c'est de s'amuser. Oh bien! faites donc, pour le reste, du mieux qu'il sera possible.

MADEMOISELLE BÉJART. — Par ma foi, la frayeur me prend, et je ne saurais aller jouer mon rôle, si je ne le répète tout entier.

MOLIÈRE. — Comment! vous ne sauriez aller jouer votre rôle?

MADEMOISELE BÉJART. — Non.

MADEMOISELLE DU PARC. — Ni moi le mien.

MADEMOISELLE DE BRIE. — Ni moi non plus.

MADEMOISELLE MOLIÈRE. — Ni moi.

MADEMOISELLE HERVÉ. — Ni moi.

MADEMOISELLE DU CROISY. — Ni moi.

MOLIÈRE. — Que pensez-vous donc faire? Vous moquez-vous toutes de moi?

SCÈNE IV.

BÉJART, MOLIÈRE, LA GRANGE, DU CROISY; MESDEMOISELLES DU PARC, BÉJART,
BE BRIE, MOLIÈRE, DU CROISY, HERVÉ.

BÉJART. — Messieurs, je viens vous avertir que le roi est venu, et qu'il attend que vous commenciez.

MOLIÈRE. — Ah! monsieur, vous me voyez dans la plus grande peine du monde: je suis désespéré à l'heure que je vous parle. Voici des femmes qui s'effrayent, et qui disent qu'il leur faut répéter leurs rôles avant que d'aller commencer. Nous demandons, de grâce, encore un moment. Le roi a de la bonté, et il sait bien que la chose a été précipitée.

SCÈNE V. — MOLIÈRE *et les mêmes acteurs, à l'exception de Béjart.*

MOLIÈRE. — Hé! de grâce, tâchez de vous remettre; prenez courage, je vous prie.

MADEMOISELLE DU PARC. — Vous devez vous aller excuser.

MOLIÈRE. — Comment m'excuser?

SCÈNE. VI. — MOLIÈRE, *et les mêmes acteurs*, UN NÉCESSAIRE.

LE NÉCESSAIRE. — Messieurs, commencez donc.

MOLIÈRE. — Tout à l'heure, monsieur. Je crois que je perdrai l'esprit de cette affaire-ci, et...

SCÈNE VII.

MOLIÈRE, *et les mêmes acteurs*, UN SECOND NÉCESSAIRE.

LE SECOND NÉCESSAIRE. Messieurs, commencez donc.

MOLIÈRE. — Dans un moment, monsieur. (*A ses camarades.*) Hé quoi donc! voulez-vous que j'aie l'affront... ?

SCÈNE VIII.

MOLIÈRE, *et les mmées acteurs*, UN TROISIÈME NÉCESSAIRE.

LE TROISIÈME NÉCESSAIRE. — Messieurs, commencez donc.

MOLIÈRE. — Oui, monsieur, nous y allons. Hé! que de gens se font de fête, et viennent dire: commencez donc à qui le roi ne l'a pas commandé!

SCÈNE IX.

MOLIÈRE, *et les mêmes acteurs*; UN QUATRIÈME NÉCESSAIRE.

LE QUATRIÈME NÉCESSAIRE. — Messieurs, commencez donc.

MOLIÈRE. — Voilà qui est fait, monsieur. (*A ses camarades.*) Quoi donc! recevrai-je la confusion... ?

SCÈNE X. — BÉJARD MOLIÈRE *et les mêmes acteurs.*

MOLIÈRE. — Monsieur, vous venez pour nous dire de commencer, mais...

BÉJARD. — Non, messieurs; je viens pour vous dire qu'on a dit au roi l'embarras où vous vous trouviez, et que, par une bonté toute particulière, il remet votre nouvelle comédie à une autre fois, et se contente, pour aujourd'hui, de la première que vous pourrez donner.

MOLIÈRE. — Ah! monsieur, vous me redonnez la vie. Le roi nous fait la plus grande grâce du monde de nous donner du temps pour ce qu'il a souhaité; et nous allons tous le remercier des extrêmes bontés qu'il nous fait paraître.

FIN DE L'IMPROMPTU DE VERSAILLES.

LA PRINCESSE D'ÉLIDE,

COMÉDIE BALLET EN CINQ ACTES.

PERSONNAGES.

PERSONNAGES DU PROLOGUE.

L'AURORE.
LYCISCAS, valet de chiens.
Trois valets de chiens, chantants.
Valets de chiens, dansants.

PERSONNAGES DE LA COMÉDIE.

IPHITAS, prince d'Elide, père de la princesse.
LA PRINCESSE D'ÉLIDE.
EURYALE, prince d'Itaque.
ARISTOMÈNE, prince de Messène.
THÉOCLE, prince de Pyle.
AGLANTE, cousine de la princesse.
CYNTHE, cousine de la princesse.
ARBATE, gouverneur du prince d'Itaque.
PHILIS, suivante de la princesse.
MORON, plaisant de la princesse.
LYCAS, suivant d'Iphitas.

PERSONNAGES DES INTERMÈDES.

PREMIER INTERMÈDE.

MORON.
Chasseurs, dansants.

SECOND INTERMÈDE.

PHILIS.
MORON.
Un satyre, chantant.
Satyres, dansants.

TROISIÈME INTERMÈDE.

PHILIS.
TIRCIS, berger chantant.
MORON.

QUATRIÈME INTERMÈDE.

LA PRINCESSE.
PHILIS.
CLIMENE.

CINQUIÈME INTERMÈDE.

Bergers et bergères, chantants.
Bergers et bergères, dansants.

La Scène est en Élide.

PROLOGUE.

SCÈNE PREMIÈRE.

L'AURORE, LYCISCAS, et plusieurs autres VALETS DE CHIENS, *endormis et cou-*
chés sur l'herbe.

L'AURORE *chante.* — Quand l'amour à vos yeux offre un choix agréable,
Jeunes beautés, laissez-vous enflammer ;
Moquez-vous d'affecter cet orgueil indomptable
Dont on vous dit qu'il est beau de s'armer :
Dans l'âge où l'on est aimable
Rien n'est si beau que d'aimer.

Soupirez librement pour un amant fidèle,
Et bravez ceux qui voudraient vous blâmer,
Un cœur tendre est aimable, et le nom de cruelle
N'est pas un nom à se faire estimer :
Dans le temps où l'on est belle
Rien n'est si beau que d'aimer.

SCÈNE II. — LYCISCAS, et plusieurs VALETS DE CHIENS, *endormis.*

TROIS VALETS DE CHIENS, *réveillés par le récit de l'Aurore.*

Holà ! holà ! Debout, debout, debout.
Pour la chasse ordonnée il faut préparer tout.
Holà ho ! debout, vite debout.

PREMIER. — Jusqu'aux plus sombres lieux le jour se communique.

DEUXIÈME. — L'air sur les fleurs en perles se résout.

TROISIÈME. — Les rossignols commencent leur musique,
Et leurs petits concerts retentissent partout.

TOUS TROIS ENSEMBLE. — Sus, sus, debout, vite debout.

(*A Lyciscas endormi.*) Qu'est ceci, Lyciscas ? quoi ! tu ronfles encore.
Toi, qui promettais tant de devancer l'Aurore !
Allons, debout, vite debout.
Pour la chasse ordonnée il faut préparer tout.
Debout, vite debout ; dépêchons, ho, debout.

LYCISCAS, *en s'éveillant.* — Par la morbleu! vous êtes de grands braillards, vous autres; et vous avez la gueule ouverte de bon matin.

TOUS TROIS ENSEMBLE — Ne vois-tu pas le jour qui se répand partout?
Allons, debout, Lyciscas, debout.

LYCISCAS. — Hé! laissez-moi dormir encore un peu, je vous conjure

TOUS TROIS ENSEMBLE. — Non, non, debout, Lyciscas, debout.

LYCISCAS. — Je ne vous demande plus qu'un petit quart d'heure.

TOUS TROIS ENSEMBLE. — Point, point, debout, vite debout.

LYCISCAS. — Hé! je vous prie.

TOUS TROIS ENSEMBLE. — Debout.

LYCISCAS. — Un moment.

TOUS TROIS ENSEMBLE. — Debout.

LYCISCAS. — De grâce.

TOUS TROIS ENSEMBLE. — Debout.

LYCISCAS. — Hé!

TOUS TROIS ENSEMBLE. — Debout.

LYCISCAS. — Je...

TOUS TROIS ENSEMBLE. — Debout.

LYCISCAS. — J'aurai fait incontinent.

TOUS TROIS ENSEMBLE. — Non, non, debout, Lyciscas, debout.
Pour la chasse ordonnée il faut préparer tout.
Vite debout, dépêchons, debout.

LYCISCAS. — Hé bien! laissez-moi, je vais me lever. Vous êtes d'étranges gens de me tourmenter comme cela! vous serez cause que je ne me porterai pas bien de toute la journée : car, voyez-vous, le sommeil est nécessaire à l'homme ; et lorsqu'on ne dort pas sa réfection, il arrive que... on n'est... (*Il se rendort.*)

PREMIER. — Lyciscas.

DEUXIÈME. — Lyciscas.

TROISIÈME. — Lyciscas.

TOUS TROIS ENSEMBLE. — Lyciscas.

LYCISCAS. — Diable soient les brailleurs! Je voudrais que vous eussiez la gueule pleine de bouillie bien chaude.

TOUS TROIS ENSEMBLE. — Debout, debout.
Vite debout, dépêchons, debout.

LYCISCAS. — Ah! quelle fatigue de ne pas dormir son saoul!

PREMIER. — Holà! ho!

DEUXIÈME. — Holà! ho!

TROISIÈME. — Holà! ho!

TOUS TROIS ENSEMBLE. — Ho! ho! ho! ho!

LYCISCAS. — Ho! ho! la peste soit des gens avec leurs chiens de hurlements! je me donne au diable si je ne vous assomme. Mais voyez un peu quel diable d'enthousiasme il leur prend de me venir chanter aux oreilles comme cela. Je...

TOUS TROIS ENSEMBLE. — Debout.

LYCISCAS. — Encore!

TOUS TROIS ENSEMBLE. — Debout.

LYCISCAS. — Le diable vous emporte!

TOUS TROIS ENSEMBLE. — Debout.

LYCISCAS, *en se levant.* — Quoi, toujours! A-t-on jamais vu une pareille furie de chanter? Par la sambleu! j'enrage. Puisque me voilà éveillé, il faut que j'éveille les autres, et que je les tourmente comme on m'a fait. Allons, ho, messieurs, debout, debout, vite; c'est trop dormir. Je vais faire un cri du diable partout. (*Il crie de toute sa force.*) Debout, debout, debout. Allons, vite, ho, ho, ho, debout, debout. Pour la chasse ordonnée il faut préparer tout. Debout, debout, Lyciscas, debout. Ho, ho, ho, ho, ho.

(*Plusieurs cors et trompes de chasse se font entendre ; les valets de chiens que Lyciscas a réveillés dansent une entrée.*)

FIN DU PROLOGUE.

ACTE Iᵉʳ.

SCÈNE PREMIÈRE. — EURYALE, ARBATE

ARBATE. — Ce silence rêveur dont la sombre habitude
Vous fait à tous moments chercher la solitude,
Ces longs soupirs que laisse échapper votre cœur,
Et ces fixes regards si chargés de langueur
Disent beaucoup sans doute à des gens de mon âge;
Et je pense, seigneur, entendre ce langage :
Mais, sans votre congé, de peur de trop risquer,
Je n'ose m'enhardir jusques à l'expliquer.
EURYALE. — Explique, explique, Arbate, avec toute licence
Ces soupirs, ces regards, et ce morne silence.
Je te permets ici de dire que l'amour
M'a rangé sous ses lois, et me brave à son tour;
Et je consens encor que tu me fasses honte
Des faiblesses d'un cœur qui souffre qu'on le dompte.
ARBATE. — Moi, vous blâmer, seigneur, des tendres mouvements
Où je vois qu'aujourd'hui penchent vos sentiments!
Le chagrin des vieux jours ne peut aigrir mon ame
Contre les doux transports de l'amoureuse flamme;
Et, bien que mon sort touche à ses derniers soleils,
Je dirai que l'amour sied bien à vos pareils,
Que ce tribut qu'on rend aux traits d'un beau visage
De la beauté d'une ame est un clair témoignage
Et qu'il est malaisé que, sans être amoureux,
Un jeune prince soit et grand et généreux.
C'est une qualité que j'aime en un monarque :
La tendresse du cœur est une grande marque
Que d'un prince à votre âge on peut tout présumer,
Dès qu'on voit que son ame est capable d'aimer.
Oui, cette passion, de toutes la plus belle,
Traîne dans un esprit cent vertus après elle;
Aux nobles actions elle pousse les cœurs,
Et tous les grands héros ont senti ses ardeurs.
Devant mes yeux, seigneur, a passé votre enfance,
Et j'ai de vos vertus vu fleurir l'espérance;
Mes regards observaient en vous des qualités
Où je reconnaissais le sang d'où vous sortez;
J'y découvrais un fonds d'esprit et de lumière;
J'y trouvais fort bien fait, l'air grand et l'ame fière :
Votre cœur, votre adresse, éclataient chaque jour;
Mais je m'inquiétais de ne point voir d'amour,
Et, puisque les langueurs d'une plaie invincible
Nous montrent que votre ame à ses traits est sensible,
Je triomphe; et mon cœur, d'allégresse rempli,
Vous regarde à présent comme un prince accompli.
EURYALE. — Si de l'amour un temps j'ai bravé la puissance,
Hélas! mon cher Arbate, il en prend bien vengeance;
Et, sachant dans quels maux mon cœur s'est abîmé,
Toi-même tu voudrais qu'il n'eût jamais aimé ;
Car enfin, vois le sort où mon astre me guide,
J'aime, j'aime ardemment la princesse d'Élide;
Et tu sais quel orgueil, sous des traits si charmants,
Arme contre l'amour ses jeunes sentiments,
Et comment elle fuit en cette illustre fête
Cette foule d'amants qui briguent sa conquête.
Ah! qu'il est bien peu vrai que ce qu'on doit aimer,
Aussitôt qu'on le voit prend droit de nous charmer,
Et qu'un premier coup d'œil allume en nous les flammes,

Où le ciel en naissant a destiné nos ames !
A mon retour d'Argos je passai en ces lieux,
Et ce passage offrit la princesse à mes yeux ;
Je vis tous les appas dont elle est revêtue,
Mais de l'œil dont on voit une belle statue ;
Leur brillante jeunesse observée à loisir
Ne porta dans mon ame aucun secret désir ;
Et d'Ithaque en repos je revis le rivage,
Sans m'en être en deux ans rappelé nulle image.
Un bruit vient cependant à répandre à ma cour
Le célèbre mépris qu'elle fait de l'amour,
On publie en tous lieux que son ame hautaine
Garde pour l'hyménée une invincible haine,
Et qu'un arc à la main, sur l'épaule un carquois,
Comme une autre Diane elle hante les bois,
N'aime rien que la chasse, et de toute la Grèce
Fait soupirer en vain l'héroïque jeunesse.
Admire nos esprits, et la fatalité !
Ce que n'avaient point fait sa vue et sa beauté,
Le bruit de ses fiertés en mon ame fit naître
Un transport inconnu dont je ne fus point maître :
Ce dédain si fameux eut des charmes secrets
A me faire avec soin rappeler tous ses traits ;
Et mon esprit, jetant de nouveaux yeux sur elle,
M'en refit une image et si noble et si belle,
Me peignit tant de gloire et de telles douceurs
A pouvoir triompher de toutes ses froideurs,
Que mon cœur, aux brillants d'une telle victoire,
Vit de sa liberté s'évanouir la gloire :
Contre une telle amorce il eut beau s'indigner,
Sa douceur sur mes sens prit tel droit de régner,
Qu'entraîné par l'effort d'une occulte puissance,
J'ai d'Ithaque en ces lieux fait voile en diligence ;
Et je couvre un effet de mes vœux enflammés
Du désir de paraître à ces jeux renommés
Où l'illustre Iphitas, père de la princesse,
Assemble la plupart des princes de la Grèce.

ARBATE. — Mais à quoi bon, seigneur, les soins que vous prenez ?
Et pourquoi ce secret où vous vous obstinez ?
Vous aimez, dites-vous, cette illustre princesse,
Et venez à ses yeux signaler votre adresse ;
Et nuls empressements, paroles ni soupirs,
Ne l'ont instruite encor de vos brûlants désirs !
Pour moi, je n'entends rien à cette politique
Qui ne veut point souffrir que votre cœur s'explique.
Et je ne sais quel fruit peut prétendre un amour
Qui fuit tous les moyens de se produire au jour.

EURYALE. — Et que ferais-je, Arbate, en déclarant ma peine,
Qu'attirer les dédains de cette ame hautaine,
Et me jeter au rang de ces princes soumis
Que le titre d'amants lui peint en ennemis ?
Tu vois les souverains de Messène et de Pyle
Lui faire de leurs cœurs un hommage inutile,
Et de l'éclat pompeux des plus grandes vertus
En appuyer en vain les respects assidus :
Ce rebut de leurs soins sous un triste silence
Retient de mon amour toute la violence ;
Je me tiens condamné dans ces rivaux fameux,
Et je lis mon arrêt au mépris qu'on fait d'eux.

ARBATE. — Et c'est dans ce mépris et dans cette humeur fière
Que votre ame à ses vœux doit voir plus de lumière

Puisque le sort vous donne à conquérir un cœur
Que défend seulement une simple froideur,
Et qui n'oppose point à l'ardeur qui vous presse
De quelque attachement l'invincible tendresse.
Un cœur préoccupé résiste puissamment :
Mais quand une ame est libre, on la force aisément;
Et toute la fierté de son indifférence
N'a rien dont ne triomphe un peu de patience.
Ne lui cachez donc plus le pouvoir de ses yeux,
Faites de votre flamme un éclat glorieux :
Et, bien loin de trembler de l'exemple des autres,
Du rebut de leurs vœux enflez l'espoir des vôtres.
Peut-être, pour toucher ses sévères appas,
Aurez-vous des secrets que ces princes n'ont pas;
Et, si de ses fiertés l'impérieux caprice
Ne vous fait éprouver un destin plus propice,
Au moins est-ce un bonheur, en ces extrémités,
Que de voir avec soi ses rivaux rebutés.

EURYALE. — J'aime à te voir presser cet aveu de ma flamme,
Combattant mes raisons, tu chatouilles mon ame ;
Et par ce que j'ai dit je voulais pressentir
Si de ce que j'ai fait tu pourrais m'applaudir.
Car enfin, puisqu'il faut t'en faire confidence,
On doit à la princesse expliquer mon silence;
Et peut-être, au moment où je t'en parle ici,
Le secret de mon cœur, Arbate, est éclairci.
Cette chasse où, pour fuir la foule qui l'adore,
Tu sais qu'elle est allée au lever de l'aurore,
Est le temps que Moron pour déclarer mon feu,
A pris.

ARBATE. — Moron, seigneur !

EURYALE. — Ce choix t'étonne un peu.
Par son titre de fou tu crois le bien connaître :
Mais sache qu'il l'est moins qu'il ne le veut paraître,
Et que, malgré l'emploi qn'il exerce aujourd'hui,
Il a plus de bon sens que tel qui rit de lui.
La princesse se plaît à ses bouffonneries :
Il s'en est fait aimer par cent plaisanteries,
Et peut, dans cet accès, dire et persuader
Ce que d'autres que lui n'oseraient hasarder
Je le vois propre enfin à ce que j'en souhaite ;
Il a pour moi, dit-il, une amitié parfaite,
Et veut, dans mes états ayant reçu le jour,
Contre tous mes rivaux appuyer mon amour.
Quelque argent mis en main pour soutenir ce zèle...

SCÈNE II. — EURYALE, ARBATE, MORON.

MORON, *derrière le théâtre.* — Au secours! Sauvez-moi de la bête cruelle!
EURYALE. — Je pense ouïr sa voix.

MORON, *derrière le théâtre.* — A moi, de grâce, à moi!
EURYALE. — C'est lui-même. Où court-il avec un tel effroi?

MORON, *entrant sans voir personne,*
Où pourrai-je éviter ce sanglier redoutable?
Grands dieux, préservez-moi de sa dent effroyable!
Je vous promets, pourvu qu'il ne m'attrape pas,
Quatre livres d'encens et deux veaux des plus gras.
(Rencontrant Euryale que, dans sa frayeur, il prend pour le sanglier qu'il évite.)
Ah! je suis mort.

EURYALE. — Qu'as-tu?

MORON. — Je vous croyais la bête
Dont à me diffamer j'ai vu la gueule prête,

Seigneur, et je ne puis revenir de ma peur.

EURYALE. — Qu'est-ce ?

MORON. — Oh! que la princesse est d'une étrange humeur.
Et qu'à suivre la chasse et ses extravagances
Il nous faut essuyer de sottes complaisances!
Quel diable de plaisir trouvent tous les chasseurs
De se voir exposés à mille et mille peurs?
Encore si c'était qu'on ne fût qu'à la chasse
Des lièvres, des lapins, et des jeunes daims, passe :
Ce sont des animaux d'un naturel fort doux,
Et qui prennent toujours la fuite devant nous;
Mais d'aller attaquer de ces bêtes vilaines
Qui n'ont aucun respect pour les faces humaines,
Et qui courent les gens qui les veulent courir,
C'est un sot passetemps que je ne puis souffrir.

EURYALE. — Dis-nous donc ce que c'est.

MORON. — Le pénible exercice
Où de notre princesse a volé le caprice!
J'en aurais bien juré qu'elle aurait fait le tour;
Et, la course des chars se faisant en ce jour,
Il fallait affecter ce contretemps de chasse
Pour mépriser ces jeux avec meilleure grâce :
Et faire voir... Mais chut. Achevons mon récit,
Et reprenons le fil de ce que j'avais dit.

EURYALE. — Tu parlais d'exercice pénible.

MORON. — Ah! oui. Succombant donc à ce travail horrible,
Car en chasseur fameux j'étais enharnaché,
Et dès le point du jour je m'étais découché,
Je me suis écarté de tous en galant homme;
Et, trouvant un lieu propre à dormir d'un bon somme,
J'essayais ma posture, et, m'ajustant bientôt,
Prenais déjà mon tour pour ronfler comme il faut,
Lorsqu'un murmure affreux m'a fait lever la vue;
Et j'ai d'un vieux buisson de la forêt touffue,
Vu sortir un sanglier d'une énorme grandeur
Pour...

EURYALE. — Qu'est-ce?

MORON. — Ce n'est rien. N'ayez point de frayeur :
Mais laissez-moi passer entre vous deux, pour cause,
Je serai mieux en main pour vous conter la chose.
J'ai donc vu ce sanglier qui, par nos gens chassé,
Avait, d'un air affreux tout son poil hérissé;
Ses deux yeux flamboyants ne lançaient que menace;
Et sa gueule faisait une laide grimace,
Qui, parmi de l'écume, à qui l'osait presser
Montrait de certains crocs... je vous laisse à penser.
A ce terrible aspect, j'ai ramassé mes armes.
Mais le faux animal, sans en prendre d'alarmes,
Est venu droit à moi qui ne lui disais mot.

ARBATE. — Et tu l'as de pied ferme attendu

MORON. — Quelque sot...
j'ai jeté tout par terre, et couru comme quatre,

ARBATE. — Fuir devant un sanglier, ayant de quoi l'abattre!
Ce trait, Moron, n'est pas généreux.

MORON. — J'y consens ;
Il n'est pas généreux, mais il est de bon sens.

ARBATE. — Mais par quelques exploits si l'on ne s'éternise.

MORON. — Je suis votre valet. J'aime mieux que l'on dise,
C'est ici qu'en fuyant, sans se faire prier,
Moron sauva ses jours des fureurs d'un sanglier ;
Que si l'on y disait : Voilà l'illustre place

Où le brave Moron', d'une héroïque audace
Affrontant d'un sanglier l'impétueux effort,
Par un coup de ses dents vit terminer sont sort.
ARBATE. — Fort bien.
    MORON. — Oui, j'aime mieux, n'en déplaise à la gloire,
Vivre au monde deux jours que mille ans dans l'histoire.
EURYALE. — En effet, ton trépas fâcherait tes amis.
Mais, si de ta frayeur ton esprit est remis,
Puis-je te demander si du feu qui me brûle...?
MORON. — Il ne faut pas, seigneur, que je vous dissimule;
Je n'ai rien fait encor, et n'ai point rencontré
De temps pour lui parler qui fût selon mon gré.
L'office de bouffon a des prérogatives;
Mais souvent on rabat nos libres tentatives.
Le discours de vos feux est un peu délicat,
Et c'est chez la princesse une affaire d'état.
Vous savez de quel titre elle se glorifie,
Et qu'elle a dans la tête une philosophie,
Qui déclare la guerre au conjugal lien,
Et vous traite l'amour de déité de rien.
Pour n'effaroucher point son humeur de tigresse,
Il me faut manier la chose avec adresse;
Car on doit regarder comme l'on parle aux grands,
Et vous êtes parfois d'assez fâcheuses gens.
Laissez-moi doucement conduire cette trame.
Je me sens là pour vous un zèle tout de flamme;
Vous êtes né mon prince, et quelques autres nœuds
Pourraient contribuer au bien que je vous veux.
Ma mère, dans son temps, passait pour assez belle,
Et naturellement n'était pas fort cruelle;
Feu votre père alors, ce prince généreux,
Sur la galanterie était fort dangereux;
Et je sais qu'Elpénor, qu'on appelait mon père,
A cause qu'il était le mari de ma mère,
Contait pour grand honneur aux pasteurs d'aujourd'hui
Que le prince autrefois était venu chez lui,
Et que, durant ce temps, il avait l'avantage
De se voir salué de tous ceux du village.
Baste : quoi qu'il en soit, je veux par mes travaux...
Mais voici la princesse et deux de nos rivaux.

SCÈNE III. — LA PRINCESSE, AGLANTE, CYNTHIE, ARISTOMÈNE, THÉOCLE,
    EURYALE, PHILIS, ARBATE, MORON.

ARISTOMÈNE. — Reprochez-vous, madame, à nos justes alarmes
Ce péril dont tous deux avons sauvé vos charmes?
J'aurais pensé, pour moi, qu'abattre sous nos coups
Ce sanglier qui portait sa fureur jusqu'à vous,
Etait une aventure, ignorant votre chasse,
Dont à nos bons destins nous dussions rendre grâce,
Mais à cette froideur je connais clairement
Que je dois concevoir un autre sentiment,
Et quereller du sort la fatale puissance,
Qui me fait avoir part à ce qui vous offense.
THÉOCLE. — Pour moi, je tiens, madame, à sensible bonheur
L'action où pour vous a volé tout mon cœur,
Et ne puis consentir, malgré votre murmure,
A quereller le sort d'une telle aventure.
D'un objet odieux je sais que tout déplaît;
Mais, dût votre courroux être plus grand qu'il n'est,
C'est extrême plaisir, quand l'amour est extrême,
De pouvoir d'un péril affranchir ce qu'on aime.

LA PRINCESSE. — Et pensez-vous, seigneur, puisqu'il me faut parler;
  Qu'il eût eu, ce péril, de quoi tant m'ébranler ;
  Que l'arc et que le dard, pour moi si pleins de charm
  Ne soient entre mes mains que d'inutiles armes,
  Et que je fasse enfin mes plus fréquents emplois
  De parcourir nos monts, nos plaines et nos bois,
  Pour n'oser en chassant concevoir l'espérance
  De suffire moi seule à ma propre défense ?
  Certes, avec le temps j'aurais bien profité
  De ces soins assidus dont je fais vanité,
  S'il fallait que mon bras, dans une telle quête,
  Ne pût pas triompher d'une chétive bête !
  Du moins, si, pour prétendre à de sensibles coups,
  Le commun de mon sexe est trop mal avec vous,
  D'un étage plus haut accordez-moi la gloire,
  Et me faites tous deux cette grâce de croire,
  Seigneurs, que, quel que fût le sanglier d'aujourd'hui,
  J'en ai mis bas sans vous le plus méchant que lui.
THÉOCLE. — Mais, madame...
      LA PRINCESSE. — Hé bien ! soit. Je vois que votre envie
  Est de persuader que je vous dois la vie ;
  J'y consens. Oui, sans vous c'était fait de mes jours.
  Je rends de tout mon cœur grâce à ce grand secours,
  Et je vais de ce pas au prince pour lui dire
  Les bontés que pour moi votre amour vous inspire.

SCÈNE IV. — EURYALE, ARBATE, MORON.

MORON. — Eh ! a-t-on jamais vu de plus farouche esprit ?
  De ce vilain sanglier l'heureux trépas l'aigrit.
  Oh ! comme volontiers j'aurais d'un beau salaire
  Récompensé tantôt qui m'en eût su défaire !
ARBATE à Euryale, — Je vous vois tout pensif, seigneur, de ses dédains
  Mais ils n'ont rien qui doive empêcher vos desseins.
  Son heure doit venir, et c'est à vous, possible,
  Qu'est réservé l'honneur de la rendre sensible.
MORON. Il faut qu'avant la course elle apprenne vos feux ;
  Et je...
EURYALE. — Non. Ce n'est plus, Moron, ce que je veux ;
  Garde-toi de rien dire et me laisse un peu faire :
  J'ai résolu de prendre un chemin tout contraire.
  Je vois trop que son cœur s'obstine à dédaigner
  Tous ces profonds respects qui pensent la gagner ;
  Et le Dieu, qui m'engage à soupirer pour elle,
  M'inspire pour la vaincre une adresse nouvelle.
  Oui, c'est lui d'où me vient ce soudain mouvement,
  Et j'en attends de lui l'heureux évènement.
ARBATE. — Peut-on savoir, seigneur, par où votre espérance... ?
EURYALE. — Tu le vas voir. Allons, et garde le silence.

PREMIER INTERMÈDE.

SCÈNE PREMIÈRE.

MORON. — Jusqu'au revoir ; pour moi je reste ici, et j'ai une petite conversation à faire avec ces arbres et ces rochers.
  Bois, prés, fontaines, fleurs, qui voyent mon teint blême,
   Si vous ne le savez, je vous apprends que j'aime.
      Philis est l'objet charmant
      Qui tient mon cœur à l'attache ;
      Et je devins son amant,
      La voyant traire une vache.
Ses doigts tout pleins de lait, et plus blancs mille fois,
Pressaient les bouts du pis d'une grâce admirable.

Ouf! cette idée est capable
De me réduire aux abois.
   Ah! Philis! Philis! Philis!

SCÈNE II. — MORON, UN ÉCHO.

L'ÉCHO. — Philis!
MORON. — Ah!
L'ÉCHO. — Ah!
MORON. — Hem
L'ÉCHO. — Hem.
MORON. — Ha, ha.
L'ÉCHO. — ha.
MORON. — Hi, hi.
L'ÉCHO. — Hi.
MORON. — Oh!
L'ÉCHO. — Oh!
MORON. — Oh!
L'ÉCHO. — Oh!
MORON. — Voilà un écho qui est boufton.
L'ÉCHO. — On.
MORON. — Hon.
L'ÉCHO. — Hon.
MORON. — Ah!
L'ECHO. — Ah!
MORON. — Hu.
L'ÉCHO. — Hu.
MORON. — Voilà un écho qui est bouffon.

SCÈNE III.

MORON, *apercevant un ours qui vient à lui.* — Ah! monsieur l'ours, je suis votre serviteur de tout mon cœur. De grâce, épargnez-moi; je vous assure que je ne vaux rien du tout à manger, je n'ai que la peau et les os, et je vois de certaines gens là-bas qui seraient bien mieux votre affaire. Hé, hé, hé, monseigneur, tout doux, s'il vous plaît (*Il caresse l'ours, et tremble de frayeur.*) La, la, la, la. Ah! monseigneur, que votre altesse est jolie et bien faite! Elle a tout a fait l'air galant, et la taille la plus mignonne du monde. Ah, beau poil, belle tête, beaux yeux brillants et bien fendus! Ah! beau petit nez! belle petite bouche! petites quenottes jolies! Ah! belle gorge! belles petites menottes! petits ongles bienfaits. (*L'ours se lève sur ses pattes de derriere.*) A l'aide! au secours! je suis mort! miséricorde! Pauvre Moron! Ah! mon dieu! Hé! vite! à moi! je suis perdu!   (*Moron monte sur un arbre.*)

SCÈNE IV. — MORON, CHASSEURS.

MORON, *monté sur un arbre, aux chasseurs.*) — Hé messieurs, ayez pitié de moi. (*Les chasseurs combattent l'ours.*) Bon, messieurs, tuez-moi ce vilain animal-là. O ciel, daigne les assister! Bon! le voilà qui fuit. Le voilà qui s'arrête, et qui se jette sur eux. Bon! en voilà un qui vient de lui donner un coup dans la gueule. Les voilà tous à l'entour de lui. Courage, ferme, allons, mes amis! Bon! poussez fort! Encore! Ah! le voilà qui est à terre, c'en est fait, il est mort. Descendons maintenant pour lui donner cent coups. (*Moron descend de l'arbre.*) Serviteur, messieurs; je vous rends grâce de m'avoir délivré de cette bête. Maintenant que vous l'avez tuée, je m'en vais l'achever, et en triompher avec vous.   (*Moron donne mille coups à l'ours qui est mort.*)

ENTRÉE DE BALLET.

Les chasseurs dansent pour témoigner leur joie d'avoir remporté la victoire.

FIN DU PREMIER ACTE.

ACTE II.
SCÈNE PREMIÈRE.
LA PRINCESSE, AGLANTE, CYNTHIE, PHILIS.

LA PRINCESSE. — Oui, j'aime à demeurer dans ces paisibles lieux,
 On n'y découvre rien qui n'enchante les yeux,
 Et de tous nos palais la savante structure
 Cède aux simples beautés qu'y forme la nature.
 Ces arbres, ces rochers, cette eau, ces gazons frais,
 Ont pour moi des appas à ne lasser jamais.
AGLANTE. — Je chéris, comme vous, ces retraites tranquilles,
 Où l'on se vient sauver de l'embarras des villes:
 De mille objets charmants ces lieux sont embellis?
 Et ce qui doit surprendre est qu'aux portes d'Élis
 La douce passion de fuir la multitude
 Rencontre une si belle et vaste solitude.
 Mais, à vous dire vrai, dans ces jours éclatants,
 Vos retraites ici me semblent hors du temps;
 Et c'est fort mal traiter l'appareil magnifique
 Que chaque prince a fait pour la fête publique.
 Ce spectacle pompeux de la course des chars
 Devrait bien mériter l'honneur de vos regards.
LA PRINCESSE. — Quel droit ont-ils chacun d'y vouloir ma présence?
 Et que dois-je, après tout, à leur magnificence?
 Ce sont soins que produit l'ardeur de m'acquérir,
 Et mon cœur est le prix qu'il veulent tous courir.
 Mais, quelque espoir qui flatte un projet de la sorte
 Je me tromperai fort, si pas un d'eux l'emporte.
CYNTHIE. — Jusques à quand ce cœur veut-il s'effaroucher
 Des innocents desseins qu'on a de le toucher,
 Et regarder les soins que pour vous on se donne
 Comme autant d'attentats contre votre personne?
 Je sais qu'en défendant le parti de l'amour
 On s'expose chez vous à faire mal sa cour :
 Mais ce que par le sang j'ai l'honneur de vous être
 S'oppose aux duretés que vous faites paraître ;
 Et je ne puis nourrir d'un flatteur entretien
 Vos résolutions de n'aimer jamais rien.
 Est-il rien de plus beau que l'innocente flamme
 Qu'un mérite éclatant allume dans une ame?
 Et serait-ce un bonheur de respirer le jour,
 Si d'entre les mortels on bannissait l'amour!
 Non, non, tous les plaisirs se goûtent à le suivre ;
 Et vivre sans aimer n'est pas proprement vivre. (1)
AGLANTE — Pour moi, je tiens que cette passion est la plus agréable affaire
de la vie ; qu'il est nécessaire d'aimer pour vivre heureusement ; et que tous les
plaisirs sont fades, s'il ne s'y mêle un peu d'amour.
LA PRINCESSE. — Pouvez-vous bien toutes deux, étant ce que vous êtes,
prononcer ces paroles? et ne devez-vous pas rougir d'appuyer une passion qui
n'est qu'erreur, que faiblesse et emportement, et dont tous les désordres ont
tant de répugnance avec la gloire de notre sexe ! J'en prétends soutenir l'honneur jusqu'au dernier moment de ma vie, et ne veux point du tout me commettre à ces gens qui font les esclaves auprès de nous pour devenir un jour
nos tyran   Toutes ces larmes, tous ces soupirs, tous ces hommages, tous
ces respects, sont des embûches qu'on tend à notre cœur, et qui souvent l'en-
gagent à commettre des lâchetés. Pour moi, quand je regarde certains exem-

(1) Le dessein de l'auteur était de traiter toute la comédie en vers ; mais un commandement du roi, qui pressait cette affaire, l'obligea de continuer le reste en prose, et
de passer légèrement sur plusieurs scènes, qu'il aurait étendues davantage s'il avait eu
plus de loisir.

ples et les bassesses épouvantables où cette passion ravale les personnes sur qui elle étend sa puissance, je sens tout mon cœur qui s'émeut ; et je ne puis souffrir qu'une ame qui fait profession d'un peu de fierté ne trouve pas une honte horrible à de telles faiblesses.

CYNTHIE.—Hé ! madame, il est de certaines faiblesses qui ne sont point honteuses, et qu'il est beau même d'avoir dans les plus hauts degrés de gloire. J'espère que vous changerez un jour de pensée ; et, s'il plait au ciel, nous verrons votre cœur, avant qu'il soit peu...

LA PRINCESSE. — Arrêtez, n'achevez pas ce souhait étrange : j'ai une horreur trop invincible pour ces sortes d'abaissements ; et, si jamais j'étais capable d'y descendre, je serais personne, sans doute, à ne me le point pardonner.

AGLANTE. — Prenez garde, madame : l'amour sait se venger des mépris que l'on fait de lui ; et peut être...

LA PRINCESSE.—Non, non, je brave tous ses traits ; et le grand pouvoir qu'on lui donne n'est rien qu'une chimère et qu'une excuse des faibles cœurs, qui le font invincible pour autoriser leur faiblesse.

CYNTHIE. — Mais enfin toute la terre reconnaît sa puissance, et vous voyez que les dieux mêmes sont assujétis à son empire. On nous fait voir que Jupiter n'a pas aimé pour une fois, et que Diane même, dont vous affectez tant l'exemple, n'a pas rougi de pousser des soupirs d'amour.

LA PRINCESSE. — Les croyances publiques sont toujours mêlées d'erreurs. Les dieux ne sont point faits comme les fait le vulgaire ; et c'est leur manquer de respect que de leur attribuer les faiblesses des hommes.

SCÈNE II.

LA PRINCESSE, AGLANTE, CYNTHIE, PHILIS, MORON.

AGLANTE. — Viens, approche, Moron ; viens nous aider à défendre l'amour contre les sentiments de la princesse.

LA PRINCESSE. — Voilà votre parti fortifié d'un grand défenseur !

MORON. Ma foi, madame, je crois qu'après mon exemple il n'y a plus rien à dire, et qu'il ne faut plus mettre en doute le pouvoir de l'amour. J'ai bravé ses armes assez longtemps, et fait de mon drôle comme un autre ; mais enfin ma fierté a baissé l'oreille, et vous avez une traîtresse (*il montre Philis*) qui m'a rendu plus doux qu'un agneau. Après cela on ne doit plus faire aucun scrupule d'aimer ; et puisque j'ai bien passé par là, il peut bien y en passer d'autres.

CYNTHIE. — Quoi ! Moron se mêle d'aimer !

MORON. — Fort bien.

CYNTHIE. — Et de vouloir être aimé !

MORON. — Et pourquoi non ? Est-ce qu'on n'est pas assez bien fait pour cela ? Je pense que ce visage est assez passable, et que pour le bel air, dieu merci, nous ne le cédons à personne.

CYNTHIE. — Sans doute, on aurait tort...

SCÈNE III.

LA PRINCESSE, AGLANTE, CYNTHIE, PHILIS, MORON, LYCAS.

LYCAS. — Madame, le prince votre père vient vous trouver ici, et conduit avec lui les princes de Pyle et d'Ithaque et celui de Messène.

LA PRINCESSE — O ciel ! que prétend-il faire en me les amenant ? aurait-il résolu ma perte ? et voudrait-il bien me forcer au choix de quelqu'un d'eux ?

SCÈNE IV.

IPHITAS, EURYALE, ARISTOMÈNE, THÉOCLE, LA PRINCESSE, AGLANTE, CYNTHIE, PHILIS, MORON.

LA PRINCESSE, *à Iphitas*. — Seigneur, je vous demande la licence de prévenir par deux paroles la déclaration des pensées que vous pouvez avoir.. Il y a deux vérités, seigneur, aussi constantes l'une que l'autre, et dont je puis vous assurer également : l'une, que vous avez un absolu pouvoir sur moi, et que vous ne sauriez m'ordonner rien où je ne réponde aussitôt par une obéissance aveugle ; l'autre, que je regarde l'hyménée ainsi que le trépas, et qu'il m'est impossible de forcer cette aversion naturelle. Me donner un mari, et me donner la mort, c'est une même chose ; mais votre volonté va la première, et mon obéissance m'est bien plus chère que ma vie. Après cela, parlez, seigneur ; prononcez librement ce que vous voulez.

IPHITAS. — Ma fille, tu as tort de prendre de telles alarmes ; et je me plains de toi qui peux mettre dans ta pensée que je sois assez mauvais père pour vouloir faire violence à tes sentiments et me servir tyranniquement de la puissance que le ciel me donne sur toi. Je souhaite, à la vérité, que ton cœur puisse aimer quelqu'un. Tous mes vœux seraient satisfaits, si cela pouvait arriver ; et je ne propose les fêtes et les jeux que je fais célébrer ici qu'afin d'y pouvoir attirer tout ce que la Grèce a d'illustre, et que parmi cette noble jeunesse tu puisses enfin rencontrer où arrêter tes yeux et déterminer tes pensées. Je ne demande, dis-je, autre bonheur que celui de te voir un époux. J'ai, pour obtenir cette grâce, fait encore ce matin un sacrifice à Vénus ; et si je sais bien expliquer le langage des cieux, elle m'a promis un miracle. Mais, quoi qu'il en soit, je veux en user avec toi en père qui chérit sa fille. Si tu trouves où attacher tes vœux, ton choix sera le mien, et je ne considérerai ni intérêt d'état ni avantages d'alliance ; si ton cœur demeure insensible, je n'entreprendrai point de le forcer ; mais au moins sois complaisante aux civilités qu'on te rend , et ne m'oblige point à faire les excuses de ta froideur ; traite ces princes avec l'estime que tu leur dois ; reçois avec reconnaissance les témoignages de leur zèle, et viens voir cette course où leur adresse va paraître.

THÉOCLE, *à la princesse*. — Tout le monde va faire des efforts pour remporter le prix de cette course ; mais, à vous dire vrai, j'ai peu d'ardeur pour la victoire, puisque ce n'est pas votre cœur qu'on y doit disputer.

ARISTOMÈNE. — Pour moi, madame, vous êtes le seul prix que je me propose partout. C'est vous que je crois disputer dans ces combats d'adresse ; et je n'aspire maintenant à remporter l'honneur de cette course que pour obtenir un degré de gloire qui m'approche de votre cœur.

EURYALE. — Pour moi, madame, je n'y vais point du tout avec cette pensée. Comme j'ai fait toute ma vie profession de ne rien aimer, tous les soins que je prends ne vont point où tendent les autres Je n'ai aucune prétention sur votre cœur, et le seul honneur de la course est tout l'avantage où j'aspire.

SCÈNE V. — LA PRINCESSE, AGLANTE, CYNTHIE, PHILIS, MORON.

LA PRINCESSE. — D'où sort cette fierté où l'on ne s'attendait point ? Princesses, que dites-vous de ce jeune prince ? Avez-vous remarqué de quel ton il l'a pris ?

AGLANTE. — Il est vrai que cela est un peu fier.

MORON, *à part*. — Ah ! quelle brave botte il vient là de lui porter !

LA PRINCESSE. — Ne trouvez-vous pas qu'il y aurait plaisir d'abaisser son orgueil, et de soumettre un peu ce cœur qui tranche tant du brave ?

CYNTHIE. — Comme vous êtes accoutumée à ne jamais recevoir que des hommages et des adorations de tout le monde, un compliment pareil au sien doit vous surprendre, à la vérité.

LA PRINCESSE. — Je vous avoue que cela m'a donné de l'émotion, et que je souhaiterais fort de trouver les moyens de châtier cette hauteur. Je n'avais pas beaucoup d'envie de me trouver à cette course ; mais j'y veux aller exprès, et employer toute chose pour lui donner de l'amour.

CYNTHIE. — Prenez garde, madame : l'entreprise est périlleuse ; et lorsqu'on veut donner de l'amour, on court risque d'en recevoir.

LA PRINCESSE. — Ah ! n'appréhendez rien, je vous prie. Allons, je vous réponds de moi.

SECOND INTERMÈDE

SCÈNE PREMIÈRE. — PHILIS, MORON.

MORON. — Philis, demeure ici.

PHILIS. — Non, laisse-moi suivre les autres.

MORON. — Ah ! cruelle, si c'était Tircis qui t'en priât, tu demeurerais bien vite.

PHILIS. — Cela se pourrait faire : et je demeure d'accord que je trouve bien mieux mon compte avec l'un qu'avec l'autre ; car il me divertit avec sa voix, et toi, tu m'étourdis de ton caquet. Lorsque tu chanteras aussi bien que lui, je te promets de t'écouter.

MORON. — Hé ! demeure un peu.

PHILIS. — Je ne saurais.

MORON. — De grâce!

PHILIS. — Point, te dis-je.

MORON, *retenant Philis*. — Je ne te laisserai point aller...

PHILIS. — Ah! que de façons!

MORON. — Je ne demande qu'un moment à être avec toi.

PHILIS. — Hé bien! oui, j'y demeurerai, pourvu que tu me promettes une chose.

MORON. — Et quelle?

PHILIS. — De ne me parler point du tout.

MORON. — Hé! Philis!

PHILIS. — A moins que de cela, je ne demeurerai point avec toi.

MORON. — Veux-tu me...?

PHILIS. — Laisse-moi aller.

MORON. — Hé bien! oui, demeure : je ne te dirai mot.

PHILIS. — Prends-y bien garde au moins; car, à la moindre parole, je prends fuite.

MORON. — Soit. (*Après avoir fait une scène de gestes.*) Ah! Philis!... Hé!...

SCÈNE II. — MORON, seul.

Elle s'enfuit, et je ne saurais l'attraper. Voilà ce que c'est : si je savais chanter, j'en ferais bien mieux mes affaires. La plupart des femmes aujourd'hui se laissent prendre par les oreilles : elles sont cause que tout le monde se mêle de musique, et l'on ne réussit auprès d'elles que par les petites chansons et les petits vers que l'on fait entendre. Il faut que j'apprenne à chanter pour faire comme les autres. Bon! voici justement mon homme.

SCÈNE III. — UN SATYRE, MORON.

LE SATYRE *chante*. — La, la, la.

MORON. — Ah! Satyre, mon ami, tu sais bien ce que tu m'as promis il y a longtemps; apprends-moi à chanter, je te prie.

LE SATYRE, *en chantant*. — Je le veux. Mais auparavant écoute une chanson que je viens de faire.

MORON, *bas, à part*. — Il est si accoutumé à chanter qu'il ne saurait parler d'autre façon. (*Haut.*) Allons, chante, j'écoute.

LE SATYRE *chante*. — Je portais...

MORON. — Une chanson, dis-tu?

LE SATYRE. — Je port...

MORON. — Une chanson à chanter.

LE SATYRE. — Je port...

MORON. — Chanson amoureuse? Peste!

LE SATYRE. — Je portais dans une cage
    Deux moineaux que j'avais pris,
    Lorsque la jeune Chloris
    Fit, dans un sombre bocage,
    Briller à mes yeux surpris
    Les fleurs de son beau visage.
Hélas! dis-je aux moineaux en recevant les coups
De ces yeux si savants à faire des conquêtes,
    Consolez-vous, pauvres petites bêtes,
Celui qui vous a pris est bien plus pris que vous.

(*Moron demande au Satyre une chanson plus passionnée, et le prie de lui dire celle qu'il avait ouï chanter quelques jours auparavant.*)

LE SATYRE *chante*. — Dans vos chants si doux
    Chantez à ma belle,
    Oiseaux, chantez tous
    Ma peine mortelle :
    Mais si la cruelle
    Se met en courroux
    Au récit fidèle
    Des maux que je sens
    Oiseaux, taisez-vous.

MORON. — Ah! quelle est belle! Apprends-la-moi.

LE SATYRE. — La, la, la, la.
MORON. — La, la, la, la.
LE SATYRE. — Fa, fa, fa, fa.
MORON. — Fat, toi-même.

ENTRÉE DE BALLET.

Le Satyre en colère menace Moron, et plusieurs Satyres dansent une entrée plaisante.

FIN DU SECOND ACTE.

ACTE III.

SCENE PREMIÈRE.

LA PRINCESSE, AGLANTE, CYNTHIE, PHILIS.

CYNTHIE. — Il est vrai, madame, que ce jeune prince a fait voir une adresse non commune, et que l'air dont il a paru a été quelque chose de surprenant. Il sort vainqueur de cette course ; mais je doute fort qu'il en sorte avec le même cœur qu'il y a porté ; car enfin vous lui avez tiré des traits dont il est difficile de se défendre ; et, sans parler de tout le reste, la grâce de votre danse et la douceur de votre voix ont eu des charmes aujourd'hui à toucher les plus insensibles.

LA PRINCESSE. — Le voici qui s'entretient avec Moron : nous saurons un peu de quoi il lui parle. Ne rompons point encore leur entretien, et prenons cette route pour revenir à leur rencontre.

SCÈNE. II. — EURYALE, ARBATE, MORON.

EURYALE. — Ah ! Moron, je te l'avoue, j'ai été enchanté, et jamais tant de charmes n'ont frappé tout ensemble mes yeux et mes oreilles. Elle est adorable en tout temps, il est vrai ; mais ce moment l'a emporté sur tous les autres, et des grâces nouvelles ont redoublé l'éclat de ses beautés. Jamais son visage ne s'est paré des plus vives couleurs, ni ses yeux ne se sont armés de traits plus perçants. La douceur de sa voix a voulu se faire paraître dans un air tout charmant qu'elle a daigné chanter ; et les sons merveilleux qu'elle formait passaient jusqu'au fond de mon ame, et tenaient tous mes sens dans un ravissement à ne pouvoir en revenir. Elle a fait éclater ensuite une disposition toute divine ; et ses pieds amoureux sur l'émail d'un tendre gazon traçaient d'aimables caractères qui m'enlevaient hors de moi-même, et m'attachaient par des nœuds invincibles aux doux et justes mouvements, dont tout son corps suivait les mouvements de l'harmonie. Enfin jamais ame n'a eu de plus puissantes émotions que la mienne ; et j'ai pensé plus de vingt fois oublier ma résolution pour me jeter à ses pieds, et lui faire un aveu sincère de l'ardeur que je sens pour elle.

MORON. — Donnez-vous en bien de garde, seigneur, si vous m'en voulez croire. Vous avez trouvé la meilleure invention du monde ; et je me trompe fort si elle ne vous réussit. Les femmes sont des animaux d'un naturel bizarre ; nous les gâtons par nos douceurs ; et je crois tout de bon que nous les verrions nous courir, sans tous ces respects et ces soumissions où les hommes les acoquinent.

ARBATE. — Seigneur, voici la princesse qui s'est un peu éloignée de sa suite.

MORON. — Demeurez ferme au moins dans le chemin que vous avez pris ; je m'en vais voir ce qu'elle me dira. Cependant promenez-vous ici dans ces petites routes, sans faire aucun semblant d'avoir envie de la joindre ; et, si vous l'abordez, demeurez avec elle le moins qu'il vous sera possible.

SCÈNE III. — LA PRINCESSE, MORON.

LA PRINCESSE. — Tu as donc familiarité, Moron, avec le prince d'Ithaque ?

MORON. — Ah ! madame, il y a longtemps que nous nous connaissons.

LA PRINCESSE. — D'où vient qu'il n'est pas venu jusqu'ici, et qu'il a pris cette autre route quand il m'a vue ?

MOLIÈRE. 18

MORON. — C'est un homme bizarre, qui ne se plaît qu'à entretenir se pensées.

LA PRINCESSE. — Étais-tu tantôt au compliment qu'il m'a fait?

MORON. — Oui, madame, j'y étais; et je l'ai trouvé un peu impertinent, n'en déplaise à sa principauté.

LA PRINCESSE. — Pour moi, je le confesse, Moron, cette fuite m'a choquée; et j'ai toutes les envies du monde de l'engager, pour rabattre un peu son orgueil.

MORON. — Ma foi, madame, vous ne feriez pas mal; il le mériterait bien : mais, à vous dire vrai, je doute fort que vous puissiez réussir.

LA PRINCESSE. — Comment!

MORON. — Comment! c'est le plus orgueilleux petit vilain que vous ayez jamais vu. Il lui semble qu'il n'y a personne au monde qui le mérite, et que la terre n'est pas digne de le porter.

LA PRINCESSE. — Mais encore n'a-t-il point parlé de moi?

MORON. — Lui? non.

LA PRINCESSE. — Il ne t'a rien dit de ma voix et de ma danse?

MORON. — Pas le moindre mot.

LA PRINCESSE. — Certes, ce mépris est choquant, et je ne puis souffrir cette hauteur étrange de ne rien estimer.

MORON. — Il n'estime et n'aime que lui.

LA PRINCESSE. — Il n'y a rien que je ne fasse pour le soumettre comme il faut.

MORON. — Nous n'avons point de marbre dans nos montagnes qui soit plus dur et plus insensible que lui.

LA PRINCESSE. — Le voilà.

MORON. — Voyez-vous comme il passe sans prendre garde à vous?

LA PRINCESSE. — De grâce, Moron, va le faire aviser que je suis ici, et l'oblige à me venir aborder.

SCÈNE IV. — LA PRINCESSE, EURYALE, ARBATE, MORON.

MORON, *allant au-devant d'Euryale, et lui parlant bas.* — Seigneur, je vous donne avis que tout va bien. La princesse souhaite que vous l'abordiez; mais songez bien à continuer votre rôle; et, de peur de l'oublier, ne soyez pas longtemps avec elle.

LA PRINCESSE. — Vous êtes bien solitaire, seigneur; et c'est une humeur bien extraordinaire que la vôtre de renoncer ainsi à notre sexe, et de fuir à votre âge cette galanterie dont se piquent tous vos pareils.

EURYALE. — Cette humeur, madame, n'est pas si extraordinaire qu'on n'en trouvât des exemples sans aller loin d'ici; et vous ne sauriez condamner la résolution que j'ai prise de n'aimer jamais rien, sans condamner aussi vos sentiments.

LA PRINCESSE. — Il y a grande différence : et ce qui sied bien à un sexe ne sied pas bien à l'autre. Il est beau qu'une femme soit insensible, et conserve son cœur exempt des flammes de l'amour : mais ce qui est vertu en elle, devient crime dans un homme; et comme la beauté est le partage de notre sexe, vous ne sauriez ne nous point aimer sans nous dérober les hommages qui nous sont dus, et commettre une offense dont nous devons nous ressentir.

EURYALE. — Je ne vois pas, madame, que celles qui ne veulent point aimer, doivent prendre aucun intérêt à ces sortes d'offenses.

LA PRINCESSE. — Ce n'est pas une raison, seigneur; et, sans vouloir aimer, on est toujours bien aise d'être aimée.

EURYALE. — Pour moi, je ne suis pas de même : et, dans le dessein où je suis de ne rien aimer, je serais fâché d'être aimé.

LA PRINCESSE. — Et la raison?

EURYALE. — C'est qu'on a obligation à ceux qui nous aiment, et que je serais fâché d'être ingrat.

LA PRINCESSE. — Si bien donc que, pour fuir l'ingratitude, vous aimeriez qui vous aimerait.

EURYALE. — Moi, madame, point du tout. Je dis bien que je serais fâché d'être ingrat; mais je me résoudrais plutôt de l'être que d'aimer.

LA PRINCESSE, — Telle personne vous aimerait peut-être, que votre cœur...

EURYALE. — Non, madame, rien n'est capable de toucher mon cœur. La liberté est la seule maîtresse à qui je consacre mes vœux; et quand le ciel emploierait ses soins à composer une beauté parfaite, quand il assemblerait en elle tous les dons les plus merveilleux et du corps et de l'ame, enfin quand il exposerait à mes yeux un miracle d'esprit, d'adresse et de beauté, et que cette personne m'aimerait avec toutes les tendresses imaginables; je vous l'avoue franchement, je ne l'aimerais pas.

LA PRINCESSE, à part. — A-t-on jamais vu rien de tel!

MORON, à la princesse. — Peste soit du petit brutal! J'aurai bien envie de lui bailler un coup de poing.

LA PRINCESSE, à part. — Cet orgueil me confond, et j'ai un tel dépit, que je ne me sens pas.

MORON, bas, au prince. — Bon! courage, seigneur! Voilà qui va le mieux du monde.

EURYALE, bas, à Moron. — Ah! Moron, je n'en puis plus, et je me suis fait des efforts étranges.

LA PRINCESSE, à Euryale. — C'est avoir une insensibilité bien grande, que de parler comme vous faites.

EURYALE.—Le ciel ne m'a pas fait d'une autre humeur. Mais, madame, j'interromps votre promenade, et mon respect doit m'avertir que vous aimez la solitude.

SCÈNE V. — LA PRINCESSE, MORON.

MORON. — Il ne vous en doit rien, madame, en dureté de cœur.

LA PRINCESSE. — Je donnerais volontiers tout ce que j'ai au monde pour avoir l'avantage d'en triompher.

MORON. — Je le crois.

LA PRINCESSE. — Ne pourrais-tu, Moron, me servir dans un tel dessein.

MORON. — Vous savez bien, madame, que je suis tout à votre service.

LA PRINCESSE. —Parle-lui de moi dans tes entretiens, vante-lui adroitement ma personne et les avantages de ma naissance, et tâche d'ébranler ses sentiments par la douceur de quelque espoir. Je te permets de dire tout ce que tu voudras pour tâcher à me l'engager.

MORON. — Laissez-moi faire.

LA PRINCESSE. —C'est une chose qui me tient au cœur. Je souhaite ardemment qu'il m'aime.

MORON. — Il est bien fait, oui, ce petit pendard-là; il a bon air, bonne physionomie; et je crois qu'il serait assez le fait d'une jeune princesse.

LA PRINCESSE. — Enfin tu peux tout espérer de moi, si tu trouves moyen d'enflammer pour moi son cœur.

MORON. —Il n'y a rien qui ne se puisse faire. Mais, madame, s'il venait à vous aimer, que feriez-vous, s'il vous plaît?

LA PRINCESSE. — Ah! ce serait lors que je prendrais plaisir à triompher pleinement de sa vanité, à punir son mépris par mes froideurs, et à exercer sur lui toutes les cruautés que je pourrais imaginer.

MORON. — Il ne se rendra jamais.

LA PRINCESSE. — Ah! Moron, il faut faire en sorte qu'il se rende.

MORON. — Non, il n'en fera rien. Je le connais : ma peine serait inutile.

LA PRINCESSE. — Si faut-il pourtant tenter toute chose et éprouver si son ame est entièrement insensible. Allons, je veux lui parler, et suivre une pensée qui vient de me venir.

TROISIÈME INTERMÈDE.

SCÈNE PREMIÈRE. — PHILIS, TIRCIS.

PHILIS. —Viens, Tircis; laissons-les aller; et me dis un peu ton martyre de la façon que tu sais faire. Il y a longtemps que tes yeux me parlent; mais je serais bien aise d'ouïr ta voix.

TIRCIS, chante — Tu m'écoutes, hélas! dans ma triste langueur :
Mais je n'en suis pas mieux, ô beauté sans pareille;
Et je touche ton oreille
Sans que je touche ton cœur.

PHILIS. — Va, va, c'est déjà quelque chose que de toucher l'oreille ; et le temps amène tout. Chante-moi cependant quelque plainte nouvelle que tu aies composée pour moi.

SCÈNE II. — MORON, PHILIS, TIRCIS.

MORON. — Ah! Ah! je vous y prends, cruelle : vous vous écartez des autres pour ouïr mon rival !

PHILIS. — Oui, je m'écarte pour cela. Je te le dis encore, je me plais avec lui, et l'on écoute volontiers les amants, lorsqu'ils se plaignent aussi agréablement qu'il fait. Que ne chantes-tu comme lui? Je prendrais plaisir à t'écouter.

MORON — Si je ne sais chanter, je sais faire autre chose ; et quand...

PHILIS. — Tais-toi, je veux l'entendre. Dis, Tircis, ce que tu voudras

MORON. — Ah ! cruelle!..

PHILIS. — Silence , dis-je , ou je me mettrai en colère.

TIRCIS, *chante.* — Arbres épais, et vous, prés émaillés,

     La beauté dont l'hiver vous avait dépouillés

       Par le printemps vous est rendue,

       Vous reprenez tous vos appas :

       Mais mon ame ne reprend pas

       La joie, hélas! que j'ai perdue.

MORON. — Morbleu! que n'ai-je de la voix! Ah! nature marâtre, pourquoi ne m'as-tu pas donné de quoi chanter comme à un autre?

PHILIS. — En vérité, Tircis, il ne se peut rien de plus agréable, et tu l'emportes sur tous les rivaux que tu as.

MORON. — Mais pourquoi est-ce que je ne puis pas chanter? N'ai-je pas un estomac, un gosier, une langue, comme un autre? Oui, oui, allons. Je veux chanter aussi, et te montrer que l'amour fait faire toutes choses. Voici une chanson que j'ai faite pour toi.

PHILIS. — Oui! dis. Je veux bien t'écouter pour la rareté du fait.

MORON. — Courage, Moron! Il n'y a qu'à avoir de la hardiesse.

  (*Il chante.*)   Ton extrême rigueur

                 S'acharne sur mon cœur.

                 Ah! Philis, je trépasse.

                 Daigne me secourir!

                 En seras-tu plus grasse

                 De m'avoir fait mourir ?

Vivat! Moron?

PHILIS. — Voilà qui est le mieux du monde. Mais, Moron, je souhaiterais bien d'avoir la gloire que quelque amant fût mort pour moi. C'est un avantage dont je n'ai pas encore joui ; et je trouve que j'aimerais de tout mon cœur une personne qui m'aimerait assez pour se donner la mort.

MORON. — Tu aimerais une personne qui se tuerait pour toi !

PHILIS. — Oui.

MORON. — Il ne faut que cela pour te plaire?

PHILIS. — Non.

MORON. — Voilà qui est fait. Je veux te prouver que je me sais tuer quand je veux.

TIRCIS, *chante.* — Ah! quelle douceur extrême

       De mourir pour ce qu'on aime!

MORON, *à Tircis.* — C'est un plaisir que vous aurez quand vous voudrez.

TIRCIS, *chante.* — Courage Moron! meurs promptement,

       En généreux amant.

MORON, *à Tircis.* — Je vous prie de vous mêler de vos affaires, et de me laisser tuer à ma fantaisie. Allons je vais faire honte à tous les amants. (*A Philis.*) Tiens, je ne suis pas homme à faire tant de façons. Vois ce poignard ; prends bien garde comme je vais me percer le cœur... Je suis votre serviteur. Quelque niais...

PHILIS. — Allons, Tircis, viens-t'en redire à l'écho ce que tu m'as chanté.

FIN DU TROISIÈME ACTE.

ACTE IV.

SCÈNE PREMIÈRE. — LA PRINCESSE, EURYALE, MORON.

LA PRINCESSE. — Prince, comme jusqu'ici nous avons fait paraître une conformité de sentiments, et que le ciel a semblé mettre en nous mêmes attachements pour notre liberté et même aversion pour l'amour, je suis bien aise de vous ouvrir mon cœur, et de vous faire confidence d'un changement dont vous serez surpris. J'ai toujours regardé l'hymen comme une chose affreuse; et j'avais fait serment d'abandonner plutôt la vie que de me résoudre jamais à perdre cette liberté pour qui j'avais des tendresses si grandes ; mais enfin un moment a dissipé toutes ces résolutions. Le mérite d'un prince m'a frappé aujourd'hui les yeux; et mon ame tout d'un coup, comme par un miracle, est devenue sensible aux traits de cette passion que j'avais toujours méprisée. J'ai trouvé d'abord les raisons pour m'autoriser à ce changement, et je puis l'appuyer de ma volonté de répondre aux ardentes sollicitations d'un père et aux vœux de tout un état: mais, à vous dire vrai, je suis en peine du jugement que vous ferez de moi, et je voudrais savoir si vous condamnerez ou non le dessein que j'ai de me donner un époux.

EURYALE. — Vous pourriez faire un tel choix, madame, que je l'approuverais sans doute.

LA PRINCESSE. — Qui croyez-vous, à votre avis, que je veuille choisir?

EURYALE. — Si j'étais dans votre cœur, je pourrais vous le dire ; mais comme je n'y suis pas, je n'ai garde de vous répondre.

LA PRINCESSE. — Devinez, pour voir, et nommez quelqu'un.

EURYALE. — J'aurais trop peur de me tromper.

LA PRINCESSE. — Mais encore, pour qui souhaiteriez-vous que je me déclarasse ?

EURYALE. — Je sais bien, à vous dire vrai, pour qui je le souhaiterais ; mais avant que de m'expliquer, je dois savoir votre pensée.

LA PRINCESSE. — Hé bien ! prince, je veux bien vous la découvrir. Je suis sûre que vous allez approuver mon choix; et, pour ne vous point tenir en suspens davantage, le prince de Messène est celui de qui le mérite s'est attiré mes vœux.

EURYALE, *à part*. — O ciel !

LA PRINCESSE, *bas à Moron*. — Mon invention a réussi, Moron. Le voilà qui se trouble.

MORON, *à la princesse*. — Bon, madame (*Au prince.*) Courage, seigneur. (*A la princesse.*) Il en tient. (*Au prince*) Ne vous défaites pas.

LA PRINCESSE, *à Euryale*. — Ne trouvez-vous pas que j'ai raison , et que ce prince a tout le mérite qu'on peut avoir?

MORON, *bas, au prince*. — Remettez-vous et songez à répondre.

LA PRINCESSE. — D'où vient , prince, que vous ne dites mot et semblez interdit ?

EURYALE. — Je le suis, à la vérité; et j'admire, madame, comme le ciel a pu former deux ames aussi semblables en tout que les nôtres, deux ames en qui l'on ait vu une plus grande conformité de sentiments, qui aient fait éclater dans le même temps une résolution à braver les traits de l'amour, et qui, dans le même moment, aient fait paraître une égale facilité à perdre le nom d'insensible. Car enfin, madame, puisque votre exemple m'autorise, je ne feindrai point de vous dire que l'amour aujourd'hui s'est rendu maître de mon cœur, et qu'une des princesses vos cousines, l'aimable et belle Aglante, a renversé d'un coup d'œil tous les projets de ma fierté. Je suis ravi, madame, que, par cette égalité de défaite, nous n'ayons rien à nous reprocher l'un et l'autre ; et je ne doute point que comme je vous loue infiniment de votre choix, vous n'approuviez aussi le mien. Il faut que ce miracle éclate aux yeux de tout le monde, et nous ne devons point différer à nous rendre tous deux contents. Pour moi, madame, je vous sollicite de vos suffrages pour obtenir celle que je souhaite, et vous trouverez bon que j'aille de ce pas en faire la demande au prince votre père.

MORON, *bas, à Euryale*. — Ah ! digne, ah ! brave cœur !

SCÈNE II. — LA PRINCESSE, MORON.

LA PRINCESSE. — Ah! Moron, je n'en puis plus; et ce coup, que je n tendais pas, triomphe absolument de toute ma fermeté.

MORON. — Il est vrai que le coup est surprenant, et j'avais cru d'abord que votre stratagème avait fait son effet.

LA PRINCESSE. — Ah! ce m'est un dépit à me désespérer, qu'une autre ait l'avantage de soumettre ce cœur que je voulais soumettre.

SCÈNE III. — LA PRINCESSE, AGLANTE, MORON.

LA PRINCESSE. — Princesse, j'ai à vous prier d'une chose qu'il faut absolument que vous m'accordiez. Le prince d'Ithaque vous aime, et veut vous demander au prince mon père.

AGLANTE. — Le prince d'Ithaque, madame!

LA PRINCESSE. — Oui. Il vient de m'en assurer lui-même, et m'a demandé mon suffrage pour vous obtenir; mais je vous conjure de rejeter cette proposition, et de ne point prêter l'oreille à tout ce qu'il pourra vous dire.

AGLANTE. — Mais, madame, s'il était vrai que ce prince m'aimât effectivement, pourquoi, n'ayant aucun dessein de vous engager, ne voudriez-vous pas souffrir...?

LA PRINCESSE. — Non, Aglante, je vous le demande; faites-moi ce plaisir, je vous prie; et trouvez bon que, n'ayant pu avoir l'avantage de le soumettre, je lui dérobe la joie de vous obtenir.

AGLANTE. — Madame, il faut vous obéir; mais je croirais que la conquête d'un tel cœur ne serait pas une victoire à dédaigner.

LA PRINCESSE. — Non, non, il n'aura pas la joie de me braver entièrement.

SCÈNE IV. — LA PRINCESSE, ARISTOMÈNE, AGLANTE, MORON.

ARISTOMÈNE. — Madame, je viens à vos pieds rendre grâce à l'amour de mes heureux destins et vous témoigner avec transport le ressentiment où je suis des bontés surprenantes dont vous daignez favoriser le plus soumis de vos captifs.

LA PRINCESSE. — Comment?

ARISTOMÈNE. — Le prince d'Ithaque, madame, vient de m'assurer tout à l'heure que votre cœur avait eu la bonté de s'expliquer en ma faveur sur ce célèbre choix qu'attend toute la Grèce.

LA PRINCESSE. — Il vous a dit qu'il tenait cela de ma bouche?

ARISTOMÈNE. — Oui, madame.

LA PRINCESSE. — C'est un étourdi; et vous êtes un peu trop crédule, prince, d'ajouter foi si promptement à ce qu'il vous a dit. Une pareille nouvelle mériterait bien, ce me semble, qu'on en doutât un peu de temps, et c'est tout ce que vous pourriez faire de la croire, si je vous l'avais dite moi-même.

ARISTOMÈNE. — Madame, si j'ai été trop prompt à me persuader...

LA PRINCESSE. — De grâce, prince, brisons là ce discours; et si vous voulez m'obliger, souffrez que je puisse jouir de deux moments de solitude.

SCÈNE V. — LA PRINCESSE, AGLANTE, MORON.

LA PRINCESSE. — Ah! qu'en cette aventure le ciel me traite avec une rigueur étrange! Au moins, princesse, souvenez-vous de la prière que je vous ai faite.

AGLANTE. — Je vous l'ai dit, madame, il faut vous obéir.

SCÈNE. VI. — LA PRINCESSE, MORON.

MORON. — Mais, madame, s'il vous aimait, vous n'en voudriez point, et cependant vous ne voulez pas qu'il soit à un autre. C'est faire justement comme le chien du jardinier.

LA PRINCESSE. — Non, je ne puis souffrir qu'il soit heureux avec une autre; et, si la chose était, je crois que j'en mourrais de déplaisir.

MORON. — Ma foi, madame, avouons la dette: vous voudriez qu'il fût à vous; et dans toutes vos actions il est aisé de voir que vous aimez un peu ce jeune prince.

LA PRINCESSE — Moi, je l'aime? O ciel? je l'aime! Avez-vous l'insolence de prononcer ces paroles? Sortez de ma vue, impudent, et ne vous présentez jamais devant moi.

MORON. — Madame...

LA PRINCESSE. — Retirez-vous d'ici, vous dis-je, ou je vous en ferai retirer d'une autre manière.

MORON, *bas, à part*. — Ma foi, son cœur en a sa provision, et...
(*Il rencontre un regard de la princesse, qui l'oblige à se retirer.*)

SCÈNE VII.

LA PRINCESSE, *seule*. — De quelle émotion inconnue sens-je mon cœur atteint? et quelle inquiétude secrète est venue troubler tout d'un coup la tranquillité de mon ame? Ne serait-ce point aussi ce qu'on vient de me dire? et, sans en rien savoir, n'aimerais-je point ce jeune prince? Ah, si cela était, je serais personne à me désespérer. Mais il est impossible que cela soit, et je vois bien que je ne puis pas l'aimer. Quoi! je serais capable de cette lâcheté! J'ai vu toute la terre à mes pieds avec la plus grande insensibilité du monde; les respects, les hommages et les soumissions n'ont jamais pu toucher mon ame, et la fierté et le dédain en auraient triomphé! J'ai méprisé tous ceux qui m'ont aimée; et, j'aimerais le seul qui me méprise! Non, non, je sais bien que je ne l'aime pas. Il n'y a pas de raison à cela. Mais si ce n'est pas de l'amour que ce que je sens maintenant, qu'est-ce donc que ce peut-être? et d'où vient ce poison qui me court par toutes les veines, et ne me laisse point en repos avec moi-même? Sors de mon cœur, qui que tu sois, ennemi qui te caches; attaque-moi visiblement, et deviens à mes yeux la plus affreuse bête de tous nos bois, afin que mon dard et mes flèches me puissent défaire de toi.

QUATRIÈME INTERMÈDE.

SCÈNE PREMIÈRE.

LA PRINCESSE. — O vous! admirables personnes, qui, par la douceur de vos chants, avez l'art d'adoucir les plus fâcheuses inquiétudes, approchez-vous d'ici, de grâce, et tâchez de charmer avec votre musique les chagrins où je suis.

SCÈNE II. — LA PRINCESSE, CLIMÈNE, PHILIS.

CLIMÈNE, *chante*. — Chère Philis, dis-moi, que crois-tu de l'amour?

PHILIS, *chante*. — Toi-même, qu'en crois-tu, ma compagne fidèle?

CLIMÈNE. — On m'a dit que sa flamme est pire qu'un vautour,
Et qu'on souffre, en aimant une peine cruelle.

PHILIS. — On m'a dit qu'il n'est pas de passion plus belle,
Et que ne pas aimer, c'est renoncer au jour.

CLIMÈNE. — A qui des deux donnerons-nous victoire?

PHILIS. — Qu'en croirons-nous, ou le mal, ou le bien?

TOUTES CEUX ENSEMBLE. — Aimons, c'est le vrai moyen
De savoir ce qu'on en doit croire.

PHILIS. — Chloris vante partout l'amour et ses ardeurs.

CLIMÈNE. — Amarante pour lui verse en tous lieux des larmes.

PHILIS. — Si de tant de tourments il accable les cœurs,
D'où vient qu'on aime à lui rendre les armes?

CLIMÈNE. — Si sa flamme, Philis, est si pleine de charmes,
Pourquoi nous défend-on d'en goûter les douceurs?

PHILIS. — A qui des deux donnerons-nous victoire?

CLIMÈNE. — Qu'en croirons-nous, ou le mal, ou le bien?

TOUTES DEUX ENSEMBLE. — Aimons, c'est le vrai moyen
De savoir ce qu'on en doit croire.

LA PRINCESSE. — Achevez seules, si vous voulez. Je ne saurais demeurer en repos; et quelque douceur qu'aient vos chants, ils ne font que redoubler mon inquiétude.

FIN DU QUATRIÈME ACTE.

ACTE V.

SCÈNE PREMIÈRE — IPHITAS, EURYALE, AGLANTE, CYNTHIE, MORON.

MORON, *à Iphitas*. — Oui, seigneur, ce n'est point raillerie; j'en suis ce qu'on appelle disgracié, il m'a fallu tirer mes chausses au plus vite, et jamais vous n'avez vu un emportement plus brusque que le sien.

IPHITAS, *à Euryale.* — Ah! prince, que je devrai de grâces à ce stratagème amoureux, s'il faut qu'il ait trouvé le secret de toucher son cœur!

EURYALE. — Quelque chose, seigneur, que l'on vienne de vous en dire, je n'ose encore, pour moi, me flatter de ce doux espoir; mais enfin, si ce n'est pas à moi trop de témérité que d'oser aspirer à l'honneur de votre alliance, si ma personne et mes états...

IPHITAS. — Prince, n'entrons point dans ces compliments. Je trouve en vous de quoi remplir tous les souhaits d'un père, et si vous avez le cœur de ma fille, il ne vous manque rien.

SCÈNE II. — LA PRINCESSE, IPHITAS, EURYALE, AGLANTE, CYNTHIE, MORON.

LA PRINCESSE. — O ciel! que vois-je ici?

IPHITAS, *à Euryale.* — Oui, l'honneur de votre alliance m'est d'un prix très considérable, et je souscris aisément de tous mes suffrages à la demande que vous me faites.

LA PRINCESSE, *à Iphitas.* — Seigneur, je me jette à vos pieds pour vous demander une grâce. Vous m'avez toujours témoigné une tendresse extrême, et je crois vous devoir bien plus par les bontés que vous m'avez fait voir, que par le jour que vous m'avez donné. Mais, si jamais vous avez eu de l'amitié pour moi, je vous en demande aujourd'hui la plus sensible preuve que vous me puissiez accorder: c'est de n'écouter point, seigneur, la demande de ce prince, et de ne pas souffrir que la princesse Aglante soit unie avec lui.

IPHITAS. — Et par quelle raison, ma fille, voudrais-tu t'opposer à cette union?

LA PRINCESSE. — Par la raison que je hais ce prince, et que je veux, si je puis, traverser ses desseins.

IPHITAS. — Tu le hais, ma fille?

LA PRINCESSE. — Oui, et de tout mon cœur, je vous l'avoue.

IPHITAS. — Et que t'a-t-il fait?

LA PRINCESSE. — Il m'a méprisée.

IPHITAS. — Et comment?

LA PRINCESSE. — Il ne m'a pas trouvée assez bien faite pour m'adresser ses vœux.

IPHITAS. — Et quelle offense te fait cela? tu ne veux accepter personne.

LA PRINCESSE. — N'importe: il me devait aimer comme les autres, et me laisser au moins la gloire de le refuser. Sa déclaration me fait un affront; et ce m'est une honte sensible qu'à mes yeux et au milieu de votre cour il ait recherché une autre que moi.

IPHITAS. — Mais quel intérêt dois-tu prendre à lui?

LA PRINCESSE. — J'en prends, seigneur, à me venger de son mépris; et comme je sais bien qu'il aime Aglante avec beaucoup d'ardeur, je veux empêcher, s'il vous plaît, qu'il ne soit heureux avec elle.

IPHITAS. — Cela te tient donc bien au cœur?

LA PRINCESSE. — Oui, seigneur, sans doute; et, s'il obtient ce qu'il demande, vous me verrez expirer à vos yeux.

IPHITAS. — Va, va, ma fille, avoue franchement la chose: le mérite de ce prince t'a fait ouvrir les yeux, et tu l'aimes, enfin, quoi que tu puisses dire.

LA PRINCESSE. — Moi, seigneur?

IPHITAS. — Oui, tu l'aimes.

LA PRINCESSE. — Je l'aime, dites-vous? et vous m'imputez cette lâcheté! O ciel! quelle est mon infortune! puis-je bien, sans mourir, entendre ces paroles? et faut-il que je sois si malheureuse qu'on me soupçonne de l'aimer? Ah! si c'était un autre que vous, seigneur, qui me tînt ce discours, je ne sais pas ce que je ne ferais point.

IPHITAS. — Hé bien! oui, tu ne l'aimes pas: tu le hais, j'y consens: et je veux bien, pour te contenter, qu'il n'épouse pas la princesse Aglante.

LA PRINCESSE. — Ah! seigneur, vous me donnez la vie.

IPHITAS. — Mais, afin d'empêcher qu'il ne puisse être jamais à elle, il faut que tu le prennes pour toi.

LA PRINCESSE. — Vous vous moquez, seigneur, et ce n'est pas ce qu'il demande.

EURYALE. — Pardonnez-moi, madame, je suis assez téméraire pour cela, et je prends à témoin le prince votre père, si ce n'est pas vous que j'ai demandée. C'est trop vous tenir dans l'erreur, il faut lever le masque, et, dussiez-vous vous en prévaloir contre moi, découvrir à vos yeux les véritables sentiments de mon cœur. Je n'ai jamais aimé que vous, et jamais je n'aimerai que vous. C'est vous, madame, qui m'avez enlevé cette qualité d'insensible que j'avais toujours affectée ; et tout ce que j'ai pu vous dire n'a été qu'une feinte qu'un mouvement secret m'a inspirée, et que je n'ai suivie qu'avec toutes les violences imaginables. Il fallait qu'elle cessât bientôt sans doute, et je m'étonne seulement qu'elle ait pu durer la moitié d'un jour ; car, enfin, je mourais, je brûlais dans l'ame, quand je vous déguisais mes sentiments ; et jamais cœur n'a souffert une contrainte égale à la mienne. Que si cette feinte, madame, a quelque chose qui vous offense, je suis tout prêt de mourir pour vous en venger ; vous n'avez qu'à parler, et ma main sur-le-champ fera gloire d'exécuter l'arrêt que vous prononcerez.

LA PRINCESSE. — Non, non, prince, je ne vous sais point mauvais gré de m'avoir abusée ; et tout ce que vous m'avez dit, je l'aime bien mieux une feinte que non pas une vérité.

IPHITAS. — Si bien donc, ma fille, que tu veux bien accepter ce prince pour époux?

LA PRINCESSE. — Seigneur, je ne sais pas encore ce que je veux. Donnez-moi le temps d'y songer, je vous prie, et m'épargnez un peu la confusion où je suis.

IPHITAS. — Vous jugez, prince, ce que cela veut dire, et vous vous pouvez fonder là-dessus.

EURYALE. — Je l'attendrai tant qu'il vous plaira, madame, cet arrêt de ma destinée, et s'il me condamne à la mort, je le suivrai sans murmure.

IPHITAS. — Viens, Moron. C'est ici un jour de paix, et je te remets en grâce avec la princesse.

MORON. — Seigneur, je serai meilleur courtisan une autre fois, et je me garderai bien de dire ce que je pense.

SCÈNE III. — ARISTOMÈNE, THÉOCLE, IPHITAS, LA PRINCESSE, EURYALE, AGLANTE, CYNTHIE, MORON.

IPHITAS, *aux princes de Messène et de Pyle*. — Je crains bien, princes, que le choix de ma fille ne soit pas en votre faveur ; mais voilà deux princesses qui peuvent bien vous consoler de ce petit malheur.

ARISTOMÈNE. — Seigneur, nous savons prendre notre parti ; et si ces aimables princesses n'ont point trop de mépris pour des cœurs qu'on a rebutés, nous pouvons revenir par elles à l'honneur de votre alliance.

SCÈNE IV. — IPHITAS, LA PRINCESSE, AGLANTE, CYNTHIE, PHILIS, EURYALE, ARISTOMÈNE, THÉOCLE, MORON.

PHILIS, *à Iphitas*. — Seigneur, la déesse Vénus vient d'annoncer partout le changement du cœur de la princesse. Tous les pasteurs et toutes les bergères en témoignent leur joie par des danses et des chansons ; et si ce n'est un spectacle que vous méprisiez, vous allez voir l'allégresse publique se répandre jusqu'ici.

FIN DU CINQUIÈME ACTE.

CINQUIÈME INTERMÈDE.

BERGERS ET BERGÈRES.

QUATRE BERGERS ET DEUX BERGÈRES, *alternativement avec le chœur.*

Usez mieux, ô beautés fières
Du pouvoir de tout charmer :
Aimez, aimables bergères ;
Nos cœurs sont faits pour aimer.
Quelque fort qu'on s'en défende,
Il y faut venir un jour ;
Il n'est rien qui ne se rende
Aux doux charmes de l'amour

Songez de bonne heure à suivre
Le plaisir de s'enflammer ;
Un cœur ne commence à vivre
Que du jour qu'il sait aimer,
Quelque fort qu'on s'en défende
Il y faut venir un jour ;
Il n'est rien qui ne se rende
Aux doux charmes de l'amour.

ENTRÉE DE BALLET.

Quatre bergers et quatre bergères dansent au chant du chœur.

FIN DE LA PRINCESSE D'ÉLIDE.

LE MARIAGE FORCÉ,

COMÉDIE EN UN ACTE.

PERSONNAGES.

SGANARELLE, amant de Dorimène.
GÉRONIMO, ami de Sganarelle.
DORIMÈNE, fille d'Alcantor, promise à Sganarelle.
ALCANTOR, père de Dorimène.
ALCIDAS, frère de Dorimène.

LYCASTE, amant de Dorimène.
PANCRACE, docteur aristotélicien.
MARPHURIUS, docteur pyrrhonien.
Deux Bohémiens.

La scène est dans une place publique.

SCÈNE PREMIÈRE.

SGANARELLE, *parlant à ceux qui sont dans sa maison.* — Je suis de retour dans un moment. Que l'on ait bien soin du logis, et que tout aille comme il faut. Si l'on m'apporte de l'argent, que l'on vienne me quérir vite chez le seigneur Géronimo; et si l'on vient m'en demander, qu'on dise que je suis sorti, et que je ne dois revenir de toute la journée.

SCÈNE II — SGANARELLE, GÉRONIMO.

GÉRONIMO, *ayant entendu les dernières paroles de Sganarelle.* — Voilà un ordre fort prudent.

SGANARELLE. — Ah! seigneur Géronimo, je vous trouve à propos, et j'allais chez vous vous chercher.

GÉRONIMO. — Et pour quel sujet, s'il vous plaît?

SGANARELLE. — Pour vous communiquer une affaire que j'ai en tête, et vous prier de m'en dire votre avis.

GÉRONIMO. — Très volontiers. Je suis bien aise de cette rencontre, et nous pouvons parler ici en toute liberté.

SGANARELLE. — Mettez donc dessus, s'il vous plaît, il s'agit d'une chose de conséquence que l'on m'a proposée; et il est bon de ne rien faire sans le conseil de ses amis.

GÉRONIMO. — Je vous suis obligé de m'avoir choisi pour cela. Vous n'avez qu'à me dire ce que c'est.

SGANARELLE. — Mais auparavant je vous conjure de ne me point flatter du tout, et de me dire nettement votre pensée.

GÉRONIMO. — Je le ferai, puisque vous le voulez.

SGANARELLE. — Je ne vois rien de plus condamnable qu'un ami qui ne vous parle point franchement.

GÉRONIMO. — Vous avez raison.

SGANARELLE. — Et, dans ce siècle, on trouve peu d'amis sincères.

GÉRONIMO. — Cela est vrai.

SGANARELLE. — Promettez-moi donc, seigneur Géronimo, de me parler avec toute sorte de franchise.

GÉRONIMO. — Je vous le promets.

SGANARELLE. — Jurez-en votre foi.

GÉRONIMO. — Oui, foi d'ami. Dites-moi seulement votre affaire.

SGANARELLE. — C'est que je veux savoir de vous si je ferai bien de me marier.

GÉRONIMO. — Qui? vous?

SGANARELLE. — Oui, moi-même, en propre personne. Quel est votre avis là-dessus?

GÉRONIMO. — Je vous prie auparavant de me dire une chose.

SGANARELLE. — Et quoi!

GÉRONIMO. — Quel âge pouvez-vous bien avoir maintenant?

SGANARELLE. — Moi?

GÉRONIMO. — Oui.

SGANARELLE. — Ma foi, je ne sais; mais je me porte bien.

GÉRONIMO. — Quoi! vous ne savez pas à peu près votre âge?

SGANARELLE. — Non. Est-ce qu'on songe à cela?

GÉRONIMO. — Hé! dites-moi un peu, s'il vous plaît, combien aviez-v d'années lorsque nous fîmes connaissance?

SGANARELLE. — Ma foi, je n'avais que vingt ans alors.

GÉRONIMO. — Combien fûmes-nous ensemble à Rome?

SGANARELLE. — Huit ans.

GÉRONIMO. — Quel temps avez-vous demeuré en Angleterre?

SGANARELLE. — Sept ans.

GÉRONIMO. — Et en Hollande, où vous fûtes ensuite?

SGANARELLE. — Cinq ans et demi.

GÉRONIMO. — Combien y a-t-il que vous êtes revenu ici?

SGANARELLE. — Je revins en cinquante-deux.

GÉRONIMO. — De cinquante-deux à soixante-quatre, il y a douze ans, ce me semble; cinq ans en Hollande font dix-sept, sept ans en Angleterre font vingt-quatre, huit ans dans notre séjour à Rome font trente-deux, et vingt que vous aviez lorsque nous nous connûmes, cela fait justement cinquante-deux : si bien, seigneur Sganarelle, que, sur votre propre confession, vous êtes environ à votre cinquante-deuxième ou cinquante-troisième année.

SGANARELLE. — Quoi? moi? cela ne se peut pas.

GÉRONIMO. — Mon dieu! le calcul est juste; et là-dessus je vous dirai franchement et en ami, comme vous m'avez fait promettre de vous parler, que le mariage n'est guère votre fait. C'est une chose à laquelle il faut que les jeunes gens pensent bien mûrement avant que de la faire : mais les gens de votre âge n'y doivent point penser du tout; et si l'on dit que la plus grande de toutes les folies est celle de se marier, je ne vois rien de plus mal à propos que de la faire, cette folie, dans la saison où nous devons être plus sages. Enfin, je vous en dis nettement ma pensée : je ne vous conseille point de songer au mariage; et je vous trouverais le plus ridicule du monde, si, ayant été libre jusqu'à cette heure, vous alliez vous charger maintenant de la plus pesante des chaînes.

SGANARELLE. — Et moi, je vous dis que je suis résolu de me marier, et que je ne serai point ridicule en épousant la fille que je recherche.

GÉRONIMO. — Ah! c'est une autre chose. Vous ne m'aviez pas dit cela.

SGANARELLE. — C'est une fille qui me plaît, et que j'aime de tout mon cœur.

GÉRONIMO. — Vous l'aimez de tout votre cœur.

SGANARELLE. — Sans doute; et je l'ai demandée à son père.

GÉRONIMO. — Vous l'avez demandée?

SGANARELLE. — Oui. C'est un mariage qui se doit conclure ce soir; et j'ai donné ma parole.

GÉRONIMO. — Oh! mariez-vous donc; je ne dis plus mot.

SGANARELLE. — Je quitterais le dessein que j'ai fait! Vous semble-t-il, seigneur Géronimo, que je ne sois plus propre à songer à une femme? Ne parlons point de l'âge que je puis avoir; mais regardons seulement les choses. Y a-t-il homme de trente ans qui paraisse plus frais et plus vigoureux que vous me voyez? N'ai-je pas tous les mouvements de mon corps aussi bons que jamais? et voit-on que j'aie besoin de carrosse ou de chaise pour cheminer? N'ai-je pas encore toutes mes dents les meilleures du monde? (*Il montre ses dents.*) Ne fais-je pas vigoureusement mes quatre repas par jour? et peut-on voir un estomac qui ait plus de force que le mien? (*Il tousse.*) Hem, hem, hem. Hé! qu'en dites-vous?

GÉRONIMO. — Vous avez raison, je m'étais trompé. Vous ferez bien de vous marier.

SGANARELLE. — J'ai répugné autrefois; mais j'ai maintenant de puissantes raisons pour cela. Outre la joie que j'aurai de posséder une belle femme qui me fera mille caresses, qui me dorlotera, et me viendra frotter lorsque je serai las; outre cette joie, dis-je, je considère qu'en demeurant comme je suis, je laisse périr dans le monde la race des Sganarelle, et qu'en me mariant je pourrai me voir revivre en d'autres moi-même; que j'aurai le plaisir de voir des créatures qui seront sorties de moi, de petites figures qui me ressembleront comme deux gouttes d'eau, qui se joueront continuellement dans la maison, qui m'appelleront leur papa quand je reviendrai de la ville, et me diront des petites folies les plus agréables du monde. Tenez, il me semble déjà que j'y suis, et que j'en vois une demi-douzaine autour de moi.

GÉRONIMO. — Il n'y a rien de plus agréable que cela, et je vous conseille de vous marier le plus vite que vous pourrez.

SGANARELLE. — Tout de bon, vous me le conseillez?

GÉRONIMO. — Assurément. Vous ne saurez mieux faire.

SGANARELLE. — Vraiment, je suis ravi que vous me donniez ce conseil en véritable ami.

GÉRONIMO. — Hé! quelle est la personne, s'il vous plaît, avec qui vous allez vous marier?

SGANARELLE. — Dorimène.

GÉRONIMO. — Cette jeune Dorimène si galante et si bien parée?

SGANARELLE. — Oui.

GÉRONIMO. — Fille du seigneur Alcantor?

SGANARELLE. — Justement.

GÉRONIMO. — Et sœur d'un certain Alcidas qui se mêle de porter l'épée?

SGANARELLE. — C'est cela.

GÉRONIMO. — Vertu de ma vie!

SGANARELLE. — Qu'en dites-vous?

GÉRONIMO. — Bon parti! mariez-vous promptement.

SGANARELLE. — N'ai-je pas raison d'avoir fait ce choix?

GÉRONIMO. — Sans doute. Ah! que vous serez bien marié! dépêchez-vous de l'être.

SGANARELLE. — Vous me comblez de joie de me dire cela. Je vous remercie de votre conseil, et je vous invite ce soir à mes nôces.

GÉRONIMO. — Je n'y manquerai pas, et je veux y aller en masque, afin de les mieux honorer.

SGANARELLE. — Serviteur.

GÉRONIMO, *à part*. — La jeune Dorimène, fille du seigneur Alcantor, avec le seigneur Sganarelle, qui n'a que cinquante-trois ans! Ô le beau mariage! ô le beau mariage! (*Ce qu'il répète plusieurs fois en s'en allant.*)

SCÈNE III.

SGANARELLE, *seul*. — Ce mariage doit être heureux; car il donne de la joie à tout le monde, et je fais rire tous ceux à qui j'en parle. Me voilà maintenant le plus content des hommes.

SCÈNE IV. — DORIMÈNE, SGANARELLE.

DORIMÈNE, *dans le fond du théâtre, à un petit laquais qui la suit*. — Allons, petit garçon, qu'on tienne ma queue, et qu'on ne s'amuse pas à badiner.

SGANARELLE, *à part, apercevant Dorimène*. — Voici ma maîtresse qui vient. Ah! qu'elle est agréable! quel air et quelle taille! peut-il y avoir un homme qui n'ait, en la voyant, des démangeaisons de se marier? (*à Dorimène*.) Où allez-vous, belle mignonne, chère épouse future de votre époux futur?

DORIMÈNE. — Je vais faire quelques emplettes.

SGANARELLE. — Hé bien! ma belle, c'est maintenant que nous allons être heureux l'un et l'autre. Vous ne serez plus en droit de me rien refuser; et je pourrai faire avec vous tout ce qu'il me plaira, sans que personne s'en scandalise. Vous allez être à moi depuis la tête jusqu'aux pieds, et je serai maître de tout: de vos petits yeux éveillés, de votre petit nez fripon, de vos lèvres appétissantes, de vos oreilles amoureuses, de votre petit menton joli, de vos petits tétons rondelets, de votre... enfin toute votre personne sera à ma discrétion, et je serai à même pour vous caresser comme je voudrai. N'êtes-vous pas bien aise de ce mariage, mon aimable pouponne?

DORIMÈNE. — Tout-à-fait aise, je vous jure. Car enfin la sévérité de mon père m'a tenue jusqu'ici dans une sujétion la plus fâcheuse du monde. Il y a je ne sais combien que j'enrage du peu de liberté qu'il me donne; et j'ai cent fois souhaité qu'il me mariât, pour sortir promptement de la contrainte où j'étais avec lui, et me voir en état de faire ce que je voudrai. Dieu merci, vous êtes venu heureusement pour cela; et je me prépare désormais à me donner du divertissement, et à réparer comme il faut le temps que j'ai perdu. Comme vous êtes un fort galant homme, et que vous savez comme il faut vivre, je crois que nous ferons le meilleur ménage du monde ensemble, et que vous ne serez point de ces maris incommodes qui veulent que leurs femmes vivent comme des loups-garous. Je vous avoue que je ne m'accommoderais pas de cela, et que la solitude me désespère. J'aime le jeu, les visites, les assemblées, les cadeaux et les promenades en un mot toutes les choses de plaisir; et vous devez être ravi d'avoir une femme de mon humeur. Nous n'aurons jamais aucun démêlé ensemble : je ne vous contraindrai point dans vos actions, comme j'espère que, de votre côté, vous ne me contraindrez point dans les miennes ; car, pour moi, je tiens qu'il faut avoir une complaisance mutuelle, et qu'on ne se doit point marier pour se faire enrager l'un l'autre. Enfin nous vivrons, étant mariés, comme deux personnes qui savent leur monde : aucun soupçon jaloux ne nous troublera la cervelle ; c'est assez que vous serez assuré de ma fidélité, comme je serai persuadée de la vôtre. Mais qu'avez-vous ? je vous vois tout changé de visage.

SGANARELLE. — Ce sont quelques vapeurs qui me viennent de monter à la tête.

DORIMÈNE. — C'est un mal aujourd'hui qui attaque beaucoup de gens ; mais notre mariage vous dissipera tout cela. Adieu. Il me tarde déjà que je n'aie des habits raisonnables pour quitter vite ces guenilles. Je m'en vais de ce pas achever d'acheter toutes les choses qu'il me faut, et je vous enverrai les marchands.

SCÈNE V. — GÉRONIMO, SGANARELLE.

GÉRONIMO. — Ah ! seigneur Sganarelle, je suis ravi de vous trouver encore ici ; et j'ai rencontré un orfèvre qui, sur le bruit que vous cherchiez quelque beau diamant en bague pour faire un présent à votre épouse, m'a fort prié de vous venir parler pour lui, et de vous dire qu'il en a un à vendre, le plus parfait du monde.

SGANARELLE. — Mon dieu ! cela n'est pas pressé.

GÉRONIMO. — Comment ! que veut dire cela ? où est l'ardeur que vous montriez tout-à-l'heure ?

SGANARELLE. — Il m'est venu, depuis un moment, de petits scrupules sur le mariage. Avant que de passer plus avant, je voudrais bien agiter à fond cette matière, et que l'on m'expliquât un songe que j'ai fait cette nuit, et qui vient tout-à-l'heure de me revenir dans l'esprit. Vous savez que les songes sont comme des miroirs où l'on découvre quelquefois tout ce qui nous doit arriver. Il me semblait que j'étais dans un vaisseau sur une mer bien agitée, et que...

GÉRONIMO. — Seigneur Sganarelle, j'ai maintenant quelque petite affaire qui m'empêche de vous ouïr. Je n'entends rien du tout aux songes ; et, quant au raisonnement du mariage, vous avez deux savants, deux philosophes, vos voisins, qui sont gens à vous débiter tout ce qu'on peut dire sur ce sujet. Comme ils sont de sectes différentes, vous pouvez examiner leurs diverses opinions làdessus. Pour moi, je me contente de ce que je vous ai dit tantôt, et demeure votre serviteur.

SGANARELLE, seul. — Il a raison : il faut que e consulte un peu ces gens-là sur l'incertitude où je suis.

SCÈNE. VI. — PANCRACE, SGANARELLE.

PANCRACE, se tournant du côté par où il est entré et sans voir Sganarelle. — Allez, vous êtes un impertinent, mon ami, un homme ignare de toute bonne discipline, bannissable de la république des lettres.

SGANARELLE. — Ah ! bon. En voici un fort à propos.

PANCRACE, de même, sans voir Sganarelle. — Oui, je te soutiendrai par vives raisons, je te montrerai par Aristote, le philosophe des philosophes, que tu es un ignorant, un ignorantissime, ignorantifiant et ignorantifié, par tous les cas et modes imaginables.

SGANARELLE, à part. — Il a pris querelle contre quelqu'un. (A Pancrace.) Seigneur..,

PANCRACE, de même, sans voir Sganarelle. — Tu te veux mêler de raisonner, et tu ne sais pas seulement les éléments de la raison.

SGANARELLE, à part. — La colère l'empêche de me voir. (A Pancrace.) Seigneur...

PANCRACE, de même, sans voir Sganarelle. — C'est une proposition condamnable dans toutes les terres de la philosophie.

SGANARELLE, à part. — Il faut qu'on l'ait fort irrité. (A Pancrace.) Je...

PANCRACE, de même, sans voir Sganarelle. — Toto cœlo, totâ viâ aberras.

SGANARELLE. — Je baise les mains à monsieur le docteur.

PANCRACE. — Serviteur

SGANARELLE. Peut-on...

PANCRACE, *se retournant vers l'endroit par où il est entré.* — Sais-tu bien ce que tu as fait! un syllogisme *in balordo.*

SGANARELLE. — Je vous...

PANCRACE, *de même.* — La majeure en est inepte, la mineur impertinente, et la conclusion ridicule.

SGANARELLE. — Je...

PANCRACE, *de même.* — Je crèverais plutôt que d'avouer ce que tu dis; et je soutiendrai mon opinion jusqu'à la dernière goutte de mon encre.

SGANARELLE. — Puis-je...?

PANCRACE. — Oui, je défendrai cette proposition, *pugnis et calcibus, unguibus et rostro.*

SGANARELLE. — Seigneur Aristote, peut-on savoir ce qui vous met si fort en colère?

PANCRACE. — Un sujet le plus juste du monde.

SGANARELLE. — Et quoi encore?

PANCRACE. — Un ignorant m'a voulu soutenir une proposition erronée, une proposition épouvantable, effroyable, exécrable.

SGANARELLE. — Puis-je demander ce que c'est?

PANCRACE. — Ah! seigneur Sganarelle, tout est renversé aujourd'hui, et le monde est tombé dans une corruption générale: une licence épouvantable règne partout; et les magistrats qui sont établis pour maintenir l'ordre dans cet état, devraient mourir de honte en souffrant un scandale aussi intolérable que celui dont je veux parler.

SGANARELLE. — Quoi donc?

PANCRACE. — N'est-ce pas une chose horrible, une chose qui crie vengeance au ciel, que d'endurer qu'on dise publiquement la forme d'un chapeau?

SGANARELLE. — Comment?

PANCRACE. — Je soutiens qu'il faut dire la figure d'un chapeau, et non pas la forme : d'autant qu'il y a cette différence entre la forme et la figure, que la forme est la disposition extérieure des corps qui sont animés; et la figure, la disposition extérieure des corps qui sont inanimés: et puisque le chapeau est un corps inanimé, il faut dire la figure d'un chapeau et non pas la forme. (*Se retournant encore du côté par où il est entré.*) Oui, ignorant que vous êtes, c'est ainsi qu'il faut parler; et ce sont les termes exprès d'Aristote dans le chapitre de la qualité.

SGANARELLE, *à part.* — Je pensais que tout fût perdu. (*A Pancrace.*) Seigneur docteur, ne songez plus à tout cela. Je...

PANCRACE. — Je suis dans une colère que je ne me sens pas.

SGANARELLE. — Laissez la forme et le chapeau en paix. J'ai quelque chose à vous communiquer. Je...

PANCRACE. — Impertinent!

SGANARELLE. — De grâce, remettez-vous. Je...

PANCRACE. — Ignorant!

SGANARELLE. — Eh! mon dieu! Je...

PANCRACE. — Me vouloir soutenir une proposition de la sorte!

SGANARELLE. — Il a tort. Je...

PANCRACE. — Une proposition condamnée par Aristote!

SGANARELLE. — Cela est vrai. Je. .

PANCRACE. — En termes exprès.

SGANARELLE. — Vous avez raison. (*Se tournant du côté par où Pancrace est entré.*) Oui, vous êtes un sot et un impudent de vouloir disputer contre un docteur qui sait lire et écrire. Voilà qui est fait: je vous prie de m'écouter. Je viens vous consulter sur une affaire qui m'embarrasse. J'ai dessein de prendre une femme pour me tenir compagnie dans mon ménage. La personne est belle et bien faite; elle me plaît beaucoup, et est ravie de m'épouser. Son père me l'a accordée; mais je crains un peu ce que vous savez, la disgrâce dont on ne plaint personne; et je voudrais bien vous prier, comme philosophe, de me dire votre sentiment. Hé! quel est votre avis là-dessus?

PANCRACE. — Plutôt que d'accorder qu'il faille dire la forme d'un chapeau, j'accorderais que *datur vacuum in rerum naturâ,* et que je ne suis qu'une bête.

SGANARELLE, *à part*. — La peste soit de l'homme ! (*A Pancrace.*) Eh ! monsieur le docteur, écoutez un peu les gens. On vous parle une heure durant, vous ne répondez point à ce qu'on vous dit.

PANCRACE. — Je vous demande pardon. Une juste colère m'occupe l'esprit.

SGANARELLE. — Eh ! laissez tout cela, et prenez la peine de m'écouter.

PANCRACE. — Soit. Que voulez-vous me dire ?

SGANARELLE. — Je veux vous parler de quelque chose.

PANCRACE. — Et de quelle langue voulez-vous vous servir avec moi ?

SGANARELLE. — De quelle langue ?

PANCRACE. — Oui.

SGANARELLE. — Parbleu ! de la langue que j'ai dans la bouche. Je crois que je n'irai pas emprunter celle de mon voisin.

PANCRACE. — Je vous dis, de quel idiome, de quel langage ?

SGANARELLE. — Ah ! c'est une autre affaire.

PANCRACE. — Voulez-vous me parler italien ?

SGANARELLE. — Non.

PANCRACE. — Espagnol ?

SGANARELLE. — Non.

PANCRACE. — Allemand ?

SGANARELLE. — Non.

PANCRACE. — Anglais ?

SGANARELLE. — Non.

PANCRACE. — Latin.

SGANARELLE. — Non.

PANCRACE. — Grec ?

SGANARELLE. — Non.

PANCRACE. — Hébreu ?

SGANARELLE. — Non.

PANCRACE. — Syriaque ?

SGANARELLE. — Non.

PANCRACE. — Turc ?

SGANARELLE. Non.

PANCRACE. — Arabe ?

SGANARELLE. — Non, non ; français, français, français.

PANCRACE. — Ah ! français.

SGANARELLE. — Fort bien.

PANCRACE. — Passez donc de l'autre côté ; car cette oreille-ci est destinée pour les langues scientifiques et étrangères, et l'autre est pour le vulgaire et la maternelle.

SGANARELLE, *à part*. — Il faut bien des cérémonies avec ces sortes de gens-ci.

PANCRACE. — Que voulez-vous ?

SGANARELLE. — Vous consulter sur une difficulté.

PANCRACE. — Ah ! ah ! sur une difficulté de philosophie, sans doute.

SGANARELLE. — Pardonnez-moi. Je...

PANCRACE. — Vous voulez peut-être savoir si la substance et l'accident termes synonymes ou équivoques à l'égard de l'être ?

SGANARELLE. — Point du tout. Je...

PANCRACE. — Si la logique est un art ou une science.

SGANARELLE. — Ce n'est pas cela. Je...

PANCRACE. — Si elle a pour objet les trois opérations de l'esprit, ou la troisième seulement ?

SGANARELLE. — Non. Je...

PANCRACE. — S'il y a dix catégories, ou s'il n'y en a qu'une ?

SGANARELLE. — Point. Je...

PANCRACE. — Si la conclusion est de l'essence du syllogisme ?

SGANARELLE. — Nenni. Je...

PANCRACE. — Si l'essence du bien est mise dans l'appétibilité, ou dans la convenance ?

SGANARELLE. — Non. Je...

PANCRACE. — Si le bien se réciproque avec la fin ?

SGANARELLE. — Hé! non. Je...

PANCRACE. — Si la fin nous peut émouvoir par son être réel, ou par son être intentionnel?

SGANARELLE. — Non, non, non, non; non, de par tous les diables, non.

PANCRACE. — Expliquez donc votre pensée; car je ne puis pas la deviner.

SGANARELLE. — Je vous la veux expliquer aussi; mais il faut m'écouter. (*Pendant que Sganarelle dit:*) L'affaire que j'ai à vous dire, c'est que j'ai envie de me marier avec une fille qui est jeune et belle. Je l'aime fort, et l'ai demandée à son père; mais comme j'appréhende.

PANCRACE, *dit en même temps, sans écouter Sganarelle.* — La parole a été donnée à l'homme pour expliquer ses pensées; et tout ainsi que les pensées sont les portraits des choses, de même nos paroles sont-elles les portraits de nos pensées.

(*Sganarelle impatienté ferme la bouche du docteur avec sa main à plusieurs reprises, et le docteur continue de parler d'abord que Sganarelle ôte sa main.*

Mais ces portraits diffèrent des autres portraits en ce que les autres portraits sont distingués partout de leurs originaux, et que la parole enferme en soi son original, puisqu'elle n'est autre chose que la pensée expliquée par un signe extérieur; d'où vient que ceux qui pensent bien, sont aussi ceux qui parlent le mieux. Expliquez-moi donc votre pensée par la parole, qui est le plus intelligible de tous les signes.

SGANARELLE., *pousse le docteur dans sa maison, et tire la porte pour l'empêcher de sortir.* — Peste de l'homme!

PANCRACE, *au dedans de sa maison.* — Oui, la parole est *animi index et speculum.* C'est le truchement du cœur, c'est l'image de l'ame. (*Il monte à la fenêtre, et continue.*) C'est un miroir qui nous présente naïvement les secrets les plus arcanes de nos individus; et, puisque vous avez la faculté de ratiociner et de parler tout ensemble, à quoi tient-il que vous ne vous serviez de la parole pour me faire entendre votre pensée?

SGANARELLE. — C'est ce que je veux faire; mais vous ne voulez pas m'écouter.

PANCRACE. — Je vous écoute, parlez.

SGANARELLE. — Je dis donc, monsieur le docteur, que...

PANCRACE. — Mais surtout soyez bref.

SGANARELLE. — Je le serai.

PANCRACE. — Évitez la prolixité.

SGANARELLE. — Hé! monsi...

PANCRACE. — Tranchez-moi votre discours d'un apophthegme à la laconienne.

SGANARELLE. — Je vous...

PANCRACE. — Point d'ambages, de circonlocution.

(*Sganarelle, de dépit de ne pouvoir parler, ramasse des pierres pour en casser la tête du docteur.*)

PANCRACE. — Hé quoi! Vous vous emportez au lieu de vous expliquer? Allez, vous êtes plus impertinent que celui qui m'a voulu soutenir qu'il faut dire la forme d'un chapeau; et je vous prouverai en toute rencontre, par raisons démonstratives et convaincantes, et par arguments *in barbara*, que vous n'êtes et ne serez jamais qu'une pécore, et que je suis et serai toujours *in utroque jure* le docteur Pancrace.

SGANARELLE. — Quel diable de babillard!

PANCRACE, *en rentrant sur le théâtre.* — Homme de lettres, homme d'érudition.

SGANARELLE. — Encore!

PANCRACE. — Homme de suffisance, homme de capacité. (*S'en allant.*) Homme consommé dans toutes les sciences, naturelles, morales et politiques. (*Revenant.*) Homme savant, savantissime, *per omnes modos et casus;* (*s'en allant.*) Homme qui possède, *superlativè*, fables, mythologies et histoires. (*Revenant*) grammaire, poésie, rhétorique, dialectique et sophistique, (*s'en allant*) mathématique, arithmétique, optique, onirocritique, physique et mathématique. (*Revenant*) Cosmométrie, géométrie, architecture, spéculoire et spéculatoire, (*s'en allant*) médecine, astronomie, astrologie, physionomie, métoposcopie, chiromancie, géomancie, etc.

SCÈNE VII.

SGANARELLE, *seul*. — Au diable les savants qui ne veulent point écouter les gens! On me l'avait bien dit que son maître Aristote n'était rien qu'un bavard. Il faut que j'aille trouver l'autre, il est plus posé et plus raisonnable. Holà!

SCÈNE VIII. — MARPHURIUS, SGANARELLE.

MARPHURIUS. — Que voulez-vous de moi, seigneur Sganarelle?

SGANARELLE. — Seigneur docteur, j'aurais besoin de votre conseil sur une petite affaire dont il s'agit, et je suis venu ici pour cela (*à part.*) Ah! voilà qui va bien. Il écoute le monde, celui-ci.

MARPHURIUS. — Seigneur Sganarelle, changez, s'il vous plaît, cette façon de parler. Notre philosophie ordonne de ne point énoncer de proposition décisive, de parler de tout avec incertitude, de suspendre toujours son jugement ; et, par cette raison, vous ne devez pas dire. Je suis venu, mais, il me semble que je suis venu.

SGANARELLE. — Il me semble?

MARPHURIUS. — Oui.

SGANARELLE. — Parbleu ! il faut bien qu'il me le semble, puisque cela est.

MARPHURIUS. — Ce n'est pas une conséquence ; et il peut vous le sembler, sans que la chose soit véritable.

SGANARELLE. — Comment! il n'est pas vrai que je suis venu ?

MARPHURIUS. — Cela est incertain, et nous devons douter de tout.

SGANARELLE. — Quoi! je ne suis pas ici, et vous ne me parlez pas?

MARPHURIUS. — Il m'apparaît que vous êtes là, et il me semble que je vous parle ; mais il n'est pas assuré que cela soit.

SGANARELLE. — Hé! que diable, vous vous moquez ! Me voilà, et vous voilà bien nettement, et il n'y a point de *me semble* à tout cela. Laissons ces subtilités, je vous prie, et parlons de mon affaire. Je viens vous dire que j'ai envie de me marier.

MARPHURIUS. — Je n'en sais rien.

SGANARELLE. — Je vous le dis.

MARPHURIUS. — Il se peut faire.

SGANARELLE. — La fille que je veux prendre est fort jeune et fort belle.

MARPHURIUS. — Il n'est pas impossible.

SGANARELLE. — Ferai-je bien ou mal de l'épouser ?

MARPHURIUS. — L'un ou l'autre.

SGANARELLE. — Ah! ah! voici une autre musique. (*A Marphurius.*) Je vous demande si je ferai bien d'épouser la fille dont je vous parle.

MARPHURIUS. — Selon la rencontre.

SGANARELLE, *à part*. — Ferai-je mal?

MARPHURIUS. — Par aventure.

SGANARELLE. — De grâce, répondez-moi comme il faut.

MARPHURIUS. C'est mon dessein.

SGANARELLE. — J'ai une grande inclination pour la fille.

MARPHURIUS. — Cela peut être.

SGANARELLE. — Le père me l'a accordée.

MARPHURIUS. — Il se pourrait.

SGANARELLE. — Mais, en l'épousant, je crains d'être cocu.

MARPHURIUS. — La chose est faisable.

SGANARELLE. — Qu'en pensez-vous ?

MARPHURIUS. — Il n'y a pas d'impossibilité.

SGANARELLE. — Mais que feriez-vous si vous étiez à ma place?

MARPHURIUS. — Je ne sais.

SGANARELLE. — Que me conseillez-vous de faire?

MARPHURIUS. — Ce qui vous plaira.

SGANARELLE. — J'enrage.

MARPHURIUS. — Je m'en lave les mains.

SGANARELLE. — Au diable soit le vieux rêveur!

MARPHURIUS. — Il en sera ce qu'il pourra.

SGANARELLE, *à part*. — La peste du bourreau! Je te ferai changer de note, chien de philosophe enragé. (*Il donne des coups de bâton à Marphurius.*)

MARPHURIUS. — Ah ! ah ! ah !

SGANARELLE. — Te voilà payé de ton galimathias, et me voilà content.

MARPHURIUS. — Comment! Quelle insolence! M'outrager de la sorte! Avoir eu l'audace de battre un philosophe comme moi!

SGANARELLE. — Corrigez, s'il vous plaît, cette manière de parler. Il faut douter de toute chose ; et vous ne devez pas dire que je vous ai battu, mais qu'il vous semble que je vous ai battu.

MARPHURIUS. — Ah! je m'en vais faire ma plainte au commissaire du quartier, des coups que j'ai reçus.

SGANARELLE. — Je m'en lave les mains.

MARPHURIUS. — J'en ai les marques sur ma personne.

SGANARELLE. — Il se peut faire.

MARPHURIUS. — C'est toi qui m'as traité ainsi.

SGANARELLE. — Il n'y a pas d'impossibilité.

MARPHURIUS. — J'aurai un décret contre toi.

SGANARELLE. — Je n'en sais rien.

MARPHURIUS. — Tu seras condamné, en justice.

SGANARELLE. — Il en sera ce qu'il pourra.

MARPHURIUS. — Laissez-moi faire.

SCÈNE IX.

SGANARELLE, *seul.* — Comment! on ne saurait tirer une parole positive de ce chien d'homme-là, et l'on est aussi savant à la fin qu'au commencement! Que dois-je faire dans l'incertitude des suites de mon mariage? Jamais homme ne fut plus embarrassé que je suis. Ah! voici des Egyptiennes, il faut que je me fasse dire par elles ma bonne aventure.

SCÈNE X. — DEUX ÉGYPTIENNES, SGANARELLE.

(*Les deux Egyptiennes, avec leur tambour de basque, entrent en chantant et en dansant.*)

SGANARELLE. — Elles sont gaillardes. Ecoutez, vous autres : y a-t-il moyen de me dire ma bonne fortune?

PREMIÈRE ÉGYPTIENNE. — Tu n'as seulement qu'à nous donner ta main, avec la croix dedans, et nous te dirons quelque chose pour ton bon profit.

SGANARELLE. — Tenez, les voilà toutes deux avec ce que vous demandez.

PREMIÈRE ÉGYPTIENNE. — Tu as une bonne physionomie, mon bon monsieur, une bonne physionomie.

DEUXIÈME ÉGYPTIENNE. — Oui, une bonne physionomie; physionomie d'un homme qui sera un jour quelque chose.

PREMIÈRE ÉGYPTIENNE. — Tu seras marié avant qu'il soit peu, mon bon monsieur; tu seras marié avant qu'il soit peu.

DEUXIÈME ÉGYPTIENNE. — Tu épouseras une femme gentille, une femme gentille.

PREMIÈRE ÉGYPTIENNE. — Oui, une femme qui sera chérie et aimée de tout le monde.

DEUXIÈME ÉGYPTIENNE. — Une femme qui te fera beaucoup d'amis, mon bon monsieur, qui te fera beaucoup d'amis.

PREMIÈRE ÉGYPTIENNE. — Une femme qui fera venir l'abondance chez toi.

DEUXIÈME ÉGYPTIENNE. — Une femme qui te donnera une grande réputation.

PREMIÈRE ÉGYPTIENNE. — Tu seras considéré par elle, mon bon monsieur; tu seras considéré par elle.

SGANARELLE. — Voilà qui est bien. Mais dites-moi un peu, suis-je menacé d'être cocu ?

DEUXIÈME ÉGYPTENNE. — Cocu ?

SGANARELLE. — Oui.

PREMIÈRE ÉGYPTIENNE. — Cocu ?

SGANARELLE. — Oui, si je suis menacé d'être cocu.

(*Les deux Egyptiennes dansent et chantent.*)

SGANARELLE. — Que diable! ce n'est pas là me répondre. Venez çà : je vous demande à toutes deux si je serai cocu ?

DEUXIÈME ÉGYPTIENNE. — Cocu ? vous ?

SGANARELLE. — Oui, si je serai cocu.

PREMIÈRE ÉGYPTIENNE. — Vous? cocu ?

SGANARELLE. — Oui, si je le serai ou non ?

(*Les deux Égyptiennes sortent en chantant et en dansant.*)

SCÈNE XI.

SGANARELLE, *seul*. — Peste soit des carognes, qui me laissent dans l'inquiétude! Il faut absolument que je sache la destinée de mon mariage ; et, pour cela, je veux aller trouver ce grand magicien dont tout le monde parle tant, et qui, par son art admirable, fait voir tout ce que l'on souhaite. Ma foi, je crois que je n'ai que faire d'aller au magicien, et voici qui me montre tout ce que je puis demander.

SCÈNE XII.

DORIMÈNE, LYCASTE, SGANARELLE, *retiré dans un coin du théâtre sans être vu.*

LYCASTE. — Quoi! belle Dorimène, c'est sans raillerie que vous parlez?

DORIMÈNE. — Sans raillerie.

LYCASTE. — Vous vous mariez tout de bon?

DORIMÈNE. — Tout de bon.

LYCASTE. — Et vos noces se feront dès ce soir?

DORIMÈNE. — Dès ce soir.

LYCASTE. — Et vous pouvez, cruelle que vous êtes, oublier de la sorte l'amour que j'ai pour vous, et les obligeantes paroles que vous m'aviez données?

DORIMÈNE. — Moi? point du tout. Je vous considère toujours de même , et ce mariage ne doit point vous inquiéter ; c'est un homme que je n'épouse point par amour, et sa seule richesse me fait résoudre à l'accepter. Je n'ai point de bien, vous n'en avez point aussi, et vous savez que sans cela on passe mal le temps au monde, et qu'à quelque prix que ce soit, il faut tâcher d'en avoir. J'ai embrassé cette occasion-ci de me mettre à mon aise; et je l'ai fait sur l'espérance de me voir bientôt délivrée du barbon que je prends. C'est un homme qui mourra avant qu'il soit peu, et qui n'a tout au plus que six mois dans le ventre. Je vous le garantis défunt dans le temps que je dis; et je n'aurai pas longuement à demander pour moi au ciel l'heureux état de veuve. (*A Sganarelle qu'elle aperçoit.*) Ah! nous parlions de vous, et nous en disions tout le bien qu'on en saurait dire.

LYCASTE. — Est-ce là, monsieur?

DORIMÈNE. — Oui, c'est monsieur qui me prend pour femme.

LYCASTE. — Agréez, monsieur, que je vous félicite de votre mariage', et vous présente en même temps mes très humbles services. Je vous assure que vous épousez là une très honnête personne; et vous, mademoiselle, je me réjouis avec vous aussi de l'heureux choix que vous avez fait. Vous ne pouviez pas mieux trouver ; et monsieur a toute la mine d'être un fort bon mari. Oui, monsieur, je veux faire amitié avec vous, et lier ensemble un petit commerce de visites et de divertissements.

DORIMÈNE. — C'est trop d'honneur que vous nous faites à tous deux. Mais Allons, le temps me presse, et nous aurons tout le loisir de nous entretenir ensemble.

SCÈNE XIII.

SGANARELLE, *seul*. — Me voilà tout-à-fait dégoûté de mon mariage ; et je crois que je ne ferai pas mal de m'aller dégager de ma parole. Il m'en a coûté quelque argent; mais il vaut mieux encore perdre cela que de m'exposer à quelque chose de pis. Tâchons adroitement de nous débarrasser de cette affaire. Holà ! (*Il frappe à la porte de la maison d'Alcantor.*)

SCÈNE XIV. — ALCANTOR, SGANARELLE.

ALCANTOR. — Ah! mon gendre, soyez le bien venu.

SGANARELLE. — Monsieur, votre serviteur.

ALCANTOR. — Vous venez pour conclure le mariage?

SGANARELLE. — Excusez-moi.

ALCANTOR. — Je vous promets que j'en ai autant d'impatience que vous.

SGANARELLE. — Je viens ici pour un autre sujet.

ALCANTOR. — J'ai donné ordre à toutes les choses nécessaires pour cette fête.

SGANARELLE. — Il n'est pas question de cela.

ALCANTOR. — Les violons sont retenus, le festin est commandé, et ma fille parée pour vous recevoir.

SGANARELLE. — Ce n'est pas ce qui m'amène.

ALCANTOR. — Enfin, vous allez être satisfait; et rien ne peut retarder votre contentement.

SGANARELLE. — Mon dieu! c'est autre chose.

ALCANTOR. — Allons. Entrez donc, mon gendre.

SGANARELLE. — J'ai un petit mot à vous dire.

ALCANTOR. — Ah! mon dieu, ne faisons point de cérémonie. Entrez vite, s'il vous plaît.

SGANARELLE. — Non, vous dis-je. Je veux vous parler auparavant.

ALCANTOR. — Vous voulez me dire quelque chose?

SGANARELLE. — Oui.

ALCANTOR. — Et quoi?

SGANARELLE. — Seigneur Alcantor, j'ai demandé votre fille en mariage, il est vrai, et vous me l'avez accordée; mais je me trouve un peu avancé en âge pour elle, et je considère que je ne suis point du tout son fait.

ALCANTOR. — Pardonnez-moi, ma fille vous trouve bien comme vous êtes et je suis sûr qu'elle vivra fort contente avec vous.

SGANARELLE. — Point. J'ai parfois des bizarreries épouvantables, et elle aurait trop à souffrir de ma mauvaise humeur.

ALCANTOR. — Ma fille a de la complaisance, et vous verrez qu'elle s'accommodera entièrement à vous.

SGANARELLE. — J'ai quelques infirmités sur mon corps qui pourraient la dégoûter.

ALCANTOR. — Cela n'est rien. Une honnête femme ne se dégoûte jamais de mari.

SGANARELLE. — Enfin, voulez-vous que je vous dise? Je ne vous conseille point de me la donner.

ALCANTOR. — Vous moquez-vous? J'aimerais mieux mourir que d'avoir manqué à ma parole.

SGANARELLE. — Mon dieu, je vous en dispense, et je...

ALCANTOR. — Point du tout. Je vous l'ai promise; et vous l'aurez en dépit de tous ceux qui y prétendent.

SGANARELLE, à part. — Que diable!

ALCANTOR. — Voyez-vous? J'ai une estime et une amitié pour vous toute particulière; et je refuserais ma fille à un prince pour vous la donner.

SGANARELLE. — Seigneur Alcantor, je vous suis obligé de l'honneur que vous me faites; mais je vous déclare que je ne veux point me marier.

ALCANTOR. — Qui, vous?

SGANARELLE. — Oui, moi.

ALCANTOR. — Et la raison?

SGANARELLE. — La raison? c'est que je ne me sens point propre pour le mariage, et que je veux imiter mon père, et tous ceux de ma race, qui ne se sont jamais voulu marier.

ALCANTOR. — Écoutez. Les volontés sont libres; et je suis homme à ne craindre jamais personne. Vous vous êtes engagé avec moi pour épouser ma fille, et tout est préparé pour cela : mais, puisque vous voulez retirer votre parole, je vais voir ce qu'il y a à faire; et vous aurez bientôt de mes nouvelles.

<h3 style="text-align:center">SCÈNE XV.</h3>

SGANARELLE, seul. — Encore est-il plus raisonnable que je ne pensais, et je croyais avoir bien plus de peine à m'en dégager. Ma foi, quand j'y songe, j'ai fait fort sagement de me tirer de cette affaire; et j'allais faire un pas dont je me serais peut-être longtemps repenti. Mais voici le fils qui me vient rendre réponse.

<h3 style="text-align:center">SCÈNE XVI. — ALCIDAS, SGANARELLE.</h3>

ALCIDAS, d'un ton doucereux.—Monsieur, je suis votre serviteur très humble.

SGANARELLE. — Monsieur, je suis le vôtre de tout mon cœur.

ALCIDAS, *toujours sur le même ton.* — Mon père m'a dit, monsieur, que vous vous étiez venu dégager de la parole que vous aviez donnée.

SGANARELLE. — Oui, monsieur, c'est avec regret; mais...

ALCIDAS. — Oh! monsieur, il n'y a pas de mal à cela.

SGANARELLE. — J'en suis fâché, je vous assure; et je souhaiterais...

ALCIDAS. — Cela n'est rien, vous dis-je. (*Alcidas présente à Sganarelle deux épées.*) Monsieur, prenez la peine de choisir de ces deux épées laquelle vous voulez.

SGANARELLE. — De ces deux épées?

ALCIDAS. — Oui, s'il vous plaît.

SGANARELLE. — A quoi bon?

ALCIDAS. — Monsieur, comme vous refusez d'épouser ma sœur après la parole donnée, je crois que vous ne trouverez pas mauvais le petit compliment que je viens vous faire.

SGANARELLE. — Comment?

ALCIDAS. — D'autres gens feraient plus de bruit, et s'emporteraient contre vous: mais nous sommes personnes à traiter les choses dans la douceur; et je viens vous dire civilement qu'il faut, si vous le trouvez bon, que nous nous coupions la gorge ensemble.

SGANARELLE. — Voilà un compliment fort mal tourné.

ALCIDAS. — Allons, monsieur, choisissez, je vous prie.

SGANARELLE. — Je suis votre valet, je n'ai point de gorge à me couper. (*A part.*) La vilaine façon de parler que voilà!

ALCIDAS. — Monsieur, il faut que cela soit, s'il vous plaît.

SGANARELLE. — Hé! monsieur, rengaînez ce compliment, je vous prie.

ALCIDAS. — Dépêchons vite, monsieur. J'ai une petite affaire qui m'attend.

SGANARELLE. — Je ne veux point de cela, vous dis-je.

ALCIDAS. — Vous ne voulez pas vous battre?

SGANARELLE. — Nenni, ma foi.

ALCIDAS. — Tout de bon.

SGANARELLE. — Tout de bon.

ALCIDAS, *après lui avoir donné des coups de bâton.* — Au moins, monsieur, vous n'avez pas lieu de vous plaindre; et vous voyez que je fais les choses dans l'ordre. Vous nous manquez de parole, je me veux battre contre vous; vous refusez de vous battre, je vous donne des coups de bâton: tout cela est dans les formes; et vous êtes trop honnête homme pour ne pas approuver mon procédé.

SGANARELLE, *à part.* — Quel diable d'homme est-ce ci?

ALCIDAS, *lui présentant encore les deux épées.* — Allons, monsieur, faites les choses galamment, et sans vous faire tirer l'oreille.

SGANARELLE. — Encore?

ALCIDAS. — Monsieur, je ne contrains personne; mais il faut que vous vous battiez, ou que vous épousiez ma sœur.

SGANARELLE. — Monsieur, je ne puis faire ni l'un ni l'autre, je vous assure.

ALCIDAS. — Assurément?

SGANARELLE. — Assurément.

ALCIDAS. — Avec votre permission donc...
                        (*Alcidas lui donne encore des coups de bâton.*)

SGANARELLE. — Ah! ah! ah!

ALCIDAS. — Monsieur, j'ai tous les regrets du monde d'être obligé d'en user ainsi avec vous; mais je ne cesserai point s'il vous plaît que vous n'ayez promis de vous battre, ou d'épouser ma sœur. (*Alcidas lève le bâton.*)

SGANARELLE. — Hé bien! j'épouserai, j'épouserai.

ALCIDAS. — Ah! monsieur, je suis ravi que vous vous mettiez à la raison, et que les choses se passent doucement. Car enfin vous êtes l'homme du monde que j'estime le plus, je vous jure; et j'aurais été au désespoir que vous m'eussiez contraint à vous maltraiter. Je vais appeler mon père pour lui dire que tout est d'accord. (*Il va frapper à la porte d'Alcantor.*)

SCÈNE XVII. — ALCANTOR, DORIMÈNE, ALCIDAS, SGANARELLE.

ALCIDAS. — Mon père, voilà monsieur qui est tout à fait raisonnable. Il a voulu faire les choses de bonne grâce, et vous pouvez lui donner ma sœur.

ALCANTOR. — Monsieur, voilà sa main, vous n'avez qu'à donner la vôtre. Loué soit le ciel! m'en voilà déchargé : et c'est vous désormais que regarde le soin de sa conduite. Allons nous réjouir et célébrer cet heureux mariage.

BALLET.

ACTE Ier.

SCÈNE PREMIÈRE. — SGANARELLE, *seul*.

SCÈNE II. — SGANARELLE, GÉRONIMO.

SCÈNE III. — SGANARELLE, *seul*.

SCÈNE IV. — DORIMÈNE, SGANARELLE.

SCÈNE V.

SGANARELLE, *seul*. — (*Il se plaignait d'une pesanteur de tête insupportable, et se mettait dans un coin du théâtre pour dormir. Pendant son sommeil, il voyait en songe ce qui forme les deux premières entrées du ballet.*)

LA BEAUTÉ, *chante*. — Si l'amour nous soumet à ses lois inhumaines,
Choisissez, en aimant, un objet plein d'appas :
    Portez au moins de belles chaînes;
Et, puisqu'il faut mourir, mourez d'un beau trépas.
Si l'objet de vos feux ne mérite vos peines,
Sous l'empire d'amour ne vous engagez pas :
    Portez au moins d'aimables chaînes,
Et, puisqu'il faut mourir, mourez d'un beau trépas.

PREMIÈRE ENTRÉE. — LA JALOUSIE, LES CHAGRINS, ET LES SOUPÇONS.

SECONDE ENTRÉE. — QUATRE PLAISANTS, OU GOGUENARDS.

ACTE II.

Au commencement de cet acte, Géronimo venait éveiller Sganarelle.

SCÈNE PREMIÈRE. — SGANARELLE, GÉRONIMO.

SCÈNE II. — SGANARELLE, *seul*.

SCÈNE III. — SGANARELLE, PANCRACE.

SCÈNE IV. — SGANARELLE, *seul*.

SCÈNE V. — SGANARELLE, MARPHURIUS.

SCÈNE VI. — SGANARELLE, *seul*.

SCÈNE VII. — SGANARELLE, DEUX, ÉGYPTIENNES.

TROISIÈME ENTRÉE. — ÉGYPTIENS ET ÉGYPTIENNES, *dansant*.

SCÈNE VIII. — SGANARELLE, *seul*. (*Il allait frapper à la porte du magicien.*)

SCÈNE IX. — SGANARELLE, UN MAGICIEN.

LE MAGICIEN *chante*. —   Holà!
    Qui va-là!
Dis-moi vite quel souci
Te peut amener ici.

SGANARELLE. — (*Il consultait le magicien sur son mariage.*)

LE MAGICIEN. —   Ce sont des grands mystères
    Que ces sortes d'affaires.

SGANAREELE. — (*Il demandait quelle serait sa destinée.*)

LE MAGICIEN. — Je te vais, pour cela, par mes charmes profonds,
    Faire venir quatre démons.

SGANARELLE. (*Il marquait la peur qu'il aurait de voir les démons.*)

LE MAGICIEN. —   Non, non, n'ayez aucune peur,
    Je leur ôterai la laideur.

SGANARELLE. — (*Il consentait à les voir.*)

LE MAGICIEN. — Des puissances invincibles
Rendent depuis longtemps tous les démons muets;
Mais par signes intelligibles,
Ils répondront à tes souhaits.

SCÈNE X. — SGANARELLE, LE MAGICIEN.

QUATRIÈME ENTRÉE. — MAGICIENS ET DÉMONS.

Sganarelle interroge les démons: ils répondent par signes, et sortent en lui faisant les cornes.

ACTE III.

SCÈNE PREMIÈRE, — SGANARELLE , *seul.*

SCÈNE II. — SGANARELLE, ALCANTOR.

SCÈNE III. — SGANARELLE, *seul.*

SCÈNE IV. — SGANARELLE, ALCIDAS.

SCÈNE V. — SGANARELLE., ALCANTOR, DORIMÈNE , ALCIDAS.

SCÈNE VI. — CINQUIÈME ENTRÉE.

UN MAITRE A DANSER *venait enseigner une courante à Sganarelle.*

SCÈNE VII. — SGANARELLE , GÉRONIMO.

Géronimo venait se réjouir avec Sganarelle, et lui disait que les jeunes gens de la ville avaient préparé une mascarade , pour honorer ses noces.

CONCERT ESPAGNOL.

Ciego me tienes, Belisa,
Mas bien tus rigores veo;
Porque és tu desden tan claro,
Que pueden verle los ciegos.

Aunque mi amor és tan grande,
Como mi dolor no és menos ,
Si calla el uno dormido,
Sé que ya és el otro despierto.

Favores tuyos , Belisa ,
Tuvieralos yo secretos;
Mas ya de dolores mios
No puedo hazer lo que quiero.

SIXIÈME ENTRÉE. — DEUX ESPAGNOLS , DEUX ESPAGNOLES.

SEPTIÈME ENTRÉE. — UN CHARIVARI GROTESQUE.

HUITIÈME ENTRÉE. — QUATRE GALANTS *cajolant la femme de Sganarelle.*

FIN DU MARIAGE FORCÉ.

DON JUAN, ou LE FESTIN DE PIERRE,

COMÉDIE EN CINQ ACTES.

PERSONNAGES.

DON JUAN, fils de don Louis.
ELVIRE, femme de don Juan.
DON CARLOS. } frères d'ELVIRE.
DON ALOSE. }
DON LOUIS, père de don Juan.
FRANCISQUE, pauvre.
CHARLOTTE, } paysannes.
MATHURINE, }
PIERROT, paysan.

La statue du Commandeur.
GUSMAN, écuyer d'Elvire.
SGANARELLE, }
LA VIOLETTE, } Valets de don Juan.
RAGOTIN, }
MONSIEUR DIMANCHE, marchand.
LA RAMÉE, spadassin.
UN SPECTRE.

La scène est en Sicile.

ACTE Ier.

Le théâtre représente un palais.

SCÈNE PREMIÈRE. — SGANARELLE, GUSMAN.

SGANARELLE, *tenant une tabatière.* — Quoi que puisse dire Aristote et toute la philosophie, il n'est rien d'égal au tabac : c'est la passion des honnêtes gens et qui vit sans tabac n'est pas digne de vivre. Non seulement il réjouit et purge les cerveaux humains, mais encore il instruit les ames à la vertu, et l'on apprend avec lui à devenir honnête homme. Ne voyez-vous pas bien dès qu'on en prend, de quelle manière obligeante on en use avec tout le monde, et comme on est ravi d'en donner à droite et à gauche, partout où l'on se trouve? On n'attend pas même que l'on en demande, et l'on court au-devant du souhait des gens : tant il est vrai que le tabac inspire des sentiments d'honneur et de vertu à tous ceux qui en prennent. Mais c'est assez de cette matière; reprenons un peu notre discours. Si bien donc, cher Gusman, que done Elvire, ta maîtresse, surprise de notre départ, s'est mise en campagne après nous; et son cœur, que mon maître a su toucher trop fortement n'a pu vivre, dis-tu, sans le venir chercher ici. Veux-tu qu'entre nous je te dise ma pensée? J'ai peur qu'elle ne soit mal payée de son amour, que son voyage en cette ville ne produise peu de fruit, et que vous n'eussiez autant gagné à ne bouger de là.

GUSMAN — Et la raison encore? Dis-moi, je te prie, Sganarelle, qui peut t'inspirer une peur d'un si mauvais augure? Ton maître t'a-t-il ouvert son cœur là-dessus? et t'a-t-il dit qu'il eût pour nous quelque froideur qui l'ait obligé à partir?

SGANARELLE. — Non pas; mais, à vue de pays, je connais à peu près le train des choses, et, sans qu'il m'ait encore rien dit, je gagerais presque que l'affaire va là. Je pourrais peut-être me tromper; mais enfin, sur de tels sujets, l'expérience m'a pu donner quelques lumières.

GUSMAN. — Quoi! ce départ si peu prévu serait une infidélité de don Juan? Il pourrait faire cette injure aux chastes feux de done Elvire?

SGANARELLE. — Non, c'est qu'il est jeune encore, et qu'il n'a pas le courage..

GUSMAN. — Un homme de sa qualité ferait une action si lâche?

SGANARELLE. — Hé! oui, sa qualité! La raison en est belle, et c'est par là qu'il s'empêcherait des choses!...

GUSMAN. — Mais les saints nœuds du mariage le tiennent engagé.

SGANARELLE. — Hé! mon pauvre Gusman, mon ami, tu ne sais pas encore, crois-moi, quel homme est don Juan.

GUSMAN. — Je ne sais pas, de vrai, quel homme il peut être, s'il faut qu'il nous ait fait cette perfidie; et je ne comprends point comme, après tant d'amour et tant d'impatience témoignée, tant d'hommages pressants, de vœux, de soupirs et de larmes, tant de lettres passionnées, de protestations ardentes et de serments réitérés, tant de transports, enfin, et tant d'emportements qu'il a fait paraître, jusqu'à forcer, dans sa passion, l'obstacle sacré d'un couvent pour mettre donc Elvire en sa puissance ; je ne comprends pas, dis-je, comme, après tout cela, il aurait le cœur de pouvoir manquer à sa parole.

SGANARELLE. — Je n'ai pas grande peine à le comprendre, moi ; et si tu connaissais le pélerin, tu trouverais la chose assez facile pour lui. Je ne dis pas qu'il ait changé de sentiments pour donc Elvire, je n'en ai point de certitude encore. Tu sais que, par son ordre, je partis avant lui ; et, depuis son arrivée, il ne m'a point entretenu : mais, par précaution, je t'apprends *inter nos*, que tu vois en don Juan, mon maître, le plus grand scélérat que la terre ait jamais porté, un enragé, un chien, un démon, un turc, un hérétique, qui ne croit ni ciel, ni enfer, ni diable, qui passe cette vie en véritable bête brute, un pourceau d'Epicure, un vrai Sardanapale, qui ferme l'oreille à toutes les remontrances qu'on peut lui faire, et traite de billevesées tout ce que nous croyons. Tu me dis qu'il a épousé ta maîtresse ; crois qu'il aurait plus fait pour sa passion, et qu'avec elle il aurait encore épousé toi, son chien et son chat. Un mariage ne lui coûte rien à contracter ; il ne se sert point d'autres pièges pour attraper les belles, et c'est un épouseur à toutes mains. Dame, demoiselle, bourgeoise, paysanne, il ne trouve rien de trop chaud ni de trop froid pour lui ; et si je te disais le nom de toutes celles qu'il a épousées en divers lieux, ce serait un chapitre à durer jusqu'au soir. Tu demeures surpris, et changes de couleur à ce discours : ce n'est là qu'une ébauche du personnage ; et, pour en achever le portrait, il faudrait bien d'autres coups de pinceau. Suffit qu'il faut que le courroux du ciel l'accable quelque jour ; qu'il me vaudrait bien mieux d'être au diable que d'être à lui ; et qu'il me fait voir tant d'horreurs, que je souhaiterais qu'il fût déjà je ne sais où. Mais un grand seigneur méchant homme est une terrible chose : il faut que je lui sois fidèle en dépit que j'en aie ; la crainte en moi fait l'office du zèle ; bride mes sentiments, et me réduit d'applaudir bien souvent à ce que mon âme déteste. Le voilà qui vient se promener dans ce palais, séparons-nous. Ecoute au moins : je t'ai fait cette confidence avec franchise, et cela m'est sorti un peu bien vite de la bouche ; mais s'il fallait qu'il en vînt quelque chose à ses oreilles, je dirais hautement que tu aurais menti.

SCÈNE II. — DON JUAN, SGANARELLE.

DON JUAN. — Quel homme te parlait là ? Il a bien de l'air, ce me semble, du bon Gusman de donc Elvire.

SGANARELLE. — C'est quelque chose aussi à peu près de cela.

DON JUAN. — Quoi ! c'est lui ?

SGANARELLE. — Lui-même.

DON JUAN. — Et depuis quand est-il en cette ville ?

SGANARELLE. — D'hier au soir.

DON JUAN. — Et quel sujet l'amène ?

SGANARELLE. — Je crois que vous jugez assez ce qui le peut inquiéter.

DON JUAN. — Notre départ, sans doute ?

SGANARELLE. — Le bonhomme en est tout mortifié, et m'en demandait le sujet.

DON JUAN. Et quelle réponse as-tu faite ?

SGANARELLE. — Que vous ne m'en aviez rien dit.

DON JUAN. — Mais encore, quelle est ta pensée là-dessus ? Que t'imagines-tu de cette affaire.

SGANARELLE. — Moi ? je crois, sans vous faire tort, que vous avez quelque nouvel amour en tête.

DON JUAN. — Tu le crois ?

SGANARELLE. — Oui.

DON JUAN. — Ma foi, tu ne te trompes pas, et je dois t'avouer qu'un autre objet a chassé Elvire de ma pensée.

SGANARELLE. — Hé ! mon Dieu ! je sais mon don Juan sur le bout du doigt, et connais votre cœur pour le plus grand coureur du monde ; il se plaît à se promener de liens en liens, et n'aime guère à demeurer en place.

DON JUAN. — Et ne trouves-tu pas, dis-moi, que j'ai raison d'en user de la sorte ?

SGANARELLE. — Hé ! monsieur...

DON JUAN. — Quoi? Parle.

SGANARELLE. — Assurément que vous avez raison, si vous le voulez; on ne peut pas aller là contre. Mais, si vous ne le vouliez pas, ce serait peut-être une autre affaire.

DON JUAN. — Hé bien! je te donne la liberté de parler, et de me dire tes sentiments.

SGANARELLE. — En ce cas, monsieur, je vous dirai franchement que je n'approuve point votre méthode, et que je trouve fort vilain d'aimer de tous côtés comme vous faites.

DON JUAN. — Quoi! tu veux qu'on se lie à demeurer au premier objet qui nous prend, qu'on renonce au monde pour lui, et qu'on n'ait plus d'yeux pour personne. La belle chose de vouloir se piquer d'un faux honneur d'être fidèle, de s'ensevelir pour toujours dans une passion., et d'être mort dès sa jeunesse à toutes les autres beautés qui nous peuvent frapper les yeux! Non, non, la constance n'est bonne que pour des ridicules; toutes les belles ont droit de nous charmer, et l'avantage d'être rencontrée la première ne doit point dérober aux autres les justes prétentions qu'elles ont toutes sur nos cœurs. Pour moi, la beauté me ravit partout où je la trouve, et je cède facilement à cette douce violence dont elle nous entraîne. J'ai beau être engagé, l'amour que j'ai pour une belle n'engage point mon âme à faire injustice aux autres; je conserve des yeux pour voir le mérite de toutes, et rends à chacune les hommages et les tributs où la nature nous oblige. Quoi qu'il en soit, je ne puis refuser mon cœur à tout ce que je vois d'aimable; et dès qu'un beau visage me le demande, si j'en avais dix mille, je les donnerais tous. Les inclinations naissantes, après tout, ont des charmes inexplicables, et tout le plaisir de l'amour est dans le changement. On goûte une douceur extrême à réduire par cent hommages le cœur d'une jeune beauté; à voir de jour en jour les petits progrès qu'on y fait; à combattre par des transports, par des larmes et des soupirs, l'innocente pudeur d'une ame qui a peine à rendre les armes; à forcer pied à pied toutes les pe'ites résistances qu'elle nous oppose; à vaincre les scrupules dont elle se fait un honneur, et à la mener doucement où nous avons envie de la faire venir. Mais lorsqu'on en est maître une fois, il n'y a plus rien à dire ni rien à souhaiter; tout le beau de la passion est fini, et nous nous endormons dans la tranquillité d'un tel amour, si quelque objet nouveau ne vient réveiller nos désirs et présenter à notre cœur les charmes attrayants d'une conquête à faire. Enfin, il n'est rien de si doux que de triompher de la résistance d'une belle personne; et j'ai sur ce sujet l'ambition des conquérants, qui volent perpétuellement de victoire en victoire, et ne peuvent se résoudre à borner leurs souhaits. Il n'est rien qui puisse arrêter l'impétuosité de mes désirs, je me sens un cœur à aimer toute la terre; et, comme Alexandre, je souhaiterais qu'il y eût d'autres mondes pour y pouvoir étendre mes conquêtes amoureuses.

SGANARELLE. — Vertu de ma vie, comme vous débitez! Il semble que vous ayez appris cela par cœur, et vous parlez tout comme un livre.

DON JUAN. — Qu'as-tu à dire là-dessus?

SGANARELLE. — Ma foi, j'ai à dire... Je ne sais que dire; car vous tournez les choses d'une manière, qu'il semble que vous avez raison; et cependant il est vrai que vous ne l'avez pas. J'avais les plus belles pensées du monde, et vos discours m'ont brouillé tout cela. Laissez faire, une autre fois je mettrai mes raisonnements par écrit pour disputer avec vous.

DON JUAN. — Tu feras bien.

SGANARELLE. — Mais, monsieur, cela serait-il de la permission que vous m'avez donnée, si je vous disais que je suis tant soit peu scandalisé de la vie que vous menez?

DON JUAN. — Comment! quelle vie est-ce que je mène?

SGANARELLE. — Fort bonne. Mais, par exemple, de vous voir tous les mois vous marier comme vous faites...

DON JUAN. — Y a-t-il rien de plus agréable?

SGANARELLE. — Il est vrai, je conçois que cela est fort agréable et fort divertissant, et je m'en accommoderais assez, moi, s'il n'y avait point de mal; mais, monsieur, se jouer ainsi du mariage, qui...

DON JUAN. — Va, va, c'est une affaire que je saurai bien démêler, sans que tu t'en mettes en peine.

SGANARELLE. — Ma foi, monsieur, j'ai toujours ouï dire que c'est une méchante raillerie que de se railler du ciel, et que les libertins ne font jamais une bonne fin.

DON JUAN. — Holà! maître sot. Vous savez que je vous ai dit que je n'aime pas les faiseurs de remontrances.

SGANARELLE. — Je ne parle pas aussi à vous, Dieu m'en garde. Vous savez ce que vous faites, vous; et, si vous ne croyez rien, vous avez vos raisons; mais il y a de certains petits impertinents dans le monde qui sont libertins sans savoir pourquoi, qui font les esprits forts, parce qu'ils croient que cela leur sied bien; et, si j'avais un maître comme cela, je lui dirais fort nettement, le regardant en face : Osez-vous bien ainsi vous jouer au ciel, et ne tremblez-vous point de vous moquer comme vous faites des choses les plus saintes? c'est bien à vous, petit ver de terre, petit mirmidon que vous êtes (je parle au maître que j'ai dit); c'est bien à vous à vouloir vous mêler de tourner en raillerie ce que tous les hommes révèrent! Pensez-vous que pour être de qualité, pour avoir une perruque blonde et bien frisée, des plumes à votre chapeau, un habit bien doré et des rubans couleur de feu (ce n'est pas à vous que je parle, c'est à l'autre); pensez-vous, dis-je, que vous en soyez plus habile homme, que tout vous soit permis, et qu'on n'ose vous dire vos vérités. Apprenez de moi, qui suis votre valet, que le ciel punit tôt ou tard les impies, qu'une méchante vie amène une méchante mort, et que...

DON JUAN. — Paix!

SGANARELLE. — De quoi est-il question?

DON JUAN. — Il est question de te dire qu'une beauté me tient au cœur, et qu'entraîné par ses appas, je l'aie suivie jusqu'en cette ville.

SGANARELLE. — Et ne craignez-vous rien, monsieur, de la mort de ce commandeur que vous tuâtes il y a six mois?

DON JUAN. — Et pourquoi craindre? Ne l'ai-je pas bien tué?

SGANARELLE. — Fort bien, le mieux du monde, et il aurait tort de se plaindre.

DON JUAN. — J'ai eu la grâce de cette affaire.

SGANARELLE. — Oui; mais cette grâce n'éteint pas peut-être le ressentiment des parents et des amis, et...

DON JUAN. — Ah! n'allons point songer au mal qui nous peut arriver, et songeons seulement à ce qui peut donner du plaisir. La personne dont je te parle est une jeune fiancée, la plus agréable du monde, qui a été conduite ici par celui même qu'elle y vient épouser, et le hasard me fit voir ce couple d'amants trois ou quatre jours avant leur voyage. Jamais je n'ai vu deux personnes être si contentes l'une de l'autre, et faire éclater plus d'amour. La tendresse visible de leurs mutuelles ardeurs me donna de l'émotion; j'en fus frappé au cœur, et mon amour commença par la jalousie. Oui, je ne pus souffrir d'abord de les voir si bien ensemble; le dépit alluma mes désirs, et je me figurai un plaisir extrême à pouvoir troubler leur intelligence, et rompre cet attachement dont la délicatesse de mon cœur se tenait offensée; mais jusqu'ici tous mes efforts ont été inutiles, et j'ai recours au dernier remède. Cet époux prétendu doit aujourd'hui régaler sa maîtresse d'une promenade sur mer. Sans t'en avoir rien dit, toutes choses sont préparées pour satisfaire mon amour, et j'ai une petite barque et des gens avec quoi fort facilement je prétends enlever la belle.

SGANARELLE. — Ah! monsieur...

DON JUAN. — Hé?

SGANARELLE. — C'est fort bien fait à vous, et vous le prenez comme il faut Il n'est rien tel en ce monde que de se contenter.

DON JUAN. — Prépare-toi donc à venir avec moi, et prends soin toi-même d'apporter toutes mes armes, afin que... (*Apercevant done Elvire.*) Ah! rencontre fâcheuse. Traître! tu ne m'avais pas dit qu'elle était ici elle-même.

SGANARELLE. — Monsieur, vous ne me l'avez pas demandé.

DON JUAN. — Est-elle folle de n'avoir pas changé d'habit, et de venir en ce lieu-ci avec son équipage de campagne?

SCÈNE III. — DONE ELVIRE, DON JUAN, SGANARELLE.

DONE ELVIRE. — Me ferez-vous la grâce, don Juan, de vouloir bien me reconnaître? Et puis-je au moins espérer que vous daigniez tourner le visage de ce côté ?

DON JUAN. — Madame, je vous avoue que je suis surpris, et que je ne vous attendais pas ici.

DONE ELVIRE. — Oui, je vois bien que vous ne m'y attendiez pas; et vous êtes surpris, à la vérité, mais tout autrement que je ne l'espérais; et la manière dont vous le paraissez me persuade pleinement ce que je refusais de croire. J'admire ma simplicité et la faiblesse de mon cœur à douter d'une trahison que tant d'apparences me confirmaient. J'ai été assez bonne, je le confesse, ou plutôt assez sotte, pour me vouloir tromper moi-même, et travailler à démentir mes yeux et mon jugement. J'ai cherché des raisons pour excuser à ma tendresse le relâchement d'amitié qu'elle voyait en vous; et je me suis forgé exprès cent sujets légitimes d'un départ si précipité, pour vous justifier du crime dont ma raison vous accusait. Mes justes soupçons chaque jour avaient beau me parler, j'en rejetais la voix qui vous rendait criminel à mes yeux, et j'écoutais avec plaisir mille chimères ridicules qui vous peignaient innocent à mon cœur; mais enfin cet abord ne me permet plus de douter, et le coup d'œil qui m'a reçue m'apprend bien plus de choses que je ne voudrais en savoir. Je serai bien aise pourtant d'ouïr de votre bouche les raisons de votre départ. Parlez, don Juan, je vous prie, et voyons de quel air vous saurez vous justifier.

DON JUAN. — Madame, voilà Sganarelle qui sait pourquoi je suis parti.

SGANARELLE, *bas, à don Juan.* — Moi, monsieur? Je n'en sais rien, s'il vous plaît.

DONE ELVIRE. — Hé bien ! Sganarelle, parlez. Il n'importe de quelle bouche j'entende ses raisons.

DON JUAN, *faisant signe à Sganarelle d'approcher.* — Allons, parle donc à madame.

SGANARELLE, *bas, à don Juan.* — Que voulez-vous que je dise?

DONE ELVIRE. — Approchez, puisqu'on le veut ainsi, et me dites un peu les causes d'un départ si prompt.

DON JUAN. — Tu ne répondras pas?

SGANARELLE, *bas, à don Juan.* — Je n'ai rien à répondre. Vous vous moquez de votre serviteur.

DON JUAN. — Veux-tu répondre, te dis-je?

SGANARELLE. — Madame...

DONE ELVIRE. — Quoi?

SGANARELLE, *se tournant vers son maître.* — Monsieur...

DON JUAN, *en le menaçant.* — Si...

SGANARELLE. — Madame, les conquérants, Alexandre et les autres mondes sont cause de notre départ. Voilà, monsieur, tout ce que je puis dire.

DONE ELVIRE. — Vous plaît-il, don Juan, nous éclaircir ces beaux mystères?

DON JUAN. — Madame, à vous dire la vérité...

DONE ELVIRE. — Ah! que vous savez mal vous défendre pour un homme de cour, et qui doit être accoutumé à ces sortes de choses! J'ai pitié de vous voir la confusion que vous avez. Que ne vous armez-vous le front d'une noble effronterie? Que ne me jurez-vous que vous êtes toujours dans les mêmes sentiments pour moi, que vous m'aimez toujours avec une ardeur sans égale, et que rien n'est capable de vous détacher de moi que la mort? Que ne me dites-vous que des affaires de la dernière conséquence vous ont obligé à partir sans m'en donner avis; qu'il faut que, malgré vous, vous demeuriez ici quelque temps, et que je n'ai qu'à m'en retourner d'où je viens, assurée que vous suivrez mes pas le plus tôt qu'il vous sera possible; qu'il est certain que vous brûlez de me rejoindre, et qu'éloigné de moi vous souffrez ce que souffre un corps qui est séparé de son ame? Voilà comme il faut vous défendre, et non pas être interdit comme vous êtes.

DON JUAN. — Je vous avoue, madame, que je n'ai point le talent de dissimuler, et que je porte un cœur sincère. Je ne vous dirai point que je suis toujours dans les mêmes sentiments pour vous, et que je brûle de vous rejoindre, puisque enfin il est assuré que je ne suis parti que pour vous fuir; non point par les raisons que vous pouvez vous figurer, mais par un pur motif de conscience, et pour ne pas croire qu'avec vous davantage je puisse vivre sans péché. Il m'est venu des scrupules, madame, et j'ai ouvert les yeux de l'ame sur ce que je faisais. J'ai fait réflexion que, pour vous épouser, je vous ai dérobée à la clôture d'un couvent, que vous avez rompu des vœux qui vous engageaient autre part, et que le ciel est fort jaloux de ces sortes de choses. Le repentir m'a pris, et j'ai craint le courroux céleste. J'ai cru que notre mariage n'était qu'un adultère déguisé, qu'il nous attirerait quelque disgrâce d'en haut, et qu'enfin je devais tâcher de vous oublier et vous donner un moyen de retourner à vos premières chaînes. Voudriez-vous, madame, vous opposer à une si sainte pensée, et que j'allasse, en vous retenant, me mettre le ciel sur les bras; que par...

DONE ELVIRE. — Ah! scélérat! c'est maintenant que je te connais tout entier; et, pour mon malheur, je te connais lorsqu'il n'en est plus temps, et qu'une telle connaissance ne peut plus me servir qu'à me désespérer : mais sache que ton crime ne demeurera pas impuni, et que le même ciel dont tu te joues me saura venger de ta perfidie.

DON JUAN. — Sganarelle, le ciel.

SGANARELLE — Vraiment oui, nous nous moquons bien de cela, nous autres.

DON JUAN. — Madame...

DONE ELVIRE. — Il suffit. Je n'en veux pas ouïr davantage, et je m'accuse même d'en avoir trop entendu. C'est une lâcheté que de se faire expliquer trop sa honte; et, sur de tels sujets, un noble cœur au premier mot doit prendre son parti. N'attends pas que j'éclate ici en reproches et en injures ; non, non, je n'ai point un courroux à s'exhaler en paroles vaines, et toute sa chaleur se réserve pour sa vengeance. Je te le dis encore, le ciel te punira, perfide, de l'outrage que tu me fais; et, si le ciel n'a rien que tu puisses appréhender, appréhende du moins la colère d'une femme offensée.

SCÈNE IV. — DON JUAN, SGANARELLE.

SGANARELLE, à part. — Si le remords le pouvait prendre!

DON JUAN, après un moment de réflexion. — Allons songer à l'exécution de notre entreprise amoureuse.

SGANARELLE, seul. — Ah! quel abominable maître me vois-je obligé de servir !

FIN DU PREMIER ACTE.

ACTE II.

Le théâtre représente une campagne, au bord de la mer.

SCÈNE PREMIÈRE. — CHARLOTTE, PIERROT.

CHARLOTTE. — Notre dinse, Piarrot, tu t'es trouvé la bien à point.

PIERROT. — Parguienne, il ne s'en est pas fallu l'épaisseur d'une épingle qu'il ne se sayant nayés tous deux.

CHARLOTTE. — C'est donc le coup de vent d'à ce matin qui les avait renvarsés dans la mar?

PIERROT. — Aga, quien, Charlotte, je m'en va te conter tout fin drait comme cela est venu : car, comme dit l'autre, je les ai le premier avisés, avisés le premier je les ai. Enfin donc, j'étions sur le bord de la mar, moi et le gros Lucas, et je nous amusions à batifoler avec des mottes de tarre que je nous jesquions à la tête; car comme, tu sais bian, le gros Lucas aime à batifoler, et moi, par fouas, je batifole itou. En batifolant donc, pisque batifoler y a, j'ai aparçu de tout loin queuque chose qui grouillait dans gliau, et qui venait comme envars nous par secousse. Je voyais cela fixiblement, pis tout d'un coup je voyais que plus rian. Hé! Lucas, ç'ai-je fait, je pense que v'là deux hommes qui nageant là-bas. Voire, ce m'a-t-il fait, t'as été au trépassement d'un chat, t'as la vue trouble. Palsanguienne! ç'ai-je fait, je n'ai point la vue trouble, ce sont des hommes. Point du tout, ce m'a-t-il fait, t'as la barlue. Veux-tu gager, çai-je fait, que je n'ai point la barlue, ç'ai-je fait, et que ce sont deux hommes, ç'ai-je fait, qui nageant droit ici ç'ai-je fait? Morguienne! ce m'a-t-il fait, je gage que non. Oh! çà, ç'ai-je fait, veux-tu gager dix sous que si? Je le veux bian, ce m'a-t-il fait; et pour te montrer, vlà argent sur jeu, ce m'a-t-il fait. Moi, je n'ai point été ni fou ni étourdi, j'ai bravement bouté à tarre pièces tapées, et cinq sous en doubles, jerniguienne, aussi hardiment que si j'avais avalé un varre de vin ; car je sis hasardeux, moi, et je vas à la débandade. Je savais bian ce que je faisais pourtant. Queuque gniais!.. Enfin donc je n'avons pas putôt eu gagé, que j'avons vu les deux hommes tout à plain, qui nous faisiant signe de les aller quérir ; et moi de tirer auparavant les enjeux. Allons, Lucas, çai-je dit, tu vois bian qu'ils nous appelont; allons vite à leu secours. Non, ce m'a-t-il dit, ils m'ont fait pardre. Oh, donc, tanquia qu'à la parfin, pour le faire court, je l'ai tant sarmonné, que je nous sommes boutés dans une barque, et pis j'avons tant fait cahin caha, que je les avons tirés de gliau, et pis je les avons menés cheux nous auprès du feu, et pis ils se sont dépouillés tout nus pour se sécher, et pis il y en est venu encore deux de la même bandé qui s'équiant sauvés tout seuls, et pis Mathurine est arrivée là, à qui l'en a fait les doux yeux. Vlà justement, Charlotte, comme tout çà s'est fait.

CHARLOTTE. — Ne m'as tu pas dit, Piarrot, qu'il y en a un qu'est bien pu mieux fait que les autres?

PIERROT. — Oui, c'est le maître. Il faut que ce soit queuque gros monsieur, car il a du d'or à son habit tout depis le haut jusqu'en bas ; et ceux qui le sarvont sont des monsieux eux-mêmes, et stapandant tout gros monsieur qu'il est, il serait, par ma fiqué, nayé si je n'aviomme été là.

CHARLOTTE. — Ardez un peu!

PIERROT. — Oh! parguienne! sans nous, il en avait pour sa maine de fèves.

CHARLOTTE. — Est-il encore cheux toi tout nu, Piarrot?

PIERROT. — Nannain, ils l'avont r'habillé tout devant nous. Mon guieu, je n'en avais jamais vu s'habiller. Que d'histoires et d'engigorniaux boutont ces messieux-là les courtisans! Je me pardrais là-dedans, pour moi, et j'étais tout ébahi de voir çà. Quien, Charlotte, ils avont de cheveux qui ne tenont point à leu tête; et ils boutent çà, après tout, comme un gros bonnet de filace. Ils ant des chemises qui ant des manches où j'entrerions tout brandis, toi et moi. En glieu d'haut-de-chausse, il portont une garde robe aussi large que d'ici à Pâques; en glieu de pourpoint, de petites brassières qui ne leu venont pas jusqu'au brichet ; et, en glieu de rabats, un grand mouchoir de cou à résiau, aveuc quatre grosses houpes de linge qui leu pendont sur l'estomaque. Ils avont itou d'autres petits rabats au bout des bras, et grands entonnois de passement aux jambes, et, parmi tout çà, tant de rubans, que c'est une vraie piquié. Ignia pas jusqu'aux souliers qui n'en soyont farcis tout depis un hout jusqu'à l'autre ; et ils sont faits d'eune façon que je me rompais le cou aveuc.

CHARLOTTE. — Par ma fi, Piarrot, il faut que j'aille voir un peu çà.

PIERROT. — Oh! accoute un peu auparavant, Charlotte. J'ai queuque autre chose à te dire, moi.

CHARLOTTE. — Hé bian, dis : qu'est-ce que c'est?

PIERROT. — Vois-tu, Charlotte? il faut, comme dit l'autre, que je débonde mon cœur. Je t'aime, tu le sais bian, et je sommes pour être mariés ensemble; mais, marguienne, je ne suis point satisfait de toi.

CHARLOTTE. — Quement? qu'est-ce que c'est donc qu'iglia?

PIERROT. — Iglia que tu me chagrines l'esprit, franchement.

CHARLOTTE. — Et quement donc?

PIERROT. — Tétiguienne, tu ne m'aimes point.

CHARLOTTE. — Ah! ah! n'est-ce que çà?

PIERROT. — Oui, ce n'est que çà, et c'est bian assez.

CHARLOTTE. — Mon guieu, Piarrot, tu me viens toujou dire la même chose.

PIERROT. — Je te dis toujou la même chose, parce que c'est toujou la même chose; et, si ce n'était pas toujou la même chose, je ne te dirais pas toujou la même chose.

CHARLOTTE. — Mais qu'est-ce qu'il te faut? Que veux-tu?

PIERROT. — Jerniguienne! je veux que tu m'aimes.

CHARLOTTE. — Est-ce que je ne t'aime pas?

PIERROT. — Non, tu ne m'aimes pas, et si, je fais tout ce que je pis pour ça.

Je t'achète, sans reproche, des rubans à tous les marciers qui passont; je me romps le cou à t'aller dénicher des marles; je fais jouer pour toi les vielleux quand ce vient ta fête : et tout comme si je me frappais la tête contre un mûr. Vois-tu, çà n'est ni biau ni honnête de n'aimer pas les gens qui nous aimont.

CHARLOTTE. — Mais, mon guieu, je t'aime aussi.

PIERROT. — Oui, tu m'aimes d'une belle dégaîne !

CHARLOTTE. — Quement veux-tu donc qu'on fasse?

PIERROT. — Je veux que l'en fasse comme l'en fait quand l'en aime comme il faut.

CHARLOTTE. — Ne t'aimè-je pas aussi comme il faut?

PIERROT. — Non. Quand çà est, çà se voit, et l'en fait mille petites singeries aux parsonnes quand on les aime du bon du cœur. Regarde la grosse Thomasse, comme alle est assottée du jeune Robain : alle est toujou de li à l'agacer, et ne le laisse jamais en repos. Toujou alle li fait queuque niche, ou li baille queuque taloche en passant; et, l'autre jour qu'il était assis sur un escabiau, al fut le tirer de dessous li, et le fit choir tout de son long par tarre. Jarni v'là où l'en voit les gens qui aimont; mais toi, tu ne me dis jamais mot, t'es toujou là comme une vraie souche de bois; et je passerais vingt fois devant toi, que tu ne te grouillerais pas pour me bâiller le moindre coup, ou me dire la moindre chose. Ventreguienne! çà n'est pas bian, après tout; et t'est trop froide pour les gens.

CHARLOTTE. — Que veux-tu que j'y fasse? C'est mon himeur, et je ne me pis refondre.

PIERROT. — Ignia himeur qui quienne. Quand en a de l'amiquié pour les parsonnes, l'en en bâille toujou queuque petite signifiance.

CHARLOTTE. — Enfin, je t'aime tout autant que je pise et, si tu n'es pas content de çà, ta n'as qu'à en aimer queuque autre.

PIERROT. — Hé bian! vlà pas mon compte? Tétigué! si tu m'aimais, me dirais-tu çà?

CHARLOTTE. — Pourquoi me viens-tu aussi tarabuster l'esprit?

PIERROT. — Morguié! queu mal te fais-je? Je ne te demande qu'un peu d'amiquié.

CHARLOTTE. — Hé bian! laisse faire aussi, et ne me presse point tant. Peut-être que çà viendra tout à coup sans y songer.

PIERROT. — Touche donc là, Charlotte.

CHARLOTTE, donnant sa main. — Hé bien! quien.

PIERROT. — Promets-moi donc que tu tâcheras de m'aimer davantage.

CHARLOTTE. — J'y ferai tout ce que je pourrai; mais il faut que çà vienne de lui-même. Piarrot, est-ce là ce monsieu?

PIERROT. — Oui, le vlà.

CHARLOTTE. — Ah! mon guieu qu'il est genti, et que ç'aurait été dommage qu'il eût été nayé!

PIERROT. — Je revians tout à l'heure : je m'en vais boire chopaine pour me rebouter tant soit peu de la fatique que j'ai eue.

SCÈNE II.

DON JUAN, SGANARELLE, CHARLOTTE, *dans le fond du théâtre.*

DON JUAN. — Nous avons manqué notre coup, Sganarelle, et cette bourasque imprévue a renversé avec notre barque le projet que nous avions fait; mais, à te dire vrai, la paysanne que je viens de quitter, répare ce malheur, et je lui ai trouvé des charmes qui effacent de mon esprit tout le chagrin que me donnait le mauvais succès de notre entreprise. Il ne faut pas que ce cœur m'échappe : et j'y ai déjà jeté des dispositions à ne pas me souffrir longtemps de pousser des soupirs.

SGANARELLE. — Monsieur, j'avoue que vous m'étonnez. A peine sommes-nous échappés d'un péril de mort, qu'au lieu de rendre grâce au ciel de la pitié qu'il a daigné prendre de nous, vous travaillez tout de nouveau à attirer sa colère par vos fantaisies accoutumées, et vos amours cr... (*Don Juan prend un air menaçant.*) Paix! coquin que vous êtes! vous ne savez ce que vous dites, et monsieur sait ce qu'il fait. Allons.

DON JUAN, *apercevant Charlotte.* Ah! ah! d'où sort cette autre paysanne,

Sganarelle? As-tu rien vu de plus joli? et ne trouves-tu pas, dis-moi, que celle-ci vaut bien l'autre?

SGANARELLE. — Assurément. (à part.) Autre pièce nouvelle.

DON JUAN, à Charlotte. — D'où me vient, la belle, une rencontre si agréable? Quoi! dans ces lieux champêtres, parmi ces arbres et ces rochers, on trouve des personnes faites comme vous êtes?

CHARLOTTE. — Vous voyez, monsieu.

DON JUAN. — Etes-vous de ce village?

CHARLOTTE. — Oui monsieur.

DON JUAN. — Et vous y demeurez?

CHARLOTTE. — Oui, monsieu.

DON JUAN. — Vous vous appelez?

CHARLOTTE. — Charlotte, pour vous sarvir.

DON JUAN. — Ah! la belle personne, et que ses yeux sont pénétrants!

CHARLOTTE. — Monsieu, vous me rendez toute honteuse.

DON JUAN. — Ah! n'ayez point de honte d'entendre dire vos vérités. Sganarelle, qu'en dis-tu? Peut-on rien voir de plus agréable? Tournez-vous un peu, s'il vous plaît. Ah! que cette taille est jolie! Haussez un peu la tête de grace. Ah! que ce visage est mignon! Ouvrez vos yeux entièrement. Ah! qu'ils sont beaux! Que je voie un peu vos dents, je vous prie. Ah! qu'elles sont amoureuses, et ces lèvres appétissantes! Pour moi, je suis ravi, et je n'ai jamais vu une si charmante personne.

CHARLOTTE. — Monsieu, cela vous plaît à dire, et je ne sais pas si c'est pour vous railler de moi.

DON JUAN. — Moi, me railler de vous! Dieu m'en garde! Je vous aime trop pour cela, c'est du fond du cœur que je vous parle.

CHARLOTTE. — Je vous suis bien obligée, si çà est.

DON JUAN. — Point du tout , vous ne m'êtes point obligée de tout ce que je dis; et ce n'est qu'à votre beauté que vous en êtes redevable.

CHARLOTTE. — Monsieu, tout çà est trop bien dit pour moi, et je n'ai pas d'esprit pour vous répondre.

DON JUAN. — Sganarelle, regarde un peu ses mains.

CHARLOTTE. — Fi, monsieu! elles sont noires comme je ne sais quoi.

DON JUAN. — Ah! que dites-vous là? Elles sont les plus belles du monde : souffrez que je les baise, je vous prie.

CHARLOTTE. — Monsieur, c'est trop d'honneur que vous me faites ; et si j'avais su çà tantôt, je n'aurais pas manqué de les laver avec du son.

DON JUAN. — Hé! dites-moi un peu, belle Charlotte, vous n'êtes pas mariée, sans doute?

CHARLOTTE. — Non, monsieur; mais je dois bientôt l'être avec Piarrot, le fils de la voisine Simonette.

DON JUAN. — Quoi! une personne comme vous serait la femme d'un simple paysan! Non, non, c'est profaner tant de beauté, et vous n'êtes pas née pour demeurer dans un village. Vous méritez, sans doute, une meilleure fortune; et le ciel, qui le connaît bien, m'a conduit ici tout exprès pour empêcher ce mariage, et rendre justice à vos charmes; car, enfin, belle Charlotte, je vous aime de tout mon cœur, et il ne tiendra qu'à vous que je vous arrache de ce misérable lieu, et que je vous mette dans l'état où vous méritez d'être. Cet amour est bien prompt, sans doute; mais quoi! c'est un effet, Charlotte, de votre grande beauté, et l'on vous aime autant en un quart d'heure qu'on ferait une autre en six mois.

CHARLOTTE. — Aussi vrai, monsieu, je ne sais comment faire quand vous parlez. Ce que vous dites me fait aise, et j'aurais toutes les envies du monde de vous croire ; mais on m'a toujou dit qu'il ne faut jamais croire les monsieux, et que vous autres courtisans êtes des enjoleux, qui ne songez qu'à abuser les filles.

DON JUAN. — Je ne suis pas de ces gens-là.

SGANARELLE, à part. — Il n'a garde.

CHARLOTTE. — Voyez-vous, monsieu? Il n'y a pas plaisir à se laisser abuser. Je suis une pauvre paysanne : mais j'ai l'honneur en recommandation, et j'aimerais mieux me voir morte que de me voir déshonorée.

DON JUAN. — Moi, j'aurais l'ame assez méchante pour abuser une personne comme vous? Je serais assez lâche pour vous déshonorer? Non, non, j'ai trop de conscience pour cela. Je vous aime, Charlotte, en tout bien et en tout honneur; et, pour vous montrer que je vous dis vrai, sachez que je n'ai point d'autre dessein que de vous épouser. En voulez-vous un plus grand témoignage? M'y voilà prêt, quand vous voudrez; et je prends à témoin l'homme que voilà de la parole que je vous donne.

SGANARELLE. — Non, non, ne craignez point; il se mariera avec vous tant que vous voudrez.

DON JUAN. — Ah! Charlotte, je vois bien que vous ne me connaissez pas encore. Vous me faites grand tort de juger de moi par les autres; et s'il y a des fourbes dans le monde, des gens qui ne cherchent qu'à abuser des filles, vous devez me tirer du nombre, et ne pas mettre en doute la sincérité de ma foi; et puis votre beauté vous assure de tout. Quand on est faite comme vous, on doit être à couvert de toutes ces sortes de craintes : vous n'avez point l'air, croyez-moi, d'une personne qu'on abuse; et, pour moi, je l'avoue, je me percerais le cœur de mille coups, si j'avais eu la moindre pensée de vous trahir.

CHARLOTTE. — Mon dieu! je ne sais si vous dites vrai, ou non ; mais vous faites que l'on vous croit.

DON JUAN. — Lorsque vous me croirez, vous me rendrez justice assurément; et je vous réitère encore la promesse que je vous ai faite. Ne l'acceptez-vous pas? et ne voulez-vous pas consentir à être ma femme?

CHARLOTTE. — Oui, pourvu que ma tante le veuille.

DON JUAN. — Touchez donc là, Charlotte, puisque vous le voulez bien de votre part.

CHARLOTTE. — Mais, au moins, monsieu, ne m'allez pas tromper, je vous prie ; il y aurait de la conscience à vous, et vous voyez comme j'y vais à la bonne foi.

DON JUAN. — Comment! Il semble que vous doutiez encore de ma sincérité! Voulez-vous que je fasse des serments épouvantable? Que le ciel...

CHARLOTTE. — Mon dieu! ne jurez point, je vous crois.

DON JUAN. — Donnez-moi donc un petit baiser, pour gage de votre parole.

CHARLOTTE. — Oh! monsieu, attendez que je soyons mariés, je vous prie. Après çà, je vous baiserai tant que vous voudrez.

DON JUAN. — Hé bien! belle Charlotte, je veux tout ce que vous voulez; abandonnez-moi seulement votre main, et souffrez que, par mille baisers, je lui exprime le ravissement où je suis.

SCÈNE III.

DON JUAN, SGANARELLE, PIERROT, CHARLOTTE.

PIERROT, *poussant don Juan qui baise la main de Charlotte.* — Tout doucement, monsieu : tenez-vous, s'il vous plaît. Vous vous échauffez trop, et vous pourriez gagner la purésie.

DON JUAN, *repoussant rudement Pierrot.* — Qui m'amène cet impertinent?

PIERROT, *se mettant entre don Juan et Charlotte.* — Je vous dis qu'ous vous vous tegniez, et qu'ous ne caressiais point nos accordées.

DON JUAN, *repoussant encore Pierrot.* — Ah! que de bruit!

PIERROT. — Jerniguienne! ce n'est pas comme çà qu'il faut pousser les gens.

CHARLOTTE, *prenant Pierrot par le bras.* — Et laisse-le faire aussi, Piarrot.

PIERROT. — Quement! qué je laisse faire? Je ne veux pas, moi.

DON JUAN. — Ah!

PIERROT. — Tétiguienne! parce qu'ous êtes monsieu, ous viendrez caresser nos femmes à notre barbe? Allez-v's-en caresser les vôtres.

DON JUAN. — Heu?

PIERROT. — Heu! (*Don Juan lui donne un soufflet.*) Tétigué! ne me frappez pas. (*Autre soufflet.*) Oh! jernigué! (*Autre soufflet.*) Ventregué! (*Autre soufflet.*) Palsangué! morguienne! çà n'est pas bian de battre les gens, et ce n'est pas là la récompense de v's avoir sauvé d'être nayé.

CHARLOTTE. — Piarrot, ne te fâche point.

PIERROT. — Je me veux fâcher; et t'es une vilaine, toi, d'endurer qu'on te cajol

CHARLOTTE. — Oh! Piarrot, ce n'est pas ce que tu penses. Ce monsieu veut m'épouser, et tu ne dois pas te bouter en colère.

PIERROT. — Quement? jerni! tu m'es promise.

CHARLOTTE. — Çà n'y fait rien, Piarrot. Si tu m'aimes, ne dois-tu pas être bien aise que je devienne madame?

PIERROT. — Jerniguié! non. J'aime mieux te voir crevée que de te voir à un autre.

CHARLOTTE. — Va, va, Piarrot, ne te mets point en peine. Si je sis madame, je te ferais gagner queuque chose, et tu apporteras du beurre et du fromage cheux nous.

PIERROT. — Ventreguienne? je gni en porterai jamais, quand tu m'en paierais deux fois autant. Est-ce donc comme çà que t'écoutes ce qu'il te dit? Morguienne! si j'avais su çà tantôt, je me serais bien gardé de le tirer de gliau, et je gli aurais baillé un bon coup d'aviron sur la tête.

DON JUAN, *s'approchant de Pierrot pour le frapper.*—Qu'est-ce que vous dites?

PIERROT, *se mettant derrière Charlotte.*—Jerniguienne! je ne crains personne.

DON JUAN, *passant du côté où est Pierrot.* — Attendez-moi un peu.

PIERROT, *repassant de l'autre côté.* — Je me moque de tout, moi.

DON JUAN, *courant après Pierrot.* — Voyons cela.

PIERROT, *se sauvant encore derrière Charlotte.* — J'en avons bian vu d'autres.

DON JUAN. — Ouais.

SGANARELLE. — Hé! monsieur, laissez-là ce pauvre misérable. C'est conscience de le battre. (*A Pierrot, en se mettant entre lui et don Juan.*) Écoute, mon pauvre garçon, retire-toi, et ne lui dis rien.

PIERROT, *passant devant Sganarelle et regardant fièrement don Juan.* — Je veux lui dire, moi.

DON JUAN, *levant la main pour donner un soufflet à Pierrot.* — Ah! je vous apprendrai... (*Pierrot baisse la tête, et Sganarelle reçoit le soufflet.*)

SGANARELLE, *regardant Pierrot.* — Peste soit du maroufle!

DON JUAN, *à Sganarelle.* — Te voilà payé de ta charité.

PIERROT. — Jarni! je vas dire à sa tante tout ce ménage-ci.

SCÈNE IV. — DON JUAN, CHARLOTTE, SGANARELLE.

DON JUAN, *à Charlotte.* — Enfin, je m'en vais être le plus heureux de tous les hommes, et je ne changerais pas mon bonheur contre toutes les choses du monde. Que de plaisirs quand vous serez ma femme, et que...

SCÈNE V. — DON JUAN, MATHURINE, CHARLOTTE, SGANARELLE.

SGANARELLE, *apercevant Mathurine.* — Ah! ah!

MATHURINE, *à don Juan.* — Monsieu, qué faites-vous donc là avec Charlotte? Est-ce que vous lui parlez d'amour aussi?

DON JUAN, *bas, à Mathurine.* — Non. Au contraire, c'est elle qui me témoignait une envie d'être ma femme, et je lui répondais que j'étais engagé à vous.

CHARLOTTE, *à don Juan.* — Qu'est-ce que c'est donc que vous veut Mathurine?

DON JUAN, *bas, à Charlotte.*—Elle est jalouse de me voir vous parler, et voudrait bien que je l'épousasse; mais je lui dis que c'est vous que je veux.

MATHURINE. — Quoi! Charlotte...

DON JUAN, *bas, à Mathurine.* — Tout ce que vous lui direz sera inutile; elle s'est mis cela dans la tête.

CHARLOTTE. — Quement donc? Mathurine...

DON JUAN, *bas, à Charlotte.* — C'est en vain que vous lui parlerez, vous ne lui ôterez pas cette fantaisie.

MATHURINE. — Est-ce que?...

DON JUAN, *bas, à Mathurine.*—Il n'y a pas moyen de lui faire entendre raison.

CHARLOTTE. — Je voudrais...

DON JUAN, *bas, à Charlotte.* — Elle est obstinée comme tous les diables.

MATHURINE. — Vraiment?...

DON JUAN, *bas, à Mathurine.* — Ne lui dites rien, c'est une folle.

CHARLOTTE. — Je pense...

DON JUAN, *bas, à Charlotte.* — Laissez-la là, c'est une extravagante.

MATHURINE. — Non, non, il faut que je lui parle.

CHARLOTTE. — Je veux voir un peu ses raisons.

MATHURINE. — Quoi!...

DON JUAN, *bas, à Mathurine.* — Je gage qu'elle va vous dire que je lui ai promis de l'épouser.

CHARLOTTE. — Je...

DON JUAN, *bas, à Charlotte.* — Gageons qu'elle vous soutiendra que je lui ai donné parole de la prendre pour femme...

MATHURINE. — Holà! Charlotte! çà n'est pas bien de courir su le marché des autres.

CHARLOTTE. — Ce n'est pas honnête, Mathurine, d'être jalouse que monsieu me parle.

MATHURINE. — C'est moi que monsieu a vue la première.

CHARLOTTE. — S'il vous a vue la première, il m'a vue la seconde, et m'a promis de m'épouser.

DON JUAN, *bas, à Mathurine.* — Hé bien! que vous ai-je dit?

MATHURINE, *à Charlotte.* — Je vous baise les mains; c'est moi et non pas vous qu'il a promis d'épouser.

DON JUAN, *bas, à Charlotte.* — N'ai-je pas deviné?

CHARLOTTE. — A d'autres, je vous prie; c'est moi, vous dis-je.

MATHURINE. — Vous vous moquez des gens; c'est moi, encore un coup.

CHARLOTTE. — Le v'là qui est pour le dire, si je n'ai pas raison.

MATHURINE. — Le v'là qui est pour me démentir, si je ne dis pas vrai.

CHARLOTTE. — Est-ce, monsieu, que vous lui avez promis de l'épouser?

DON JUAN, *bas, à Charlotte.* — Vous vous raillez de moi.

MATHURINE. — Est-il vrai, monsieu, que vous lui avez donné parole d'être son mari?

DON JUAN, *bas, à Mathurine.* — Pouvez-vous avoir cette pensée?

CHARLOTTE. — Vous voyez qu'al le soutient.

DON JUAN, *bas, à Charlotte.* — Laissez-la faire.

MATHURINE. — Vous êtes témoin comme al l'assure.

DON JUAN, *bas, à Mathurine.* — Laissez-la dire.

CHARLOTTE. — Non, non, il faut savoir la vérité.

MATHURINE. — Il est question de juger çà.

CHARLOTTE. — Oui, Mathurine, je veux que monsieu vous montre votre bec jaune.

MATHURINE. — Oui, Charlotte, je veux que monsieu vous rende un peu camuse.

CHARLOTTE. — Monsieu, videz la querelle, s'il vous plaît.

MATHURINE. — Mettez-nous d'accord, monsieu.

CHARLOTTE, *à Mathurine.* — Vous allez voir.

MATHURINE, *à Charlotte.* — Vous allez voir vous-même.

CHARLOTTE, *à don Juan.* — Dites.

MATHURINE, *à don Juan.* — Parlez.

DON JUAN. — Que voulez-vous que je dise? Vous soutenez également toutes deux que je vous ai promis de vous prendre pour femmes. Est-ce que chacune de vous ne sait pas ce qui en est, sans qu'il soit nécessaire que je m'explique davantage? Pourquoi m'obliger là-dessus à des redites? Celle à qui j'ai promis effectivement n'a-t-elle pas en elle-même de quoi se moquer des discours de l'autre, et doit-elle se mettre en peine, pourvu que j'accomplisse ma promesse? Tous les discours n'avancent point les choses. Il faut faire et non pas dire; et les effets décident mieux que les paroles. Aussi n'est-ce rien que par là que je vous veux mettre d'accord; et l'on verra, quand je me marierai, laquelle des deux a mon cœur. (*Bas à Mathurine.*) Laissez-lui croire ce qu'elle voudra. (*Bas à Charlotte.*) Laissez-la se flatter dans son imagination. (*Bas à Mathurine.*) Je vous adore. (*Bas à Charlotte.*) Je suis tout à vous. (*Bas à Mathurine.*) Tous les visages sont laids auprès du vôtre. (*Bas à Charlotte.*) On ne peut plus souffrir les autres quand on vous a vue. (*Haut.*) J'ai un petit ordre à donner; je viens vous retrouver dans un quart d'heure.

SCÈNE VI. — CHARLOTTE, MATHURINE, SGANARELLE.

CHARLOTTE, *à Mathurine.* — Je suis celle qu'il aime, au moins.

MATHURINE, *à Charlotte.* — C'est moi qu'il épousera.

SGANARELLE, *arrêtant Charlotte et Mathurine.* — Ah! pauvres filles que vous êtes, j'ai pitié de votre innocence, et je ne puis souffrir de vous voir courir à votre malheur. Croyez-moi, l'une et l'autre : ne vous amusez point à tous les contes qu'on vous fait, et demeurez dans votre village.

SCÈNE VII. — DON JUAN, CHARLOTTE, MATHURINE, SGANARELLE.

DON JUAN, *dans le fond du théâtre, à part.* — Je voudrais bien savoir pourquoi Sganarelle ne me suit pas.

SGANARELLE. — Mon maître est un fourbe; il n'a dessein que de vous abuser, et en a bien abusé d'autres : c'est l'épouseur du genre humain, et... (*apercevant don Juan.*) Cela est faux; et quiconque vous dira cela, vous lui devez dire qu'il en a menti. Mon maître n'est point l'épouseur du genre humain, il n'est point fourbe; il n'a pas dessein de vous tromper, et n'en a point abusé d'autres. Ah! tenez, le voilà : demandez-le plutôt à lui-même.

DON JUAN, *regardant Sganarelle et le soupçonnant d'avoir parlé.* — Oui!

SGANARELLE. — Monsieur, comme le monde est plein de médisants, je vais au-devant des choses; et je leur disais que, si quelqu'un leur venait dire du mal de vous, elles se gardassent bien de le croire, et ne manquassent pas de lui dire qu'il en aurait menti.

DON JUAN. — Sganarelle!

SGANARELLE, *à Charlotte et à Mathurine.* — Oui, monsieur est homme d'honneur; je le garantis tel.

DON JUAN. — Hon!

SGANARELLE. — Ce sont des impertinents.

SCÈNE VIII. — DON JUAN, LA RAMÉE, CHARLOTTE, MATHURINE, SGANARELLE.

LA RAMÉE, *bas, à don Juan.* — Monsieur, je viens vous avertir qu'il ne fait pas bon ici pour vous.

DON JUAN. — Comment?

LA RAMÉE. — Douze hommes à cheval vous cherchent, qui doivent arriver ici dans un moment; je ne sais par quel moyen ils peuvent vous avoir suivi; mais j'ai appris cette nouvelle d'un paysan qu'ils ont interrogé, et auquel ils vous ont dépeint. L'affaire presse; et le plus tôt que vous pourrez sortir d'ici sera le meilleur.

SCÈNE IX. — DON JUAN, CHARLOTTE, MATHURINE, SGANARELLE.

DON JUAN, *à Charlotte et à Mathurine.* — Une affaire pressante m'oblige de partir d'ici; mais je vous prie de vous ressouvenir de la parole que je vous ai donnée, et de croire que vous aurez de mes nouvelles avant qu'il soit demain au soir.

SCÈNE X. — DON JUAN, SGANARELLE.

DON JUAN. — Comme la partie n'est pas égale, il faut user de stratagème, et éluder adroitement le malheur qui me cherche. Je veux que Sganarelle se revête de mes habits, et moi...

SGANARELLE. — Monsieur, vous vous moquez. M'exposer à être tué sous vos habits, et...

DON JUAN. — Allons vite, c'est trop d'honneur que je vous fais; et bienheureux est le valet qui peut avoir la gloire de mourir pour son maître.

SGANARELLE. — Je vous remercie d'un tel honneur. (*Seul.*) O ciel! puisqu'il s'agit de mort, fais-moi la grâce de n'être point pris pour un autre!

FIN DU SECOND ACTE.

ACTE III.

Le théâtre représente une forêt.

SCÈNE PREMIÈRE.

DON JUAN, *en habit de campagne,* SGANARELLE, *en médecin.*

SGANARELLE. — Ma foi, monsieur, avouez que j'ai eu raison, et que nous voilà l'un et l'autre déguisés à merveille. Votre premier dessein n'était point du tout à propos, et ceci nous cache bien mieux que tout ce que vous vouliez faire.

DON JUAN. — Il est vrai que te voilà bien ; et je ne sais où tu as été déterrer cet attirail ridicule.

SGANARELLE. — Oui ? C'est l'habit d'un vieux médecin, qui a été laissé en gage au lieu où je l'ai pris, et il m'en a coûté de l'argent pour l'avoir. Mais savez-vous, monsieur, que cet habit me met déjà en considération, que je suis salué des gens que je rencontre, et que l'on me vient consulter ainsi qu'un habile homme ?

DON JUAN. — Comment donc ?

SGANARELLE. — Cinq ou six paysans et paysannes, en me voyant passer, me sont venus demander mon avis sur différentes maladies.

DON JUAN. — Tu leur as répondu que tu n'y entendais rien ?

SGANARELLE. — Moi ? point du tout. J'ai voulu soutenir l'honneur de mon habit ; j'ai raisonné sur le mal, et leur ai fait des ordonnances à chacun.

DON JUAN. — Et quels remèdes encore leur as-tu ordonnés ?

SGANARELLE. — Ma foi, monsieur, j'en ai pris par où j'en ai pu attraper ; j'ai fait mes ordonnances à l'aventure ; et ce serait une chose plaisante, si les malades guérissaient et qu'on m'en vînt remercier.

DON JUAN. — Et pourquoi non ! Par quelle raison n'aurais-tu pas les mêmes priviléges qu'ont tous les autres médecins ? Ils n'ont pas plus de part que toi aux guérisons des malades, et tout leur art est pure grimace. Ils ne font rien que recevoir la gloire des heureux succès, et tu peux profiter comme eux du bonheur du malade, et voir attribuer à tes remèdes tout ce qui peut venir des faveurs du hasard et des forces de la nature.

SGANARELLE. — Comment ! monsieur, vous êtes aussi impie en médecine ?

DON JUAN. — C'est une des grandes erreurs qui soient parmi les hommes.

SGANARELLE. — Quoi ! vous ne croyez pas au séné, ni à la casse, ni au vin émétique ?

DON JUAN. — Et pourquoi veux-tu que j'y croie ?

SGANARELLE. — Vous avez l'ame bien mécréante. Cependant vous voyez depuis un temps que le vin émétique fait bruire ses fuseaux. Ses miracles ont converti les plus incrédules esprits ; et il n'y a pas trois semaines que j'ai ai vu, moi qui vous parle, un effet merveilleux.

DON JUAN. — Et quel ?

SGANARELLE. — Il y avait un homme qui, depuis six jours, était à l'agonie ; on ne savait plus que lui ordonner, et tous les remèdes ne faisaient rien ; on s'avisa à la fin de lui donner de l'émétique.

DON JUAN. — Il réchappa, n'est-ce pas ?

SGANARELLE. — Non, il mourut.

DON JUAN. — L'effet est admirable !

SGANARELLE. — Comment ! il y avait six jours entiers qu'il ne pouvait mourir, et cela le fit mourir tout d'un coup. Voulez-vous rien de plus efficace ?

DON JUAN. — Tu as raison.

SGANARELLE. — Mais, laissons-là la médecine où vous ne croyez point, et parlons des autres choses ; car cet habit me donne de l'esprit, et je me sens en humeur de disputer contre vous. Vous savez bien que vous me permettez les disputes, et que vous ne me défendez que les remontrances.

DON JUAN. — Hé bien ?

SGANARELLE. — Je veux savoir vos pensées à fond, et vous connaître un peu mieux que je ne fais. Çà, quand voulez-vous mettre fin à vos débauches, et mener la vie d'un honnête homme ?

DON JUAN *lève la main pour lui donner un soufflet.* — Ah ! maître sot, vous allez d'abord aux remontrances.

SGANARELLE, *en se reculant.* — Morbleu ! je suis bien sot en effet de vouloir m'amuser à raisonner avec vous : faites tout ce que vous voudrez ; il m'importe bien que vous vous perdiez ou non, et que...

DON JUAN. — Tais-toi. Songeons à notre affaire. Ne serions-nous point égarés ? Appelle cet homme que voilà là-bas, pour lui demander le chemin.

SCÈNE II. — DON JUAN, SGANARELLE, UN PAUVRE.

SGANARELLE. — Holà ! ho ! l'homme ! mon compère ! ho ! l'ami ! un petit mot, s'il vous plaît. Enseignez-nous un peu le chemin qui mène à la ville.

LE PAUVRE. — Vous n'avez qu'à suivre cette route, messieurs, et détourner à main droite quand vous serez au bout de la forêt ; mais je vous donne avis que vous devez vous tenir sur vos gardes, et que, depuis quelque temps, il y a des voleurs ici autour.

DON JUAN. — Je te suis bien obligé, mon ami, et je te rends grâce de tout mon cœur.

SCÈNE III. — DON JUAN, SGANARELLE.

SGANARELLE. — Ah ! monsieur, quel bruit ! quel cliquetis !

DON JUAN, *regardant dans la forêt.* — Que vois-je là ! Un homme attaqué par trois autres. La partie est trop inégale, et je ne dois pas souffrir cette lâcheté.
(*Il met l'épée à la main et court au lieu du combat.*)

SCÈNE IV.

SGANARELLE, *seul.* — Mon maître est un vrai enragé d'aller se présenter à un péril qui ne le cherche pas ; mais, ma foi, le secours a servi, et les deux ont fait fuir les trois.

SCÈNE V.

DON JUAN, DON CARLOS, SGANARELLE, *au fond du théâtre.*

DON CARLOS, *remettant son épée.* — On voit, par la fuite de ces voleurs, de quel secours est votre bras. Souffrez, monsieur, que je vous rende grâce d'une action si généreuse, et que...

DON JUAN. — Je n'ai rien fait, monsieur, que vous n'eussiez fait à ma place. Notre propre honneur est intéressé dans de pareilles aventures ; et l'action de ces coquins était si lâche, que c'eût été y prendre part que de ne s'y pas opposer. Mais par quelle rencontre vous êtes-vous trouvé entre leurs mains ?

DON CARLOS. — Je m'étais, par hasard, égaré d'un frère et de tous ceux de notre suite ; et comme je cherchais à les rejoindre, j'ai fait rencontre de ces voleurs, qui, d'abord ont tué mon cheval, et qui, sans votre valeur, en auraient fait autant de moi.

DON JUAN. — Votre dessein est-il d'aller du côté de la ville ?

DON CARLOS. — Oui, mais sans y vouloir entrer ; et nous nous voyons obligés, mon frère et moi, à tenir la campagne pour une de ces fâcheuses affaires qui réduisent les gentilshommes à se sacrifier, eux et leur famille, à la sévérité de leur honneur, puisqu'enfin le plus doux succès en est toujours funeste, et que, si l'on ne quitte pas la vie, on est contraint de quitter le royaume : et c'est en quoi je trouve la condition d'un gentilhomme malheureuse, de ne pouvoir point s'assurer sur toute la prudence et toute l'honnêteté de sa conduite, d'être asservi par les lois de l'honneur au dérèglement de là conduite d'autrui, et de voir sa vie, son repos et ses biens, dépendre de la fantaisie du premier téméraire qui s'avisera de lui faire une de ces injures pour qui un honnête homme doit périr.

DON JUAN. — On a cet avantage, qu'on fait courir le même risque et passer aussi mal le temps à ceux qui prennent fantaisie de nous venir faire une offense de gaieté de cœur. Mais ne serait-ce point une indiscrétion que de vous demander quelle peut être votre affaire ?

DON CARLOS. — La chose en est aux termes de n'en plus faire de secret ; et, lorsque l'injure a une fois éclaté, notre honneur ne va point à vouloir cacher notre honte, mais à faire éclater notre vengeance, et à publier même le dessein que nous en avons. Ainsi, monsieur, je ne feindrai point de vous dire que l'offense que nous cherchons à venger, est une sœur séduite et enlevée d'un couvent, et que l'auteur de cette offense est un don Juan Tenorio, fils de don Louis Tenorio. Nous le cherchons depuis quelques jours, et nous l'avons suivi ce matin sur le rapport d'un valet, qui nous a dit qu'il sortait à cheval, accompagné de quatre ou cinq, et qu'il avait pris le long de cette côte ; mais tous nos soins ont été inutiles, et nous n'avons pu découvrir ce qu'il est devenu.

DON JUAN. — Le connaissez-vous, monsieur, ce don Juan dont vous parlez ?

DON CARLOS. — Non, quant à moi. Je ne l'ai jamais vu, et je l'ai seulement ouï dépeindre à mon frère : mais la renommée n'en dit pas force bien, et c'est un homme dont la vie...

DON JUAN. — Arrêtez, monsieur, s'il vous plaît. Il est un peu de mes amis, et ce serait à moi une espèce de lâcheté que d'en ouïr dire du mal.

DON CARLOS. — Pour l'amour de vous, monsieur, je n'en dirai rien du tout, et c'est bien la moindre chose que je vous doive, après m'avoir sauvé la vie, que de me taire devant vous d'une personne que vous connaissez, lorsque je ne puis en parler sans en dire du mal; mais, quelque ami que vous lui soyez, j'ose espérer que vous n'approuverez pas son action, et ne trouverez pas étrange que nous cherchions d'en prendre vengeance.

DON JUAN. — Au contraire, je vous y veux servir, et vous épargner des soins inutiles. Je suis ami de don Juan, je ne puis pas m'en empêcher; mais il n'est pas raisonnable qu'il offense impunément des gentilshommes, et je m'engage à vous faire faire raison par lui.

DON CARLOS. — Et quelles raisons peut-on faire à ces sortes d'injures?

DON JUAN. — Toutes celles que votre honneur peut souhaiter; et, sans vous donner la peine de chercher don Juan davantage, je m'oblige à le faire trouver au lieu que vous voudrez, et quand il vous plaira.

DON CARLOS. — Cet espoir est bien doux, monsieur, à des cœurs offensés; mais, après ce que je vous dois, ce me serait une trop sensible douleur que vous fussiez de la partie.

DON JUAN. — Je suis si attaché à don Juan qu'il ne saurait se battre que je ne me batte aussi. Mais enfin j'en réponds comme de moi-même; et vous n'avez qu'à dire quand vous voulez qu'il paraisse et vous donne satisfaction.

DON CARLOS. — Que ma destinée est cruelle! Faut-il que je vous doive la vie, et que don Juan soit de vos amis!

SCÈNE VI.

DON ALONSE, DON CARLOS, DON JUAN, SGANARELLE.

DON ALONSE, *parlant à ceux de sa suite, sans voir don Carlos, ni don Juan.* — Faites boire là mes chevaux, et qu'on les amène après nous: je veux un peu marcher à pied (*les apercevant tous deux.*) O ciel! que vois-je ici? Quoi! mon frère, vous voilà avec notre ennemi mortel!

DON CARLOS. — Notre ennemi mortel?

DON JUAN, *mettant la main sur la garde de son épée.* — Oui, je suis don Juan moi-même, et l'avantage du nombre ne m'obligera pas à vouloir déguiser mon nom.

DON ALONSE, *mettant l'épée à la main.* Ah! traître, il faut que tu périsses, et... (Sganarelle court se cacher.)

DON CARLOS. — Ah! mon frère, arrêtez. Je lui suis redevable de la vie; et, sans le secours de son bras, j'aurais été tué par des voleurs que j'ai trouvés

DON ALONSE. — Et voulez-vous que cette considération empêche notre vengeance? Tous les services que nous rend une main ennemie ne sont d'aucun mérite pour engager notre ame; et, s'il faut mesurer l'obligation à l'injure, votre reconnaissance, mon frère, est ici ridicule; et, comme l'honneur est infiniment plus précieux que la vie, c'est ne devoir rien proprement que d'être redevable de la vie à qui nous a ôté l'honneur.

DON CARLOS. — Je sais la différence, mon frère, qu'un gentilhomme doit toujours mettre entre l'un et l'autre; et la reconnaissance de l'obligation n'efface point en moi le ressentiment de l'injure: mais souffrez que je lui rende ici ce qu'il m'a prêté, que je m'acquitte sur-le-champ de la vie je que lui dois, par un délai de notre vengeance, et lui laisse la liberté de jouir pendant quelques jours du fruit de son bienfait.

DON ALONSE. — Non, non, c'est hasarder notre vengeance que de la reculer, et l'occasion de la prendre peut ne plus revenir. Le ciel nous l'offre ici, c'est à nous d'en profiter. Lorsque l'honneur est blessé mortellement, on ne doit point songer à garder aucune mesure; et si vous répugnez à prêter votre bras à cette action, vous n'avez qu'à vous retirer, et laisser à ma main la gloire d'un tel sacrifice.

DON CARLOS. — De grâce, mon frère...

DON ALONSE. — Tous ces discours sont superflus; il faut qu'il meure.

DON CARLOS. — Arrêtez-vous, vous dis-je, mon frère; je ne souffrirai point du tout qu'on attaque ses jours; et je jure le ciel que je le défendrai ici contre

qui que ce soit, et je saurai lui faire un rempart de cette même vie qu'il a sauvée ; et, pour adresser vos coups, il faudra que vous me perciez.

DON ALONSE. — Quoi ! vous prenez le parti de notre ennemi contre moi ; et,
loin d'être saisi à son aspect des mêmes transports que je sens, vous faites voir
pour lui des sentiments pleins de douceur !

DON CARLOS. — Mon frère, montrons de la modération dans une action légitime, et ne vengeons point notre honneur avec cet emportement que vous
témoignez. Ayons un cœur dont nous soyons les maîtres, une valeur qui n'ait
rien de farouche, et qui se porte aux chose par une délibération de notre raison, et non point par le mouvement d'une aveugle colère. Je ne veux point,
mon frère, demeurer redevable à mon ennemi, et je lui ai une obligation dont
il faut que je m'acquitte avant toute chose. Notre vengeance, pour être différée,
n'en sera pas moins éclatante : au contraire, elle en tirera de l'avantage ; et cette
occasion de l'avoir pu prendre, la fera paraître plus juste aux yeux de tout le
monde.

DON ALONSE. — O l'étrange faiblesse, et l'aveuglement effroyable de hasarder ainsi les intérêts de son honneur pour la ridicule pensée d'une obligation chimérique !

DON CARLOS. — Non, mon frère, ne vous mettez pas en peine. Si je fais
une faute, je saurai bien la réparer, et je me charge de tout le soin de notre
honneur : je sais à quoi il nous oblige ; et cette suspension d'un jour, que
ma reconnaissance lui demande, ne fera qu'augmenter l'ardeur que j'ai de le
satisfaire. Don Juan, vous voyez que j'ai soin de vous rendre le bien que j'ai
reçu de vous, et vous devez par là juger du reste, croire que je m'acquitte
avec même chaleur de ce que je dois, et que je ne serai pas moins exact à vous
payer l'injure que le bienfait. Je ne veux point vous obliger ici à expliquer vos
sentiments, et je vous donne la liberté de penser à loisir aux résolutions que
vous avez à prendre. Vous connaissez assez la grandeur de l'offense que vous
nous avez faite, et je vous fais juge vous-même des réparations qu'elle demande. Il est des moyens doux pour nous satisfaire ; il en est de violents et de
sanglants ; mais enfin, quelque choix que vous fassiez, vous m'avez donné
parole de me faire raison par don Juan. Songez à me la faire, je vous prie, et
vous ressouvenez que, hors d'ici, je ne dois plus qu'à mon honneur.

DON JUAN. — Je n'ai rien exigé de vous, et vous tiendrai ce que j'ai promis.

DON CARLOS. — Allons, mon frère, un moment de douceur ne fait aucune
injure à la sévérité de notre devoir.

SCÈNE. VII. — DON JUAN, SGANARELLE.

DON JUAN. — Holà ! hé ! Sganarelle !

SGANARELLE, *sortant de l'endroit où il était caché*. — Plaît-il ?

DON JUAN. — Comment ! coquin. tu fuis quand on m'attaque !

SGANARELLE. — Pardonnez-moi, monsieur, je viens seulement d'ici près. Je
crois que cet habit est purgatif, et que c'est prendre médecine que de le porter.

DON JUAN. — Peste soit l'insolent ! Couvre au moins ta poltronnerie d'un
voile plus honnête. Sais-tu bien qui est celui à qui j'ai sauvé la vie ?

SGANARELLE. — Moi ? non.

DON JUAN. — C'est un frère d'Elvire.

SGANARELLE. — Un...

DON JUAN. — Il est assez honnête homme, il en a bien usé, et j'ai regret
d'avoir démêlé avec lui.

SGANARELLE. — Il vous serait aisé de pacifier toutes choses.

DON JUAN. — Oui, mais ma passion est usée pour done Elvire, et l'engagement ne compatit point avec mon humeur : j'aime la liberté en amour, tu le
sais ; et je ne saurais me résoudre à renfermer mon cœur entre quatre murailles. Je te l'ai dit vingt fois, j'ai une pente naturelle à me laisser aller à tout ce
qui m'attire. Mon cœur est à toutes les belles ; et c'est à le prendre tour-à-tour,
et à le garder tant qu'elles le pourront. Mais quel est le superbe édifice que je
vois entre ces arbres ?

SGANARELLE. — Vous ne le savez pas ?

DON JUAN. — Non, vraiment.

SGANARELLE. — Bon ! c'est le tombeau que le commandeur faisait faire lorsque vous le tuâtes.

DON JUAN. — Ah! tu as raison. Je ne savais pas que c'était de ce côté-ci qu'il était. Tout le monde m'a dit des merveilles de cet ouvrage, aussi bien que de la statue du commandeur, et j'ai envie de l'aller voir.

SGANARELLE. — Monsieur, n'allez point là?

DON JUAN. — Pourquoi?

SGANARELLE. — Cela n'est pas civil d'aller voir un homme que vous avez tué.

DON JUAN. — Au contraire, c'est une visite dont je lui veux faire civilité, et qu'il doit recevoir de bonne grâce s'il est galant homme. Allons, entrons dedans.   (*Le tombeau s'ouvre, et l'on voit la statue du commandeur.*)

SGANARELLE. — Ah! que cela est beau! Les belles statues! le beau marbre! les beaux piliers! Ah! que cela est beau! Qu'en dites-vous, monsieur?

DON JUAN. — Qu'on ne peut voir aller plus loin l'ambition d'un homme mort; et ce que je trouve admirable, c'est qu'un homme qui s'est passé durant sa vie d'une assez simple demeure en veuille avoir une si magnifique pour quand il n'en a plus que faire.

SGANARELLE. — Voici la statue du commandeur.

DON JUAN. — Parbleu! le voilà bon, avec son habit d'empereur romain!

SGANARELLE. — Ma foi, monsieur, voilà qui est bien fait. Il semble qu'il est en vie, et qu'il s'en va parler. Il jette des regards sur nous qui me feraient peur si j'étais tout seul, et je pense qu'il ne prend pas plaisir de nous voir.

DON JUAN. — Il aurait tort; et ce serait mal recevoir l'honneur que je lui fais. Demande-lui s'il veut venir souper avec moi.

SGANARELLE. — C'est une chose dont il n'a pas besoin, je crois.

DON JUAN. — Demande-lui, te dis-je.

SGANARELLE. — Vous moquez-vous? Ce serait être fou que d'aller parler à une statue.

DON JUAN. — Fais ce que je te dis.

SGANARELLE. — Quelle bizarrerie!.. Seigneur commandeur... (*A part.*) Je ris de ma sottise; mais c'est mon maître qui me la fait faire. (*Haut.*) Seigneur commandeur, mon maître don Juan vous demande si vous voulez lui faire l'honneur de venir souper avec lui. (*La statue baisse la tête.*) Ah!

DON JUAN. — Qu'est-ce? Qu'as-tu? Dis donc. Veux-tu parler?

SGANARELLE, *baissant la tête comme la statue.* — La statue...

DON JUAN. — Hé bien! que veux-tu dire, traître?

SGANARELLE. — Je vous dis que la statue...

DON JUAN. — Hé bien! la statue? Je t'assomme, si tu ne parles.

SGANARELLE. — La statue m'a fait signe.

DON JUAN. — La peste! le coquin!

SGANARELLE. — Elle m'a fait signe, vous dis-je; il n'est rien de plus vrai. Allez-vous en lui parler vous-même pour voir. Peut-être...

DON JUAN. — Viens, maraud, viens. Je te veux bien faire toucher au doigt la poltronnerie: prends garde. Le Seigneur commandeur voudrait-il venir souper avec moi? (*La statue baisse encore la tête.*)

SGANARELLE. — Je ne voudrais pas en tenir dix pistoles. Hé bien! monsieur?

DON JUAN. — Allons, sortons d'ici.

SGANARELLE, *seul.* — Voilà de mes esprits forts qui ne veulent rien croire.

FIN DU TROISIÈME ACTE.

ACTE IV.

Le théâtre représente l'appartement de Don Juan.

SCÈNE PREMIÈRE. — DON JUAN, SGANARELLE, RAGOTIN.

DON JUAN, *à Sganarelle.* — Quoi qu'il en soit, laissons cela: c'est une bagatelle, et nous pouvons avoir été trompés par un faux jour, ou surpris de quelque vapeur qui nous ait troublé la vue.

SGANARELLE. — Hé! monsieur, ne cherchez point à démentir ce que nous avons vu des yeux que voilà. Il n'est rien de plus véritable que ce signe de tête; et je ne doute point que le ciel, scandalisé de votre vie, n'ait produit ce miracle pour vous convaincre et pour vous retirer de...

DON JUAN. — Ecoute. Si tu m'importunes davantage de tes sottes moralités, si tu me dis encore le moindre mot là-dessus, je vais appeler quelqu'un, de mander un nerf de bœuf, te faire tenir par trois ou quatre, et te rouer de mille coups. M'entends-tu bien?

SGANARELLE. — Fort bien, monsieur, le mieux du monde. Vous vous expliquez clairement; c'est ce qu'il y a de bon en vous, que vous n'allez point chercher de détours; vous dites les choses avec une netteté admirable.

DON JUAN. — Allons, qu'on me fasse souper le plus tôt que l'on pourra. Une chaise, petit garçon.

SCÈNE II. — DON JUAN, LA VIOLETTE, SGANARELLE, RAGOTIN.

LA VIOLETTE. — Monsieur, voilà votre marchand, monsieur Dimanche, qui demande à vous parler.

SGANARELLE — Bon! voilà ce qu'il nous faut : un compliment de créancier. De quoi s'avise-t-il de nous venir demander de l'argent? et que ne lui disais-tu que monsieur n'y est pas?

LA VIOLETTE. — Il y a trois quarts d'heure que je lui dis; mais il ne veut pas le croire, et s'est assis là-dedans pour attendre.

SGANARELLE. — Qu'il attende tant qu'il voudra.

DON JUAN. — Non; au contraire, faites-le entrer. C'est une fort mauvaise politique que de se faire céler aux créanciers. Il est bon de les payer de quelque chose; et j'ai le secret de les renvoyer satisfaits, sans leur donner un double.

SCÈNE III. — DON JUAN, M. DIMANCHE, SGANARELLE, LA VIOLETTE, RAGOTIN.

DON JUAN. — Ah! monsieur Dimanche, approchez. Que je suis ravi de vous voir! et que je veux de mal à mes gens de ne vous pas faire entrer d'abord! J'avais donné ordre qu'on ne me fît parler à personne; mais cet ordre n'est pas pour vous, et vous êtes en droit de ne trouver jamais de porte fermée chez moi.

M. DIMANCHE. — Monsieur, je vous suis fort obligé.

DON JUAN, parlant à la Violette et à Ragotin. — Parbleu! coquins, je vous apprendrai à laisser monsieur Dimanche dans une antichambre, et je vous ferai connaître les gens.

M. DIMANCHE. — Monsieur, cela n'est rien.

DON JUAN, à M. Dimanche. — Comment ! vous dire que je n'y suis pas, à monsieur Dimanche, au meilleur de mes amis !

M. DIMANCHE. — Monsieur, je suis votre serviteur. J'étais venu...

DON JUAN. — Allons vite, un siège pour monsieur Dimanche.

M. DIMANCHE. — Monsieur, je suis bien comme cela.

DON JUAN. — Point, point; je veux que vous soyez assis comme moi.

M. DIMANCHE. — Cela n'est point nécessaire.

DON JUAN. — Otez ce pliant, et apportez un fauteuil.

M. DIMANCHE. — Monsieur, vous vous moquez, et...

DON JUAN. — Non, non, je sais ce que je vous dois; et je ne veux point qu'on mette de différence entre nous deux.

M. DIMANCHE. — Monsieur...

DON JUAN. — Allons, asseyez-vous.

M. DIMANCHE. — Il n'est pas besoin, monsieur; et je n'ai qu'un mot à vous dire. J'étais...

DON JUAN. — Mettez-vous là, vous dis-je.

M. DIMANCHE. — Non, monsieur; je suis bien. Je viens pour...

DON JUAN. — Non, je ne vous écoute point, si vous n'êtes point assis.

M. DIMANCHE. — Monsieur, je fais ce que vous voulez. Je...

DON JUAN. — Parbleu ! monsieur Dimanche, vous vous portez bien.

M. DIMANCHE. — Oui, monsieur, pour vous rendre service. Je suis venu...

DON JUAN. — Vous avez un fonds de santé admirable, des lèvres fraîches, un teint vermeil, et des yeux vifs.

M. DIMANCHE. — Je voudrais bien...

DON JUAN. — Comment se porte madame Dimanche, votre épouse?

M. DIMANCHE. — Fort bien, monsieur, Dieu merci.

DON JUAN. — C'est une brave femme.

M. DIMANCHE. — Elle est votre servante, monsieur. Je venais...

DON JUAN. — Et votre petite fille, Claudine, comment se porte-elle?

M. DIMANCHE. — Le mieux du monde.

DON JUAN. — La jolie petite fille que c'est! je l'aime de tout mon cœur.

M. DIMANCHE. — C'est trop d'honneur que vous lui faites, monsieur. Je vous...

DON JUAN. — Et le petit Colin... fait-il toujours bien du bruit avec son tambour?

M. DIMANCHE. — Toujours de même, monsieur. Je...

DON JUAN. — Et votre petit chien Brusquet, gronde-t-il toujours aussi fort, et mord-il toujours bien aux jambes les gens qui vont chez vous?

M. DIMANCHE. — Plus que jamais, monsieur, et nous ne saurions en chévir.

DON JUAN, *lui tendant la main.* — Ne vous étonnez pas si je m'informe des nouvelles de toute la famille, car j'y prends beaucoup d'intérêt.

M. DIMANCHE. — Nous vous sommes, monsieur, infiniment obligés Je...

DON JUAN. — Touchez donc là, monsieur Dimanche. Êtes-vous bien de mes amis?

M. DIMANCHE. — Monsieur, je suis votre serviteur.

DON JUAN. — Parbleu! je suis à vous de tout mon cœur.

M. DIMANCHE. — Vous m'honorez trop. Je...

DON JUAN. — Il n'y a rien que je ne fisse pour vous.

M. DIMANCHE. — Monsieur, vous avez trop de bonté pour moi.

DON JUAN. — Et cela sans intérêt, je vous prie de le croire.

M. DIMANCHE. — Je n'ai point mérité cette grâce, assurément. Mais monsieur...

DON JUAN. — Oh! çà, monsieur Dimanche, sans façon, voulez-vous souper avec moi?

M. DIMANCHE. — Non, monsieur, il faut que je m'en retourne tout-à-l'heure. Je...

DON JUAN, *se levant.* — Allons, vite un flambeau pour conduire monsieur Dimanche; et que quatre ou cinq de mes gens prennent des mousquetons pour l'escorter.

M. DIMANCHE, *se levant aussi.* — Monsieur, il n'est pas nécessaire, et je m'en irai bien tout seul. Mais...   (*Sganarelle ôte les sièges promptement.*)

DON JUAN. — Comment! je veux qu'on vous escorte, et je m'intéresse trop à votre personne. Je suis votre serviteur, et, de plus, votre débiteur.

M. DIMANCHE. — Ah! monsieur...

DON JUAN. — C'est une chose que je ne cache pas; je le dis à tout le monde.

M. DIMANCHE. — Si...

DON JUAN. — Voulez-vous que je vous reconduise?

M. DIMANCHE. — Ah! monsieur, vous vous moquez. Monsieur...

DON JUAN. — Embrassez-moi donc, s'il vous plaît. Je vous prie, encore une fois, d'être persuadé que je suis tout à vous, et qu'il n'y a rien au monde que je ne fisse pour votre service. (*Il sort.*)

SCÈNE IV. — M. DIMANCHE, SGANARELLE.

SGANARELE. — Il faut avouer que vous avez en monsieur un homme qui vous aime bien.

M. DIMANCHE. — Il est vrai, il me fait tant de civilités et tant de compliments, que je ne saurais jamais lui demander de l'argent.

SGANARELLE. Je vous assure que toute sa maison périrait pour vous; et je voudrais qu'il vous arrivât quelque chose, que quelqu'un s'avisât de vous donner des coups de bâton; vous verriez de quelle manière...

M. DIMANCHE. — Je le crois. Mais, Sganarelle, je vous prie de lui dire un petit mot de mon argent.

SGANARELLE. — Oh! ne vous mettez pas en peine, il vous paiera le mieux du monde.

M. DIMANCHE. — Mais vous, Sganarelle, vous me devez quelque chose en votre particulier.

SGANARELLE. — Fi! ne parlez pas de cela.

M. DIMANCHE. — Comment! je...

SGANARELLE. — Ne sais-je pas bien que je vous dois ?

M. DIMANCHE. — Oui. Mais...

SGANARELLE. — Allons, monsieur Dimanche, je vais vous éclairer.

M. DIMANCHE. — Mais mon argent?

SGANARELLE, *prenant M. Dimanche par le bras.* — Vous moquez-vous?

M. DIMANCHE. — J'entends...

SGANARELLE, *le tirant.* — Hé. !

M. DIMANCHE. — Je veux...

SGANARELLE, *le poussant vers la porte.* — Bagatelle!

M. DIMANCHE. — Mais...

SGANARELLE, *le poussant encore.* — Fi !

M. DIMANCHE. — Je..

SGANARELLE, *le poussant tout-à-fait hors du théâtre.* — Fi! vous dis-je.

SCÈNE V. — DON JUAN, LA VIOLETTE, SGANARELLE.

LA VIOLETTE, *à don Juan.* — Monsieur, voilà monsieur votre père.

DON JUAN. — Ah! me voici bien ! Il me fallait cette visite pour me faire enrager.

SCÈNE IV. — DON LOUIS, DON JUAN, SGANARELLE.

DON LOUIS. — Je vois bien que je vous embarrasse, et que vous vous passeriez fort aisément de ma vue. A dire vrai, nous nous incommodons étrangement l'un et l'autre : si vous êtes las de me voir, je suis bien las aussi de vos déportements. Hélas ! que nous savons peu ce que nous faisons, quand nous ne laissons pas au ciel le soin des choses qu'il nous faut, quand nous voulons être plus avisés que lui, et que nous venons à l'importuner par nos souhaits aveugles et nos demandes inconsidérées! J'ai souhaité un fils avec des ardeurs nompareilles; je l'ai demandé sans relâche avec des transports incroyables ; et ce fils, que j'obtiens en fatiguant le ciel de vœux, est le chagrin et le supplice de cette vie même, dont je croyais qu'il devait être la joie et la consolation. De quel œil, à votre avis, pensez-vous que je puisse voir cet amas d'actions indignes dont on a peine, aux yeux du monde, d'adoucir le mauvais visage, cette suite continuelle de méchantes affaires qui nous réduisent, à toute heure, à lasser les bontés du souverain, et qui ont épuisé auprès de lui le mérite de mes services et le crédit de mes amis! Ah! quelle bassesse est la vôtre! Ne rougissez-vous point de mériter si peu votre naissance? Etes-vous en droit, dites-moi, d'en tirer quelque vanité? et qu'avez-vous fait dans le monde pour être gentilhomme! Croyez-vous qu'il suffise d'en porter le nom et les armes, et que ce nom soit une gloire d'être sortis d'un sang noble, lorsque nous vivons en infame? Non non, la naissance n'est rien où la vertu n'est pas. Aussi nous n'avons part à la gloire de nos ancêtres qu'autant que nous nous efforçons de leur ressembler; et cet éclat de leurs actions qu'ils répandent sur nous, nous impose un engagement de leur faire le même honneur, de suivre les pas qu'ils nous tracent, et de ne point dégénérer de leur vertu, si nous voulons être estimés de leurs véritables descendants. Ainsi vous descendez en vain des aïeux dont vous êtes né, ils vous désavouent pour leur sang; et tout ce qu'ils ont fait d'illustre ne vous donne aucun avantage : au contraire, l'éclat n'en rejaillit sur vous qu'à votre déshonneur, et leur gloire est un flambeau qui éclaire aux yeux d'un chacun la honte de vos actions. Apprenez enfin qu'un gentilhomme qui vit mal est un monstre dans la nature; que la vertu est le premier titre de noblesse ; que je regarde bien moins au nom qu'on signe, qu'aux actions qu'on fait ; et que je ferais plus d'état du fils d'un crocheteur qui serait honnête homme, que du fils d'un monarque qui vivrait comme vous.

DON JUAN. — Monsieur, si vous étiez assis, vous en seriez mieux pour parler.

DON LOUIS. — Non, insolent, je ne veux point m'asseoir, ni parler davantage ; et je vois bien que toutes mes paroles ne font rien sur ton ame : mais sache, fils indigne, que la tendresse paternelle est poussée à bout par tes actions; que je saurai, plus tôt que tu ne penses, mettre une borne à tes dérèglements, prévenir sur toi le courroux du ciel, et laver, par ta punition, la honte de t'avoir fait naître.

SCÈNE VII. — DON JUAN, SGANARELLE.

DON JUAN, *adressant encore des paroles à son père quoiqu'il soit sorti.* — Hé! mourez le plus tôt que vous pourrez, c'est le mieux que vous puissiez faire. Il faut que chacun ait son tour, et j'enrage de voir des pères qui vivent autant que leurs fils (*Il se met dans un fauteuil.*)

SGANARELLE. — Ah! monsieur, vous avez tort.

DON JUAN, *se levant.* — J'ai tort!

SGANARELLE, *tremblant.* — Monsieur...

DON JUAN. — J'ai tort!

SGANARELLE. — Oui, monsieur, vous avez tort d'avoir souffert ce qu'il vous a dit, et vous le deviez mettre dehors par les épaules. A-t-on jamais rien vu de plus impertinent? un père venir faire des remontrances à son fils, et lui dire de corriger ses actions, de se ressouvenir de sa naissance, de mener une vie d'honnête homme, et cent autres sottises de pareille nature! Cela se peut-il souffrir à un homme comme vous, qui savez comme il faut vivre? J'admire votre patience; et, si j'avais été en votre place, je l'aurais envoyé promener. (*bas à part.*) O complaisance maudite, à quoi me réduis-tu!

DON JUAN. — Me fera-t-on souper bientôt?

SCÈNE VIII. — DON JUAN, SGANARELLE, RAGOTIN.

RAGOTIN. — Monsieur, Monsieur, voici une dame voilée qui vient vous parler.

DON JUAN. — Que pourrait-ce être?

SGANARELLE. — Il faut voir.

SCÈNE IX. — DONE ELVIRE, *voilée*; DON JUAN, SGANARELLE.

DONE ELVIRE. — Ne soyez point surpris, don Juan, de me voir à cette heure et dans cet équipage. C'est un motif pressant qui m'oblige à cette visite; et ce que j'ai à vous dire ne veut point du retardement. Je ne viens point ici pleine de ce courroux que j'ai tantôt fait éclater; et vous me voyez bien changée de ce que j'étais ce matin. Ce n'est plus cette done Elvire qui faisait des vœux contre vous, et dont l'ame irritée ne jetait que menaces et ne respirait que vengeance. Le ciel a banni de mon ame toutes ces indignes ardeurs que je sentais pour vous, tous ces honteux emportements d'un amour terrestre et grossier; et il n'a laissé dans mon cœur pour vous qu'une flamme épurée de tout le commerce des sens, une tendresse toute sainte, un amour détaché de tout, qui n'agit point pour soi, et ne se met en peine que de votre intérêt.

DON JUAN, *bas, à Sganarelle.* — Tu pleures, je pense?

SGANARELLE. — Pardonnez-moi.

DONE ELVIRE. — C'est ce parfait et pur amour qui me conduit ici pour votre bien, pour vous faire part d'un avis du ciel, et tâcher de vous retirer du précipice où vous courez. Oui, don Juan, je sais tous les dérèglements de votre vie; et ce même ciel, qui m'a touché le cœur et fait jeter les yeux sur les égarements de ma conduite, m'a inspiré de vous venir trouver, et de vous dire de sa part que vos offenses ont épuisé sa miséricorde, que sa colère redoutable est prête à tomber sur vous, et qu'il est en vous de l'éviter par un prompt repentir, et que peut-être vous n'avez pas encore un jour à vous pouvoir soustraire au plus grand de tous les malheurs. Pour moi, je ne tiens plus à vous par aucun attachement du monde. Je suis revenue, grâce au ciel, de toutes mes folles pensées, ma retraite est résolue, et je ne demande qu'assez de vie pour pouvoir expier la faute que j'ai faite, et mériter par une austère pénitence le pardon de l'aveuglement où m'ont plongé les transports d'une passion condamnable. Mais, dans cette retraite, j'aurais une douleur extrême qu'une personne que j'ai chérie tendrement devînt un exemple funeste de la justice du ciel, et ce me sera une joie incroyable, si je puis vous porter à détourner de dessus votre tête l'épouvantable coup qui vous menace. De grâce, don Juan, accordez-moi, pour dernière faveur, cette douce consolation; ne me refusez point votre salut que je vous demande avec larmes; et, si vous n'êtes point touché de votre intérêt, soyez-le au moins de mes prières, et m'épargnez le cruel déplaisir de vous voir condamner à des supplices éternels.

SGANARELLE, *à part.* — Pauvre femme!

DONE ELVIRE. — Je vous ai aimé d'une tendresse extrême, rien au monde ne m'a été si cher que vous, j'ai oublié mon devoir pour vous, j'ai fait toutes choses pour vous; et toute la récompense que je vous en demande, c'est de corriger votre vie, et de prévenir votre perte. Sauvez-vous, je vous prie, ou pour l'amour de vous, ou pour l'amour de moi. Encore une fois, don Juan, je vous le demande avec larmes; et si ce n'est pas assez des larmes d'une personne que vous ayez aimée, je vous en conjure par tout ce qui est le plus capable de vous toucher.

SGANARELLE, *à part, regardant Don Juan.* — Cœur de tigre!

DONE ELVIRE. — Je m'en vais après ce discours; et voilà tout ce que j'avais à vous dire.

DON JUAN. — Madame, il est tard, demeurez ici; on vous y logera le mieux qu'on pourra.

DONE ELVIRE. — Non, don Juan; ne me retenez pas davantage.

DON JUAN. — Madame, vous me ferez plaisir de demeurer, je vous assure.

DONE ELVIRE. — Non, vous dis-je, ne perdons point de temps en discours superflus. Laissez-moi vite aller, ne faites aucune instance pour me conduire, et songez seulement à profiter de mon avis.

SCÈNE X. — DON JUAN, SGANARELLE.

DON JUAN. — Sais-tu bien que j'ai encore senti quelque peu d'émotion pour elle, que j'ai trouvé de l'agrément dans cette nouveauté bizarre, et que son habit négligé, son air languissant et ses larmes, ont réveillé en moi quelques petits restes d'un feu éteint?

SGANARELLE. — C'est-à-dire que ses paroles n'ont fait aucun effet sur vous?

DON JUAN. — Vite à souper.

SGANARELLE. — Fort bien.

SCÈNE XI. — DON JUAN, SGANARELLE, LA VIOLETTE, RAGOTIN.

DON JUAN, *se mettant à table.* — Sganarelle, il faut songer à s'amender, pourtant.

SGANARELLE. — Oui-dà.

DON JUAN. — Oui, ma foi, il faut s'amender. Encore vingt ou trente ans de cette vie-ci, et puis nous songerons à nous.

SGANARELLE. — Oh!

DON JUAN. — Qu'en dis-tu?

SGANARELLE. — Rien. Voilà le souper. (*Il prend un morceau d'un des plats qu'on apporte, et le met dans sa bouche.*

DON JUAN. — Il me semble que tu as la joue enflée, qu'est-ce que c'est? Parle donc: qu'as-tu là?

SGANARELLE. — Rien.

DON JUAN. — Montre un peu. Parbleu! c'est une fluxion qui lui est tombée sur la joue. Vite, une lancette pour percer cela. Le pauvre garçon n'en peut plus, et cet abcès le pourrait étouffer. Attends. Voyez comme il était mûr. Ah! coquin que vous êtes!..

SGANARELLE. — Ma foi, monsieur, je voulais voir si votre cuisinier n'avait point mis trop de sel ou trop de poivre.

DON JUAN. — Allons, mets-toi là, et mange. J'ai affaire de toi, quand j'aurai soupé. Tu as faim, à ce que je vois.

SGANARELLE, *se mettant à table.* — Je le crois bien, monsieur; je n'ai point mangé depuis ce matin. Tâtez de cela, voilà qui est le meilleur du monde. (*A Ragotin qui, à mesure que Sganarelle met quelque chose sur son assiette, la lui ôte, dès que Sganarelle tourne la tête.*) Mon assiette! mon assiette! Tout doux, s'il vous plaît. Vertubleu! petit compère, que vous êtes habile à donner des assiettes nettes! Et vous, petit la Violette, que vous savez présenter à boire à propos! (*Pendant que la Violette donne à boire à Sganarelle, Ragotin ôte encore son assiette.*)

DON JUAN. — Qui peut frapper de cette sorte?

SGANARELLE. — Qui diable nous vient troubler dans notre repas?

DON JUAN. — Je veux souper en repos au moins, et qu'on ne laisse entrer personne.

SGANARELLE. — Laissez-moi faire; je m'y en vais moi-même.

DON JUAN, *voyant venir Sganarelle effrayé.* — Qu'est-ce donc? Qu'y a-t-il?

SGANARELLE, *baissant la tête comme la statue.* — Le... qui est là.

DON JUAN. — Allons voir, et montrons que rien ne me saurait ébranler.

SGANARELLE. — Ah! pauvre Sganarelle, où te cacheras-tu?

SCÈNE XII.

DON JUAN, LA STATUE DU COMMANDEUR, SGANARELLE, LA VIOLETTE, RAGOTIN.

DON JUAN, *à ses gens.* — Une chaise et un couvert. Vite donc. (*Don Juan et la statue se mettent à table. A Sganarelle*) Allons, mets-toi à table.

GANARELLE. — Monsieur, je n'ai plus faim.

DON JUAN. — Mets-toi là, te dis-je. A boire. A la santé du commandeur. Je te porte, Sganarelle. Qu'on lui donne du vin.

SGANARELLE. — Monsieur, je n'ai pas soif.

DON JUAN. — Bois, et chante ta chanson, pour régaler le commandeur.

SGANARELLE. — Je suis enrhumé, monsieur.

DON JUAN. — Il n'importe. Allons. (*A ses gens.*) Vous autres, venez; accompagnez sa voix.

LA STATUE. — Don Juan, c'est assez. Je vous invite à venir demain souper avec moi. En aurez-vous le courage?

DON JUAN. — Oui, j'irai accompagné du seul Sganarelle.

SGANARELLE. — Je vous rends grâce; il est demain jeûne pour moi.

DON JUAN *à Sganarelle.* — Prends ce flambeau.

LA STATUE. — On n'a pas besoin de lumière, quand on est conduit par le ciel.

FIN DU QUATRIÈME ACTE.

ACTE V.

SCÈNE PREMIÈRE. — DON LOUIS, DON JUAN, SGANARELLE.

DON LOUIS. — Quoi! mon fils, serait-il possible que la bonté du ciel eût exaucé mes vœux? Ce que vous me dites est-il bien vrai? Ne m'abusez-vous point d'un faux espoir? et puis-je prendre quelque assurance sur la nouveauté surprenante d'une telle couversion?

DON JUAN. — Oui, vous me voyez revenu de toutes mes erreurs : je ne suis plus le même d'hier au soir, et le ciel tout d'un coup a fait en moi un changement qui va surprendre tout le monde. Il a touché mon ame et dessillé mes yeux; et je regarde avec horreur le long aveuglement où j'ai été, et les désordres criminels de la vie que j'ai menée. J'en repasse dans mon esprit toutes les abominations, et m'étonne comme le ciel les a pu souffrir si-long-temps, et n'a pas vingt fois sur ma tête laissé tomber les coups de sa justice redoutable. Je vois les grâces que sa bonté m'a faites en ne me punissant point de mes crimes; et je prétends en profiter comme je dois, faire éclater aux yeux du monde un soudain changement de vie, réparer par là le scandale de mes actions passées, et m'efforcer d'en obtenir du ciel une pleine rémission. C'est à quoi je vais travailler; et je vous prie, monsieur, de vouloir bien contribuer à ce dessein, et de m'aider vous-même à faire choix d'une personne qui me serve de guide, et sous la conduite de qui je puisse marcher sûrement dans le chemin où je m'en vais entrer.

DON LOUIS. — Ah! mon fils, que la tendresse d'un père est aisément rappelée, et que les offenses d'un fils s'évanouissent vite au moindre mot de repentir! Je ne me souviens plus déjà de tous les déplaisirs que vous m'avez donnés, et tout est effacé par les paroles que vous venez de me faire entendre. Je ne me sens pas, je l'avoue; je jette des larmes de joie, tous mes vœux sont satisfaits, et je n'ai plus rien désormais à demander au ciel. Embrassez-moi, mon fils; et persistez, je vous conjure, dans cette louable pensée. Pour moi, j'en vais tout de ce pas porter l'heureuse nouvelle à votre mère, partager avec elle les doux transports du ravissement où je suis, et rendre grâce au ciel des saintes résolutions qu'il a daigné vous inspirer.

SCÈNE II. — DON JUAN, SGANARELLE.

SGANARELLE. — Ah! monsieur, que j'ai de joie de vous voir converti! Il y a longtemps que j'attendais cela ; et voilà, grâce au ciel, tous mes souhaits accomplis.

DON JUAN. — La peste le bénêt!

SGANARELLE. — Comment le bénêt?

DON JUAN. — Quoi! tu prends pour de bon argent ce que je viens de dire ? et tu crois que ma bouche était d'accord avec mon cœur ?

SGANARELLE. — Quoi! ce n'est pas... Vous ne... Votre... (*A part*) Oh! quel homme! quel homme! quel homme !

DON JUAN. Non, non, je ne suis point changé, mes sentiments sont toujours les mêmes.

SGANARELLE . — Vous ne vous rendez pas à la surprenante merveille de cette statue mouvante et parlante ?

DON JUAN. — Il y a bien quelque chose là-dedans que je ne comprends pas : mais quoi que ce puisse être, cela n'est pas capable ni de convaincre mon esprit ni d'ébranler mon ame ; et si j'ai dit que je voulais corriger ma conduite, et me jeter dans un train de vie exemplaire, c'est un dessein que j'ai formé par pure politique, un stratagème utile, une grimace nécessaire où je veux me contraindre, pour ménager un père dont j'ai besoin, et me mettre à couvert, du côté des hommes, de cent fâcheuses aventures qui pourraient m'arriver. Je veux bien, Sganarelle, t'en faire confidence, et je suis bien aise d'avoir un témoin des véritables motifs qui m'obligent à faire les choses.

SGANARELLE.—Quoi! toujours libertin et débauché, vous voulez cependant vous ériger en homme de bien?

DON JUAN. — Et pourquoi non? il y a tant d'autres comme moi qui se mêlent de ce métier, et qui se servent du même masque pour abuser le monde !

SGANARELLE , *à part.* — Ah ! quel homme ! quel homme !

DON JUAN. — Il n'y a plus de honte maintenant à cela : l'hypocrisie est un vice à la mode, et tous les vices à la mode passent pour vertus. La profession d'hypocrite a de merveilleux avantages. C'est un art de qui l'imposture est toujours respectée; et, quoiqu'on la découvre, on n'ose rien dire contre elle. Tous les autres vices des hommes sont exposés à la censure, et chacun a la liberté de les attaquer hautement ; mais l'hypocrisie est un vice privilégié qui de sa main ferme la bouche à tout le monde, et jouit en repos d'une impunité souveraine. On lie, à force de grimaces, une société étroite avec tous les gens du parti. Qui en choque un se les attire tous sur les bras ; et ceux que l'on sait même agir de bonne foi là-dessus, et que chacun connaît pour être véritablement touchés, ceux-là, dis-je, sont le plus souvent les dupes des autres : ils donnent bonnement dans le panneau des grimaciers, et appuient aveuglément les singes de leurs actions. Combien crois-tu que j'en connaisse qui, par ce stratagème ont rhabillé adroitement les désordres de la jeunesse, et, sous un dehors respecté, ont la permission d'être les plus méchants hommes du monde? On a beau savoir leurs intrigues, et les connaître pour ce qu'ils sont, ils ne laissent pas pour cela d'être en crédit parmi les gens; et quelque baissement de tête, un soupir mortifié, deux roulements d'yeux, rajustent dans le monde tout ce qu'ils peuvent faire. C'est sous cet abri favorable que je veux mettre en sûreté mes affaires. Je ne quitterai point mes douces habitudes ; mais j'aurai soin de me cacher, et me divertirai à petit bruit. Que si je viens à être découvert, je verrai, sans me remuer, prendre mes intérêts à toute ma cabale, et je serai défendu par elle envers et contre tous. Enfin c'est là le vrai moyen de faire impunément tout ce que je voudrai. Je m'érigerai en censeur des actions d'autrui, jugerai mal de tout le monde, et n'aurai bonne opinion que de moi. Dès qu'une fois on m'aura choqué tant soit peu, je ne pardonnerai jamais, et garderai tout doucement une haine irréconciliable. Je ferai le vengeur de la vertu opprimée ; et, sous ce prétexte commode, je pousserai mes ennemis, je les accuserai d'impiété, et saurai déchaîner contre eux des zélés indiscrets, qui, sans connaissance de cause, crieront contre eux, qui les accableront d'injures, et les damneront hautement de leur autorité privée. C'est ainsi qu'il faut profiter des faiblesse des hommes, et qu'un sage esprit s'accommode aux vices de son siècle.

SGANARELLE. — O ciel! qu'entends-je ici! Il ne vous manquait plus que d'être hypocrite pour vous achever de tout point, et voilà le comble des abo-

minations. Monsieur, cette dernière-ci m'emporte, et je ne puis m'empêcher
de parler. Faites-moi tout ce qu'il vous plaira ; battez-moi, assommez-moi de
coups, tuez-moi, si vous voulez, il faut que je décharge mon cœur, et qu'en
valet fidèle je vous dise ce que je dois. Sachez, monsieur, que tant va la cruche à l'eau qu'enfin elle se brise ; et, comme dit fort bien cet auteur que je ne
connais pas, l'homme est en ce monde ainsi que l'oiseau sur la branche ; la
branche est attachée à l'arbre ; qui s'attache à l'arbre suit de bons préceptes :
les bons préceptes valent mieux que les belles paroles ; les belles paroles se
trouvent à la cour ; à la cour sont les courtisans ; les courtisans suivent la
mode ; la mode vient de la fantaisie ; la fantaisie est une faculté de l'ame ; l'ame
est ce qui nous donne la vie ; la vie finit par la mort ; la mort nous fait penser
au ciel ; le ciel est au-dessus de la terre ; la terre n'est point la mer ; la mer
est sujette aux orages ; les orages tourmentent les vaisseaux ; les vaisseaux ont
besoin d'un bon pilote ; un bon pilote a de la prudence ; la prudence n'est point
dans les jeunes gens ; les jeunes gens doivent obéissance aux vieux ; les vieux
aiment les richesses ; les richesses font les riches ; les riches ne sont pas pauvres ; les pauvres ont de la nécessité ; la nécessité n'a pas de loi ; qui n'a pas de
loi, vit en bête brute ; et par conséquent vous serez damné à tout les diables.

DON JUAN. — O le beau raisonnement !

SGANARELLE. — Après cela, si vous ne vous rendez, tant pis pour vous.

SCÈNE III. — DON CARLOS, DON JUAN, SGANARELLE.

DON CARLOS. — Don Juan, je vous trouve à propos, et suis bien aise de vous
parler ici plutôt que chez vous pour vous demander vos résolutions. Vous
savez que ce soin me regarde, et que je me suis en votre présence chargé de
cette affaire. Pour moi, je ne le cèle point : je souhaite fort que les choses aillent dans la douceur ; et il n'y a rien que je ne fasse pour porter votre esprit à
vouloir prendre cette voie, et pour vous voir publiquement confirmer à ma
sœur le nom de votre femme.

DON JUAN, *d'un ton hypocrite.* — Hélas ! je voudrais bien de tout mon cœur
vous donner la satisfaction que vous souhaitez ; mais le ciel s'y oppose directement ; il a inspiré à mon ame le dessein de changer de vie ; et je n'ai point
d'autres pensées maintenant que de quitter entièrement tous les attachements
du monde, me dépouiller au plus tôt de toutes sortes de vanités, et de corriger désormais par une austère conduite tous les déréglements criminels où
m'a porté le feu d'une aveugle jeunesse.

DON CARLOS. — Ce dessein, don Juan, ne choque point ce que je dis ; et la
compagnie d'une femme légitime peut bien s'accommoder avec les louables
pensées que le ciel vous inspire.

DON JUAN. — Hélas ! point du tout. C'est un dessein que votre sœur elle-
même a pris ; elle a résolu sa retraite, et nous avons été touchés tous deux en
même temps.

DON CARLOS. — Sa retraite ne peut nous satisfaire, pouvant être imputée au
mépris que vous feriez d'elle, et de notre famille ; et notre honneur demande
qu'elle vive avec vous.

DON JUAN. — Je vous assure que cela ne se peut. J'en avais, pour moi,
toutes les envies du monde ; et je me suis, même encore aujourd'hui, conseillé au ciel pour cela : mais lorsque je l'ai consulté, j'ai entendu une voix
qui m'a dit que je ne devais point songer à votre sœur, et qu'avec elle assurément je ne ferais point mon salut.

DON CARLOS. — Croyez-vous, don Juan, nous éblouir par ces belles excuses ?

DON JUAN. — J'obéis à la voix du ciel.

DON CARLOS. — Quoi ! vous voulez que je me paie d'un semblable discours ?

DON JUAN. — C'est le ciel qui le veut ainsi.

DON CARLOS. — Vous aurez fait sortir ma sœur d'un couvent, pour la laisser
ensuite ?

DON JUAN. — Le ciel l'ordonne de la sorte.

DON CARLOS. — Nous souffrirons cette tache en notre famille ?

DON JUAN. — Prenez-vous-en au ciel.

DON CARLOS. — Hé quoi ! toujours le ciel.

DON JUAN. — Le ciel le souhaite comme cela.

DON CARLOS. — Il suffit, don Juan ; je vous entends. Ce n'est pas ici que je veux vous prendre, et le lieu ne le souffre pas ; mais, avant qu'il soit peu, je saurai vous trouver.

DON JUAN. — Vous ferez ce que vous voudrez. Vous savez que je ne manque point de cœur, et que je sais me servir de mon épée quand il le faut. Je m'en vais passer tout à l'heure dans cette petite rue écartée qui mène au grand couvent. Mais je vous déclare, pour moi, que ce n'est pas moi qui me veux battre ; le ciel m'en défend la pensée : et si vous m'attaquez, nous verrons ce qui en arrivera.

DON CARLOS. — Nous verrons, de vrai, nous verrons.

SCÈNE IV. — DON JUAN, SGANARELLE.

SGANARELLE. — Monsieur, quel diable de style prenez-vous là ? Ceci est bien pis que le reste, et je vous aimerais bien mieux encore comme vous étiez auparavant. J'espérais toujours de votre salut ; mais c'est maintenant que j'en désespère ; et je crois que le ciel, qui vous a souffert jusqu'ici, ne pourra souffrir du tout cette dernière horreur.

DON JUAN. — Va, va, le ciel n'est pas si exact que tu penses ; et si toutes les fois que les hommes...

SCÈNE V.

DON JUAN, SGANARELLE, UN SPECTRE *en femme voilée.*

SGANARELLE, *apercevant le spectre.* — Ah ! monsieur, c'est le ciel qui vous parle, et c'est un avis qu'il vous donne.

DON JUAN. — Si le ciel me donne un avis, il faut qu'il parle un peu plus clairement, s'il veut que je l'entende.

LE SPECTRE. — Don Juan n'a plus qu'un moment à pouvoir profiter de la miséricorde du ciel, et s'il ne se repent ici, sa perte est résolue.

SGANARELLE. — Entendez-vous, monsieur ?

DON JUAN. — Qui ose tenir ces paroles ? je crois connaître cette voix.

SGANARELLE. — Ah ! monsieur, c'est un spectre ; je le reconnais au marcher.

DON JUAN. — Spectre, fantôme, ou diable, je veux voir ce que c'est.

(*Le spectre change de figure, et représente le Temps avec sa faulx à la main.*)

SGANARELLE. — O ciel ! voyez-vous, monsieur, ce changement de figure ?

DON JUAN. — Non, non, rien n'est capable de m'imprimer de la terreur, et je veux éprouver avec mon épée si c'est un corps ou un esprit.

(*Le spectre s'envole dans le temps que don Juan veut le frapper.*)

SGANARELLE. — Ah ! monsieur, rendez-vous à tant de preuves, et jetez-vous vite dans le repentir.

DON JUAN. — Non, non, il ne se sera pas dit, quoi qu'il arrive, que je suis capable de me repentir. Allons, suis-moi.

SCÈNE VI. — LA STATUE DU COMMANDEUR, DON JUAN, SGANARELLE.

LA STATUE. — Arrêtez, don Juan. Vous m'avez hier donné parole de venir manger avec moi.

DON JUAN. — Oui. Où faut-il aller ?

LA STATUE. — Donnez-moi la main.

DON JUAN. — La voilà.

LA STATUE. — Don Juan, l'endurcissement au péché traîne une mort funeste ; et les grâces du ciel que l'on renvoie ouvrent un chemin à sa foudre.

DON JUAN. — O ciel ! que sens-je ! Un feu invisible me brûle, je n'en puis plus, et tout mon corps devient un brasier ardent. Ah !

(*Le tonnerre tombe avec un grand bruit et de grands éclairs sur don Juan. La terre s'ouvre et l'abyme ; et il sort de grands feux de l'endroit où il est tombé.*)

SCÈNE VII.

SGANARELLE, *seul.* — Voilà par sa mort un chacun satisfait. Ciel offensé, lois violées, filles séduites, familles déshonorées, parents outragés, femmes mises à mal, maris poussés à bout, tout le monde est content. Il n'y a que moi seul de malheureux, qui, après tant d'années de service, n'ai point d'autre récompense que de voir à mes yeux l'impiété de mon maître punie par le plus épouvantable châtiment du monde.

FIN DU FESTIN DE PIERRE.

L'AMOUR MÉDECIN,

COMÉDIE BALLET EN TROIS ACTES.

PERSONNAGES.

Personnages du Prologue.

La Comédie.
La Musique.
Le Ballet.

Personnages de la Comédie.

SGANARELLE, père de Lucinde.
LUCINDE, fille de Sganarelle.
CLITANDRE, amant de Lucinde.
AMINTE, voisine de Sganarelle.
LUCRÈCE, nièce de Sganarelle.
LISETTE, suivante de Lucinde.
M. GUILLAUME, marchand de tapisseries.
M. JOSSE, orfèvre.
M. TOMÈS,
M. DESFONANDRES, }
M. MACROTON, } médecins.
M. BAHIS,
M. FILERIN, }
UN NOTAIRE.
CHAMPAGNE, valet de Sganarelle.

Personnages du Ballet.

Première entrée.

Champagne, valet de Sganarelle, dansant.
Quatre médecins dansant.

Seconde entrée.

Un opérateur, chantant.
Trivelins et Scaramouches dansant, de la
suite de l'opérateur.

Troisième entrée.

La Comédie.
La Musique.
Le Ballet.
Jeux, Ris, Plaisirs, dansants.

La scène est à Paris.

PROLOGUE.

LA COMÉDIE, LA MUSIQUE, LE BALLET.

LA COMÉDIE. — Quittons, quittons notre vaine querelle;
Ne nous disputons point nos talents tour à tour,
Et d'une gloire plus belle,
Piquons-nous en ce jour.
Unissons-nous tous trois d'une ardeur sans seconde,
Pour donner du plaisir au plus grand roi du monde.
TOUS TROIS ENSEMBLE. — Unissons-nous tous trois d'une ardeur sans seconde,
Pour donner du plaisir au plus grand roi du monde.
LA COMÉDIE. — De ses travaux plus grands qu'on ne peut croire,
Il se vient quelquefois délasser parmi nous.
Est-il de plus grande gloire?
Est-il de bonheur plus doux?
TOUS TROIS ENSEMBLE. — Unissons-nous tous trois d'une ardeur sans seconde,
Pour donner du plaisir au plus grand roi du monde.

FIN DU PROLOGUE.

ACTE Ier.

SCÈNE PREMIÈRE.

SGANARELLE, AMINTE, LUCRÈCE, M. GUILLAUME, M. JOSSE.

SGANARELLE. — Ah! l'étrange chose que la vie! et que je puis dire, avec ce grand philosophe de l'antiquité, que *qui terre a, guerre a*, et qu'un malheur ne vient jamais sans l'autre! Je n'avais qu'une seule femme qui est morte.

M. GUILLAUME. — Et combien donc en vouliez-vous avoir?

SGANARELLE. — Elle est morte, monsieur Guillaume, mon ami. Cette perte m'est très sensible, et je ne puis m'en ressouvenir sans pleurer. Je n'étais pas fort satisfait de sa conduite, et nous avions le plus souvent dispute ensemble; mais enfin la mort rajuste toutes choses. Elle est morte, je la pleure. Si elle était en vie, nous nous querellerions. De tous les enfants que le ciel m'avait donnés, il ne m'a laissé qu'une fille, et cette fille est toute ma peine. Car enfin je la vois dans une mélancolie la plus sombre du monde, dans une tristesse épouvantable, dont il n'y a pas moyen de la retirer, et dont je ne saurais même apprendre la cause. Pour moi, j'en perds l'esprit, et j'aurais besoin d'un bon conseil sur cette matière. (*A Lucrèce.*) Vous êtes ma nièce; (*à Aminte*) vous, ma voisine; (*à

M. Guillaume et à M. Josse) et vous, mes compères et mes amis : je vous prie de me conseiller tout ce que je dois faire.

M. JOSSE. — Pour moi, je tiens que la braverie, que l'ajustement est la chose qui réjouit le plus les filles ; et, si j'étais que de vous, je lui achèterais dès aujourd'hui une belle garniture de diamants, ou de rubis, ou d'émeraudes.

M. GUILLAUME. — Et moi, si j'étais en votre place, j'achèterais une belle tenture de tapisserie de verdure, ou à personnages, que je ferais mettre dans sa chambre, pour lui réjouir l'esprit et la vue.

AMINTE. — Pour moi, je ne ferais pas tant de façons, je la marierais fort bien, et le plus tôt que je pourrais, avec cette personne qui vous la fit, dit-on, demander, il y a quelque temps.

LUCRÈCE. — Et moi, je tiens que votre fille n'est point du tout propre pour le mariage. Elle est d'une complexion trop délicate et trop peu saine ; c'est la vouloir envoyer bientôt en l'autre monde, que de l'exposer, comme elle est, à faire des enfants. Le monde n'est point du tout son fait ; et je vous conseille de la mettre dans un couvent, où elle trouvera des divertissements qui seront mieux de son humeur.

SGANARELLE. — Tous ces conseils sont admirables, assurément ; mais je les tiens un peu intéressés, et trouve que vous me conseillez fort bien pour vous. Vous êtes orfèvre, monsieur Josse, et votre conseil sent son homme qui a envie de se défaire de sa marchandise. Vous vendez des tapisseries, monsieur Guillaume ; et vous avez la mine d'avoir quelque tenture qui vous incommode. Celui que vous aimez, ma voisine, a, dit-on, quelque inclination pour ma fille, et vous ne seriez pas fâchée de la voir la femme d'un autre. Et quant à vous, ma chère nièce, ce n'est pas mon dessein, comme on sait, de marier ma fille avec qui que ce soit, et j'ai mes raisons pour cela ; mais le conseil que vous me donnez de la faire religieuse est d'une femme qui pourrait bien souhaiter charitablement d'être mon héritière universelle. Ainsi, messieurs et mesdames, quoique tous vos conseils soient les meilleurs du monde, vous trouverez bon, s'il vous plaît, que je n'en suive aucun. (*Seul.*) Voilà de mes donneurs de conseils à la mode.

SCÈNE II. — LUCINDE, SGANARELLE.

SGANARELLE. — Ah ! voilà ma fille qui prend l'air. Elle ne me voit pas. Elle soupire ; elle lève les yeux au ciel. (*A Lucinde.*) Dieu vous garde ! Bon jour, ma mie. Hé bien ! qu'est-ce ? Comme vous en va ? Hé quoi ! toujours triste et mélancolique comme cela ! et tu ne veux pas me dire ce que tu as ! Allons donc, découvre-moi ton petit cœur. Là, ma pauvre mie, dis, dis, dis tes petites pensées à ton petit papa mignon. Courage ! Veux-tu que je te baise ? Viens. (*A part.*) J'enrage de la voir de cette humeur-là. (*A Lucinde,*) Mais, dis-moi, me veux-tu faire mourir de déplaisir ? et ne puis-je savoir d'où vient cette grande langueur ? Découvre-m'en la cause, et je te promets que je ferai toutes choses pour toi. Oui, tu n'as qu'à me dire le sujet de ta tristesse : je t'assure ici et te fais serment qu'il n'y a rien que je ne fasse pour te satisfaire ; c'est tout dire. Est-ce que tu es jalouse de quelqu'une de tes compagnes que tu voies plus brave que toi ? et serait-il quelque étoffe nouvelle dont tu voulusses avoir un habit ? Non. Est-ce que ta chambre ne te semble pas assez parée, et que tu souhaiterais quelque cabinet de la foire Saint-Laurent ? Ce n'est pas cela. Aurais-tu envie d'apprendre quelque chose, et veux-tu que je te donne un maître pour te montrer à jouer du clavecin ? Nenni. Aimerais-tu quelqu'un, et souhaiterais-tu d'être mariée ? (*Lucinde fait signe que oui.*)

SCÈNE III. — SGANARELLE, LUCINDE, LISETTE.

LISETTE. — Hé bien ! monsieur, vous venez d'entretenir votre fille : avez-vous su la cause de sa mélancolie ?

SGANARELLE. — Non. C'est une coquine qui me fait enrager.

LISETTE. — Monsieur, laissez-moi faire, je m'en vais la sonder un peu.

SGANARELLE. — Il n'est pas nécessaire ; et puisqu'elle veut être de cette humeur, je suis d'avis qu'on l'y laisse.

LISETTE. — Laissez-moi faire, vous dis-je : peut-être qu'elle se découvrira plus librement à moi qu'à vous. Quoi ! madame, vous ne nous direz point ce que vous avez, et vous voulez affliger ainsi tout le monde ? Il me semble qu'on n'agit point comme vous faites, et que, si vous avez quelque répugnance à vous expliquer à un père, vous n'en deviez avoir aucune à me découvrir votre cœur. Dites-moi, souhaitez-vous quelque chose de lui? Il nous a dit plus d'une fois qu'il n'épargnerait rien pour vous contenter. Est-ce qu'il ne vous donne pas toute la liberté que vous souhaiteriez? et les promenades et les cadeaux ne tenteraient-ils point votre ame? Hé! avez-vous reçu quelque déplaisir de quelqu'un? Hé! n'auriez-vous point quelque secrète inclination avec qui vous souhaiteriez que votre pere vous mariât? Ah! je vous entends, voilà l'affaire. Que diable! pourquoi tant de façons? Monsieur, le mystère est découvert, et...

SGANARELLE — Va, fille ingrate, je ne te veux plus parler, et je te laisse dans ton obstination.

LUCINDE. — Mon père, puisque vous voulez que je vous dise la chose...

SGANARELLE. — Oui, je perds toute l'amitié que j'avais pour toi.

LISETTE. — Monsieur, sa tristesse..

SGANARELLE. — C'est une coquine qui me veut faire mourir.

LUCINDE. — Mon père, je veux bien..

SGANARELLE. — Ce n'est pas là la récompense de t'avoir élevée comme j'ai fait.

LISETTE. — Mais, monsieur..

SGANARELLE. — Non, je suis contre elle d'une colère épouvantable.

LUCINDE. — Mais, mon père..

SGANARELLE. — Je n'ai plus aucune tendresse pour toi.

LISETTE. — Mais..

GANARELLE — C'est une friponne..

LUCINDE. — Mais..

SGANARELLE — Une ingrate..

LISETTE. — Mais..

SGANARELLE. — Une coquine qui ne veut pas dire ce qu'elle a.

LISETTE. — C'est un mari qu'elle veut.

SGANARELLE, *faisant semblant de ne pas entendre.* — Je l'abandonne.

LISETTE. — Un mari.

SGANARELLE. — Je la déteste,

LISETTE. — Un mari.

SGANARELLE. — Et la renonce pour ma fille.

LISETTE. — Un mari.

SGANARELLE. — Non, ne m'en parlez point.

LISETTE. — Un mari.

SGANARELLE. — Ne m'en parlez point.

LISETTE. — Un mari.

SGANARELLE. — Ne m'en parlez point.

LISETTE. — Un mari, un mari, un mari.

SCÈNE IV. — LUCINDE, LISETTE.

LISETTE. — On dit bien vrai qu'il n'y a point de pires sourds que ceux qui ne veulent pas entendre.

LUCINDE. — Hé bien! Lisette, j'avais tort de cacher mon déplaisir, et je n'avais qu'à parler, pour avoir tout ce que je souhaitais de mon père! Tu le vois.

LISETTE. — Par ma foi, voilà un vilain homme, et je vous avoue que j'aurais un plaisir extrême à lui jouer quelque tour. Mais, d'où vient donc, madame, que jusqu'ici vous m'avez caché votre mal?

LUCINDE. — Hélas! de quoi m'aurait servi de te le découvrir plus tôt; et n'aurais-je pas autant gagné à le tenir caché toute ma vie? Crois-tu que je n'aie pas bien prévu tout ce que tu vois maintenant, que je ne susse pas à fond tous les sentiments de mon père, et que le refus qu'il a fait porter à celui qui m'a demandée par un ami, n'ait pas étouffé dans mon ame toute sorte d'espoir?

LISETTE. — Quoi! c'est cet inconnu qui vous a fait demander, pour qui vous...?

LUCINDE — Peut-être n'est-il pas honnête à une fille de s'expliquer si librement; mais enfin, je t'avoue que, s'il m'était permis de vouloir quelque chose, ce serait lui que je voudrais. Nous n'avons eu ensemble aucune conversation; et sa bouche ne m'a point déclaré la passion qu'il a pour moi; mais, dans tous les lieux où il m'a pu voir, ses regards et ses actions m'ont toujours parlé si tendrement, et la demande qu'il a fait faire de moi m'a paru d'un si honnête homme, que mon cœur n'a pu s'empêcher d'être sensible à ses ardeurs, et cependant tu vois où la dureté de mon père réduit toute cette tendresse.

LISETTE. — Allez, laissez-moi faire. Quelque sujet que j'aie de me plaindre de vous du secret que vous m'avez fait, je ne veux pas laisser de servir votre amour ; et pourvu que vous ayez assez de résolution...

LUCINDE. — Mais que veux-tu que je fasse contre l'autorité d'un père ? Et s'il est inexorable à mes vœux...

LISETTE. — Allez, allez, il ne faut pas se laisser mener comme un oison ; et pourvu que l'honneur n'y soit pas offensé, on se peut libérer un peu de la tyrannie d'un père. Que prétend-il que vous fassiez ? N'êtes-vous pas en âge d'être mariée ? et croit-il que vous soyez de marbre ? Allez, encore un coup, je veux servir votre passion, je prends dès à présent sur moi tout le soin de ses intérêts, et vous verrez que je sais des détours... Mais je vois votre père. Rentrons, et me laissez agir.

SCÈNE V.

SGANARELLE, *seul.* — Il est bon quelquefois de ne point faire semblant d'entendre les choses qu'on n'entend que trop bien ; et j'ai fait sagement de parer la déclaration d'un désir que je ne suis pas résolu de contenter. A-t-on jamais rien vu de plus tyrannique que cette coutume où l'on veut assujettir les pères ; rien de plus impertinent et de plus ridicule que d'amasser du bien avec de grands travaux, et d'élever une fille avec beaucoup de soin et de tendresse, pour se dépouiller de l'un et de l'autre entre les mains d'un homme qui ne nous touche de rien ? Non, non, je me moque de cet usage, et je veux garder mon bien et ma fille pour moi.

SCÈNE VI. — SGANARELLE, LISETTE.

LISETTE, *courant sur le théâtre et feignant de ne pas voir Sganarelle.* — Ah ! malheur ! ah ! disgrace ! ah ! pauvre seigneur Sganarelle, où pourrai-je te rencontrer ?

SGANARELLE, *à part.* — Que dit-elle là ?

LISETTE, *courant toujours.* — Ah ! misérable père ! que feras-tu quand tu sauras cette nouvelle ?

SGANARELLE, *à part.* — Que sera-ce ?

LISETTE. — Ma pauvre maîtresse !

SGANARELLE, *à part.* — Je suis perdu.

LISETTE. — Ah !

SGANARELLE, *courant après Lisette.* — Lisette.

LISETTE. — Quelle infortune !

SGANARELLE. — Lisette.

LISETTE. — Quel accident !

SGANARELLE. — Lisette.

LISETTE. — Quelle fatalité !

SGANARELLE. — Lisette.

LISETTE, *s'arrêtant.* — Ah ! monsieur.

SGANARELLE. — Qu'est-ce ?

LISETTE. — Monsieur...

SGANARELLE. — Qu'y a-t-il ?

LISETTE. — Votre fille...

SGANARELLE. — Ah ! ah !

LISETTE. — Monsieur, ne pleurez donc point comme cela, car vous me feriez rire.

SGANARELLE. — Dis donc vite.

LISETTE. — Votre fille, toute saisie des paroles que vous lui avez dites, et de la colère effroyable où elle vous a vu contre elle, est montée vite dans sa chambre, et, pleine de désespoir, a ouvert la fenêtre qui regarde sur la rivière.

SGANARELLE. — Hé bien !

LISETTE. — Alors levant les yeux au ciel : Non, a-t-elle dit, il m'est impossible de vivre avec le courroux de mon père ; et, puisqu'il me renonce pour sa fille, je veux mourir.

SGANARELLE. — Elle s'est jetée?

LISETTE. Non, monsieur : elle a fermé tout doucement la fenêtre, et s'est allée mettre sur son lit. Là, elle s'est prise à pleurer amèrement : et tout d'un coup son visage a pâli, ses yeux se sont tournés, le cœur lui a manqué, et elle est demeurée entre mes bras.

SGANARELLE. — Ah! ma fille! Elle est morte?

LISETTE. — Non, monsieur. A force de la tourmenter, je l'ai fait revenir; mais cela lui reprend de moment en moment, et je crois qu'elle ne passera pas la journée.

SGANARELLE. — Champagne! Champagne! Champagne!

SCÈNE VII. — SGANARELLE, CHAMPAGNE, LISETTE.

SGANARELLE. — Vite, qu'on m'aille quérir des médecins, et en quantité. On n'en peut trop avoir dans une pareille aventure. Ah! ma fille! ma pauvre fille!

SCÈNE VIII. — PREMIÈRE ENTRÉE.

Champagne, valet de Sganarelle, frappe en dansant aux portes des quatre médecins.

SCÈNE IX.

Les quatre médecins dansent, et entrent avec cérémonie chez Sganarelle.

FIN DU PREMIER ACTE.

ACTE II.

SCÈNE PREMIÈRE. — SGANARELLE, LISETTE.

LISETTE. — Que voulez-vous faire, monsieur, de quatre médecins? N'est-ce pas assez d'un pour tuer une personne?

SGANARELLE. — Taisez-vous. Quatre conseils valent mieux qu'un.

LISETTE. — Est-ce que votre fille ne peut pas bien mourir sans le secours de ces messieurs-là?

SGANARELLE. — Est-ce que les médecins font mourir?

LISETTE. — Sans doute; et j'ai connu un homme qui prouvait, par de bonnes raisons, qu'il ne faut jamais dire une telle personne est morte, d'une fièvre et d'une fluxion sur la poitrine, mais, elle est morte de quatre médecins et de deux apothicaires.

SGANARELLE. — Chut! n'offensez pas ces messieurs-là.

LISETTE. — Ma foi, monsieur, notre chat est rechappé depuis peu d'un saut qu'il fit du haut de la maison dans la rue, et il fut trois jours sans manger, et sans pouvoir remuer ni pieds ni pattes; mais il est bienheureux de ce qu'il n'y a point de chats médecins, car ses affaires étaient faites, et ils n'auraient pas manqué de le purger et de le saigner.

SGANARELLE. — Voulez-vous vous taire? vous dis-je. Mais, voyez quelle impertinence! Les voici.

LISETTE. — prenez garde, vous allez être bien édifié. Ils vous diront en latin que votre fille est malade.

SCÈNE II.

MM. TOMÈS, DESFONANDRÈS, MACROTON, BAHIS, SGANARELLE, LISETTE.

SGANARELLE. — Hé bien! messieurs?

M. TOMÈS. — Nous avons vu suffisamment la malade, et sans doute qu'il y a beaucoup d'impuretés en elle.

SGANARELLE. — Ma fille est impure!

M. TOMÈS. — Je veux dire qu'il y a beaucoup d'impuretés dans son corps, quantité d'humeurs corrompues.

SGANARELLE. — Ah! je vous entends.

M. TOMÈS. — Mais... Nous allons consulter ensemble.

SGANARELLE. — Allons, faites donner des sièges.

LISEETTE, à M. Tomès. — Ah! monsieur, vous en êtes!

SGANARELLE. — à Lisette. — De quoi donc connaissez-vous monsieur?

LISETTE. — De l'avoir vu l'autre jour chez la bonne amie de madame votre nièce.

M. TOMÈS. — Comment se porte son cocher?

LISETTE. — Fort bien. Il est mort.

M. TOMÈS. — Mort?

LISETTE. — Oui.

M. TOMÈS. — Cela ne se peut.

LISETTE. — Je ne sais pas si cela se peut, mais je sais bien que cela est.

M. TOMÈS. — Il ne peut pas être mort, vous dis-je.

LISETTE. — Et moi, je vous dis qu'il est mort et enterré.

M. TOMÈS. — Vous vous trompez.

LISETTE. — Je l'ai vu.

M. TOMÈS. — Cela est impossible. Hippocrate dit que ces sortes de maladies ne se terminent qu'au quatorze, ou au vingt-et-un; et il n'y a que six jours qu'il est tombé malade.

LISETTE. — Hippocrate dira ce qu'il lui plaira; mais le cocher est mort.

SGANARELLE. — Paix, discoureuse. Allons, sortons d'ici. Messieurs, je vous supplie de consulter de la bonne manière. Quoique ce ne soit pas la coutume de payer auparavant, toutefois, de peur que je ne l'oublie, et afin que ce soit une affaire faite, voici... (*Il leur donne de l'argent, et chacun en le recevant fait un geste différent.*)

SCÈNE III. — MM. DESFONANDRÈS, TOMÈS, MACROTON, BAHIS.

(*Ils s'asseyent et toussent.*)

M. DESFONANDRÈS. — Paris est étrangement grand, et il faut faire de longs trajets quand la pratique donne un peu.

M. TOMÈS. — Il faut avouer que j'ai une mule admirable pour cela, et qu'on a peine à croire le chemin que je lui fais faire tous les jours.

M. DESFONANDRÈS. — J'ai un cheval merveilleux, et c'est un animal infatigable.

M. TOMÈS. — Savez-vous le chemin que ma mule a fait aujourd'hui. J'ai été premièrement tout contre l'Arsenal; de l'Arsenal, au bout du faubourg Saint-Germain; du faubourg Saint-Germain, au fond du Marais; du fond du Marais, à la porte Saint-Honoré; de la porte Saint-Honoré, au faubourg Saint-Jacques; du faubourg Saint-Jacques, à la porte de Richelieu; de la porte de Richelieu, ici; d'ici, je dois aller encore à la Place-Royale.

M. DESFONANDRÈS. — Mon cheval a fait tout cela aujourd'hui; et de plus, j'ai été à Ruel, voir un malade.

M. TOMÈS. — Mais, à propos, quel parti prenez-vous dans la question des deux médecins Théophraste et Artémius? car c'est une affaire qui partage tout notre corps.

M. DESFONANDRÈS. — Moi, je suis pour Artémius.

M. TOMÈS. — Et moi aussi. Ce n'est pas que son avis, comme on a vu, n'ait tué le malade, et que celui de Théophraste ne fût beaucoup meilleur, assurément; mais enfin il a tort dans les circonstances, et il ne devait pas être d'un autre avis que son ancien. Qu'en dites-vous?

M. DESFONANDRÈS. — Sans doute. Il faut toujours garder les formalités, quoi qu'il puisse arriver.

M. TOMÈS. — Pour moi, j'y suis sévère en diable, à moins que ce ne soit entre amis; et l'on nous assembla un jour, trois de nous autres, avec un médecin de dehors, pour une consultation, où j'arrêtai toute l'affaire, et ne voulus point endurer qu'on opinât, si les choses n'allaient dans l'ordre. Les gens de la maison faisaient ce qu'ils pouvaient, et la maladie pressait; mais je n'en voulus point démordre, et la malade mourut bravement pendant cette contestation.

M. DESFONANDRÈS. — C'est fort bien fait d'apprendre aux gens à vivre, et de leur montrer leur becjaune.

M. TOMÈS. — Un homme mort, n'est qu'un homme mort, et ne fait point de conséquence; mais une formalité négligée porte un notable préjudice à tout le corps des médecins.

SCÈNE IV. — SGANARELLE, MM. TOMÈS, DESFONANDRÈS, MACROTON, BAHIS.

SGANARELLE. — Messieurs, l'oppression de ma fille augmente; je vous prie de me dire vite ce que vous avez résolu.

M. TOMÈS *à M. Desfonandrès.* — Allons, monsieur.

M. DESFONANDRÈS. — Non, monsieur, parlez, s'il vous plaît.

M. TOMÈS. — Vous vous moquez.

M. DESFONANDRÈS. — Je ne parlerai pas le premier

M. TOMÈS. — Monsieur.

M. DESFONANDRÈS. — Monsieur.

SGANARELLE. — Hé! de grace, messieurs, laissez toutes ces cérémonies, et songez que les choses pressent. *Ils parlent tous quatre à la fois.*

M. TOMÈS. — La maladie de votre fille...

M. DESFONANDRÈS. — L'avis de tous ces messieurs tous ensemble...

M. MACROTON. — A-près a-voir bien con-sul-té...

M. BAHIS. — Pour raisonner...

SGANARELLE. — Hé! messieurs, parlez l'un après l'autre, de grace.

M. TOMÈS. — Monsieur, nous avons raisonné sur la maladie de votre fille, et mon avis, à moi, est que cela procède d'une grande chaleur de sang : ainsi je conclus à la saigner le plus tôt que vous pourrez.

M. DESFONANDRÈS. — Et moi, je dis que sa maladie est une pourriture d'humeurs causée par une trop grande réplétion . ainsi je conclus à lui donner de l'émétique.

M. TOMÈS. — Je soutiens que l'émétique la tuera.

M. DESFONANDRÈS — Et moi, que la saignée la fera mourir.

M. TOMÈS. — C'est bien à vous de faire l'habile homme!

M. DESFONANDRÈS. — Oui, c'est à moi, et je vous prêterai le collet en tout genre d'érudition.

M. TOMÈS. — Souvenez-vous de l'homme que vous fîtes crever ces jours passés.

M. DESFONANDRÈS. — Souvenez-vous de la dame que vous avez envoyée en l'autre monde, il y a trois jours.

M. TOMÈS, *à Sganarelle.* — Je vous ai dit mon avis.

M. DESFONANDRÈS. — Je vous ai dit ma pensée.

M. TOMÈS. — Si vous ne faites saigner tout-à-l'heure votre fille, c'est une personne morte. (*Il sort.*)

M. DESFONANDRÈS. — Si vous la faites saigner, elle ne sera pas en vie dans un quart d'heure. (*Il sort.*)

SCÈNE V. — SGANARELLE, MM. MACROTON, BAHIS.

SGANARELLE. — A qui croire des deux? et quelle résolution prendre sur des avis si opposés? Messieurs, je vous conjure de déterminer mon esprit, et de me dire sans passion ce que vous croyez de plus propre à soulager ma fille.

M. MACROTON. — Mon-si-eur, dans ces ma-tiè-res-là, il faut pro-cé-der a-vec-que cir-con-spec-tion, et ne ri-en fai-re, com-me on dit, à la vo-lé-e, d'au-tant que les fau-tes qu'on y peut fai-re sont, se-lon no-tre maî-tre Hip-po-cra-te, d'u-ne dan-ge-reu-se con-sé-quen-ce.

M. BAHIS, *bredouillant.* — Il est vrai, il faut bien prendre garde à ce qu'on fait; car ce ne sont point ici des jeux d'enfant; et, quand on a failli, il n'est pas aisé de réparer le manquement et de rétablir ce qu'on a gâté. *Experimentum periculosum.* C'est pourquoi il s'agit de raisonner auparavent comme il faut, de peser mûrement les choses, de regarder le tempérament des gens, d'examiner les causes de la maladie, et voir les remèdes qu'on y doit apporter.

SGANARELEE, *à part.* — L'un va en tortue, et l'autre court la poste.

M. MACROTON. — Or, mon-si-eur, pour ve-nir au fait, je trou-ve que vo-tre fil-le a u-ne ma-la-di-e chro-ni-que, et qu'el-le peut pé-ri-cli-ter si on ne lui don-ne du se-cours, d'au-tant que les sym-ptô-mes qu'el-le a sont in-di-ca-tifs d'u-ne va-peur fu-li-gi-neu-se et mor-di-can-te qui lui pi-co-te les mem-bra-nes du cer-veau. Or cet-te va-peur, que nous nom-mons en grec *ái-mos*, est cau-sé-e par des hu-meurs pu-tri-des, te-na-ces et con-glu-ti-neu-ses, qui sont con-te-nu-es dans le bas-ven-tre.

M. BAHIS. — Et comme ces humeurs ont été là engendrées par une longue succession de temps, elles s'y sont recuites, et y ont acquis cette malignité qui fume vers la région du cerveau.

M. MACROTON. — Si bi-en donc que, pour ti-rer, dé-ta-cher, ar-ra-cher, ex-pul-ser, é-va-cu-er les-di-tes hu-meurs, il fau-dra u-ne pur-ga-ti-on vi-gou-reu-se. Mais au pré-a-la-ble, je trou-ve à pro-pos, et il n'y a pas d'in-con-véni-ent, d'u-ser de pe-tits re-mè-des a-no-dins, c'est-à-di-re de pe-tits la-ve-ments ré-mol-li-ents et dé-ter-si-sifs, de ju-leps et de si-rops ra-fraî-chis-sants qu'on mê-le-ra dans sa ti-sa-ne.

M. BAHIS. — Après, nous en viendrons à la purgation et à la saignée, que nous réitèrerons s'il en est besoin.

M. MACROTON. — Ce n'est pas qu'a-vec tout ce-la vo-tre fil-le ne puis-se mou-rir; mais au moins vous au-rez fait quel-que cho-se, et vous au-rez la con-so-la-tion qu'el-le se-ra mor-te dans les for-mes.

M. BAHIS. — Il vaut mieux mourir selon les règles, que de réchapper contre les règles.

M. MACROTON. — Nous vous di-sons sin-cè-re-ment no-tre pen-sé-e.

M. BAHIS. — Et vous avons parlé comme nous parlerions à notre frère.

SGANARELLE, *à M. Macroton en allongeant les mots.* — Je vous rends très hum-bles grâces.

(*A M. Bahis, en bredouillant.*) Et vous suis infiniment obligé de la peine que vous avez prise.

SCÈNE VI.

SGANARELLE, *seul.* — Me voilà justement un peu plus incertain que je n'étais auparavant. Morbleu! il me vient une fantaisie. Il faut que j'aille acheter de l'orviétan, et que je lui en fasse prendre; l'orviétan est un remède dont beaucoup de gens se sont bien trouvés. Holà!

SCÈNE VII.

DEUXIÈME ENTRÉE. — SGANARELLE, UN OPÉRATEUR.

SGANARELLE. — Monsieur, je vous prie de me donner une boîte de votre orviétan, que je m'en vais vous payer.

L'OPÉRATEUR *chante.* — L'or de tous les climats qu'entoure l'Océan
    Peut-il jamais payer ce secret d'importance?
    Mon remède guérit par sa rare excellence,
    Plus de maux qu'on n'en peut nombrer dans tout un an :
              La gale,
              La rogne,
              La teigne,
              La fièvre,
              La peste,
              La goutte,
              Vérole,
              Descente,
              Rougeole.
    O grande puissance de l'orviétan !

SGANARELLE. — Monsieur, je crois que tout l'or du monde n'est pas capable de payer votre remède, mais pourtant voici une pièce de trente sous que vous prendrez, s'il vous plaît.

L'OPÉRATEUR *chante.* — Admirez mes bontés, et le peu qu'on vous vende.
    Ce trésor merveilleux que ma main vous dispense,
    Vous pouvez avec lui braver en assurance
    Tous les maux que sur nous l'ire du ciel répand :
              La gale,
              La rogne,
              La teigne,
              La fièvre,
              La peste,
              La goutte,
              Vérole,
              Descente,
              Rougeole.
    O grande puissance de l'orviétan !

SCÈNE VIII.

Plusieurs Trivelins et plusieurs Scaramouches, valets de l'opérateur, se réjouissent en dansant.

FIN DU SECOND ACTE.

ACTE III.

SCÈNE PREMIÈRE. — MM. FILERIN, TOMÈS, DESFONANDRÈS.

M. FILERIN. — N'avez-vous point de honte, messieurs, de montrer si peu de prudence pour des gens de votre âge, et de vous être querellés comme de jeunes étourdis? Ne voyez-vous pas bien quel tort ces sortes de querelles nous font parmi le monde? et n'est-ce pas assez que les savants voient les contrariétés et les dissensions qui sont entre nos auteurs et nos anciens maîtres, sans découvrir encore au peuple, par nos débats et nos querelles, la forfanterie de notre art? Pour moi, je ne comprends rien du tout à cette méchante politique de quelques-uns de nos gens, et il faut confesser que toutes ces contestations nous ont décriés depuis peu d'une étrange manière; et que, si nous n'y prenons garde, nous allons nous ruiner nous-mêmes. Je n'en parle pas pour mon intérêt; car, dieu merci, j'ai déjà établi mes petites affaires. Qu'il vente, qu'il pleuve, qu'il grêle, ceux qui sont morts sont morts, et j'ai de quoi me passer des vivants. Mais enfin toutes ces disputes ne valent rien pour la médecine. Puisque le ciel nous fait la grâce que, depuis tant de siècles, on demeure infatué de nous, ne désabusons point les hommes avec nos cabales extravagantes, et profitons de leurs sottises le plus doucement que nous pourrons? Nous ne sommes pas les seuls, comme vous savez, qui tâchons à nous prévaloir de la faiblesse humaine. C'est là que va l'étude de la plupart du monde; et chacun s'efforce de prendre les hommes par leur faible pour en tirer quelque profit. Les flatteurs, par exemple, cherchent à profiter de l'amour que les hommes ont pour les louanges, en leur donnant tout le vain encens qu'ils souhaitent, et c'est un art où l'on fait, comme on voit, des fortunes considérables : les alchimistes tâchent à profiter de la passion que l'on a pour les richesses, en promettant des montagnes d'or à ceux qui les écoutent : les diseurs d'horoscopes, par leurs prédictions trompeuses, profitent de la vanité et de l'ambition des crédules esprits. Mais le plus grand faible des hommes, c'est l'amour qu'ils ont pour la vie; et nous en profitons, nous autres, par notre pompeux galimatias, et savons prendre nos avantages de cette vénération que la peur de mourir leur donne pour notre métier. Conservons-nous donc dans le degré d'estime où leur faiblesse nous a mis, et soyons de concert auprès des malades, pour nous attribuer les heureux succès de la maladie, et rejeter sur la nature toutes les bévues de notre art. N'allons point, dis-je, détruire sottement les heureuses préventions d'une erreur qui donne du pain à tant de personnes, et, de l'argent de ceux que nous mettons en terre, nous fait élever de tous côtés de si beaux héritages.

M. TOMÈS. — Vous avez raison en tout ce que vous dites; mais ce sont chaleurs de sang dont parfois on n'est pas le maître.

M. FILERIN. — Allons donc, messieurs, mettez bas toute rancune, et faisons ici votre accommodement.

M. DESFONANDRÈS. — J'y consens. Qu'il me passe mon émétique pour la malade dont il s'agit, et je lui passerai tout ce qu'il voudra pour le premier malade dont il sera question.

M. FILERIN. — On ne peut pas mieux dire; et voilà se mettre à la raison.

M. DESFONANDRÈS. — Cela est fait.

M. FILERIN.—Touchez donc là. Adieu. Une autrefois montrez plus de prudence.

SCÈNE II. — M. TOMÈS, M. DESFONANDRÈS, LISETTE.

LISETTE. — Quoi! messieurs, vous voilà, et vous ne songez pas à réparer le tort qu'on vient de faire à la médecine!

M. TOMÈS. — Comment? Qu'est-ce?

LISETTE. — Un insolent, qui a eu l'effronterie d'entreprendre sur votre métier, et qui, sans votre ordonnance, vient de tuer un homme d'un grand coup d'épée au travers du corps.

M. TOMÈS. — Écoutez : vous faites la railleuse; mais vous passerez par nos mains quelque jour.

LISETTE. — Je vous permets de me tuer lorsque j'aurai recours à vous.

SCÈNE III. — CLITANDRE, en habit de médecin, LISETTE.

CLITANDRE. — Hé bien! Lisette, que dis-tu de mon équipage? crois-tu qu'avec cet habit je puisse duper le bonhomme? me trouves-tu bien ainsi?

LISETTE. — Le mieux du monde, et je vous attendais avec impatience. Enfin le ciel m'a fait d'un naturel le plus humain du monde, et je ne puis voir deux amants soupirer l'un pour l'autre, qu'il ne me prenne une tendresse charitable et un désir ardent de soulager les maux qu'ils souffrent. Je veux, à quelque prix que ce soit, tirer Lucinde de la tyrannie où elle est, et la mettre en votre pouvoir. Vous m'avez plu d'abord ; je me connais en gens, et elle ne peut pas mieux choisir. L'amour risque des choses extraordinaires, et nous avons concerté ensemble une manière de stratagème qui pourra peut-être nous réussir. Toutes nos mesures sont déjà prises ; l'homme à qui nous avons affaire, n'est pas des plus fins de ce monde ; et, si cette aventure nous manque, nous trouverons mille autres voies pour arriver à notre but. Attendez-moi là seulement, je reviens vous quérir. (*Clitandre se retire dans le fond du théâtre.*)

SCÈNE IV. — SGANARELLE, LISETTE.

LISETTE. — Monsieur, allégresse! allégresse!

SGANARELLE. — Qu'est-ce?

LISETTE. — Réjouissez-vous.

SGANARELLE. — De quoi?

LISETTE. — Réjouissez-vous, vous dis-je.

SGANARELLE. — Dis-moi donc ce que c'est, et puis je me réjouirai peut-être.

LISETTE. — Non. Je veux que vous vous réjouissiez auparavant, que vous chantiez, que vous dansiez.

SGANARELLE. — Sur quoi?

LISETTE. — Sur ma parole.

SGANARELLE. (*Il chante et danse.*) — Allons donc. La lera la la, la, lera la. Que diable!

LISETTE. — Monsieur, votre fille est guérie.

SGANARELLE. — Ma fille est guérie!

LISETTE. — Oui. Je vous amène un médecin, mais un médecin d'importance, qui fait des cures merveilleuses et qui se moque des autres médecins.

SGANARELLE. — Où est-il?

LISETTE. — Je vais le faire entrer.

SGANARELLE, *seul.* — Il faut voir si celui-ci fera plus que les autres.

SCÈNE V. — CLITANDRE, *en habit de médecin*, SGANARELLE, LISETTE.

LISETTE, *amenant Clitandre.* — Le voici.

SGANARELLE. — Voilà un médecin qui a la barbe bien jeune.

LISETTE. — La science ne se mesure pas à la barbe, et ce n'est pas par le menton qu'il est habile.

SGANARELLE. — Monsieur, on m'a dit que vous aviez des remèdes admirables pour faire aller à la selle.

CLITANDRE. — Monsieur, mes remèdes sont différents de ceux des autres. Ils ont l'émétique, les saignées, les médecines et les lavements ; mais moi, je guéris par des paroles, par des sons, par des lettres, par des talismans et par des anneaux constellés.

LISETTE. — Que vous ai-je dit?

SGANARELLE. — Voilà un grand homme!

LISETTE. — Monsieur, comme votre fille est là tout habillée dans une chaise, je vais la faire passer ici.

SGANARELLE. — Oui. Fais.

CLITANDRE, *tâtant le pouls de Sganarelle.* — Votre fille est bien malade.

SGANARELLE. — Vous connaissez cela ici?

CLITANDRE. — Oui, par la sympathie qu'il y a entre le père et la fille.

SCÈNE VI. — SGANARELLE, LUCINDE, CLITANDRE, LISETTE.

LISETTE, *à Clitandre.* — Tenez, monsieur, voilà une chaise auprès d'elle. (*A Sganarelle.*) Allons, laissez-les là tous deux.

SGANARELLE. — Pourquoi? je veux demeurer là.

LISETTE. — Vous moquez-vous? il faut s'éloigner. Un médecin a cent choses à demander qu'il n'est pas honnête qu'un homme entende. (*Sganarelle et Lisette s'éloignent.*)

CLITANDRE, *bas, à Lucinde.* — Ah! madame, que le ravissement où je me trouve est grand! et que je sais peu par où vous commencer mon discours!

Tant que je ne vous ai parlé que des yeux, j'avais, ce me semblait, cent choses à vous dire; et maintenant que j'ai la liberté de vous parler de la façon que je souhaitais, je demeure interdit, et la grande joie où je suis étouffe toutes mes paroles.

LUCINDE. — Je puis vous dire la même chose; et je sens, comme vous, des mouvements de joie qui m'empêchent de pouvoir parler.

CLITANDRE. — Ah! madame, que je serais heureux s'il était vrai que vous sentissiez tout ce que je sens, et qu'il me fût permis de juger de votre âme par là mienne! Mais, madame, puis-je au moins croire que ce soit à vous à qui je doive la pensée de cet heureux stratagème qui me fait jouir de votre présence?

LUCINDE. — Si vous ne m'en devez pas la pensée, vous m'êtes redevable au moins d'en avoir approuvé la proposition avec beaucoup de joie.

SGANARELLE, à Lisette. — Il me semble qu'il lui parle de bien près.

LISETTE, à Sganarelle. — C'est qu'il observe sa physionomie et tous les traits de son visage.

CLITANDRE, à Lucinde. — Serez-vous constante, madame, dans ces bontés que vous me témoignez?

LUCINDE. — Mais vous, serez-vous ferme dans les résolutions que vous avez montrées?

CLITANDRE. — Ah! madame! jusqu'à la mort. Je n'ai point de plus forte envie que d'être à vous, et je vais le faire paraître dans ce que vous m'allez voir faire.

SGANARELLE, à Clitandre. — Hé bien! notre malade? elle nous semble un peu plus gaie.

CLITANDRE. — C'est que j'ai déjà fait agir sur elle un de ces remèdes que mon art m'enseigne. Comme l'esprit a grand empire sur le corps, et que c'est de lui bien souvent que procèdent les maladies, ma coutume est de courir à guérir les esprits avant que de venir au corps. J'ai donc observé ses regards, les traits de son visage et les lignes de ses deux mains; et, par la science que le ciel m'a donnée, j'ai reconnu que c'était de l'esprit qu'elle était malade, et que tout son mal ne venait que d'une imagination déréglée et d'un désir dépravé de vouloir être mariée. Pour moi, je ne vois rien de plus extravagant et de plus ridicule que cette envie qu'on a du mariage.

SGANARELLE, à part. — Voilà un habile homme!

CLITANDRE. — Et j'ai eu, et aurai pour lui, toute ma vie une aversion effroyable.

SGANARELLE, à part. — Voilà un grand médecin!

CLITANDRE. — Mais, comme il faut flatter l'imagination des malades, et que j'ai vu en elle de l'aliénation d'esprit, et même qu'il y avait du péril à ne lui pas donner un prompt secours, je l'ai prise par son faible, et lui ai dit que j'étais venu ici pour vous la demander en mariage. Soudain son visage a changé, son teint s'est éclairci, ses yeux se sont animés; et, si vous voulez, pour quelques jours, l'entretenir dans cette erreur, vous verrez que nous la tirerons d'où elle est.

SGANARELLE. — Oui-dà, je le veux bien.

CLITANDRE. — Après, nous ferons agir d'autres remèdes pour la guérir entièrement de cette fantaisie.

SGANARELLE. — Oui, cela est le mieux du monde. Hé bien! ma fille, voilà monsieur qui a envie de t'épouser, et je lui ai dit que je le voulais bien.

LUCINDE. — Hélas! est-il possible?

SGANARELLE. — Oui.

LUCINDE. — Mais tout de bon?

SGANARELLE. — Oui, oui.

LUCINDE, à Clitandre. — Quoi! vous êtes dans les sentiments d'être mon mari?

CLITANDRE. — Oui, madame.

LUCINDE. — Et mon père y consent?

SGANARELLE. — Oui, ma fille.

LUCINDE. — Ah! que je suis heureuse, si cela est véritable!

CLITANDRE. — N'en doutez point, madame. Ce n'est pas d'aujourd'hui que je vous aime, et que je brûle de me voir votre mari. Je ne suis venu ici que pour cela; et, si vous voulez que je vous dise nettement les choses comme elles sont, cet habit n'est qu'un pur prétexte inventé, et je n'ai fait le médecin que pour m'approcher de vous, et obtenir plus facilement ce que je souhaite.

LUCINDE. — C'est me donner des marques d'un amour bien tendre, et j'y suis sensible autant que je puis.

SGANARELLE, *à part.* — O la folle! ô la folle! ô la folle!

LUCINDE. — Vous voulez donc bien, mon père, me donner monsieur pour époux?

SGANARELLE. — Oui, çà, donne-moi ta main. Donnez-moi aussi un peu la vôtre, pour voir.

CLITANDRE. — Mais, monsieur...

SGANARELLE, *étouffant de rire.* — Non, non, c'est pour... pour lui contenter l'esprit. Touchez là. Voilà qui est fait.

CLITANDRE. — Acceptez pour gage de ma foi, cet anneau que je vous donne. (*Bas, à Sganarelle.*) C'est un anneau constellé qui guérit les égarements d'esprit.

LUCINDE. — Faisons donc le contrat, afin que rien n'y manque.

CLITANDRE. — Hélas! je le veux bien, madame. (*Bas, à Sganarelle.*) Je vais faire monter l'homme qui écrit mes remèdes, et lui faire croire que c'est un notaire.

SGANARELLE. — Fort bien.

CLITANDRE. — Holà! faites monter le notaire que j'ai amené avec moi.

LUCINDE. — Quoi! vous aviez amené un notaire?

CLITANDRE. — Oui, madame.

LUCINDE. — J'en suis ravie.

SGANARELLE. — O la folle! ô la folle!

SCÈNE VII. — LE NOTAIRE, CLITANDRE, SGANARELLE, LUCINDE, LISETTE.

(*Clitandre parle bas au notaire.*)

SGANARELLE, *au notaire.* — Oui, monsieur, il faut faire un contrat pour ces deux personnes-là. Ecrivez. (*A Lucinde.*) Voilà le contrat qu'on fait. (*Au notaire.*) Je lui donne vingt mille écus en mariage. Ecrivez.

LUCINDE. — Je vous suis bien obligée, mon père.

LE NOTAIRE. — Voilà qui est fait. Vous n'avez qu'à venir signer.

SGANARELLE. — Voilà un contrat bientôt bâti.

CLITANDRE, *à Sganarelle.* — Mais, au moins, monsieur...

SGANARELLE. — Hé! non, vous dis-je. Sait-on pas bien...? (*Au notaire.*) Allons, donnez-lui la plume pour signer. (*A Lucinde.*) Allons, signe, signe, signe. Va, va, je signerai tantôt, moi.

LUCINDE. — Non, non, je veux avoir le contrat entre mes mains.

SGANARELLE. — Hé bien! tiens. (*Après avoir signé.*) Es-tu contente?

LUCINDE. — Plus qu'on ne peut s'imaginer.

SGANARELLE. — Voilà qui est bien, voilà qui est bien.

CLITANDRE. — Au reste, je n'ai pas eu seulement la précaution d'amener un notaire, j'ai eu celle encore de faire venir des voix, des instruments et des danseurs, pour célébrer la fête et pour nous réjouir. Qu'on les fasse venir. Ce sont des gens que je mène avec moi, et dont je me sers tous les jours pour pacifier, avec leur harmonie et leurs danses, les troubles de l'esprit.

SCÈNE VIII. — SGANARELLE, LUCINDE, CLITANDRE, LISETTE.

TROISIÈME ENTRÉE.

LA COMÉDIE, LE BALLET, LA MUSIQUE, JEUX, RIS, PLAISIRS.

LA COMÉDIE, LE BALLET, LA MUSIQUE, *ensemble.*

> Sans nous tous les hommes
> Deviendraient malsains;
> Et c'est nous qui sommes
> Leurs grands médecins.

LA COMÉDIE. — Veut-on qu'on rabatte,
> Par des moyens doux,
> Les vapeurs de rate
> Qui nous minent tous?
> Qu'on laisse Hippocrate.
> Et qu'on vienne à nous.

TOUS TROIS ENSEMBLE — Sans nous tous les hommes
    Deviendraient malsains ;
    Et c'est nous qui sommes
    Leurs grands médecins.

(Pendant que les Jeux, les Ris et les Plaisirs dansent, Clitandre emmène Lucinde.)

SCÈNE IX.

SGANARELLE, LISETTE, LA COMÉDIE, LA MUSIQUE, LE BALLET, JEUX, RIS, PLAISIRS.

SGANARELLE. — Voilà une plaisante façon de guérir ! Où est donc ma fille et le médecin ?

LISETTE. — Ils sont allés achever le reste du mariage.

SGANARELLE. — Comment ! le mariage ?

LISETTE. — Ma foi, monsieur, la bécasse est bridée, et vous avez cru faire un jeu, qui demeure une vérité.

SGANARELLE. — Comment diable ! (*Il veut aller après Clitandre et Lucinde, les danseurs le retiennent.*) Laissez-moi aller, laissez-moi aller, vous dis-je. (*Les danseurs le retiennent toujours.*) Encore ! (*Ils veulent faire danser Sganarelle de force.*) Peste des gens !

FIN DE L'AMOUR MÉDECIN.

LE MISANTHROPE,

COMÉDIE EN CINQ ACTES ET EN VERS.

PERSONNAGES.

ALCESTE, amant de Célimène.
PHILINTE, ami d'Alceste.
ORONTE, amant de Célimène.
CÉLIMÈNE, amante d'Alceste.
ÉLIANTE, cousine de Célimène.
ARSINOÉ, amie de Célimène.

ACASTE,
CLITANDRE. } marquis.
DUBOIS, valet d'Alceste.
BASQUE, valet de Célimène.
Un garde de la maréchaussée de France.
*La scène est à Paris, dans la maison
de Célimène.*

ACTE Ier.

SCÈNE PREMIÈRE. — PHILINTE, ALCESTE.

PHILINTE. — Qu'est-ce donc? qu'avez-vous?

ALCESTE, *assis.* — Laissez-moi, je vous prie.

PHILINTE. — Mais encor, dites-moi, quelle bizarrerie...

ALCESTE. — Laissez-moi là, vous dis-je, et courez vous cacher.

PHILINTE. — Mais on entend les gens, au moins sans se fâcher.

ALCESTE. — Moi, je veux me fâcher, et ne veux point entendre.

PHILINTE. — Dans vos brusques chagrins je ne puis vous comprendre,
Et, quoique amis, enfin, je suis tout des premiers...

ALCESTE, *se levant brusquement.*
Moi, votre ami? Rayez cela de vos papiers.
J'ai fait jusques ici profession de l'être;
Mais après ce qu'en vous je viens de voir paraître,
Je vous déclare net que je ne le suis plus,
Et ne veux nulle place en des cœurs corrompus.

PHILINTE. — Je suis donc bien coupable, Alceste, à votre compte?

ALCESTE. — Allez, vous devriez mourir de pure honte;
Une telle action ne saurait s'excuser,
Et tout homme d'honneur s'en doit scandaliser.
Je vous vois accabler un homme de caresses,
Et témoigner pour lui les dernières tendresses;
De protestations, d'offres, et de serments,
Vous chargez la fureur de vos embrassements;
Et, quand je vous demande après quel est cet homme,
A peine pouvez-vous dire comme il se nomme;
Votre chaleur pour lui tombe en vous séparant,
Et vous me le traitez, à moi, d'indifférent.
Morbleu! c'est une chose indigne, lâche, infame,
De s'abaisser ainsi jusqu'à trahir son ame;
Et si, par un malheur, j'en avais fait autant,
Je m'irais, de regret, pendre tout à l'instant.

PHILINTE. — Je ne vois pas, pour moi, que le cas soit pendable;
Et je vous supplierai d'avoir pour agréable,
Que je me fasse un peu grace sur votre arrêt,
Et ne me pende pas pour cela, s'il vous plaît.

ALCESTE. — Que la plaisanterie est de mauvaise grace!

PHILINTE. — Mais, sérieusement, que voulez-vous qu'on fasse?

ALCESTE. — Je veux qu'on soit sincère, et qu'en homme d'honneur,
On ne lâche aucun mot qui ne parte du cœur.

PHILINTE. — Lorsqu'un homme vous vient embrasser avec joie,
Il faut bien le payer de la même monnoie;
Répondre, comme on peut, à ses empressements,
Et rendre offre pour offre, et serments pour serments.

ALCESTE. — Non, je ne puis souffrir cette lâche méthode
Qu'affectent la plupart de vos gens à la mode

Et je ne hais rien tant que les contorsions
De tous ces grands faiseurs de protestations,
Ces affables donneurs d'embrassades frivoles,
Ces obligeants diseurs d'inutiles paroles,
Qui de civilités avec tous font combat,
Et traitent du même air l'honnête homme et le fat.
Quel avantage a-t-on qu'un homme vous caresse,
Vous jure amitié, foi, zèle, estime, tendresse,
Et vous fasse de vous un éloge éclatant,
Lorsqu'au premier faquin il court en faire autant?
Non, non, il n'est point d'ame un peu bien située,
Qui veuille d'une estime ainsi prostituée,
Et la plus glorieuse a des régals peu chers,
Dès qu'on voit qu'on nous mêle avec tout l'univers :
Sur quelque préférence une estime se fonde,
Et c'est n'estimer rien qu'estimer tout le monde.
Puisque vous y donnez, dans ces vices du temps,
Morbleu! vous n'êtes pas pour être de mes gens;
Je refuse d'un cœur la vaste complaisance
Qui ne fait de mérite aucune différence :
Je veux qu'on me distingue, et, pour le trancher net,
L'ami du genre humain n'est point du tout mon fait.
PHILINTE. — Mais, quand on est du monde, il faut bien que l'on r
Quelques dehors civils que l'usage demande.
ALCESTE. — Non, vous dis-je; on devrait châtier sans pitié
Ce commerce honteux de semblant d'amitié.
Je veux que l'on soit homme, et qu'en toute rencontre
Le fond de notre cœur dans nos discours se montre,
Que ce soit lui qui parle; et que nos sentiments
Ne se masquent jamais sous de vains compliments.
PHILINTE. — Il est bien des endroits où la pleine franchise
Deviendrait ridicule et serait peu permise;
Et parfois, n'en déplaise à votre austère honneur,
Il est bon de cacher ce qu'on a dans le cœur.
Serait-il à propos, et de la bienséance,
De dire a mille gens tout ce que d'eux on pense?
Et, quand on a quelqu'un qu'on hait ou qui déplaît,
Lui doit-on déclarer la chose comme elle est?
ALCESTE. — Oui.
     PHILINTE. — Quoi! vous iriez dire à la vieille Emilie,
Qu'à son âge il sied mal de faire la jolie,
Et que le blanc qu'elle a scandalise chacun?
ALCESTE. — Sans doute.
     PHILINTE. — A Dorilas, qu'il est trop importun;
Et qu'il n'est, à la cour, oreille qu'il ne lasse
A conter sa bravoure et l'éclat de sa race?
ALCESTE. — Fort bien.
     PHILINTE. — Vous vous moquez.
          ALCESTE. — Je ne me moque point,
Et je vais n'épargner personne sur ce point.
Mes yeux sont trop blessés, et la cour et la ville
Ne m'offrent rien qu'objets à m'échauffer la bile;
J'entre en une humeur noire, en un chagrin profond,
Quand je vois vivre entre eux les hommes comme ils font;
Je ne trouve partout que lâche flatterie,
Qu'injustice, intérêt, trahison, fourberie :
Je n'y puis plus tenir, j'enrage, et mon dessein
Est de rompre en visière à tout le genre humain.
PHILINTE. — Ce chagrin philosophe est un peu trop sauvage.
Je ris des noirs accès où je vous envisage;
Et crois voir, en nous deux, sous mêmes soins

Ces deux frères que peint l'École des Maris,
Dont...
ALCESTE. — Mon Dieu! laissons là vos comparaisons fades
PHILINTE. — Non : tout de bon, quittez toutes ces incartades.
Le monde par vos soins ne se changera pas :
Et puisque la franchise a pour vous tant d'appas,
Je vous dirai, tout franc, que cette maladie,
Partout où vous allez donne la comédie;
Et qu'un si grand courroux contre les mœurs du temps,
Vous tourne en ridicule auprès de bien des gens.
ALCESTE. — Tant mieux, morbleu! tant mieux, c'est ce que je demande
Ce m'est un fort bon signe, et ma joie en est grande.
Tous les hommes me sont à tel point odieux,
Que je serais fâché d'être sage à leurs yeux.
PHILINTE. — Vous voulez un grand mal à la nature humaine!
ALCESTE. — Oui, j'ai conçu pour elle une effroyable haine.
PHILINTE. — Tous les pauvres mortels, sans nulle exception,
Seront enveloppés dans cette aversion?
Encore en est-il bien, dans le siècle où nous sommes...
ALCESTE. — Non, elle est générale, et je hais tous les hommes,
Les uns, parce qu'ils sont méchants et malfaisants,
Et les autres, pour être aux méchants complaisants,
Et n'avoir pas pour eux ces haines vigoureuses
Que doit donner le vice aux ames vertueuses.
De cette complaisance on voit l'injuste excès,
Pour le franc scélérat avec qui j'ai procès,
Au travers de son masque, on voit à plein le traître,
Partout il est connu pour tout ce qu'il peut être;
Et ses roulements d'yeux, et son ton radouci,
N'imposent qu'à des gens qui ne sont point d'ici.
On sait que ce pied-plat, digne qu'on le confonde,
Par de sales emplois s'est poussé dans le monde,
Et que par eux son sort de splendeur revêtu,
Fait gronder le mérite et rougir la vertu;
Quelques titres honteux qu'en tous lieux on lui donne,
Son misérable honneur ne voit pour lui personne :
Nommez-le fourbe, infame, et scélerat maudit,
Tout le monde en convient, et nul n'y contredit;
Cependant sa grimace est partout bien venue,
On l'accueille, on lui rit, partout il s'insinue;
Et s'il est, par la brigue, un rang à disputer,
Sur le plus honnête homme on le voit l'emporter.
Têtebleu! ce me sont de mortelles blessures,
De voir qu'avec le vice on garde des mesures;
Et parfois il me prend des mouvements soudains
De fuir dans un désert l'approche des humains
PHILINTE. — Mon Dieu! des mœurs du temps mettons-nous moins en peine
Et faisons un peu grace à la nature humaine;
Ne l'examinons point dans la grande rigueur,
Et voyons ses défauts avec quelque douceur.
Il faut, parmi le monde, une vertu traitable,
A force de sagesse on peut être blâmable :
La parfaite raison fuit toute extrémité,
Et veut que l'on soit sage avec sobriété.
Cette grande raideur des vertus des vieux ages,
Heurte trop notre siècle et les communs usages,
Elle veut aux mortels trop de perfection :
Il faut fléchir au temps, sans obstination;
Et c'est une folie à nulle autre seconde
De vouloir se mêler de corriger le monde.
J'observe, comme vous, cent choses tous les jours

Qu: pourraient mieux aller, prenant un autre cours;
Mais, quoi qu'à chaque pas je puisse voir paraître,
En courroux, comme vous, on ne me voit point être;
Je prends tout doucement les hommes comme ils sont,
J'accoutume mon ame à souffrir ce qu'ils font ;
Et je crois qu'à la cour, de même qu'à la ville,
Mon flegme est philosophe autant que votre bile.

ALCESTE. — Mais ce flegme, Monsieur, qui raisonnez si bien,
Ce flegme pourra-t-il ne s'échauffer de rien?
Et s'il faut, par hasard, qu'un ami vous trahisse,
Que, pour avoir vos biens on dresse un artifice,
Ou qu'on tâche à semer de méchants bruits de vous,
Verrez-vous tout cela sans vous mettre en courroux?

PHILINTE. — Oui, je vois ces défauts dont votre ame murmure,
Comme vices unis à l'humaine nature ;
Et mon esprit enfin n'est pas plus offensé
De voir un homme fourbe, injuste, intéressé ,
Que de voir des vautours affamés de carnage,
Des singes malfaisants et des loups pleins de rage.

ALCESTE. — Je me verrai trahir, mettre en pièce, voler,
Sans que je sois...Morbleu! je ne veux point parler,
Tant ce raisonnement est plein d'impertinence !

PHILINTE. — Ma foi, vous ferez bien de garder le silence.
Contre votre partie éclatez un peu moins,
Et donnez au procès une part de vos soins.

ALCESTE. — Je n'en donnerai point, c'est une chose dite.

PHILINTE. — Mais qui voulez-vous donc qui pour vous sollicite?

ALCESTE. — Qui, je veux? la raison, mon bon droit, l'équité.

PHILINTE. — Aucun juge par vous ne sera visité?

ALCESTE. — Non, est-ce que ma cause est injuste ou douteuse?

PHILINTE. — J'en demeure d'accord; mais la brigue est fâcheuse,
Et ..

ALCESTE. — Non, j'ai résolu de n'en pas faire un pas.
J'ai tort, ou j'ai raison.

    PHILINTE. — Ne vous y fiez pas.

ALCESTE. — Je ne remuerai point.

    PHILINTE. — Votre partie est forte,
Et peut, par sa cabale, entraîner...

    ALCESTE. — Il n'importe.

PHILINTE. — Vous vous tromperez.

    ALCESTE — Soit. J'en veux voir le succès.

PHILINTE. — Mais...

    ALCESTE. — J'aurai le plaisir de perdre mon procès.

PHILINTE. — Mais enfin...

    ALCESTE. — Je verrai dans cette plaiderie,
Si les hommes auront assez d'effronterie,
Seront assez méchants, scélérats et pervers,
Pour me faire injustice aux yeux de l'univers.

PHILINTE. — Quel homme!

    ALCESTE. — Je voudrais, m'en coutât-il grand'chose,
Pour la beauté du fait, avoir perdu ma cause.

PHILINTE. — On se rirait de vous, Alceste, tout de bon
Si l'on vous entendait parler de la façon.

ALCESTE — Tant pis pour qui rirait.

    PHILINTE. — Mais cette rectitude
Que vous voulez en tout avec exactitude,
Cette pleine droiture, où vous vous renfermez,
La trouvez-vous ici dans ce que vous aimez?
Je m'étonne, pour moi, qu'étant, comme il le semble,
Vous et le genre humain, si fort brouillés ensemble,

malgré tout ce qui peut vous le rendre odieux,
Vous ayez pris chez lui ce qui charme vos yeux;
Et ce qui me surprend encore davantage,
C'est cet étrange choix où votre cœur s'engage.
La sincère Eliante a du penchant pour vous,
La prude Arsinoé vous voit d'un œil fort doux ;
Cependant à leurs vœux votre ame se refuse,
Tandis qu'en ses liens Célimène l'amuse,
De qui l'humeur coquette et l'esprit médisant
Semblent si fort donner dans les mœurs d'à présent.
D'où vient que , leur portant une haine mortelle,
Vous pouviez bien souffrir ce qu'en tient cette belle?
Ne sont-ce plus défauts dans un objet si doux?
Ne les voyez-vous pas, ou les excusez-vous ?

ALCESTE. — Non : l'amour que je sens pour cette jeune veuve
Ne ferme point mes yeux aux défauts qu'on lui treuve (1),
Et je suis, quelque ardeur qu'elle m'ait pu donner,
Le premier à les voir, comme à les condamner.
Mais avec tout cela , quoi que je puisse faire,
Je confesse mon faible, elle a l'art de me plaire :
J'ai beau voir ses défauts, et j'ai beau l'en blâmer,
En dépit qu'on en ait, elle se fait aimer ;
Sa grace est la plus forte; et, sans doute, ma flamme
De ces vice du temps pourra purger son ame.

PHILINTE. — Si vous faites cela, vous ne ferez pas peu.
Vous croyez être donc aimé d'elle ?

     ALCESTE. — Oui parbleu !
Je ne l'aimerais pas si je ne croyais l'être.

PHILINTE. — Mais si son amitié pour vous se fait paraître,
D'où vient que vos rivaux vous causent de l'ennui ?

ALCESTE. — C'est qu'un cœur bien atteint veut qu'on soit tout à lui ;
Et je ne viens ici qu'à dessein de lui dire
Tout ce que là-dessus ma passion m'inspire.

PHILINTE. — Pour moi, si je n'avais qu'à former des désirs,
Sa cousine Eliante aurait tous mes soupirs :
Son cœur, qui vous estime, est solide et sincère,
Et ce choix plus conforme était mieux votre affaire.

ALCESTE. — Il est vrai ma raison me le dit chaque jour ;
Mais la raison n'est pas ce qui règle l'amour.

PHILINTE. — Je crains fort pour vos feux, et l'espoir où vous êtes
Pourrait...

    SCÈNE II. — ORONTE, ALCESTE, PHILINTE.

ORONTE, à Alceste. — J'ai su là-bas que, pour quelques emplettes,
Eliante est sortie, et Célimène aussi.
Mais comme l'on m'a dit que vous étiez ici,
J'ai monté pour vous dire, et d'un cœur véritable,
Que j'ai conçu pour vous une estime incroyable,
Et que depuis longtemps cette estime m'a mis
Dans un ardent désir d'être de vos amis.
Oui, mon cœur au mérite aime à rendre justice,
Et je brûle qu'un nœud d'amitié nous unisse.
Je crois qu'un ami chaud, et de ma qualité,
N'est pas assurément pour être rejeté.

(Pendant le discours d'Oronte, Alceste est rêveur, sans faire attention que
c'est à lui qu'on parle, et ne sort de sa rêverie que quand Oronte lui dit:)
C'est à vous, s'il vous plaît, que ce discours s'adresse.

ALCESTE. — A moi, Monsieur?

    ORONTE. — A vous. Trouvez-vous qu'il vous blesse

ALCESTE. — Non pas. Mais la surprise est fort grande pour moi,

(1) Le mot treuve, dont se servaient nos premiers poètes, a vieilli et est devenu tout-
à-fait inusité.

Et je n'attendais pas l'honneur que je reçoi.
ORONTE. — L'estime où je vous tiens ne doit pas vous surprendre,
Et de tout l'univers vous la pouvez prétendre.
ALCESTE. — Monsieur...
          ORONTE. — L'état n'a rien qui ne soit au dessous
Du mérite éclatant que l'on découvre en vous.
ALCESTE. — Monsieur...
          ORONTE. — Oui, de ma part, je vous tiens préférable
A tout ce que j'y vois de plus considérable.
ALCESTE. — Monsieur...
          ORONTE. — Sois-je du ciel écrasé, si je mens!
Et pour vous confirmer ici mes sentiments,
Souffrez qu'à cœur ouvert, Monsieur, je vous embrasse,
Et qu'en votre amitié je vous demande place.
Touchez là, s'il vous plaît. Vous me la promettez
Votre amitié !
   ALCESTE — Monsieur...
          ORONTE. — Quoi! vous y résistez ?
ALCESTE. — Monsieur, c'est trop d'honneur que vous me voulez faire,
Mais l'amitié demande un peu plus de mystère ;
Et c'est assurément en profaner le nom,
Que de vouloir le mettre à toute occasion.
Avec lumière et choix cette union veut naître ;
Avant que nous lier il faut nous mieux connaître ;
Et nous pourrions avoir telles complexions,
Que tous deux du marché nous nous repentirions.
ORONTE. — Parbleu ! c'est là dessus parler en homme sage,
Et je vous en estime encore davantage:
Souffrons donc que le temps forme des nœuds si doux ;
Mais cependant je m'offre entièrement à vous.
S'il faut faire à la cour pour vous quelque ouverture,
On sait qu'auprès du roi je fais quelque figure.
Il m'écoute, et dans tout il en use, ma foi,
Le plus honnêtement du monde avec moi.
Enfin je suis à vous de toutes les manières ;
Et comme votre esprit a de grandes lumières,
Je viens, pour commencer entre nous ce beau nœud,
Vous montrer un sonnet que j'ai fait depuis peu,
Et savoir s'il est bon qu'au public je l'expose.
ALCESTE. — Monsieur, je suis peu propre à décider la chose ;
Veuillez m'en dispenser.
          ORONTE. — Pourquoi?
          ALCESTE. — J'ai le défaut
D'être un peu plus sincère en cela qu'il ne faut.
ORONTE. — C'est ce que je demande ; et j'aurais lieu de plainte
Si, m'exposant à vous, pour me parler sans feinte,
Vous alliez me trahir, et me déguiser rien.
ALCESTE. — Puisqu'il vous plaît ainsi, Monsieur, je le veux bien.
ORONTE. — *Sonnet.* C'est un sonnet. *L'espoir...* C'est une dame
Qui de quelque espérance avait flatté ma flamme
L'espoir.. Ce ne sont point de ces grands vers pompeux,
Mais de petits vers doux, tendres et langoureux.
ALCESTE. — Nous verrons bien.
          ORONTE. — *L'espoir...* Je ne sais si le style
Pourra vous en paraître assez net et facile,
Et si du choix des mots vous vous contenterez.
ALCESTE. — Nous allons voir, Monsieur.
          ORONTE. — Au reste, vous saurez
Que je n'ai demeuré qu'un quart d'heure à le faire.
ALCESTE. — Voyons, Monsieur, le temps ne fait rien à l'affaire.
ORONTE, *lit.* —   « L'espoir, il est vrai, nous soulage,

« Et nous berce un temps notre ennui ;
« Mais, Philis, le triste avantage,
« Lorsque rien ne marche après lui!
PHILINTE. — Je suis déjà charmé de ce petit morceau.
ALCESTE, *bas à Philinte*. — Quoi! vous avez le front de trouver cela beau!
ORONTE. —   « Vous eûtes de la complaisance ;
« Mais vous en deviez moins avoir,
« Et ne pas vous mettre en dépense,
« Pour ne me donner que l'espoir.
PHILINTE. — Ah! qu'en termes galants ces choses-là sont mises!
            ALCESTE, *bas à Philinte*.
Eh quoi! vil complaisant, vous louez des sottises!
ORONTE. —   « S'il faut qu'une attente éternelle
« Pousse à bout l'ardeur de mon zèle,
« Le trépas sera mon recours.
« Vos soins ne m'en peuvent distraire :
« Belle Philis, on désespère
« Alors qu'on espère toujours »
PHILINTE. — La chute en est jolie, amoureuse, admirable.
ALCESTE, *bas à part*.—La peste de ta chute! empoisonneur au diable!
En eusses-tu fait une à te casser le nez!
PHILINTE. — Je n'ai jamais ouï de vers si bien tournés.
ALCESTE, *bas à part*. — Morbleu!
    ORONTE, *à Philinte*. — Vous me flattez, et vous croyez peut-être...
PHILINTE. — Non, je ne flatte point.
    ALCESTE, *bas à part*. — Eh! que fais-tu donc, traître?
ORONTE, *à Alceste*.—Mais, pour vous, vous savez quel est notre traité :
Parlez-moi, je vous prie, avec sincérité.
ALCESTE. — Monsieur, cette matière est toujours délicate,
Et sur le bel esprit nous aimons qu'on nous flatte.
Mais un jour à quelqu'un, dont je tairai le nom,
Je disais, en voyant des vers de sa façon,
Qu'il faut qu'un galant homme ait toujonrs grand empire
Sur les démangeaisons qui nous prennent d'écrire ;
Qu'il doit tenir la bride aux grands empressements
Qu'on a de faire éclat de tels amusements ;
Et que, par la chaleur de montrer ses ouvrages,
On s'expose à jouer de mauvais personnages.
ORONTE. — Est-ce que vous voulez me déclarer par là
Que j'ai tort de vouloir...
            ALCESTE. — Je ne dis pas cela.
Mais je lui disais, moi, qu'un froid écrit assomme
Qu'il ne faut que ce faible à décrier un homme ;
Et qu'eût-on, d'autre part, cent belles qualités,
On regarde les gens par leurs méchants côtés.
ORONTE. — Est-ce qu'à mon sonnet vous trouvez à redire ?
ALCESTE. — Je ne dis pas cela. Mais, pour ne point écrire,
Je lui mettais aux yeux comme dans notre temps
Cette soif a gâté de fort honnêtes gens.
ORONTE. — Est-ce que j'écris mal ? et leur ressemblerais-je?
ALCESTE. — Je ne dis pas cela. Mais enfin, lui disais-je,
Quel besoin si pressant avez-vous de rimer,
Et qui diantre vous pousse à vous faire imprimer?
Si l'on peut pardonner l'essor d'un mauvais livre,
Ce n'est qu'aux malheureux qui composent pour vivre.
Croyez-moi, résistez à vos tentations.
Dérobez au public ces occupations,
Et n'allez point quitter, de quoi que l'on vous somme,
Le nom que dans la cour vous avez d'honnête homme,
Pour prendre, de la main d'un avide imprimeur,
Celui de ridicule et misérable auteur.

C'est ce que je tâchais de lui faire comprendre.
ORONTE. — Voilà qui va fort bien, et je crois vous entendre.
Mais ne puis-je savoir ce que dans mon sonnet...
ALCESTE. — Franchement, il est bon à mettre au cabinet.
Vous vous êtes réglé sur de méchants modèles,
Et vos expressions ne sont point naturelles.
    Qu'est-ce que « nous berce un temps notre ennui? »
        Et que « rien ne marche après lui? »
        Que « ne vous pas mettre en dépense,
        « Pour ne me donner que l'espoir? »
        Et que « Philis, on désespère
        « Alors qu'on espère toujours?
Ce style figuré, dont on fait vanité,
Sort du bon caractère et de la vérité.
Ce n'est que jeu de mots, qu'affectation pure,
Et ce n'est point ainsi que parle la nature.
Le méchant goût du siècle en cela me fait peur
Nos pères, tout grossiers, l'avaient beaucoup meilleur;
Et je prise bien moins tout ce que l'on admire,
Qu'une vieille chanson que je m'en vais vous dire:
        Si le roi m'avait donné
            Paris sa grand'ville,
        Et qu'il me fallût quitter,
            L'amour de ma mie,
        Je dirais au roi Henri:
        Reprenez votre Paris,
        J'aime mieux ma mie, ô gué!
            J'aime mieux ma mie.
La rime n'est pas riche, et le style en est vieux.
Mais ne voyez-vous pas que cela vaut bien mieux
Que ces colifichets dont le bon sens murmure,
Et que la passion parle là toute pure?
        Si le roi m'avait donné
            Paris sa grand'ville,
        Et qu'il me fallût quitter
            L'amour de ma mie,
        Je dirais au roi Henri:
        Reprenez votre Paris,
        J'aime mieux ma mie, ô gué!
            J'aime mieux ma mie.
Voilà ce que peut dire un cœur vraiment épris. (A Philinte, qui rit.)
Oui, monsieur le rieur, malgré vos beaux esprits,
J'estime plus cela que la pompe fleurie
De tous ces faux brillants où chacun se récrie.
ORONTE. — Et moi, je vous soutiens que mes vers son fort bons.
ALCESTE. — Pour les trouver ainsi vous avez vos raisons;
Mais vous trouverez bon que j'en puisse avoir d'autres
Qui se dispenseront de se soumettre aux vôtres.
ORONTE. — Il me suffit de voir que d'autres en font cas.
ALCESTE. — C'est qu'ils ont l'art de feindre, et moi, je ne l'ai pas.
ORONTE. — Croyez-vous donc avoir tant d'esprit en partage?
ALCESTE. — Si je louais vos vers, j'en aurais davantage.
ORONTE. — Je me passerai fort que vous les approuviez.
ALCESTE. — Il faut bien, s'il vous plaît, que vous vous en passiez.
ORONTE. — Je voudrais bien, pour voir, que de votre manière
Vous en composassiez sur la même matière.
ALCESTE. — J'en pourrais, par malheur, faire d'aussi méchants;
Mais je me garderais de les montrer aux gens.
ORONTE. — Vous me parlez bien ferme, et cette suffisance...
ALCESTE. — Autre part que chez moi cherchez qui vous encense.
ORONTE. — Mais, mon petit monsieur, prenez-le un peu moins haut.

ALCESTE. — Ma foi, mon grand monsieur, je le prends comme il faut.
           PHILINTE, *se mettant entre eux.*
Eh ! Messieurs, c'en est trop. Laissez cela, de grace.
ORONTE. — Ah ! j'ai tort, je l'avoue, et je quitte la place.
Je suis votre valet, Monsieur, de tout mon cœur.
ALCESTE. — Et moi je suis, Monsieur, votre humble serviteur.

SCÈNE III. — PHILINTE, ALCESTE.

PHILINTE. — Eh bien ! vous le voyez. Pour être trop sincère,
  Vous voilà sur les bras une fâcheuse affaire ;
  Et j'ai bien vu qu'Oronte, afin d'être flatté...
ALCESTE. — Ne me parlez pas.
      PHILINTE. — Mais...
          ALCESTE. — Plus de société.
PHILINTE. — C'est trop...
     ALCESTE. — Laissez-moi là.
        PHILINTE. — Si je...
          ALCESTE. — Point de langage.
PHILINTE. — Mais quoi...
     ALCESTE. — Je n'entend rien.
        PHILINTE. — Mais...
          ALCESTE. — Encore !
           PHILINTE. — On outrage...
ALCESTE. — Ah ! parbleu ! c'en est trop. Ne suivez point mes pas.
PHILINTE. — Vous vous moquez de moi ; je ne vous quitte pas.

FIN DU PREMIER ACTE.

ACTE II.

SCÈNE PREMIÈRE. — ALCESTE, CÉLIMÈNE.

ALCESTE. — Madame, voulez-vous que je vous parle net ?
  De vos façons d'agir je suis mal satisfait ;
  Contre elle dans mon cœur trop de bile s'assemble,
  Et je sens qu'il faudra que nous rompions ensemble.
  Oui, je vous tromperais de parler autrement :
  Tôt ou tard nous romprons indubitablement ;
  Et je vous promettrais mille fois le contraire,
  Que je ne serais pas en pouvoir de le faire.
CÉLIMÈNE. — C'est pour me quereller donc, à ce que je voi,
  Que vous avez voulu me ramener chez moi ?
ALCESTE. — Je ne querelle point. Mais votre humeur, Madame,
  Ouvre au premier venu trop d'accès dans votre ame ;
  Vous avez trop d'amants qu'on voit vous obséder,
  Et mon cœur de cela ne peut s'accommoder.
CÉLIMÈNE. — Des amants que je fais me rendez-vous coupable ?
  Puis-je empêcher les gens de me trouver aimable ?
  Et lorsque pour me voir ils font de doux efforts,
  Dois-je prendre un bâton pour les mettre dehors.
ALCESTE. — Non, ce n'est pas, Madame, un bâton qu'il faut prendre,
  Mais un cœur à leurs vœux moins facile et moins tendre.
  Je sais que vos appas vous suivent en tous lieux :
  Mais votre accueil retient ceux qu'attirent vos yeux ;
  Et sa douceur, offerte à qui vous rend les armes
  Achève sur les cœurs l'ouvrage de vos charmes.
  Le trop riant espoir que vous leur présentez,
  Attache autour de vous leurs assiduités ;
  Et votre complaisance un peu moins étendue,
  De tant de soupirants chasserait la cohue.
  Mais au moins, dites-moi, Madame, par quel sort
  Votre Clitandre a l'heur de vous plaire si fort ?

Sur quel fonds de mérite et de vertu sublime
Appuyez-vous en lui l'honneur de votre estime?
Est-ce par l'ongle long qu'il porte au petit doigt, (1)
Qu'il s'est acquis chez vous l'estime où l'on le voit?
Vous êtes-vous rendue, avec tout le beau monde,
Au mérite éclatant de sa perruque blonde?
Sont-ce ses grands canons qui vous le font aimer?
L'amas de ses rubans a-t-il su vous charmer?
Est-ce par les appas de sa vaste rheingrave
Qu'il a gagné votre ame, en faisant votre esclave?
Ou sa façon de rire, ou son ton de fausset,
Ont-ils de vous toucher su trouver le secret?

CÉLIMÈNE. — Qu'injustement de lui vous prenez de l'ombrage!
Ne savez-vous pas bien pourquoi je le ménage,
Et que, dans mon procès, ainsi qu'il m'a promis,
Il peut intéresser tout ce qu'il a d'amis?

ALCESTE. — Perdez votre procès, Madame, avec constance,
Et ne ménagez point un rival qui m'offense.

CÉLIMÈNE. — Mais de tout l'univers vous devenez jaloux.

ALCESTE. — C'est que tout l'univers est bien reçu de vous.

CÉLIMÈNE. — C'est ce qui doit rasseoir votre ame effarouchée,
Puisque ma complaisance est sur tous épanchée;
Et vous auriez plus lieu de vous en offenser,
Si vous me la voyez sur un seul ramasser.

ALCESTE. — Mais moi, que vous blâmez de trop de jalousie,
Qu'ai-je de plus qu'eux tous, Madame, je vous prie?

CÉLIMÈNE. — Le bonheur de savoir si vous êtes aimé.

ALCESTE. — Et quel lieu de le croire a mon cœur enflammé?

CÉLIMÈNE. — Je pense qu'ayant pris le soin de vous le dire,
Un aveu de la sorte a de quoi vous suffire.

ALCESTE. — Mais qui m'assurera que, dans le même instant,
Vous n'en disiez peut-être aux autres tout autant?

CÉLIMÈNE. — Certes, pour un amant, la fleurette est mignonne,
Et vous me traitez là de gentille personne?
Eh bien, pour vous ôter d'un semblable souci,
De tout ce que j'ai dit, je me dédis ici;
Et rien ne saurait plus vous tromper que vous-même:
Soyez content.

ALCESTE. — Morbleu! faut-il que je vous aime!
Ah! que si de vos mains je rattrappe mon cœur,
Je bénirai le ciel de ce rare bonheur!
Je ne le cèle pas, je fais tout mon possible
A rompre de ce cœur l'attachement terrible;
Mais mes plus grands efforts n'ont rien fait jusqu'ici,
Et c'est pour mes péchés que je vous aime ainsi.

CÉLIMÈNE. — Il est vrai, votre ardeur est pour moi sans seconde.

ALCESTE. — Oui, je puis là-dessus défier tout le monde.
Mon amour ne se peut concevoir, et jamais
Personne n'a, Madame, aimé comme je fais.

CÉLIMÈNE. — En effet la méthode en est toute nouvelle,
Car vous aimez les gens pour leur faire querelle :
Ce n'est qu'en mots fâcheux qu'éclate votre ardeur,
Et l'on n'a vu jamais un amant si grondeur.

ALCESTE. — Mais il ne tient qu'à vous que son chagrin ne passe.
A tous nos démêlés coupons chemin de grace :
Parlons à cœur ouvert et voyons d'arrêter...

SCÈNE II. — CÉLIMÈNE, ALCESTE, BASQUE.

CÉLIMÈNE. — Qu'est-ce?

(1) Le vers désigne une mode en usage à cette époque. Quelques agréables de la cour laissaient croître l'ongle du petit doigt d'une grandeur démesurée. Peu de personnes connaissent à présent l'existence de ce ridicule.

BASQUE. — Acaste est là-bas.

CÉLIMÈNE. — Eh bien, faites monter,

SCÈNE III. — CÉLIMÈNE, ALCESTE.

ALCESTE. — Quoi! l'on ne peut jamais vous parler tête à tête!
A recevoir le monde on vous voit toujours prête!
Et vous ne pouvez pas, un seul moment de tous,
Vous résoudre à souffrir de n'être pas chez vous!

CÉLIMÈNE. — Voulez-vous qu'avec lui je me fasse une affaire?

ALCESTE. — Vous avez des égards qui ne sauraient me plaire,

CÉLIMÈNE. — C'est un homme à jamais ne me le pardonner,
S'il savait que sa vue eût pu m'importuner.

ALCESTE. — Et que vous fait cela, pour vous gêner de sorte...

CÉLIMÈNE. — Mon dieu! de ses pareils la bienveillance importe;
Et ce sont de ces gens, qui, je ne sais comment,
Ont gagné, dans la cour, de parler hautement.
Dans tous les entretiens on les voit s'introduire;
Ils ne sauraient servir, mais ils peuvent vous nuire;
Et jamais, quelque appui qu'on puisse avoir d'ailleurs,
On ne doit se brouiller avec ces grands brailleurs.

ALCESTE. — Enfin, quoi qu'il en soit, et sur quoi qu'on se fonde,
Vous trouvez des raisons pour souffrir tout le monde;
Et les précautions de votre jugement...

SCÈNE IV. — ALCESTE, CÉLIMÈNE.

BASQUE. — Voici Clitandre encor, Madame.

(Il sort.)   ALCESTE. — Justement.

CÉLIMÈNE. — Ou courez-vous?

ALCESTE. — Je sors

CÉLIMÈNE. — Demeurez.

ALCESTE. — Pourquoi faire?

CÉLIMÈNE. — Demeurez.

ALCESTE. — Je ne puis.

CÉLIMÈNE. — Je le veux.

ALCESTE. — Point d'affaire:
Ces conversations ne font que m'ennuyer,
Et c'est trop que vouloir me les faire essuyer.

CÉLIMÈNE. — Je le veux, je le veux.

ALCESTE. — Non, il m'est impossible.

CÉLIMÈNE. — Eh bien! allez, sortez, il vous est tout loisible.

SCÈNE V.

ÉLIANTE, PHILINTE, ACASTE, CLITANDRE, ALCESTE, CÉLIMÈNE, BASQUE.

ÉLIANTE, *à Célimène.* — Voici les deux marquis qui montent avec nous;
Vous l'est-on venu dire?

CÉLIMÈNE, *à Basque.* — Oui. Des siéges pour tous.

(Basque donne des siéges et sort.)

(A Alceste.) Vous n'êtes pas sorti?

ALCESTE. — Non; mais je veux, madame,
Ou pour eux, ou pour moi, faire expliquer votre ame.

CÉLIMÈNE. — Taisez-vous.

ALCESTE. — Aujourd'hui, vous vous expliquerez.

CÉLIMÈNE. — Vous perdez le sens.

ALCESTE. — Point. Vous vous déclarerez.

CÉLIMÈNE. — Ah!

ALCESTE. — Vous prendrez parti.

CÉLIMÈNE. — Vous vous moquez, je pense.

ALCESTE. — Non; mais vous choisirez. C'est trop de patience.

(Ils s'asseyent tous.)

CLITANDRE. — Parbleu! je viens du Louvre, où Cléonte, au levé,
Madame, a bien paru ridicule achevé.
N'a-t-il point quelque ami qui pût, sur ses manières
D'un charitable avis lui prêter les lumières?

CÉLIMÈNE. — Dans le monde, à vrai dire, il se barbouille fort.
Partout il porte un air qui saute aux yeux d'abord ;
Et lorsqu'on le revoit après un peu d'absence,
On le retrouve encor plus plein d'extravagance.
ACASTE. — Parbleu ! s'il faut parler des gens extravagants,
Je viens d'en essuyer un des plus fatigants ;
Damon, le raisonneur, qui m'a, ne vous déplaise,
Une heure au grand soleil tenu hors de ma chaise.
CÉLIMÈNE. — C'est un parleur étrange, et qui trouve toujours
L'art de ne vous rien dire avec de grands discours :
Dans les propos qu'il tient on ne voit jamais goutte,
Et ce n'est que du bruit que tout ce qu'on écoute.
ÉLIANTE, *bas, à Philinte.* — Ce début n'est pas mal ; et contre le prochain
La conversation prend un assez bon train.
CLITANDRE. — Timante encor, madame, est un bon caractère.
CÉLIMÈNE. — C'est, de la tête aux pieds, un homme tout mystère,
Qui vous jette en passant un coup d'œil égaré,
Et, sans aucune affaire, est toujours affairé.
Tout ce qu'il vous débite en grimaces abonde ;
A force de façons il assomme le monde ;
Sans cesse il a tout bas, pour rompre l'entretien,
Un secret à vous dire, et ce secret n'est rien :
De la moindre vétille il fait une merveille,
Et, jusques au bonjour, il dit tout à l'oreille.
ACASTE. — Et Géralde, madame !
          CÉLIMÈNE. — O l'ennuyeux conteur !
Jamais on ne le voit sortir du grand seigneur ;
Dans le brillant commerce il se mêle sans cesse,
Et ne cite jamais que duc, prince ou princesse.
La qualité l'entête ; et tous ses entretiens
Ne sont que de chevaux, d'équipage et de chiens ;
Il tutoie, en parlant, ceux du plus haut étage,
Et le nom de monsieur est chez lui hors d'usage.
CLITANDRE. — On dit qu'avec Bélise il est du dernier bien.
CÉLIMÈNE. — Le pauvre esprit de femme et le sec entretien !
Lorsqu'elle vient me voir je souffre le martyre :
Il faut suer sans cesse à chercher que lui dire ;
Et la stérilité de son expression
Fait mourir à tous coups la conversation.
En vain, pour attaquer son stupide silence,
De tous les lieux communs vous prenez l'assistance ;
Le beau temps et la pluie, et le froid et le chaud,
Sont des fonds qu'avec elle on épuise bientôt.
Cependant sa visite, assez insupportable,
Traîne en une longueur encore épouvantable ;
Et l'on demande l'heure, et l'on bâille vingt fois,
Qu'elle s'émeut autant qu'une pièce de bois.
ACASTE. — Que vous semble d'Adraste ?
          CÉLIMÈNE. — Ah ! quel orgueil extrême !
C'est un homme gonflé de l'amour de soi-même :
Son mérite jamais n'est content de la cour ;
Contre elle il fait métier de pester chaque jour ;
Et l'on ne donne emploi, charge, ni bénéfice,
Qu'à tout ce qu'il se croit on ne fasse injustice.
CLITANDRE. — Mais le jeune Cléon chez qui vont aujourd'hui
Nos plus honnêtes gens, que dites-vous de lui ?
CÉLIMÈNE. — Que de son cuisinier il s'est fait un mérite,
Et que c'est à sa table à qui l'on rend visite.
ÉLIANTE. — Il prend soin d'y servir des mets fort délicats.
CÉLIMÈNE. — Oui ; mais je voudrais bien qu'il ne s'y servît pas :
C'est un fort méchant plat que sa sotte personne,

Et qui gâte, à mon goût, tous les repas qu'il donne.
PHILINTE. — On fait assez de cas de son oncle Damis.
   Qu'en dites-vous, madame?
        CÉLIMÈNE. — Il est de mes amis.
PHILINTE. — Je le trouve honnête homme, et d'un air assez sage.
CÉLIMÈNE. — Oui; mais il veut avoir trop d'esprit, dont j'enrage.
   Il est guindé sans cesse; et, dans tous ses propos,
   On voit qu'il se travaille à dire de bons mots.
   Depuis que dans sa tête il s'est mis d'être habile,
   Rien ne touche son goût, tant il est difficile!
   Il veut voir des défauts à tout ce qu'on écrit,
   Et pense que louer n'est pas d'un bel esprit,
   Que c'est être savant que trouver à redire,
   Qu'il n'appartient qu'aux sots d'admirer et de rire;
   Et qu'en n'approuvant rien des ouvrages du temps,
   Il se met au-dessus de tous les autres gens.
   Aux conversations même il trouve à reprendre:
   Ce sont propos trop bas pour y daigner descendre;
   Et, les deux bras croisés, du haut de son esprit,
   Il regarde en pitié tout ce que chacun dit.
ACASTE. — Dieu me damne! voilà son portrait véritable.
CLITANDRE, à Célimène.—Pour bien peindre les gens vous êtes admirable.
ALCESTE. — Allons, ferme! poussez, mes bons amis de cour.
   Vous n'en épargnez point, et chacun a son tour:
   Cependant aucun d'eux à vos yeux ne se montre,
   Qu'on ne vous voie, en hâte, aller à sa rencontre,
   Lui présenter la main, et d'un baiser flatteur
   Appuyer les serments d'être son serviteur.
CLITANDRE. —Pourquoi s'en prendre à nous? Si ce qu'on dit vous blesse,
   Il faut que le reproche à madame s'adresse.
ALCESTE. — Non, morbleu! c'est à vous; et vos ris complaisants
   Tirent de son esprit tous ces traits médisants.
   Son humeur satirique est sans cesse nourrie
   Par le coupable encens de votre flatterie;
   Et son cœur à railler trouverait moins d'appas,
   S'il avait observé qu'on ne l'applaudît pas.
   C'est ainsi qu'aux flatteurs on doit partout se prendre
   Des vices où l'on voit les humains se répandre.
PHILINTE. — Mais pourquoi pour ces gens un intérêt si grand,
   Vous qui condamneriez ce qu'en eux on reprend?
CÉLIMÈNE. —Et ne faut-il pas bien que monsieur contredise?
   A la commune voix veut-on qu'il se réduise,
   Et qu'il ne fasse pas éclater en tous lieux
   L'esprit contrariant qu'il a reçu des cieux?
   Le sentiment d'autrui n'est jamais pour lui plaire:
   Il prend toujours en main l'opinion contraire,
   Et penserait paraître un homme du commun,
   Si l'on voyait qu'il fût de l'avis de quelqu'un.
   L'honneur de contredire a pour lui tant de charmes,
   Qu'il prend contre lui-même assez souvent les armes;
   Et ses vrais sentiments sont combattus par lui
   Aussitôt qu'il les voit dans la bouche d'autrui. (Tous rient.)
ALCESTE. — Les rieurs sont pour vous, madame, c'est tout dire;
   Et vous pouvez pousser contre moi la satire.
PHILINTE. — Mais il est véritable aussi que votre esprit
   Se gendarme toujours contre tout ce qu'on dit;
   Et que, par un chagrin que lui-même il avoue,
   Il ne saurait souffrir qu'on blâme ni qu'on loue.
ALCESTE. — C'est que jamais, morbleu! les hommes n'ont raison;
   Que le chagrin contre eux est toujours de saison,
   Et que je vois qu'ils sont, sur toutes les affaires,

Loueurs impertinents, ou censeurs téméraires.
CÉLIMÈNE. — Mais...
ALCESTE. — Non, madame, non, quand j'en devrais mourir,
Vous avez des plaisirs que je ne puis souffrir;
Et l'on a tort ici de nourrir dans votre âme
Ce grand attachement aux défauts qu'on y blâme.
CLITANDRE. — Pour moi, je ne sais pas, mais j'avouerai tout haut
Que j'ai cru jusqu'ici madame sans défaut.
ACASTE. — De grâces et d'attraits je vois qu'elle est pourvue;
Mais les défauts qu'elle a ne frappent point ma vue.
ALCESTE. — Ils frappent tous la mienne; et, loin de m'en cacher,
Elle sait que j'ai soin de les lui reprocher.
Plus on aime quelqu'un, moins il faut qu'on le flatte:
A ne rien pardonner le pur amour éclate;
Et je bannirais, moi, tous ces lâches amants
Que je verrais soumis à tous mes sentiments,
Et dont, à tout propos, les molles complaisances
Donneraient de l'encens à mes extravagances.
CÉLIMÈNE. — Enfin, s'il faut qu'à vous s'en rapportent les cœurs,
On doit, pour bien aimer, renoncer aux douceurs,
Et du parfait amour mettre l'honneur suprême
A bien injurier les personnes qu'on aime.
ÉLIANTE. — L'amour, pour l'ordinaire, est peu fait à ces lois,
Et l'on voit les amants vanter toujours leur choix.
Jamais leur passion n'y voit rien de blâmable,
Et dans l'objet aimé tout leur devient aimable;
Ils comptent les défauts pour des perfections,
Et savent y donner de favorables noms.
La pâle est aux jasmins en blancheur comparable;
La noire à faire peur, une brune adorable;
La maigre a de la taille et de la liberté;
La grasse est, dans son port, pleine de majesté;
La malpropre sur soi, de peu d'attraits chargée,
Est mise sous le nom de beauté négligée;
La géante paraît une déesse aux yeux;
La naine, un abrégé des merveilles des cieux;
L'orgueilleuse a le cœur digne d'une couronne;
La fourbe a de l'esprit; la sotte est toute bonne;
La trop grande parleuse est d'agréable humeur;
Et la muette garde une honnête pudeur.
C'est ainsi qu'un amant, dont l'amour est extrême,
Aime jusqu'aux défauts des personnes qu'il aime.
ALCESTE. — Et moi, je soutiens, moi...
(Célimène se lève. Tous en font autant.)
CÉLIMÈNE. — Brisons là ce discours,
Et dans la galerie allons faire deux tours.
Quoi! vous vous en allez, messieurs?
CLITANDRE et ACASTE. — Non pas, madame.
ALCESTE. — La peur de leur départ occupe fort votre âme.
Sortez quand vous voudrez, messieurs; mais j'avertis
Que je ne sors qu'après que vous serez sortis.
ACASTE. — A moins de voir madame en être importunée,
Rien ne m'appelle ailleurs de toute la journée.
CLITANDRE — Moi, pourvu que je puisse être au petit couché,
Je n'ai point d'autre affaire où je sois attaché.
CÉLIMÈNE, *à Alceste.* — C'est pour rire, je crois.
ALCESTE. — Non, en aucune sorte.
Nous verrons si c'est moi que vous voudrez qui sorte.

SCÈNE VI.

ALCESTE, CÉLIMÈNE, ÉLIANTE, ACASTE, PHILINTE, CLITANDRE, BASQUE.

BASQUE, *à Alceste.* — Monsieur, un homme est là qui voudrait vous parler,

Pour affaire, dit-il, qu'on ne peut reculer.
ALCESTE. — Dis-lui que je n'ai point d'affaires si pressées.
BASQUE. — Il porte une jaquette à grand'basques plissées
  Avec du d'or dessus (1).
    CÉLIMÈNE, *à Alceste.* — Allez voir ce que c'est,
  Ou bien faites-le entrer. (*Basque fait entrer le garde, et sort.*)
SCÈNE VII. — ALCESTE, CÉLIMÈNE, ÉLIANTE, ACASTE, PHILINTE,
    CLITANDRE, UN GARDE DE LA MARÉCHAUSSÉE.
ALCESTE, *allant au-devant du garde.* — Qu'est-ce donc qu'il vous plaît?
  Venez, monsieur.
    LE GARDE. — Monsieur, j'ai deux mots à vous dire.
ALCESTE. — Vous pouvez parler haut, monsieur, pour m'en instruire.
LE GARDE. — Messieurs les maréchaux, dont j'ai commandement,
  Vous mandent de venir les trouver promptement,
  Monsieur.
    ALCESTE. — Qui? moi, monsieur?
        LE GARDE. — Vous-même.
            ALCESTE. — Et pourquoi faire?
PHILINTE, *à Alceste.* — C'est d'Oronte et de vous la ridicule affaire.
CÉLIMÈNE, *à Philinte.* — Comment?
        PHILINTE. — Oronte et lui se sont tantôt bravés
  Sur certains petits vers qu'il n'a pas approuvés;
  Et l'on veut assoupir la chose en sa naissance.
ALCESTE. — Moi, je n'aurai jamais de lâche complaisance.
PHILINTE. — Mais il faut suivre l'ordre; allons, disposez-vous.
ALCESTE. — Quel accommodement veut-on faire entre nous?
  La voix de ces messieurs me condamnera-t-elle
  A trouver bons les vers qui font notre querelle?
  Je ne me dédis point de ce qu'en j'en ai dit,
  Je les trouve méchants.
    PHILINTE. — Mais, d'un plus doux esprit...
ALCESTE. — Je n'en démordrai point, les vers sont exécrables.
PHILINTE. — Vous devez faire voir des sentiments traitables.
  Allons, venez.
    ALCESTE. — J'irai, mais rien n'aura pouvoir
  De me faire dédire.
    PHILINTE. — Allons vous faire voir.
ALCESTE. — Hors qu'un commandement exprès du roi me vienne
  De trouver bons les vers dont on se met en peine,
  Je soutiendrai toujours, morbleu! qu'ils sont mauvai
  Et qu'un homme est pendable après les avoir faits.
    (*A Clitandre et à Acaste, qui rient.*)
  Par la sambleu! messieurs, je ne croyais pas être
  Si plaisant que je suis!
    CÉLIMÈNE. — Allez vite paraître
  Où vous devez.
    ALCESTE. — J'y vais, madame, et sur mes pas
  Je reviens en ce lieu pour vider nos débats.

FIN DU SECOND ACTE.

ACTE III.

SCÈNE PREMIERE. — CLITANDRE, ACASTE.

CLITANDRE. — Cher marquis, je te vois l'ame bien satisfaite;
  Toute chose t'égaie, et rien ne t'inquiète.
  En bonne foi, crois-tu, sans t'éblouir les yeux,
  Avoir de grands sujets de paraître joyeux?
ACASTE. — Parbleu! je ne vois pas, lorsque je m'examine,
  Où prendre aucun sujet d'avoir l'ame chagrine.

(1) C'était alors l'habillement des gardes de la maréchaussée.

J'ai du bien, je suis jeune, et sort d'une maison
Qui se peut dire noble avec quelque raison ;
Et je crois, par le rang que me donne ma race,
Qu'il est fort peu d'emplois dont je ne sois en passe.
Pour le cœur, dont surtout nous devons faire cas,
On sait, sans vanité, que je n'en manque pas ;
Et l'on m'a vu pousser, dans le monde, une affaire
D'une assez vigoureuse et gaillarde manière.
Pour de l'esprit, j'en ai, sans doute, et du bon goût,
A juger sans étude et raisonner de tout ;
A faire aux nouveautés, dont je suis idolâtre,
Figure de savant, sur les bancs du théâtre ;
Y décider en chef, et faire du fracas
A tous les beaux endroits qui méritent des has !
Je suis assez adroit ; j'ai bon air, bonne mine,
Les dents belles surtout, et la taille fort fine.
Quant à se mettre bien, je crois, sans me flatter,
Qu'on serait mal venu de me le disputer.
Je me vois dans l'estime autant qu'on y puisse être,
Fort aimé du beau sexe, et bien auprès du maître.
Je crois qu'avec cela, mon cher marquis, je croi
Qu'on peut par tout pays être content de soi.
CLITANDRE. — Oui. Mais trouvant ailleurs des conquêtes faciles,
Pourquoi pousser ici des soupirs inutiles.
ACASTE. — Moi ? Parbleu ! je ne suis de taille ni d'humeur
A pouvoir d'une belle essuyer la froideur.
C'est aux gens mal tournés, aux mérites vulgaires,
A brûler constamment pour des beautés sévères,
A languir à leurs pieds et souffrir leurs rigueurs,
A chercher le secours des soupirs et des pleurs,
Et tâcher par des soins d'une très longue suite,
D'obtenir ce qu'on nie à leur peu de mérite.
Mais les gens de mon air, marquis, ne sont pas faits
Pour aimer à crédit, et faire tous les frais.
Quelque rare que soit le mérite des belles,
Je pense, Dieu merci, qu'on vaut son prix comme elles ;
Que, pour se faire honneur d'un cœur comme le mien,
Ce n'est pas la raison qu'il ne leur coûte rien ;
Et qu'au moins, à tout mettre dans de justes balances,
Il faut qu'à frais communs se fassent les avances.
CLITANDRE. — Tu penses donc, marquis, être fort bien ici ?
ACASTE. — J'ai quelque lieu, marquis, de le penser ainsi.
CLITANDRE. — Crois-moi, détache-toi de cette erreur extrême :
Tu te flattes, mon cher et t'aveugles toi-même.
ACASTE. — Il est vrai, je me flatte, et m'aveugle en effet.
CLITANDRE. — Mais, qui te fait juger ton bonheur si parfait ?
ACASTE. — Je me flatte.
     CLITANDRE. — Sur quoi fonder tes conjectures ?
ACASTE. — Je m'aveugle.
     CLITANDRE. — En as-tu des preuves qui soient sûres ?
ACASTE. — Je m'abuse, te dis-je.
     CLITANDRE. — Est-ce que, de ses vœux,
Célimène t'a fait quelques secrets aveux ?
ACASTE. — Non, je suis maltraité.
     CLITANDRE. — Réponds-moi, je te prie.
ACASTE. — Je n'ai que des rebuts.
     CLITANDRE. — Laissons la raillerie,
Et me dis quel espoir on peut t'avoir donné.
ACASTE. — Je suis le misérable, et toi le fortuné.
On a pour ma personne une aversion grande,
Et, quelqu'un de ces jours, il faut que je me pende.

CLITANDRE. — Oh! çà, veux-tu, marquis, pour ajuster nos vœux,
Que nous tombions d'accord d'une chose tous deux,
Que, qui pourra montrer une marque certaine
D'avoir meilleure part au cœur de Célimène,
L'autre ici fera place au vainqueur prétendu,
Et le délivrera d'un rival assidu.
ACASTE. — Ah! parbleu! tu me plais avec un tel langage,
Et, du bon de mon cœur à cela je m'engage.
Mais, chut.

SCÈNE. II. — CÉLIMÈNE, ACASTE, CLITANDRE.

CÉLIMÈNE. — Encore ici?
                CLITANDRE. — L'amour retient nos pas.
CÉLIMÈNE. — Je viens d'ouïr entrer un carrosse là-bas :
Savez vous qui c'est?
                CLITANDRE. — Non.

SCENE III. — CÉLIMÈNE, ACASTE, CLITANDRE, BASQUE.

        BASQUE. — Arsinoé, Madame,
Monte ici pour vous voir.
                CÉLIMÈNE. — Que me veut cette femme?
BASQUE. — Éliante là-bas est à l'entretenir. (*Il sort.*)
CÉLIMÈNE. — De quoi s'avise-t-elle? et qui la fait venir?
ACASTE. — Pour prude consommée en tous lieux elle passe
Et l'ardeur de son zèle...
                CÉLIMÈNE. — Oui, oui, franche grimace !
Dans l'ame elle est du monde ; et ses soins tentent tout
Pour accrocher quelqu'un, sans en venir à bout.
Elle ne saurait voir qu'avec un œil d'envie
Les amants déclarés dont une autre est suivie,
Et son triste mérite, abandonné de tous,
Contre le siècle aveugle est toujours en courroux.
Elle tâche à couvrir d'un faux voile de prude,
Ce que chez elle on voit d'affreuse solitude ;
Et, pour sauver l'honneur de ses faibles appas,
Elle attache du crime au pouvoir qu'ils n'ont pas.
Cependant un amant plairait fort à la dame,
Et même, pour Alceste, elle a tendresse d'ame.
Ce qu'il me rend de soins outrage ses attraits;
Elle veut que ce soit un vol que je lui fais :
Et son jaloux dépit, qu'avec peine elle cache,
En tous endroits sous main contre moi se détache.
Enfin, je n'ai rien vu de si sot, à mon gré :
Elle est impertinente au suprême degré,
Et...

SCÈNE IV. — CLITANDRE, ACASTE, CÉLIMÈNE, ARSINOÉ.

        CÉLIMÈNE, *allant au devant d'Arsinoé.*
Ah! quel heureux sort en ce lieu vous amène?
Madame, sans mentir, j'étais de vous en peine.
ARSINOÉ. — Je viens pour quelque avis que j'ai cru vous devoir.
CÉLIMÈNE. — Ah! mon Dieu! que je suis contente de vous voir!
        (*Clitandre et Acaste sortent en riant.*)
SCÈNE V. — ARSINOÉ, CÉLIMÈNE.

ARSINOE. — Leur départ ne pouvait plus à propos se faire.
CÉLIMÈNE. — Voulons-nous nous asseoir ?
                        ARSINOÉ. — Il n'est pas nécessaire.
Madame, l'amitié doit surtout éclater
Aux choses qui le plus nous peuvent importer ;
Et, comme il n'en est point de plus grande importance
Que celles de l'honneur et de la bienséance,
Je viens, par un avis qui touche votre honneur.

MOLIÈRE.   23

Témoigner l'amitié que pour vous a mon cœur.
Hier j'étais chez des gens de vertu singulière,
Où, sur vous, du discours on tourna la matière;
Et là, votre conduite, avec ses grands éclats,
Madame, eut le malheur qu'on ne la loua pas.
Cette foule de gens dont vous souffrez visite,
Votre galanterie, et les bruits qu'elle excite,
Trouvèrent des censeurs plus qu'il n'aurait fallu,
Et bien plus rigoureux que je n'eusse voulu.
Vous pouvez bien penser quel parti je sus prendre;
Je fis ce que je pus pour vous pouvoir défendre.
Je vous excusai fort sur votre intention,
Et voulus de votre ame être la caution.
Mais vous savez qu'il est des choses dans la vie
Qu'on ne peut excuser, quoiqu'on en ait envie ;
Et je me vis contrainte à demeurer d'accord,
Que l'air dont vous viviez vous faisait un peu tort ;
Qu'il prenait dans le monde une méchante face ;
Qu'il n'est conte fâcheux que partout on n'en fasse ;
Et que, si vous vouliez, tous vos déportements
Pourraient moins donner prise aux mauvais jugements.
Non que j'y croie au fond l'honnêteté blessée :
Me préserve le ciel d'en avoir la pensée !
Mais aux ombres du crime on prête aisément foi,
Et ce n'est pas assez de bien vivre pour soi.
Madame, je vous crois l'ame trop raisonnable
Pour ne pas prendre bien cet avis profitable,
Et pour l'attribuer qu'aux mouvements secrets
D'un zèle qui m'attache à tous vos intérêts.

CÉLIMÈNE. — Madame, j'ai beaucoup de grâces à vous rendre;
Un tel avis m'oblige; et, loin de le mal prendre,
J'en prétends reconnaître à l'instant la faveur
Par un avis aussi qui touche votre honneur;
Et, comme je vous vois vous montrer mon amie,
En m'apprenant les bruits que de moi l'on publie,
Je veux suivre, à mon tour, un exemple si doux,
En vous avertissant de ce qu'on dit de vous.
En un lieu, l'autre jour, où je faisais visite,
Je trouvai quelque gens d'un très rare mérite,
Qui, parlant des vrais soins d'une ame qui vit bien,
Firent tomber sur vous, Madame, l'entretien.
Là, votre pruderie et vos éclats de zèle
Ne furent pas cités comme un fort bon modèle;
Cette affectation d'un grave extérieur,
Vos discours éternels de sagesse et d'honneur,
Vos mines et vos cris aux ombres d'indécence
Que d'un mot ambigu peut avoir l'innocence,
Cette hauteur d'estime où vous êtes de vous,
Et ces yeux de pitié que vous jetez sur tous,
Vos fréquentes leçons et vos aigres censures
Sur des choses qui sont innocentes et pures;
Tout cela, si je puis vous parler franchement,
Madame, fut blâmé d'un commun sentiment.
« A quoi bon, disaient-ils, cette mine modeste,
« Et ce sage dehors que dément tout le reste?
« Elle est à bien prier exacte au dernier point;
« Mais elle bat ses gens, et ne les paie point;
« Dans tous les lieux dévots elle étale un grand
« Mais elle met du blanc et veut paraître belle.
« Elle fait des tableaux couvrir les nudités;
« Mais elle a de l'amour pour les réalités. »

Pour moi, contre chacun, je pris votre défense,
Et leur assurai fort que c'était médisance:
Mais tous les sentiments combattirent le mien,
Et leur conclusion fut que vous feriez bien
De prendre moins de soin des actions des autres,
Et de vous mettre un peu plus en peine des vôtres;
Qu'on doit se regarder soi-même un fort long temps
Avant que de songer à condamner les gens;
Qu'il faut mettre le poids d'une vie exemplaire,
Dans les corrections qu'aux autres on veut faire;
Et qu'encore vaut-il mieux s'en remettre, au besoin,
A ceux à qui le ciel en a commis le soin.
Madame, je vous crois aussi trop raisonnable,
Pour ne pas prendre bien cet avis profitable,
Et pour l'attribuer qu'aux mouvements secrets
D'un zèle qui m'attache à tous vos intérêts.

ARSINOÉ. — À quoi qu'en reprenant on soit assujettie,
Je ne m'attendais pas à cette répartie,
Madame, et je vois bien, par ce qu'elle a d'aigreur,
Que mon sincère avis vous a blessée au cœur.

CÉLIMÈNE. — Au contraire, Madame, et si l'on était sage,
Ces avis naturels seraient mis en usage.
On détruirait par là, traitant de bonne foi,
Ce grand aveuglement où chacun est pour soi.
Il ne tiendra qu'à vous, qu'avec le même zèle,
Nous ne continuions cet office fidèle,
Et ne prenions grand soin de nous dire, entre nous,
Ce que nous entendrons, vous de moi, moi de vous.

ARSINOÉ. — Ah! Madame, de vous je ne puis rien entendre;
C'est en moi que l'on peut trouver fort à reprendre.

CÉLIMÈNE. — Madame, on peut, je crois, louer et blâmer tout;
Et chacun a raison suivant l'âge ou le goût.
Il est une saison pour la galanterie,
Il en est une aussi propre à la pruderie;
On peut, par politique en prendre le parti,
Quand de nos jeunes ans l'éclat est amorti:
Cela sert à couvrir de fâcheuses disgraces.
Je ne dis pas qu'un jour je ne suive vos traces,
L'âge amènera tout; et ce n'est pas le temps,
Madame, comme on sait, d'être prude à vingt ans.

ARSINOÉ. — Certes, vous vous targuez d'un bien faible avantage,
Et vous faites sonner terriblement votre âge.
Ce que de plus que vous on en pourrait avoir,
N'est pas un si grand cas pour s'en tant prévaloir;
Et je ne sais pourquoi votre ame ainsi s'emporte,
Madame, à me pousser de cette étrange sorte.

CÉLIMÈNE. — Et moi, je ne sais pas, Madame, aussi pourquoi
On vous voit en tous lieux vous déchaîner sur moi.
Faut-il de vos chagrins sans cesse à moi vous prendre?
Et puis-je mais des soins qu'on ne va pas vous rendre?
Si ma personne aux gens inspire de l'amour,
Et si l'on continue à m'offrir chaque jour
Des vœux que votre cœur peut souhaiter qu'on m'ôte,
Je n'y saurais que faire, et ce n'est pas ma faute;
Vous avez le champ libre, et je n'empêche pas,
Que, pour les attirer, vous n'ayez des appas.

ARSINOÉ. — Hélas! et croyez-vous que l'on se mette en peine
De ce nombre d'amants dont vous faites la vaine?
Et qu'il ne nous soit pas fort aisé de juger
A quel prix aujourd'hui on peut les engager?
Pensez-vous faire croire, à voir comme tout roule,

Que votre seul mérite attire cette foule?
Qu'ils ne brûlent pour vous que d'un honnête amour,
Et que pour vos vertus ils vous font tous la cour?
On ne s'aveugle point par de vaines défaites;
Le monde n'est point dupe, et j'en vois qui sont faites
A pouvoir inspirer de tendres sentiments,
Qui, chez elles pourtant, ne fixent point d'amants:
Et, de là, nous pouvons tirer des conséquences,
Qu'on n'acquiert point leur cœur sans de grandes avances,
Qu'aucun, pour nos beaux yeux, n'est notre soupirant,
Et qu'il faut acheter tous les soins qu'on nous rend.
Ne vous enflez donc point d'une si grande gloire,
Pour les petits brillants d'une faible victoire;
Et corrigez un peu l'orgueil de vos appas,
De traiter pour cela les gens de haut en bas.
Si nos yeux enviaient les conquêtes des vôtres,
Je pense qu'on pourrait faire comme les autres,
Ne se point ménager, et vous faire bien voir
Que l'on a des amants quand on en veut avoir.
CÉLIMÈNE. — Ayez-en donc, Madame, et voyons cette affaire :
Par ce rare secret efforcez-vous de plaire;
Et sans...
ARSINOÉ. — Brisons, Madame, un pareil entretien,
Il pousserait trop loin votre esprit et le mien;
Et j'aurais pris déjà le congé qu'il faut prendre,
Si mon carrosse encore ne m'obligeait d'attendre.
CÉLIMÈNE. — Autant qu'il vous plaira, vous pouvez arrêter,
Madame, et là-dessus, rien ne doit vous hâter.
Mais, sans vous fatiguer de ma cérémonie,
Je m'en vais vous donner meilleure compagnie;
Et Monsieur, qu'à propos le hasard fait venir,
Remplira mieux ma place à vous entretenir.   (*Alceste salue Célimène.*)

SCÈNE VI. — CÉLIMÈNE, ALCESTE, ARSINOÉ.

CÉLIMÈNE. — Alceste, il faut que j'aille écrire un mot de lettre
Que, sans me faire tort, je ne saurais remettre.
Soyez avec Madame; elle aura la bonté
D'excuser aisément mon incivilité.

SCÈNE VII. — ALCESTE, ARSINOÉ.

ARSINOÉ. — Vous voyez, elle veut que je vous entretienne,
Attendant en moment que mon carrosse vienne;
Et jamais tous ses soins ne pouvaient m'offrir rien
Qui me fût plus charmant qu'un pareil entretien.
En vérité les gens d'un mérite sublime
Entraînent de chacun et l'amour et l'estime;
Et le vôtre, sans doute, a des charmes secrets
Qui font entrer mon cœur dans tous vos intérêts.
Je voudrais que la cour, par un regard propice,
A ce que vous valez rendît plus de justice.
Vous avez à vous plaindre, et je suis en courroux
Quand je vois, chaque jour, qu'on ne fait rien pour vous.
ALCESTE. — Moi, Madame? et sur quoi pourrais-je en rien prétendre?
Quel service à l'état est-ce qu'on m'a vu rendre?
Qu'ai-je fait, s'il vous plaît, de si brillant en soi,
Pour me plaindre à la cour qu'on ne fait rien pour moi?
ARSINOÉ. — Tous ceux sur qui la cour jette des yeux propices,
N'ont pas toujours rendu de ces fameux services.
Il faut l'occasion, ainsi que le pouvoir;
Et le mérite enfin que vous nous faites voir,
Devrait...
ALCESTE. — Mon Dieu! laissons mon mérite, de grace,

De quoi voulez-vous là que la cour s'embarrasse?
Elle aurait fort à faire, et ses soins seraient grands
D'avoir à déterrer le mérite des gens.
ARSINOÉ. — Un mérite éclatant se déterre lui-même.
Du vôtre en bien des lieux on fait un cas extrême :
Et vous saurez de moi qu'en deux fort bons endroits,
Vous fûtes hier loué par des gens d'un grand poids.
ALCESTE. — Eh! Madame, l'on loue aujourd'hui tout le monde,
Et le siècle par-là n'a rien qu'on ne confonde.
Tout est d'un grand mérite également doué;
Ce n'est plus un honneur que de se voir loué :
D'éloges on regorge, à la tête on les jette,
Et mon valet de chambre est mis dans la gazette.
ARSINOÉ. — Pour moi, je voudrais bien que, pour vous montrer mieux
Une charge à la cour vous pût frapper les yeux.
Pour peu que d'y songer vous nous fassiez les mines,
On peut, pour vous servir, remuer des machines;
Et j'ai des gens en mains que j'emploierai pour vous,
Qui vous feront à tout un chemin assez doux.
ALCESTE. — Et que voudriez-vous, Madame, que j'y fisse?
L'humeur dont je me sens veut que je m'en bannisse;
Le ciel ne m'a point fait, en me donnant le jour,
Une ame compatible avec l'air de la cour.
Je ne me trouve point les vertus nécessaires
Pour y bien réussir, et faire mes affaires.
Être franc et sincère est mon plus grand talent,
Je ne sais point jouer les hommes en parlant;
Et qui n'a pas le don de cacher ce qu'il pense,
Doit faire en ce pays fort peu de résidence.
Hors de la cour, sans doute, on n'a pas cet appui,
Et ces titres d'honneur qu'elle donne aujourd'hui;
Mais on n'a pas aussi, perdant ces avantages,
Le chagrin de jouer de fort sots personnages.
On n'a point à souffrir mille rebuts cruels,
On n'a point à louer les vers de messieurs tels,
A donner de l'encens à madame une telle,
Et de nos francs marquis essuyer la cervelle.
ARSINOÉ. — Laissons, puisqu'il vous plaît ce chapitre de cour :
Mais il faut que mon cœur vous plaigne en votre amour;
Et, pour vous découvrir là-dessus mes pensées,
Je souhaiterais fort vos ardeurs mieux placées.
Vous méritez sans doute un sort beaucoup plus doux,
Et celle qui vous charme est indigne de vous.
ALCESTE. — Mais en disant cela, songez-vous, je vous prie,
Que cette personne est, Madame, votre amie?
ARSINOÉ. — Oui. Mais ma conscience est blessée en effet
De souffrir plus longtemps le tort que l'on vous fait :
L'état où je vous vois afflige trop mon ame,
Et je vous donne avis qu'on trahit votre flamme.
ALCESTE. — C'est me montrer, Madame, un tendre mouvement,
Et de pareils avis obligent un amant.
ARSINOÉ. — Oui, toute mon amie, elle est, et je la nomme
Indigne d'asservir le cœur d'un galant homme;
Et le sien n'a pour vous que de feintes douceurs.
ALCESTE. — Cela se peut, Madame, on ne voit pas les cœurs
Mais votre charité se serait bien passée
De jeter dans le mien une telle pensée.
ARSINOÉ. — Si vous ne voulez pas être désabusé,
Il ne faut vous rien dire, il est assez aisé.
ALCESTE. — Non. Mais sur ce sujet quoi que l'on nous expose,
Les doutes sont fâcheux plus que toute autre chose;

Et je voudrais, pour moi, qu'on ne me fît savoir
Que ce qu'avec clarté l'on peut me faire voir.
ARSINOÉ. — Hé bien ! c'est assez dit ; et, sur cette matière
Vous allez recevoir une pleine lumière.
Oui, je veux que de tout vos yeux vous fassent foi.
Donnez-moi seulement la main jusque chez moi :
Là je vous ferai voir une preuve fidèle
De l'infidélité du cœur de votre belle ;
Et, si pour d'autres yeux le vôtre peut brûler,
On pourra vous offrir de quoi vous consoler.

FIN DU TROISIÈME ACTE.

ACTE IV.

SCÈNE PREMIÈRE. — ÉLIANTE, PHILINTE.

PHILINTE. — Non, l'on n'a point vu d'ame à manier si dure,
Ni d'accommodement plus pénible à conclure :
En vain de tous côtés on l'a voulu tourner,
Hors de son sentiment on n'a pu l'entraîner ;
Et jamais différent si bizarre, je pense,
N'avait de ces messieurs occupé la prudence.
« Non, Messieurs, disait-il, je ne me dédis point,
« Et tomberai d'accord de tout, hors de ce point.
« De quoi s'offense-t-il ? et que veut-il me dire ?
« Y va-t-il de sa gloire à ne pas bien écrire ?
« Que lui fait mon avis qu'il a pris de travers ?
« On peut être honnête homme, et faire mal des vers,
« Ce n'est point à l'honneur que touchent ces matières.
« Je le tiens galant homme en toutes les manières,
« Homme de qualité, de mérite et de cœur,
« Tout ce qu'il vous plaira, mais fort méchant auteur
« Je louerai, si l'on veut, son train et sa dépense,
« Son adresse à cheval, aux armes, à la danse ;
« Mais, pour louer ses vers, je suis son serviteur ;
« Et lorsque d'en mieux faire on n'a pas le bonheur,
« On ne doit de rimer n'avoir aucune envie,
« Qu'on n'y soit condamné sur peine de la vie. »
Enfin toute la grace et l'accommodement
Où s'est avec effort plié son sentiment,
C'est de dire, croyant adoucir bien son style :
« Monsieur, je suis fâché d'être si difficile ;
« Et pour l'amour de vous je voudrais de bon cœur,
« Avoir trouvé tantôt votre sonnet meilleur. »
Et, dans une embrassade, on leur a, pour conclure,
Fait vite envelopper toute la procédure.
ÉLIANTE. — Dans ses façons d'agir il est fort singulier,
Mais j'en fais, je l'avoue, un cas particulier ;
Et la sincérité dont son ame se pique,
A quelque chose en soi de noble et d'héroïque.
C'est une vertu rare au siècle d'aujourd'hui,
Et je la voudrais voir partout comme chez lui.
PHILINTE. — Pour moi, plus je le vois, plus surtout je m'étonne
De cette passion où son cœur s'abandonne.
De l'humeur dont le ciel a voulu le former,
Je ne sais pas comment il s'avise d'aimer ;
Et je sais moins encor comment votre cousine
Peut être la personne où son penchant l'incline.
ÉLIANTE. — Cela fait assez voir que l'amour, dans les cœurs,
N'est pas toujours produit par un rapport d'humeurs ;

Et toutes ces raisons de douces sympathies,
Dans cet exemple-ci se trouvent démenties.
PHILINTE. — Mais croyez-vous qu'on l'aime, aux choses qu'on peut voir?
ÉLIANTE. — C'est un point qu'il n'est pas fort aisé de savoir.
  Comment pouvoir juger s'il est vrai qu'elle l'aime?
  Son cœur de ce qu'il sent n'est pas bien sûr lui-même;
  Il aime quelquefois sans qu'il le sache bien,
  Et croit aimer aussi parfois qu'il n'en est rien.
PHILINTE. — Je crois que notre ami, près de cette cousine,
  Trouvera des chagrins plus qu'il ne s'imagine;
  Et, s'il avait mon cœur, à dire vérité,
  Il tournerait ses vœux tout d'un autre côté;
  Et par un choix plus juste, on le verrait, madame,
  Profiter des bontés que lui montre votre ame.
ÉLIANTE. — Pour moi, je n'en fais point de façons, et je crol
  Qu'on doit sur de tels points être de bonne foi.
  Je ne m'oppose point à toute sa tendresse;
  Au contraire, mon cœur pour elle s'intéresse;
  Et, si c'était qu'à moi la chose pût tenir,
  Moi-même à ce qu'il aime on me verrait l'unir.
  Mais si, dans un tel choix, comme tout se peut faire,
  Son amour éprouvait quelque destin contraire,
  S'il fallait que d'un autre on couronnât les feux,
  Je pourrais me résoudre à recevoir ses vœux;
  Et le refus souffert en pareille occurrence
  Ne m'y ferait trouver aucune répugnance.
PHILINTE. — Et moi, de mon côté, je ne m'oppose pas,
  Madame, à ces bontés qu'ont pour lui vos appas;
  Et lui-même, s'il veut, il peut bien vous instruire
  De ce que là-dessus j'ai pris soin de lui dire.
  Mais si, par un hymen qui les joindrait eux deux,
  Vous étiez hors d'état de recevoir ses vœux,
  Tous les miens tenteraient la faveur éclatante
  Qu'avec tant de bonté votre ame lui présente.
  Heureux si, quand son cœur s'y pourra dérober,
  Elle pouvait sur moi, madame, retomber.
ÉLIANTE. — Vous vous divertissez, Philinte.
                     PHILINTE. — Non, madame,
Et je vous parle ici du meilleur de mon ame.
J'attends l'occasion de m'offrir hautement,
  Et, de tous mes souhaits, j'en presse le moment.

SCÈNE II. — ALCESTE, ÉLIANTE, PHILINTE.

ALCESTE. — Ah! faites-moi raison, madame, d'une offense
  Qui vient de triompher de toute ma constance.
ÉLIANTE. — Qu'est-ce donc? qu'avez-vous qui vous puisse
ALCESTE. — J'ai ce que, sans mourir, je ne puis concevoir;
  Et le déchaînement de toute la nature
  Ne m'accablerait pas comme cette aventure.
  C'en est fait... Mon amour... Je ne saurais parler.
ÉLIANTE. — Que votre esprit un peu tâche à se rappeler.
ALCESTE. — Ô juste ciel! faut-il qu'on joigne à tant de grâces
  Les vices odieux des ames les plus basses?
ÉLIANTE. — Mais encor, qui vous peut...
                  ALCESTE. — Ah! tout est ruiné;
Je suis, je suis trahi, je suis assassiné.
  Célimène.. Eût-on pu croire cette nouvelle?
  Célimène me trompe, et n'est qu'une infidèle.
ÉLIANTE. — Avez-vous, pour le croire, un juste fondement?
PHILINTE. — Peut-être est-ce un soupçon conçu légèrement;
  Et votre esprit jaloux prend parfois des chimères...

ALCESTE. — Ah! morbleu! mêlez-vous, monsieur, de vos affaires.
(A Éliante.) C'est de sa trahison n'être que trop certain,
Que l'avoir, dans ma poche, écrite de sa main.
Oui, madame, une lettre écrite pour Oronte
A produit à mes yeux ma disgrace et ma honte;
Oronte, dont j'ai cru qu'elle fuyait les soins,
Et que de mes rivaux je redoutais le moins!
PHILINTE. — Une lettre peut bien tromper par l'apparence;
Et n'est pas quelquefois si coupable qu'on pense.
ALCESTE. — Monsieur, encore un coup, laissez-moi, s'il vous plaît,
Et ne prenez souci que de votre intérêt.
ÉLIANTE. — Vous devez modérer vos transports, et l'outrage...
ALCESTE. — Madame, c'est à vous qu'appartient cet ouvrage;
C'est à vous que mon cœur a recours aujourd'hui
Pour pouvoir s'affranchir de son cuisant ennui.
Vengez-moi d'une ingrate et perfide parente,
Qui trahit lâchement une ardeur si constante,
Vengez-moi de ce trait qui doit vous faire horreur.
ÉLIANTE. — Moi, vous venger? comment?
					ALCESTE. — En recevant mon cœur.
Acceptez-le, madame, au lieu de l'infidèle;
C'est par là que je puis prendre vengeance d'elle;
Et je la veux punir par les sincères vœux,
Par le profond amour, les soins respectueux,
Les devoirs empressés et l'assidu service,
Dont ce cœur va vous faire un ardent sacrifice!
ÉLIANTE. — Je compatis, sans doute, à ce que vous souffrez,
Et ne méprise point le cœur que vous m'offrez;
Mais peut-être le mal n'est pas si grand qu'on pense,
Et vous pourrez quitter ce désir de vengeance.
Lorsque l'injure part d'un objet plein d'appas,
On fait force desseins qu'on n'exécute pas:
On a beau voir, pour rompre, une raison puissante,
Une coupable aimée est bientôt innocente:
Tout le mal qu'on lui veut se dissipe aisément,
Et l'on sait ce que c'est qu'un courroux d'un amant.
ALCESTE. — Non, non, madame, non; l'offense est trop mortelle,
Il n'est point de retour, et je romps avec elle;
Rien ne saurait changer le dessein que j'en fais,
Et je me punirais de l'estimer jamais.
La voici. Mon courroux redouble à cette approche,
Je vais de sa noirceur lui faire un vif reproche,
Pleinement la confondre, et vous porter après
Un cœur tout dégagé de ses trompeurs attraits.
(Éliante, en sortant, parle bas à Célimène.)

SCÈNE III. — CÉLIMÈNE, ALCESTE.

ALCESTE, *à part* — O ciel! de mes transports puis-je être ici le maître?
CÉLIMÈNE, *à part.* — Ouais!
			(A Alceste.) Quel est donc le trouble où je vous vois paraître?
Et que me veulent dire, et ces soupirs poussés,
Et ces sombres regards que sur moi vous lancez?
ALCESTE. — Que toutes les horreurs dont une ame est capable,
A vos déloyautés n'ont rien de comparable;
Que le sort, les démons et le ciel en courroux
N'ont jamais rien produit de si méchant que vous.
CÉLIMÈNE. — Voilà certainement des douceurs que j'admire.
ALCESTE. — Ah! ne plaisantez point, il n'est pas temps de rire
Rougissez bien plutôt, vous en avez raison,
Et j'ai de sûrs témoins de votre trahison.
Voilà ce que marquaient les troubles de mon âme;

Ce n'était pas en vain que s'alarmait ma flamme.
Par ces fréquents soupçons, qu'on trouvait odieux,
Je cherchais le malheur qu'ont rencontré mes yeux;
Et, malgré tous vos soins et votre adresse à feindre,
Mon astre me disait ce que j'avais à craindre:
Mais ne présumez pas que, sans être vengé,
Je souffre le dépit de me voir outragé.
Je sais que sur les vœux on n'a point de puissance,
Que l'amour veut partout naître sans dépendance;
Que jamais par la force on n'entra dans un cœur,
Et que toute ame est libre à nommer son vainqueur.
Aussi ne trouverais-je aucun sujet de plainte,
Si, pour moi, votre bouche avait parlé sans feinte;
Et, rejetant mes vœux dès le premier abord,
Mon cœur n'aurait eu droit de s'en plaindre qu'au sort.
Mais d'un aveu trompeur voir ma flamme applaudie,
C'est une trahison, c'est une perfidie,
Qui ne saurait trouver de trop grands châtiments;
Et je puis tout permettre à mes ressentiments.
Oui, oui, redoutez tout après un tel outrage,
Je ne suis plus à moi, je suis tout à la rage.
Percé du coup mortel dont vous m'assassinez,
Mes sens par la raison ne sont plus gouvernés:
Je cède aux mouvements d'une juste colère,
Et je ne réponds pas de ce que je puis faire.
CÉLIMÈNE. — D'où vient donc, je vous prie, un tel emportement
    Avez-vous, dites-moi, perdu le jugement?
ALCESTE. — Oui, oui, je l'ai perdu, lorsque dans votre vue,
    J'ai pris, pour mon malheur, le poison qui me tue,
    Et que j'ai cru trouver quelque sincérité
    Dans les traîtres appas dont je fus enchanté.
CÉLIMÈNE. — De quelle trahison pouvez-vous donc vous plaindre?
ALCESTE. — Ah! que ce cœur est double, et sait bien l'art de feindre!
    Mais, pour le mettre à bout, j'ai des moyens tout prêts.
    Jetez ici les yeux, et connaissez vos traits;
    Ce billet découvert suffit pour vous confondre,
    Et contre ce témoin on n'a rien à répondre.
CÉLIMÈNE — Voilà donc le sujet qui vous trouble l'esprit?
ALCESTE. — Vous ne rougissez pas en voyant cet écrit!
CÉLIMÈNE. — Et par quelle raison faut-il que j'en rougisse?
ALCESTE. — Quoi! vous joignez ici l'audace à l'artifice!
    Le désavouerez-vous, pour n'avoir point de seing?
CÉLIMÈNE. — Pourquoi désavouer un billet de ma main?
ALCESTE. — Et vous pouvez le voir, sans demeurer confuse
    Du crime dont vers moi son style vous accuse!
CÉLIMÈNE. — Vous êtes, sans mentir, un grand extravagant.
ALCESTE. — Quoi! vous bravez ainsi ce témoin convaincant!
    Et ce qu'il m'a fait voir de douceur pour Oronte
    N'a donc rien qui m'outrage, et qui vous fasse honte?
CÉLIMÈNE. — Oronte? qui vous dit que la lettre est pour lui?
ALCESTE. — Les gens qui dans mes mains l'ont remise aujourd'hui.
    Mais je veux consentir qu'elle soit pour un autre,
    Mon cœur en a-t-il moins à se plaindre du vôtre?
    En serez-vous vers moi moins coupable en effet?
CÉLIMÈNE. — Mais si c'est une femme à qui va ce billet,
    En quoi vous blesse-t-il, et qu'a-t-il de coupable?
ALCESTE. — Ah! le détour est bon, et l'excuse admirable.
    Je ne m'attendais pas, je l'avoue, à ce trait;
    Et me voilà, par là, convaincu tout-à-fait.
    Osez-vous recourir à ces ruses grossières?
    Et croyez-vous les gens si privés de lumières?

Voyons, voyons un peu par quel biais, de quel air,
Vous voulez soutenir un mensonge si clair;
Et comment vous pourrez tourner, pour une femme,
Tous les mots du billet qui montre tant de flamme:
Ajustez, pour couvrir un manquement de foi,
Ce que je m'en vais lire...

CÉLIMÈNE. — Il ne me plaît pas, moi.
Je vous trouve plaisant d'user d'un tel empire,
Et de me dire au nez ce que vous m'osez dire.

ALCESTE. — Non, non, sans s'emporter, prenez un peu souci
De me justifier les termes que voici.

CÉLIMÈNE. — Non, je n'en veux rien faire, et, dans cette occurrence,
Tout ce que vous croirez m'est de peu d'importance.

ALCESTE. — De grâce, montrez-moi, je serai satisfait,
Qu'on peut, pour une femme, expliquer ce billet.

CÉLIMÈNE. — Non, il est pour Oronte; et je veux qu'on le croie,
Je reçois tous ses soins avec beaucoup de joie,
J'admire ce qu'il dit, j'estime ce qu'il est,
Et je tombe d'accord de tout ce qu'il vous plaît.
Faites, prenez parti, que rien ne vous arrête,
Et ne me rompez pas davantage la tête.

ALCESTE, à part. — Ciel! rien de plus cruel peut-il être inventé?
Et jamais cœur fut-il de la sorte traité?
Quoi! d'un juste courroux je suis ému contre elle,
C'est moi qui me viens plaindre, et c'est moi qu'on querelle!
On pousse ma douleur et mes soupçons à bout,
On me laisse tout croire, on fait gloire de tout;
Et cependant mon cœur est encore assez lâche
Pour ne pouvoir briser la chaîne qui l'attache,
Et pour ne pas s'armer d'un généreux mépris
Contre l'ingrat objet dont il est trop épris!
(A Célimène.) — Ah! que vous savez bien ici, contre moi-même
Perfide, vous servir de ma faiblesse extrême,
Et ménager pour vous l'excès prodigieux
De ce fatal amour né de vos traîtres yeux!
Défendez-vous au moins du crime qui m'accable,
Et cessez d'affecter d'être envers moi coupable.
Rendez-moi, s'il se peut, ce billet innocent;
A vous prêter les mains ma tendresse consent;
Efforcez-vous ici de paraître fidèle,
Et je m'efforcerai, moi, de vous croire telle.

CÉLIMÈNE. — Allez vous êtes fou dans vos transports jaloux,
Et ne méritez pas l'amour qu'on a pour vous.
Je voudrais bien savoir qui pourrait me contraindre
A descendre pour vous aux bassesses de feindre;
Et pourquoi, si mon cœur penchait d'autre côté,
Je ne le dirais pas avec sincérité.
Quoi! de mes sentiments l'obligeante assurance,
Contre tous vos soupçons ne prend pas ma défense?
Auprès d'un tel garant sont-ils de quelque poids?
N'est-ce pas m'outrager que d'écouter leur voix?
Et, puisque notre cœur fait un effort extrême,
Lorsqu'il peut se résoudre à confesser qu'il aime;
Puisque l'honneur du sexe, ennemi de nos feux,
S'oppose fortement à de pareils aveux;
L'amant qui voit pour lui franchir un tel obstacle,
Doit-il impunément douter de cet oracle?
Et n'est-il pas coupable en ne s'assurant pas
A ce qu'on ne dit point qu'après de grands combats?
Allez, de tels soupçons méritent ma colère,
Et vous ne valez pas que l'on vous considère.

Je suis sotte et veux mal à ma simplicité
De conserver encor pour vous quelque bonté ;
Je devrais autre part attacher mon estime,
Et vous faire un sujet de plainte légitime.
ALCESTE. — Ah ! traîtresse, mon faible est étrange pour vous.
Vous me trompez, sans doute, avec des mots si doux ;
Mais il n'importe, il faut suivre ma destinée ;
A votre foi mon ame est toute abandonnée ;
Je veux voir jusqu'au bout quel sera votre cœur,
Et si de me trahir il aura la noirceur.
CÉLIMÈNE. — Non, vous ne m'aimez point comme il faut que l'on aime.
ALCESTE. — Ah ! rien n'est comparable à mon amour extrême ;
Et dans l'ardeur qu'il a de se montrer à tous,
Il va jusqu'à former des souhaits contre vous.
Oui, je voudrais qu'aucun ne vous trouvât aimable,
Que vous fussiez réduite à un sort misérable ;
Que le ciel, en naissant, ne vous eût donné rien ;
Que vous n'eussiez ni rang, ni naissance, ni bien ;
Afin que de mon cœur l'éclatant sacrifice
Vous pût d'un pareil sort réparer l'injustice ;
Et que j'eusse la joie et la gloire en ce jour
De vous voir tenir tout des mains de mon amour.
CÉLIMÈNE. — C'est me vouloir du bien d'une étrange manière !
Me préserve le ciel que vous ayez matière !...
Voici monsieur Dubois plaisamment figuré.

SCÈNE IV. — CÉLIMÈNE, ALCESTE, DUBOIS.

ALCESTE. — Que veut cet équipage et cet air effaré ?
Qu'as-tu ?
DUBOIS. — Monsieur...
    ALCESTE. — Eh bien ?
        DUBOIS. — Voici bien des mystères.
ALCESTE. — Qu'est-ce ?
    DUBOIS. — Nous sommes mal, Monsieur, dans nos affaires.
ALCESTE. — Quoi ?
    DUBOIS. — Parlerai-je haut ?
        ALCESTE. — Oui, parle, et promptement.
DUBOIS. — N'est-il point là quelqu'un ?
        ALCESTE. — Ah ! que d'amusement !
Veux-tu parler ?
    DUBOIS. — Monsieur, il faut faire retraite.
ALCESTE. — Comment ?
    DUBOIS. — Il faut d'ici déloger sans trompette.
ALCESTE. — Et pourquoi ?
    DUBOIS. — Je vous dis qu'il faut quitter ce lieu.
ALCESTE. — La cause ?
    DUBOIS. — Il faut partir, Monsieur, sans dire adieu.
ALCESTE. — Mais par quelle raison me tiens-tu ce langage ?
DUBOIS. — Par la raison, Monsieur, qu'il faut plier bagage.
ALCESTE. — Ah ! je te casserai la tête assurément,
Si tu ne veux, maraud, t'expliquer autrement.
DUBOIS. — Monsieur, un homme noir et d'habit et de mine,
Est venu nous laisser, jusque dans la cuisine,
Un papier griffonné d'une telle façon,
Qu'il faudrait pour le lire être pis que démon.
C'est de votre procès, je n'en fais aucun doute ;
Mais, le diable d'enfer, je crois, n'y verrait goutte.
ALCESTE. — Eh bien ! quoi ? Ce papier, qu'a-t-il à démêler,
Traître, avec le départ dont tu viens me parler ?
DUBOIS. — C'est pour vous dire ici, Monsieur, qu'une heure ensuite,
Un homme, qui souvent vient vous rendre visite,

Est venu vous chercher avec empressement,
Et, ne vous trouvant pas, m'a chargé doucement,
Sachant que je vous sers avec beaucoup de zèle,
De vous dire... Attendez, comment est-ce qu'il s'appelle?
ALCESTE. — Laisse-là son nom, traître, et dis ce qu'il t'a dit.
DUBOIS. — C'est un de vos amis enfin, cela suffit.
Il m'a dit que d'ici votre péril vous chasse,
Et que d'être arrêté le sort vous y menace.
ALCESTE. — Mais quoi! n'a-t-il voulu te rien spécifier?
DUBOIS. — Non. Il m'a demandé de l'encre et du papier;
Et vous a fait un mot, où vous pourrez, je pense,
Du fond de ce mystère avoir la connaissance.
ALCESTE. — Donne-le donc.
      (*Dubois cherche le billet dans toutes ses poches.*)
        CÉLIMÈNE. — Que peut envelopper ceci?
ALCESTE. — Je ne sais; mais j'aspire à m'en voir éclairci.
Auras-tu bientôt fait, impertinent, au diable?
       DUBOIS, *après avoir longtemps cherché le billet.*
Ma foi, je l'ai, Monsieur, laissé sur votre table.
ALCESTE. — Je ne sais qui me tient...   (*Dubois sort.*)
        CÉLIMÈNE. — Ne vous emportez pas,
Et courez démêler un pareil embarras.
ALCESTE. — Il semble que le sort, quelque soin que je prenne,
Ait juré d'empêcher que je vous entretienne;
Mais, pour en triompher, souffrez à mon amour
De vous revoir, Madame, avant la fin du jour.

FIN DU QUATRIÈME ACTE.

ACTE V.

SCÈNE PREMIÈRE. — PHILINTE, ALCESTE.

ALCESTE. — La résolution en est prise, vous dis-je.
PHILINTE. — Mais, quel que soit ce coup, faut-il qu'il vous oblige...
ALCESTE. — Non, vous avez beau faire, et beau me raisonner,
Rien de ce que je dis ne me peut détourner:
Trop de perversité règne au siècle où nous sommes,
Et je veux me tirer du commerce et des hommes.
Quoi! contre ma partie on voit tout à la fois
L'honneur, la probité, la pudeur, et les lois:
On publie en tous lieux l'équité de ma cause;
Sur la foi de mon droit mon ame se repose;
Cependant je me vois trompé par le succès:
J'ai pour moi la justice, et je perds mon procès!
Un traître, dont on sait la scandaleuse histoire,
Est sorti triomphant d'une fausseté noire!
Toute la bonne foi cède à sa trahison?
Il trouve, en m'égorgeant, moyen d'avoir raison!
Le poids de sa grimace, où brille l'artifice,
Renverse le bon droit, et tourne la justice!
Il fait par un arrêt couronner son forfait!
Et, non content encor du tort que l'on me fait,
Il court parmi le monde un livre abominable,
Et de qui la lecture est même condamnable;
Un livre à mériter la dernière rigueur,
Dont le fourbe a le front de me faire l'auteur!
Et là dessus on voit Oronte qui murmure,
Et tâche méchamment d'appuyer l'imposture!
Lui, qui d'un honnête homme à la cour tient le rang
A qui je n'ai rien fait qu'être sincère et franc,

Qui me vient, malgré moi, d'une ardeur empressée,
Sur des vers qu'il a faits demander ma pensée;
Et parce que j'en use avec honnêteté,
Et ne le veux trahir, lui, ni la vérité,
Il aide à m'accabler d'un crime imaginaire!
Le voilà devenu mon plus grand adversaire!
Et jamais de son cœur je n'aurai de pardon,
Pour n'avoir pas trouvé que son sonnet fût bon!
Et les hommes, morbleu! sont faits de cette sorte!
C'est à ces actions que la gloire les porte!
Voilà la bonne foi, le zèle vertueux,
La justice et l'honneur que l'on trouve chez eux!
Allons, c'est trop souffrir les chagrins qu'on nous forge :
Tirons-nous de ce bois et de ce coupe-gorge.
Puisqu'entre humains ainsi vous vivez en vrais loups,
Traîtres, vous ne m'aurez de ma vie avec vous.

PHILINTE. — Je trouve un peu bien prompt le dessein où vous êtes,
Et tout le mal n'est pas si grand que vous le faites.
Ce que votre partie ose vous imputer,
N'a point eu le crédit de vous faire arrêter;
On voit son faux rapport lui-même se détruire,
Et c'est une action qui pourrait bien lui nuire.

ALCESTE. — Lui! de semblables tours il ne craint point l'éclat :
Il a permission d'être franc scélérat;
Et, loin qu'à son crédit nuise cette aventure,
On l'en verra demain en meilleure posture.

PHILINTE. — Enfin il est constant qu'on n'a pas trop donné
Au bruit que contre vous sa malice a tourné :
De ce côté déjà vous n'avez rien à craindre;
Et pour votre procès, dont vous pouvez vous plaindre,
Il vous est en justice aisé d'y revenir,
Et contre cet arrêt...

ALCESTE. — Non, je veux m'y tenir,
Quelque sensible tort qu'un tel arrêt me fasse,
Je me garderai bien de vouloir qu'on le casse :
On y voit trop à plein le bon droit maltraité,
Et je veux qu'il demeure à la postérité,
Comme une marque insigne, un fameux témoignage
De la méchanceté des hommes de notre âge.
Ce sont vingt mille francs qu'il m'en pourra coûter;
Mais pour vingt mille francs j'aurai droit de pester
Contre l'iniquité de la nature humaine,
Et de nourrir pour elle une immortelle haine.

PHILINTE. — Mais enfin...

ALCESTE. — Mais enfin, vos soins superflus.
Que pouvez-vous, Monsieur, me dire là-dessus?
Aurez-vous bien le front de me vouloir, en face,
Excuser les horreurs de tout ce qui se passe?

PHILINTE. — Non, je tombe d'accord de tout ce qu'il vous plaît;
Tout marche par cabale et par pur intérêt :
Ce n'est plus que la ruse aujourd'hui qui l'emporte,
Et les hommes devraient être faits d'autre sorte.
Mais est-ce une raison que leur peu d'équité,
Pour vouloir se tirer de leur société?
Tous ces défauts humains nous donnent, dans la vie,
Des moyens d'exercer notre philosophie :
C'est le plus bel emploi que trouve la vertu;
Et, si de probité tout était revêtu,
Si tous les cœurs étaient francs, justes et dociles,
La plupart des vertus deviendraient inutiles,
Puisqu'on en met l'usage à pouvoir, sans ennui,

Supporter dans nos droits l'injustice d'autrui ;
Et, de même qu'un cœur d'une vertu profonde...
ALCESTE. — Je sais que vous parlez, Monsieur, le mieux
En beaux raisonnements vous abondez toujours ;
Mais vous perdez le temps et tous vos beaux discours,
La raison, pour mon bien, veut que je me retire ;
Je n'ai point sur ma langue un assez grand empire ;
De ce que je dirais je ne répondrais pas ;
Et je me jetterais cent choses sur les bras.
Laissez-moi, sans dispute, attendre Célimène.
Il faut qu'elle consente au dessein qui m'amène ;
Je vais voir si son cœur a de l'amour pour moi ;
Et c'est ce moment-ci qui doit m'en faire foi.
PHILINTE. — Montons chez Eliante, attendant sa venue.
ALCESTE. Non, de trop de souci je me sens l'ame émue.
Allez-vous-en la voir, et me laissez enfin
Dans ce petit coin sombre avec mon noir chagrin.
PHILINTE. C'est une compagnie étrange pour attendre ;
Et je vais obliger Eliante à descendre.

SCÈNE II. — CÉLIMÈNE, ORONTE, ALCESTE, *assis dans un coin.*

ORONTE. — Oui, c'est à vous de voir si par des nœuds si doux,
Madame, vous voulez m'attacher tout à vous.
Il me faut de votre ame une pleine assurance :
Un amant là-dessus n'aime point qu'on balance.
Si l'ardeur de mes feux a pu vous émouvoir,
Vous ne devez point feindre à me le faire voir ;
Et la preuve, après tout, que je vous en demande,
C'est de ne plus souffrir qu'Alceste vous prétende ;
De le sacrifier, Madame, à mon amour,
Et de chez vous enfin le bannir dès ce jour,
CÉLIMÈNE. — Mais quel sujet si grand contre lui vous irrite,
Vous à qui j'ai tant vu parler de son mérite ?
ORONTE. — Madame, il ne faut point ces éclaircissements ;
Il s'agit de savoir quels sont vos sentiments.
Choisissez, s'il vous plaît, de garder l'un ou l'autre :
Ma résolution n'attend rien que la vôtre.

ALCESTE, *sortant du coin où il était.*

Oui, Monsieur a raison, Madame, il faut choisir ;
Et sa demande ici s'accorde à mon désir.
Pareille ardeur me presse, et même soin m'amène ;
Mon amour veut du vôtre une marque certaine ;
Les choses ne sont plus pour traîner en longueur,
Et voici le moment d'expliquer votre cœur.
ORONTE. — Je ne veux point, Monsieur, d'une flamme importune
Troubler aucunement votre bonne fortune.
ALCESTE. — Je ne veux point, Monsieur, jaloux ou non jaloux,
Partager de son cœur rien du tout avec vous.
ORONTE. — Si votre amour au mien lui semble préférable...
ALCESTE. — Si du moindre penchant elle est pour vous capable...
ORONTE. — Je jure de n'y rien prétendre désormais.
ALCESTE. — Je jure hautement de ne la voir jamais.
ORONTE. — Madame, c'est à vous de parler sans contrainte.
ALCESTE. — Madame, vous pouvez vous expliquer sans crainte.
ORONTE. — Vous n'avez qu'à nous dire où s'attachent vos vœux.
ALCESTE. — Vous n'avez qu'à trancher et choisir de nous deux.
ORONTE. — Quoi ! sur un pareil choix vous semblez être en peine !
ALCESTE. — Quoi ! votre ame balance, et paraît incertaine !
CÉLIMÈNE. — Mon dieu ! que cette instance est là hors de saison !
Et que vous témoignez tous deux peu de raison !
Je sais prendre parti sur cette préférence,
Et ce n'est pas mon cœur maintenant qui balance :

Il n'est point suspendu, sans doute, entre vous deux;
Et rien n'est sitôt fait que le choix de nos vœux.
Mais je souffre, à vrai dire, une gêne trop forte
A prononcer en face un aveu de la sorte :
Je trouve que ces mots, qui sont désobligeants,
Ne se doivent point dire en présence des gens;
Qu'un cœur de son penchant donne assez de lumière,
Sans qu'on nous fasse aller jusqu'à rompre en visière;
Et qu'il suffit enfin que de plus doux témoins
Instruisent un amant du malheur de ses soins.

ORONTE. — Non, non, un franc aveu n'a rien que j'appréhende,
J'y consens pour ma part.

            ALCESTE. — Et moi, je le demande;
C'est son éclat surtout qu'ici j'ose exiger,
Et je ne prétends point vous voir rien ménager.
Conserver tout le monde est votre grande étude :
Mais plus d'amusement, et plus d'incertitude;
Il faut vous expliquer nettement là-dessus,
Ou bien pour un arrêt je prends votre refus;
Je saurai, de ma part, expliquer ce silence,
Et me tiendrai pour dit tout le mal que j'en pense.

ORONTE. — Je vous sais fort bon gré, monsieur, de ce courroux,
Et je lui dis ici même chose que vous.

CÉLIMÈNE. — Que vous me fatiguez avec un tel caprice!
Ce que vous demandez a-t-il de la justice!
Et ne vous dis-je pas quel motif me retient?
J'en vais prendre pour juge Éliante qui vient,

SCÈNE III.

ÉLIANTE, PHILINTE, CÉLIMÈNE, ORONTE, ALCESTE.

CÉLIMÈNE. — Je me vois, ma cousine, ici persécutée
Par des gens dont l'humeur y paraît concertée.
Ils veulent, l'un et l'autre, avec même chaleur,
Que je prononce entre eux le choix que fait mon cœur;
Et que, par un arrêt qu'en face il me faut rendre,
Je défende à l'un deux tous les soins qu'il peut prendre.
Dites-moi si jamais cela se fait ainsi?

ÉLIANTE. — N'allez point là-dessus me consulter ici :
Peut-être y pourriez-vous être mal adressée,
Et je suis pour les gens qui disent leur pensée.

ORONTE. — Madame, c'est en vain que vous vous défendez.

ALCESTE. — Tous vos détours ici seront mal secondés.

ORONTE. — Il faut, il faut parler, et lâcher la balance.

ALCESTE. — Il ne faut que poursuivre à garder le silence.

ORONTE. — Je ne veux qu'un seul mot pous finir nos débats.

ALCESTE. — Et moi, je vous entends, si vous ne parlez pas.

SCÈNE IV. — ARSINOÉ, CÉLIMÈNE, ÉLIANTE, ALCESTE, PHILINTE,
            ACASTE, CLITANDRE, ORONTE.

            ACASTE, à *Célimène.*

Madame, nous venons tous deux, sans vous déplaire,
Éclaircir avec vous une petite affaire.

            CLITANDRE, à *Oronte et à Alceste.*

Fort à propos, Messieurs, vous vous trouvez ici;
Et vous êtes mêlés dans cette affaire aussi.

            ARSINOÉ, à *Célimène.*

Madame, vous serez surprise de ma vue;
Mais ce sont ces messieurs qui causent ma venue:
Tous deux ils m'ont trouvée, et se sont plaints à moi
D'un trait à qui mon cœur ne saurait prêter foi.
J'ai du fond de votre ame une trop haute estime
Pour vous croire jamais capable d'un tel crime;

Mes yeux ont démenti leurs témoins les plus forts,
Et, l'amitié passant sur de petits discords,
J'ai bien voulu chez vous leur faire compagnie,
Pour vous voir vous laver de cette calomnie.

ACASTE. — Oui, Madame, voyons, d'un esprit adouci,
Comment vous vous prendrez à soutenir ceci.
Cette lettre, par vous, est écrite à Clitandre.

CLITANDRE. — Vous avez, pour Acaste, écrit ce billet tendre.

ACASTE, *à Oronte et à Alceste.*

Messieurs, ces traits pour vous n'ont point d'obscurité,
Et je ne doute pas que sa civilité
A connaître sa main n'ait trop su vous instruire;
Mais ceci vaut assez la peine de le dire.

« Vous êtes un étrange homme, Clitandre, de condamner mon enjouement,
« et de me reprocher que je n'ai jamais tant de joie que lorsque je ne suis pas
« avec vous. Il n'y a rien de plus injuste; et, si vous ne venez bien vite me
« demander pardon de cette offense, je ne vous la pardonnerai de ma vie.
« Notre grand flandrin de vicomte...

Il devrait être ici.

« Notre grand flandrin de vicomte, par qui vous commencez vos plaintes, est
« un homme qui ne saurait me revenir; et, depuis que je l'ai vu, trois quarts
« d'heure durant, cracher dans un puits pour faire des ronds, je n'ai pu ja-
« mais prendre bonne opinion de lui. Pour le petit marquis...

C'est moi-même, Messieurs, sans nulle vanité.

« Pour le petit marquis, qui me tint hier longtemps la main, je trouve qu'il
« n'y a rien de si mince que toute sa personne; et ce sont de ces mérites qui
» n'ont que la cape et l'épée. Pour l'homme aux rubans verts...

(*à Alceste.*)   A vous le dé, Monsieur.

« Pour l'homme aux rubans verts, il me divertit quelquefois avec ses brus-
« queries et son chagrin bourru; mais il est cent moments où je le trouve le
« plus fâcheux du monde. Et pour l'homme au sonnet...

(*à Oronte.*)   Voici votre paquet.

« Et pour l'homme au sonnet, qui s'est jeté dans le bel esprit, et veut être
« auteur malgré tout le monde, je ne puis me donner la peine d'écouter ce
« qu'il dit; et sa prose me fatigue autant que ses vers. Mettez-vous donc en
« tête que je ne me divertis pas toujours si bien que vous pensez; que je
« vous trouve à dire, plus que je ne voudrais, dans toutes les parties où l'on
« m'entraîne, et que c'est un merveilleux assaisonnement aux plaisirs qu'on
« goûte, que la présence des gens qu'on aime.

CLITANDRE. — Me voici maintenant, moi.

« Votre Clitandre, dont vous me parlez, et qui fait tant le doucereux, est le
« dernier des hommes pour qui j'aurais de l'amitié. Il est extravagant de se
« persuader qu'on l'aime; et vous l'êtes de croire qu'on ne vous aime pas. Changez,
« pour être raisonnable, vos sentiments contre les siens; et voyez-moi le plus
« que vous pourrez, pour m'aider à porter le chagrin d'en être obsédée. »

D'un fort beau caractère on voit là le modèle,
Madame, et vous savez comment cela s'appelle.
Il suffit. Nous allons, l'un et l'autre en tous lieux,
Montrer de votre cœur le portrait glorieux.

ACASTE. — J'aurais de quoi vous dire, et belle est la matière;
Mais je ne vous tiens pas digne de ma colère;
Et je vous ferai voir que les petits marquis
Ont, pour se consoler, des cœurs de plus haut prix. *Clitandre et Acaste*

SCÈNE V.

CÉLIMÈNE, ÉLIANTE, ARSINOÉ, ALCESTE, ORONTE, PHILINTE.

ORONTE. — Quoi! de cette façon je vois qu'on me déchire,
Après tout ce qu'à moi je vous ai vu m'écrire!
Et votre cœur, paré de beaux semblants d'amour,
A tout le genre humain se promet tour à tour!
Allez, j'étais trop dupe, et je vais ne plus l'être;

Vous me faites un bien, me faisant vous connaître;
J'y profite d'un cœur qu'ainsi vous me rendez,
Et trouve ma vengeance en ce que vous perdez.
(*A Alceste.*)   Monsieur, je ne fais plus d'obstacle à votre flamme,
Et vous pouvez conclure affaire avec Madame.   (*Il sort.*)

SCÈNE VI.

CÉLIMÈNE, ÉLIANTE, ARSINOÉ, ALCESTE, PHILINTE.

ARSINOÉ, *à Célimène.*—Certes, voilà le trait du monde le plus noir.
Je ne me saurais taire, et me sens émouvoir.
Voit-on des procédés qui soient pareils aux vôtres?
Je ne prends point de part aux intérêts des autres; (*Montrant Alceste.*)
Mais Monsieur, que chez vous fixait votre bonheur,
Un homme comme lui, de mérite et d'honneur,
Et qui vous chérissait avec idolâtrie,
Devrait-il...
ALCESTE. — Laissez-moi, Madame, je vous prie,
Vider mes intérêts moi-même là-dessus,
Et ne vous chargez point de ces soins superflus.
Mon cœur a beau vous voir prendre ici sa querelle,
Il n'est point en état de payer ce grand zèle;
Et ce n'est pas à vous que je pourrai songer,
Si, par un autre choix, je cherche à me venger.
ARSINOÉ. — Eh! croyez-vous, Monsieur, qu'on ait cette pensée,
Et que de vous avoir on soit tant empressée?
Je vous trouve un esprit bien plein de vanité,
Si de cette créance il peut s'être flatté.
Le rebut de Madame est une marchandise
Dont on aurait grand tort d'être si fort éprise.
Détrompez-vous, de grâce, et portez-le moins haut:
Ce ne sont pas des gens comme moi qu'il vous faut;
Vous ferez bien encore de soupirer pour elle,
Et je brûle de voir une union si belle.   (*Elle sort.*)

SCÈNE VII. — CÉLIMÈNE, ÉLIANTE, ALCESTE, PHILINTE.

ALCESTE, *à Célimène.*
Eh! bien! je me suis tu, malgré ce que je voi,
Et j'ai laissé parler tout le monde avant moi.
Ai-je pris sur moi-même un assez long empire?
Et puis-je maintenant...
CÉLIMÈNE. — Oui, vous pouvez tout dire;
Vous en êtes en droit, lorsque vous vous plaindrez,
Et de me reprocher tout ce que vous voudrez.
J'ai tort, je le confesse, et mon ame confuse
Ne cherche à vous payer d'aucune vaine excuse.
J'ai des autres, ici, méprisé le courroux;
Mais je tombe d'accord de mon crime envers vous.
Votre ressentiment, sans doute, est raisonnable;
Je sais combien je dois vous paraître coupable;
Que toute chose dit que j'ai pu vous trahir,
Et qu'enfin vous avez sujet de me haïr.
Faites-le, j'y consens.
ALCESTE. — Eh! le puis-je traîtresse!
Puis-je ainsi triompher de toute ma tendresse?
Et, quoique avec ardeur je veuille vous haïr,
Trouvè-je un cœur en moi tout prêt à m'obéir?
(*A Eliante et à Philinte.*)Vous voyez ce que peut une indigne maîtresse,
Et je vous fais tous deux témoins de ma faiblesse;
Mais, à vous dire vrai, ce n'est pas encor tout,
Et vous allez me voir la pousser jusqu'au bout;
Montrer que c'est à tort que sages on nous nomme,
Et que dans tous les cœurs il est toujours de l'homme.

MOLIÈRE.   24

(*A Célimène.*) Oui, je veux bien, perfide, oublier vos forfaits ;
J'en saurai, dans mon ame, excuser tous les traits,
Et me les couvrirai du nom d'une faiblesse,
Où le vice du temps porte votre jeunesse,
Pourvu que votre cœur veuille donner les mains
Au dessein que j'ai fait de fuir tous les humains,
Et que, dans mon désert, où j'ai fait vœu de vivre
Vous soyez, sans tarder, résolue à me suivre.
C'est par là seulement que, dans tous les esprits,
Vous pouvez réparer le mal de vos écrits ;
Et qu'après cet éclat qu'un noble cœur abhorre,
Il peut m'être permis de vous aimer encore.
CÉLIMÈNE. — Moi, renoncer au monde avant que de vieillir !
Et dans votre désert aller m'ensevelir !
ALCESTE. — Et, s'il faut qu'à mes feux votre flamme réponde,
Que vous doit importer tout le reste du monde ?
Vos désirs avec moi ne sont-ils pas contents !
CÉLIMÈNE. — La solitude effraie une ame de vingt ans.
Je ne sens point la mienne assez grande, assez forte,
Pour me résoudre à prendre un dessein de la sorte.
Si le don de ma main peut contenter vos vœux,
Je pourrai me résoudre à serrer de tels nœuds.
Et l'hymen...
    ALCESTE. — Non. Mon cœur à présent vous déteste,
Et ce refus lui seul fait plus que tout le reste.
Puisque vous n'êtes point, en des liens si doux,
Pour trouver tout en moi, comme moi tout en vous,
Allez, je vous refuse ; et ce sensible outrage,
De vos indignes fers pour jamais me dégage. (*Célimène sort.*)
       SCÈNE VIII. — ALCESTE, ÉLIANTE, PHILINTE.
            ALCESTE , *à Éliante,*
Madame, cent vertus ornent votre beauté,
Et je n'ai vu qu'en vous de la sincérité ;
De vous, depuis longtemps je fais un cas extrême ;
Mais laissez-moi toujours vous estimer de même ;
Et souffrez que mon cœur, dans ses troubles divers,
Ne se présente point à l'honneur de vos fers :
Je m'en sens trop indigne, et commence à connaître
Que le ciel pour ce nœud ne m'avait point fait naître ;
Que ce serait pour vous un hommage trop bas
Que le rebut d'un cœur qui ne vous valait pas ;
Et qu'enfin...
      ÉLIANTE. — Vous pouvez suivre votre pensée :
Ma main de se donner n'est pas embarrasée ;
Et voilà votre ami, sans trop m'inquiéter,
Qui, si je l'en priais, la pourrait accepter.
PHILINTE. — Ah ! cet honneur, Madame, est toute mon envie ,
Et j'y sacrifierais et mon sang et ma vie.
ALCESTE. — Puissiez-vous, pour goûter de vrais contentements,
L'un pour l'autre, à jamais, garder ces sentiments.
Trahi de toutes parts, accablé d'injustices,
Je vais sortir d'un gouffre où triomphe les vices ;
Et chercher sur la terre un endroit écarté
Où d'être homme d'honneur on ait la liberté. (*Il sort.*)
       SCÈNE IX ET DERNIÈRE. — ÉLIANTE, PHILINTE.
PHILINTE. — Allons, Madame, allons employer toute chose
Pour rompre le dessein que son cœur se propose.

       FIN DU MISANTHROPE.

LE MÉDECIN MALGRÉ LUI,

COMÉDIE-BALLET EN TROIS ACTES.

PERSONNAGES.

GÉRONTE, père de Lucinde.
LUCINDE, fille de Géronte.
LÉANDRE, amant de Lucinde.
SGANARELLE, mari de Martine.
MARTINE, femme de Sganarelle.
M. ROBERT, voisin de Sganarelle.
VALÈRE, domestique de Géronte.

LUCAS, mari de Jacqueline, domestique de Géronte.
JACQUELINE, nourrice chez Géronte, et femme de Lucas.
THIBAUT, père de Perrin. }
PERRIN, fils de Thibault. } paysans.

La scène est à la campagne.

ACTE Ier.

SCÈNE PREMIÈRE. — SGANARELLE, MARTINE.

SGANARELLE. — Non, je te dis que je n'en veux rien faire, et que c'est à moi de parler et d'être le maître.

MARTINE. — Et je te dis, moi, que je veux que tu vives à ma fantaisie, et que je ne me suis point mariée avec toi pour souffrir tes fredaines.

SGANARELLE. — Oh! la grande fatigue que d'avoir une femme! et qu'Aristote a bien raison, quand il dit qu'une femme est pire qu'un démon.

MARTINE. — Voyez un peu l'habile homme avec son bénêt d'Aristote!

SGANARELLE. — Oui, habile homme. Trouve-moi un faiseur de fagots qui sache comme moi raisonner des choses, qui ait servi six ans un fameux médecin, et qui ait su dans son jeune âge son rudiment par cœur.

MARTINE. — Peste du fou fieffé!

SGANARELLE. — Peste de la carogne!

MARTINE. — Que maudits soient l'heure et le jour où je m'avisai d'aller dire oui!

SGANARELLE. — Que maudit soit le bec cornu de notaire qui me fit signer ma ruine!

MARTINE. — C'est bien à toi vraiment à te plaindre de cette affaire! Devrais-tu être un seul moment sans rendre grâces au ciel de m'avoir pour ta femme? et méritais-tu d'épouser une personne comme moi?

SGANARELLE. — Il est vrai que tu me fis trop d'honneur, et que j'eus lieu de me louer la première nuit de nos noces! Hé! morbleu! ne me fais point parler là-dessus : je dirais de certaines choses...

MARTINE. — Quoi? Que dirais-tu?

SGANARELLE. — Baste, laissons là ce chapitre. Il suffit que nous savons ce que nous savons, et que tu fusses bien heureuse de me trouver.

MARTINE. — Qu'appelles-tu bien heureuse de te trouver? Un homme qui me réduit à l'hôpital, un débauché, un traître, qui me mange tout ce que j'ai!..

SGANARELLE. — Tu as menti, j'en bois une partie.

MARTINE. — Qui me vend, pièce à pièce, tout ce qui est dans le logis!..

SGANARELLE. — C'est vivre de ménage.

MARTINE. — Qui m'a ôté jusqu'au lit que j'avais!..

SGANARELLE. — Tu t'en lèveras plus matin.

MARTINE. — Enfin qui ne laisse aucun meuble dans toute la maison!..

SGANARELLE. — On en déménage plus aisément.

MARTINE. — Et qui, du matin jusqu'au soir, ne fait que jouer et que boire!

SGANARELLE. — C'est pour ne me point ennuyer.

MARTINE. — Et que veux-tu pendant ce temps que je fasse avec ma famille?

SGANARELLE. — Tout ce qu'il te plaira.

MARTINE. — J'ai quatre pauvres petits enfants sur les bras...

SGANARELLE. — Mets-les à terre.

MARTINE. — Qui me demandent à toute heure du pain.

SGANARELLE. — Donne-leur le fouet : quand j'ai bien bu et bien mangé, je veux que tout le monde soit saoul dans ma maison.

MARTINE. — Et tu prétends, ivrogne, que les choses aillent toujours de même?

SGANARELLE. — Ma femme, allons tout doucement, s'il vous plaît.

MARTINE. — Que j'endure éternellement tes insolences et tes débauches?..

SGANARELLE. — Ne nous emportons point, ma femme.

MARTINE. — Et que je ne sache pas trouver le moyen de te ranger à ton devoir.

SGANARELLE. — Ma femme, vous savez que je n'ai pas l'ame endurante, et que j'ai le bras assez bon.

MARTINE. — Je me moque de tes menaces.

SGANARELLE. — Ma petite femme, ma mie, votre peau vous démange a votre ordinaire.

MARTINE. — Je te montrerai que je ne te crains nullement.

SGANARELLE. — Ma chère moitié, vous avez envie de me dérober quelque chose.

MARTINE. — Crois-tu que je m'épouvante de tes paroles?

SGANARELLE. — Doux objet de mes vœux, je vous frotterai les oreilles.

MARTINE. — Ivrogne que tu es!

SGANARELLE. — Je vous battrai.

MARTINE. — Sac à vin.

SGANARELLE. — Je vous rosserai.

MARTINE. — Infâme!

SGANARELLE. — Je vous étrillerai.

MARTINE. — Traître! insolent! trompeur! lâche! coquin! pendard! gueux! bélitre! fripon! maraud! voleur!..

SGANARELLE. — Ah! vous en voulez donc?

(Sganarelle prend un bâton, et bat sa femme.)

MARTINE, *criant.* — Ah! ah! ah! ah!

SGANARELLE. — Voilà le vrai moyen de vous apaiser.

SCÈNE II. — M. ROBERT, SGANARELLE, MARTINE.

M. ROBERT. — Holà! holà! holà! Fi! Qu'est ceci! Quelle infamie! Peste soit le coquin, de battre ainsi sa femme!

MARTINE, *à Robert.* — Et je veux qu'il me batte, moi.

M. ROBERT. — Ah! j'y consens de tout mon cœur.

MARTINE. — De quoi vous mêlez-vous?

M. ROBERT. — J'ai tort.

MARTINE. — Est-ce là votre affaire?

M. ROBERT. — Vous avez raison.

MARTINE. — Voyez un peu cet impertinent, qui veut empêcher les maris de battre leurs femmes!

M. ROBERT. — Je me rétracte.

MARTINE. — Qu'avez-vous à voir là-dessus?

M. ROBERT. — Rien.

MARTINE. — Est-ce à vous d'y mettre le nez?

M. ROBERT. — Non.

MARTINE. — Mêlez-vous de vos affaires.

M. ROBERT. — Je ne dis plus mot.

MARTINE. — Il me plaît d'être battue.

M. ROBERT. — D'accord.

MARTINE. — Ce n'est pas à vos dépens.

M. ROBERT. — Il est vrai.

MARTINE. — Et vous êtes un sot de venir vous fourrer où vous n'avez que faire. (*Elle lui donne un soufflet.*)

M. ROBERT, *à Sganarelle.* — Compère, je vous demande pardon de tout mon cœur. Faites, rossez, battez comme il faut votre femme; je vous aiderai, si vous le voulez.

SGANARELLE. — Il ne me plaît pas, moi.

M. ROBERT. — Ah! c'est une autre chose.

SGANARELLE. — Je la veux battre, si je le veux; et ne la veux pas battre, si je ne le veux pas.

M. ROBERT. — Fort bien.

SGANARELLE. — C'est ma femme, et non pas la vôtre.

M. ROBERT. — Sans doute.

SGANARELLE. — Vous n'avez rien à commander.

M. ROBERT. — D'accord.

SGANARELLE. — Je n'ai que faire de votre aide.

M. ROBERT. — Très volontiers.

SGANARELLE. — Et vous êtes un impertinent de vous ingérer des affaires d'autrui. Apprenez que Cicéron dit qu'entre l'arbre et le doigt il ne faut point mettre l'écorce. (*Il bat M. Robert, et le chasse.*)

SCÈNE III. — SGANARELLE, MARTINE.

SGANARELLE. — Oh çà! faisons la paix nous deux. Touche là.

MARTINE. — Oui, après m'avoir ainsi battue!

SGANARELLE. — Cela n'est rien. Touche.

MARTINE. — Je ne veux pas.

SGANARELLE. — Eh!

MARTINE. — Non.

SGANARELLE. — Ma petite femme.

MARTINE. — Point.

SGANARELLE. — Allons, te dis-je.

MARTINE. — Je n'en ferai rien.

SGANARELLE. — Viens, viens, viens.

MARTINE. — Non, je veux être en colère.

SGANARELLE. — Fi! c'est une bagatelle. Allons, allons.

MARTINE. — Laisse-moi là.

SGANARELLE. — Touche, te dis-je.

MARTINE. — Tu m'as trop maltraitée.

SGANARELLE. — Hé bien! va, je te demande pardon; mets là ta main.

MARTINE. — Je te pardonne. (*Bas, à part.*) Mais tu le paieras.

SGANARELLE. — Tu es une folle de prendre garde à cela : ce sont petites choses qui sont de temps en temps nécessaires dans l'amitié; et cinq ou six coups de bâton, entre gens qui s'aiment, ne font que ragaillardir l'affection. Va, je m'en vais au bois, et je te promets aujourd'hui plus d'un cent de fagots.

SCÈNE IV.

MARTINE, *seule.* — Va, quelque mine que je fasse, je n'oublierai pas mon ressentiment; et je brûle en moi-même de trouver les moyens de te punir des coups que tu m'as donnés. Je sais bien qu'une femme a toujours dans les mains de quoi se venger d'un mari : mais c'est une punition trop délicate pour mon pendard : je veux une vengeance qui se fasse un peu mieux sentir; et ce n'est pas contentement pour l'injure que j'ai reçue.

SCÈNE V. — VALÈRE, LUCAS, MARTINE.

LUCAS, *à Valère, sans voir Martine.* — Parguienne! j'avons pris là tous deux une gueble de commission; et je ne sais pas, moi, ce que je pensons attraper.

VALÈRE, *à Lucas, sans voir Martine.* — Que veux-tu, mon pauvre nourricier? il faut bien obéir à notre maître: et puis, nous avons intérêt l'un et l'autre à la santé de sa fille, notre maîtresse; et sans doute son mariage, différé par sa maladie, nous vaudra quelque récompense. Horace, qui est libéral, a bonne part aux prétentions qu'on peut avoir sur sa personne; et, quoiqu'elle ait fait voir de l'amitié pour un certain Léandre, tu sais bien que son père n'a jamais voulu consentir à le recevoir pour son gendre.

MARTINE, *rêvant, à part, se croyant seule.* — Ne puis-je point trouver quelque invention pour me venger?

LUCAS, *à Valère.* — Mais quelle fantaisie s'est-il boutée là dans la tête, puisque les médecins y avont tous perdu leur latin.

VALÈRE, *à Lucas.* — On trouve quelquefois, à force de chercher, ce qu'on ne trouve pas d'abord; et souvent en de simples lieux...

MARTINE, *se croyant toujours seule.* — Oui, il faut que je m'en venge à quelque prix que ce soit. Ces coups de bâton me reviennent au cœur, je ne les saurais digérer, et... (*heurtant Valère et Lucas.*) Ah! messieurs, je vous demande pardon; je ne vous voyais pas, et cherchais dans ma tête quelque chose qui m'embarrasse.

VALÈRE. — Chacun a ses soins dans le monde, et nous cherchons aussi ce que nous voudrions bien trouver.

MARTINE. — Serait-ce quelque chose où je vous puisse aider?

VALÈRE. — Cela se pourrait faire; et nous tâchons de rencontrer quelque habile homme, quelque médecin particulier, qui pût donner quelque soulagement à la fille de notre maître, attaquée d'une maladie qui lui a ôté tout d'un coup l'usage de la langue. Plusieurs médecins ont déjà épuisé toute leur science après elle; mais on trouve parfois des gens avec des secrets admirables, de certains remèdes particuliers, qui font le plus souvent ce que les autres n'ont su faire; et c'est là ce que nous cherchons.

MARTINE, *bas, à part.* — Ah! que le ciel m'inspire une admirable invention pour me venger de mon pendard!(*Haut.*) Vous ne pouviez jamais vous mieux adresser pour rencontrer ce que vous cherchez; et nous avons un homme, le plus merveilleux homme du monde, pour les maladies désespérées.

VALÈRE. — Et de grâce? ou pouvons-nous le rencontrer?

MARTINE. — Vous le trouverez maintenant vers ce petit lieu que voilà, qui s'amuse à couper du bois!

LUCAS. — Un médecin qui coupe dn bois!

VALÈRE. — Qui s'amuse à cueillir des simples, voulez-vous dire?

MARTINE. — Non; c'est un homme extraordinaire qui se plaît à cela; fantasque, bizarre, quinteux, et que vous ne prendriez jamais pour ce qu'il est. Il va vêtu d'une façon extravagante, affecte quelquefois de paraître ignorant, tient sa science renfermée, et ne fuit rien tant, tous les jours, que d'exercer les merveilleux talents qu'il a eus du ciel pour la médecine.

VALÈRE. — C'est une chose admirable, que tous les grands hommes ont toujours du caprice, quelque petit grain de folie mêlé à leur science.

MARTINE. — La folie de celui-ci est plus grande qu'on ne peut croire, car elle va parfois jusqu'à vouloir être battu pour demeurer d'accord de sa capacité; et je vous donne avis que vous n'en viendrez pas à bout, qu'il n'avouera jamais qu'il est médecin, s'il se le met en fantaisie, que vous ne preniez chacun un bâton, et ne le réduisiez, à force de coups, à vous confesser à la fin ce qu'il vous cachera d'abord. C'est ainsi que nous en usons quand nous avons besoin de lui.

VALÈRE. — Voilà une étrange folie!

MARTINE. — Il est vrai; mais, après cela, vous verrez qu'il fait des merveilles.

VALÈRE. — Comment s'appelle-t-il?

MARTINE. — Il s'appelle Sganarelle. Mais il est aisé à connaître : c'est un homme qui a une large barbe noir, et qui porte une fraise, avec un habit jaune et vert.

LUCAS. — Un habit jaune et vart! C'est donc le médecin des parroquets?

VALÈRE. — Mais est-il bien vrai qu'il soit si habile que vous le dites?

MARTINE. — Comment! c'est un homme qui fait des miracles. Il y a six mois qu'une femme fut abandonnée de tous les autres médecins : on la tenait morte il y avait déjà six heures, et l'on se disposait à l'ensevelir, lorsqu'on y fit venir de force l'homme dont nous parlons. Il lui mit, l'ayant vue, une petite goutte de je ne sais quoi dans la bouche; et, dans le même instant, elle se leva de son lit, et se mit aussitôt à se promener dans sa chambre comme si de rien n'eût été.

LUCAS. — Ah!

VALÈRE. — Il fallait que ce fût quelque goutte d'or potable.

MARTINE. — Cela pourrait bien être. Il n'y a pas trois semaines encore qu'un jeune enfant de douze ans tomba du haut du clocher en bas, et se brisa sur le pavé la tête, les bras et les jambes. On n'y eut pas plutôt amené notre homme, qu'il le frotta par tout le corps d'un certain onguent qu'il sait faire; et l'enfant aussitôt se leva sur ses pieds, et courut jouer à la fossette.

LUCAS. — Ah!

VALÈRE, — Il faut que cet homme là ait le médecine universelle.

MARTINE. — Qui en doute?

LUCAS. — Tétigué! v'là justement l'homme qu'il nous faut. Allons vite le chercher.

VALÈRE. — Nous vous remercions du plaisir que vous nous faites.

MARTINE. — Mais souvenez-vous bien au moins de l'avertissement que je vous ai donné.

LUCAS. — Hé! morguenne! laissez-nous faire : s'il ne tient qu'à battre, la vache est à nous.

VALÈRE, à Lucas. — Nous sommes bienheureux d'avoir fait cette rencontre ; et j'en conçois, pour moi, la meilleure espérance du monde.

SCÈNE VII. — SGANARELLE, VALÈRE, LUCAS.

SGANARELLE, chantant derrière le théâtre. — Là, là, la.

VALÈRE. — J'entends quelqu'un qui chante, et qui coupe du bois.

SGANARELLE, entrant sur le théâtre avec une bouteille à la main, sans apercevoir Valère ni Lucas. — Là, là, là... Ma foi, c'est assez travailler pour boire un coup. Prenons un peu d'haleine. (Après avoir bu.) Voilà du bois qui est salé comme tous les diables.

(Il chante.)

Qu'ils sont doux,
Bouteille jolie,
Qu'il sont doux,
petits glougloux!
mon sort ferait bien des jaloux,
Si vous étiez toujours remplie.
Ah! bouteille ma mie,
Pourquoi vous videz-vous?

Allons, morbleu! il ne faut point engendrer de mélancolie.

VALÈRE, bas à Lucas. — Le voilà lui-même.

LUCAS, bas à Valère. — Je pense que vous dites vrai, et que j'avons bouté le nez dessus.

VALÈRE. — Voyons de près.

SGANARELLE, embrassant sa bouteille. — Ah! ma petite friponne! que je t'aime, mon petit bouchon! (Il chante.)

(Apercevant Valère et Lucas qui l'examinent, il baisse la voix.)

Mais mon sort... ferait... bien... des jaloux,
Si...

(Voyant qu'on l'examine de plus près.) Que diable, à qui en veulent ces gens-là?

VALÈRE à Lucas. — C'est lui assurément.

LUCAS, à Valère. — Le v'là tout craché comme on nous l'a défiguré.

(Sganarelle pose la bouteille à terre ; et Valère se baissant pour le saluer, comme il croit que c'est à dessein de la prendre, il la met de l'autre côté ; Lucas faisant la même chose que Valère, Sganarelle reprend sa bouteille, et la tient contre son estomac, avec divers gestes qui font un jeu de théâtre.)

SGANARELLE, à part. — Ils consultent en me regardant. Quel dessein auraient-ils?

VALÈRE. — Monsieur, n'est-ce pas vous qui vous appelez Sganarelle.

SGANARELLE. — Hé Quoi?

VALÈRE. — Je vous demande si ce n'est pas vous qui se nomme Sganarelle.

SGANARELLE, se retournant vers Valère, puis vers Lucas. — Oui et non, selon ce que vous lui voulez.

VALÈRE. — Nous ne voulons que lui faire toutes les civilités que nous pourrons.

SGANARELLE. — En ce cas, c'est moi qui se nomme Sganarelle.

VALÈRE. — Monsieur, nous sommes ravis de vous voir. On nous a adressés à vous, pour ce que nous cherchons; et nous venons implorer votre aide, dont nous avons besoin.

SGANARELLE. — Si c'est quelque chose, messieurs, qui dépende de mon petit négoce, je suis tout prêt à vous rendre service.

VALÈRE. — Monsieur, c'est trop de grâce que vous nous faites. Mais, monsieur, couvrez-vous, s'il vous plaît, le soleil pourrait vous incommoder.

LUCAS. — Monsieu, boutez dessus.

SGANARELLE, à part. — Voici des gens bien pleins de cérémonies.

(Il se couvre).

VALÈRE. — Monsieur, il ne faut pas trouver étrange que nous venions à vous ; les habiles gens sont toujours recherchés, et nous sommes instruits de votre capacité.

SGANARELLE. — Il est vrai, messieurs, que je suis le premier homme du monde pour faire des fagots.

VALÈRE. — Ah! monsieur!...

SGANARELLE. — Je n'y épargne aucune chose, et les fais d'une façon qu'il n'y a rien à dire.

VALÈRE. — Monsieur, ce n'est pas cela dont il est question.

SGANARELLE. — Mais aussi, je les vends cent dix-sous le cent.

VALÈRE. — Ne parlons point de cela, s'il vous plaît.

SGANARELLE. — Je vous promets que je ne saurais les donner à moins.

VALÈRE. — Monsieur, nous savons les choses.

SGANARELLE. — Si vous savez les choses, vous savez que je les vends cela.

VALÈRE. — Monsieur, c'est se moquer, que...

SGANARELLE. — Je ne me moque point, je n'en puis rien rabattre.

VALÈRE. — Parlons d'autre façon, de grâce.

SGANARELLE. — Vous en pourrez trouver autre part à moins; il y a fagots et fagots: mais pour ceux que je fais...

VALÈRE. — Hé! monsieur! laissons là ce discours.

SGANARELLE. — Je vous jure que vous ne les auriez pas, s'il s'en fallait un double.

VALÈRE. — Hé! fi!

SGANARELLE. — Non, en conscience; vous en paierez cela. Je vous parle sincèrement, et ne suis pas homme à surfaire.

VALÈRE. — Faut-il, monsieur, qu'une personne comme vous s'amuse à ces grossières feintes, s'abaisser à parler de la sorte! qu'un homme si savant, un fameux médecin, comme vous êtes, veuille se déguiser aux yeux du monde, et tenir enterrés les beaux talents qu'il a!

SGANARELLE, *à part.* — Il est fou.

VALÈRE. — De grâce, monsieur, ne dissimulez point avec nous.

SGANARELLE. — Comment?

LUCAS. — Tout ce tripotage ne sart de rien; je savons c'en que je savons.

SGANARELLE. — Quoi donc? que me voulez-vous dire? Pour qui me prenez-vous?

VALÈRE. — Pour ce que vous êtes, pour un grand médecin.

SGANARELLE. — Médecin vous même; je ne le suis point et je ne l'ai jamais été.

VALÈRE, *bas.* — Voilà sa folie qui le tient. (*Haut.*) Monsieur, ne veuillez point nier les choses davantage; et n'en venons point, s'il vous plaît, à de fâcheuses extrémités.

SGANARELLE. — A quoi donc?

VALÈRE. — A de certaines choses dont nous serions marris.

SGANARELLE. — Parbleu! venez-en à tout ce qu'il vous plaira; je ne suis point médecin, et ne sais ce que vous me voulez dire.

VALÈRE, *bas.* — Je vois bien qu'il faut se servir du remède (*Haut.*) Monsieur, encore un coup je vous prie d'avouer ce que vous êtes.

LUCAS. — Hé! tétigué! ne lantiponnez point davantage, et confessez à la franquette que v's êtes médecin.

SGANARELLE, *à part.* — J'enrage.

VALÈRE. — A quoi bon nier ce qu'on sait?

LUCAS. — Pourquoi toutes ces fraimes-là? A quoi est-ce que ça vous sart?

SGANARELLE. — Messieurs, en un mot autant qu'en deux mille, je vous dis que je ne suis point médecin?

VALÈRE. — Vous n'êtes point médecin?

SGANARELLE — Non.

LUCAS. — V'n'êtes pas médecin?

SGANARELLE, — Non, vous dis-je.

VALÈRE. — Puisque vous le voulez, il faut s'y résoudre.
       (*Ils prennent chacun un bâton et le frappent.*)

SGANARELLE — Ah! ah! ah! messieurs, je suis tout ce qu'il vous plaira.

VALÈRE. — Pourquoi, monsieur, nous obligez-vous à cette violence?

LUCAS. — A quoi bon nous bailler la peine de vous battre?

VALÈRE. — Je vous assure que j'en ai tous les regrets du monde.

LUCAS. — Par ma figué! j'en sis fâché, franchement.

SGANARELLE — Que diable est ceci, messieurs? De grâce, est-ce pour rire, ou si tous deux vous extravaguez, de vouloir que je sois médecin?

VALÈRE. — Quoi! vous ne vous rendez pas encore, et vous vous défendez d'être médecin?

SGANARELLE. — Diable emporte si je le suis?

LUCAS. — Il n'est pas vrai que vous sayez médecin?

SGANARELLE. — Non, la peste m'étouffe! (*Ils recommencent à le battre.*) Ah! ah! Hé bien! messieurs, oui, puisque vous le voulez, je suis médecin, je suis médecin; apothicaire encore, si vous le trouvez bon. J'aime mieux consentir à tout que de me faire assommer.

VALÈRE. — Ah! voilà qui va bien, monsieur; je suis ravi de vous voir raisonnable.

LUCAS. — Vous me boutez la joie au cœur, quand je vous vois parler comme ça.

VALÈRE. — Je vous demande pardon de toute mon ame.

LUCAS. — Je vous demande pardon de la libarté que j'avons prise.

SGANARELLE, *à part.* — Ouais, serait-ce bien moi qui me tromperais, et serais-je devenu médecin sans m'en être aperçu?

VALÈRE. — Monsieur, vous ne vous repentirez pas de nous montrer ce que vous êtes; et vous verrez assurément que vous en serez satisfait.

SGANARELLE. — Mais, messieurs, dites-moi, ne vous trompez-vous point vous-mêmes? Est-il bien assuré que je sois médecin?

LUCAS. — Oui, par ma figué!

SGANARELLE. — Tout de bon?

VALÈRE. — Sans doute.

SGANARELLE. — Diable emporte, si je le savais!

VALÈRE. — Comment! vous êtes le plus habile médecin du monde!

SGANARELLE. — Ah! ah!

LUCAS. — Un médecin qui a gari je ne sais combien de maladies.

SOANARELLE. — Tudieu!

VALÈRE. — Une femme était tenue pour morte il y avait six heures; elle était prête à ensevelir, lorsqu'avec une goutte de quelque chose vous la fîtes revenir et marcher d'abord par la chambre.

SGANARELLE. — Pc_e!

LUCAS. — Un petit enfant de douze ans se laissit choir du haut d'un clocher; de quoi il eut la tête, les jambes et les bras cassés: et vous, avec je ne sais quel onguent, vous fîtes qu'aussitôt il se relevit sur ses pieds, et s'en fut jouer à la fossette.

SGANARELLE. — Diantre!

VALÈRE. — Enfin, monsieur, vous aurez contentement avec nous, et vous gagnerez ce que vous voudrez, en vous laissant conduire où nous prétendons vous mener.

SGANARELLE. — Je gagnerai ce que je voudrai.

VALÈRE. — Oui.

SGANARELLE. — Ah! je suis médecin, sans contredit. Je l'avais oublié; mais je m'en ressouviens. De quoi est-il question? Où faut-il se transporter?

VALÈRE. — Nous vous conduirons. Il est question d'aller voir une fille qui a perdu la parole.

SGANARELLE. — Ma foi, je ne l'ai pas trouvée.

VALÈRE, *bas à Lucas.* — Il aime à rire. (*à Sganarelle.*) Allons, monsieur.

SGANARELLE. — Sans une robe de médecin?

VALÈRE. — Nous en prendrons une.

SGANARELLE, *présentant sa bouteille à Valère.* — Tenez cela, vous; voilà où je mets mes juleps. (*Puis se tournant vers Lucas en crachant.*) Vous, marchez là-dessus, par ordonnance du médecin.

LUCAS. — Palsanguenne! v'là un médecin qui me plaît; je pense qu'il réussira, car il est bouffon.

FIN DU PREMIER ACTE.

ACTE II.

SCÈNE PREMIÈRE. — GÉRONTE, VALÈRE, LUCAS, JACQUELINE.

VALÈRE. — Oui, monsieur, je crois que vous serez satisfait; et, nous vous avons amené le plus grand médecin du monde.

LUCAS. — Oh! morguenne, il faut tirer l'échelle après ceti-là; et tous les autres ne sont pas dignes de li déchausser ses souliers.

VALÈRE. — C'est un homme qui a fait des cures merveilleuses.

LUCAS. — Qui a gari des gens qui étiant morts.

VALÈRE. Il est un peu capricieux, comme je vous ai dit; et parfois, il a des moments où son esprit s'échappe, et il ne paraît pas ce qu'il est.

LUCAS. — Oui, il aime à bouffonner, et l'on dirait parfois, ne v's en déplaise, qu'il a quelque petit coup de hache à la tête.

VALÈRE. — Mais dans le fond, il est tout science; et bien souvent il dit des choses tout à fait relevées.

LUCAS. — Quand il s'y boute, il parle tout fin drait comme s'il lisait dans un livre.

VALÈRE. — Sa réputation s'est déjà répandue ici, et tout le monde vient à lui.

GÉRONTE. — Je meurs d'envie de le voir, faites-le-moi vite venir.

VALÈRE. — Je la vais quérir.

SCÈNE II. — GÉRONTE, JACQUELINE, LUCAS.

JACQUELINE. — Par ma fi, monsieur, ceti-ci fera justement ce qu'ant fait les autres. Je pense que ce sera queussi queumi; et la meilleure médeçaine que l'an pourrait bailler à votre fille, ce serait, selon moi, un biau et bon mari, pour qui alle eût de l'amiquié

GÉRONTE. — Ouais! nourrice, ma mie, vous vous mêlez de bien des choses!

LUCAS. — Taisez-vous, notre minagère Jacquelaine; ce n'est pas à vous à boter là vôtre nez.

JACQUELINE. — Je vous dis et vous douze que tous ces médecins n'y feront rian que de liau claire : que votre fille a besoin d'autre chose que de rhibarbe et de séné, et qu'un mari est une emplâtre qui guérit tous les maux des filles.

GÉRONTE. — Est-elle en état maintenant qu'on s'en voulût charger avec l'infirmité qu'elle a? et lorsque j'ai été dans le dessein de la marier, ne s'est-elle pas opposée à mes volontés?

JACQUELINE. — Je le crois bian, vous l'y vouliez bailler eun homme qu'alle n'aime point. Que ne preniais-vous ce monsieu Liandre, qui li touchait au cœur? Elle aurait été fort obéissante; et je m'en vais gager qu'il la prendrait, li, comme alle est, si vous la li vouillais donner.

GÉRONTE. — Ce Léandre n'est pas ce qu'il lui faut; il n'a pas du bien comme l'autre.

JACQUELINE. — Il a eun oncle qui est riche, dont il est l'hériquié!

GÉRONTE. — Tous ces biens à venir me semblent autant de chansons. Il n'est rien tel que ce qu'on tient; et l'on court grand risque de s'abuser, lorsque l'on compte sur le bien qu'un autre vous garde. La mort n'a pas toujours les oreilles ouvertes aux vœux et aux prières de messieurs les héritiers; et l'on a le temps d'avoir les dents longues, lorsqu'on attend, pour vivre, le trépas de quelqu'un.

JACQUELINE. — Enfin, j'ai toujours ouï dire qu'en mariage, comme ailleurs, contentement passe richesse. Les pères et les mères ont cette maudite coutume de demander toujours : Qu'a-t-il? et Qu'a-t-elle? et le compère Piarre a marié sa fille Simonette au gros Thomas, pour un quarquié de vaigne qu'il avait davantage que le jeune Robin, où alle ayait bouté son amiquié; et v'là que la pauvre creyature en est devenue jauné comme un coin, et n'a point profité tout depuis ce temps là. C'est un bel exemple pour vous, monsieu. On n'a que son plaisir en ce monde; et j'aimerais mieux bailler à ma fille un bon mari qui li fût agriable, que toute les rentes de la Biausse.

GÉRONTE. — Peste, madame la nourrice, comme vous dégoisez! Taisez-vous, je vous prie, vous prenez trop de soin, et vous échauffez votre lait.

LUCAS, *frappant, à chaque phrase qu'il dit, sur l'épaule de Géronte.* — Morgué ! tais-toi, t'es une impertinente. Monsieu n'a que faire de tes discours, et il sait ce qu'il a à faire. Mêle-toi de donner à téter à ton enfant, sans tant faire la raisonneuse. Monsieu est le père de sa fille ; et il est bon et sage pour voir ce qu'il li faut.

GÉRONTE. —Tout doux ! Oh ! tout doux !

LUCAS, *frappant sur l'épaule de Géronte.* —Monsieu, je veux un peu la mortifier, et li apprendre le respect qu'alle vous doit.

GÉRONTE. —Oui. Mais ces gestes ne sont pas nécessaires.

SCÈNE III. —VALÈRE, SGANARELLE, GÉRONTE, LUCAS, JACQUELINE.

VALÈRE. —Monsieur, préparez-vous. Voici votre médecin qui entre.

GÉRONTE, *à Sganarelle.* —Monsieur, je suis ravi de vous voir chez moi, et nous avons grand besoin de vous.

SGANARELLE, *en robe de médecin avec un chapeau des plus pointus.* —Hippocrate dit... que nous nous couvrions tous deux

GÉRONTE. —Hippocrate dit cela ?

SGANARELLE. —Oui.

GÉRONTE. —Dans quel chapitre s'il vous plaît ?

SGANARELLE. —Dans son chapitre... des chapeaux.

GÉRONTE. —Puisqu'Hippocrate le dit, il le faut faire.

SGANARELLE. — Monsieur le médecin, ayant appris les merveilleuses choses...

GÉRONTE. —A qui parlez-vous, de grâce ?

SGANARELLE. — A vous.

GÉRONTE. —Je ne suis pas médecin.

SGANARELLE. —Vous n'êtes pas médecin ?

GÉRONTE. — Non, vraiment.

SGANARELLE. —Tout de bon ?

GÉRONTE. —Tout de bon. (*Sganarelle prend un bâton et frappe Géronte.*) Ah ! ah ! ah !

SGANARELLE. —Vous êtes médecin maintenant ; je n'ai jamais eu d'autres licences.

GÉRONTE, *à Valère.* —Quel diable d'homme m'avez-vous là amené ?

VALÈRE. —Je vous ai bien dit que c'était un médecin goguenard.

GÉRONTE. —Oui : mais je l'enverrais promener avec ses goguenarderies.

LUCAS. —Ne prenez pas garde à ça, monsieu ; ce n'est que pour rire.

GÉRONTE. — Cette raillerie ne me plaît pas.

SGANARELLE.—Monsieur, je vous demande pardon de la liberté que j'ai prise.

GÉRONTE. — Monsieur, je suis votre serviteur.

SGANARELLE. —Je suis fâché...

GÉRONTE. — Cela n'est rien.

SGANARELLE. — Des coups de bâton...

GÉRONTE. — Il n'y a pas de mal.

SGANARELLE. — Que j'ai eu l'honneur de vous donner.

GÉRONTE. — Ne parlons plus de cela. Monsieur, j'ai une fille qui est tombée dans une étrange maladie.

SGANARELLE. — Je suis ravi, monsieur, que votre fille ait besoin de moi ; et je souhaiterais, de tout mon cœur, que vous en eussiez besoin aussi, vous et toute votre famille, pour vous témoigner l'envie que j'ai de vous servir.

GÉRONTE. — Je vous suis obligé de ces sentiments.

SGANARELLE. — Je vous assure que c'est du meilleur de mon ame que je vous parle.

GÉRONTE. — C'est trop d'honneur que vous me faites.

SGANARELLE. — Comment s'appelle votre fille ?

GÉRONTE. — Lucinde.

SGANARELLE. — Lucinde ! Ah ! beau nom à médicamenter ! Lucinde !

GÉRONTE. — Je m'en vais voir un peu ce qu'elle fait.

SGANARELLE. — Qui est cette grande femme-là ?

GÉRONTE. — C'est la nourrice d'un petit enfant que j'ai.

SCÈNE IV. — SGANARELLE, JACQUELINE, LUCAS.

SGANARELLE, *à part.* — Peste ! le joli meuble que voilà ! (*Haut.*) Ah ! nourrice charmante nourrice, ma médecine est la très humble esclave de votre nourcerie, et je voudrais bien être le petit poupon fortuné qui tétât le lait de vos bonnes grâces. (*Il lui porte la main sur le sein.*) Tous mes remèdes, toute ma science, toute ma capacité est à votre service; et...

LUCAS. — Avec votre parmission, monsieu le médecin, laissez-la ma femme, je vous prie.

SGANARELLE. — Quoi! elle est votre femme?

LUCAS. — Oui.

SGANARELLE. — Ah! vraiment je ne savais pas cela, et je m'en réjouis pour l'amour de l'un et de l'autre. (*Il fait semblant de vouloir embrasser Lucas, et embrasse la nourrice.*)

LUCAS, *tirant Sganarelle, et se remettant entre lui et sa femme.* — Tout doucement, s'il vous plaît.

SGANARELLE. — Je vous assure que je suis ravi que vous soyez unis ensemble : je la félicite d'avoir un mari comme vous; et je vous félicite, vous, d'avoir une femme si belle, si sage, si bien faite comme elle est. (*Il fait encore semblant d'embrasser Lucas, qui lui tend les bras; Sganarelle passe dessous, et embrasse encore la nourrice.*)

LUCAS, *le tirant encore.* — Hé! tétigué! point tant de compliments, je vous supplie.

SGANARELLE. — Ne voulez-vous pas que je me réjouisse avec vous d'un si bel assemblage?

LUCAS. — Avec moi, tant qu'il vous plaira; mais avec ma femme, trève de sarimonie.

SGANARELLE. — Je prends part également au bonheur de tous deux : et si je vous embrasse pour vous en témoigner ma joie, je l'embrasse de même pour lui en témoigner aussi. (*Il continue le même jeu.*)

LUCAS, *le tirant pour la troisième fois.* — Ah! vartigué! monsieu le médecin, que de lantiponnage!

SCÈNE V. — GÉRONTE, SGANARELLE, LUCAS, JACQUELINE

GÉRONTE. — Monsieur, voici tout-à-l'heure ma fille qu'on va vous amener.

SGANARELLE. — Je l'attends, monsieur, avec toute la médecine.

GÉRONTE. — Où est-elle?

SGANARELLE, *se touchant le front.* — Là-dedans.

GÉRONTE. — Fort bien.

SGANARELLE. — Mais comme je m'intéresse à toute votre famille, il faut que j'essaie un peu le lait de votre nourrice, et que je visite son sein. (*Il s'approche de Jacqueline.*)

LUCAS, *le tirant, et lui faisant faire la pirouette.* — Nannain, nannain; je n'avons que faire de ça.

SGANARELLE. — C'est l'office du médecin de voir les tétons des nourrices.

LUCAS. — Il gnia office qui quienne, je sis votre sarviteur.

SGANARELLE. — As-tu bien la hardiesse de t'opposer au médecin? Hors de là.

LUCAS. — Je me moque de ça.

SGANARELLE, *en le regardant de travers.* — Je te donnerai la fièvre.

JACQUELINE, *prenant Lucas par le bras, et lui faisant faire aussi la pirouette.* — Ote-toi de là aussi; est-ce que je ne sis pas assez grande pour me défendre moi-même, s'il me fait queuque chose qui ne soit pas à faire?

LUCAS. — Je ne veux pas qu'il te tâte, moi.

SGANARELLE. — Fi! le vilain, qui est jaloux de sa femme!

GÉRONTE. — Voici ma fille.

SCÈNE VI. — LUCINDE, GÉRONTE, SGANARELLE, VALÈRE, LUCAS, JACQUELINE.

SGANARELLE. — Est-ce là la malade?

GÉRONTE. — Oui. Je n'ai qu'elle de fille; et j'aurais tous les regrets du monde, si elle venait à mourir.

SGANARELLE. — Qu'elle s'en garde bien! Il ne faut pas qu'elle meure sans l'ordonnance du médecin.

GÉRONTE. — Allons, un siége.

SGANARELLE, *assis entre Géronte et Lucinde.* — Voilà une malade qui n'est pas tant dégoûtante, et je tiens qu'un homme bien sain s'en accommoderait assez.

GÉRONTE. — Vous l'avez fait rire, monsieur.

SGANARELLE. — Tant mieux; lorsque le médecin fait rire la malade, c'est le meilleur signe du monde. (*A Lucinde.*) Hé bien! de quoi est-il question? Qu'avez-vous? Quel est le mal que vous sentez?

LUCINDE, *portant sa main à sa bouche, à sa tête et sous son menton.* — Han, hi, hon, han.

SGANARELLE. — Hé! que dites-vous?

LUCINDE *continue les mêmes gestes.* — Han, hi, hon, han, han, hi, hon.

SGANARELLE. — Quoi?

LUCINDE. — Han, hi, hon.

SGANARELLE. — Han, hi, hon, han, ha. Je ne vous entends point. Quel diable de langage est-ce là?

GÉRONTE. — Monsieur, c'est là sa maladie. Elle est devenue muette, sans que jusqu'ici on en ait pu savoir la cause; et c'est un accident qui a fait reculer son mariage.

SGANARELLE. — Et pourquoi?

GÉRONTE. — Celui qu'elle doit épouser veut attendre sa guérison pour conclure les choses.

SGANARELLE. — Et qui est ce sot-là, qui ne veut pas que sa femme soit muette? Plût à Dieu que la mienne eût cette maladie! je me garderais bien de la vouloir guérir.

GÉRONTE. — Enfin, monsieur, nous vous prions d'employer tous vos soins pour la soulager de son mal.

SGANARELLE. — Ah! ne vous mettez pas en peine. Dites-moi un peu; ce mal l'oppresse-t-il beaucoup?

GÉRONTE. — Oui, monsieur.

SGANARELLE. — Tant mieux. Sent-elle de grandes douleurs?

GÉRONTE. — Fort grandes.

SGANARELLE. — C'est fort bien fait. Va-t-elle où vous savez?

GÉRONTE. — Oui.

SGANARELLE. — Copieusement?

GÉRONTE. — Je n'entends rien à cela.

SGANARELLE. — La matière est-elle louable?

GÉRONTE. — Je ne me connais pas à ces choses.

SGANARELLE, *à Lucinde.* — Donnez-moi votre bras. (*A Géronte.*) Voilà un pouls qui marque que votre fille est muette.

GÉRONTE. — Hé! oui, monsieur, c'est là son mal; vous l'avez trouvé tout du premier coup.

SGANARELLE. — Ha! ha!

JACQUELINE. — Voyez comme il a deviné sa maladie.

SGANARELLE. — Nous autres grands médecins, nous connaissons d'abord les choses. Un ignorant aurait été embarrassé, et vous eût été dire : C'est ceci, c'est cela; mais moi, je touche au but du premier coup, et je vous apprends que votre fille est muette.

GÉRONTE. — Oui; mais je voudrais bien que vous me pussiez dire d'où cela vient.

SGANARELLE. — Il n'est rien de plus aisé; cela vient de ce qu'elle a perdu la parole.

GÉRONTE. — Fort bien. Mais la cause, s'il vous plaît, qui fait qu'elle a perdu la parole?

SGANARELLE. — Tous nos meilleurs auteurs vous diront que c'est l'empêchement de l'action de sa langue.

GÉRONTE. — Mais encore, vos sentiments sur cet empêchement de l'action de sa langue?

SGANARELLE. — Aristote, là-dessus, dit... de fort belles choses.

GÉRONTE. — Je le crois.

SGANARELLE. — Ah! c'était un grand homme!

GÉRONTE. — Sans doute.

SGANARELLE. — Grand homme tout-à-fait; un homme qui était (*levant le bras depuis le coude*) plus grand que moi de tout cela. Pour revenir donc à notre raisonnement, je tiens que cet empêchement de l'action de sa langue est causé par de certaines humeurs qu'entre nous autres savants nous appelons humeurs peccantes, c'est-à-dire... humeurs peccantes; d'autant que les vapeurs formées par les exhalaisons des influences qui s'élèvent dans la région des maladies, venant... pour ainsi dire... à... Entendez-vous le latin?

GÉRONTE. — En aucune façon.

SGANARELLE, *se levant brusquement*. — Vous n'entendez point le latin?

GÉRONTE. — Non.

SGANARELLE, *avec enthousiasme*. — *Cabricias arci thuram, catalamus, singulariter, nominativo, hæc musa*, la muse, *bonus, bona, bonum. Deus sanctus, est-ne oratio latinas? Etiam*, oui. *Quare?* pourquoi? *Quia substantivo, et adjectivum, concordat in generi, numerum et casus.*

GÉRONTE. — Ah! que n'ai-je étudié!

JACQUELINE. — L'habile homme que v'là!

LUCAS. — Oui, ça est si biau, que je n'y entends goutte.

SGANARELLE. — Or, ces vapeurs, dont je vous parle, venant à passer du côté gauche où est le foie, au côté droit où est le cœur, il se trouve que le poumon, que nous appelons en latin *armyan*, ayant communication avec le cerveau, que nous nommons en grec *nasmus*, par le moyen de la veine cave, que nous appelons en hébreu *cubile*, rencontre en son chemin lesdites vapeurs qui remplissent les ventricules de l'omoplate, et parce que lesdites vapeurs... Comprenez bien ce raisonnement, je vous prie... et parce que lesdites vapeurs ont une certaine malignité... Ecoutez bien ceci, je vous conjure...

GÉRONTE. — Oui.

SGANARELLE. — Ont une certaine malignité qui est causée... Soyez attentif, s'il vous plaît...

GÉRONTE. — Je le suis.

SGANARELLE. — Qui est causée par l'âcreté des humeurs engendrées dans la concavité du diaphragme, il arrive que ces vapeurs..*Ossabundus, nequeis, nequer, potorinum, quipsa milus*. Voilà justement ce qui fait que votre fille est muette.

JACQUELINE. — Ah! que ça est bian dit, notre homme!

LUCAS. — Que n'ai-je la langue aussi bian pendue!

GÉRONTE. — On ne peut pas mieux raisonner, sans doute. Il n'y a qu'une seule chose qui m'a choqué: c'est l'endroit du foie et du cœur. Il me semble que vous les placez autrement qu'ils ne sont; que le cœur est du côté gauche, et le foie du côté droit.

SGANARELLE. — Oui, cela était autrefois ainsi: mais nous avons changé tout cela, et nous faisons maintenant la médecine d'une méthode toute nouvelle.

GÉRONTE. — C'est ce que je ne savais pas, et je vous demande pardon de mon ignorance.

SGANARELLE. — Il n'y a pas de mal; et vous n'êtes pas obligé d'être aussi habile que nous.

GÉRONTE. — Assurément. Mais, monsieur, que croyez-vous qu'il faille faire à cette maladie?

SGANARELLE. — Ce que je crois qu'il faille faire.

GÉRONTE. — Oui.

SGANARELLE. — Mon avis est qu'on la remette sur son lit, et qu'on lui fasse prendre pour remède quantité de pain trempé dans du vin.

GÉRONTE. — Pourquoi cela, monsieur?

SGANARELLE. — Parce qu'il y a dans le vin et le pain, mêlés ensemble, une vertu sympathique qui fait parler. Ne voyez-vous pas bien qu'on ne donne autre chose aux perroquets, et qu'ils apprennent à parler en mangeant de cela?

GÉRONTE. — Cela est vrai. Ah! le grand homme! Vite, quantité de pain et de vin.

SGANARELLE. — Je reviendrai voir sur le soir en quel état elle sera.

SCÈNE VII. — GÉRONTE, SGANARELLE, JACQUELINE.

SGANARELLE, *à Jacqueline*. — Doucement, vous. (*A Géronte.*) Monsieur, voilà une nourrice à laquelle il faut que je fasse quelques petits remèdes.

JACQUELINE. — Qui? moi? Je me porte le mieux du monde.

SGANARELLE. — Tant pis, nourrice, tant pis. Cette grande santé est à craindre, et il ne sera pas mauvais de vous faire quelque petite saignée amiable, de vous donner quelque petit clystère dulcifiant.

GÉRONTE. — Mais, monsieur, voilà une mode que je ne comprends point. Pourquoi s'aller faire saigner quand on n'a point de maladie?

SGANARELLE. — Il n'importe, la mode en est salutaire ; et, comme on boit pour la soif à venir, il faut aussi se faire saigner pour la maladie à venir.

JACQUELINE, *en s'en allant.* — Ma fi, je me moque de ça, et je ne veux point faire de mon corps une boutique d'apothicaire.

SGANARELLE. — Vous êtes rétive aux remèdes ; mais nous saurons vous soumettre à la raison.

SCÈNE VIII. — GÉRONTE, SGANARELLE.

SGANARELLE. — Je vous donne le bon jour.

GÉRONTE. — Attendez un peu, s'il vous plaît.

SGANARELLE. — Que voulez-vous faire ?

GÉRONTE. — Vous donner de l'argent, monsieur.

SGANARELLE, *tendant sa main par derrière, tandis que Géronte ouvre sa bourse.* — Je n'en prendrai pas, monsieur.

GÉRONTE. — Monsieur...

SGANARELLE. — Point du tout.

GÉRONTE. — Un petit moment.

SGANARELLE. — En aucune façon.

GÉRONTE. — De grâce !

SGANARELLE. — Vous vous moquez.

GÉRONTE. — Voilà qui est fait.

SGANARELLE. — Je n'en ferai rien.

GÉRONTE. — Hé !

SGANARELLE. — Ce n'est pas l'argent qui me fait agir.

GÉRONTE. — Je le crois.

SGANARELLE, *après avoir pris l'argent.* — Cela est-il de poids ?

GÉRONTE. — Oui, monsieur.

SGANARELLE. — Je ne suis pas un médecin mercenaire.

GÉRONTE. — Je le sais bien.

SGANARELLE. — L'intérêt ne me gouverne point.

GÉRONTE. — Je n'ai pas cette pensée.

SGANARELLE, *seul, regardant l'argent qu'il a reçu.* — Ma foi, cela ne va pas mal ; et pourvu que...

SCÈNE IX. — LÉANDRE, SGANARELLE.

LÉANDRE. — Monsieur, il y a longtemps que je vous attends ; et je viens implorer votre assistance.

SGANARELLE, *lui tâtant le pouls.* — Voilà un pouls qui est fort mauvais.

LÉANDRE. — Je ne suis point malade, monsieur ; et ce n'est pas pour cela que je viens à vous.

SGANARELLE. — Si vous n'êtes pas malade, que diable ne le dites-vous donc ?

LÉANDRE. — Non. Pour vous dire la chose en deux mots, je m'appelle Léandre, qui suis amoureux de Lucinde que vous venez de visiter ; et comme, par la mauvaise humeur de son père, toute sorte d'accès m'est fermé auprès d'elle, je me hasarde à vous prier de vouloir servir mon amour, et de me donner lieu d'exécuter un stratagème que j'ai trouvé pour lui pouvoir dire deux mots d'où dépendent absolument mon bonheur et ma vie.

SGANARELLE. — Pour qui me prenez-vous ? Comment ! oser vous adresser à moi pour vous servir dans votre amour, et vouloir ravaler la dignité de médecin à des emplois de cette nature !

LÉANDRE. — Monsieur, ne faites point de bruit.

SGANARELLE, *en le faisant reculer.* — J'en veux faire, moi. Vous êtes un impertinent.

LÉANDRE. — Hé ! monsieur, doucement.

SGANARELLE. — Un malavisé.

LÉANDRE. — De grâce.

SGANARELLE. — Je vous apprendrai que je ne suis point homme à cela, et que c'est une insolence extrême...

LÉANDRE, *tirant une bourse.* — Monsieur...

SGANARELLE. — De vouloir m'employer... (*Recevant une bourse.*) Je ne parle pas pour vous, car vous êtes honnête homme ; et je serais ravi de vous rendre service : mais il y a de certains impertinents au monde qui viennent prendre les gens pour ce qu'ils ne sont pas ; et je vous avoue que cela me met en colère.

LÉANDRE. — Je vous demande pardon, monsieur, de la liberté que...

SGANARELLE. — Vous vous moquez. De quoi est-il question ?

LÉANDRE. — Vous saurez donc, monsieur, que cette maladie que vous voulez guérir est une feinte maladie. Les médecins ont raisonné là-dessus comme il faut ; et ils n'ont pas manqué de dire que cela procédait, qui du cerveau, qui des entrailles, qui de la rate, qui du foie : mais il est certain que l'amour en est la véritable cause, et que Lucinde n'a trouvé cette maladie que pour se délivrer d'un mariage dont elle était importunée. Mais, de crainte qu'on ne nous voie ensemble, retirons-nous d'ici ; et je vous dirai en marchant ce que je souhaite de vous.

SGANARELLE. — Allons, monsieur : vous m'avez donné pour votre amour une tendresse qui n'est pas concevable ; et j'y perdrai toute ma médecine, ou la malade crèvera, ou bien elle sera à vous.

FIN DU SECOND ACTE.

ACTE III.

SCÈNE PREMIÈRE. — LÉANDRE, SGANARELLE.

LÉANDRE. — Il me semble que je ne suis pas mal ainsi pour un apothicaire ; et, comme le père ne m'a guère vu, ce changement d'habit et de perruque est assez capable, je crois, de me déguiser à ses yeux.

SGANARELLE. — Sans doute.

LÉANDRE. — Tout ce que je souhaiterais, serait de savoir cinq ou six grands mots de médecine, pour parer mon discours et me donner l'air d'habile homme.

SGANARELLE. — Allez, allez, tout cela n'est pas nécessaire ; il suffit de l'habit : et je n'en sais pas plus que vous.

LÉANDRE. — Comment !

SGANARELLE. — Diable emporte si j'entends rien en médecine ! Vous êtes honnête homme, et je veux bien me confier à vous, comme vous vous confiez à moi.

LÉANDRE. — Quoi ! vous n'êtes pas effectivement...

SGANARELLE. — Non, vous dis-je ; ils m'ont fait médecin malgré mes dents. Je ne m'étais jamais mêlé d'être si savant que cela ; et toutes mes études n'ont été que jusqu'en sixième. Je ne sais pas sur quoi cette imagination leur est venue ; mais quand j'ai vu qu'à toute force ils voulaient que je fusse médecin, je me suis résolu de l'être aux dépens de qui il appartiendra. Cependant vous ne sauriez croire comment l'erreur s'est répandue, et de quelle façon chacun est endiablé à me croire habile homme. On me vient chercher de tous côtés ; et, si les choses vont toujours de même, je suis d'avis de m'en tenir toute ma vie à la médecine. Je trouve que c'est le métier le meilleur de tous ; car, soit qu'on fasse bien, ou soit qu'on fasse mal, on est toujours payé de même sorte. La méchante besogne ne retombe jamais sur notre dos ; et nous taillons, comme il nous plaît, sur l'étoffe où nous travaillons. Un cordonnier, en faisant des souliers, ne saurait gâter un morceau de cuir qu'il n'en paie les pots cassés ; mais ici l'on peut gâter un homme sans qu'il en coûte rien. Les bévues ne sont point pour nous, et c'est toujours la faute de celui qui meurt. Enfin le bon de cette profession est qu'il y a parmi les morts une honnêteté, une discrétion la plus grande du monde ; et jamais on n'en voit se plaindre du médecin qui l'a tué.

LÉANDRE. — Il est vrai que les morts sont fort honnêtes gens sur cette matière.

SGANARELLE, *voyant des hommes qui viennent à lui.* — Voilà des gens qui ont la mine de me venir consulter. (*A Léandre.*) Allez toujours m'attendre auprès du logis de votre maîtresse.

SCÈNE II. — THIBAULT, PERRIN, SGANARELLE.

THIBAULT. — Monsieu, je venons vous charcher, mon fils Perrin et moi.

SGANARELLE. — Qu'y a-t-il ?

THIBAULT. — Sa pauvre mère, qui a nom Parrette, est dans un lit, malade, il y a six mois.

SGANARELLE, *tendant la main comme pour recevoir de l'argent.* — Que voulez-vous que j'y fasse!

THIBAULT. — Je voudrions, monsieu, que vous nous baillisiez queuque petite drôlerie pour la garir.

SGANARELLE. — Il faut voir. De quoi est-ce qu'elle est malade?

THIBAULT. — Alle est malade d'hypocrisie, monsieu.

SGANARELLE. — D'hypocrisie.

THIBAULT. — Oui, c'est à dire qu'alle est enflée partout; et l'an dit que c'est quantité de sériosités qu'alle a dans le corps, et que son foie, son ventre, ou sa rate, comme vous voudrais l'appeler, au glieu de faire du sang, ne fait plus que de l'iau. Alle a, de deux jours l'un, la fièvre quotiguienne, avec des lassitudes et des douleurs dans les mufles des jambes. On entend dans sa gorge des fleumes qui sont tout prêts à l'étouffer; et parfois il lui prend des syncoles et des conversions, que je crayons qu'alle est passée. J'avons dans notre village un apothicaire, révérence parler, qui li a donné je ne sais combien d'histoires; et il m'en coûte plus d'une douzaine de bons écus en lavements, ne v's en déplaise, en aposthumes qu'on li a fait prendre, en infections de jacinthe, et en portions cordales. Mais tout ça, comme dit l'autre, n'a été que de longuent miton-mitaine. Il velait li bailler d'une certaine drogue que l'on appelle du vin amétile; mais j'ai-z-eu peur franchement que ça l'envoyît *a patres*; et l'an dit que ces gros médecins tuont je ne sais combien de monde avec cette invention-là.

SGANARELLE, *tendant toujours la main.* — Venons au fait, mon ami, venons au fait.

THIBAULT. — Le fait est, monsieu, que je venons vous prier de nous dire ce qu'il faut que nous fassions.

SGANARELLE. — Je ne vous entends point du tout.

PERRIN. — Monsieu, ma mère est malade; et v'là deux écus que je vous apportons pour nous bailler queuque remède.

SGANARELLE. Ah! je vous entends, vous. Voilà un garçon qui parle clairement, et qui s'explique comme il faut. Vous dites que votre mère est malade d'hydropisie, qu'elle est enflée par tout le corps, qu'elle a la fièvre, avec des douleurs dans les jambes, et qu'il lui prend parfois des syncopes et des convulsions, c'est à dire des évanouissements?

PERRIN. — Hé! oui, monsieu, c'est justement çà.

SGANARELLE. — J'ai compris d'abord vos paroles. Vous avez un père qui ne sait ce qu'il dit. Maintenant vous me demandez un remède?

PERRIN. — Oui, monsieu.

SGANARELLE. — Un remède pour la guérir?

PERRIN. — C'est comme je l'entendons.

SGANARELLE. — Tenez, voilà un morceau de fromage qu'il faut que vous lui fassiez prendre.

PERRIN. — Du fromage, monsieu?

SGANARELLE. — Oui: c'est un fromage préparé, où il entre de l'or, du corail et des perles, et quantité d'autres choses précieuses.

PERRIN. — Monsieu, je vous sommes bien obligés et j'allons li faire prendre ça tout-à-l'heure.

SGANARELLE. — Allez. Si elle meurt, ne manquez pas de la faire enterrer du mieux que vous pourrez.

SCÈNE III. — JACQUELINE, SGANARELLE, LUCAS, *dans le fond du théâtre.*

SGANARELLE. — Voici la belle nourrice. Ah! nourrice de mon cœur, je suis ravi de cette rencontre; et votre vue est la rhubarbe, la casse et le séné, qui purgent toute la mélancolie de mon ame.

JACQUELINE. — Par ma figué, monsieu le médecin, ça est trop bian dit pour moi, et je n'entends rian à tout votre latin.

SGANARELLE. — Devenez malade, nourrice, je vous prie; devenez malade pour l'amour de moi. J'aurais toutes les joies du monde de vous guérir.

JACQUELINE. — Je sis bian votre servante; j'aime bian mieux qu'an ne me guérisse pas.

SGANARELLE. — Que je vous plains, belle nourrice, d'avoir un mari jaloux et fâcheux, comme celui que vous avez!

MOLIÈRE.   25

JACQUELINE. — Que v'lez-vous, monsieu? C'est pour la pénitence de mes fautes; et là où la chèvre est bian liée, il faut qu'alle y broute.

SGANARELLE. — Comment! un rustre comme cela! un homme qui vous observe toujours et ne veut pas que personne vous parle!

JACQUELINE. — Hélas! vous n'avez rian vu encore; et ce n'est qu'un petit échantillon de sa mauvaise himeur.

SGANARELLE. — Est-il possible? et qu'un homme ait l'ame assez basse pour maltraiter une personne comme vous! Ah! que j'en sais, belle nourrice, et qui ne sont pas loin d'ici, qui se tiendraient heureux de baiser seulement les petits bouts de vos petons! Pourquoi faut-il qu'une personne si bien faite soit tombée en de pareilles mains, et qu'un franc animal, un brutal, un stupide, un sot... Pardonnez-moi, nourrice, si je parle ainsi de votre mari...

JACQUELINE. — Hé! monsieu, je sais bian qu'il mérite tous ces noms-là.

SGANARELLE. — Oui, sans doute, nourrice, il les mérite; et il mériterait encore que vous lui missiez quelque chose sur la tête, pour le punir des soupçons qu'il a.

JACQUELINE. — Il est bian vrai que, si je n'avais devant les yeux que son intérêt, il pourrait m'obliger à queuque étrange chose.

SGANARELLE. — Ma foi, vous ne feriez pas mal de vous venger de lui avec quelqu'un. C'est un homme, je vous le dis, qui mérite bien cela : et, si j'étais assez heureux, belle nourrice, pour être choisi pour...

(Dans le temps que Sganarelle tend les bras pour embrasser Jacqueline, Lucas passe sa tête par-dessous, et se met entre eux deux. Sganarelle et Jacqueline regardent Lucas, et sortent chacun de leur côté.)

SCÈNE IV. — GÉRONTE, LUCAS.

GÉRONTE. — Holà! Lucas, n'as-tu point vu ici notre médecin?

LUCAS. — Et oui, de par tous les diantres, je l'ai vu; et ma femme aussi.

GÉRONTE. — Où est-ce qu'il peut être?

LUCAS. — Je ne sais; mais je voudrais qu'il fût à tous les guebles.

GÉRONTE. — Va t'en voir un peu ce que fait ma fille.

SCÈNE V. — SGANARELLE, LÉANDRE, GÉRONTE.

GÉRONTE. — Ah! monsieur, je demandais où vous étiez.

SGANARELLE. — Je m'étais amusé, dans votre cour, à expulser le superflu de la boisson. Comment se porte la malade?

GÉRONTE. — Un peu plus mal depuis votre remède.

SGANARELLE. — Tant mieux; c'est signe qu'il opère.

GÉRONTE. — Oui, mais en opérant, je crains qu'il ne l'étouffe.

SGANARELLE. — Ne vous mettez pas en peine, j'ai des remèdes qui se moquent de tout, et je l'attends à l'agonie.

GÉRONTE, *montrant Léandre*. — Qui est cet homme-là que vous amenez?

SGANARELLE, *faisant des signes avec la main pour montrer que c'est un apothicaire*. — C'est...

GÉRONTE. — Quoi?

SGANARELLE. — Celui.

GÉRONTE. — Hé!

SGANARELLE. — Qui...

GÉRONTE. — Je vous entends.

SGANARELLE. — Votre fille en aura besoin.

SCÈNE VI. — LUCINDE, GÉRONTE, LÉANDRE, JACQUELINE, SGANARELLE.

JACQUELINE. — Monsieu, v'là votre fille qui veut un peu marcher.

SGANARELLE. — Cela lui fera du bien. Allez-vous en, monsieur l'apothicaire, tâter un peu son pouls, afin que je raisonne, tantôt avec vous, de sa maladie. *(Sganarelle tire Géronte dans un coin du théâtre, et lui passe un bras sur les épaules pour l'empêcher de tourner la tête du côté où sont Léandre et Lucinde.)* Monsieur, c'est une grande et subtile question entre les docteurs, de savoir si les femmes sont plus faciles à guérir que les hommes. Je vous prie d'écouter ceci, s'il vous plaît. Les uns disent que non, les autres disent que oui : et moi, je dis qu'oui et non; d'autant que l'incongruité des humeurs opaques qui se rencontrent au tempérament naturel des femmes, étant cause que la partie brutale veut toujours prendre empire sur la sensitive, l'inégalité de leurs opinions dépend du mouvement oblique du cercle de la lune ; et comme le soleil, qui darde ses rayons sur la concavité de la terre, trouve...

LUCINDE, *à Léandre*. — Non, je ne suis point du tout capable de changer de sentiment.

GÉRONTE. — Voilà ma fille qui parle ! O grande vertu du remède ! O admirable médecin ! Que je vous suis obligé, monsieur, de cette guérison merveilleuse ! et que puis-je faire pour vous après un tel service ?

SGANARELLE, *se promenant sur le théâtre et s'éventant avec son chapeau*. — Voilà une maladie qui m'a bien donné de la peine !

LUCINDE. — Oui, mon père, j'ai recouvré la parole ; mais je l'ai recouvrée pour vous dire que je n'aurai jamais d'autre époux que Léandre, et que c'est inutilement que vous voulez me donner Horace.

GÉRONTE. — Mais...

LUCINDE. — Rien n'est capable d'ébranler la résolution que j'ai prise.

GÉRONTE. — Quoi !..

LUCINDE. — Vous m'opposerez en vain de belles raisons.

GÉRONTE. — Si...

LUCINDE. — Tous vos discours ne serviront de rien.

GÉRONTE. — Je...

LUCINDE. — C'est une chose où je suis déterminée.

GÉRONTE. — Mais...

LUCINDE. — Il n'est puissance paternelle qui me puisse obliger à me marier malgré moi.

GÉRONTE. — J'ai...

LUCINDE. — Vous avez beau faire tous vos efforts.

GÉRONTE. — Il...

LUCINDE. — Mon cœur ne saurait se soumettre à cette tyrannie.

GÉRONTE. — La...

LUCINDE. — Et je me jetterai plutôt dans un couvent, que d'épouser un homme que je n'aime point.

GÉRONTE. — Mais...

LUCINDE, *avec vivacité*. — Non. En aucune façon. Point d'affaires. Vous perdez le temps. Je n'en ferai rien. Cela est résolu.

GÉRONTE. — Ah ! quelle impétuosité de paroles ! Il n'y a pas moyen d'y résister. (*A Sganarelle.*) Monsieur, je vous prie de la faire redevenir muette.

SGANARELLE. — C'est une chose qui m'est impossible. Tout ce que je puis faire pour votre service est de vous rendre sourd, si vous voulez.

GÉRONTE. — Je vous remercie. (*A Lucinde.*) Penses-tu donc...

LUCINDE. — Non, toutes vos raisons ne gagneront rien sur mon ame.

GÉRONTE. — Tu épouseras Horace dès ce soir.

LUCINDE. — J'épouserai plutôt la mort.

SGANARELLE, *à Géronte*. — Mon Dieu ! arrêtez-vous, laissez-moi médicamenter cette affaire ; c'est une maladie qui la tient, et je sais le remède qu'il faut y apporter.

GÉRONTE. — Serait-il possible, monsieur, que vous pussiez aussi guérir cette maladie d'esprit ?

SGANARELLE. — Oui ; laissez-moi faire, j'ai des remèdes pour tout ; et notre apothicaire nous servira pour cette cure. (*A Léandre.*) Un mot. Vous voyez que l'ardeur qu'elle a pour ce Léandre est tout-à-fait contraire aux volontés du père ; qu'il n'y a point de temps à perdre ; que les humeurs sont fort aigries, et qu'il est nécessaire de trouver promptement un remède à ce mal, qui pourrait empirer par le retardement. Pour moi, je n'y en vois qu'un seul, qui est une prise de fuite purgative, que vous mêlerez comme il faut avec deux dragmes de matrimonium en pilules. Peut-être fera-t-elle quelque difficulté à prendre ce remède ; mais comme vous êtes habile homme dans votre métier, c'est à vous de l'y résoudre, et de lui faire avaler la chose du mieux que vous pourrez. Allez-vous en lui faire faire un petit tour de jardin, afin de préparer les humeurs, tandis que j'entretiendrai ici son père ; mais surtout ne perdez point de temps. Au remède, vite ! au remède spécifique !

SCÈNE VII. — GÉRONTE, SGANARELLE.

GÉRONTE. — Quelles drogues, monsieur, sont celles que vous venez de dire ? Il me semble que je ne les ai jamais oui nommer.

SGANARELLE. — Ce sont drogues dont on se sert dans les nécessités urgentes.

GÉRONTE. — Avez-vous jamais vu une insolence pareille à la sienne?

SGANARELLE. — Les filles sont quelquefois un peu têtues.

GÉRONTE. — Vous ne sauriez croire comme elle est affolée de ce Léandre.

SGANARELLE. — La chaleur du sang fait cela dans les jeunes esprits.

GÉRONTE. — Pour moi, dès que j'ai eu découvert la violence de cet amour, j'ai su tenir ma fille renfermée.

SGANARELLE. — Vous avez fait sagement.

GÉRONTE. — Et j'ai bien empêché qu'ils n'aient eu communication ensemble.

SGANARELLE. — Fort bien.

GÉRONTE. — Il serait arrivé quelque folie, si j'avais souffert qu'ils se fussent vus.

SGANARELLE. — Sans doute.

GÉRONTE. — Et je crois qu'elle aurait été fille à s'en aller avec lui.

SGANARELLE. — C'est prudemment raisonner.

GÉRONTE. — On m'avertit qu'il fait tous ses efforts pour lui parler.

SGANARELLE. — Quel drôle!

GÉRONTE. — Mais il perdra son temps.

SGANARELLE. — Ah! ah!

GÉRONTE. — Et j'empêcherai bien qu'il ne la voie.

SGANARELLE. — Il n'a pas affaire à un sot, et vous savez des rubriques qu'il ne sait pas. Plus fin que vous n'est pas bête.

<h3 style="text-align:center">SCÈNE VIII. — LUCAS, GÉRONTE, SGANARELLE.</h3>

LUCAS. — Ah! palsanguienne, monsieu', voici bian du tintamare; votre fille s'en est enfuie avec son Liandre. C'était lui qui était l'apothicaire; et v'la monsieu le médecin qui a fait cette belle opération là.

GÉRONTE. — Comment! m'assassiner de la façon! Allons, un commissaire; et qu'on empêche qu'il ne sorte. Ah! traître, je vous ferai punir par la justice.

LUCAS. — Ah! par ma fi, monsieu le médecin, vous serez pendu : ne bougez de là seulement.

<h3 style="text-align:center">SCÈNE IX. — MARTINE, SGANARELLE, LUCAS.</h3>

MARTINE, à Lucas. — Ah! mon Dieu! que j'ai eu de peine à trouver ce logis. Dites-moi un peu des nouvelles du médecin que je vous ai donné.

LUCAS. — Le v'là qui va être pendu.

MARTINE. — Quoi! mon mari pendu! Hélas! et qu'a-t-il fait pour cela?

LUCAS. — Il a fait enlever la fille de notre maître.

MARTINE. — Quoi! mon cher mari, est-il vrai qu'on te va pendre?

SGANARELLE. — Tu vois. Ah!

MARTINE. — Faut-il que tu te laisses mourir en présence de tant de gens!

SGANARELLE. — Que veux-tu que j'y fasse?

MARTINE. — Encore, si tu avais achevé de couper notre bois, je prendrais quelque consolation.

SGANARELLE. — Retire-toi de là, tu me fends le cœur!

MARTINE. — Non, je veux demeurer pour t'encourager à la mort; et je ne te quitterai point que je ne t'aie vu pendu.

SGANARELLE. — Ah!

<h3 style="text-align:center">SCÈNE X. — GÉRONTE, SGANARELLE, MARTINE.</h3>

GÉRONTE, à Sganarelle. — Le commissaire viendra bientôt, et l'on s'en va vous mettre en lieu où l'on me répondra de vous.

SGANARELLE, à genoux. — Hélas! cela ne se peut-il point changer en quelques coups de bâton!

GÉRONTE. — Non, non; la justice en ordonnera. Mais que vois-je?

<h3 style="text-align:center">SCÈNE XI.</h3>

GÉRONTE, LÉANDRE, LUCINDE, SGANARELLE, LUCAS, MARTINE.

LÉANDRE. — Monsieur, je viens faire paraître Léandre à vos yeux, et remettre Lucinde en votre pouvoir. Nous avons eu dessein de prendre la fuite nous deux, et de nous aller marier ensemble; mais cette entreprise a fait place à un procédé plus honnête. Je ne prétends point vous voler votre fille, et ce n'est que de votre main que je veux la recevoir. Ce que je vous dirai, monsieur, c'est que je viens, tout à l'heure, de recevoir des lettres par où j'apprends que mon oncle est mort et que je suis héritier de tous ses biens.

GÉRONTE. — Monsieur, votre vertu m'est tout à fait considérable ; et je vous donne ma fille avec la plus grande joie du monde.

SGANARELLE, *à part*. — La médecine l'a échappé belle !

MARTINE. — Puisque tu ne seras point pendu, rends-moi grâce d'être médecin, car c'est moi qui t'ai procuré cet honneur.

SGANARELLE. — Oui, c'est toi qui m'as procuré je ne sais combien de coups de bâton.

LÉANDRE, *à Sganarelle*. — L'effet en est trop beau pour en garder du ressentiment.

SGANARELLE. — Soit. (*A Martine.*) Je te pardonne ces coups de bâton en faveur de la dignité où tu m'as élevé : mais prépare-toi désormais à vivre dans un grand respect avec un homme de ma conséquence ; et songe que la colère d'un médecin est plus à craindre qu'on ne peut croire.

FIN DU MÉDECIN MALGRÉ LUI.

MÉLICERTE,

PASTORALE HÉROIQUE EN DEUX ACTES.

PERSONNAGES.

MÉLICERTE, bergère.
DAPHNÉ, bergère.
ÉROXÈNE, bergère.
MYRTIL, amant de Mélicerte.
ACANTHE, amant de Daphné.
TYRÈNE, amant d'Éroxène.

LYCARSIS, pâtre, cru père de Myrtil.
CORINNE, confidente de Mélicerte.
NICANDRE, berger.
MOPSE, berger, cru oncle de Mélicerte.

*La scène est en Thessalie, dans la val-
lée de Tempé.*

ACTE Ier.

SCÈNE PREMIÈRE. — DAPHNÉ, ÉROXÈNE, TYRÈNE

ACANTHE. — Ah! charmante Daphné!

TYRÈNE. — Trop aimable Éroxène!

DAPHNÉ. — Acanthe, laisse-moi.

EROXÈNE. — Ne me suis point, Tyrène.

ACANTHE, *à Daphné.* — Pourquoi me chasses-tu?

TYRÈNE, *à Éroxène.* — Pourquoi fuis-tu mes pas?

DAPHNÉ, *à Achante.* — Tu me plais loin de moi.

ÉROXÈNE, *à Tyrène.* — Je t'aime où tu n'es pas

ACANTHE. — Ne cesseras-tu point cette rigueur mortelle?

TYRÈNE. — Ne cesseras-tu point de m'être si cruelle?

DAPHNÉ. — Ne cesseras-tu point tes inutiles vœux?

EROXÈNE. — Ne cesseras-tu point de m'être si fâcheux?

ACANTHE. — Si tu n'en prends pitié, je succombe à ma peine.

TYRÈNE. — Si tu ne me secours, ma mort est trop certaine.

DAPHNÉ. — Si tu ne veux partir, je vais quitter ce lieu.

EROXÈNE. — Si tu veux demeurer, je te vais dire adieu.

ACANTHE. — Hé bien? en m'éloignant, je te vais satisfaire.

TYRÈNE. — Mon départ va t'ôter ce qui peut te déplaire.

ACANTHE. — Généreuse Éroxène, en faveur de mes feux,
Daigne au moins, par pitié, lui dire un mot ou deux.

TYRÈNE. — Obligeante Daphné, parle à cette inhumaine,
Et sache d'où, pour moi, procède tant de haine.

SCÈNE II. — DAPHNÉ, ÉROXÈNE.

ÉROXÈNE. — Acanthe a du mérite, et t'aime tendrement;
D'où vient que tu lui fais un si dur traitement?

DAPHNÉ. — Tyrène vaut beaucoup, et languit pour tes charmes;
D'où vient que sans pitié tu vois couler ses larmes.

ÉROXÈNE. — Puisque j'ai fait ici la demande avant toi,
La raison te condamne à répondre avant moi.

DAPHNÉ. — Pour tous les soins d'Acanthe on me voit inflexible,
Parce qu'à d'autres vœux je me trouve sensible.

ÉROXÈNE. — Je ne fais, pour Tyrène, éclater que rigueur,
Parce qu'un autre choix est maître de mon cœur.

DAPHNÉ. — Puis-je savoir de toi ce choix qu'on te voit taire?

ÉROXÈNE. — Oui, si tu veux du tien m'apprendre le mystère.

DAPHNÉ. — Sans te nommer celui qu'amour m'a fait choisir,
Je puis facilement contenter ton désir;
Et de la main d'Atis, ce peintre inimitable,
J'en garde, dans ma poche, un portrait admirable,
Qui jusqu'au moindre trait lui ressemble si fort,
Qu'il est sûr que tes yeux le connaîtront d'abord.

ÉROXÈNE. — Je puis te contenter par une même voie,
  Et payer ton secret en pareille monnoie.
  J'ai de la main aussi de ce peintre fameux
  Un aimable portrait de l'objet de mes vœux;
  Si plein de tous ses traits et de sa grâce extrême,
  Que tu pourras d'abord te le nommer, toi-même.
DAPHNÉ. — La boîte que le peintre a fait faire pour moi.
  Est tout à fait semblable à celle que je vois.
ÉROXÈNE. — Il est vrai, l'une à l'autre entièrement ressemble;
  Et certe il faut qu'Atis les ait fait faire ensemble.
DAPHNÉ. — Faisons en même temps, par un peu de couleurs,
  Confidence à nos yeux du secret de nos cœurs.
ÉROXÈNE. — Voyons à qui plus vite entendra ce langage,
  Et qui parle le mieux, de l'un ou l'autre ouvrage.
DAPHNÉ. — La méprise est plaisante, et tu te brouilles bien;
  Au lieu de ton portrait, tu m'as rendu le mien.
ÉROXÈNE. — Il est vrai; je ne sais comme j'ai fait la chose.
DAPHNÉ. — Donne. De cette erreur, ta rêverie est cause.
ÉROXÈNE. — Que veut dire ceci? Nous nous jouons, je croi
  Tu fais de ces portraits même chose que moi.
DAPHNÉ.—Certes, c'est pour en rire, et tu peux me le rendre.
    ÉROXÈNE, *mettant les deux portraits l'un à côté de l'autre.*
  Voici le vrai moyen de ne se point méprendre.
DAPHNÉ. — De mes sens prévenus est-ce une illusion?
ÉROXÈNE. — Mon ame sur mes yeux fait-elle impression
DAPHNÉ. — Myrtil à mes regards s'offre dans cet ouvrage.
ÉROXÈNE. — De Myrtil dans ces traits je rencontre l'image.
DAPHNÉ. — C'est le jeune Myrtil qui fait naître mes feux.
ÉROXÈNE. — C'est au jeune Myrtil que tendent tous mes vœux.
DAPHNÉ. — Je venais aujourd'hui te prier de lui dire
  Les soins que pour son sort son mérite m'inspire.
ÉROXÈNE. — Je venais te chercher pour servir mon ardeur
  Dans le dessein que j'ai de m'assurer son cœur.
DAPHNÉ. — Cette ardeur qu'il t'inspire est-elle si puissante?
ÉROXÈNE. — L'aimes-tu d'une amour qui soit si violente?
DAPHNÉ. — Il n'est point de froideur qu'il ne puisse enflammer
  Et sa grâce naissante a de quoi tout charmer.
ÉROXÈNE. — Il n'est nymphe en l'aimant qui ne se tînt heureuse;
  Et Diane, sans honte, en serait amoureuse.
DAPHNÉ. — Rien que son air charmant ne me touche aujourd'hui,
  Et si j'avais cent cœurs, ils seraient tous pour lui.
ÉROXÈNE. — Il efface à mes yeux tout ce qu'on voit paraître,
  Et si j'avais un sceptre, il en serait le maître.
DAPHNÉ. — Ce serait donc en vain qu'à chacune en ce jour,
  On nous voudrait du sein arracher cet amour:
  Nos ames dans leurs vœux sont trop bien affermies.
  Ne tâchons, s'il se peut, qu'à demeurer amies;
  Et puisque en même temps, pour le même sujet,
  Nous avons toutes deux formé même projet,
  Mettons dans ce débat la franchise en usage,
  Ne prenons l'une et l'autre aucun lâche avantage,
  Et courons nous ouvrir ensemble à Lycaris
  Des tendres sentiments où nous jette son fils.
ÉROXÈNE. — J'ai peine à concevoir, tant la surprise est forte,
  Comme un tel fils est né d'un père de la sorte,
  Et sa taille, son air, sa parole et ses yeux,
  Feraient croire qu'il est issu du sang des dieux,
  Mais enfin, j'y souscris: courons trouver ce père,
  Allons lui de nos cœurs découvrir le mystère;
  Et consentons qu'après, Myrtil entre nous deux
  Décide par son choix ce combat de nos vœux.

DAPHNÉ. — Soit. Je vois Lycarsis avec Mopse et Nicandre.
Ils pourront le quitter, cachons-nous pour attendre.

SCÈNE III. — LYCARSIS, MOPSE, NICANDRE.

NICANDRE, *à Lycarsis.* — Dis-nous donc ta nouvelle.

LYCARSIS. — Ah! que vous me pressez!
Cela ne se dit pas comme vous le pensez.

MOPSE. — Que de sottes façons, et que de badinage!
Ménalque pour chanter n'en fait pas davantage.

LYCARSIS. — Parmi les curieux des affaires d'état,
Une nouvelle à dire est d'un puissant éclat.
Je me veux mettre un peu sur l'homme d'importance,
Et jouir quelque temps de votre impatience.

NICANDRE. — Veux-tu par tes délais nous fatiguer tous deux?

MOPSE. — Prends-tu quelque plaisir à te rendre fâcheux?

NICANDRE. — De grace, parle, et mets ces mines en arrière.

LYCARSIS. — Priez-moi donc tous deux de la bonne manière,
Et me dites chacun quel don vous me ferez
Pour obtenir de moi ce que vous désirez.

MOPSE. — La peste soit du fat! laissons-le là, Nicandre;
Il brûle de parler, bien plus que nous d'entendre.
Sa nouvelle lui pèse, il veut s'en décharger;
Et ne l'écouter pas est le faire enrager.

LYCARSIS. — Hé!

NICANDRE. — Te voilà puni de tes façons de faire.

LYCARSIS. — Je m'en vais vous le dire, écoutez.

MOPSE. — Point d'affaire.

LYCARSIS. — Quoi! vous ne voulez pas m'entendre?

NICANDRE. — Non.

LYCARSIS. — Hé bien!
Je ne dirai donc mot, et vous ne saurez rien.

MOPSE. — Soit.

LYCARSIS. — Vous ne saurez pas qu'avec magnificence
Le roi vient honorer Tempé de sa présence;
Qu'il entra dans Larisse hier sur le haut du jour;
Qu'à l'aise je l'y vis avec toute sa cour;
Que ces bois vont jouir aujourd'hui de sa vue,
Et qu'on raisonne fort touchant cette venue.

NICANDRE. — Nous n'avons pas envie aussi de rien savoir.

LYCARSIS. — Je vis cent choses là, ravissantes à voir:
Ce ne sont que seigneurs, qui, des pieds à la tête,
Sont brillants et parés comme au jour d'une fête;
Ils surprennent la vue; et nos prés au printemps,
Avec toutes leurs fleurs, sont bien moins éclatants.
Pour le prince, entre tous sans peine on le remarque,
Et d'une stade loin il sent son grand monarque:
Dans toute sa personne il a je ne sais quoi
Qui d'abord fait juger que c'est un maître roi.
Il le fait d'une grâce à nulle autre seconde;
Et cela, sans mentir, lui sied le mieux du monde.
On ne croirait jamais comme de toutes parts
Toute sa cour s'empresse à chercher ses regards:
Ce sont autour de lui confusions plaisantes;
Et l'on dirait d'un tas de mouches reluisantes
Qui suivent en tous lieux un doux rayon de miel.
Enfin l'on ne voit rien de si beau sous le ciel;
Et la fête de Pan, parmi nous si chérie,
Auprès de ce spectacle est une gueuserie.
Mais puisque sur le fier vous vous tenez si bien,
Je garde ma nouvelle et ne veux dire rien.

MOPSE. — Et nous ne te voulons aucunement entendre.

LYCARSIS. — Allez vous promener.

MOPSE. — Va-t'en te faire pendre.

SCÈNE IV. — ÉROXÈNE, DAPHNÉ, LYCARSIS.

LYCARSIS, *se croyant seul.* — C'est de cette façon que l'on punit les gens,
Quand ils font les benêts et les impertinents.

DAPHNÉ. — Le ciel tienne, pasteur, vos brebis toujours saines!

ÉROXÈNE. — Cérès tienne de grains vos granges toujours pleines!

LYCARSIS. — Et le grand Pan vous donne à chacune un époux
Qui vous aime beaucoup et soit digne de vous!

DAPHNÉ. — Ah! Lycarsis, nos vœux à même but aspirent.

ÉROXÈNE. — C'est pour le même objet que nos deux cœurs soupirent.

DAPHNÉ. — Et l'Amour, cet enfant qui cause nos langueurs,
A pris chez vous le trait dont il blesse nos cœurs.

ÉROXÈNE. — Et nous venons ici chercher votre alliance,
Et voir qui de nous deux aura la préference.

LYCARSIS. — Nymphes...

DAPHNÉ. — Pour ce bien seul nous poussons des soupirs.

LYCARSIS. — Je suis...

ÉROXÈNE. — A ce bonheur tendent tous nos désirs.

DAPHNÉ. — C'est un peu librement exprimer sa pensée.

LYCARSIS. — Pourquoi?

ÉROXÈNE. — La bienséance y semble un peu blessée.

LYCARSIS. — Ah! point.

DAPHNÉ. — Mais quand le cœur brûle d'un noble feu
On peut, sans nulle honte, en faire un libre aveu.

LYCARSIS. — Je...

ÉROXÈNE. — Cette liberté nous peut être permise,
Et du choix de nos cœurs la beauté l'autorise.

LYCARSIS. — C'est blesser ma pudeur que me flatter ainsi.

ÉROXÈNE. — Non, non, n'affectez point de modestie ici.

DAPHNÉ. — Enfin, tout notre bien est en votre puissance.

ÉROXÈNE. — C'est de vous que dépend notre unique espérance.

DAPHNÉ. — Trouvérons-nous en vous quelques difficultés?

LYCARSIS — Ah!

ÉROXÈNE. — Nos vœux, dites-moi, seront-ils rejetés?

LYCARSIS. — Non, j'ai reçu du ciel une ame peu cruelle:
Je tiens de feu ma femme; et je me sens, comme elle,
Pour les désirs d'autrui beaucoup d'humanité,
Et je ne suis point homme à garder de fierté.

DAPHNÉ. — Accordez donc Myrtil à notre amoureux zèle.

ÉROXÈNE. — Et souffrez que son choix règle notre querelle.

LYCARSIS. — Myrtil!

DAPHNÉ. — Oui, c'est Myrtil que de vous nous voulons.

ÉROXÈNE. — De qui pensez-vous donc qu'ici nous vous parlons?

LYCARSIS. — Je ne sais; mais Myrtil n'est guère dans un âge
Qui soit propre à ranger au joug du mariage.

DAPHNÉ. — Son mérite naissant peut frapper d'autres yeux;
Et l'on veut s'engager un bien si précieux,
Prévenir d'autres cœurs, et braver la fortune
Sous les fermes liens d'une chaîne commune.

ÉROXÈNE. — Comme par son esprit et ses autres brillants
Il rompt l'ordre commun, et devance le temps,
Notre flamme pour lui veut en faire de même,
Et régler tous ses vœux sur son mérite extrême.

LYCARSIS. — Il est vrai qu'à son âge il surprend quelquefois;
Et cet Athénien qui fut chez moi vingt mois,
Qui, le trouvant joli, se mit en fantaisie
De lui remplir l'esprit de sa philosophie,
Sur de certains discours l'a rendu si profond,
Que, tout grand que je suis, souvent il me confond.

Mais, avec tout cela, ce n'est encor qu'enfance,
Et son fait est mêlé de beaucoup d'innocence.
DAPHNÉ. — Il n'est point tant enfant, qu'à le voir chaque jour
Je ne le croie atteint déjà d'un peu d'amour;
Et plus d'une aventure à mes yeux s'est offerte,
Où j'ai connu qu'il suit la jeune Mélicerte.
ÉROXÈNE. — Ils pourraient bien s'aimer, et je vois...
　　　　　　　　　　　　LYCARSIS. — Franc abus.
Pour elle passe encore, elle a deux ans de plus;
Et deux ans dans son sexe est une grande avance.
Mais pour lui, le jeu seul l'occupe tout, je pense,
Et les petits désirs de se voir ajusté
Ainsi que les bergers de haute qualité.
DAPHNÉ. — Enfin, nous désirons par le nœud d'hyménée
Attacher sa fortune à notre destinée.
ÉROXÈNE. — Nous voulons l'une et l'autre, avec pareille ardeur,
Nous assurer de loin l'empire de son cœur.
LYCARSIS. — Je m'en tiens honoré plus qu'on ne saurait croire.
Je suis un pauvre pâtre, et ce m'est trop de gloire
Que deux nymphes d'un rang le plus haut du pays
Disputent à se faire un époux de mon fils.
Puisqu'il vous plaît qu'ainsi la chose s'exécute,
Je consens que son choix règle votre dispute;
Et celle qu'à l'écart laissera cet arrêt
Pourra pour son recours m'épouser, s'il lui plaît.
C'est toujours même sang, et presque même chose.
Mais le voici. Souffrez qu'un peu je le dispose:
Il tient quelque moineau qu'il a pris franchement:
Et voilà ses amours et son attachement.

SCÈNE V. — ÉROXÈNE, DAPHNÉ et LYCARSYS, *dans le fond du théâtre;*
　　　　　　　　　　MYRTIL.

MYRTIL, *se croyant seul, et tenant un moineau dans une cage.*
　　Innocente petite bête,
　　Qui, contre ce qui vous arrête
　　Vous débattez tant à mes yeux,
De votre liberté ne plaignez point la perte:
　　Votre destin est glorieux,
　　Je vous ai pris pour Mélicerte;
Elle vous baisera, vous prenant dans sa main,
　　Et de vous mettre en son sein
　　Elle vous fera la grace.
Est-il un sort au monde et plus doux et plus beau?
Et qui des rois, hélas! heureux petit moineau,
　　Ne voudrait être en votre place?
LYCARSIS. — Myrtil! Myrtil! un mot. Laissons là ces joyaux,
Il s'agit d'autre chose ici que de moineaux.
Ces deux nymphes, Myrtil, à la fois te prétendent,
Et tout jeune déjà pour époux te demandent;
Je dois par un hymen t'engager à leurs vœux,
Et c'est toi que l'on veut qui choisisses des deux.
MYRTIL. — Ces nymphes?
　　　　　　　LYCARSIS. — Oui. Des deux tu peux en choisir une.
Vois quel est ton bonheur, et bénis la fortune.
MYRTIL. — Ce choix qui m'est offert peut-il m'être un bonheur,
S'il n'est aucunement souhaité de mon cœur?
LYCARSIS. — Enfin qu'on le reçoive; et que, sans se confondre,
A l'honneur qu'elles font on songe à bien répondre
ÉROXÈNE. — Malgré cette fierté qui règne parmi nous,
Deux nymphes, ô Myrtil, viennent s'offrir à vous;
Et de vos qualités les merveilles écloses

Font que nous renversons ici l'ordre des choses.
DAPHNÉ. — Nous vous laissons, Myrtil, pour l'avis le meilleur,
Consulter sur ce choix vos yeux et votre cœur;
Et nous n'en voulons point prévenir les suffrages
Par un récit paré de tous nos avantages.
MYRTIL. — C'est me faire un honneur dont l'éclat me surprend;
Mais cet honneur pour moi, je l'avoue, est trop grand.
A vos rares bontés il faut que je m'oppose :
Pour mériter ce sort, je suis trop peu de chose;
Et je serais fâché, quels qu'en soient les appas,
Qu'on vous blâmât pour moi de faire un choix trop bas.
ÉROXÈNE. — Contentez nos désirs, quoi qu'on en puisse croire;
Et ne vous chargez point du soin de notre gloire.
DAPHNÉ. — Non, ne descendez point dans ces humilités,
Et laissez-nous juger ce que vous méritez.
MYRTIL. — Le choix qui m'est offert s'oppose à votre attente
Et peut seul empêcher que mon cœur vous contente.
Le moyen de choisir de deux grandes beautés,
Égales en naissance et rares qualités!
Rejeter l'une ou l'autre est un crime effroyable,
Et n'en choisir aucune est bien plus raisonnable.
ÉROXÈNE. — Mais en faisant refus de répondre à nos vœux,
Au lieu d'une, Myrtil, vous en outragez deux.
DAPHNÉ. — Puisque nous consentons à l'arrêt qu'on peut rendre,
Ces raisons ne font rien à vouloir s'en défendre.
MYRTIL. — Hé bien! si ces raisons ne vous satisfont pas,
Celle-ci le fera : J'aime d'autres appas;
Et je sens bien qu'un cœur, qu'un bel objet engage,
Est insensible et sourd à tout autre avantage.
LYCARSIS. — Comment donc! Qu'est ceci? Qui l'eût pu présumer?
Et savez-vous, morveux, ce que c'est que d'aimer?
MYRTIL. — Sans savoir ce que c'est, mon cœur a su le faire.
LYCARSIS. — Mais cet amour me choque, et n'est pas nécessaire.
MYRTIL. — Vous ne deviez donc pas, si cela vous déplaît,
Me faire un cœur sensible et tendre comme il est.
LYCARSIS. — Mais ce cœur que j'ai fait me doit obéissance.
MYRTIL. — Oui, lorsque d'obéir il est en sa puissance.
LYCARSIS. — Mais enfin, sans mon ordre, il ne doit point aimer.
MYRTIL. — Que n'empêchiez-vous donc que l'on pût le charmer?
LYCARSIS. — Hé bien! je vous défends que cela continue.
MYRTIL. — La défense, j'ai peur, sera trop tard venue.
LYCARSIS. — Quoi! les pères n'ont pas des droits supérieurs?
MYRTIL — Les dieux qui sont bien plus, ne forcent point les cœurs.
LYCARSIS. — Les dieux... Paix, petit sot. Cette philosophie
Me...
DAPHNÉ. — Ne vous mettez point en courroux, je vous prie.
LYCARSIS. — Non, je veux qu'il se donne à l'une pour époux
Ou je vais lui donner le fouet tout devant vous.
Ah! ah! je vous ferai sentir que je suis père.
DAPHNÉ. — Traitons, de grâce, ici les choses sans colère.
ÉROXÈNE. — Peut-on savoir de vous cet objet si charmant,
Dont la beauté, Myrtil, vous a fait son amant?
MYRTIL. — Mélicerte, madame. Elle en peut faire d'autres.
EROXÈNE. — Vous comparez, Myrtil, ses qualités aux nôtres?
DAPHNÉ. — Le choix d'elle et de nous est assez inégal.
MYRTIL. — Nymphes, au nom des dieux, n'en dites point de mal
Daignez considérer, de grâce, que je l'aime;
Et ne me jetez point dans un désordre extrême.
Si j'outrage, en l'aimant, vos célestes attraits,
Elle n'a point de part au crime que je fais;
C'est de moi, s'il vous plaît, que vient toute l'offense

Il est vrai, d'elle à vous je sais la différence:
Mais par sa destinée on se trouve enchaîné;
Et je sens bien enfin que le ciel m'a donné
Pour vous tout le respect, nymphes, imaginable,
Pour elle tout l'amour dont une ame est capable.
Je vois à la rougeur qui vient de vous saisir,
Que ce que je vous dis ne vous fait pas plaisir.
Si vous parlez, mon cœur appréhende d'entendre
Ce qui peut le blesser par l'endroit le plus tendre;
Et, pour me dérober à de semblable coups,
Nymphes, j'aime bien mieux prendre congé de vous.
LYCARSIS. — Myrtil! holà, Myrtil! Veux-tu revenir, traître?
Il fuit ; mais on verra qui de nous est le maître.
Ne vous effrayez point de tous ces vains transports;
Vous l'aurez pour époux, j'en réponds corps pour corps.

FIN DU PREMIER ACTE.

ACTE II.

SCÈNE PREMIÈRE — MÉLICERTE, CORINNE.

MÉLICERTE. — ah! Corinne, tu viens de l'apprendre de Stelle,
Et c'est de Lycarsis qu'elle tient la nouvelle?
CORINNE. — Oui.
MÉLICERTE. — Que les qualités dont Myrtil est orné,
Ont su toucher d'amour Eroxène et Daphné?
CORINNE. — Oui.
MÉLICERTE. — Que pour l'obtenir leur ardeur est si grande,
Qu'ensemble elles en ont déjà fait la demande?
Et que, dans ce débat, elles ont fait dessein
De passer, dès cette heure, à recevoir sa main?
Ah! que tes mots ont peine à sortir de ta bouche!
Et que c'est faiblement que mon souci te touche!
CORINNE. — Mais quoi! Que voulez-vous? C'est là la vérité,
Et vous redites tout comme je l'ai conté.
MÉLICERTE. — Mais comment Lycarsis reçoit-il cette affaire?
CORINNE — Comme un honneur, je crois, qui doit beaucoup lui plaire,
MÉLICERTE. — Et ne vois-tu pas bien, toi qui sais mon ardeur,
Qu'avec ces mots, hélas! tu me perces le cœur?
CORINNE. — Comment?
MÉLICERTE. — Me mettre aux yeux que le sort incapable
Auprès d'elles me rend trop peu considérable,
Et qu'à moi, par leur rang, on les va préférer,
N'est-ce pas une idée à me désespérer?
CORINNE. — Mais quoi! je vous réponds, et dis ce que je pense.
MÉLICERTE. — Ah! tu me fais mourir par ton indifférence.
Mais dis, quels sentiments Myrtil a-t-il fait voir?
CORINNE. — Je ne sais.
MÉLICERTE. — Et c'est là ce qu'il fallait savoir,
Cruelle!
CORINNE. — En vérité, je ne sais comment faire;
Et, de tous les côtés, je trouve à vous déplaire.
MÉLICERTE. — C'est que tu n'entres point dans tous les mouvements
D'un cœur, hélas! rempli de tendre sentiments
Va-t'en, laisse-moi seule en cette solitude.
Passer quelques moments de mon inquiétude.

SCÈNE II. — MÉLICERTE, seule.

Vous le voyez, mon cœur, ce que c'est que d'aimer ;

Et Bélise avait su trop bien m'en informer.
Cette charmante mère, avant sa destinée
Me disait une fois, sur le bord du Pénée.
« Ma fille, songe à toi; l'amour aux jeunes cœurs
« Se présente toujours entouré de douceurs.
« D'abord il n'offre aux yeux que choses agréables :
« Mais il traîne après lui des troubles effroyables :
« Et, si tu veux passer tes jours dans quelque paix,
« Toujours comme d'un mal défends-toi de ses traits. »
De ses leçons, mon cœur, je m'étais souvenue;
Et quand Myrtil venait à s'offrir à ma vue,
Qu'il jouait avec moi, qu'il me rendait des soins,
Je vous disais toujours de vous y plaire moins.
Vous ne me crûtes point, et votre complaisance
Se vit bientôt changée en trop de bienveillance.
Dans ce naissant amour, qui flattait vos desirs,
Vous ne vous figuriez que joie et que plaisirs;
Cependant vous voyez la cruelle disgrace,
Dont en ce triste jour le destin vous menace,
Et la peine mortelle où vous voilà réduit.
Ah! mon cœur! ah! mon cœur! je vous l'avais bien dit.
Mais tenons, s'il se peut, notre douleur couverte.
Voici...

SCÈNE III. — MYRTIL, MÉLICERTE.

MYRTIL. — J'ai fait tantôt, charmante Mélicerte,
Un petit prisonnier que je garde pour vous,
Et dont peut-être un jour je deviendrai jaloux.
C'est un jeune moineau, qu'avec un soin extrême,
Je veux, pour vous l'offrir, apprivoiser moi-même.
Le présent n'est pas grand; mais les divinités
Ne jettent leurs regards que sur les volontés.
C'est le cœur qui fait tout; et jamais la richesse,
Des présents que... Mais, ciel! d'où vient cette tristesse
Qu'avez-vous, Mélicerte, et quel sombre chagrin
Se voit dans vos beaux yeux répandu ce matin?
Vous ne répondez point, et ce morne silence
Redouble encor ma peine et mon impatience.
Parlez. De quel ennui ressentez-vous les coups?
Qu'est-ce donc?
  MÉLICERTE. — Ce n'est rien.
      MYRTIL. — Ce n'est rien, dites-vous?
Et je vois cependant vos yeux couverts de larmes.
Cela s'accorde-t-il, beauté pleine de charmes?
Ah! ne me faites point un secret dont je meurs,
Et m'expliquez, hélas! ce que disent ces pleurs.
MÉLICERTE. — Rien ne me servirait de vous le faire entendre.
MYRTIL. — Devez-vous rien avoir que je ne doive apprendre?
Et ne blessez-vous pas notre amour aujourd'hui,
De vouloir me voler la part de votre ennui?
Ah! ne le cachez point à l'ardeur qui m'inspire.
MÉLICERTE. — Hé bien! Myrtil, hé bien! il faut donc vous le dire.
J'ai su que, par un choix plein de gloire pour vous,
Eroxène et Daphné vous veulent pour époux;
Et je vous avouerai que j'ai cette faiblesse,
De n'avoir pu, Myrtil, le savoir sans tristesse,
Sans accuser du sort la rigoureuse loi,
Qui les rend dans leurs vœux préférables à moi.
MYRTIL. — Et vous pouvez l'avoir cette injuste triste
Vous pouvez soupçonner mon amour de faiblesse,
Et croire qu'engagé par des charmes si doux,

Je puisse être jamais à quelque autre qu'à vous !
Que je puisse accepter une autre main offerte !
Hé ! que vous ai-je fait cruelle, Mélicerte,
Pour traiter ma tendresse avec tant de rigueur,
Et faire un jugement si mauvais de mon cœur ?
Quoi ! faut-il que de lui vous ayez quelque crainte ?
Je suis bien malheureux de souffrir cette atteinte ;
Et que me sert d'aimer comme je fais, hélas ?
Si vous êtes si prête à ne le croire pas ?

MÉLICERTE. — Je pourrais moins, Myrtil, redouter ces rivales,
Si les choses étaient de part et d'autre égales ;
Et, dans un rang pareil, j'oserais espérer
Que peut-être l'amour me ferait préférer ;
Mais l'inégalité de bien et de naissance,
Qui peut, d'elles a moi, faire la différence...

MYRTIL. — Ah ! leur rang de mon cœur ne viendra point à bout ;
Et vos divins appas me tiennent lieu de tout.
Je vous aime, il suffit ; et, dans votre personne
Je vois rang, biens, trésors, états, sceptre, couronne ;
Et des rois les plus grands m'offrît-on le pouvoir,
Je n'y changerais pas le bien de vous avoir.
C'est une vérité toute sincère et pure ;
Et pouvoir en douter est me faire une injure.

MÉLICERTE. — Hé bien ! je crois, Myrtil, puisque vous le voulez,
Que vos vœux par leur rang ne sont point ébranlés,
Et que, bien qu'elles soient nobles, riches et belles,
Votre cœur m'aime assez pour me mieux aimer qu'elles ;
Mais ce n'est pas l'amour dont vous suivez la voix ;
Votre père, Myrtil, règlera votre choix ;
Et, de même qu'à vous, je ne lui suis pas chère,
Pour préférer à tout une simple bergère.

MYRTIL. — Non, chère Mélicerte, il n'est père ni dieux
Qui me puissent forcer à quitter vos beaux yeux ;
Et toujours de mes vœux reine comme vous êtes...

MÉLICERTE. — Ah ! Myrtil, prenez garde à ce qu'ici vous faites :
N'allez point présenter un espoir à mon cœur,
Qu'il recevrait peut-être avec trop de douceur,
Et qui, tombant après comme un éclair qui passe,
Me rendrait plus cruel le coup de ma disgrace.

MYRTIL. — Quoi ! faut-il des serments appeler le secours
Lorsque l'on vous promet de vous aimer toujours ?
Que vous vous faites tort par de telles alarmes,
Et connaissez bien peu le pouvoir de vos charmes !
Hé bien ! puisqu'il le faut, je jure par les dieux,
Et, si ce n'est assez, je jure par vos yeux,
Qu'on me tuera plutôt que je vous abandonne.
Recevez-en ici la foi que je vous donne ;
Et souffrez que ma bouche, avec ravissement,
Sur cette belle main en signe le serment.

MÉLICERTE. — Ah ! Myrtil, levez-vous, de peur qu'on ne nous voie.

MYRTIL. — Est-il rien... ? Mais, ô ciel on vient troubler ma joie.

SCÈNE IV. — LYCARSIS, MYRTIL, MÉLICERTE.

LYCARSIS. — Ne vous contraignez pas pour moi.

　　　　　　　　　MÉLICERTE, *à part.* — Quel sort fâcheux !

LYCARSIS. — Cela ne va pas mal, continuez tous deux.
Peste ! mon petit fils, que vous avez l'air tendre,
Et qu'en maître déjà vous savez vous y prendre !
Vous a-t-il, ce savant qu'Athènes exila,
Dans sa philosophie appris ces choses-là ?
Et vous qui lui donnez, de si douce manière,

Votre main à baiser, la gentille bergère,
L'honneur vous apprend-il ces mignardes douceurs
Par qui vous débauchez ainsi les jeunes cœurs?
MYRTIL. — Ah ! quittez de ces mots l'outrageante bassesse,
Et ne m'accablez point d'un discours qui la blesse.
LYCARSIS. — Je veux lui parler, moi. Toutes ces amitiés...
MYRTIL. — Je ne souffrirai point que vous la maltraitiez.
    A du respect pour vous la naissance m'engage;
    Mais je saurai, sur moi, vous punir de l'outrage;
    Oui, j'atteste le ciel que si, contre mes vœux,
    Vous lui dites encor le moindre mot fâcheux,
    Je vais avec ce fer, qui m'en fera justice,
    Au milieu de mon sein vous chercher un supplice;
    Et, par mon sang versé, lui marquer promptement
    L'éclatant désaveu de votre emportement.
MÉLICERTE. — Non, non, ne croyez pas qu'avec art je l'enflamme,
    Et que mon dessein soit de séduire son âme.
    S'il s'attache à me voir, et me veut quelque bien,
    C'est de son mouvement, je ne l'y force en rien.
    Ce n'est pas que mon cœur veuille ici se défendre
    De répondre à ses vœux d'une ardeur assez tendre;
    Je l'aime, je l'avoue, autant qu'on puisse aimer:
    Mais cette amour n'a rien qui vous doive alarmer;
    Et pour vous arracher toute injuste créance,
    Je vous promets ici d'éviter sa présence,
    De faire place au choix ou vous vous résoudrez,
    Et ne souffrir ses vœux que quand vous le voudrez.

SCÈNE V. — LYCARSIS, MYRTIL.

MYRTIL. — Hé bien ! vous triomphez avec cette retraite,
    Et, dans ces mots, votre âme a ce qu'elle souhaite :
    Mais apprenez qu'en vain vous vous réjouissez,
    Que vous serez trompé dans ce que vous pensez,
    Et qu'avec tous vos soins, toute votre puissance,
    Vous ne gagnerez rien sur ma persévérance.
LYCARSIS. — Comment ! à quel orgueil, fripon, vous vois-je aller?
    Est-ce de la façon que me l'on me doit parler?
MYRTIL. — Oui, j'ai tort, il est vrai; mon transport n'est pas sage.
    Pour rentrer au devoir, je change de langage;
    Et je vous prie ici, mon père, au nom des dieux,
    Et par tout ce qui peut vous être précieux,
    De ne vous point servir, dans cette conjecture,
    Des fiers droits que sur moi vous donne la nature.
    Ne m'empoisonnez point vos bienfaits les plus doux.
    Le jour est un présent que j'ai reçu de vous;
    Mais de quoi vous serai-je aujourd'hui redevable,
    Si vous me l'allez rendre, hélas ! insupportable?
    Il est, sans Mélicerte, un supplice à mes yeux;
    Sans ses divins appas rien ne m'est précieux;
    Ils font tout mon bonheur et toute mon envie;
    Et, si vous me l'ôtez, vous m'arrachez la vie.

LYCARSIS, à part.

Aux douleurs de son âme il me fait prendre part.
Qui l'aurait jamais cru de ce petit pendard?
Quel amour! quels transports ! quels discours pour son âge!
J'en suis confus, et sens que cet amour m'engage.

MYRTIL, se jetant aux genoux de Lycarsis.

Voyez, me voulez-vous ordonner de mourir?
Vous n'avez qu'à parler, je suis prêt d'obéir.

LYCARSIS, à part.

Je n'y puis plus tenir · il m'arrache des larmes,

Et ses tendres propos me font rendre les armes.
MYRTIL. — Que si, dans votre cœur, un reste d'amitié
    Vous peut de mon destin donner quelque pitié,
    Accordez Mélicerte à mon ardent envie.
    Et vous ferez bien plus que me donner la vie.]
LYCARSIS. — Lève-toi.
                MYRTIL. — Serez-vous sensible à mes soupirs?
  LYCARSIS. — Oui.
                MYRTIL. — J'obtiendrai de vous l'objet de mes désirs?
LYCARSIS. — Oui.
                MYRTIL. — Vous ferez pour moi que son oncle l'oblige
    A me donner sa main?
                    LYCARSIS. — Oui. Lève-toi, te dis-je.
MYRTIL. — O père! le meilleur qui jamais ait été!
    Que je baise vos mains après tant de bonté!
LYCARSIS. — Ah! que pour ses enfants un père a de faiblesse!
    Peut-on rien refuser à leurs mots de tendresse?
    Et ne se sent-on pas certains mouvements doux,
    Quand on vient à songer que cela sort de vous?
MYRTIL. — Me tiendrez-vous au moins la parole avancée?
    Ne changerez-vous point, dites-moi, de pensée?
LYCARSIS. — Non.
                MYRTIL. — Me permettez-vous de vous désobéir
    Si de ces sentiments on vous fait revenir?
    Prononcez le mot.
                LYCARSIS. — Oui. Ah! nature! nature!
    Je m'en vais trouver Mopse, et lui faire ouverture
    De l'amour que sa nièce et toi vous vous portez!
MYRTIL. — Ah! que ne dois-je point à vos rares bontés!
(*Seul.*) Quelle heureuse nouvelle à dire à Mélicerte!
    Je n'accepterais pas une couronne offerte,
    Pour le plaisir que j'ai de courir lui porter
    Ce merveilleux succès qui la doit contenter.

SCÈNE VI. — ACANTHE, TYRÈNE, MYRTIL.

ACANTHE. — Ah! Myrtil, vous avez du ciel reçu des charmes
    Qui nous ont préparé des matières de larmes;
    Et leur naissant éclat, fatal à nos ardeurs,
    De ce que nous aimons nous enlève les cœurs.
TYRÈNE. — Peut-on savoir, Myrtil, vers qui de ces œux belles,
    Vous tournerez ce choix dont courent les nouvelles?
    Et sur qui doit de nous tomber ce coup affreux,
    Dont se voit foudroyé tout l'espoir de nos vœux?
ACANTHE. — Ne faites pas languir deux amants davantage,
    Et nous dites quel sort votre cœur nous partage.
TYRÈNE. — Il vaut mieux, quand on craint ces malheurs éclatants,
    En mourir tout d'un coup, que traîner si longtemps.
MYRTIL. — Rendez, nobles bergers, le calme à votre flamme :
    La belle Mélicerte a captivé mon ame.
    Auprès de cet objet, mon sort est assez doux,
    Pour ne pas consentir à rien prendre sur vous;
    Et, si vos vœux enfin n'ont que les miens à craindre,
    Vous n'aurez l'un ni l'autre aucun lieu de vous plaindre.
ACANTHE. — Ah! Myrtil, se peut-il que deux tristes amants?
TYRÈNE. — Est-il vrai que le ciel, sensible à nos tourments?..
MYRTIL. — Oui, content de mes fers comme d'une victoire,
    Je me suis excusé de ce choix plein de gloire;
    J'ai de mon père encor changé les volontés,
    Et l'ai fait consentir à mes félicités.
ACANTHE, *à Tyrène.* — Ah! que cette aventure est un charmant miracle,
    Et qu'à notre poursuite elle ôte un grand obstacle.

TYRÈNE, *à Acanthe.* — Elle peut renvoyer ces nymphes à nos vœu
  Et nous donner moyen d'être contents tous deux.

      SCÈNE VII. — NICANDRE, MYRTIL, ACANTHE, TYRÈNE

NICANDRE. — Savez-vous en quel lieu Mélicerte est cachée?

MYRTIL. — Comment?

      NICANDRE. — En diligence elle est partout cherchée.

MYRTIL. — Et pourquoi?

      NICANDRE. — Nous allons perdre cette beauté.
  C'est pour elle qu'ici le roi s'est transporté;
  Avec un grand seigneur on dit qu'il la marie.

MYRTIL. — Ô ciel! Expliquez-moi ce discours, je vous prie.

NICANDRE. — Ce sont des incidents grands et mystérieux.
  Oui, le roi vient chercher Mélicerte en ces lieux;
  Et l'on dit qu'autrefois feu Bélise, sa mère,
  Dont tout Tempé croyait que Mopse était le frère...
  Mais je me suis chargé de la chercher partout:
  Vous saurez tout cela tantôt, de bout en bout.

MYRTIL. — Ah! dieux! quelle rigueur! Hé! Nicandre, Nicandre!

ACANTHE. — Suivons aussi ses pas, afin de tout apprendre.

FIN DE MÉLICERTE.

PASTORALE COMIQUE.

<table>
<tr><td>

PERSONNAGES DE LA PASTORALE.

IRIS, jeune bergère.
LYCAS, riche pasteur, amant d'Iris.
PHILÈNE, riche pasteur, amant d'Iris.
CORYDON, berger, confident de Lycas, amant d'Iris.
Un Pâtre, ami de Philène.
Un Berger.

</td><td>

PERSONNAGES DU BALLET.

Magiciens, dansant.
Magiciens, chantant.
Démons, dansant.
Paysans
Une Égyptienne, chantant et dansant.
Égyptiens dansant.

La scène est en Thessalie, dans un hameau de la vallée de Tempé.

</td></tr>
</table>

SCÈNE PREMIÈRE. — LYCAS, CORYDON.

SCÈNE II. — LYCAS, MAGICIENS, *chantant et dansant*, DÉMONS.

PREMIÈRE ENTRÉE DE BALLET.

(Deux magiciens commencent, en dansant, un enchantement pour embellir Lycas : ils frappent la terre avec leurs baguettes, et en font sortir six démons, qui se joignent à eux. Trois magiciens sortent aussi de dessous terre.)

TROIS MAGICIENS CHANTANT. — Déesse des appas,
Ne nous refuse pas
La grace qu'implorent nos bouches.
Nous t'en prions par tes rubans,
Par tes boucles de diamants,
Ton rouge, ta poudre, tes mouches,
Ton masque, ta coiffe et tes gants.

UN MAGICIEN, *seul*. — O toi ! qui peux rendre agréables
Les visages les plus mal faits,
Répands, Vénus, de tes attraits
Deux ou trois doses charitables
Sur ce museau tondu tout frais.

LES TROIS MAGICIENS CHANTANT. — Déesse des appas,
Ne nous refuse pas
La grace qu'implorent nos bouches.
Nous t'en prions par tes rubans,
Par tes boucles de diamants,
Ton rouge, ta poudre, tes mouches,
Ton masque, ta coiffe et tes gants.

DEUXIÈME ENTRÉE DE BALLET.

(Les six démons dansant habillent Lycas d'une manière ridicule et bizarre.)

LES TROIS MAGICIENS CHANTANT. — Ah ! qu'il est beau !
Le Jouvenceau !
Ah ! qu'il est beau ! ah ! qu'il est beau !
Qu'il va faire mourir de belles !
Auprès de lui les plus cruelles
Ne pourront tenir dans leur peau.
Ah ! qu'il est beau !
Le Jouvenceau !
Ah ! qu'il est beau ! ah ! qu'il est beau !
Ho, ho, ho, ho, ho, ho, ho, ho.

TROISIÈME ENTRÉE DE BALLET.

(Les magiciens et les démons continuent leurs danses, tandis que les trois magiciens chantants continuent à se moquer de Lycas.)

LES TROIS MAGICIENS CHANTANT. — Qu'il est joli !
Gentil, poli !
Qu'il est joli ! qu'il est joli !
Est-il des yeux qu'il ne ravisse !

SCÈNE VIII.

Il passe en beauté feu Narcisse,
Qui fut un blondin accompli.
Qu'il est joli!
Gentil, poli!
Qu'il est joli! qu'il est joli!
Hi, hi, hi, hi, hi, hi, hi, hi.

(Les trois magiciens chantant s'enfoncent dans la terre, et les magiciens dansant disparaissent.)

SCÈNE III. — LYCAS, PHILÈNE.

PHILÈNE, *sans voir Lycas, chante.*
Paissez, chères brebis, les herbettes naissantes,
Ces prés et ces ruisseaux ont de quoi vous charmer :
Mais si vous désirez vivre toujours contentes,
Petites innocentes,
Gardez-vous bien d'aimer.

LYCAS, *sans voir Philène.*

(*Ce pasteur, voulant faire des vers pour sa maîtresse, prononce le nom d'Iris
assez haut pour que Philène l'entende.*)

PHILÈNE, *à Lycas.* — Est-ce toi que j'entends, téméraire? est-ce toi,
Qui nommes la beauté qui me tient sous sa loi?
LYCAS. — Oui, c'est moi; oui, c'est moi.
PHILÈNE. — Oses-tu bien, en aucune façon,
Proférer ce beau nom?
LYCAS. — Hé! pourquoi non? Hé! pourquoi non?
PHILÈNE. — Iris charme mon ame;
Et qui pour elle aura
Le moindre brin de flamme,
Il s'en repentira.
LYCAS. — Je me moque de cela,
Je me moque de cela.
PHILÈNE. — Je t'étranglerai, mangerai,
Si tu nommes jamais ma belle;
Ce que je dis, je le ferai,
Je t'étranglerai, mangerai.
Il suffit que j'en ai juré.
Quand les dieux prendraient ta querelle,
Je t'étranglerai, mangerai,
Si tu nommes jamais ma belle.
LYCAS. — Bagatelle, bagatelle.

SCÈNE IV. — IRIS, LYCAS.

SCÈNE V. — LYCAS, UN PATRE.

(Le Patre apporte à Lycas un cartel de la part de Philène.)

SCÈNE VI. — LYCAS, CORYDON.

SCÈNE VII. — PHILÈNE, LYCAS.

PHILÈNE *chante.* — Arrête, malheureux;
Tourne, tourne visage;
Et voyons qui des deux
Obtiendra l'avantage.
LYCAS. (*Lycas hésite à se battre*).
PHILÈNE. — C'est par trop discourir,
Allons, il faut mourir.

SCÈNE VIII. — PHILÈNE, LYCAS, PAYSANS.

(Les paysans viennent pour séparer Philène et Lycas.)

QUATRIÈME ENTRÉE DE BALLET.

paysans prennent querelle en voulant séparer les deux pasteurs,
dansent en se battant.)

SCÈNE IX. — CORYDON, LYCAS, PHILÈNE, PAYSANS.

(Corydon, par ses discours, trouve moyen d'apaiser la quere

CINQUIÈME ENTRÉE DE BALLET.

(Les paysans réconciliés dansent ensemble.)

SCÈNE X. — CORYDON, LYCAS, PHILÈNE.

SCÈNE XI. — IRIS, CORYDON.

SCÈNE XII. — PHILÈNE, LYCAS, IRIS, CORYDON.

(Lycas et Philène, amants de la bergère, la pressent de décider lequel des deux aura la préférence.)

PHILÈNE, *à Iris*. — N'attendez pas qu'ici je me vante moi-même,
Pour le choix que vous balancez ;
Vous avez des yeux, je vous aime,
C'est vous en dire assez.

(La bergère décide en faveur de Corydon.)

SCÈNE XIII. — PHILÈNE, LYCAS.

PHILÈNE *chante*. — Hélas ! peut-on sentir de plus vive douleur !
Nous préférer un servile pasteur !
O ciel !

LYCAS *chante*. — O sort !

PHILÈNE. — Quelle rigueur !

LYCAS. — Quel coup !

PHILÈNE. — Quoi ! tant de pleurs...

LYCAS. — Tant de persévérance...

PHILÈNE. — Tant de langueur...

LYCAS. — Tant de souffrance...

PHILÈNE. — Tant de vœux...

LYCAS. — Tant de soins...

PHILÈNE. — Tant d'ardeur...

LYCAS. — Tant d'amour...

PHILÈNE. — Avec tant de mépris sont traités en ce jour !
Ah ! cruelle !

LYCAS. — Cœur dur !

PHILÈNE. — Tigresse !

LYCAS. — Inexorable !

PHILÈNE. — Inhumaine !

LYCAS. — Insensible !

PHILÈNE. — Ingrate !

LYCAS. — Impitoyable !

PHILÈNE. — Tu veux donc nous faire mourir !
Il te faut contenter.

LYCAS. — Il te faut obéir.

PHILÈNE, *tirant son javelot*. — Mourons, Lycas.

LYCAS, *tirant son javelot*. — Mourons, Philène.

PHILÈNE. — Avec ce fer finissons notre peine.

LYCAS. — Pousse.

PHILÈNE. — Ferme.

LYCAS. — Courage,

PHILÈNE. — Allons, va le premier.

LYCAS. — Non, je veux marcher le dernier.

PHILÈNE. — Puisque même malheur aujourd'hui nous assemble
Allons, partons ensemble.

SCÈNE XIV. — UN BERGER, LYCAS, PHILÈNE.

LE BERGER *chante*. — Ah ! quelle folie
De quitter la vie
Pour une beauté
Dont on est rebuté !
On peut, pour un objet aimable,
Dont le cœur nous est favorable,

Vouloir perdre la clarté ;
Mais quitter la vie
Pour une beauté,
Dont on est rebuté,
Ah ! quelle folie !

SCÈNE XV. — UNE ÉGYPTIENNE, ÉGYPTIENS *dansant.*

L'ÉGYPTIENNE. — D'un pauvre cœur
Soulagez le martyre ;
D'un pauvre cœur
Soulagez la douleur.
J'ai beau vous dire
Ma vive ardeur,
Je vous vois rire
De ma langueur.
Ah ! cruelle, j'expire
Sous tant de rigueur.
D'un pauvre cœur
Soulagez le martyre ;
D'un pauvre cœur
Soulagez la douleur.

SIXIÈME ET DERNIÈRE ENTRÉE DE BALLET.

(Douze Égyptiens, dont quatre jouent de la guitare, quatre des castagnettes,
quatre des gnacares, dansent avec l'Égyptienne aux chansons qu'elle chante.)

L'ÉGYPTIENNE. — Croyez-moi, hâtons-nous, ma Sylvie,
Usons bien des moments précieux,
Contentons ici notre envie,
De nos ans le feu nous y convie :
Nous ne saurions, vous et moi, faire mieux.

Quand l'hiver a glacé nos guérets,
Le printemps vient reprendre sa place,
Et ramène à nos champs leurs attraits ;
Mais, hélas ! quand l'âge nous glace,
Nos beaux jours ne reviennent jamais.

Ne cherchons tous les jours qu'à nous plaire ;
Soyons y l'un et l'autre empressés ;
Du plaisir faisons notre affaire :
Des chagrins songeons à nous défaire,
Il vient un temps où l'on en prend assez.

Quand l'hiver a glacé nos guérets,
Le printemps vient reprendre sa place,
Et ramène à nos champs leurs attraits ;
Mais, hélas, quand l'âge nous glace,
Nos beaux jours ne reviennent jamais.

FIN DE LA PASTORALE COMIQUE.

LE SICILIEN,
OU L'AMOUR PEINTRE.
COMÉDIE-BALLET.

PERSONNAGES.

Don PÈDRE, gentilhomme sicilien.
ADRASTE, gentilhomme français, amant d'Isidore.
ISIDORE, grecque, esclave de don Pèdre.
ZAIDE, jeune esclave.
Un sénateur.
HALI, Turc, esclave d'Adraste.
Deux laquais.

PERSONNAGES DU BALLET.

Musiciens.
Esclave chantant.
Esclaves dansant.
Maures et Mauresques dansant.

La scène est à Messine dans une place publique.

SCÈNE PREMIÈRE. — HALI, MUSICIENS.

HALI, *aux musiciens.* — Chut. N'avancez pas davantage et demeurez dans cet endroit jusqu'à ce que je vous appelle.

SCÈNE II. — HALI, *seul.*

Il fait noir comme dans un four. Le ciel s'est habillé ce soir en Scaramouche, et je ne vois pas une étoile qui montre le bout de son nez. Sotte condition que celle d'un esclave, de ne vivre jamais pour soi, et d'être toujours tout entier aux passions d'un maître, de n'être réglé que par ses humeurs, et de se voir réduit à faire ses propres affaires de tous les soucis qu'il peut prendre! Le mien me fait ici épouser ses inquiétudes; et parce qu'il est amoureux, il faut que nuit et jour je n'aie aucun repos. Mais voici des flambeaux; et sans doute c'est lui.

SCÈNE III. — ADRASTE, DEUX LAQUAIS, *portant chacun un flambeau,* HALI.

ADRASTE. — Est-ce toi, Hali?

HALI. — Et qui pourrait-ce être que moi? A ces heures de nuit, hors vous et moi, monsieur, je ne crois pas que personne s'avise de courir maintenant les rues.

ADRASTE. — Aussi ne crois-je pas qu'on puisse voir personne qui sente dans son cœur la peine que je sens. Car enfin, ce n'est rien d'avoir à combattre l'indifférence ou les rigueurs d'une beauté qu'on aime, on a toujours au moins le plaisir de la plainte et la liberté des soupirs; mais ne pouvoir trouver aucune occasion de parler à ce que l'on adore, ne pouvoir savoir d'une belle si l'amour qu'inspire ses yeux, est pour lui plaire ou lui déplaire, c'est la plus fâcheuse, à mon gré, de toutes les inquiétudes; et c'est où me réduit l'incommode jaloux qui veille, avec tant de souci, sur ma charmante Grecque, et ne fait pas un pas sans la traîner à ses côtés.

HALI. — Mais il est, en amour, plusieurs façons de se parler; et il me semble, à moi, que vos yeux et les siens, depuis près de deux mois, se sont dit bien des choses.

ADRASTE. — Il est vrai qu'elle et moi souvent nous nous sommes parlé des yeux; mais comment reconnaître que chacun de notre côté nous ayons comme il faut expliqué ce langage? et que sais-je, après tout, si elle entend bien tout ce que mes regards lui disent, et si les siens me disent ce que je crois parfois entendre?

HALI. — Il faut chercher quelque moyen de se parler d'autre manière.

ADRASTE. — As-tu là tes musiciens?

HALI. — Oui.

ADRASTE. — Fais-les approcher. (*seul.*) Je veux, jusques au jour, les faire ici chanter, et voir si leur musique n'obligera point cette belle à paraître à quelque fenêtre.

SCÈNE IV. — ADRASTE, HALI, MUSICIENS.

HALI. — Les voici. Que chanteront-ils?

ADRASTE. — Ce qu'ils jugeront de meilleur.

Le Sicilien ou l'Amour peintre, p. 406.

HALI. — Il faut qu'ils chantent le trio qu'ils me chantèrent l'autre jour.

ADRASTE. — Non. Ce n'est pas ce qu'il me faut.

HALI. — Ah! monsieur, c'est du beau bécarre.

ADRASTE. — Que diantre veux-tu dire avec ton beau bécarre?

HALI. — Monsieur, je tiens pour le bécarre. Vous savez que je m'y connais. Le bécarre me charme; hors du bécarre, point de salut en harmonie. Ecoutez un peu ce trio.

ADRASTE. — Non. Je veux quelque chose de tendre et de passionné, quelque chose qui m'entretienne dans une douce rêverie.

HALI. — Je vois bien que vous êtes pour le bémol; mais il y a moyen de vous contenter l'un et l'autre. Il faut qu'ils vous chantent une certaine scène d'une petite comédie que je leur ai vu essayer. Ce sont deux bergers amoureux, tout remplis de langueur, qui, sur bémol, viennent séparément faire leurs plaintes dans un bois, puis se découvrent l'un à l'autre la cruauté de leurs maitresses; et là dessus vient un berger joyeux avec un bécarre admirable, qui se moque de leur faiblesse.

ADRASTE. — J'y consens. Voyons ce que c'est.

HALI. — Voici tout juste un lieu propre à servir de scène; et voilà deux flambeaux pour éclairer la comédie.

ADRASTE. — Place-toi contre ce logis, afin qu'au moindre bruit que l'on fera dedans, je fasse cacher les lumières.

FRAGMENT DE COMÉDIE,

chanté et accompagné par les musiciens qu'Hali a amenés.

SCÈNE PREMIÈRE. — PHILÈNE, TIRCIS.

PREMIER MUSICIEN, *représentant Philène.*

Si du triste récit de mon inquiétude,
Je trouble le repos de votre solitude,
   Rochers, ne soyez point fâchés :
Quand vous saurez l'excès de mes peines secrètes,
   Tout rochers que vous êtes,
   Vous en serez touchés.

DEUXIÈME MUSICIEN, *représentant Tircis.*

Les oiseaux, réjouis dès que le jour s'avance,
Recommencent leurs chants dans ces vastes forêts;
   Et moi, j'y commence
Mes soupirs languissants et mes tristes regrets.
   Ah! mon cher Philène.

PHILÈNE. — Ah! mon cher Tircis.

TIRCIS. — Que je sens de peine!

PHILÈNE. — Que j'ai de soucis!

TIRCIS. — Toujours sourde à mes vœux est l'ingrate Climène

PHILÈNE. — Chloris n'a point pour moi de regards adoucis.

TOUS DEUX ENSEMBLE. — O loi trop inhumaine!
Amour, si tu ne peux les contraindre d'aimer,
Pourquoi leur laisses-tu le pouvoir de charmer?

SCÈNE II. — PHILÈNE, TIRCIS, UN PATRE.

TROISIÈME MUSICIEN, *représentant un pâtre.*

Pauvres amants, quelle erreur
D'adorer des inhumaines!
Jamais les ames bien saines
Ne se payent de rigueur;
Et les faveurs sont les chaines
Qui doivent lier un cœur.
On voit cent belles ici,
Auprès de qui je m'empresse;
A leur vouer ma tendresse
Je mets mon plus doux souci :
Mais lorsque l'on est tigresse,
Ma foi, je suis tigre aussi.

PHILÈNE ET TIRCIS ENSEMBLE. — Heureux, hélas!

HALI. — Monsieur, je viens d'ouïr quelque bruit au dedans.

ADRASTE. — Qu'on se retire vite et qu'on éteigne les flambeaux.

SCÈNE V. — DON PÈDRE, ADRASTE, HALI.

DON PÈDRE, *sortant de sa maison, en bonnet de nuit et en robe de chambre, avec une épée sous son bras.*

Il y a quelque temps que j'entends chanter à ma porte ; et sans doute cela ne se fait pas pour rien. Il faut que dans l'obscurité je tâche de découvrir quelles gens ce peuvent être.

ADRASTE. — Hali.

HALI. — Quoi?

ADRASTE. — N'entends-tu plus rien?

HALI. — Non.   (*Don Pèdre est derrière eux qui les écoute.*)

ADRASTE. — Quoi tous nos efforts ne pourront obtenir que je parle un moment à cette aimable Grecque! et ce jaloux maudit, ce traître de Sicilien, me fermera toujours tout accès auprès d'elle!

HALI. — Je voudrais de bon cœur que le diable l'eût emporté, pour le mal qu'il nous donne, le fâcheux, le bourreau qu'il est! Ah! si nous le tenions ici, que je prendrais de joie à venger sur son dos, tous les pas inutiles que sa jalousie nous fait faire!

ADRASTE. — Si faut-il bien pourtant trouver quelque moyen, quelque invention, quelque ruse, pour attraper notre brutal. J'y suis trop engagé, pour en avoir le démenti: et quand j'y devrais employer...

HALI. — Monsieur, je ne sais pas ce que cela veut dire, mais la porte est ouverte; et, si vous voulez, j'entrerai doucement pour découvrir d'où cela vient.

(*Don Pèdre se retire sur sa porte.*)

ADRASTE. — Oui, fais; mais sans faire de bruit. Je ne m'éloigne pas de toi. Plût au ciel que ce fût la charmante Isidore!

DON PÈDRE, *donnant un soufflet à Hali.* — Qui va là?

HALI, *rendant le soufflet à don Pèdre.* — Ami.

DON PÈDRE. — Holà! Francisque, Dominique, Simon, Martin, Pierre, Thomas, Georges, Charles, Barthélemi. Allons, promptement, mon épée, ma rondache, ma hallebarde, mes pistolets. mes mousquetons, mes fusils. Vite, dépêchez. Allons, tue, point de quartier.

SCÈNE VI. — ADRASTE, HALI.

ADRASTE. — Je n'entends remuer personne. Hali. Hali.

HALI, *caché dans un coin.* — Monsieur.

ADRASTE. — Où donc te caches-tu ?

HALI. — Ces gens sont-ils sortis?

ADRASTE. — Non. Personne ne bouge.

HALI, *sortant d'où il était caché.* — S'ils viennent, ils seront frottés.

ADRASTE. — Quoi! tous nos soins seront donc inutiles! et toujours ce fâcheux jaloux se moquera de nos desseins!

HALI. — Non. Le courroux du point d'honneur me prend; il ne sera point dit qu'on triomphe de mon adresse; ma qualité de fourbe s'indigne de tous ces obstacles, et je prétends faire éclater les talents que j'ai eus du ciel.

ADRASTE. — Je voudrais seulement que, par quelque moyen, par un billet, par quelque bouche, elle fût avertie des sentiments qu'on a pour elle, et savoir les siens là-dessus. Après, on peut trouver facilement les moyens.

HALI. — Laissez-moi faire seulement. J'en essaierai tant de toutes les manières, que quelque chose enfin nous pourra réussir. Allons, le jour paraît; je vais chercher mes gens, et venir attendre en ce lieu que notre jaloux sorte.

SCÈNE VII — DON PÈDRE, ISIDORE.

ISIDORE. — Je ne sais pas quel plaisir vous prenez à me réveiller si matin. Cela s'ajuste assez mal, ce me semble, au dessein que vous avez pris de me faire peindre aujourd'hui; et ce n'est guère pour avoir le teint frais et les yeux brillants, que se lever ainsi dès la pointe du jour.

DON PÈDRE. — J'ai une affaire qui m'oblige à sortir à l'heure qu'il est.

ISIDORE. — Mais l'affaire que vous avez eût bien pu se passer, je crois, de ma présence; et vous pouviez, sans vous incommoder, me laisser goûter les douceurs du sommeil du matin.

DON PÈDRE. — Oui. Mais je suis bien aise de vous voir toujours avec moi. Il n'est pas mal de s'assurer un peu contre les soins des surveillants; et cette nuit encore on est venu chanter sous nos fenêtres.

ISIDORE. — Il est vrai : la musique en était admirable.

DON PÈDRE. — C'était pour vous que cela se faisait?

ISIDORE. — Je le veux croire ainsi, puisque vous me le dites.

DON PÈDRE. — Vous savez qui était celui qui donnait cette sérénade?

ISIDORE. — Non pas; mais, qui que ce puisse être, je lui suis obligée.

DON PÈDRE. — Obligée?

ISIDORE. — Sans doute, puisqu'il cherche à me divertir.

DON PÈDRE. — Vous trouvez donc bon qu'il vous aime?

ISIDORE. — Fort bon. Cela n'est jamais qu'obligeant.

DON PÈDRE. — Et vous voulez du bien à tous ceux qui prenne ce soin.

ISIDORE. — Assurément.

DON PÈDRE. — C'est dire fort net ses pensées.

ISIDORE. — A quoi bon de dissimuler? Quelque mine qu'on fasse, on est toujours bien aise d'être aimée. Ces hommages à nos appas ne sont jamais pour nous déplaire. Quoi qu'on en puisse dire, la grande ambition des femmes est, croyez-moi, d'inspirer de l'amour. Tous les soins qu'elles prennent ne sont que pour cela; et l'on n'en voit point de si fière, qui ne s'applaudisse en son cœur des conquêtes que font ses yeux.

DON PÈDRE. — Mais, si vous prenez, vous, du plaisir à vous voir aimée, savez-vous bien, moi, qui vous aime, que je n'y en prends nullement?

ISIDORE. — Je ne sais pas pourquoi cela; et si j'aimais quelqu'un, je n'aurais point de plus grand plaisir que de le voir aimé de tout le monde. Y a-t-il rien qui marque davantage la beauté du choix que l'on fait? et n'est-ce pas pour s'applaudir, que ce que nous aimons soit trouvé fort aimable?

DON PÈDRE. — Chacun aime à sa guise, et ce n'est pas là ma méthode. Je serai fort ravi qu'on ne vous trouve point si belle, et vous m'obligeriez de n'affecter point tant de le paraître à d'autres yeux.

ISIDORE. — Quoi! jaloux de ces choses-là?

DON PÈDRE. — Oui, jaloux de ces choses-là; mais jaloux comme un tigre, et, si vous voulez, comme un diable. Mon amour vous veut toute à moi. Sa délicatesse s'offense d'un souris, d'un regard qu'on vous peut arracher; et tous les soins qu'on me voit prendre ne sont que pour fermer tout accès aux galants, et m'assurer la possession d'un cœur dont je ne puis souffrir qu'on me vole la moindre chose.

ISIDORE. — Certes, voulez-vous que je dise? vous prenez un mauvais parti: et la possession d'un cœur est fort mal assurée, lorsqu'on prétend le retenir par force. Pour moi, je vous l'avoue, si j'étais galant d'une femme qui fût au pouvoir de quelqu'un, je mettrais toute mon étude à rendre ce quelqu'un jaloux, et l'obligerais à veiller nuit et jour celle que je voudrais gagner. C'est un admirable moyen d'avancer ses affaires; et l'on ne tarde guère à profiter du chagrin et de la colère que donnent à l'esprit d'une femme la contrainte et la servitude.

DON PÈDRE. — Si bien donc que si quelqu'un vous en contait, il vous trouverait disposée à recevoir ses vœux?

ISIDORE. — Je ne vous dis rien là-dessus. Mais les femmes enfin n'aiment pas qu'on les gêne; et c'est beaucoup risquer que de leur montrer des soupçons, et de les tenir renfermées.

DON PÈDRE. — Vous reconnaissez peu ce que vous me devez; et il me semble qu'une esclave que l'on a affranchie, et dont on veut faire sa femme...

ISIDORE. — Quelle obligation vous ai-je, si vous changez mon esclavage en un autre beaucoup plus rude, si vous ne me laissez jouir d'aucune liberté, et me fatiguez, comme on voit, d'une garde continuelle?

DON PÈDRE. — Mais tout cela ne part que d'un excès d'amour.

ISIDORE. — Si c'est votre façon d'aimer, je vous prie de me haïr.

DON PÈDRE. — Vous êtes aujourd'hui dans une humeur désobligeante; et je pardonne ces paroles au chagrin où vous pouvez être, de vous êtes levée matin.

SCÈNE VIII. — DON PÈDRE, ISIDORE, HALI, *habillé en Turc, et faisant plusieurs révérences à don Pèdre.*

DON PÈDRE. — Trève aux cérémonies. Que voulez-vous ?

HALI, *se mettant entre don Pèdre, et Isidore.*

(Il se tourne vers Isidore à chaque parole qu'il dit à don Pèdre, et lui fait des signes pour lui faire connaître le dessein de son maître.)

Signor (avec la permission de la signore), je vous dirai (avec la permission de la signore) que je viens vous trouver (avec la permission de la signore) pour vous prier (avec la permission de la signore) de vouloir bien (avec la permission de la signore)...

DON PÈDRE. — Avec la permission de la signore, passez un peu de ce côté.

(Don Pèdre se met entre Hali et Isidore.)

HALI. — Signor, je suis un virtuose.

DON PÈDRE. — Je n'ai rien à donner.

HALI. — Ce n'est pas ce que je demande. Mais, comme je me mêle un peu de musique et de danse, j'ai instruit quelques esclaves qui voudraient bien trouver un maître qui se plût à ces choses ; et comme je sais que vous êtes une personne considérable, je voudrais vous prier de les voir et de les entendre, pour les acheter s'ils vous plaisent, ou pour leur enseigner quelqu'un de vos amis qui voulût s'en accommoder.

ISIDORE.—C'est une chose à voir, et cela nous divertira. Faites-les nous venir.

HALI. — Chala bala... Voici une chanson nouvelle qui est du temps. Écoutez bien. Chala bala.

SCÈNE IX. — DON PÈDRE, ISIDORE, HALI, *esclaves Turcs.*

UN ESCLAVE, *chantant à Isidore.*

D'un cœur ardent, en tous lieux,
Un amant suit une belle ;
Mais d'un jaloux odieux,
La vigilance éternelle
Fait qu'il ne peut, que des **yeux**,
S'entretenir avec elle.
Est-il peine plus cruelle
Pour un cœur bien amoureux ?

(A don Pèdre.)

Chiribirida ouch alla,
Star bon Turca,
Non aver danara :
Ti voler comprara ?
Mi servir a ti,
Se pagar per mi
Far bona cucina,
Mi levar matina,
Far boller caldara ;
Parlara, parlara :
Ti voler comprara ?

PREMIÈRE ENTRÉE DE BALLET. (Danse des esc

L'ESCLAVE, *à Isidore.*

C'est un supplice, à tous coups,
Sous qui cet amant expire ;
Mais, si d'un œil un peu **doux**,
La belle voit son martyre,
Et consent qu'aux yeux de tous,
Pour ses attraits il soupire,
Il pourrait bientôt se rire
De tous les soins du jaloux

(A don Pèdre.)

Chiribirida ouch alla,
Star bon Turca,
Non aver danara,
Ti voler comprara ?

Mi servir à ti,
Se pagar per mi;
Far bona cucina,
Mi levar matina,
Far boller caldara;
Parlara, parlara,
Ti voler comprara?

SECONDE ENTRÉE DE BALLET. (Les esclaves recommencent leurs danses.)

DON PÈDRE *chante.*

Savez-vous, mes drôles,
Que cette chanson
Sent, pour vos épaules,
Les coups de bâton?
Chiribirida ouch alla,
Mi ti non comprara,
Si ti non andara,
Andara, andara,
O ti bastonara.

(*à Isidore.*) Oh! oh! quels égrillards! Allons, rentrons ici: j'ai changé de pensée; et puis le temps se couvre un peu. (*A Hali qui paraît encore,*) Ah! fourbe, que je vous y trouve!

HALI. — Hé! bien oui, mon maître l'adore. Il n'a point de plus grand désir que de lui montrer son amour; et, si elle y consent, il la prendra pour femme.

DON PÈDRE. — Oui, oui. Je la lui garde.

HALI. — Nous l'aurons malgré vous.

DON PÈDRE. — Comment! coquin...

HALI. — Nous l'aurons, dis-je, en dépit de vos dents.

DON PÈDRE. — Si je prends...

HALI. — Vous avez beau faire la garde, j'en ai juré, elle sera à nous.

DON PÈDRE. — Laisse-moi faire, je t'attraperai sans courir.

HALI. — C'est nous qui vous attraperons. Elle sera notre femme; la chose est résolue. (*Seul.*) Il faut que j'y périsse, ou que j'en vienne à bout.

SCÈNE X. — ADRASTE, HALI, DEUX LAQUAIS.

ADRASTE. — Hé bien! Hali, nos affaires avancent-elles?

HALI. — Monsieur, j'ai déjà fait quelque petite tentative: mais je...

ADRASTE. — Ne te mets point en peine, j'ai trouvé par hasard tout ce que je voulais; et je vais jouir du bonheur de voir chez elle cette belle. Je me suis rencontré chez le peintre Damon, qui m'a dit qu'aujourd'hui il venait faire le portrait de cette adorable personne; et, comme il est depuis longtemps de mes plus intimes amis, il a voulu servir mes feux, et m'envoie à sa place avec un petit mot de lettre pour me faire accepter. Tu sais que de tout temps je me suis plu à la peinture, et que parfois je manie le pinceau, contre la coutume de France, qui ne veut pas qu'un gentilhomme sache rien faire: ainsi j'aurai la liberté de voir cette belle à mon aise. Mais je ne doute pas que mon jaloux fâcheux ne soit toujours présent, et n'empêche tous les propos que nous pourrions avoir ensemble; et pour te dire vrai, j'ai, par le moyen d'une jeune esclave, un stratagème prêt pour tirer cette belle Grecque des mains de son jaloux, si je puis obtenir qu'elle y consente.

HALI. — Laissez-moi faire, je veux vous faire un peu de jour à la pouvoir entretenir. Il ne sera pas dit que je ne serve de rien dans cette affaire-là. Quand y allez-vous?

ADRASTE. — Tout de ce pas, et j'ai déjà préparé toutes choses.

HALI. — Je vais, de mon côté, me préparer aussi.

ADRASTE, *seul.* — Je ne veux point perdre de temps. Holà! Il me tarde que je ne goûte le plaisir de la voir.

SCÈNE XI. — DON PÈDRE, ADRASTE, DEUX LAQUAIS.

DON PÈDRE. — Que cherchez-vous, cavalier, dans cette maison?

ADRASTE. — J'y cherche le seigneur don Pèdre.

DON PÈDRE. — Vous l'avez devant vous.

ADRASTE. — Il prendra, s'il lui plaît, la peine de lire cette lettre.

DON PÈDRE *lit.* — « Je vous envoie, au lieu de moi, pour le portrait que vous
« savez, ce gentilhomme français, qui, comme curieux d'obliger les honnêtes
« gens, a bien voulu prendre ce soin, sur la proposition que je lui en ai faite.
« Il est, sans contredit, le premier homme du monde, pour ces sortes d'ouvrages,
« et j'ai cru que je ne vous pouvais rendre un service plus agréable que de
« vous l'envoyer, dans le dessein que vous avez d'avoir un portrait achevé de
« la personne que vous aimez. Gardez-vous bien surtout de lui parler d'aucune
« récompense; car c'est un homme qui s'en offenserait, et qui ne fait les choses
« que pour la gloire et la réputation. »
Seigneur français, c'est une grande grace que vous me voulez faire, et je
vous suis fort obligé.

ADRASTE. — Toute mon ambition est de rendre service aux gens de nom et
de mérite.

DON PÈDRE. — Je vais faire venir la personne dont il s'agit.

SCENE XII. — ISIDORE, DON PÈDRE, ADRASTE, DEUX LAQUAIS.

DON PÈDRE, *à Isidore.* — Voici un gentilhomme que Damon nous envoie, qui
se veut bien donner la peine de vous peindre. (*A Adraste qui embrasse Isidore
en la saluant.* — Holà! seigneur français, cette façon de saluer n'est point
d'usage en ce pays.

ADRASTE. — C'est la manière de France.

DON PÈDRE. — La manière de France est bonne pour vos femmes; mais pour
les nôtres elle est un peu trop familière.

ISIDORE. — Je reçois cet honneur avec beaucoup de joie. L'aventure me surprend fort; et, pour dire le vrai, je ne m'attendais pas d'avoir un peintre si illustre.

ADRASTE. — Il n'y a personne, sans doute, qui ne tînt à beaucoup de gloire
de toucher un tel ouvrage. Je n'ai pas grande habileté; mais le sujet ici ne
fournit que trop de lui-même, et il y a moyen de faire quelque chose de beau
sur un original fait comme celui-là.

ISIDORE. — L'original est peu de chose; mais l'adresse du peintre en saura
couvrir les défauts.

ADRASTE. — Le peintre n'y en voit aucun; et tout ce qu'il souhaite est d'en
pouvoir représenter les graces aux yeux de tout le monde aussi grandes qu'il
les peut voir.

ISIDORE. — Si votre pinceau flatte autant que votre langue, vous allez me faire
un portrait qui ne me ressemblera pas.

ADRASTE. — Le ciel, qui fit l'original, nous ôte le moyen d'en faire un portrait qui puisse flatter.

ISIDORE. — Le ciel, quoi que vous en disiez, ne...

DON PÈDRE. — Finissons cela, de grace. Laissons les compliments, et songeons au portrait.

ADRASTE, *aux laquais.* — Allons, apportez tout.
        (*On apporte tout ce qu'il faut pour peindre Isidore.*)

ISIDORE, *à Adraste.* — Où voulez-vous que je me place?

ADRASTE. — Ici. Voici le lieu le plus avantageux, et qui reçoit le mieux les
vues favorables de la lumière que nous cherchons.

ISIDORE, *après s'être assise.* — Suis-je bien ainsi?

ADRASTE. — Oui. Levez-vous un peu, s'il vous plaît. Un peu plus de ce côté-
là. Le corps tourné ainsi. La tête un peu levée, afin que la beauté du col paraisse.
Ceci un peu plus découvert. (*Il découvre un peu plus sa gorge.*) Bon. Là, un
peu davantage : encore tant soit peu.

DON PÈDRE, *à Isidore.* — Il y a bien de la peine à vous mettre : ne sauriez-vous
vous tenir comme il faut?

ISIDORE. — Ce sont ici des choses toutes neuves pour moi; et c'est à monsieur à me mettre de la façon qu'il veut.

ADRASTE, *assis.* — Voilà qui va le mieux du monde, et vous vous tenez à
merveille. (*La faisant tourner un peu vers lui.*) Comme cela, s'il vous plaît. Le
tout dépend des attitudes qu'on donne aux personnes qu'on peint.

DON PÈDRE. — Fort bien.

ADRASTE. — Un peu plus de ce côté. Vos yeux toujours tournés vers moi, je
vous en prie; vos regards attachés aux miens.

ISIDORE. — Je ne suis pas comme ces femmes, qui veulent, en se faisant peindre, des portraits qui ne sont point elles, et ne sont point satisfaites du peintre, s'il ne les fait toujours plus belles qu'elles ne sont. Il faudrait, pour les contenter, ne faire qu'un portrait pour toutes ; car toutes demandent les mêmes choses : un teint tout de lis et de rose, un nez bien fait, une petite bouche et de grands yeux vifs, bien fendus, et surtout le visage pas plus gros que le poing, l'eussent-elles d'un pied de large. Pour moi, je vous demande un portrait qui soit moi, et qui n'oblige point à demander qui c'est.

ADRASTE. — Il serait malaisé qu'on demandât cela du vôtre ; et vous avez des traits à qui fort peu d'autres ressemblent. Qu'ils ont de douceur et de charmes, et qu'on court de risque à les peindre !

DON PÈDRE. — Le nez me semble un peu trop gros.

ADRASTE. — J'ai lu, je ne sais où, qu'Apelle peignit autrefois une maîtresse d'Alexandre d'une merveilleuse beauté, et qu'il en devint, la peignant, si éperduement amoureux, qu'il fut près d'en perdre la vie ; de sorte qu'Alexandre, par générosité, lui céda l'objet de ses vœux. (A don Pèdre.) Je pourrais faire ici ce qu'Apelle fit autrefois ; mais vous ne feriez pas peut-être ce que fit Alexandre.

(Don Pèdre fait la grimace.)

ISIDORE, à don Pèdre. — Tout cela sent la nation ; et toujours messieurs les Français ont un fonds de galanterie qui se répand partout.

ADRASTE. — On ne se trompe guère à ces sortes de choses, et vous avez l'esprit trop éclairé pour ne pas voir de quelle source partent les choses qu'on vous dit. Oui, quand Alexandre serait ici, et que ce serait votre amant, je ne pourrais m'empêcher de vous dire que je n'ai rien vu de si beau que ce que je vois maintenant, et que...

DON PÈDRE. — Seigneur français, vous ne devriez pas, ce me semble, tant parler ; cela vous détourne de votre ouvrage.

ADRASTE. — Ah ! point du tout. J'ai toujours coutume de parler quand je peins, et il est besoin, dans ces choses, d'un peu de conversation pour réveiller l'esprit et tenir les visages dans la gaîté nécessaire aux personnes que l'on veut peindre.

SCÈNE XIII. — HALI, *vêtu en espagnol*, DON PÈDRE, ADRASTE, ISIDORE.

DON PÈDRE. — Que veut cet homme-là ? Et qui laisse monter les gens sans nous avertir ?

HALI, *à don Pèdre*. — J'entre ici librement ; mais entre cavaliers telle liberté est permise. Seigneur, suis-je connu de vous ?

DON PÈDRE. — Non, seigneur.

HALI. — Je suis don Gilles d'Avalos ; et l'histoire d'Espagne vous doit avoir instruit de mon mérite.

DON PÈDRE. — Souhaitez-vous quelque chose de moi ?

HALI. — Oui, un conseil sur un fait d'honneur. Je sais qu'en ces matières il est malaisé de trouver un cavalier plus consommé que vous ; mais je vous demande pour grace que nous nous tirions à l'écart.

DON PÈDRE. — Nous voilà assez loin.

ADRASTE, *à don Pèdre qui le surprend parlant bas à Isidore*. — Elle a les yeux bleus.

HALI, *tirant don Pèdre pour l'éloigner d'Adraste et d'Isidore*. — Seigneur, j'ai reçu un soufflet. Vous savez ce qu'est un soufflet, lorsqu'il se donne à main ouverte sur le beau milieu de la joue. J'ai ce soufflet fort sur le cœur, et je suis dans l'incertitude si, pour me venger de l'affront, je dois me battre avec mon homme, ou bien le faire assassiner.

DON PÈDRE. — Assassiner, c'est le plus sûr et le plus court chemin. Quel est votre ennemi ?

HALI. — Parlons bas, s'il vous plaît.

(Hali tient don Pèdre, en lui parlant, de façon qu'il ne peut voir Adraste.)

ADRASTE, *aux genoux d'Isidore, pendant que don Pèdre et Hali parlent bas ensemble*. — Oui, charmante Isidore, mes regards vous le disent depuis plus de deux mois, et vous les avez entendus ; je vous aime plus que tout ce que l'on peut aimer, et je n'ai point d'autre pensée, d'autre but, d'autre passion, que d'être à vous toute ma vie.

ISIDORE. — Je ne sais si vous dites vrai ; mais vous persuadez.

ADRASTE. — Mais vous persuadé-je jusqu'à vous bonté pour moi?

ISIDORE. — Je ne crains que d'en trop avoir.

ADRASTE. — En aurez-vous assez pour consentir, belle Isidore, au dessein que je vous ai dit?

ISIDORE. — Je ne puis encore vous le dire.

ADRASTE. — Qu'attendez-vous pour cela?

ISIDORE. — A me résoudre.

ADRASTE. — Ah! quand on aime bien, on se résout bientôt.

ISIDORE. — Hé bien! allez, oui, j'y consens.

ADRASTE. — Mais consentez-vous, dites-moi, que ce soit dès ce moment même?

ISIDORE. — Lorsqu'on est une fois résolu sur la chose, s'arrête-t-on sur le temps?

DON PÈDRE, à Hali. — Voilà mon sentiment, et je vous baise les mains.

HALI. — Seigneur, quand vous aurez reçu quelque soufflet, je suis homme aussi de conseil, et je pourrai vous rendre la pareille.

DON PÈDRE. — Je vous laisse aller sans vous reconduire; mais entre cavaliers cette liberté est permise.

ADRASTE, à Isidore. — Non, il n'est rien qui puisse effacer de mon cœur les tendres témoignages... (A don Pèdre apercevant Adraste qui parle de près à Isidore.) Je regardais ce petit trou qu'elle a au côté du menton, et je croyais d'abord que ce fût une tache. Mais c'est assez pour aujourd'hui, nous finirons une autre fois. (A don Pèdre qui veut voir le portrait.) Non, ne regardez rien encore; faites serrer cela, je vous prie. (A Isidore.) Et vous, je vous conjure de ne vous relâcher point, et de garder un esprit gai pour le dessein que j'ai d'achever notre ouvrage.

ISIDORE. — Je conserverai pour cela toute la gaîté qu'il faut.

SCÈNE XIV. — DON PÈDRE, ISIDORE.

ISIDORE. — Qu'en dites-vous? Ce gentilhomme me paraît le plus civil du monde; et l'on doit demeurer d'accord que les Français ont quelque chose en eux de poli, de galant, que n'ont point les autres nations.

DON PÈDRE. — Oui: mais ils ont cela de mauvais, qu'ils s'émancipent un peu trop, et s'attachent, en étourdis, à conter des fleurettes à toutes celles qu'ils rencontrent.

ISIDORE. — C'est qu'ils savent qu'on plaît aux dames par ces choses.

DON PÈDRE. — Oui; mais s'ils plaisent aux dames, ils déplaisent fort aux messieurs; et l'on n'est pas bien aise de voir, sous sa moustache, cajoler hardiment sa femme ou sa maîtresse.

ISIDORE. — Ce qu'ils en font n'est que par jeu.

SCÈNE XV. — ZAÏDE, DON PÈDRE, ISIDORE.

ZAÏDE. — Ah! seigneur cavalier, sauvez-moi, s'il vous plaît, des mains d'un mari furieux dont je suis poursuivie. Sa jalousie est incroyable, et passe dans ses mouvements tout ce qu'on peut imaginer. Il va jusqu'à vouloir que je sois toujours voilée; et pour m'avoir trouvé le visage un peu découvert, il a mis l'épée à la main, et m'a réduit à me jeter chez vous pour vous demander votre appui contre son injustice. Mais je le vois paraître. De grâce, seigneur cavalier, sauvez-moi de sa fureur.

DON PÈDRE, à Zaïde, lui montrant Isidore. — Entrez là dedans avec elle, et n'appréhendez rien.

SCÈNE XVI. — ADRASTE, DON PÈDRE.

DON PÈDRE. — Hé quoi! seigneur, c'est vous! Tant de jalousie pour un Français! je pensais qu'il n'y eût que nous qui en fussions capables.

ADRASTE. — Les Français excellent toujours dans toutes les choses qu'ils font; et, quand nous nous mêlons d'être jaloux, nous le sommes vingt fois plus qu'un Sicilien. L'infâme croit avoir trouvé chez vous un assuré refuge; mais vous êtes trop raisonnable pour blâmer mon ressentiment. Laissez-moi, je vous prie, la traiter comme elle le mérite.

DON PÈDRE. — Ah! de grace, arrêtez. L'offense est trop petite pour un courroux si grand.

ADRASTE. — La grandeur d'une telle offense n'est pas dans l'importance des choses que l'on fait; elle est à transgresser les ordres qu'on nous donne : et, sur de pareilles matières, ce qui n'est qu'une bagatelle, devient fort criminel lorsqu'il est défendu.

DON PÈDRE. — De la façon dont elle a parlé, tout ce qu'elle en a fait a été sans dessein, et je vous prie enfin de vous remettre bien ensemble.

ADRASTE. — Hé quoi! vous prenez son parti, vous qui êtes si délicat sur ces sortes de choses.

DON PÈDRE. — Oui, je prends son parti, et, si vous voulez m'obliger, vous oublierez votre colère, et vous vous réconcilierez tous deux. C'est une grace que je vous demande; et je la recevrai comme un essai de l'amitié que je veux qui soit entre nous.

ADRASTE. — Il ne m'est pas permis, à ces conditions, de vous rien refuser. Je ferai ce que vous voudrez.

SCÈNE XVII. — ZAÏDE, DON PÈDRE, ADRASTE, *dans un coin du théâtre,*

DON PÈDRE, *à Zaïde.* — Holà! venez. Vous n'avez qu'à me suivre, et j'ai fait votre paix. Vous ne pouviez jamais mieux tomber que chez moi.

ZAÏDE. — Je vous suis obligée plus qu'on ne saurait croire; mais je m'en vais prendre mon voile; je n'ai garde, sans lui, de paraître à ses yeux.

SCÈNE XVIII. — DON PÈDRE, ADRASTE.

DON PÈDRE. — La voici qui s'en va venir; et son ame, je vous assure, a paru toute réjouie lorsque je lui ai dit que j'avais raccommodé tout.

SCÈNE XIX. — ISIDORE, *sous le voile de Zaïde,* ADRASTE, DON PÈDRE.

DON PÈDRE, *à Adraste.* — Puisque vous m'avez bien voulu abandonner votre ressentiment, trouvez bon qu'en ce lieu je vous fasse toucher dans la main l'un de l'autre, et que tous deux je vous conjure de vivre, pour l'amour de moi, dans une parfaite union.

ADRASTE. — Oui, je vous promets que, pour l'amour de vous, je m'en vais avec elle vivre le mieux du monde.

DON PÈDRE. — Vous m'obligez sensiblement, et j'en garderai la memoire.

ADRASTE. — Je vous donne ma parole, seigneur don Pèdre, qu'à votre considération, je m'en vais la traiter du mieux qu'il me sera possible

DON PÈDRE. — C'est trop de grace que vous me faites. (*Seul.*) Il est bon de pacifier et d'adoucir toujours les choses. Holà! Isidore, venez.

SCÈNE XX. — ZAÏDE, DON PÈDRE.

DON PÈDRE. — Comment? que veut dire cela?

ZAÏDE, *sans voile.* — Ce que cela veut dire? Qu'un jaloux est un monstre haï de tout le monde, et qu'il n'y a personne qui ne soit ravi de lui nuire, n'y eût-il point d'autre intérêt; que toutes les serrures et les verroux du monde ne retiennent point les personnes, et que c'est le cœur qu'il faut arrêter par la douceur et par la complaisance; qu'Isidore est entre les mains du cavalier qu'elle aime, et que vous êtes pris pour dupe.

DON PÈDRE. — Don Pèdre souffrira cette injure mortelle! Non, non, j'ai trop de cœur, et je vais demander l'appui de la justice pour pousser le perfide à bout. C'est ici le logis d'un sénateur. Holà!

SCÈNE XXI. — UN SÉNATEUR, DON PÈDRE.

LE SÉNATEUR. — Serviteur, seigneur don Pèdre. Que vous venez à propos!

DON PÈDRE. — Je viens me plaindre à vous d'un affront qu'on m'a fait.

LE SÉNATEUR. — J'ai fait une mascarade la plus belle du monde.

DON PÈDRE. — Un traître de Français m'a joué une pièce.

LE SÉNATEUR. — Vous n'avez, dans votre vie, jamais rien vu de si beau.

DON PÈDRE. — Il m'a enlevé une fille que j'avais affranchie.

LE SÉNATEUR. — Ce sont gens vêtus en Maures, qui dansent admirablement.

DON PÈDRE. — Vous voyez si c'est une injure qui se doive souffrir.

LE SÉNATEUR. — Des habits merveilleux, et qui sont faits exprès.

DON PÈDRE. — Je demande l'appui de la justice contre cette action.

LE SÉNATEUR. — Je veux que vous voyiez cela. On la va répéter pour en donner le divertissement au peuple.

DON PÈDRE. — Comment, de quoi parlez-vous là?

LE SÉNATEUR. — Je parle de ma mascarade.

DON PÈDRE. — Je vous parle de mon affaire.

LE SÉNATEUR. — Je ne veux point aujourd'hui d'autres affaires que de plaisir. Allons, messieurs, venez. Voyons si cela ira bien.

DON PÈDRE. — La peste soit du fou, avec sa mascarade!

LE SÉNATEUR. — Diantre soit du fâcheux avec son affaire!

SCÈNE XXII. — UN SÉNATEUR, TROUPE DE DANSEURS.

ENTRÉE DE BALLET.

Plusieurs danseurs, vêtus en Maures, dansent devant le sénateur et finissent la comédie.

FIN DU SICILIEN.

TABLE

DU PREMIER VOLUME.

FIN DE LA TABLE DU PREMIER VOLUME.

Lacny. — Imprimerie de Vialat et Cie.